신범죄학

천 정 환 저

백산출판사

머리말

범죄학자와 교정학자로 알려진 필자가 이번에 낸 이 책은 경찰학과와 경호학과 학생들을 위한 대학교재인 동시에 범죄학에 관한 전문학술도서이다.

먼저, 이 책은 기존의 범죄학의 기본이론들인 범죄학이론, 범죄원인, 범죄대책이론들을 소개함으로써 범죄학의 이론들을 습득하게 하여 대학교재로 쓸 수 있도록 하였는데, 다만 다른 교재들과의 차이점은 범죄대책론에 보다 많은 지면을 할애한 점과 저자의 독창적 이론들이 많이 소개되어 있다는 점이다.

적어도 학술서라는 것은 자신의 독특한 이론이 없으면 학술서가 아니며, 더군다나 외국도서의 이론을 그대로 소개한 책은 저서가 아니라 편저라고 생각한다. 또한 이 책은 기존교재들에는 없는 범죄정책론, 범죄복지론, 범죄경제학을 추가하였다.

그러나 저자의 능력부족으로 또 하나의 범죄학교재를 출간한데 대해 진실로 부끄러움을 느끼는데, 그것은 범죄학이 사회과학이 아니라 응용과학인 관계로 법학, 경찰학, 경제학 외에도 경제수학, 통계학, 경영정보학, 심리학, 언론학 사회복지, 정책학, 행정학, 인간학, 철학, 법심리학 등 너무나 다양한 학문적 지식이 필요한, 너무나 광범위한 학문이어서 그런 다양한 학문적 소양이 부족한 필자가 원고를 적음에 상당한 어려움이 있었다. 다만, 그런 중에서도 학문의 발전을 위해 새로운 이론을 발표하려고 하였는데 가령 대부분의 학자가 범죄는 사라져야 한다는 부정적 입장에 있지만, 필자는 범죄는 때로는 효용과 만족을 준다는 범죄효용이론을 전개하여 범죄의 동태적 성격을 보이려고 하였듯이 독창적인 이론들을 많이 소개하였다. 그런 독창적 이론들에는 필자가 석사논문과 교정복지 연구에 발표된 것도 포함되어 있다. 가령, 피해자론의 일부는 석사논문이고 신범죄 예방론, 역동적 피해자론, 불계범죄론, 신교정복지개념론은 교정복지 연구지에 발표된 이론이다. 하여간 방대한 범죄학의 기본이론과 거기에 덧붙여 필자의 독창적 이론들을 이 책에서 소개하려고 했으며, 해방이후 나온 교재 중에서 가장 독창적 저서라는 점에서 위안을 받고자 하며 많은 분들의 애정어린 비판을 바란다.

또한 필자가 작년에 출간하여 여러 대학에서 교재로 사용되고 있는 「교정학」과 「교정복지학」이 기존교재들과는 비교도 안 될 만큼 학술성이 뛰어나다고 과분한 평가를 해 주신 학회 교수님들에 감사드리며, 그런 극찬은 저의 능력을 과대 평가한 것이라고 생각한다.

한편, 이 책을 지음에 저의 지도교수이고 평생 은사이신 이종갑 교수님에게 감사드리며, 앞으로도 형사법, 경찰학, 교정학, 범죄심리학 등의 많은 연구를 통해 은혜에 보답코자 하며, 또한 감사할 분은 필자의 어머니(하점순)이다. 홀몸으로 저희 3남매를 온갖 고생을 하여 가르치시고, 3남매를 위해 새벽마다 1시간씩 기도하시는 그 엄청난 모정에 눈물로 감사함을 전하며, 또한 어머니의 헌신적 노력에 교사와 법관이 된 두 동생들에게도 고마움을 전한다.

항상 진실되게 살고, 항상 남에게 베풀고, 항상 감사하게 생활하라는 어머님의 말씀에 남을 속이지 않는 진실된 학자가 될 것을 스스로 다짐한다. 그리고 이 책에 관한 어떠한 문의에도 성실히 바로 답해 드릴 것이니, 필자의 이메일(928jh@hanmail.net)로 의문사항은 연락 바랍니다.

2006년 4월

수리산 아래의 가야 아파트에서

저자 천정환 올림

Contents

제1부 총 론

제1장 서 론 ··11

◆ 제1절 범죄론 / 11
1. 범죄의 개념 / 11
2. 범죄의 성립요건 / 18
3. 범죄의 처벌조건 / 32
4. 범죄의 주체와 객체 / 33
5. 범죄의 분류 / 35

◆ 제2절 범죄학 개관 / 45
1. 범죄학의 개념 / 45
2. 범죄학의 연구목적 / 49
3. 범죄학의 연구방법 / 57
4. 범죄학의 연구대상 / 62

제2장 범죄경제학 ······105

1. 범죄경제학의 중요성 / 105
2. 범죄행동의 수요·공급이론 / 111
3. 범죄소비자선택이론 / 150
4. 범죄생산이론 / 166
5. 형사사법공공재이론 / 171
6. 환경범죄경제론 / 184
7. 환경범죄에 대한 대책 / 188

제3장 범죄심리학의 기초 ······199

1. 범죄심리학의 중요성 / 199
2. 사회심리학 / 200
2. 이상심리학 / 263
3. 성격심리학 / 285
4. 학습심리학 / 295

제4장 범죄정책학 ······317

1. 범죄정책학의 개념 / 317
2. 정책학의 기본이론 / 319

제5장 범죄복지학 ······353

1. 범죄복지학의 개념과 중요성 / 353
2. 사회복지의 이념과 방법론 / 359

제2부 각 론

제6장 범죄학이론의 개관 ……………………………………………………373

1. 범죄학이론 / 373

제7장 범죄원인론의 개관 ……………………………………………………409

1. 범죄원인론 / 409

제8장 범죄현상론 ……………………………………………………………433

1. 범죄현상의 개념 / 433

제9장 범죄대책론 ……………………………………………………………451

1. 신범죄예방론 / 451
2. 형벌론 / 470
3. 보안처분론 / 478
4. 형사사법정책론 / 492
5. 교정처우정책 / 506
6. 교정복지정책 / 556
7. 민간경비론 / 598
8. 형사사법의 중립화론 / 617
9. 교정자원봉사론 / 628

제10장 피해자 이론 ……………………………………………………………647

1. 서론 / 647
4. 피해대책론 / 681
5. 천정환의 신피해자이론 / 697
6. 非害者이론 / 703
7. 수익자이론 / 709
8. 신피해자이론의 응용 / 713

❑ 참고문헌 ……………………………………………………………………721

범죄학

총론 제1부

제1장

제1장 서 론

범죄학

제 1 절 범죄론

1. 범죄의 개념

1) 사회학자들의 접근방법

범죄의 개념이나 범죄가 발생하는 원인에 대해서 사회학적 접근방법에는 크게 낙인이론과 갈등론과 같은 통제론적 접근법과 구조론적 접근법, 그리고 생물학적 이론 등의 개인적 접근법의 3측면에서 접근하고 있는데 주로 범죄학자들이 이러한 3가지 관점에서 범죄를 정하고 있다.

통제론적 접근법인 낙인이론에 따르면 사소한 비행이나 일탈행위 그 자체보다는 그러한 비행이나 사소한 일탈에 대한 사회적 낙인이 범죄를 창출한다고 본다. 낙인이론은 사회적 상호작용에 중점을 두고 범죄개념을 사회규정의 산물로 보아 범죄개념을 행위의 차원이 아닌 사회와 일탈자간의 상호작용의 차원에서 본다. 가령, 소년이 어른 충고에 화를 내어 어른이 그에게 패륜아라고 낙인찍으면(어른인 비범죄자가 최초로 소년의 행위에 대해 의미적 해석을 시도하여 사회적 상호작용이 형성됨) 낙인이 된 소년은 자아 정체감을 나쁜 쪽으로 형성하여(자신은 나쁜 아이이다) 그러한 부정적인 자아 정체감이 내면화되고 어떤 사회적 조건(그를 비난하는 어른을 만나는 환경)을 만나게 되면 나쁜 행동인 일탈을 하게 된다고 보아 범죄개념의 시원을 사회적 낙인에서 접근하고 있다. 따라서 범죄행위, 또는 일탈행위(어른만 보면 계속 대드는 행동)는 소년 1명의 고립적인 정적 행위로 보지 않고 범죄자와 비범죄자와의 사회적 상호작용의 결과로 본다.

이러한 낙인이론은 강도나 절도, 사기 등 최초의 고전적 범죄자들이 경력비행자(범죄를 반복하는 것)가 되는 과정을 잘 설명해 준다. 즉, 최초로 강도하게 된 자에 대해 경찰 등 사회가 일탈자라는 사회적 낙인을 부여하게 되고, 그에 따라 최초의 범죄자들은 일탈자라는 사회적 낙인을 수용해 자아를 규정하고 일탈을 습관화하게 된다. 그러나 낙인이론은 낙인이 없이는 범죄도 없다는 상대주의에 빠지게 되며 사회적 반응을 너무 강조해(식권을 훔친 아이에게 경찰이 너는 나쁜 아이라고 낙인찍는 것이 사회적 반응임) 최초의 일탈을 유발시키는 원인의 문제(왜 소년이 처음에 식권을 훔쳤는가)를 회피하고 있으며, 또한 사회적 반응을 경험하지 않고도 일탈행위를 반복하는 경우를(아이가 식권을 훔쳤지만 주위의 어른이 그런 행동에 대해 아무런 반응을 하지 않아 사회적 반응이 없었는데도 아이가 계속 식권절도라는 행위를 반복할 수 있는데) 낙인이론은 설명하지 못한다.

그리하여 낙인이론에서의 범죄개념은 사회적 상호작용을 전제로 하는 개념임을 알 수 있다.

갈등이론에서는 사회에는 계층간의 이해관계가 항상 갈등된 상태라고 보아 긴장과 갈등을 사회의 본질로 보고 있고, 기득권층은 자신들의 이익을 반영하기 위해 규범과 법을 만드는데, 이러한 법에 어긋나는 하층민, 또는 피지배층의 행동을 모두 일탈, 또는 범죄라고 개념지음으로써 범죄개념의 출발점을 기존의 보수주의적 관점처럼 개인적 병리의 표현에서 찾는 것이 아니라 계층적 관점인 자본주의체제에서 출발하여 그 사회의 지배층이 피지배층을 통제하는 데 따른 억압의 결과로서 범죄를 개념짓고 있다.

다시 말해서 갈등론에서는 권력층의 지배의사에 따라서 하층민들을 지배하기 위해 만든 법에 어긋나는 것이 범죄라고 본다.

이러한 갈등론적 접근은 인종차별적 범죄, 빈곤으로 인한 범죄, 도시문제로 인한 범죄 등이 구조적·사회적 불평등에서 야기되는 면이 있음을 잘 지적해 준다. 그러나 갈등론에서는 착취당한다는 피지배층에서만 범죄가 나타나야 함에도 중산층에서 범죄가 발생하는 현상을 설명하지 못한다는 비판을 받고 있다. 또한 지배층의 가치기준이 변함에 따라 수시로 법이 변하게 되고, 따라서 범죄의 개념이 가변적이게 된다.

한편, 구조론적 접근법을 행하는 Sutherland는 모든 반사회적 행위를 범죄의 개념으로 규정하고 있는데, 그는 반사회적 행위란 다른 사회적 행위와 마찬가지로 사회적 상호작용의 과정에서 학습된 행위이며, 인간은 비행문화, 또는 위법적 기회와의 접촉이 비행문화와의 접촉을 능가할 때 비행자가 된다는 이론(접촉차이이론)으로, 서더랜드의 접촉차이이론은 하류층의 블루칼라 범죄만 아니라 오늘날 증가되는 화이트칼라 범죄도 잘 설명해주지만, 사회적 접촉이 없는 충동적 범죄의 형성을 설명하지 못한다.

한편, 범죄에 대한 개인주의적 접근에서는 범죄의 개념을 일탈자의 생물학적 특징이나 퍼스넬리티 등 개인적 측면에서 접근하고 있다.

즉, 개인적 접근을 행하는 롬브르조우의 생물학적 이론이나 프로이드의 심리학적 이론에서는 범죄행위에 대해 생물학적·정신의학적 요인, 심리적 요인의 중요성을 일깨운 점에서는 의의가 있으나, 이러한 개인주의적 접근법은 이데올로기면에서 사회구조가 완벽하다는 것을 가정하는 현상유지적 입장에 서 있으므로 범죄의 발생을 완전히 특정개인의 원인에서만 찾게 되는 한계를 보인다.

범죄의 발생구조 메커니즘은 개인 외에도 사회나 국가구조, 계층구조에서도 발생하기 때문이다. 따라서 사회학적 접근법에서는 범죄의 개념을 보는 기준은 다양하므로 모든 범죄를 획일화시켜 하나의 접근법으로 설명한 것이 아니라 범죄의 종류에 따라 보다 우월적인 기준을 가지고 접근해야 할 것이다.

2) 법학자들의 접근방법

범죄를 법적 관점에서 정의하는 법률적 접근방법은 주로 법학자들이 사용하는데, 법학자들은 범죄를 형식적 의미의 범죄와 실질적 의미의 범죄로 구분하여 정의하고 있다.

즉, 형식적 의미에서의 범죄는 형벌법규에 어긋나는 형식적 개념이며, 실질적 의미에서의 범죄란 사회적으로 유해한 모든 반사회적 행위를 범죄라고 개념짓는다.

즉, 형식적 의미의 범죄란 구성요건에 해당하고 위법하고 유책한 행위, 즉 형벌법규에 어긋나는 행위라고 할 수 있는데, 이 때 문제는 형식적 의미의 범죄를 형법이라는 법규범에 위반된 행위로만 볼 것인가, 아니면 행정법이나 사회법, 국제법 등 형법을 제외한 타 법규 위반도 모두 범죄로 볼 것인가 하는 예민한 문제가 숨어있다.

가령, 주소를 옮길 때 동사무소에 일정기간 내에 전입신고를 해야 하는데, 정해진 기일을 초과한 경우에는 주민등록법 위반뿐만 아니라 자동적으로 향토예비군법 위반도 되어 약식기소를 당하여 보통 벌금을 물게 되는데, 이와 같이 주민등록에 관한 법등을 위반한 행위도 범죄행위로 보아야 하느냐의 문제가 있게 된다.

이와 관련하여 김보환은 범죄의 범위에 포함시킬 법정범의 범위를 제한하고 가능한 한 반사회성의 정도에 근거하여 법정범의 형사범화가 필요하다고 한다.[1)]

실질적 의미의 범죄는 광의로는 모든 사회적 유해성을 지닌 행위 또는 문화규범에 반한 행위이며, 협의로는 법익을 침해 또는 위협하는 반사회적 행위, 또는 형벌을 과할 필요가 있는 불법을 의미하는데, 이러한 실질적 개념은 어떤 행위를 범죄로 할 것인가에 관한 형사입법의 기준을 제시하며, 형법의 해석에 있어서 간접적 역할을 행하고 소위 범죄학에서의 개념이라고 한다.[2)] 그러나 실질적 의미의 범죄는 그 기준인 사회적 유해성의 범위

01) 김보환, 범죄생물학, 동국대, 2004, 15면.
02) 김성진, 범죄심리학, 동인, 2004, 91면.

나 기준이 모호하다는 결정적 한계를 지니고 있으며, 형식적 의미의 범죄 개념도 어떤 행위를 범죄로 해야 할 것인가에 대하여 아무런 기준을 제시하지 못한다는 비판이 가해지고 있다. 결국, 범죄의 개념은 형식적 의미와 실질적 의미의 양면에서 파악되어야 한다.

한편, 법학자들은 범죄의 본질에 관해 여러 학설을 제기한 바, 대표적인 것에 권리침해설, 법익침해설, 의무위반설, 결합설 등이 있다.

권리침해설은 개별적인 권리의 침해에 범죄의 본질이 있다는 포이에르바하의 견해인데, 권리의 침해는 권리침해의 위험과의 구별이 불명하여 위험범을 범죄에서 제외시킬 가능성이 있으며, 공공위험죄와 같이 권리침해를 내용으로 하지 않는 범죄를 설명할 수 없다.[3)]

법익침해설은 법률상 보호되어 있는 생활이익 내지 가치라고 하는 법익의 침해, 또는 위태화에 범죄의 본질이 있다는 것으로, 이에 의하면 권리침해를 내용으로 하지 않는 공공위험범도 범죄로 될 수 있지만, 형법은 법익만이 아니라 사회윤리적 행위가치도 보호하고, 결과무가치뿐만 아니라 행위무가치도 범죄요소라는 것을 망각하고 있다.[4)]

의무위반설은 사회질서 내지 법익을 침해하지 아니할 의무위반에 범죄의 본질이 있다는 단체주의적 세계관에 입각한 견해인데, 이런 견해는 행위무가치[5)]만으로 불법을 근거짓게 되고 모든 범죄를 의무위반으로 설명할 수 없다는 것이[6)] 비판되고 있다.

따라서 범죄는 법익침해임과 동시에 의무위반이라고 보아야 하므로 법익침해설과 의무위반설의 결합에 의하여 비로소 범죄의 본질을 이해 할 수 있다고 한다.[7)]

---

03) 진계호, 형법총론, 대왕사, 2003, 114면.
04) 진계호, 전게서, 115면.
05) 행위무가치란 범죄인의 범죄목적, 범죄를 하려는 고의 등 이런 범죄행위를 하려는 행위요소 등에 불법의 핵심이 있다고 보는 것으로 결과무가치에 대립된다. 결과무가치는 강간의 결과 등과 같이 법익이 실제로 침해된 결과에 대한 부정적 가치판단을 말한다. 따라서 피해자 없는 범죄는 결과가 없으므로 결과무가치의 입장에서는 범죄가 아니라고 하며, 결과무가치에서는 과실범도 일단 결과가 발생했으므로 불법의 경중에서 고의범과 차이가 없다고 하나, 행위무가치에서는 행위측면에서 고의와 과실은 차이가 있다고 본다.
06) 진계호, 전게서, 115면.
07) 진계호, 전게서, 115면.

한편, 기존의 범죄개념과 관련되어 최근에 나오는 새로운 개념이 비범죄화, 과범죄화, 신범죄화, 비형벌화의 개념이 있다.

비범죄화란 범죄화에 대비되는 말로서 Naucke는 "지금까지의 가벌적인 행위가 처벌되지 않게 하는 과정"이라고 개념짓고 있다.[8)]

대표적인 예가 매춘, 간통, 동의낙태, 도박, 마약밀매, 증수뢰, 동성애 등이 있는데, Naucke는 비범죄화를 선언적 비범죄화, 현실적 비범죄화로 나누고, 선언적 비범죄화란 어떤 형벌법규가 아무런 대체입법 없이 무조건 폐기시키는 경우를 말하고, 외견상 비범죄화란 좁은 의미의 형벌은 배제되지만 다른 형태의 사회통제를 받아야 하는 행위이며, 현실적 비범죄화란 국가가 일탈행위의 존재를 잘 알고 있으면서도 국가형법을 철회하고 문제해결을 사회에 일임하는 경우라고 한다.[9)]

이러한 비범죄화의 근거는 낙인이론과 갈등이론이 있는데, 낙인이론은 미국에서 나온 이론으로 우리 사회에서는 처음부터 범죄라는 것이 존재한 것이 아니라, 형사사법기관이 일정한 행위를 나쁜 행위로 낙인하면서 비로소 범죄가 성립한다고 보았다.

갈등이론에서는 범죄는 일정한 사회적 갈등에 의해 발생하며, 갈등이론은 집단간의 갈등을 줄이기 위하여 권력집단의 종속자에 대한 인내 정도를 높이는 정책, 즉 비범죄화를 주장하였다고 한다.[10)]

이러한 비범죄화는 3단계를 거치는데, 즉 사실상의 비범죄화, 재판상의 비범죄화, 입법상의 비범죄화를 거친다.

사실상의 비범죄화란 행위법규는 존재하지만 사람의 인식이 범죄의식을 갖지 않는 것(낙태, 도박행위)을 말하며, 재판상의 비범죄화란 공판에서 판사의 법률해석과정에서 생기는 비범죄화를 말하며, 입법상의 비범죄화란 어떤 행위법규가 형법 등 관련법규에서 사라지는 것(간통죄의 폐지)을 말한다.

이렇게 입법상 비범죄화가 되면 더 이상 그 항목에 대해서는 비범죄화 논의가 없겠지만, 사실은 아직도 많은 조항들이 사실상 비범죄화의 단계에 있다. 이렇게 입법상의 비범죄화가 늦어지게 되면 사법기관에 의한 입법권

---

08) 김창균, 비범죄화의 실현방안, 형사정책 제8호, 형사정책학회, 1996, 6면.
09) 지광준, 범죄학, 강남대, 2003, 33면.
10) 이윤호, 형사정책, 박영사, 1997, 286면.

이 행사되는 결과가 되어 권력분립의 원칙에 반한다는 비판이 있게 된다.[11]

과범죄화란 성매매특별법처럼 기존의 도덕규범이 담당하던 역할을 공식적인 법이 담당하게 되는 것을 말하는데, 특별형법과 관계되듯이 법이 과도하게 많이 제정되어 과범죄화 현상이 생겨나게 된다.

신범죄화란 최근 여성들의 불법난자매매처럼 산업화, 정보화, 도시화, 익명화 등으로 형사법이 전혀 예상하지 못했던 새로운 일탈행위에 대해 형사사법기관이 개입해 입법을 통해 범죄로 규정하는 것을 말한다.

주로 환경범죄, 경제범죄, 컴퓨터범죄, 노동관계, 도로교통, 마약 등에서 많이 일어나고 있다.

이러한 신범죄 현상이 일어나게 되며, 이런 것에 대한 국민들의 불법관념이 형성되는 데 상당한 시간이 소요되어 혼란이 생기는데, 필자는 이것을 2차적 문화지체라고 명명하고자 한다.[12]

원래 문화지체론은 오그번(Ogburn)이 제창한 이론으로서 문화지체란 물질문화와 비물질문화의 변동속도가 다른 데에서 나타나는 문화의 부조화 현상으로, 가령 자동차는 증가하는 데 비해 교통도덕과 같은 비물질 문화, 즉 관념문화의식이 확립되지 않는 경우에 생기는 물질문화와 비물질 문화의 변동속도의 차이를 말한다. 왜냐하면 종교, 가치관, 사회제도와 같은 비물질적인 문화요소는 물질적인 것보다 전파와 변동의 속도가 느리기 때문이다. 따라서 컴퓨터의 물질문화가 대량 발전하고 거기에 따라 해킹처럼 컴퓨터를 이용한 범죄행위들이 속출하지만, 그것들을 규제하는 법규범의 제정속도는 컴퓨터의 발달을 따르지 못하는 문화지체현상이 발생하게 된다.

따라서 컴퓨터해킹 등의 전혀 예상치 못한 행위에 대해 이제 법이 개입해서 그러한 문화지체 폭을 줄이게 된다.

그런데 문제는 그러한 입법에 의해 신범죄화가 생겨나도 그런 법제도에 인간들의 의식이 빨리 따라가지 못하는 현상, 즉 2차문화지체현상이 발생한다. 2차문화지체현상은 제도와 의식 간의 갭을 말하는 필자의 조작적 개념인데, 현대에서는 이런 2차적 문화지체현상이 두드러지게 된다.

---

11) 김창균, 전게논문, 35면.
12) 저자의 사견이다.

또 하나의 문제점은 이러한 2차문화지체현상이 있게 되면 인간들은 규범에 익숙치 않아 아노미 현상이 계속되는데, 이러한 2차적 문화지체현상과 아노미는 모든 계층의 국민에게 동일하게 작용하는 것이 아니고 정보획득에 불리한 정보빈곤자나 하류계층에 가장 크게 작용하게 되는 차별적 2차문화지체현상이 발생하게 되고, 그 결과 아노미가 심화되면 또다른 범죄를 양산하게 되는 결과를 초래할 수가 있다. 특히 신범죄화가 기득권층의 이익을 위해 추진되고 그 결과 새로운 법이 제정되었다면(가령, 노동문제를 사용자에게 유리하게 입법하는 것) 갈등론적 시각이 더욱더 팽배해지고 계층적 범죄가 생기게 되는 위험성이 있게 된다.

따라서 신범죄화의 논리에 의해 새로운 입법을 추진할 때에는 그 법이 특정계층의 이익에 부합하는 내용이어서는 안 되며, 충분한 홍보기간을 거쳐 정보빈곤자도 숙지케 하여 신법에 대한 법의식이 내면화되어, 신범죄화의 부작용으로 인한 새로운 범죄를 막을 수 있다.[13]

2. 범죄의 성립요건

1) 행위론

형법상의 범죄가 성립하려면 먼저 여러 단계를 거쳐야 하는데, 최초의 단계는 먼저 형법적으로 의미가 있는 인간의 행위여야 한다.

따라서 인간의 행위라고 하여도 가령, 수면 중에 타인을 때리는 행위, 또는 어린아이가 어른을 때리는 행위, 생리적 반사작용, 저항이 불능한 물리적 강제하의 동작 등은 형법적으로 의미가 없는 행위이므로 처음부터 형법적 관찰의 대상에서 배제되는데, 이를 형법에서는 행위개념의 한계기능이라고 한다. 이와 같이 범죄가 성립되기 위해서는 가장 먼저 형법상 가치 있

13) 필자는 문화지체를 1차적 문화지체와 2차적 문화지체로 나누고, 1차적 문화지체란 물질문화와 비물질문화 간의 변동속도에서 오는 차이를 말하며, 2차적 문화지체란 다시 비물질문화(의식, 제도, 가치관)에서 제도와 의식 간의 변동차이라고 정의한다. 또 필자는 문화지체를 모든 계층이 동등하게 당한다는 오그번의 개념과 달리 계층마다 문화지체의 강도가 다르다는 차별적 문화지체개념을 주장한다.

는 인간의 행위이어야 하는데, 이를 행위론이라고 하며 이런 행위론은 구성요건 해당성 이전에 파악되어야 하므로 행위론은 범죄론의 출발점이 된다.

이러한 행위론의 이론적 발달순서는 자연적 행위론, 인과적 행위론, 물질적 행위론, 사회적 행위론, 인격적 행위론으로 발달하였다.

이를 쉽게 설명하면, 가령 갑이 을을 살해했다면 이런 갑의 행위는 위에서 언급한 바와 같이 형법상 의미있는 행위가 되는데, 이 때 갑의 행위를 분석하면 갑이 을을 살해하려는 의사의 측면(이를 유의성이라고 한다)과 살해행위라는 동작측면(이를 거동성이라고 한다)이 있다. 따라서 형법적으로 의미있는 행위에는 유의성과 거동성의 2측면이 있음을 알 수 있다. 이 때 살해하려는 의사의 측면인 유의성에는 고의와 과실이 있다.

여기서 행위의 2요소인 유의성과 거동성 중에서 유의성은 완전히 무시하고 거동성(동작)만 중시하는 것이 자연적 행위론이다.

이러한 자연적 행위론에서 한 걸음 발전한 것이 인과적 행위론인데, 인과적 행위론에서는 살해행위의 2측면을 모두 인정하나, 갑이 을을 살해하려는 의사보다는 죽이는 동작과 태도(결과)를 더 중요시하며 살해의사 그 자체가 행위요소로서 중요한 의미는 갖지 않고, 다만 살해의사는 살해라는 동작이 나온 데 대한 인과관계만 있으면 된다는 것으로 인과적 행위론에서는 행위에서 중요한 동작과 태도로 본다.

따라서 갑이 을을 죽이려는 내심적 요소인 고의 또는 과실과 같은 의사적 측면은 인과적 행위론에서는 중요시하지 않아 인과적 행위론에서는 고의나 과실은 행위의 요소가 아니라고 보아 고의나 과실은 책임론에 가서 다루게 된다.

따라서 인과적 행위론에서는 고의를 행위요소가 아닌 책임요소로 보아 고의의 의미파악이 행위론이 아닌 책임론에서 다루어지므로 고의행위의 의미 파악이 곤란하다는 문제가 있게 되고, 또한 인과적 행위론은 밖으로 드러난 살해행위라는 동작(작위)을 중요시하므로 부작위가 가지는 행위성의 설명(어머니가 딸에게 밥을 주지 않아 사망케 한 경우의 어머니의 부작위)이 곤란하다는 문제가 있다.

여기서 목적적 행위론이 나오게 되는데, 목적적 행위론에서는 행위의 두 측면인 의사와 동작측면에서 동작보다 의사측면을 더 중요시하여 행위에 있어서 중요한 것은 의사의 내용(고의, 과실)이 중요하다고 보아 고의와 과실은 더 이상 책임의 요소가 아니고 이제는 행위의 요소로서 행위론에서 취급해야 되고, 이 행위는 구성요건요소가 된다고 본다.

여기서는 고의와 목적성을 동일한 것으로 보므로, 이 이론에서는 고의범에 대한 설명은 잘되나 목적성이 없는(갑이 을을 죽이려는 목적, 고의) 과실범(실수로 을이 죽는 경우)에 대한 설명이 곤란하다는 비판을 받는다.

그런데 이러한 존재론적 접근법인 인과적 행위론과 목적적 행위론과 달리 규범적 성격이 강한 사회적 행위론에서는 행위의 의미를 그 행위가 가지는 사회적 의미에서 파악하고자 하는 이론이다. 가령, 갑이 을을 욕하는 것을 자기 방에서 녹음한 행위는 개인적 의미만 있지 사회적 의미가 없다.

그러나 갑이 을을 모욕한 녹음의 내용을 외부에 공포하는 행위는 사회적으로 의미가 있고, 형법적 의미가 있는 행위가 되어 모욕죄 등이 성립될 수 있다.

따라서 사회적 행위론에서는 의사나 동작 등이 중요한 것이 아니라, 사회적 의미여부에 따라 행위의 본질을 따지자는 것이다.

즉, 고의이든 과실이든, 작위행위이든 부작위행위이든 사회적 의미가 있는 동작이라면 모두 형법적 행위 속에 넣자는 이론이다.

따라서 사회적 행위론에서는 고의행위, 부작위, 작위, 미수 등 모든 행위를 설명할 수 있는 장점은 있으나 사회적 의미라는 개념이 너무 포괄적 개념이어서 행위론의 한계기능을 다하지 못한다는 비판이 있다.

한편, Roxin의 인격적 행위론이란 행위란 인격의 발현을 의미한다는 견해로, 행위란 "인격의 표현으로서 의사에 의해 지배되거나 지배 가능한 인격적 결과에 대한 책임있고 의미있는 형상"이라고 한다.

결론적으로 인과적 행위론은 결과중시면에서는 타당하나 행위자의 고의를 무시하므로 부당하고, 목적적 행위론은 행위자의 고의를 중시하는 면에서는 타당하나 결과를 무시하므로 부당하고, 이 모두를 이론적으로 해결한 사회적 행위론이 오늘날의 다수설이다.

2) 구성요건론

범죄가 성립되기 위해서는 인간의 행위가 형법적으로 의미있는 행위, 즉 자연현상이나 동물의 행동과는 구분되는 인간의 행위여야 하며, 생각이나 의도와는 다른 외부적·신체적 행위여야 하고, 무의식적 동작이나 반사적 행위와는 다른 의사지배 행위여야 한다. 그 다음에 형법적으로 의미있는 행위가 구성요건에 해당하고, 위법성과 책임능력이 있어야 비로소 범죄가 성립한다.

여기서 구성요건을 살펴보면 구성요건이란 형법상 금지, 또는 요구되는 행위가 무엇인가를 추상적·일반적으로 기술해 놓은 것을 말하며, 이러한 구성요건을 실현하여 그 가벌성의 전제를 충족시킨 경우를 구성요건 해당성이라고 한다.

가령, 형법의 사기죄는 "타인을 기망하여 재물의 교부를 받거나 재산상의 이익을 취득한 자는 10년 이하의 징역에 처한다"라고 되어 있는데, 이때 사기죄의 구성요건은 "타인을 기망하여 타인의 재물 및 재산상의 이익을 취득한" 것이 되는데, 이처럼 구성요건이란 형법상 금지(사기치지 마라) 또는 요구(나가라)되는 행위가 무엇인가를 추상적으로 규정한 것이며, 이때 갑이라는 사람의 어느 행위가 형법상 사기죄의 구성요건에 구체적으로 합치되는 경우를 구성요건해당성이라고 한다.

따라서 주의할 것은 구성요건 그 자체는 범죄성립요건이 아니며, 구성요건해당성이 범죄성립요건이라는 것이다.

다시 말해서 범죄에 관해 금지규정(절도하지 마라)과 요구규정(나가라는 요구에 안 나가면 퇴거불응죄가 된다)을 추상적으로 규정해 놓은 것을 구성요건이라고 하며, 이 때 금지규정에 반하여 성립하는 범죄를 작위범, 요구규정에 반하여 성립하는 범죄를 부작위범이라고 한다.

이러한 구성요건이론은 이러이러한 행위가 범죄가 된다고 규정함으로써(남자가 여자에게 혼인을 빙자해 간음하면 혼인빙자간음죄가 되나, 여자가 남자에게 혼인을 빙자해 간음하더라도 범죄가 된다는 규정은 없다) 죄형법정주의의 실현과 법적 안정성의 실현, 구체적 타당성의 실현이라는 의의를 갖게 된다.

그리고 구성요건의 요소는 먼저 주관적 구성요건요소와 객관적 구성요건요소로 나눌 수가 있는데, 주관적 구성요건요소란 행위자의 내심적·주관적 상황에 속하는 구성요건 요소를 말하는데, 보통 고의, 과실, 목적범의 목적, 경향범의 경향, 불법영득 의사가 이에 해당한다.

가령, A가 강도 때 마음 속에서 강도하겠다는 고의가 있어야 하며, 재산죄(절도, 강도, 사기)에서는 범죄가 되기 위해서는 남의 재물을 자기 것으로 하겠다는 불법영득의사가 있어야 한다(재산죄에서 불법영득의사가 없으면 고의가 없다고 본다. 남의 물건을 불법취득하면 절도죄가 되나, 취득의사가 아닌 구경할 의사로 가져가면 불법영득의사가 없다).

또한 목적범에서는 반드시 목적이 있어야 한다(A가 통화를 위조할 때 반드시 위조하여 행사하겠다는 목적이 있어야 하며, 단지 친구에게 돈 많음을 과시하기 위해 위조한 경우는 행사의 목적이 없으므로 통화위조죄는 성립되지 않는다).

한편, 객관적 구성요건요소란 행위의 외부적 상황을 기술한 것으로, 가령 행위의 주체, 행위의 객체, 행위의 수단, 인과관계, 행위상황(가령 공무집행정황) 등이 있다.

예를 들면, 절도죄에서 「절취」, 위증죄에서 「법률에 의해 선서한 증인」, 강간죄에서 「부녀」 ,낙태죄에서 「낙태의 방법」 등이다.

그리고 구성요건을 기술적 구성요건요소와 규범적 구성요건요소로 구분할 수 있는데, 전자는 가치판단할 필요 없이 단순히 사실의 인식만으로 그 의미를 알 수 있는 구성요건요소를 말하고, 후자는 가치판단에 의해서만 그 의미와 내용을 확정할 수 있는 구성요건요소를 말하는데, 이에는 법률적 평가를 요하는 것과 사회·도덕·문화적 규범에 의한 평가를 하는 것이 있다.

기술적 구성요건요소에는 방화죄에서 「불」(불이 났는지 여부는 불이란 사실 확인만으로 되는 것이지 가치판단할 필요가 없다), 부녀매매죄에서 「부녀」, 절도죄의 「재물」 등이 있으며, 규범적 구성요건요소에는 먼저 법률적 평가를 요하는 것에는 존속살해죄에서 「직계존속」, 간통죄에서 「배우자」, 수뢰죄에서 「공무원」, 친족상도례에서 「친족」, 유가증권위조죄의 「유가증권」, 절도죄의 「재물의 타인성」이 그것이다.

가령, 절도죄가 되기 위해서는 타인의 재물을 가져가야 되고 자신의 것은 가져가도 범죄가 되지 않는다. 또한 법률상 유가증권에는 어음, 수표가 있는데 법률에서 이런 것들은 유가증권이라고 규정되어 있어, 법에서 규정되지 않는 것은 법률상 유가증권이 아니다. 따라서 학원생이 수강증의 유효기간을 고쳐 계속 수강할 때는 유가증권 위조죄가 아니고 사문서 위조죄가 된다.

친족상도례란 범인과 피해자가 친족일 때 재산범죄에 한해 형이 면제되는 것으로, 가령 남편이 부인의 돈을 훔쳐도 친족관계이므로 처벌되지 않으나, 남편이 부인의 돈인 줄 알고 절도했는데 알고 보니 처제돈이면 절도죄를 구성하게 되는데, 그것은 처제는 친족관계가 아니기 때문이다. 이처럼 친족의 범위를 법에서 규정(평가)하고 있다.

그리고 규범적 구성요건요소 중 사회, 경제, 문화규범에 의한 평가를 요하는 규범적 구성요건요소에는 강제추행죄의 「추행」, 공연음란죄의 「음란」, 명예훼손죄의 「명예」, 업무방해죄의 「업무」 등이 있다.

가령, 「음란」 여부는 법으로 평가하는 것이 아니라. 도덕적, 사회적 기준에 의해 평가한다.

그리고 Welzel에 따르면 구성요건을 봉쇄적 구성요건과 개방적 구성요건으로 구분할 수 있는데, 전자는 범죄에 관한 금지규정과 요구규정을 완전히 규정하여 놓은 것으로, 법관의 자유재량을 부인하는 것으로 살인죄 등 대부분의 범죄가 이에 해당한다. 개방적 구성요건은 범죄에 관한 금지규정과 요구규정의 일부분만을 규정하고 타부문은 법관의 재량을 인정하는 것으로 과실범에 있어서 「주의의무」, 부진정부작위범에 있어서 「보증인의 지위」가 이에 해당한다.

가령, 어머니가 딸에게 젖을 안 주어 아사시킬 때(부진정 부작위범), 과연 어머니(보증인)가 딸에게 아사시킬 생각으로 젖을 안주었는가 등 부진정 부작위범에 대한 판단을 법관의 해석에 맡긴다.

3) 위법성

어떤 행위가 범죄가 되기 위해서는 그 행위가 구성요건에 해당하고(구성요건 해당성) 위법해야 하며, 책임성이 있어야 한다. 위법성이란 범죄 성립요건의 하나로서 법질서 전체의 입장에서 내려지는 행위에 대한 부정적 가치판단을 말한다.

이 때 위법성과 불법은 구분되는데, 위법성은 법질서 전체적 입장에서 내리는 부정적 가치판단이라면, 불법은 개개인의 입장에서 내리는 부정적 가치판단의 개념이며, 불법이 정도의 문제라면 위법성은 유무의 문제이고, 위법성은 행위의 법질서 전체에 대한 모순을 말하며, 언제나 단일하고 동일하다면 불법은 위법하게 평가된 행위 자체를 말하며 그 결과 양에 따라 차이가 있다. 가령, 살인과 폭행은 위법하다는 점에서는 동일하나 불법에 있어서 양적・질적 차이가 있으며(살인의 질적 불법이 더 크다), 또한 강간죄의 미수는 위법하지만(위법성이 있다는 것)민법상 불법이 되지 아니하고 형법상 불법이 된다. 또한 고의범과 과실범, 미수와 기수는 다 같이 위법하지만 그 불법에 있어서는 차이가 있다.

이러한 위법성의 본질에 대해서는 종전의 통설인 형식적 위법성론과 현재의 통설인 실질적 위법성론이 있는데, 형식적 위법성론은 위법성을 형식적으로 판단하여 어떤 행위가 형식적인 법률에 위반하기만 하면 위법성이 있다고 보는 견해이며, 실질적 위법성론은 법규범 외에 문화규범, 공서양속, 사회상규 등을 위반할 때는 위법성이 있다고 보는 것으로, 여기에는 공서양속 위반설, 문화규범 위반설, 사회윤리규범 위반설, 권리침해설, 법익침해설 등이 있다.

한편, 위법성의 평가방법에는 객관적 위법성론(통설, 판례)과 주관적 위법성론이 있다.

객관적 위법성론은 법규범의 평가 규범성을 강조하여 위법성을 객관적인 평가규범에 위반하는 것으로 본다. 따라서 가령, 책임능력이 없는 자(어린아이, 미친 사람)의 강도행위도 모두 위법하다고 본다. 따라서 정신병자 등의 부당한 침해에 대해서는 정당방위가 가능하다고 본다.

주관적 위법성론은 위법성의 본질을 주관적인 의사결정규범에 대한 위반으로 보므로 의사결정능력이 없는 책임무능력자의 행위는 위법하지 않고 의사결정능력이 있는 책임능력자만의 행위를 위법하다고 보므로, 의사결정능력이 없는 정신병자나 어린아이의 부당한 침해에 대해서는 정당방위는 할 수 없고 긴급피난만이 가능하다고 본다.

주관적 위법성론에 의하면, 가령 미친 사람이나 어린 아동이 여자를 강간하더라도 그 행위는 위법행위가 아니라고 보므로 그 여인은 정당방위를 할 수 없게 되는 결과가 되어 타당치 못하며, 객관적 위법성론에 의하면 미친 사람의 행위라도 위법한 행위라고 보므로 그에게 정당방위를 할 수가 있다.

한편, 구성요건에 해당하는 행위(사람을 죽이는 행위에 대해 위법성을 배제하는 사유, 이를 위법성조각사유라고 한다)가 존재하면 위법성을 결여하여 적법행위가 되고 범죄가 성립되지 않는다(교도관이 사형수를 죽이는 행위는 살인죄의 구성요건에는 해당되지만, 그 행위는 직무상의 정당행위이므로 위법성이 조각되므로 범죄가 되지 않는다).

이렇게 구성요건에 해당하는 행위에 대하여 위법성을 배제하는 특별한 사유들을 위법성조각사유라고 하며, 이러한 형법상의 위법성조각사유에는 형법총칙에서 제21조의 「정당방위」, 제22조의 「긴급피난」, 제23조의 「자구행위」, 제24조의 「피해자의 승낙」, 제20조의 「정당행위」가 있고, 형법각칙에서 명예훼손죄의 사실증명이 있다.

먼저, 형법 제21조의 「정당방위」 조항에는 “자기 또는 타인의 법익에 대한 현재의 부당한 침해를 방위하기 위한 행위는 상당한 이유가 있는 때에는 벌하지 아니한다”라고 되어 있다.

이러한 정당방위를 허용하는 근거는 자기보호의 원리, 즉 긴급상태에서 불법한 침해로부터 자신의 법익을 스스로 보호하는 것을 허용하는 원리에 정당방위의 근거(개인적 근거)가 있다.

또한 법수호의 원리, 즉 자기방위가 동시에 일반적인 법질서를 지키는 것이 되는데, 이를 정당방위의 사회적 근거라고 한다.

이러한 정당방위의 성립요건에는 먼저 침해의 현재성이 있어야 하므로 과거 또는 미래에 일어날 침해에 대해서는 정당방위는 성립되지 않는다(A는 B가 5일 뒤에 자신을 죽일 것이라는 정확한 정보를 가지고 미리 가서 B를 살인하면 침해의 현재성이 없어 정당방위가 안 되고 살인죄가 된다).

둘째, 위법한 침해에 대해서만 정당방위를 할 수 있으며, 따라서 적법한 침해에 대해서는 정당방위를 할 수 없다.

또한 자기 또는 타인의 법익을 방위하기 위한 방위의사를 가진 행위이어야 한다(A는 강간당하는 여자를 보고 격분해 범인을 폭행해도 정당방위로 위법성이 조각되어 폭행죄가 성립되지 않는다).

그리고 방위행위는 행위당시의 사정으로 보아 방위에 필요하다고 용인될 수 있는 상당한 이유가 있어야 하는데, 여기에는 보충성의 원칙과 법익균형의 원칙, 최소침해의 원칙 등이 있다(사탕을 훔치는 자에게 총을 쏘는 행위는 상당성이 인정되지 않아 정당방위가 될 수 없고 과잉방위가 된다).

이러한 정당방위의 효과에는 위법성이 조각되며 민사상 책임도 지지 않는다(강도범을 때려 강도의 시계가 깨져도 변상책임이 없다).

또 하나의 위법성조각사유에는 정당행위가 있는데, 정당행위란 「법령에 의한 행위, 또는 업무로 인한 행위 기타 사회상규에 위배되지 않는 행위는 벌하지 아니한다」라고 형법 제20조에 규정되어 있다.

여기서 법령에 의한 행위라 함은 법령의 근거에 의해 권리 또는 의무로써 행해지는 행위로서 공무원의 직무집행행위(집행관의 민사상 강제집행, 수사기관의 강제처분), 징계행위(친권자의 징계, 교도소장의 징계행위 등), 사인의 현행범체포(이것은 형사소송법 제212조에서 허용하고 있는데, 가령 사인이 현행범을 체포하기 위해서 추격해서 체포한 때는 정당행위로 위법성이 조각된다) 노동쟁의행위(노동쟁의 행위수단으로 파업이나 태업을 해도 그것이 정당한 범위 내의 행위라면 위법성이 조각되어 업무방해죄가 성립되지 않는다).

기타(모자보건법상 불량자손의 출생을 방지하거나, 또는 산모의 건강을 위할 때는 낙태하더라도 위법성이 조각됨) 등이 있다.

그리고 업무로 인한 행위란, 업무로 인한 행위가 법령의 규정이 없는 경우라도 사회윤리상 정당하다고 인정되는 때에는 위법성이 조각되는 경우를 말하는데, 이 때 업무란 사람이 사회생활상의 지위에 의하여 계속, 반복의 의사로 행하는 사무를 말하는데, 여기에는 의사의 치료행위(의사가 치료목적으로 여자를 수술해도 정당행위로서 상해죄가 되지 않는다)등이 있다.

변호사 또는 성직자의 업무행위(변호사가 변론을 위해 부득이 타인의 명예를 훼손해도 위법성이 조각되어 명예훼손죄가 성립되지 않고, 신부가 고해성사를 통해 범인의 범죄사실(간첩)을 알고 난 뒤 고발 않아도 정당행위로써 위법성이 조각되어 국가보안법상의 불고지죄가 되지 않는다) 등이 있다.

그리고 사회상규에 위배되지 않는 행위란 법질서 전체의 정신이나 사회윤리에 비추어 용인될 수 있는 행위를 말하고, 이 때 사회상규란 법질서의 존엄성을 기초로 한 국민의 건전한 도의감을 말한다(판례). 판례의 사회상규의 판단기준을 살펴보면 행위의 동기나 목적의 정당성, 행위의 수단이나 방법의 상당성, 보호법익과 침해법익의 균형성, 긴급성, 보충성 등의 요건을 종합해서 결정한다.

이러한 사회상규에 위배되지 않는 구체적 판례를 보면, 상대의 강제연행을 피하기 위한 소극적인 저항행위, 화염에 싸인 어린아이를 소방대원이 구조망에 던진 행위, 징계권이 없는 자의 징계행위라도 교육의 목적을 위해 필요한 징계범위를 넘지 않은 징계행위(동료의 자녀에 대한 징계행위), 자기 또는 타인의 권리실현을 위한 행위로써 그 수단방법이 사회상규에 벗어나지 않는 정도에 이른 경우(치료비를 주지 않으면 구속시키겠다고 말하는 경우), 보통 인정되는 정도의 과장광고 등이 있다.

그 다음에 또 하나의 위법성조각사유로 긴급피난이 있는데, 이것은 자기 또는 타인의 법익에 대한 현재의 위난을 피하기 위해 상당한 이유가 있는 사전적인 긴급행위를 말한다.

가령, A가 B의 집에 C에 의해서 감금되었을 때 A가 문을 부수고 탈출해도 이것은 긴급피난으로서 위법성이 없어 재물손괴죄가 성립되지 않으며, 또한 A가 길 가던 중 오토바이가 갑자기 덮치려 하자 피하기 위해 옆에 있던 행인을 다치게 해도 상해죄나 과실치상죄가 되지 않으며, 달려드는 고양이를 겁주려고 돌을 던져 행인이 다쳐도 긴급피난으로 인정되어 죄가 되지 않는다.

이러한 긴급피난의 성격에 대해 보호받는 이익과 침해된 이익을 비교하여 보호받는 이익이 우월성이 인정되는 때에는 피난행위가 정당화된다는 것이 다수설이다.

긴급피난의 성립요건을 보면 자기, 또는 타인의 법익에 대한 현재의 위난이 있어야 하며(과거나 미래의 위난에 대한 긴급피난은 불가능하다), 위난을 피하려는 피난의사와 위난을 피하기 위한 행위가 있어야 하며(A가 재물손괴의 고의로 B의 창문에 돌을 던져 창문이 파괴되었는데 마침 창문이 깨어지는 바람에 가스중독으로 위기에 몰린 B가 살아난 경우는 피난의사가 없어 타인의 법익을 위한 긴급피난이 아니다) 상당한 이유가 있어야 하는데, 여기에는 보충성의 원칙, 법익균형의 원칙, 적합성의 원칙이 있다. 보충성의 원칙이란 피난행위가 달리 피할 방법이 없어 위난에 처할 법익을 보호하기 위한 유일한 수단이어야 하는 것이고, 법익균형의 원칙이란 긴급피난에 의해 보호되는 법이익이 침해되는 법이익보다 우월해야 한다는 것이고, 적합성의 원칙이란 긴급피난행위는 사회적으로 적합한 수단이어야 한다는 것을 말한다.

가령, 얼마 전에 발생한 탈주범 사건에서 교도관이 탈주범을 체포해 오던 중 갑자기 고장난 차가 탈주범을 덮치려 할 때 교도관이 B를 살리기 위해 B를 떠밀어 B가 큰 상해를 입어도 이 때는 교도관이 B를 구하기 위해 떠미는 것 외에는 달리 방법이 없는 보충성의 원칙과 B의 생명을 보호하기 위해 상해를 입힌 것이라는 법익균형의 원칙과 떠미는 것은 적합한 수단이라는 적합성의 원칙 모두를 만족시키므로 긴급피난으로 인정되어 상해죄가 되지 않는다.

또 하나의 위법성조각사유에는 자구행위(형법 제23조)가 있는데, 자구행위란 법정절차에 의하여 청구권을 보전하기 불능한 경우에 그 청구권의 실행불능, 또는 현저한 실행곤란을 피하기 위하여 자력으로 행사하는 청구권 보전행위를 말한다. 가령, 채무자가 중국으로 도망간다는 정보를 입수해 공항에서 그를 체포해도 자구행위로 인정되어 위법성이 조각되어 불법체포죄가 되지 않는다.

그런데 형법 제23조에는 자구행위를 "법정절차에 의하여 청구권을 보전하기 불능한 경우에 그 청구권의 실행불능, 또는 현저한 실행곤란을 피하기 위한 행위는 상당한 이유가 있는 때에는 벌하지 아니하되, 다만 그 행위가 그 정도를 초과한 때에는 그 정황에 의하여 형을 감경, 또는 면제할 수 있다"고 규정되어 있다.

이러한 자구행위의 성격은 사후적 긴급행위라는 점에서 사전적 긴급행위인 정당방위나 긴급피난과 구분되고, 예외적인 긴급상태에서 개인이 스스로 자기의 권리를 보전하는 행위로서 국가권력의 대행행위적 성격을 갖는다.

이러한 긴급피난의 성립요건에는 먼저 법정절차에 의해서는 청구권을 보전하기가 불가능해야 하며(음식점 주인이 돈 안 내고 빨리 도주하는 손님을 체포해 돈을 받은 경우), 자구의사를 가지고 청구권의 실행불능, 또는 현저한 실행곤란을 피하기 위한 행위이어야 하며, 또한 자구행위가 객관적으로 사회상규에 비추어 당연시되는 상당한 이유가 있어야 하는데, 여기에는 보충성의 원칙, 균형성의 원칙, 수단의 적합성 원칙 등이 있다.

또 하나의 위법성조각사유로 형법 제24조의 피해자의 승낙이 있다. 피해자의 승낙이란 제24조에서 "처분할 수 있는 자의 승낙에 의하여 그 법익을 훼손한 행위는 법률에 특별한 규정이 없는 한 벌하지 아니한다"고 규정하고 있다.

가령, A가 B에게 자기 식구들 몰래 자신의 컴퓨터를 절도해 가도록 허용한 경우가 피해자(A)의 승낙에 의한 행위로서 위법성이 조각되어 B의 행위는 절도죄가 되지 않는다.

피해자 승낙이 성립하기 위해서는 법익을 처분할 수 있는 자의 유효한 승낙이 있어야 하며, 행위자가 승낙사실을 인식하고 법익침해행위를 하였어야 하며, 법률에 특별한 규정이 없어야 하는 3가지 요건을 갖추어야 한다. 위에서 말하는 법익이란 생명과 신체에 대한 법익과 사회적·국가적 법익을 제외한 개인적 법익을 말한다(피해자의 승낙을 얻어 방화해도 방화죄는 성립되며, A가 B의 승낙을 얻어 B가 범죄를 했다는 허위 사실을 고발해도 무고죄가 된다. 그것은 방화와 무고는 사회적 법익에 관한 죄이기 때문이다. 또한 피해자의 승낙이 있어도 촉탁에 의한 낙태나 살인은 위법성이 조각되지 않고, 살인죄나 낙태죄가 된다. 그것은 촉탁·승낙에 의한 낙태죄가 형법에 처벌규정이 있기 때문이다).

이와 관련하여 추정적 승낙이라는 것이 있는데, 이것은 피해자의 현실적인 승낙은 없었으나 행위당시의 사정에 비추어 만일에 피해자가 그 사태를 알았더라면 당연히 승낙할 것으로 추정될 때에는 구성요건 해당행위의 위법성이 조각되어 범죄가 성립하지 않는 경우이다.

가령, A가 집을 비운 B집에서 물이 넘쳐 날 경우, 대문을 손괴하고 들어가 수돗물을 잠근 경우를 예로 들 수 있다.

이러한 추정적 승낙의 유형에는 피해자의 이익을 위하여 법익을 침해한 경우와(부재 중인 이웃집의 불을 끄기 위해 대문을 부수고 불을 끈 경우로 피해자의 이익(화재방지)을 위해 대문이라는 재물의 법익을 침해했다), 피해자의 이익포기로 추정되는 경우가 있다(파출부가 주인이 버리려고 한 헌 옷을 거지에게 주는 것처럼 행위자가 자신의 이익을 위해 행위했지만 피해자의 훼손되는 이익이 경미하거나 이익을 포기한 경우로 추정될 수 있는 경우).

이러한 추정적 승낙의 성립요건에는 처분할 수 있는 법익에 대해서만 가능하며 피해자에게 처분능력이 있고, 추정적 승낙은 현실적인 승낙을 얻을 수 없는 경우에만 가능하며, 또한 피해자의 승낙이 확실히 기대될 수 있어야 한다.

4) 책임성

어떤 행위가 범죄가 되기 위해서는 구성요건에 해당하고 위법해야 하며, 책임능력이 있는 자의 행위여야 한다. 가령, 심신상실자나 유아가 절도를 하더라도(구성요건에 해당하고 위법한 행동이지만) 이들은 책임능력이 없어 책임이 조각되어 범죄가 성립되지 않고 형벌을 과할 수 없다(다만, 심신상실자에 대한 치료감호법상 치료감호는 가능하지만, 이것은 형벌이 아닌 보안처분으로 별개의 문제이다).

이러한 책임의 본질에 대해서는 심리적 책임론과 규범적 책임론이 있는데, 통설은 규범적 책임론으로 이는 행위자가 적법행위를 할 수 있었음에도 불구하고 그렇게 하지 않았을 때, 비로소 책임비난이 가능하므로 적법행위의 기대가능성이 책임의 중심요소라고 보는 견해이다.

우리 형법은 책임과 관련하여 책임능력자를 적극적으로 규정하지 않고 소극적으로 책임능력이 없거나 감경되는 경우만을 규정하고 있다.

여기서 책임능력이란 행위자에게 형사책임을 부담시킬 수 있는 능력을 말하는데, 사물변별능력과 의사결정능력이 있는 경우를 말하며, 우리 형법은 책임무능력자로 형사미성년자와 심신상실자를 들고 있고, 한정책임능력자로 심신미약자와 농아자를 들고 있고, 책임무능력자의 범죄행위에 대해서는 벌하지 아니한다고 규정(형법 제9조, 제10조 1항)하고 한정책임능력자의 행위에 대해서도 범죄는 성립하지만 형을 반드시 감경하도록 규정하고 있다(형법 제10조 2항, 제11조).

책임무능력과 관련하여 우리 형법은 제10조 3항에서 행위자가 위험의 발생을 예견하고 자의로 심신장애를 야기한 자의 행위에는 책임능력자의 행위로 취급하는데, 이것이 소위 원인에 있어서 자유로운 행위이론이다. 이것은 행위자가 고의, 또는 과실로 책임무능력 상태, 또는 한정책임능력 상태를 야기하여 그 상태를 이용하여 범죄를 실현하는 것으로 이러한 원인에 있어서 자유로운 행위는 행위자가 고의, 과실로 책임능력결함상태를 만들었다는 점에서, 고의나 과실 없이 범행을 한 경우인 형법 제10조 1항, 2항과 구별시켜 책임능력자의 행위로 처벌한다.

가령, A가 B를 죽이기로 결심하고 용기를 얻기 위해 음주만취(이것이 원인설정행위이다)한 후 명정상태(술에 완전히 취해 제정신이 아닌 상태)에서 B를 죽인 경우가 원인에 있어서 자유로운 행위로, 이러한 행위는 비록 심신상실하에서 행해졌더라도 면책되거나 형이 감경되지 않으며, 책임능력자의 행위로 살인죄가 성립된다.

그리고 책임조각과 관련하여 형법상 기대가 불가능한 경우에는 강요된 행위, 과잉방위, 과잉피난 등이 있다. 강요된 행위란 저항할 수 없는 폭력이나 자기, 또는 친족의 생명, 신체에 대한 위해를 방어할 방법이 없는 협박에 의하여 강요된 행위는 벌하지 않는다는 것으로 형법 제 12조에서 규정하고 있다.

가령, 갑은 부인을 죽이겠다는 을의 협박에 부득이 을이 시키는 대로 병의 집에 가서 문화재를 절도했을 때 갑의 행위는 형법 제 12조에 의한 강요된 행위로서 형법 제 12조에 의해서 책임이 조각되어 절도죄는 성립하지 않는다. 물론, 이 때 을은 절도죄의 간접정법으로 처벌되며, 병은 갑의 절도행위에 대해서 정당방위를 할 수 있다.

또한 과잉방위나 과잉피난행위가 불안상태하에서 공포, 경악, 흥분, 또는 당황으로 인한 때에는 벌하지 않는다고(형법 제21조 3항, 제22조 3항) 되어 있는데, 이것은 특별한 사정으로 인하여 적법행위가 기대불가능하기 때문에 책임이 조각되는 경우이다. 가령, 갑이 길 가던 중 모르는 자가 만취되어 덤벼들 때 자기방위를 위해 그를 때려 그가 중상을 입었다면 방위행위가 정도를 초과한 과잉방위가 되며 이 때의 과잉방위는 방위행위의 상당성이 결여된 행위로 위법한 행위이지만, 그 때 상황이 야간에 이루어져 갑이 당황, 또는 흥분으로 인해 일어난 경우라면 책임이 조각되어 처벌되지 않는다는 것이다.

이외에도 우리 형법각칙에서는 기대가능성이 결여되는 경우로 친족간의 범인은닉 및 증거인멸(제151조 2항, 제155조 4항), 친족상도례(형법 제328조)를 두어 형벌이 면제된다.

3. 범죄의 처벌조건

보통은 범죄성립요건이 충족되면 국가의 형벌권이 발생하지만 특정범죄에 있어서는 범죄성립 후에도 형벌권이 발동하려면 특정한 조건이 필요한 경우가 있는데, 이것을 범죄의 처벌조건이라 한다. 여기에는 그것이 존재함으로써 비로소 처벌할 수 있는 객관적 처벌조건과 그것이 존재함으로써 처벌할 수 없는 인적 처벌조각사유가 있다.

다시 말해서 객관적 처벌조건이란 범죄가 성립된 경우에도 다시 형벌권을 발생시키는 데 필요한 외부적·객관적 사유를 말하는데, 가령 사전수뢰죄(제129조)에서 「공무원 또는 중재인이 된 사실」이 그것이다. 즉, 공무원이 될 자가 청탁을 받고 뇌물을 받으면 사전수뢰죄는 일단 성립하지만, 다시 그를 처벌하기 위해서는 그가 공무원으로 취임해야 한다.

인적 처벌조각사유란 범죄는 성립되나 행위 당시에 존재했던 특별한 신분관계로 인하여 행위의 가벌성의 처음부터 배제되는 경우로, 가령 형법 제328조의 친족상도례가 그것이다. A가 아버지의 시계를 절취한 경우, 절도죄는 성립하지만 둘은 직계혈족관계이므로 형벌만은 면제하는데, 이는 친족이라는 특수한 관계를 고려한다는 취지이다.

그리고 범죄가 성립하고 형벌권이 발생한 경우라도 그 범죄에 대해서 검사가 기소를 하기 위해서 필요한 조건을 범죄의 소추조건이라고 하며, 여기에는 친고죄와 반의사불벌죄가 있다. 친고죄란 피해자 기타 고소권자의 고소가 있어야 기소가 가능한 범죄를 말하는데, 이는 검사의 기소가 오히려 피해자에게 불이익을 초래할 경우를 고려한 것이다. 여기에는 강간죄, 간통죄, 모욕죄, 비밀침해죄, 결혼목적의 약취·유인죄, 간음목적의 약취·

유인죄처럼 범인과 피해자가 친족관계인가와는 관계없이 범죄자체가 친고죄인 절대적 친고죄와 형법 제328조 제1항에 기재된 친족 이외의 친족간의 재산범죄처럼 일정한 신분관계로 인해 친고죄가 되는 상대적 친고죄가 있다(조카가 삼촌집에 놀러와서 절도하였을 때에 절도죄는 성립하나 삼촌이 고소해야 처벌이 가능하다).

반의사불벌죄란 피해자의 의사에 관계없이 기소할 수 있으나, 피해자의 명시한 의사에 반하여 기소를 제기할 수 없는 범죄를 말하는데 폭행죄, 협박죄, 명예훼손죄, 과실치상죄, 외국국기모독죄 등이 여기에 해당한다. 이런 범죄에 대해서는 피해자의 의사와는 관계없이 기소가 가능하나 피해자가 불처벌의 의사를 표시한 때는 그 의사에 반해서 처벌할 수 없다.

4. 범죄의 주체와 객체

범죄의 주체란 보통은 누가 범죄를 행할 수 있는가의 문제로 형법상 범죄의 주체는 원칙적으로는 자연인이지만, 자본주의 사회의 전개에 따라 법인의 대량등장으로 인하여 법인도 범죄행위의 주체가 될 수 있느냐의 여부가 다투어지고 있다.

특히 환경공해가 심각한 오늘날은 이러한 공해범죄나 기업범죄, 경제범죄에 있어서는 법인에게 범죄능력인 범죄주체성을 인정해야 한다는 주장이 대두되고 있다.

특히 오늘날 각종 행정규제법규가 증가하고 그에 따른 법인에 관한 특별법이 증대되는데, 이러한 법인에 관한 특별법에서는 법인대표이사에 대해 징역형과 동시에 회사에 벌금을 부과하는 양벌규정을 두는 경우가 많아 법인의 범죄행위능력문제가 다투어지고 있다.

이러한 법인의 범죄능력에 대해 법인의 사회적 필요성을 중시해 온 영미법계는 이를 긍정하지만, 범죄의 주체를 오직 윤리적 인격자로만 보는 대륙법계에서는 법인의 범죄능력을 부정하고 있는데, 우리나라의 판례는 법인에게는 범죄행위능력과 책임능력이 없다고 보아 부정설에 서고 있다.

그 근거로는 법인을 처벌하게 되면 범죄와 관계없는 종업원까지 처벌받는 결과가 되어 형벌의 자기책임의 원칙에 반하고, 또한 자유형은 자연인을 전제로 한 것이므로 법인에게는 집행할 수 없다는 것을 들고 있다.

한편, 법인의 범죄능력을 긍정하는 주장의 근거는 오늘날 현대자본주의 사회에서는 법인의 중요성은 막대하고 법인은 사회적 존재로서 활동하며, 법인기관의 행위는 그 법인의 종업원의 행위임과 동시에 법인의 행위라는 양면성을 가지므로 법인을 처벌해도 이중처벌이 아니며, 비록 법인은 사형이나 자유형은 받을 수는 없지만 그런 형벌에 상응하는 법인의 해산과 직무정지를 부과할 수 있다. 또한 법인에게는 벌금형을 부과할 수 있으며, 법인도 대표이사 등 법인기관을 통해 행위할 수 있다는 것을 그 근거로 들고 있다.

법인의 처벌과 관련하여 보면 법인의 범죄능력을 긍정하는 긍정설에 의하면 당연히 형벌능력도 긍정하게 되어 법인의 형사책임을 인정하게 되며, 범죄능력부정설에 의하면 형벌능력을 부정해야 하는 것이 논리적이지만, 다수설은 법인의 범죄능력은 부정해도 형사책임은 지울 수 있다고 한다.

이 때 법인을 처벌하는 경우에 있어서 입법형식은 대부분 양벌규정을 취해 실제로 범죄를 행한 종업원과 그를 선임·감독한 법인의 양자를 처벌하는데(그렇지 않고 구성원의 행위에 대해 법인만 처벌하는 규정을 대벌규정이라고 한다), 이 때 양벌규정에 의한 법인처벌의 근거에 대해 우리 판례는 무과실책임설의 입장에 있다.

즉, 양벌규정을 책임원칙의 예외로 보아 구성원의 행위에 의한 법인의 대위책임을 인정한다는 뜻이다.

그리고 범죄의 원칙적인 주체인 자연인도 혼자서 하는 단독범과 2명이상이 하는 집단범죄가 있다.

집단범죄에는 2인 이상이 조직적·체계적 형태를 갖고 관여하는 단체범죄와 비조직적 형태로 관여하는 군중범죄, 다중범죄가 있는데, 단체범죄와 관련하여 현대에 와서 중요한 의미를 갖는 것이 조직폭력범죄이다.

한편, 범죄의 객체란 범죄행위의 대상으로서 객관적 구성요건요소로서의 고의의 인식대상이 되는 것을 말하는데, 가령 절도죄에서의 "타인의 재물", 방화죄에서의 "건조물", 공무집행방해죄에서의 "공무원"이다. 그러나 소요죄, 위증죄, 퇴거불응죄, 다중불해산죄, 무고죄 등과 같이 범죄의 객체가 없는 범죄도 있다.

범죄의 객체와 연관하여 볼 것이 범죄보호법익인 보호의 객체인데, 이것은 구성요건에 의하여 보호되는 가치적·관념적 대상을 말하는데, 예를 들어 강간죄에서의 「정조」, 절도죄에서의 「타인의 소유권」, 방화죄에서의 「공공의 안전과 평온」을 들 수 있다.

모든 범죄에는 보호하고자 하는 보호의 객체가 있는데, 이러한 보호의 객체는 구성요건요소가 아니므로 고의의 인식대상은 아니다.

5. 범죄의 분류

1) 보호법익의 종류에 따른 분류

여기에는 개인적 법익에 관한 죄, 사회적 법익에 관한 죄, 국가적 법익에 관한 죄로 나눠는데, 개인적 법익에 관한 죄에는 생명과 신체에 대한 범죄(살인죄, 상해죄, 폭행죄, 과실치사상죄, 낙태죄, 유기죄, 학대죄, 아동혹사죄), 자유에 대한 죄(체포와 감금의 죄, 협박의 죄, 약취와 유인의 죄, 강간과 추행의 죄), 명예와 신용에 대한 죄(명예죄, 모욕죄, 신용훼손죄, 업무방해죄, 경매·입찰방해죄), 사생활의 평온에 관한 죄(비밀침해의 죄, 주거침입의 죄, 퇴거불응죄, 권리행사방해죄), 재산에 대한 죄(절도죄, 강도죄, 사기죄, 공갈죄, 배임죄, 횡령죄, 장물죄, 손괴죄)가 있다.

사회적 법익에 관한 죄에는 공공의 안전에 대한 죄(공안을 해치는 죄, 폭팔물에 관한 죄, 방화와 실화의 죄, 일수와 수리에 관한 죄, 교통방해죄), 공중의 건강에 관한 죄(음용수에 관한 죄, 아편에 관한 죄), 공공의 신용에 대한 죄(통화에 관한 죄, 유가증권·우표와 인지에 관한 죄, 문서에 관한 죄, 인장에 관한 죄), 사회의 도덕에 관한 죄(성풍속에 관한 죄, 도박과 복표에 관한 죄, 신앙에 관한 죄)가 있다.

또한 국가적 법익에 관한 죄에는 국가의 존립과 권위에 관한 죄(외환의 죄, 국기에 관한 죄, 국교에 관한 죄), 국가의 기능에 대한 죄(공무원의 직무에 관한 죄, 공무방해에 대한 죄, 도주와 범인은닉의 죄, 위증과 증거인멸의 죄, 무고의 죄)가 있다.

2) 범죄완성의 유무에 따른 분류

여기에는 기수범과 미수범이 있다. 기수범은 범죄의 실행에 착수하여 결과가 발생한 범죄이며(총을 쏘아 죽였다), 미수범은 범죄의 실행에는 착수했으나(죽이기 위해 총을 겨누는 것이 실행착수이다) 결과가 발생하지 않은 것으로, 여기에는 장애미수, 중지미수, 불능미수가 있다.

장애미수는 의외의 장애사유로 인하여 자신의 의사에 반해서 범죄를 완성하지 못하는 경우로, 보통 미수범이란 장애미수만을 말하는 경우가 대부분이다(총을 쏘려는 순간 친구의 방해로 발사 안되는 것).

중지미수란 범죄의 실행에 착수한 자가 그 범죄가 완성되기 전에 스스로 범행을 중단하는 경우(절도에 착수했으나 그 물건이 가치없다고 생각해서 절도를 중지하는 경우)를 말하며, 불능미수란 결과발생은 불가능 하지만 위험성으로 인하여 미수범으로 처벌되는 경우이다(치사량에 못 미치는 수면제를 먹여 살해하고자 한 경우).

3) 일정한 결과 발생의 유무에 따른 분류

여기에는 결과범과 거동범으로 나눌 수가 있다.

결과범(실질범)은 구성요건이 행위 이외에 일정한 결과의 발생도 그 내용으로 하는 범죄로 살인죄 등 대부분의 범죄가 결과범이다(사기죄는 범인의 기망행위만으로는 기수가 되지 않고 피기망자의 재산처분행위가 있어야 기수가 되며, 상해죄에서는 상해라는 결과가 발생해야 한다).

거동범(형식범)이란 구성요건의 내용이 결과의 발생을 필요로 하지 않고 법에 규정된 행위를 할 때 범죄가 성립되는 범죄로 무고죄, 위증죄, 모욕죄, 명예훼손죄, 폭행죄, 공연음란죄 등이 있다(상대방에 대해 모욕하겠다는 의사에 의한 모욕행위만 있으면 바로 모욕죄가 성립하며, 폭행행위만 있으면 결과발생과 관계없이 바로 폭행죄가 성립한다. 가령, 폭행의사로 돌을 던졌으나 그가 피해 안 맞아도 바로 폭행죄가 성립한다).

따라서 형식범에서는 행위만으로 바로 범죄가 성립(기수)되므로 미수란 있을 수 없으며, 따라서 형식범에서는 결과와 무관하므로 인과관계가 필요하지 않다. 그러나 결과범은 결과가 있어야 하므로 인과관계가 필요하다.

4) 법익침해결과의 양태에 따른 분류

여기에서는 즉시범, 계속범, 상태범으로 나눈다.

즉시범이란 범죄행위와 동시에 결과가 발생하는 범죄로 우리 형법의 범죄는 대부분이 즉시범이다(살인죄는 살인행위와 동시에 살인결과가 발생).

계속범이란 범죄행위로 인한 결과는 발생했으나, 이로 인한 위법상태가 계속되는 것을 말한다. 여기에는 감금죄, 다중불해산죄 등이 있다(목욕하는 여인의 옷을 감추는 행위로 감금의 결과가 발생했고, 이로 인해 여자가 밖으로 나가지 못하는 위법상태가 계속된다).

상태범은 범죄행위로 인한 사후형태는 별개의 범죄를 구성하지 않는다는 것(이를 불가벌적 사후행위라고 한다)을 말한다. 가령, A가 B의 물건을 훔치면 절도죄가 되는데, 절도 후에 그 물건을 손괴, 매매해도 범죄(절도) 이후의 상태는 별개의 범죄(손괴죄)를 구성치 않는다는 것이다. 절도죄, 강도죄, 장물죄, 횡령죄 등 주로 재산범죄가 상태범이다.

5) 법규제정의 전제유무

여기에는 자연범과 법정범으로 나눌 수가 있다. 자연범이란 법규규정과는 관계없이 이미 예로부터 자연적으로 비난의 대상이 된 범죄로 강도, 사기, 상해죄 등 파렴치범이 이에 해당한다.

자연범에 대해서는 우리 형법은 원칙적으로는 고의범만 처벌하고 예외적으로 과실범을 인정한다.

법정범은 법규의 제정으로 인하여 법의 규정에 의해 범죄가 되므로 비난의 대상이 되는 범죄를 말한다. 과거 우리나라의 야간통행금지위반죄, 도로교통법과 건축법 위반죄, 조세범처벌법등이 있는데, 법정범에서는 고의범과 과실범을 불문한다.

6) 정범(범죄행위자)이 될 수 있는 행위자의 범위에 따른 분류

여기에는 일반범, 신분범, 자수범(自手犯)이 있다.

일반범이란 누구나 행위자(정범)가 될 수 있는 범죄로 구성요건에 "…한 자"라고 되어 있는 모든 범죄가 여기에 해당된다.

신분범이란 행위자의 일정한 신분이 구성요건요소로 되어 있는 범죄를 뜻하며, 여기에는 진정신분범과 부진정신분범이 있는데, 전자는 범죄의 구성요건상 신분이 있어야만 성립되는 범죄를 말하는데, 가령 수뢰죄는 돈 받는 자가 공무원이 되어야 성립되며, 공무원이 아닌 자가 뇌물을 받아도 수뢰죄는 성립되지 않는다.

위증죄는 법정에서 선서한 증인이라는 신분에 있는 자가 허위로 진술할 때 성립하지만 그런 신분이 없는 즉 법정에서 법률에 의해 선서하지 않은 자가 허위로 진술한 때에는 위증죄가 성립되지 않는다.

따라서 진정신분범에는 수뢰죄(공무원 또는 중재인), 배임죄(타인사무 처리하는 자), 횡령죄(타인재물을 보관하는 자), 위증죄(법률에 의해 선서한 증인), 간통죄(법률상 배우자가 있는 자) 등이 해당된다.

부진정신분범이란 특정신분이 형벌의 가중 또는 감경사유로 되는 범죄로, 이 때 신분이 없으면 보통의 범죄가 성립한다.

다시 말해서 신분이 없어도 범죄는 성립하나 신분이(예 : 아들) 있으므로 해서 형이 가중되거나(아들이 아버지를 살해하면 존속살해죄로 일반 살인죄보다 형이 무겁다) 형이 감경(예 : 영아살해죄는 일반살인죄보다 형이 가볍다)되는 범죄이다. 여기에는 존속살해죄, 영아살해죄, 업무상과실로 인한 죄, 업무상 배임죄 등이 있다.

자수범이란 반드시 범인 자신만이 실행해야 되고 타인을 이용해서는 실행할 수 없는 범죄를 말한다. 가령, 위증죄, 간통죄, 수뢰죄, 허위진단서작성죄, 준강간죄가 이에 해당된다.

즉, 위증은 타인을 대리시킬 수 없다. 또한 준강간이란 폭행, 협박을 사용하는 강간죄와 달리 폭행이나 협박을 사용하지 않고 항거불능의 상태를 이용해서 강간(잠자는 여자를 강간)하는 것으로, 준강간은 반드시 남자에 한하므로 이것은 자수범이다(여자는 남자와 공동정범형태로 남성을 강간할 수 있고, 이 때 강간죄가 성립되다. 즉 강간죄는 남자 외에 여자도 가능하므로 강간죄는 자수범이 아니다).

7) 특수한 주관적 불법요소에 따른 분류

여기에는 목적범, 경향범, 표현범이 있다.

목적범이란 고의 이외에도 일정한 행위의 목적을 필요로 하는 범죄로, 가령 통화위조죄는 위조라는 고의 외에도 주관적 구성요건요소로서 행사할 목적이 있어야 한다.

여기에는 목적의 존재가 범죄의 성립요건인 진정목적범(내란죄는 국헌문란목적이 있어야만 비로소 성립된다)과 목적이 없어도 범죄는 성립되나 목적의 존재가 형의 가중·감면사유로 되어 있는 범죄인 부진정목적범(내란목적 살인죄)이 있다.

경향범이란 행위자의 특정한 경향을 나타내는 것으로, 공연음란죄에서 음란을 일으키는 행위자의 경향이 그것이다.

표현범은 범인의 내심상태가 밖으로 표현되었을 때 성립하는 범죄로, 법률에 의해 선서한 증인이 진실과 다르게 말하려는 내심의의사가 그것이다.

8) 법익의 침해 내지는 위험성 유무에 따른 분류

여기에는 침해범과 위험범으로 나뉜다.

침해범이란 보호법익에 대한 현실적인 침해가 있어야 구성요건이 충족되는 범죄로, 가령 살인죄는 생명이 침해되어야 성립된다.

위험범이란 보호법익에 대한 위험상태의 야기만으로 성립하는 범죄로, 여기에는 추상적 위험범과 구체적 위험범이 있다.

전자는 추상적 위험만으로 기수가 되는 범죄, 즉 범죄의사에 의한 위험행위만으로 성립하는 것이다. 방화죄가 그 예인데, 방화 때 방화하겠다는 의사를 가지고 바로 방화행위만 하면 바로 방화죄가 성립하며, 이때 방화로 인한 결과발생에 대한 인식을 요하지 않는다(즉, 위험행위만으로 성립하고, 이로 인한 결과의 인식은 요하지 않는다).

구체적 위험범(보기 : 자기물건방화죄)이란 위험행위 외에 구체적 결과에 대한 인식(고의)을 요한다. 가령, 자기 집을 방화할 때는 자기집을 방화해서 그 결과 발생이 나타날 것이다라는 인식을 가질 때에만 방화죄로 본다.

따라서 구체적 위험범의 경우에는 고의를 요하나, 추상적 위험범의 경우에는 고의를 필요로 하지 않는다.

9) 거동의 적극성 유무에 따른 분류

여기에는 작위범과 부작위범이 있는데, 작위범이란 작위에 의해 범하는 범죄이고(강도, 강간이라는 행위를 하는 것), 부작위범이란 부작위에 의하여 범하는 범죄를 말한다.

부작위란 단순한 무위와는 달리 기대되는 특정한 행동을 하지 않는 것으로 요구규범에 대한 위반행위라는 점에서 금지규범에 대한 위반행위인 작위와 구별된다.

부작위범에는 진정부작위범과 부진정부작위범이 있는데, 진정부작위범이란 부작위에 의해 명령 또는 요구규범을 내용으로 하는 부작위범의 구성요건을 실현하는 범죄로 부작위에 의한 부작위범이다. 가령, 승낙 없이 남의 집에 침입하면 주거침입죄가 되는데, 이 때 주인이 퇴거하라고 했을 때(명령규범의 내용) 나가지 않으면 나가지 않는 그 자체(부작위)가 바로 퇴거불응죄가 되는 것이다. 여기에는 집합명령위반죄, 전시공수계약불이행죄, 다중불해산죄 등이 있다.

부진정부작위범이란 부작위에 의해 금지규범을 내용으로 하는 작위범의 구성요건을 실현하는 것으로 부작위에 의한 작위범이다. 즉, 요구된 행위를 하여야 할 자가 요구된 행위를 하지 않아 형법상 금지된 결과가 발생한 경우이다.

딸을 구할 의무가 있는 아버지가 살해의사로, 위험에 처한 딸을 구하지 않음으로 인해(부작위) 딸이 사망한 때 부작위에 의한 살인죄가 성립된다.

여기서 부진정부작위범의 성립요건에는 작위의무, 작위가능성, 동가치성이 요구되는데, 작위의무(해야 할 의무)의 발생근거는 법령(경찰의 보호조치의무, 친권자의 보호의무), 계약(사용자의 보호의무), 사무관리(가령, 노인을 보호할 의무가 없는데도 보호하기 시작한 자는 그 노인이 보호를 필요로 하는 한 계속 보호해야 함), 선행행위(운전하다가 타인에게 손상을 준 경우는 피해자를 구조할 의무가 있다), 사회상규, 조리 등이 있다.

또한 행위자에게 작위가능성이 있어야 하는데, 가령 A가 수영장에 빠진 딸을 구하고 싶었으나 전혀 수영을 하지 못해 딸을 구하지 못하여 사망한 경우라도 A에게는 수영이라는 작위가 불가능하므로 부작위범의 책임을 묻지 못한다. 또한 부진정부작위범에게는 부작위의 동가치성이 요구되는데, 이것은 부작위에 의한 구성요건 실현이(돌보지 않아 죽는 것) 작위에 의한 구성요건 실현(직접 죽이는 것)과 동등한 평가를 받을 만한 가치가 있어야 하는 것을 말한다.

가령, 수영을 잘하는 A는 딸과, 역시 수영을 잘하는 친구와 함께 수영장에 갔다가 딸이 수영장 깊은 곳에서 위험에 처했을 때 A와 친구가 방치해서 사망했다면 보호할 의무가 있고 작위(수영) 가능성이 있는 A가 부작위(방치)에 의해 딸이 죽는 것은 마치 A가 딸을 직접 죽이는 행위와 마찬가지의 가치(동가치성)가 있어 부작위에 의한 살인죄가 되며, 이 때 친구는 작위(보호)의무가 없어 죄가 되지 않는다. 이러한 부진정부작위범은 고의(어머니가 살해고의로 젖을 안주어 딸이 죽으면 부작위에 의한 살인죄)만 아니라 과실에 의한 부작위범을 망각범이라고 한다.

이러한 부진정부작위범의 처벌에 관해 우리 형법은 특별규정이 없으며, 따라서 작위범과 동일하게 처벌된다.

10) 실행행위 가공의 모습에 의한 분류

여기에는 크게 정범과 공범으로 나눌 수 있다.

정범에는 직접정범과 간접정범이 있는데, 직접정범이란 행위자가 자신의 범행을 직접 실행하는 것으로, 여기에는 혼자서 범행을 실행하는 단독정범과 여러 명이 공동으로 범죄를 직접 실행하는 공동정범(둘이서 A를 강간하는 것) 및 수인의 단독범이 병존하여 범죄가 실행되는 동시범이 있다.

간접정범이란 행위자 자신이 직접 범죄를 실행하지 않고 타인을 이용하여 간접적으로 실행하는 범죄이다. 가령, A가 어린아이를 이용해 절도를 하게 하는 경우에 A가 간접정범인데, 간접정범은 공범이 아니며 타인을 생명있는 도구로 이용하여 간접적으로 범죄를 실행하는 정범이다.

위에서 동시범은 2인 이상의 자가 상호간에 공동의 범행결의 없이 동일 객체에 대해서 범죄를 실행하는 경우를 말하는데, 동시범은 공동정범이 아니라 단독정범이 공존하는 경우이다(A와 B가 별개의 살인의사로 C에게 각각 총을 쏘아 사망하게 한 때).

그리고 협의의 공범에는 타인을 교사하여 범죄를 실행케 하는 교사범과 타인의 범죄를 방조하는 종범이 있다.

교사범이란 범죄의사가 없는 타인으로 하여금 범죄실행을 결의하여 그 죄를 실행하게 하는 자를 말한다(범죄의사 없는 A에게 B가 절도를 교사하여 A가 절도했다면 A는 절도죄, B는 절도죄의 교사범이 된다).

종범이란 타인의 범죄를 방조하는 자로 이미 범행을 결의한 자에 대하여 성립되는 점에서 범행의사가 없는 타인을 교사행위를 통해 비로소 범행결의를 하게 하는 교사범과 다르다. 가령, A는 B가 낙태한다는 사정을 알면서 그녀를 의사에게 소개하면 A는 낙태죄의 종범이 된다.

11) 행위주체의 속성을 기초로 한 분류

여기에는 성을 기준으로 남성범죄, 여성범죄, 트랜스젠더범죄로 나눌 수가 있고, 국적을 기준으로 내국인 범죄, 외국인 범죄로 나눌 수 있으며, 연령을 기준으로 소년범죄, 노인범죄 등으로 나누며, 직업적 지위에 의하여 화이트칼라범죄와 공무원범죄 등으로 나눌 수가 있고, 장애여부에 따라 일반인 범죄와 장애인 범죄로 나눌 수가 있다.

여기서 소년범죄의 특징과 유형을 보면 일반적으로 공통된 특징으로는 성범죄나 약품과 관계되는 비행이 증가하고 범죄소년의 연령이 저하되면서 이유없는 비행이 증가하며, 집단비행(단독비행의 증가)과 조직폭력범이 증가하고 중류이상의 가정출신 소년의 비행화와 Thrill의 자동차 절도가 증가하고 있다. 우리나라의 소년범죄의 특징은 학생범죄의 증가, 누범·상습범의 경향 및 조직폭력화의 경향, 폭력화, 범죄연령의 저하와 함께 중류가정 출신자의 증가경향이 있으며, 또한 소년범죄 중 형법범과 특별법범의 비율에서 형법범의 비율은 낮아지고 특별법범의 비율은 높아지는데, 특별법범 중에는 도로교통법 위반, 교통사고처리특례법 위반이 많고, 형법범에는 폭력범이 가장 높고 그 다음이 재산범(이 중에서 절도가 대부분), 강력범의 순서였다. 범죄소년의 학력이 상승하고 범죄원인은 우연이 가장 많다. 즉흥적, 충동적임을 알 수 있고 교통관련 소년범죄(폭주족)가 최근 증가하고 있다.

소년범죄의 유형을 보면 Weiner는 소년비행 원인에 초점을 맞추어 성격적 비행(정서불안 등 주로 반사회적 성격장애로 인해 야기되는 범죄), 사회적 비행(슬럼가처럼 반사회적 행동을 용인하는 문화권의 소년이 그 곳에서 승인되는 범죄를 하는 것), 기질적 비행(주의력의 결핍, 또는 간질병적 기질로 인한 비행), 신경증적 비행(긴장, 후회감이 갑자기 강렬해져 범죄가 되듯이 자신의 욕구를 표현하기 위해 개인적 동기로 시도한 범죄행위), 정신병적 비행(자신의 행동을 통제하는 능력이 부족해 야기된 범죄), 실험적 비행(호기심으로 범죄행위를 일시적으로 해 보는 것으로 담배나 음주가 있다)으로 분류했다.

그리고 여성범죄의 특성을 살펴보면 Lombroso는 기회적 성격이 강하다고 하고(여성은 환경의 영향에 의한 기회범이 많고, 여성범죄는 생래성이 드물고 덜 계획적이라고 함), Aschaffenburg는 여성범죄는 부정직성, 불성실성이 강해 절도나 장물 등의 범죄가 많다고 하며(절도나 장물은 불성실성과 관계되지 은폐성의 원인은 아님), 여성범죄의 은폐성을 언급한 Pollak은 「여성의 범죄」에서 여성은 배후에서 범죄활동에 가담하고, 소규모적·반복적 범행의 경향이 있고 범행을 직접 할 때도 비신체적 방법에 의한다고 한다. 그리고 여성범죄는 수동적 성격이 강하다고 하는데, 그것은 여성이 주로 남성의 범죄에 관여하는 종범(공범)의 형태로 가담하든가, 또는 할 수 없이 남성의 범행에 따라 하는 경우에서 알 수 있다. 그리고 여성범죄의 비율이 높은 범죄는 낙태와 유기(수동성이 원인), 간통(법규의 성격이 원인), 명예와 모욕에 관한 죄(타인에 대한 감정조절능력의 미흡이 원인), 영아살해(육아라는 생물학적 특성이 원인), 윤락행위방지법 위반 등이라고 하며, 우리나라의 범죄통계(2001년)에 의하면 죄질별로는 재산범이 가장 많고, 죄명별로는 사기가 가장 많으며, 연령별로는 40대가 가장 많다(이것은 기혼자가 미혼자보다 범죄비율이 높다는 뜻이다).

그리고 화이트칼라범죄란 블루칼라범죄에 대응되는 말로 사회적으로 존경을 받는 높은 사회적 지위에 있는 사람들이 직무수행과 관련하여 범하는 범죄를 말한다. Sutherland가 범죄는 하류계층의 현상이라는 전통적 범죄이론을 비판하기 위하여 처음 사용한 개념으로, 상류계층의 범죄는 재력과 권력으로 처벌을 쉽게 면할 뿐이라고 설명하였다.

화이트칼라범죄의 발생원인에 대해 서덜랜드는 화이트칼라범죄는 부정직한 기업인과의 차별적 접촉을 통한 범죄의 학습으로 생긴다고 하여 중화이론에서는 화이트칼라범죄인이 자신의 범죄를 합리화해 나감으로써 자신의 행위는 정당하다는 태도를 취한다고 한다. 화이트칼라범죄인들은 수치심이나 죄의식이 없고, 그 수법이 지능적 · 계획적 · 조직적, 은폐적이며 피해자가 분명치 않아 사회가 무관심하며, 범죄인은 자신에 대해 비범죄적 자기인상을 가져 자신들을 존경의 대상으로 합리화한다. 또 화이트칼라범죄는 사회의 비난강도가 약하고 범죄수법의 전문성으로 인해 발각되기도 어려우며(회계공무원이 서류를 조작해도 회계서류는 복잡해 일반인은 모른다), 체포되어도 증거수집이 곤란해 유죄판결이 곤란하다.

사회가 전문화, 복잡화될수록 화이트칼라범죄가 증가하는데, 특히 한국에서 화이트칼라범죄가 증가하는 가장 큰 원인은 사회구조적 부패와 너무나 약한 형벌이라는 형사사법적 결함 탓이다.

즉, 법의 선택성으로 인하여 형벌의 적용이 사회적 약자에게는 엄격히 적용되고 엘리트층에게는 솜방망이와 같은 판결이 화이트칼라범죄의 확대재생산을 가져왔다.

제2절 범죄학 개관

1. 범죄학의 개념

범죄학(Criminology)이라는 용어는 1879년 프랑스의 또미나르에 의해 최초로 사용되었고, 1885년 이탈리아의 가로팔로가 범죄학이란 범죄의 현상과 원인을 주로 규명하는 사실학을 의미한다고 하면서 본격적으로 사용되었는데, 시대의 변화에 따라서 또는 국가에 따라서 범죄학의 개념과 범위에 대해 차이가 있어 왔다.

보통 일반적으로는 범죄학을 협의의 개념과 광의의 개념으로 나누는데, 협의로는 범죄원인론과 범죄현상론만을 포함하는 개념으로 쓰이고, 광의로는 범죄원인론 외에 범죄대책과 예방론까지도 포함시키고 있다. 따라서 범죄학에 관한 국내외의 서적에서는 범죄학을 협의의 개념에 한정시켜 접근한 책도 있고, 광의의 개념으로까지 확대하여 접근한 책도 있다.

한편, 이와 관련하여 김보환은 범죄학을 협의, 광의, 최광의로 나누어, 협의의 범죄학은 범죄원인론만을 의미하고, 광의로는 범죄원인론뿐만 아니라, 형벌론과 교정론이 포함되는 범죄대책론까지 포함하고, 최광의로는 (Hans Gross) 광의의 개념에다가 범죄수사학까지 포함시키고 범죄학은 최광의의 정의로 해석하되, 범죄학은 서덜랜드가 주장하는 법사회학과 피해자학, 그로스가 주장하는 범죄수사론, 범죄예방과 대책에 관한 형사사법제도론이 포함되어야 한다고 주장한다.[14)]

---

14) 김보환, 전게서, 15~16면.

또한 Taft는 범죄학을 범죄인의 처우에 필요한 모든 항목을 포함하는 광의의 범죄학과 범죄의 원인만을 언급하는 협의의 범죄학으로 나누었다.[15)]

Sutherland는 범죄학을 "사회현상으로서의 비행, 또는 범죄에 관한 지식의 총체라고 하고, 범죄학은 범죄원인학과 행형학(Penology)으로 구성된다고 주장하였다.[16)]

한편, 이만종은 범죄학을 형사학의 한 분야로 규정하고 범죄학의 주요 테마를 범죄현상론, 범죄원인론, 범죄학이론으로 한정시켜 범죄학을 원인론에 중점을 두고 있다.[17)]

이외에도 여러 학자들에 따라 범죄학을 다양하게 접근하나 여기에서는 범죄학을 범죄원인론, 현상론, 대책론을 연구과제로 하는 학문이라는 광의의 입장에서 전개하고자 한다.

한편, 범죄학의 정의에 대해 Garolafo는 범죄학 개념의 정의를 범죄의 현상과 원인규명을 주된 내용으로 하는 사실학·경험과학이라고 한다.[18)]

Sutherland는 범죄학의 연구대상을 "법제정과정과 범법과정 및 범법에 대한 반응"이라고 하면서 범죄학을 "사회현상으로서의 비행, 또는 범죄에 관한 지식"이라고 정의하였다.[19)]

그러나 사견으로는 필자는 범죄학을 범죄의 현상과 원인 및 범죄대책에 관한 지식을 다루는 종합응용과학이라고 정의하고자 한다.

본인의 정의에서 기존의 개념과 차이가 나는 점은 기존의 공통적 견해는 범죄학을 가치과학이 아닌 경험과학·사실학으로 보고 있지만, 필자는 범죄학의 원인론과 현상론은 사실학적 요소가 강하지만 범죄대책론은 규범적 측면이 강하므로 범죄학을 사실학에 한정시키는 것은 오늘날 중시되는 범죄대책론을 생각할 때 문제가 있으며, 따라서 규범적 측면과 사실적 측면을 공유하고 있으며, 범죄학은 생물학, 사회학, 법학, 경제학, 법의학, 형사정책, 심리학, 인류학, 경찰학, 행정학, 사회복지학, 철학, 교정학, 인간학 커뮤니케이션학 등 자연과학과 사회과학 등의 성격을 공유하는 종합응용

15) D.R. Taft, criminology, 3판, 3면.
16) 지광준, 전게서, 8면.
17) 이만종, 범죄학개론, 학현사, 2002. 2면.
18) 지광준, 전게서, 6면.
19) 지광준, 전게서, 8면.

과학이라고 할 수가 있다.

한편, 범죄학을 협의로 볼 때 범죄학의 체계도는 범죄생물학, 범죄사회학, 범죄심리학으로 나누는 것이 통설인데, 범죄생물학은 범죄자의 범행에 영향을 미치는 생물학적 요소를 연구하는 학문이다. 여기에서는 범죄자의 행동에 미치는 신경계, 호르몬, 뇌 등 생물학적 연구요소가 그 대상이 되며, 주요 내용으로는 관상학과 골상학, 가계연구와 쌍둥이 연구 등의 유전적 이론, 신경화학물질과 내분비물 등의 생화학적 요소와 범죄와의 관계, 뇌파와 지능과 같은 신경생리적 요소와 범죄성 등의 관계를 다룬다고 할 수 있으며, 최근에는 Wilson의 사회생물학의 등장으로 신범죄생물학이 나오고 있다.[20)]

범죄사회학이란 사회적 현상으로서의 범죄가 사회에 어떠한 영향을 미치는가를 연구하는 학문으로 사회환경적 요인과 범죄와의 상호관련성을 다루는 분야로 여기에서는 아노미이론・긴장이론・하위문화이론・사회해체이론과 같은 사회구조이론, 사회학습이론과 통제이론과 같은 사회과정이론, 갈등이론과 낙인이론과 같은 사회통제이론 등이 분석도구로 쓰여진다. 최근에는 여성해방이론, 의료범죄론, 비교범죄론 등이 다루어지고 있다.

범죄심리학이란 범죄인의 심리내부에 중점을 두어 범죄자의 행동과 정신과정을 심리학적으로 연구하는 학문이다.

여기에 동원되는 주요 심리학이론에는 프로이드의 정신분석학, 학습심리론, 성격이론, 지능이론, 이상행동론 등이 있으며, 그 외에도 사회심리학, 발달심리학, 언어심리학, 동기이론, 정서이론, 지각심리학 등이 분석도구로 사용되고 있다.

학습심리론에서는 조건형성이론, 강화와 처벌, 사회학습이론, 언어학습, 학습이론 등이 있으며, 성격이론에서는 특성이론, 프로이드의 정신역동이론, 애들러와 융의 신프로이드이론, 현상학적이론, 성격평가론이 다루어진다.

지능이론에서는 지능측정이론, 지능구조론 등이 있으며, 이상행동론에서

20) 사회생물학은 "사람을 포함한 모든 종류의 유기체 내에서 성행위와 부모의 행위를 포함한 모든 형태의 사회행위의 생물학적 기반에 대한 체계적 연구"라고 하는데, 이에 관한 자세한 내용은 김보환의 범죄생물학(2004, 동국대)의 253면 이하 참조할 것.

는 갈등이론, 스트레스이론, 정신병리이론 등이 다루어진다.

사회심리학에서는 애착이론, 사회지각이론, 친교관계이론, 공격성이론, 귀인이론, 친사회적 행동론, 성역할이론, 동조이론, 설득이론, 집단심리론 등이 다루어지며, 발달심리에서는 운동발달, 인지발달, 언어발달, 정서발달, 도덕발달 등이 이루어진다.

언어심리학에서는 개념론, 언어론, 사고론, 추론 등이 다루어지며, 지각심리학에서는 감각기제론, 형태지각론 등이 다루어지는데, 이러한 심리학의 감각이론은 범죄심리학을 이해하는 것은 물론, 범죄학을 이해하는 데 필수적 요소로 그 중요성을 지나치게 강조해도 부족할 정도로 중요성을 차지하고 있다.

그리고 범죄학을 광의으로 볼 때에는 범죄원인론과 현상론 이외에 범죄대책론까지 포함되는데, 범죄대책론의 범위에 대해서는 국내도서에서는 주로 범죄예방이론, 범죄예측이론, 교정학이론, 피해자이론, 형사사법정책론, 형벌론, 보안처분론을 취급하고 있다.

필자는 여기에다가 교정복지적처우론을 범죄대책론의 한 분야로 추가하고자 하는데, 그것은 기존학자들이 공통적으로 교정을 형사사법적 대책의 한 방향에서 접근하나, 필자는 이제는 교정은 형사사법적 패러다임이 아닌 사회복지적 차원에서의 패러다임으로 접근해야 한다고 생각하며, 이에 관한 자세한 내용은 범죄대책론 분야에서 상술하고자 한다.

그리고 범죄학의 특성은 여러 학문적 협조가 필요한 학제적 접근으로 사회학, 심리학, 형사사법학, 경제학 등 여러 학문이 자신의 관점들을 상호교류하는 연구가 되어야 한다. 그런데 범죄학연구의 주류는 사회학이라는 주장도 있지만,[21] 그것은 잘못된 주장으로 양과 질을 혼동하는 견해이다. 그것은 범죄발생의 사회학적 원인과 환경을 중시하는 범죄사회학적 연구와 학자가 많다고 해서 사회학이 범죄학을 주도한다는 것은 잘못된 견해로 범죄학의 특성상 주류학문은 있을 수 없으며, 관련된 학문이 연구업적의 양과 관계없이 동등한 가치로 평가되어야 한다.

21) 이윤호, 형사정책, 박영사, 1999, 15면.

2. 범죄학의 연구목적

범죄학의 연구목적에 대해 기존학자들은 범죄실태파악이 가장 기본적 목적이라고 주장하여 어떤 범죄가 어느 정도 발생하고 있는지를 파악하는 것이 가장 먼저 이루어져야 한다는 입장이다.22)

즉, 경험적이고 실증적인 조사와 통계 등을 이용해서 범죄의 원인과 현상을 밝히는 것이 기본적 목적이라는 것이다.

그러나 범죄학을 연구하는 최종목적은 범죄에 대한 예방과 대책수립에 있다는 규범적 측면에 두어야 한다.

그런데 범죄예방과 관련하여 많은 학자들은 범죄예방을 절대적 개념으로 접근하는 오류를 보이고 있다. 가령, 배종대는 범죄예방을 "범죄발생원인을 제거하거나 범죄억제작용을 하는 여러 원인을 강화함으로써 장래에 범죄가 발생하지 않도록 하는 것"이라고 하여23) 범죄학의 궁극적 목적인 범죄예방의 패러다임을 범죄원인제거를 통해 범죄가 아예 발생하지 못해야 한다는 논리로 접근하나, 이것은 범죄발생원인은 모두 제거할 수도 없고, 또한 제거할 필요도 없다는 점과, 적정수준의 범죄는 사회발전과 사회복지에 필수적이라는 범죄사회학적 시각에 비추어 볼 때 잘못된 견해이다.

따라서 범죄학의 궁극적 목적이 범죄예방과 대책에 있다면 범죄예방의 패러다임은 모든 범죄는 아예 발생하지 않아야 한다는 절대적 개념이 아니라, 범죄를 필요한 범죄와 불필요한 범죄로 나눌때 불필요한 범죄를 가능한 한 적정수준으로 줄여 나가야 한다는 상대적 개념을 전제하고 나서 범죄학의 연구목적에 접근해야 된다고 생각한다.

또한 범죄발생의 원인도 모두 제거해야 한다는 절대적 관점이 아니라 범죄발생의 원인을 축소하고 완화해야 한다는 상대적이고 사회학적 관점에서 접근할 때 진정한 범죄학 연구의 목적이 정립된다고 생각한다.

필자가 복지범죄24)의 개념을 최초로 발표하여25) 일부범죄를 복지의 개

22) 이윤호, 범죄학개론, 박영사, 2002, 19면 이하.

23) 배종대, 형사정책, 홍문사, 2003, 317.

념으로 접근한 데서 알 수 있듯이 모든 범죄가 나쁘다는 절대적이고 왜곡된 가치개념에서 벗어나 상대적 관점에서 접근해야 한다. 또한 사회존속에 필요한 최소한의 범죄를 계량적으로 분석하고 현상태의 지나친 범죄발생량을 그러한 적정수준으로 줄여나가도록 하되, 그 사회와 계층에 필요한 적정수준의 범위를 범죄경제학적 접근으로 연구하는 데 범죄학연구의 목적이 있어야 한다고 생각한다.

이러한 목적달성을 위해서는 범죄수요곡선과 공급공선, 범죄의 수요탄력성과 공급탄력성 등 범죄경제학의 지식의 이용이 있어야 하고 범죄경제학에 관한 많은 연구가 이루어져야 한다.

한편, 범죄학과 타 학문과의 차이를 보면, 우선 범죄학을 독일어로는 Kriminologie라고 하는데, 정책학인 Kriminapolitik와는 별개로 생각하는 것은 범죄학을 형사입법에 대하여 무관심한 순수한 사실학으로 보는 고전적 의미의 범죄학을 전제로 할 때 나오는 개념이고, 서덜랜드의 정의처럼 범죄학을 형벌규정의 제정을 위한 제 조건을 연구하는 법사회학, 범죄원인론, 범죄예방 및 통제와 관련된 행형학으로 이해하는 현대적 의미의 범죄학으로 볼 때 Kriminapolitik는 범죄학에 포함되게 된다.[26)]

즉, 규범적 성격을 갖는 점에서는 정책학과 범죄학은 공통점이 있다.

범죄학과 형법학과의 관계에 대해 형법학은 범죄와 형벌의 당위적 관계를 기초로 하므로, 연구대상인 범죄는 형법상의 범죄에 한정되나 범죄학의 연구대상인 범죄는 형법상의 범죄 외에 반사회적 행위도 포함하므로 연구대상인 범죄문제에서 차이가 있으며, 형법이 범죄와 형벌, 또는 보안처분의 관계를 규정한 법규범인데 비해, 범죄학은 사실학의 대상으로 규범과의 관계를 필수요건으로 보지 않아, 범죄학은 형법학과는 다른 독립적인 학문영역이라고 한다.[27)]

그러나 사견으로는 범죄학은 사실학이라는 지광준의 견해는 범죄학의

---

24) 복지범죄란 필자가 조작한 개념으로, 가령 장애인의 성구매행위가 성매매특별법에는 형식적으로 위법한 범죄이나 실질적으로는 범죄 당사자들의 복지효용수준을 증가시켜 실질적인 총 사회효용곡선을 우상승시키는 범죄를 말한다.

25) 교정복지연구 제1호, 252면.

26) 이승헌, 형사정책, 대명, 2000, 5면.

27) 지광준, 전게서, 11면.

목적과 규범성을 강조하는 현대적 범죄학을 생각할 때 잘못된 것이며, 따라서 사실학 외에 규범학의 성격을 갖는 범죄학도 규범성 측면에서는 형법학과는 일정부분은 공통분모를 갖고 있다고 할 수 있으며, 또한 지광준은 형법학과 범죄학의 연구대상인 범죄문제에 있어 차이가 난다고 주장하지만 형식적으로 보면 맞는 말이나, 실제로는 범죄학의 대상인 범죄개념도 거의 형법학의 범죄를 연구대상으로 하는 점을 생각하면 연구대상에서도 큰 차이가 난다고 할 수는 없다.

그리고 제2차 세계대전 후 등장한 피해자학(Victimilogy)의 범죄학과의 관계에 대해 견해가 나뉘어져 있으나, 사견으로는 피해자학의 개념은 범죄피해자학과 형법상범죄 외에 모든 피해를 연구대상으로 하는 총합적 피해자이론으로 나뉠 수 있으므로 피해자학을 좁게 보는 범죄피해자학의 입장에서는 피해자학을 범죄학의 한 부분으로 볼 수도 있으며, 나아가 피해자의 존재와 피해대책을 과학적·규범적으로 연구하려는 측면을 부각시키면 피해자학의 독립과학성도 인정할 수 있을 것이다.[28)]

또한 모든 피해를 연구대상으로 하는 총합적 피해자학은 일정부문에서는 범죄학과 공통된 영역을 갖는다고 할 수 있다.

한편, 범죄심리학은 심리학, 인류학, 생물학, 생리학, 사회학, 정신의학, 통계학 등의 광범위한 지식으로 범죄자나 비행자의 행동을 사회문화적·개체적·집단적으로 규명하려는 학문이다.[29)]

따라서 범죄심리학은 범죄원인과 범죄현상을 심리적 측면에서 여러 시사적 의의를 주므로 범죄학의 한 부분이라고 할 수 있다.

---

28) 한편, 피해자학의 형사학과의 관계에 대해 독립성을 인정하는 주장과 부정하는 주장이 있는데, 위와 같은 두 주장을 대표하는 학자라고 할 수 있는 전자의 Mendelsohn, 후자의 Nagel의 입장을 요약하면 다음과 같다. 먼저, 전자의 견해를 대표하는 Mendelsohn은 범죄발생에 있어 가해자와 피해자는 불가분의 형사상 동반자인 만큼 피해자학이 형사학과는 표리적 관계에 있는 것이 사실이나, 이를 독립과학화하여 피해자의 측면을 더욱 적극적으로 분석할 때 피해원인의 제거를 위한 사회적 관심은 물론, 그 능률을 배가할 수 있게 되어 궁극적으로는 범죄방지에 크게 기여하게 될 것이라고 주장한다. 한편, 후자의 견해를 대표하는 Nagel은 종래의 형사학이 가해자의 측면을 분석하는 데에 집중하였음을 고려한다면 피해자학의 독립과학성을 주장할 수도 있겠으나, 현대의형사학은 이미 피해자학도 포괄하는 '상관관계의 형사학(criminology of relationship)'으로 발전한 이상 피해자학의 독립과학성은 타당하지 않다는 주장이다(허주욱, 교정학, 일조각, 1997, 43면).

29) 이상현, 범죄심리학, 박영사, 2004, 11면.

그리고 범죄수사학은 범인을 잡기 위한 기술적 수사에 관한 과학적 학문으로 범죄학과는 차이가 있지만 범죄학과 범죄수사학은 상호간에 영향을 주는 공생관계에 있다고 할 수 있다. 그것은 범죄수사에 범죄원인론에 관한 범죄학이론을 응용할 수 있으며, 또한 범죄수사론의 한 분야인 DNA나 유전자정보연구를[30] 범죄원인론의 연구에 도움을 줄 수 있다.

그리고 경찰행정학과 범죄학과의 관계를 보면 경찰행정학은 경찰철학, 경찰체계, 경찰정책에 관한 과학적 탐구를 하는 종합적 학문으로 범죄학과는 다르지만 범죄학의 궁극적 목적이 범죄대책에 있다면 범죄대책과 관계되는 경찰방범론, 경찰경비론, 지역사회경찰론, 경찰외사론 등은 범죄학과 공통분모를 갖고 서로가 서로에게 영향을 주고받는다고 할 수 있다.

또한 법의학은 생물학 등 여러 자연과학적 지식을 이용하여 수사에 필요한 정보수집을 연구하는 과학적 학문으로 범죄원인론과 관계되는 범죄학과는 다른 영역이지만 일정부분에서는 상호영향을 주고받는다고 할 수가 있다.

---

30) 최근 유전자정보데이터를 수사기관에 활용하는 법안이 마련되었다. 법무부는 11일 강력범죄에 대한 수사의 효율성을 높이기 위해 유전자 정보를 채취해 데이터 베이스(DB)화할 수 있는 내용의 '유전자 감식 정보의 수집 및 관리에 관한 법률(안)'을 입법예고했다. 법안은 국무회의의 심의와 국회의결을 거쳐 내년 상반기에 발효될 것으로 보인다. 법률안은 살인 · 강도 · 강간 · 방화 · 특수절도 · 체포감금 · 약취유인 · 범죄단체조직 · 마약 · 특수상해 및 폭행 등 11개 강력사건 피의자와 수형자 등의 유전자 정보를 DB로 보관할 수 있도록 규정하고 있다. 유전자 정보관리 권한은 검찰과 경찰에 분산돼 경찰은 구속피의자 본인의 동의나 법원영장을 받아, 검찰은 형이 확정된 수형자에게서 강제로 유전자 감식시료(구강점막 등)를 수집한다. 수사기관은 시료를 분석해 부호화한 유전자 정보를 DB로 저장해 관리하다 범죄현장에서 수거한 혈흔 · 모발 등과 대조하는 방식으로 범인을 식별한다. 감식정보를 DB화한 뒤에 시료는 폐기해야 하며, 피의자나 수형자가 무죄 · 면소 · 공소기각 · 불기소처분 등을 받으면 DB화한 유전자 감식정보도 함께 없애야 한다. 또 국무총리 산하에 '유전자 감식정보위원회'를 설립해 7~9명의 위원이 유전자 감식 표준기법 선정, 감식정보 및 색인사항 변경, 유전자 감정의 질적 관리, 유전자 DB관리의 감시 등을 담당하도록 했다. 유전자 감식정보를 훼손 · 은닉한 사람은 7년 이하의 징역, 업무목적 외에 유전자정보를 누설하거나 허위정보를 입력한 사람은 3년 이하의 징역, 또는 2000만원 이하의 벌금에 처하게 된다. 법무부 관계자는 "수형자 중 1만 5000~1만 7000명이 유전자 정보관리 대상에 포함되고 피의자 중 연간 3만여명이 해당범죄로 구속되기 때문에 연간 3만 건 이상의 유전자 정보 DB화가 이뤄질 것으로 예상된다."고 말했다. 법무부와 경찰은 1994년에 각각 유전자정보은행 설치법안을 마련했지만, 설립주체 문제를 놓고 두 기관의 합의가 이뤄지지 않았고, 인권침해 소지가 있다는 일부 여론에 밀려 입법이 좌절됐다. 외국에서는 미국 · 영국 등 76개국이 유전자 DB를 만들어 활용하고 있다.<중앙일보, 2005, 11, 12>

그리고 교정학과 범죄학과의 관계를 보면 교정학이란 범죄인에 대하여 여러 과학적 처우를 통해 사회에 복귀시키는 데에 관한 종합응용과학이라고 할 수가 있다.[31)]

따라서 교정학은 범죄학과는 다른 영역이지만 교정학과 범죄학의 일정 부문은 서로 영향을 주고받는 공통된 영역이 있다.

즉, 교정학의 내용이 시설내 처우, 사회적 처우, 사회내 처우라고 한다면 보호관찰, 갱생보호, 지역사회교정 등의 사회내 처우론은 범죄대책과 관계되며, 이것은 범죄대책을 궁극적 목적으로 하는 범죄학 이론에 영향을 준다고 할 수가 있다.

한편, 범죄학의 성격이나 다른 학문과의 관계에 대하여 일본의 미야자와 고이찌는 전형법학(全刑法學)이라는 개념을 내새워 범죄학을 사실학의 한 부분으로 보면서 범죄학을 범죄원인론과 범죄현상학으로 나누고 범죄원인론에는 범죄정신의학, 범죄심리학, 범죄생물학, 범죄인류학을 포함시키고 범죄현상학에 범죄사회심리학과 범죄사회학을 포함시킬 것을 주장한다.[32)]

---

31) 교정학과 행형학은 약간 다른 개념으로 행형학의 행형은 시설내 처우를 중심으로 하는 개념으로 형벌권의 법률적·형식적 측면을 강조하고, 교정은 시설내 처우 외에 사회내 처우도 내포하는 개념으로 형벌권의 실질적, 이념적 성격을 강조한다고 볼 수 있다. 한편, 행형은 자유형의 집행방법만(행형법에 규정, 본래 의미의 행형) 의미하는 협의의 행형과 협의의 행형에 미결수용, 사형수의 수용, 노역장 유치를 포함하는 광의의 행형으로 구분하기도 하는데, 현행 행형법은 광의의 행형개념을 전제로 한다. 오늘날 행형과 교정은 혼용해 사용하는 것이 일반적이지만, 사회내 처우가 중시되는 현대에는 행형보다는 교정이란 용어가 더 적절하다고 볼 수 있다(그러나 오늘날에도 행형이란 용어는 여전히 사용된다).
교정의 목적에 대해서는 행형법 제1조는 수형자의 사회복귀와 미결수용에 관한 사항의 규정이 목적이며, 보호관찰 등에 관한 법은 죄를 범한 자로서 재범방지를 위해 사회내 처우가 인정되는 자를 대상으로, 지도·원호를 통해 건전한 사회복귀 촉진, 효율적 범죄예방활동의 전개, 개인 및 공공의 복지 증진, 사회보호가 목적이며(제1조), 사회보호법은 죄를 범한 자로서 재범의 위험성이 있고 특수한 교육개선과 치료가 필요한 자를 대상으로 보호처분하여 사회복귀를 촉진하고 사회를 보호하며, 소년법은 반사회성이 있는 소년을 대상으로 환경의 조정과 성해위교정을 위한 보호처분과 형사처분에 관한 특별조치를 통해 소년의 건전한 육성을 목적으로 한다(제1조).
구체적으로 살펴보면 행형법은 수형자의 경우는 사회격리와 재사회화를 균형있게 추구하나, 미결수용자의 경우는 격리만을 추구하며, 재범의 위험성이 있는 자를 대상으로 하는 사회보호법은 재사회화의 측면은 약하고 격리를 통한 사회방위가 큰 목적이다.
소년법은 교육의 측면을 아주 강조해 재사회화를 강조하며, 보호관찰등에관한법은 사회격리 측면은 버리고 재사회화(악풍감염방지)를 주된 목적으로 한다.

그가 주장하는 전형법학의 개념적 체계도는 아래와 같다.

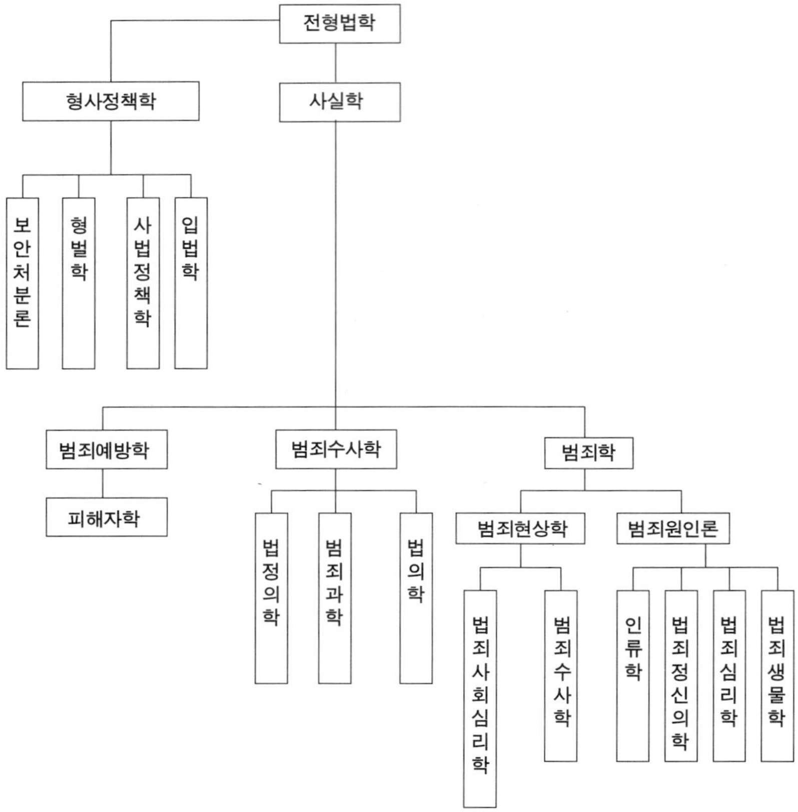

그러나 미야자와 고이찌의 전형법학의 개념도는 잘못된 것이다. 가령, 그가 피해자학을 사실학의 한 부분으로 취급하지만, 피해자학은 그러한 사실학 이외에도 규범적 성격에서의 피해자 행동연구, 형사절차상 취해져야 할 피해자보호 정책과 피해자 치료 및 지원 등의 방향 등에 관한 규범학의 성격도 많이 포함하는 혼합적 성격을 띰에도 규범학적 측면을 배제한 사실학으로 좁게 피해자학을 보는 것은 옳지 않다.

32) 지광준, 전게서, 15면.

또한 그는 범죄학을 범죄현상학과 범죄원인론에 한정시켜 범죄학을 사실학의 범주에서 취급하나, 이는 범죄학 그 자체의 목적이 바람직한 범죄대책을 어떻게 세울 것인가 하는 규범적 측면을 간과한 잘못된 견해로 어디까지나 범죄학은 범죄대책이라고 하는 규범성을 목표로 하고, 그런 목표를 위해 범죄원인과 범죄현상에 관한 사실학적 측면을 겸유하는 종합응용과학인 것이다. 따라서 필자가 생각하는 범죄학의 체계도는 다음과 같다.

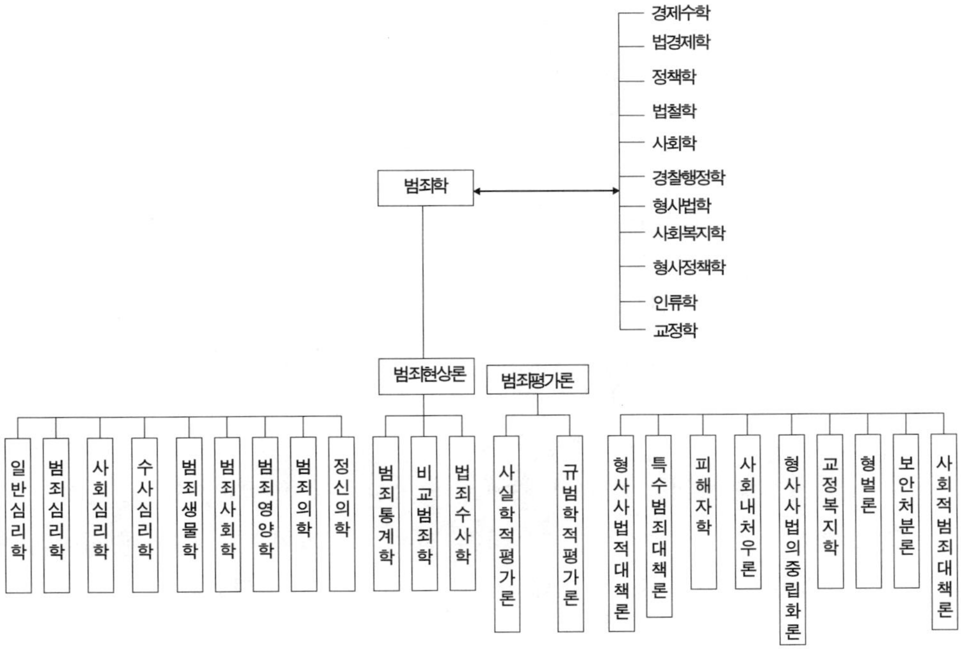

위의 그림에서 ←→ 표시는 범죄학에 영향을 미치는 학문이다.

범죄원인론에서는 위의 그림에 있는 여러 학문들이 관계되는데, 특히 미야자와 고이찌가 범죄사회심리학을 범죄현상학에 둔 것과 달리 필자는 범죄원인론에 포함시켰다. 그것은 사회심리학의 여러 내용들인 애착, 사회지각, 친교관계, 호감, 미워함, 공격성, 귀인, 친사회적 행동, 성 역할, 동조, 설득, 매스커뮤니케이션, 편견, 집단심리의 내용들이 범죄현상에 관계되는 것보다 범죄원인론에 훨씬 더 가깝기 때문이다. 가령, 어린아이의 애착부족이 범죄행동의 원인이 되며, 공격성 이론에서도 공격적 행동에 대한 강화나 모방과 같은 학습이 있을 경우, 공격성엔 범죄가 나타난다. 또한 범죄행동을 하게 된 원인을 찾는 이론이 귀인(attribution) 이론으로 어떤 범죄인이 왜 그런 범죄행동을 하게 된 원인을 자극대상(stimulus object), 연기자(actor), 상황(context)이라는 3차원에서 파악 할 수 있기 때문이다.

또한 동조이론도 범죄를 하게 된 이유를 설명해 주는데, 즉 범죄인이 이해할 수 없는 범죄행동을 했을 때, 그것은 그가 그런 범죄행위에 동조한 이유를 동조이론의 내용인 정보성과 신뢰성, 이탈의 두려움, 집단의견, 집단의 크기에 의해 영향을 받았기 때문이다.

또한 데모와 같은 군중행동을 하게 된 원인을 설명해 주는 이론이 집단의사결정이론과 집단심리이론이며, 또한 왜 남성이 여성보다 더 많은 범죄를 짓게 되는 이유와 관계되는 이론이 성 역할(sex role) 이론이다.

또한 친교관계이론의 내용인 인지균형조화론, 학습의 원리, 교환의 원리에 의해 왜 인간이 범죄행위를 하게 되는 이유를 설명해 준다. 따라서 필자는 미야자와 고이찌와 달리, 범죄사회심리학을 범죄원인론에 포함시켰다.

그 다음에 필자는 범죄학 체계를 범죄현상론, 범죄평가론, 범죄대책론으로 연결시켰는데, 기존이론과 다른 점은 범죄평가론을 추가한 점이며, 범죄대책론에서 사회적 범죄대책론과 형사사법의 중립화론을 넣은 점이다. 형사사법의 중립화론이란 형사사법의 제3섹터론과 형사사법의 민영화론을 포함하는 개념인데, 형사사법의 제3섹터론은 형사사법기능을 관료제인 공공기관과 민간기구가 공유하자는 조작적 개념이며, 형사사법의 민영화란 경찰 등의 일부기능을 민간에 이양시키자는 것으로 민간경비론, 공인탐정제도 등을 둘 수가 있는데, 이러한 형사사법의 중립화론의 배경은 모든 치안재의 생산을 경찰이나 검찰이 독점생산 하는 데 대한 폐단에 대한 반발로 나왔다고 할 수 있다.

3. 범죄학의 연구방법

범죄학의 연구방법에서 기존학자들이 많이 사용해 온 것에는 범죄통계, 실험적 방법, 개별조사(사례연구, 참여관찰법, 추행조사), 표본집단조사방법 등이 있다.

범죄통계란 범죄인과 각종 범죄에 대한 공식적인 분석결과를 집계한 각종 자료로서 형사사법절차 단계에 따라서 경찰청에서 발간하는 경찰통계표, 검찰청에서 발간하는 경찰통계표, 법원행정처와 교정국에서 발간하는 통계표가 있는데, 이러한 형사사법절차를 거치면서 범죄통계표에 나타나는 범죄는 줄어들게 된다. 왜냐하면 경찰청 발표에서 계산된 범죄자도 기소되지 않으면 검찰청 통계에서는 누락되기 때문이다. 우리나라의 경찰청이 발간하는 통계표에는 「범죄분석」과 「경찰백서」가 있으며, 검찰청의 통계에는 「범죄분석」이 있다.[33]

또한 법무연수원의 「범죄백서」, 법원행정처의 「사법연감」 등이 있다.

앞에서 언급하였듯이 위의 각종 공식통계표들은 차이가 나는데, 그것은 형사절차 단계의 속성 때문이다. 가령, 일정기간 내에 한 사회 내에서 발생한 총범죄 수가 있다 해도 실제로 신고나 인지 등을 통해 수사기관에 접수되는 과정에서 신고되지 않은 암수범죄가 누락된다. 또한 경찰기관에 인지된 범죄라고 하여도 검찰기관의 재량에 따른 기소편의주의에 따라 불기소되는 범죄건수가 검찰청 통계에서 누락되며, 검찰이 기소하였어도 법원이 최종판결을 선고하는 과정에서 또 줄어들게 되어, 공식통계표는 그 속성상 한계를 가질 수밖에 없다. 이러한 공식통계의 한계를 극복하는 한 방법으로 암수범죄에 관한 연구가 있는데, 암수범죄연구에 관해서는 후술하기로 한다.

그리고 이러한 공식범죄통계표의 분석도구로 범죄율과 범죄시계 등이 있는데, 범죄율은 인구 10만명당 범죄발생건수를 계산한 것으로 인구대비

33) 전대양, 현대사회와 범죄, 형설, 2002, 32면.

범죄발생건수를 비교할 수 있다는 점에서 유용한 자료이지만, 중요 범죄와 상대적으로 가벼운 범죄가 동등한 범위로 취급되어 통계화된다는 문제점이 지적되며, 범죄시계란 미국의 범죄통계에서 나오는 것으로서 매시간마다 범죄발생현황을 표시한 것으로서, 일반인에게는 범죄예방기능을 한다.[34)]

기존의 범죄율과 범죄시계에 추가하여 필자는 피해자시계와 교정시계, 범죄농담(濃淡)의 개념을 사견으로 제시하고자 한다. 피해자시계란 매시간마다 피해자 발생현황을 표시한다고 개념지을 수 있다. 이 때 피해자시계와 기존의 범죄시계의 운동속도는 다른데, 그것은 일반적으로 피해자시계가 범죄시계보다 더 빨리 움직인다고 할 수가 있으며, 범죄유형과 범죄특성에 따라 피해자시계의 속도도 달라진다고 할 수 있다.

가령, 가벼운 절도행위만 본다면 범죄시계와 피해자시계는 같은 속도로 움직이지만, 한 번의 방화죄로 수많은 사람이 피해를 입었다면 피해자시계는 범죄시계보다 훨씬 빠른 속도로 움직일 것이다.

이러한 「피해자 시계」라는 조작적 개념의 의의는 피해자학 이론과 관련하여 의의가 있으며 또한 기존의 공식통계표에는 없는 「피해자 분석」이라는 통계표의 작성이 범죄학 연구에 있어서 중요하다는 것을 시사해준다고 할 수 있다.

또한 본인이 최초로 만든 「교정시계」라는 개념도 교정국에서 발간하는 각종 통계표의 나아갈 방향을 제시해 준다는 데에 그 의의를 찾을 수가 있다고 할 수 있다. 왜냐하면 교정의 실질적인 목적은 범죄인의 교화에 있기 때문이며, 이는 출소자의 재범죄률과 관계된다고 할 수 있다.

교정시계란 본인이 만든 개념으로 재사회화의 속도를 나타내는 것을 말하는데, 이미 의식이 고착화된 노인의 교정시계는 잘 가지 않으나 상대적으로 소년수형자의 교정시계는 빨리 갈 수 있어 자원배분의 기준이 될 수 있다. 교정시계는 수용자 개인의 교정시계, 각 교도소의 교정시계, 한국의 교정시계가 있는데, 이와 관련해 교정시계 속도를 빨리 하기 위한 관리전략이 필요한데, 예를 들어 수용자가 민주적이고 교도관이 민주적이라면 수

34) 정신교, 범죄학개론, 형설, 2005, 36면.

용자의 교정시계는 빨리 가고, 교도관이 권위적이고 수용자가 민주적이면 교정시계는 느리므로, 이때에는 교도관의 행태변화를 위한 교육이 필요하다.

범죄농담이란 여러 가지 의미로 사용될 수 있는데, 가령 한 지역사회에서 일정기간에 발생한 총범죄를 강도, 살인과 같은 중한 범죄로 나눈 것을 말하며, 따라서 범죄농담률이 높을수록 그 지역사회는 중범죄가 많이 발생한다고 추론할 수 있으며, 또한 범죄농담을 한 지역사회에서 일정기간 동안에 발생한 총범죄를 매춘 등 피해자 없는 범죄로 나눈 개념으로 정의한다면 범죄농담이 높은 지역은 그 지역범죄인들의 특수한 욕구를 추론할 수가 있게 된다. 이러한 각 지역들의 범죄농도를 전국적으로 표시한 것을 범죄농담지도라고 할 수 있으며, 이러한 범죄농담지도의 범죄학적 의의는 국가가 범죄예방정책을 세울 때 그 준거기준과 방향을 제시해주는 데 있다고 할 수 있다.

그 다음으로 실험적 방법이란 실험적 상황하에서 독립변수와 종족변수의 개념을 이용하여 독립변수가 종속변수에 미치는 영향을 살펴보는데 이용되는 방법으로, 사회과학에서 보통 쓰이는 실험법을 차용한 것이다. 보통 사회과학의 실험연구는 2개의 변인간의 관계를 밝히는 것인데, 변인을 여러 수준으로 변화시켜 이에 따른 반응의 변화를 측정하는 것이다. 장점은 하나의 독립변인에 의해 어떤 반응이 나타나는가를 정확히 알 수가 있다는 것이고(욕설의 강도에 따른 반응을 연구할 때 욕설이라는 독립변인을 강도에 따라 여러 가지로 변화시켜 제시하면 피험자의 반응을 정확히 알 수 있다), 단점은 독립변인을 극단적으로 변화시킬 수 없다는 것이다. 가령, 소음의 강도에 따른 반응을 연구할 때 실험실에서 낼 수 있는 소리의 강도가 있다면 실제로는 그 이하의 소음도 있으나, 그것은 인간이 들을 수 없다는 한계가 있다. 또 자연적 사건과 실생활의 일들은 실험상태로 만들 수 없다(지진에 대한 인간의 반응을 연구할 때 지진이라는 사건을 만들 수 없다).

실험법에서는 윤리적 문제가 발생하는데, 가령 공격적 행동의 모방과 학습을 실험할 때 피험자가 실험실에서 공격적 행동을 모방하다가 그만 실생활에서 공격적이 되어 버리면 곤란하다. 또한 프라이버시의 문제가 있다.

따라서 어떤 연구이든 피험자의 프라이버시는 존중되어야 하고, 따라서 피험자의 자발적 참여가 있어야 한다.

또한 실험에 있어 bias(편파)의 문제가 생긴다. 여기에는 실험자의 편견과 피험자의 편견이 있는데, 실험자의 bias란 실험자가 어떤 방향으로 가기를 바라는 때의 편파이다. 교도관이 수형자의 지능검사 때 수형자를 보니, 영리하게 생겼다면 수형자가 잘못 알 때 규정에 위배해 한 번 더 설명해 주어 실험자가 바라는 대로 피험자가 반응하도록 하는 현상이다. 피험자의 bias란 피험자는 은근히 실험자가 바라는 방향으로 반응할 수 있다(잘 보이려고). 또는 피험자는 자기가 좋은 사람으로 보이려고 왜곡된 반응을 한다(히스테리가 있는 데도 없다고 대답한다).

이러한 실험방법은 암수범죄의 조사에도 이용되고, 적은 비용이 들지만, 위에서 언급한 여러 이유로 인해 일반화하기에는 어려운 면도 있다.

그 다음에는 개별조사연구방법이 있는데, 이것은 범행에 영향을 미친 여러 요인을 종합적·동태적으로 분석하는 방법으로 범죄경제학, 정신의학, 법의학, 생물학, 문화인류학, 사회학, 생리학, 인간학 등을 이용해 종합 응용과학적으로 접근하는 것으로 사례연구, 참여관찰법 등이 있다.

사례연구란 특정사례를 심층적으로 연구, 조사하는 방법이다. 어떤 범죄자가 범행을 하게 된 원인을 인격과 환경의 양측면에서 분석하는 과거 중심적 연구방법이다.

범인의 인터넷에 있는 메일의 내용이나 사생활과 관련된 모든 정보도 연구의 대상이 된다. 이 방법은 특정개인이 그런 범행을 하게 된 원인을 심층적·역동적으로 깊이 내면의 세계로 접근할 수 있다는 데 의의가 있으나, 한 범인을 오랫동안 관찰해야 하므로 오랜 기간이 걸리고 많은 비용이 든다. 또한 연구자의 주관에 의해 연구방향이 잘못될 수도 있고 각종자료나 정보도 다른 관점에서 해석될 수 있는 한계를 안고 있으며, 특정 연구결과이므로 동일한 범죄에다가 일반화시킬 수 없는 방법으로 어디까지나 보완적 방법으로 사용되어야 한다.

참여적 관찰법은 실험연구자가 직접 범죄인과 함께 생활하면서 그들이 범죄를 하게 된 원인과 환경에 관한 자료나 정보를 수집하는 방법으로, 이것 역시 사회과학연구방법인 체계적 관찰법의 하나인 관찰법을 범죄학 연구방법에 차용한 것이다. 이러한 관찰법의 장점은 여러 변인을 동시에 관찰할 수가 있고 의도되지 않은 것도 관찰된다(사회성을 알기 위해 조사했는데, 아이의 좌절의 원인을 알 수 있다). 그러나 이 방법은 관찰은 쉬우나 객관적으로 기록해야 한다는 것이 전제되어야 한다. 즉, 연구대상에 대한 편견을 배제하고 연구결과에 대한 주관적 해석은 삼가해야 한다.

또한 관찰법은 자연스러운 상황에서 피험자가 모르게 관찰하는 것으로 상황표집을 잘 해야 되는 문제가 있다(사회성을 알려고 하는데, 사회성이 나타날 상황을 어떻게 잡아야 하는 문제).

이러한 참여관찰법은 주로 과거에 문화인류학자들이 특수사회나 인종에 대한 연구방법으로 많이 사용한 방법이며, 교정학에서는 미국의 오스번이 직접 자원수형자가 되어 수형자와 교도소 생활을 관찰한 것이 있는데, 범죄인의 범죄원인과 환경에 관해 신선한 정보를 얻은 점이 특징이다.

그리고 표본집단조사가 있는데, 이것은 범죄자의 일부를 표본으로 선정하여 이를 실험집단이라고 하고, 이들을 정밀관찰한 결과를 전체범죄자에게 유추적용해서 그 전체상황을 파악하는 방법인데, 전체 범죄자를 관찰하는 것이 현실적으로 불가능한 데서 오는 방법이다. [35]

한편, 범죄학의 연구종류는 일반 사회과학의 연구종류처럼 이론적 연구와 경험적 연구, 기초연구로 나눌 수가 있다. 이론적 연구란 하나의 이론에 근거해서 여러 가설을 세우고, 그 가설을 검증하는 것이다. 공격적 행동은 학습되었다는 이론을 검증하기 위해 가설을 세우고 검증할 때 인형을 성인이 차는 것을 아이들에게 보여 주고 성인에게 돈을 주는 것을 보여 주는 A 집단과, 보여 주지 않는 B집단을 설정하고 아이들을 A 집단에 넣으니 아이들도 인형을 심하게 공격하였으며, 따라서 공격적 행동은 학습(모방)에 의한 것이라는 것이다.

경험적 연구란 가설을 세우지 않고 구체적인 증거를 통해 일반적 사실을 끌어내는 것이다(상습범들을 조사해 보니 부모들이 실업자, 미혼모, 폭력부모 등이 많았다면 상습범과 이런 것들은 상관관계가 깊다는 것).

기초연구란 실제상황에 관련되지는 않았으나 일반적 · 기본적인 것을 연

---

35) 정신교, 전게서, 40면.

구하는 것(모방은 공격성에 어떤 영향을 주는가?)이고, 응용연구는 현실문제에 대해 그것을 해결하려고 하는 것이다(TV의 폭력물은 청소년 범죄에 어떤 영향을 주는가?).

그리고 범죄학 연구의 테크닉도 일반사회과학의 테크닉과 같은데, 여기에는 기록물연구, 문화비교연구, 관찰연구 등이 있다.

기록물연구란 이미 발간된 기록물에서 이용된 자료를 모으는 것으로, 현장연구에서 많이 쓰인다. 통계자료로써 비교한다.

문화비교연구는 문화간의 차이를 비교·연구하는 것으로, 이 연구의 근본목적은 일반화를 넓히기 위한 것이다(백인의 기쁜 표정이 이렇다면 흑인도 그러하다).

관찰연구는 행동을 직접 관찰하는 것으로, 가령 수형자들이 흥분된 상황에서 어떻게 싸우는가를 관찰하는 것 등이며, 관찰척도를 만드는 것이 문제이다.

4. 범죄학의 연구대상

1) 범죄[36)]

앞에서 보았듯이 범죄학의 연구대상은 범죄이다. 이 때 범죄란 형법 등 처벌법규에 의해 규정되어지는 형식적 의미의 범죄, 즉 구성요건에 해당하는 위법하고 책임 있는 사법적 개념의 범죄만이 아니라, 법을 어기지는 않았지만 사회규범을 어긴 일탈행위까지도 포함하는 넓은 개념으로 봐야 한다.

그것은 범에 정한 규범을 어긴 범죄행위와 사회규범을 어긴 일탈행위의 범위는 시대와 장소, 또한 지배계층의 상징조작에 의해 변하기 때문이다. 어떤 나라에서는 흡연을 범죄로 보지만, 그렇지 않은 나라에서는 범죄로

36) 여러 개념이 있는데 Crime은 형식적 의미의 범죄개념으로 법률적 처벌대상이며, Deviance는 실질적 범죄개념으로 그 사회의 규범을 어긴 행동이며, Delinquency는 신분에 상응한 의무를 다하지 않는 비행을 말하고, Sin은 주로 종교 등의 규범에 벗어난 행위이며, Vice는 인격적 결함에 기인한 행동이고, Offense는 풍습 등에 위반한 범칙행위라고 할 수 있다.

보지 않듯이 국가에 따라 범죄나 일탈행위의 범위도 달라지고, 과거에는 범죄는 아니지만 일탈행위로만 보아온 것이 시대추세에 따라 법에서 정한 형식적 의미의 범죄로 되기 때문이다.

물론, 범죄학의 연구대상으로서의 범죄란 형식적 의미의 범죄가 가장 중요한 개념이지만, 법학적 개념 외에 사회학적 의미를 갖고 있는 범죄학의 연구대상으로서의 범죄에는 형식적 의미의 범죄 외에 일탈행위, 즉 법규정과는 관계없이 사회적 질서에 대한 법익침해행위인 실질적 의미의 범죄도 포함된다.

따라서 법규에 위반되지는 않았지만 사회적 일탈행위도 연구대상이라면, 이러한 사회적 일탈행위의 범위와 개념 등을 정확히 하는 한계기능도 연구대상에 포함되어야 한다. 가령, 일탈행위(법도 마찬가지지만)가 어떻게 그 사회에서 일탈행위로, 또는 법규위반으로 되는가는 법이나 일탈행위의 기원을 보수적 관점인 구조기능론적 관점에서 볼 것인가, 또는 지배층이 자신들의 기득권을 옹호하기 위해 만든 것이 법, 또는 사회규범이라는 갈등론적 관점에서 볼 것인가에 따라 달라진다.

2) 범죄인

(1) 기존의 범죄인 분류

범죄인의 특성, 행태 등 모든 것도 당연히 범죄학의 연구대상에 포함되는데, 기존학자들이 범죄학의 연구대상으로서 행한 범죄인 분류를 살펴보면 다음과 같다.[37)]

※ 범죄인 분류는 범죄로부터 사회를 방위하는 것을 강조하는 주관주의 형법의 산물로 객관주의 형법이론에서는 없다.

가. 롬브로조의 분류

그는 인류학적 소견을 기초로 범죄인을 생태적 범죄인, 간질범죄인, 격정 범죄인, 정신병·정신박약 범죄인, 기회적 범죄인으로 나누고, 기회적

37) 신진규, 범죄학, 법문사, 1995, 418~426면.

범죄인은 다시 가범죄자(假犯罪者), 준범죄자(準犯罪者), 신체이상 없는 상습범죄자로 나누었고, 그는 생태적 범죄인과 간질범죄인이 전형적인 범죄자로 규정하고, 이들은 몇 가지의 신체적·정신적 특징을 갖고 있다고 주장하였다.

여기서 생태적 범죄인이란 선천적인 범죄인으로 처음부터 교정이 불가능하다고 하며, 격정범죄인은 순간적인 감정에 격분해서 범죄를 행하는 자이고, 가범죄자는 범죄위험성은 없으나 기회가 주어지면 범행을 할 수 있는 범죄인을 말하며, 준범죄인은 다소 생태적 성질을 가진 범죄인을 말한다.

나. 페리의 분류

그는 롬브로조가 중시한 인류학적 조건 외에 사회학적 조건과 자연적 조건을 동시에 중요시하면서 범죄인을 생태적 범죄인, 정신범죄인, 격정범죄인, 기회범죄인, 상습법죄인, 비악의 범죄인으로 나누고, 생태적 범죄인은 범죄의 자극에 대한 저항력이 크게 감축되어 있거나 강한 범죄경향성을 지닌 자로서, 개선이 불가능하므로 사회에서 격리하거나 유형이 적당하다고 주장했다. 정신범죄인은 정신병원에 수용해야 하며, 기회범죄인은 범죄자의 대다수를 이루며, 주로 가정환경 또는 사회환경의 장애에 기인한 범죄자로서 성향이 중한 자는 노동을 통한 치료를 해야 하며, 성향이 경한 자는 격정범에 준해서 처벌해야 한다고 주장하였다. 상습범죄인은 습득한 습관의 결과로 범죄자가 된 경우로 개선이 불가능한 자는 무기격리하고 개선이 가능한 자는 훈련하여 개선할 것을 강조하였다. 비악의 범죄자란 주의태만, 규칙 불준수 등에 의한 가해자로, 이들 중에는 처음부터 도덕감정이 없는 자, 기술적 지식이 결여된 자, 주의능력이 없거나 소멸된 자가 있다고 한다.

다. 리스트의 분류

리스트는 법익 침해의식이 결여된 범죄인, 범인에 대한 동정으로 인한 범죄자, 긴급범죄자, 성욕범죄자, 격정범죄자, 명예심과 지배심 등에 의한 범죄자, 특정의 주의(主義)의 고집에 의한 범죄자, 이욕에 의한 범죄자로 나누고, 「리스트」는 이어 이러한 범죄자들을 그 사회적 위험성을 기준으로 다시 「개선가능자」와 「개선불가능자」로 분류할 것을 주장하면서, 전자에 해당되는 자에게는 개선형을 가하고, 후자에 해당하는 자에게는 범행이 불가능하게끔 보안처분을 과할 것을 주장하였다(형벌의 개별화). 이러한 「리스트」의 사상은 그가 주도한 국제형사학회에 영향을 주어 그 제7회 회의(1897)에서 다음과 같이 범죄자를 분류할 것이 결의되었다.

① 순간의 범죄자, 즉 기회적 범죄자
② 범행의 경력으로 보아 소질, 또는 교육의 결함으로 사회생활에의 적응능력이 현저하게 약화되었다고 인정되는 범죄자
③ 합법적인 사회생활에의 적응능력이 이미 기대될 수 없는 범죄자

라. 아사펜부르크의 분류

아사펜부르크는 범죄의 개인적 요인과 환경적 요인을 결합하여 분류하였는데, 범죄인을 우발범, 격정범, 기회범, 예모범, 누범, 상습범, 직업범으로 분류하였다. 우발범은 과실범의 일군으로 보통 부주의한 범죄자이며, 격정범은 정서의 순간적 폭발에 의하여 평소의 인격징표와는 무관한 범죄를 행하는 자이고, 기회범은 일시범죄의 유혹에 빠져 범죄행위를 하게 되는 범죄자이다. 예모범이란 사전에 깊은 숙려를 행하여 범죄를 행하는 자로 고도의 공공위험성을 지닌 자이며, 누범이란 유사한 심리적 동기에서 범행을 반복하는 자이며, 상습범은 인격징표 자체에 적극적인 범죄성 경향을 가진 자로서 범죄생활이 상습화되고 처벌받는 것을 불명예로 생각하지 않는 자로, 공무원의 상습수뢰자도 여기에 해당된다고 한다. 직업범이란 직업적인 갱처럼 적극적인 범죄정신을 가진 상습범으로서 범죄자체를 직업적으로 추구하는 자들로서, 이들은 대개 특수한 개인적 자질을 갖고 있으며 개선이 불가능한 자들이라고 한다.

마. 엑스너의 분류

엑스너는 다원적인 관점에서 범죄자의 기본형을 분류하고 있는데, 먼저 성격학적 분류, 유전생물학적 분류, 형사정책적 견지에서 분류한다. 성격학적 분류에는 다시 적극적 상태의 범죄자, 소극적 상태의 범죄자, 적극적

기회범죄자, 소극적 기회범죄자로 나누었다. 적극적 상태의 범죄자란 인격내면에 적극적으로 범죄행위를 지향하는 특징(무정성, 발양성, 폭발성, 광신성)이 있는 자로, 풍속범죄인 등이 있다. 소극적 범죄 행위자란 다수의 상습범처럼 범죄에 대한 저항력의 약함으로 인해 쉽게 범죄충동에 빠지는 자이고, 적극적 기회범죄자란 격정범죄자처럼 음주가 등이 이에 속한다고 하며, 소극적 기회범죄자는 일시 외적 사정에 의하여 범죄를 하는 경우이다.

유전생물학적 분류에서는 주로 유전소질의 잘못에서 기인한다고 보는 내인성 범죄자와, 주로 성장환경의 잘못에 기인한 범죄자라고 하는 외인성 범죄자로 나뉜다.

범죄심리학적 분류에는 소유욕 동기의 범죄자, 성욕동기의 범죄자, 호기심 동기의 범죄자, 복수동기의 범죄자, 격정동기의 범죄자, 정치적 동기의 범죄자로 나뉘며 범죄사회학적 분류는 범죄시의 연령을 기준으로 초범연령이 낮은 조발성 범죄인과 초범연령이 높은 지발성 범죄인으로 나뉜다.

형사정책적 견지에서는 원인론적 분류(내인적 상태 범죄자, 외인적 상태 범죄자, 발달기 범죄자, 탈인격 범죄자), 예후 진단적 분류(개선가능 범죄자, 개선불가능 범죄자), 연령 계층적 분류(소년범죄자, 청년범죄자, 장년범죄자, 노년범죄자)로 나눈다.

한편, 가로팔로는 범죄인을 자연범과 법정범으로 나누었는데, 자연범은 법률의 존재여부와 관계없이 그 행위자체가 인간의 일반상식에 의해 당연히 범죄로 되는 것으로 살인, 강간, 강도 등이 있다. 법정범은 실제로 법률의 제정이 있고 난 뒤에 그 법에 위반했을 때 범죄자가 되는 것으로, 여기에는 자연범의 내용이 포함되며(강도죄는 형법에 있음) 자연범과 무관한 내용도 그 나라의 형사정책에 의해 많이 포함된다. 가령, 간통은 자연범은 아니지만 가정질서를 중시하는 나라에서는 형법으로 처벌하는 것처럼 비로소 법에 들어가 있음으로 인해 범죄가 되는 경우이다.

가로팔로는 자연범을 다시 풍속범죄인, 폭력 범죄인, 재산범죄인, 모살범죄인으로 나누고, 모살범죄인에서 교화가 불가능한 자는 사형에 처하고 폭력범 중 실천적인 살인범에게는 무기형을, 기타 폭력범에게는 부정기형을 부과해야 한다고 주장하였다. 성 범죄와 관계되는 풍속범에게는 부정기형을 과하고 재산범중 선천적 재산범은 무기형에 처하고 비상습범에게는 수용훈련, 또는 강제노역에 처할 것을 주장하였다.

바. 우리나라의 범죄인 분류

우리나라는 형사실무에서 범죄인을 우발범, 상습범, 심신장애범, 사상범, 소년범 등으로 구분하고 있다.

우발범이란 우발적이고 행위의 반복가능성이 없는 범죄자이며, 상습범은 동종의 범죄를 반복실행할 습성이 있는 자로, 형법상 형의 가중이 인정되는 자이다.

심신장애범(心神障碍犯)은 사물의 변별능력이 상실되거나 미약해진 상태로 형의 감경, 또는 면제가 인정되는 자이다.

사상범은 국가보안법 등을 위반한 자이며, 소년범은 19세 미만의 자로 형법을 어긴 범죄소년, 범죄를 위반할 우려가 있는 촉법소년, 그리고 14세 미만 12세까지는 소년으로 형벌법규에 위배되는 행위를 한 촉법소년으로 나뉜다.

한편, 교도소에서는 범죄인을 분류·수용하기 위해 분류심사제가 행해지고 있는데, 그 내용은 다음과 같다.[38)]

먼저 분류방법에는 개별처우를 중심으로 하는 분류인 수평적 분류와 누진적 처우중심의 분류인 수직적 분류로 구분할 수도 있고, 범수·연령 등 서로 근접한 자끼리 모으는 유별분류와 오로지 행형성적 등을 기준으로 구분·수용하는 급별 분류로 나누는 방법도 있다. 우리의 수형자분류심사표는 1922년 독일의 일반수형자의 범죄생물학적 질문표인 바이에른 질문표를 기초로 하여 수형자 개인의 특성과 처우 중심적 내용을 수록하도록 구성되어 있다. 수형자분류처우규칙에 규정된 수형자의 분류기준에 따르면, 수형자를 분류·심사하여 분류급을 정하게 되는데, 분류급은 수용급·개선급·관리급·처우급으로 구분되고, 각 분류급은 다시 세분화된 유형으로 나눈다.

수형자 분류급의 구분기준표는 다음과 같다.

38) 천정환, 교정학, 대왕사, 2004, 258면 이하.

구 분		내 용	급
수용급	수용하여야 할 시설 및 시설 내의 구획 등을 구별하는 기준이 되는 분류급(규칙 제15조)	여자수형자	W
		외국인 수형자	F
		금고수형자	I
		20세 미만의 수년수형자	J
		23세 미만의 성년수형자	Y
		10년 이상의 장기수형자	L
		정신장애자	M
		신체상의 질환, 또는 장애가 있는 자	P
개선급	범죄성향의 진전과 개선정도에 따라 수용해야 할 시설 및 책임점수의 산정기준이 되는 분류급(규칙 제16조)	범죄성향이 진전되지 아니한 자로서 개선이 가능한 자(80 이상)	A
		범죄성향이 진전된 자로서 개선이 가능한 자(51~79점)	B
		범죄성향이 진전된 자로서 개선이 곤란한 자(50점 이하)	C
관리급	계호의 정도를 구별하는 기준이 되는 분류급(규칙 제17조)	완화계호급으로 구외작업에 적합한 자	g1
		중간계호급으로 구내관용작업에 적합한 자	g2
		엄중계호급으로 구외작업 및 구내관용작업에 부적합한 자	g3
		특별계호급으로 관리에 특별한 주의를 요하는 자	g4
처우급	처우의 중요지침을 구별하는 기준이 되는 분류급(규칙 제17조) 처우분류의 기준이 되는 것(직업 훈련……)	직업훈련을 필요로 하는 자	V
		학과교육을 필요로 하는 자	E
		생활지도교육을 필요로 하는 자	G
		작업중점지도를 필요로 하는 자	R
		관용작업에 적합한 자	N
		양호적 치료를 필요로 하는 자	Q
		전문적 치료를 필요로 하는 자	T
급외	급외는 가급 · 나급 · 다급 · 라급으로 구분하여, 가급 · 나급 · 다급은 각각 제2급 · 제3급 · 제4급과 동일한 처우, 라급은 접견에 한하여 제4급과 동일한 처우(규칙 제40조)	자치적 처우에 적합한 자	H
		개방처우에 적합한 자	O
		특수한 처우를 필요로 하는 자	S
		집행할 형기가 6월 이하인 자, 임산부, 장애자, 또는 3주 이상의 치료를 요하는 환자로서 작업을 감당할 수 없는 자, 70세 이상인 자, 의사소통이 곤란한 외국인, 제4급의 자 중 규율을 문란하게 하여 누진계급에 의한 처우가 부적당하다고 인정되는 자	

한편, 행형법상의 분류기준은 다음과 같다.

① 격리수용시(행형법 제4조) : 성별
② 구분수용시(행형법 제2조, 제3조) : 연령, 판결 여부
③ 혼거수용시(행형법 제11조) : 형기, 죄질, 성격, 범수, 연령, 경력
④ 작업부과시(행형법 제35조) : 연령, 형기, 건강, 기술, 성격, 취미, 작업, 장래의 생계 등

한편, 신진규는 앞에서 언급한 여러 가지 분류방법을 기초하여 6가지의 분류방법에 의해 범죄인의 분류를 시도하고 있다.39)

그 내용은 다음과 같다.

(2) 犯罪性의 發現形式에 의한 분류

① 急性犯罪者 : 곤궁・교제자의 유혹・부주의에 기한 범죄자
② 慢性犯罪者 : 각종 정신병질・정신병・신경병에 기인한 범죄자, 정신박약 범죄자

(3) 범인성인격의 형성과정을 기준으로 한 분류

① 내인성범죄자 : 유전소질장애・뇌손상・생화학적 장애・염색체구성이상에 의한 범죄자
② 외인성범죄자 : 가정환경장애・거주지역불량・경제적 곤궁・무학력・매스 컴의 영향・군중심리에 의한 범죄자

(4) 범행동기에 의한 분류

① 이욕동기의 범죄자
② 성욕동기의 범죄자
③ 호기심동기의 범죄자
④ 복수심동기의 범죄자
⑤ 확신동기의 범죄자

---

39) 신진규, 범죄학, 법문사, 1996, 429~430면.

(5) 범죄성발현시기를 기준으로 한 분류

① 조발성범죄자(18세 이전 초범기록자)
② 지발성범죄자(18세 이후 초범기록자)

(6) 범죄의 반복도에 의한 분류

① 지속형범죄자
② 이장형범죄자
③ 간헐형범죄자
④ 정지형범죄자

(7) 범죄생애의 방향에 의한 분류

① 단일방향범죄자
② 동종방향범죄자
③ 이종방향범죄자
④ 다종방향범죄자

위의 신진규가 주장하는 범죄인 분류는 일본의 요시마쓰(吉益)의 영향을 일부 받았는데, 위에서 지속형범죄자만 석방 후 재범까지의 기간이 2년 반 미만인 자를 말하고, 이장형범죄인이란 범죄간격이 2.5~5년인 자를, 간헐형범죄인은 범죄간격이 5년 이상인 자를, 정지형범죄인은 재범하지 않은 자를 말한다.

또한 단일방향범죄자의 예로는 강도에서 다시 강도를 하는 것이고, 동종방향 범죄자란 절도에서 장물범죄를 하듯이 동일한 성격의 범죄를 말하며, 이종방향범죄자란 서로 다른 성격(절도→강간)의 범죄로 이행하는 것이며, 다종방향범죄자란 강간→ 절도→ 살인 범죄처럼 여러 성격이 다른 방향으로 범주가 이행되는 것을 말한다.

그러나 신진규의 분류는 하나의 주장에 불과하며, 정치한 분류는 아니다. 가령, 그는 군중심리에 의한 범죄를 외인성에 의한 범죄로 다루나 군중심리에 의한 범죄는 엄격히 말하면 내적 상태와 외적 상태가 결합된 집단

심리범죄로 혼합적 성격을 띤다고 할 수 있다.

또한 그는 범행동기에 의해 여러 형태로 분류하지만 범행동기가 없는 정신병자에 의한 범죄나 조직문화적 요인에 의한 범죄, 가령 화이트칼라 범죄나 조직폭력배 범죄 등은 그가 들고 있고 범행동기와는 다른 차원에서 행해진다(가령, 아무런 범행동기도 없지만 충성을 중시하는 조직규범에 순응해 보스의 명령에 따라 범죄하는 행위나, 부패된 조직문화에 타성적으로 습관화된 화이트칼라 범죄).

또한 범행동기는 그가 들고 있는 하나의 동기에 의해서만 이루어지는 것은 많지만 성욕, 이욕, 복수심 등 여러 동기가 동가치적으로 작용하여 이루어지는 범죄도 많다.

한편, 이러한 기존의 범죄인 분류들은 한계가 있다며, 그 예로서 범죄자 개인의 개선가능성을 기준하는 분류나 범죄자의 외적 특징을 기준하는 분류들은 매우 단순하고 기계적이며, 비과학적이라는 견해가 지배적이다라는 주장을 하나,[40] 그런 주장에 동의할 수 없다. 그것은 통시적(通時的) 관점을 고려해야 하기 때문인데, 가령 페리 등 여러 학자들이 개선가능성을 기준으로 범죄인을 단순하게 분류한 것은 오늘날의 관점에서 보면 주관이나 가치의 개입과 비과학적 분류지표 등으로 비판할 수 있으나, 그 당시의 관점에서는 높이 평가할 만한 견해로 과거 학자들의 견해를 비판할 때에는 그 당시의 시대적 시점에서 비판해야 한다.

또한 오늘날에도 범죄인의 개선가능성을 중심으로 범죄인이나 수형자를 분류하는데, 여기에는 교정심리학, 분류처우론, 인간학 등의 다양한 과학적 분류 처우기법이 동원되는 매우 정치한 분류가 행하여지며, 이를 위해 분류심사직이라는 공무원과 직종이 생겨났다. 따라서 개선가능성을 중심으로 한 분류가 비과학적이라는 주장은 고도로 전문화된 현대 분류과학을 생각할 때 잘못된 주장이다. 그것은 “개선가능성”이라는 판단을 함에 있어서 인간의 주관적 가치에 맡기는 것이 아니라, 여러 측정 심리학의 다양한 변수요인과 과학적인 분류지표에 의해 판단하는 과학적 절차에 의해 이루어지기 때문이다.

---

40) 배종대, 형사정책, 홍문사, 2000, 120면.

3) 피해자

범죄의 피해를 입거나 입을 위험이 있는 자에 대한 연구는 전통적으로 올바른 가벌성의 평가와 양형을 위하여 형법학의 연구대상이었고, 형사정책에서는 범죄현상과 범죄원인의 분석을 위한 보조적 연구에 불과하였다. 그러나 제2차 세계대전 이후부터는 범죄자와 더불어 범죄학의 주된 연구대상이 되었다.[41)]

피해자학이란 범죄피해를 받거나 피해위험성이 있는 자의 생물학적·사회학적 특성 및 범죄상황에 피해자의 역할을 연구하는 학문으로, 종래 범죄학의 범죄자중심연구에서 범죄피해자조사의 발달, 양형의 적정화 노력, 범죄에 대한 인식의 전환, 가해자중심범죄대책의 한계, 피해자 보호의 자각 등으로 인하여 피해자에 대한 인식이 전환되면서 발전되었다.

이러한 피해자이론은 학제적 접근을 해야 보다 과학적인 연구가 될 수 있다. 즉 정신의학, 커뮤니케이션학, 심리학, 사회학, 법학, 정책학, 경제학, 교정학, 교정복지학, 사회복지학 등의 관련 학문과의 협동적 연구가 되어야 한다.

피해자이론에서 피해자의 범위에 대해 협의, 광의, 최광의의 범위로 나누어지지만, 주로 범죄와 관련해서는 협의의 개념(범죄에 의한 직접 피해자)과 광의의 개념(범죄에 의한 직접 피해자 외에 범죄공포를 가지는 간접피해자도 포함)에 한정되는데, 최근에는 피해자의 범위를 확대하는 경향이 있다. 즉, 범죄와 무관한 산업재해, 자살 등에 의한 피해자도 피해자이론에 포섭하려는 것으로, 앞으로는 부족한 이런 방면에 대한 연구도 이루어져야 한다.

그리고 현재의 피해자이론에서 주로 연구의 대상으로 삼는 분야는 피해자학의 연구방법론에서 피해자조사법과 피해자보호에 관한 규범적 연구방법, 피해원인론에서 범죄유발특성론에 관한 연구와 피해자특성유형론, 비교피해자론에서 외국의 피해자보호제도, 피해자분류론에서 피해자의 분류

---

41) 박상기 외, 형사정책, 형사정책연구원, 1999, 581면.

와 피해자모델론, 피해대책론에서는 피해자권리운동, 형사사법절차를 통한 피해의 원상회복, 배상명령제도, 범죄피해자보상제도 등이 있다. 특히 피해대책론은 주로 지금까지는 법적대책론에 치중했으나, 앞으로는 피해정책론에 관한 연구도 중시되어야 한다. 피해정책학에서는 여러 가지 피해자 대책에 관한 정책의제나 공중의제가 어떤 경로로 인해 채택이 되고, 또는 되지 않는가에 관한 정책학적 연구를 통해 채택되어야 할 피해대책에 관한 의제가 정책의제로 설정되지 못하게 하는 여러 사회적 메커니즘의 경로를 밝혀 정책적 피해를 최소화하도록 한다.

한편, 피해자이론과 연관하여 추후 연구대상이 되어야 할 것에는 범죄수익자이론과 비해자(非害者)이론인데, 이런 범죄수익자이론과 비해자이론은 필자가 최초로 주장한 바가 있다.[42)]

범죄수익자이론은 범죄로 인하여 수익을 얻는 자에 관한 이론으로 여기서는 범죄수요자와 범죄수익자의 구별, 범죄수요곡선과 범죄공급곡선, 범죄수익자의 종류와 범죄수익자의 형사정책적 의의 등이 논의될 수가 있으며, 비해자이론에서는 범죄피해자도 범죄가해자도 아닌 자를 비해자로 개념짓고 비해자의 유형과 비해자의 심리유형, 비해자의 전환 등이 논의될 수 있는데, 이에 관한 자세한 내용은 해당되는 부분에서 상술하기로 한다.

4) 범죄대책

범죄학 연구의 최종 목적은 범죄방지대책을 세우는 것으로 이 때의 범죄방지 개념은 상대적 개념으로 접근해야 한다. 즉, 모든 범죄가 아예 발생하지 않도록 하는 절대적 개념이 아니라, 지나치게 많이 발생한 범죄를 적정수준으로 줄이는 개념으로의 범죄방지대책을 말한다.

범죄대책론에서 다루어야 할 분야에는 범죄예측이론, 범죄예방이론, 형벌론, 보안처분론, 형사사법정책론, 교정처우론, 교정복지처우론 등이 있다. 범죄예측은 잠재적 범죄인, 또는 잠재적 범죄집단에 대하여 과학적·통계적 방법으로 범죄의 개연성을 예측하는 것을 말한다. 범죄예측은 대개

---

42) 천정환, 피해자이론의 재검토, 경상대 석사논문(2001).

범죄원인론에서 획득한 자료에 근거하여 잠재적 개인과 집단의 범죄성향을 진단하고 그러한 진단결과를 바탕으로 예측대상이 어느 유형에 속하는지 결정한 다음에 장래 범죄행위가 일어날 개연성을 예측하는 것으로 범죄예방과 밀접한 관계가 있다.

범죄예방은 잠재적 범죄자, 또는 잠재적 범죄집단의 범행욕구에 초점을 맞추어 범죄기회를 감소시키는 데 중점을 두고 있다. 이러한 범죄예방법을 치안서비스의 생산이라고 할 수 있으며, 이러한 치안서비스 중 단독으로 생산하는 경찰의 순찰 같은 치안활동과 치안서비스를 경찰과 지역주민이 공동으로 생산하는 공동생산활동, 공공생산인 경찰과 달리 치안서비스를 사적(私的)으로 생산하는 용역회사 등의 민간경비활동, 영리목적으로 치안서비스를 생산하는 민간경비와 달리 비영리적으로 민간부문에서 생산하는 주민자율방범활동 등이 있다.

그리고 범죄예방프로그램 생산은 가정, 지역사회, 학교, 대중매체, 경찰청 등의 국가기관, 지역교정복지기관 등에서 담당하는데, 이러한 담당 주체들이 행하는 범죄예방프로그램의 특색과 생산성과의 관계에도 중점을 두어야 한다.

형벌론에서는 형벌의 위하력(威嚇力)을 통해 잠재적 범죄인에게 심리적 강제를 가해 범죄가 발생하지 않도록 하는 일반예방과 관계 있다.

즉 사형, 자유형, 벌금, 명예형 등의 형벌제도가 잠재적 범죄인에게 어떤 심리적 메커니즘을 통해 범죄의 억지력을 높이는가에 관심을 두고 있다. 이 때 자유형이나 벌금형의 효과를 알기 위해서는 범죄경제학적인 기초지식이 있어야 한다. 가령, 히로퐁 중독자는 히로퐁 가격에 대한 수요의 가격탄력성이 비탄력적인데 형사정책당국은 범죄를 예방하기 위해 히로퐁 유통에 대한 단속을 강화하는 것과 홍보를 강화해서 히로퐁에 대한 수요를 줄이는 것 중 어느 방안이 효과적인가를 알기 위해서는 경제학의 수요와 공급, 가격탄력성의 개념을 알아야 한다.

히로퐁의 수요자는 히로퐁 중독자이고, 히로퐁 공급자는 히로퐁 수입업자 또는 히로퐁의 불법생산자인데 히로퐁은 거래가 금지된 금지품이므로 일반시장이 아닌 암시장(暗市場, black market)이 성립하게 된다.

따라서 암시장에서 현실적으로 히로퐁에 대한 수요와 공급이 이루어지는데, 히로뽕 중독자는 금단현상이 심해 히로뽕을 계속 복용해야하므로 히로뽕의 암시장에서의 가격이 아무리 올라가도 히로뽕 중독자의 수요는 거의 줄어들지 않아, 히로뽕 가격에 대한 수요의 탄력성은 완전 비탄력적이므로 마약에 대한 수요곡선은 수직선에 가깝다. 한편, 히로뽕의 불법공급업자는 가격이 올라갈수록 공급량이 증가하므로 히로뽕 공급곡선은 우상향 곡선이 되는데, 정부가 히로뽕의 불법생산과 유통에 대해 강화하여 히로뽕의 공급곡선이 좌측으로 이동해 히로뽕 가격이 폭등해도 수요량은 동일하므로 올라간 가격에다가 수요량을 곱한 판매가격이 크게 증가한다.

그러나 형사정책 당국이 히로뽕 중독자에 대한 홍보를 강화해 히로뽕에 대한 수요를 줄이면 수요곡선이 좌측으로 이동해 총 판매금액이 크게 줄어들어, 그것은 결과적으로 히로뽕의 공급을 줄이게 되어 장기적으로는 히로뽕중독자에 대한 단속이나 형량의 강화보다는 홍보가 더 효과적인 범죄예방대책이 됨을 알 수 있다. 이 때 홍보의 방법, 수단, 홍보의 한계생산성에 대한 과학적인 연구가 선행되어야 한다.

이와 같이 형벌이나 벌금형의 범죄예방에 대한 한계효과나 한계생산성의 크기를 알기 위해서는 경제학적 지식이 활용되어야 보다 과학적인 연구가 될 수 있는데, 아직은 이러한 범죄경제학의 연구가 거의 미진하다.

보안처분은 범죄자나 범죄위험성이 있는 자를 사회방위를 위하여 형벌이외의 처분으로 사회로부터 격리하는 범죄예방처분으로 현대에 올수록 증가되는 경향이 있다. 보안처분론에서는 보안처분과 형벌의 관계와 보안처분의 지도원리 등이 연구대상이 되어야 하고, 국내의 보안처분에 대한 연구도 있어야 한다.

현재 국내의 보안처분의 종류에는 자유박탈처분인 치료감호법(2005. 8월에 제정)의 치료감호처분, 자유제한 보안처분인 보호관찰과 국외추방, 그리고 대물적 보안처분인 몰수 등이 있는데, 이러한 보안처분, 특히 치료감호와 보호관찰은 종전처럼 형사사법적 대응에 그치는 소극적 대응을 떠나 정신의학자, 미술치료사, 음악치료가, 작업치료가, 교정복지사, 임상 사회사업가, 교정학자, 교육자, 형법학자, 행정직원, 교정자원봉사자들이 협력하는 역동적 치료의식을 갖고 대응하는 적극적 대응이 있어야 하며, 따라서 이와 관련되는 부수적인 연구, 가령 교정복지론, 작업치료론, 예술치료론, 정신의학론, 임상사회사업 기술론 등의 연구가 있어야 한다.

형사사법정책은 국가 형사사법기관이 행하는 형사사법절차의 규범이나 제도들의 형사정책적 효과를 평가하는 단계로 여기서는 수사절차, 공소제기절차, 공판절차, 형집행절차 등이 주요한 절차이다.

수사단계에서는 수사원칙과 수사심리학, 기소, 전환(Diversion) 등이 주요 연구대상이며, 재판단계에서는 판결 전 조사제도, 양형정책, 양형원칙 등이 주요 연구대상이 되어야 하며, 현재 연구가 거의 미진한 재판심리학에 대한 연구도 활성화되어야 한다.

교정처우론에서는 교정의 지도원리를 이용하여 효과적인 교화가 되도록 하는 데 우선 연구가 이루어져야 한다. 여기에서는 수용과 분류심사제, 누진처우제도, 구금제도, 교정작업, 수용관리 등과 같은 시설내처우와 보호관찰제도, 가석방제도, 사회봉사명령제도, 수강명령제도, 갱생보호제도와 같은 사회 내의 처우가 주요 연구대상이 된다.

교정복지처우론은 사회복지학의 지식을 이용하여 교정문제에 접근하는 이론으로 최근 중요시되는 분야이다. 여기서는 수형자를 고객(클라이언트)으로 보고 클라이언트의 심리적, 정서적 재활을 돕기 위해 관련 사회복지학의 기술을 이용하는데, 가장 핵심분야를 소년원, 치료감호제도, 보호관찰제도에 두고 있다.

사회적 범죄대책론이란 기존의 형사사법적 범죄대책이나 예방이 범죄예방의 근본대책이 아닌 대증요법이라는 데 착안하여 범죄를 감소하기 위해서는 근본적인 범죄예방요인을 찾아야 한다는 것으로, 그 근본은 개인의 올바른 가치관의 내면화와 정치, 경제, 사회, 문화 등 사회환경이나 사회정책이 긍정적인 외부효과를 갖도록 하는 데 있다. 이를 위해서는 가정과 학교, 지역사회, 종교기관, 사회복지기관, 국가 등의 사회화기관에서 올바른 개인의 사회화를 돕고 그런 올바른 사회화와 함께 사회정책과 환경이 상대적 박탈감을 갖지 않도록 순기능을 해야 한다는 것이다. 아무리 범죄억제에 대한 사회화가 잘되었다고 해도 사회구조가 착취나 불평 등 분배구조를 지나치게 강조하면 범죄가 발생할 수 있기 때문이다. 이를 위해서는 관료제의 타파, 교육제도의 개선, 사회구조의 개선 등 사회구조적 모순의 타파가 선행되어야 한다.

5) 범죄학의 역사

근대이전에는 범죄원인에 대해서는 악마론(demonology)과 자연주의적 경험론의 두 가지가 있는데, 그 내용은 다음과 같다.43)

악마론은 원시사회의 애니미즘에 기원을 두어 범죄는 악마의 소행이라고 생각하여 고대에는 범죄인의 두개골에 구멍을 뚫어 악마의 영혼을 제거하려 했던 철두술(trephing) 등 다양한 악마 쫓아내기 의식이 유행했으며, 이러한 악마 내쫓기를 위해 13세기말부터 17세기에 걸쳐 유럽에서는 범죄인이 악마와 결합했다는 이유로 처형하는 마녀재판이 유행했으며, 그 뒤 교회세력의 쇠퇴로 종식되었다고 한다.

한편, 자연주의적 경험론은 신비주의나 종교적 도그마를 배제하고 경험적 관찰에 의거하여 범죄의 소질과 환경적 요인을 찾으려는 것으로 일찍이 아리스토텔레스는 범죄성의 유전에 주목하여 신체적 특징과 정신 상태의 상관관계를 주장하였다. 이러한 아리스토텔레스의 과학적인 자연주의적 견해는 뒤의 실증주의 범죄학에 영향을 주었다.

이러한 근대이전의 비합리적인 범죄학의 단계를 지나서 범죄를 최초로 이론적으로 고찰한 것은 18세기의 고전파 범죄학이다.

베까리아와 벤담으로 대표되는 고전학파의 기본관점은 인간은 자기 자신을 이해하고 자신에게 가장 유리하도록 행동할 수 있는 능력이 있으며, 모든 사람들은 자신의 운명에 의해서 다스릴 수 있으며 악마에 의해 움직여지는 것이 아니라 자유의지를 가졌고, 범죄란 범죄로부터 생겨날 수 있는 이익과 손실을 계산한 이후 행하는 개인의 자유로운 선택의 산물로 여겨진다고 한다.44)

즉, 범죄인이 범죄를 하기 전에 범죄행위로 인한 예상되는 이익과 손실을 비교한 후 예상되는 이익이 손실보다 클 경우 자동적으로 범죄행위에 착수한다는 단순한 논리로, 경제학의 합리적 효용 인간관의 영향을 받은 논리이다. 따라서 고전파 범죄학에서는 형법의 형벌을 강화시키고 실제로

43) 이만종, 범죄학개론, 학현사, 2002, 20면 이하.
44) Vold저, 又凡刑事硏究會역, 범죄학, 길안사, 2000, 21면.

범죄가 발생시 그 범죄인에 대해 형법의 형벌을 신속하고 확실하게 집행하는 것을 일반국민들이 보게 되면 잠재적 범죄자들에게는 범죄행위로 인한 기대비용이 크게 증가되므로 범죄가 줄어들게 된다고 보아 범죄억제에 관한 문제에 연구의 초점을 둔다.

따라서 국민들에게 이러한 행동을 하면 처벌을 받는다는 것을 미리 법률로 알려야 하므로 죄형법정주의의 성립을 가져왔고, 범죄가 클수록 형벌도 비례해 무겁게 부과해야 국민들이 공포를 가진다고 보아 죄형균등의 원칙과 일반예방주의 사상의 확립을 가져왔다.

따라서 고전파 범죄학은 범죄를 행하는 자의 환경을 고려하지 않고 범죄결과가 무엇이고, 그런 범죄결과에 대해서는 어떤 형벌이어야 범죄가 줄어든다는 사회통제이론의 기능을 하고 범죄의 근본원인에 대한 접근을 하지 못하고 있다. 또한 범죄는 개인적 차원을 떠나서 불공정한 사회구조 때문에도 올 수 있는데도 사회계약론의 상징조작에 의해 이러한 점을 무시한다는 비판이 있다. 그리고 고전파 범죄학은 사회계약론적 입장에 근거하고 있어, 사회자체가 불공평하여 하류계층 사람들이 범죄에 더 연루된다는 사실을 배제하고 범죄행위의 불합리성만을 강조하다 보니, 고전주의 형사정책은 사회계층에 의한 차별적 형사정책이라는 비판을 받는다.[45)]

이러한 고전학파 범죄학이 100년 가까이 지배하다가 19C에 와서 유럽에는 범죄가 급증하고 전과자의 누범도 급증하자 기존의 고전파 범죄학에 의문을 갖기 시작했다.

즉, 고전학파 범죄학이 중시한 엄격한 형벌과 일반예방주의(형벌의 위협을 통해 범죄를 억제하려는 사후적 대응), 인간은 선과 악을 구별하는 자유의지와 이성을 갖고 있다는 자유의지론에 의문을 갖고 인간의 자유의지를 제한하는 생물학적 · 사회학적 · 심리학적 요인에 의해 인간의 행위는 결정된다는 결정주의적 인간관을 내용으로 하는 실증주의 범죄학이 탄생하였다. 여기에서는 범죄결과가 아닌 범죄인과 범죄원인에 중점을 두어 범죄인을 처벌하기 전에 그가 범죄를 하게 된 원인을 찾아 그런 원인을 치료모델이나 의료모델에 의해 치료하여 사회에 복귀시켜야 한다는 특별예방주의

45) 김보환, 전게서, 32면.

사상을 중시하게 되었다.

즉, 실증주의 범죄학에서는 범죄원인을 체계적으로 발견하고 치료하여 그가 다시는 범죄를 행하지 않도록 하는 사전적 범죄예방을 해야만 진정한 범죄억제가 된다고 보아, 오늘날 이런 의료모델이나 치료모델을 사용하는 소년사법제도의 탄생을 가져왔다.46)

따라서 인간은 범죄가 악이라는 것을 알므로 스스로 그런 악을 선택한 범죄인 개개인에게 도덕적 책임을 물어 범죄 크기에 상응한 형벌을 주어야 한다는 고전파 범죄학과 달리 범죄인은 범죄를 할 수밖에 없는 결정적인 요인이 있다고 보아, 그런 범죄요인을 과학적으로 찾아 치료를 함과 동시에 범죄발생에 영향을 끼친 사회적 원인을 찾아 범죄발생에 대한 사회적 대책을 강구하게 되었다. 이 과정에서 정기형을 중시한 고전파 범죄학과 달리 실증주의 범죄학은 부정기형(범죄인이 형기와 관계없이 범죄성이 개선되기만 하면 석방)과 관계가 된다.

이러한 실증주의 범죄학의 대표에는 Guerry, Quetelet, Lombroso 등의 범죄인류학파가 있는데, 자세한 것은 뒤에서 상술한다.

---

46) 실증주의 범죄학의 내용인 치료모델은 범죄인을 결정론적 관점에서 사회화나 인성에 결점이 있는 환자로 보고 처우에 치료방식을 도입한 형태로, 정해진 형기에 관계없이 치료가 되면 출소시키자 하여 부정기형제도의 이론적 기초가 되었다. 이 모형은 범죄원인에 따라 인성의 결함을 범죄의 원인으로 보는 의료모형(이 모형에서는 Case Work, Group Work 기법이 활용)과 환경이 범죄원인이라고 보는 경제적 모형(여기서는 직업훈련이 효과적)으로 구분되기도 하나, 치료모형은 의료모형, 처우모형과 같은 개념으로 쓰이기도 하고, 개선모형과 동일시하는 견해도 있다. 소년원의 경우에 이 모형이 보다 더 중요시된다. 이러한 치료모형은 결정론적 관점에서 범죄자를 환자로 보므로 처벌이 아닌 치료처우를 주장한다. 즉, 치료모형에서는 처벌은 범죄자의 문제를 해결하는 데는 아무런 도움이 안 되며, 범죄자는 자신의 이성을 이용하여 자신의 자유에 따라 의사결정하고 선택할 능력을 결하므로, 이들에 대한 책임을 묻는 것으로 볼 수 있는 처벌은 옳지 못하다는 것이다. 사견으로는 모든 범죄인을 인성이나 사회화에 결점이 있는 환자로 보는 입장은 인성이나 사회화에 결점이 없는 과실범이나 화이트칼라 범죄인, 또는 사상범의 경우를 설명하지 못하고, 또한 치료모형은 교정 재생산자원과 생산기간의 한계를 인정하지 않는 전제에서 출발하나, 교정현실에서는 치료자원과 치료기간이 한정되어 있다. 또한 치료모형은 처벌은 범죄자의 문제해결에 전혀 도움이 되지 않는다고 하지만, 그것은 처벌의 긍정적 기능을 너무 무시한 것이다. 오히려 범죄자에 따라서는 치료적 개념보다 응보적 처벌이 그의 재사회화의 확립에 더욱더 효과적으로 작용할 수 있기 때문이다. 따라서 모든 범죄인을 획일화시켜 치료모형을 전개하는 것보다는 범죄인의 특성 등 여러 변수를 고려하여 치료처우와 처벌의 적절한 배합점을 도모하는 것이 낫다고 생각한다.

이렇게 과학적 기준에 의해 범죄원인을 밝히려고 한 실증주의 범죄학은, 특히 범죄행동의 사회적 원인을 중시한 점은 미국 범죄학의 태동을 가져왔다.

사회환경이 범죄를 발생한다는 미국 범죄학은 크게는 사회구조이론과 사회과정이론, 갈등이론으로 크게 나뉘는데, 사회구조적 접근이론에는 사회무질서론과 관계되는 머튼의 아노미이론, 하위문화이론(코헨, 밀러), 클라워드와 올린의 분화적 기회구조이론이 있다. 또한 사회과정이론에는 사회심리학적 측면이 강한 서덜랜드의 차별적 접촉이론과 낙인이론, 통제이론이 있다. 사회갈등론적 범죄이론에는 1930년대 후반에 나온 셀린의 문화갈등론 이론과 1970년대 전반에 출현한 키니와 터크의 투쟁이론이 있다.

그러나 미국범죄학이 제시한 범죄원인에 대한 과학적인 규명이 어렵고, 또한 계속되는 범죄의 증가와 새로운 범죄의 증가에 그들이 제시한 치료지향적인 개선모형[47] 이 실패하자 1980년대 후반에 미국에서는 고전파 범죄학으로 회귀하는 현대 고전주의적 경향으로 흘러갔는데, 여기에서는 고전파 범죄학이 강조한 일반예방주의 등 엄격한 형벌과 선별적 무능화(중죄를 지은 사람들을 사회에서 격리시키는 것)를 강조했고 범죄인에 대한 교정모형은 공정모형, 정의모형, 응보모형, 법치모형과 관계되는 사법모형[48]

---

47) 이것은 구금모형에 기초한 질서유지의 평형을 지양하고 교육형사상을 기반으로 재소자의 개선과 교화를 통한 범죄예방에 중점을 둔 모형이기 때문이다. 그러나 이러한 개선모형에 대해서는 여러 비판이 제기되는 바, 첫째로 교화개선 모형의 전개로 형벌이나 교정에 있어서 중요한 제지와 같은 요소들이 무시되거나 충분히 다루어지지 않는 결과들을 초래했다는 것이고, 또한 개선모형은 범죄자 개인에 따라 교화·개선의 방법과 시간을 달리하므로 부정기형을 전제로 하므로 정의감이나 공정성을 결여했으며, 또한 개선모형은 실증적으로 교정개선모형은 효과가 없다는 부정적 평가들이라고 한다. 사견으로는 그러한 비판들은 개선모형의 부정적 측면들을 지나치게 확대한 면이 있다고 생각되며, 보다 중요한 근본문제는 개선모형의 전제는 모든 수형자가 교정재의 생산가능곡선상의 점이나, 또는 생산가능곡선 내에 있다는 것을 전제로 하므로 실제로 교정재의 생산가능곡선의 밖에 위치한 한계수형자(예를 들어, 여호와의 증인 같은 철저한 신자)에게는 아무런 효과가 없으며, 또 하나의 근본문제는 개선모형의 전제는 개선의 주도적 역할을 교도관 또는 교정위원이 전제로 한다는 것인데, 이러한 것은 개선모형에서 볼 수 있는 부작용을 더욱 더 심화시킬 수 있다. 따라서 개선모형이 제대로 되려면 예상되는 교도관의 여러 형태와 수형자의 여러 형태를 조합해서 민주적 개선모형, 권위적 개선모형, 방임적 개선모형, 상황적 개선모형 등 여러 개선모형으로 나누는 것이 필요하다고 생각한다.

48) 이것은 1970년대 초 선진국 등에서 개선·교화지향적인 행형이 효과가 적다는 회의론이 일어나고 국민들이 교화위주의 행형에 비판을 하자 대안으로 등장했다(개선모형이 개선을 명분으로 재량이 남용되어 범죄인의 인권이 침해될 우려가 있다고 보고, 개선모형의 인권침해적 요소에 대한 반성에서 출발해 수용자의 법적 권리의 보장이란 측면에서 교정처우가 이루어져야

을 내용으로 한다.

이러한 현대고전주의는, 적어도 일정 수의 범죄자들은 고전주의적 개념으로 설명하는 것이 더 합리적이고, 또 행위통제도 효과적이라는 윌슨, 모리스 등의 주장을 반영하는 것이고 실증주의에 의한 범죄인의 치료 내지 교화를 포기하고 고전주의가 강조하는 형벌로 회귀하는 것이 범죄율을 감소시키는 것이라고 한다.[49] 이러한 현대고전주의는 두 가지 부류로 범주화되는데, 그 하나는 볼드에 의한 범죄억제이론으로서의 고전주의적 입장과 1968년 베커에 의해 시도된 범죄행위의 설명에 대한 경제학적 접근인데, 후자는 계량경제학적 기법을 적용해 범죄행위를 분석하는데, 그 기준은 범죄시 득과 실을 계산한 합리적 선택이라고 한다.[50]

한편, 1980년대부터 유럽을 중심으로 지금까지 범죄학 연구에서 배제되어 온 범죄피해자에 대한 연구가 활발하게 진행되어 오고 있다. 특히 이러한 경향은 기존의 범죄학 연구가 지나치게 가해자 중심이었던 점과 급증하는 성범죄에서 피해자에 대한 새로운 인식관념이 대두되면서 피해자학에 관한 연구가 성행되었다.

이러한 범죄피해자학은 피해가 발생하는 현상과 원인을 규명하고 범죄피해와 피해자와의 상관관계를 연구하는 현상학이자 경험과학이며, 피해자에 대한 바람직한 대책을 강구하는 점에서 규범과학의 성격도 띤다. 이렇게 범죄피해자학은 범죄를 중심으로 범죄가해자와 범죄피해자라는 단순한 2분법적 사고를 전제로 한다. 이에 대해 필자는 역동적 범죄현상주체론을 주장해 범죄가 발생시 범죄가해자와 범죄피해자 외에 범죄수익자, 그리고 범죄가해자도 범죄피해자도 아닌 비해자(非害者)가 발생한다는 비해자이론을 제시한 바가 있는데, 이에 대해서는 뒤에서 상술하기로 한다.

한다고 한다). 포겔(Fogel)은 인간은 자유의지가 있으므로(아무리 배가 고파도 범죄를 하지 않겠다는 의지만 있으면 범죄를 하지 않고, 아무리 부유해도 범죄를 하려는 의지만 있으면 범죄를 한다) 범죄행위에 대해 당연히 책임이 있고, 따라서 적절한 처벌을 받아야 한다고 한다(엄격한 형벌, 선별적 무능화, 일반예방목적의 재강조). 또 이 모형은 적법절차에 의한 행형의 강조와 부정기형이나 Parole의 폐지를 강조한다(재량을 줄이기 위해). 또한 여기서는 자유의지를 전제했으므로 자신의 의지로 형기가 단축될 수 있는 선 시제를 강조한다.

49) 김보환, 전게서, 36면.

50) 김보환, 전게서, 37면.

6) 범죄학의 신경향

최근 범죄학의 신경향에는 합리적 선택이론, 환경범죄학, 신범죄생물학, 페미니스트 범죄학 등이 있는데, 기존이론의 소개와 필자의 사견은 아래와 같다.

(1) 합리적 선택이론과 천정환의 신합리적 선택이론

먼저 합리적 선택이론이란 경제학의 합리적 인간관에 기초해 모든 인간은 합리적인 자기의지에 바탕해 자신의 이기심에 따라 보이지 않는 손에 의해 시장에서 행동한다고 보고, 이 때 행동의 기초는 자신의 효용이 극대화되도록 한다는 것이다.

효용은 만족도라고 할 수 있는데, 이 때 실제효용은 어떤 행동을 하게 됨으로써 얻게 되는 이익과 그로 인한 손실을 비교형량함으로써 결정된다고 본다. 가령, 어떤 사람이 강간을 하려고 할 때, 이런 강간행위의 선택과정은 우선 강간함으로써 얻어지는 쾌락이나 이익(범죄로 인한 이익)이 강간행동에서 올지 모르는 손실의 크기보다 커야 실제로 강간행위에 착수한다고 본다.

강간행동에서 예상되는 손실, 또는 비용에는 언제 여자가 고소할지도 모른다는 두려움과 그로 인한 정신적 고통의 크기, 범죄죄책감, 강간행동시 체포될 위험성, 만약 체포되고 난 다음에 받게 될 형량, 따라서 이때 예상되는 비용 또는 손실의 크기는 범죄죄책감에다가 정신적 고통의 크기를 더하고 다시 여기에(체포 또는 발각될 위험성 × 예상되는 형량)을 더한 것이 총비용이 된다. 따라서 이익>총비용이 될 때 비로소 범죄를 행하게 되고, 그 반대일 경우에는 범죄를 행하지 않게 된다는 것으로, 이것은 인간은 누구나 쾌락을 추구하고 고통을 피한다는 공리주의적 사상에 기저하고 있다.

또한 합리적 선택이론은 경제학의 합리적 선택이론에서 영향을 받았는데, 이 때의 합리성은 경제학에서 추구하는 올바른 선택의 전제조건이며, 이 때 합리성이란 개념은 수단의 합리성을 의미하며 목표 그 자체의 합리성이나 윤리성과는 그런 범죄행위를 가장 효율적으로 달성할 수 있는가와 관련된 합리성이다. 이 때의 합리성은 항상 사람들은 어떤 행동을 하려고 할 때 그로 인한 이익(benefit)이 그것을 하는 데 드는 비용(cost)보다 커야 행동하게 된다는 의미이다. 이 때 주의할 것은 합리적 선택을 할 때 중요한 역할을 하게 되는 비용(cost)의 개념에는 기회비용과 매몰비용(sunkcost)의 개념이 들어가지, 소위 경영학에서 말하는 회계비용(accounting cost)의 개념은 들어가지 않는다는 것이다. 회계비용이란 실제로 지출된 갖가지 명목의 비용을 말하며, 기회비용이란 그런 행동을 선택하게 됨으로써 포기해야 하는 행위 중 가장 큰 가치를 얻는 행위의 가치라고 할 수 있다.

매몰비용이란 일단 투자되어 다시는 회수할 수 없는 비용을 말한다. 가령, 어떤 사람이 여자를 강간하려는 행동을 할 때 드는 비용에는 체포의 위험성과 체포될 때 예상되는 형량, 체포에 대한 두려움과 범죄로 인한 죄책감이 있지만 그것 외에도 기회비용이 있다. 그 날에 그가 만일 강간행동을 하지 않고 할 수 있는 다른 일에는 텔레비전 시청, 9급 교정직 시험응시, 옛 스승과의 만남, 등산 등이 있고, 그때의 즐거움과 가치가 돈으로 환산할 때에 각각 1만원, 2만원, 3만원, 4만원이라면 그가 강간을 하기 위해 포기해야 하는 행위 중 가장 가치있는 행위인 등산의 즐거움의 가치 4만원이 강간행위에 들어가는 기회비용이 된다. 또한 그가 그녀를 강간하기 위해 오래 전부터 많은 돈을 투자했다면, 이 때 투자된 돈이 바로 매몰비용이 된다.

여기서 주의할 것은 합리적 의사선택을 할 때에는 매몰비용은 고려하지 않아야 한다는 것이다. 그 동안 드린 돈이 아까워 합리적 의사결정시 매몰비용을 고려해 얻는다는 것은 비합리적 의사결정이기 때문이다.

따라서 합리적 선택이론에서 말하는 비용의 개념은 경영학상의 회계비용이나 매몰비용을 고려해 넣으면 합리적 선택을 할 수 없고, 어디까지나 기회비용을 고려해 넣음으로써 합리적 선택을 할 수 있다는 사실을 유의해야 한다.

이러한 합리적 선택이론은 1980년대에 대두되었는데, 여기에 영향을 준 것이 법의 문제를 경제학의 관점에서 전개한 범죄경제학이다. 범죄 경제학은 범죄의 공급곡선과 범죄의 한계비용과 한계효용, 총비용과 총 효용, 범죄시장가격의 결정 등에서 계량적·과학적 분석을 시도해 형벌의 억지력을 주로 연구하는 분야로 포프터, 에리치, 벡커 등이 유명하다. 이러한 합리적 선택이론은 범죄인으로 하여금 범죄행위로 인한 이익보다는 비용이 더 많이 든다는 생각을 하게 하여 범죄실행률을 낮춤으로써 범죄를 예방할 것을 목표로한 환경범죄이론에 큰 영향을 주었는데, 클라크의 상황적 범죄예방론이 그 한 예이다.

그러나 합리적 선택이론은 계획을 세우고 행하는 고의범에는 들어맞지만, 그런 비용과 이익 등의 합리적 계산을 할 여지가 없는 순간적인 우발범이나 격정범의 범죄행동은 설명할 수 없고, 마찬가지의 논리로 정신병에 의한 범죄나 집단범죄(집단범죄 때는 구성원은 자신의 자유의사나 합리적 계산과는 관계없이 보스의 명령에 따라 범죄를 행한다)를 설명할 수 없으며, 또한 범죄행위로 얻게 되는 쾌락의 크기나 범죄행위로 인해 얻게 되는 죄책감, 두려움, 기회비용의 크기를 객관적으로 수량화할 수 없다는 점이 있다. 또한 합리적 선택이론에서는 인간은 합리성만 있으면, 즉 범죄행위로 인한 이익이 비용보다 크다면 반드시 범죄를 한다는 기계적 논리에 입각해 많은 사람들이 그런 경우에도 범죄를 행하지 않는 이유를 설명하지 못한다.

즉, 범죄로 인한 이익이 범죄로 인한 비용보다 클 때도 그가 범죄행위로 나가게 하는 어떤 단서나 촉매요인이 있어야 범죄를 함에도 이러한 단서나 조건, 촉매요인에 대한 연구가 없다는 점이다.

또한 합리적 선택이론에 따르면 범죄로 인한 이익이 범죄로 인하여 얻게 될지 모르는 비용보다 적으면 범죄를 하지 않는다고 하지만, 그러나 범죄현실에서는 그런 경우라도 실제로 많은 범죄가 일어나는데 그런 현실을 설명하지 못한다. 가령, 사상범이나 확신범, 종교범죄, 애국적 범죄 등은 자신을 희생양으로 생각하고 이익보다 손실이 큰데도 범죄를 행하는 경우이다.

여기에서 필자는 기존의 합리적 선택이론에 대하여 신합리적 선택이론을 주장한다. 기존의 합리적 선택이론의 기본 가정은 어떤 범죄이든 간에 범죄로 인해 예상되는 이익이 범죄로 인해 예상되는 손실보다 클 때 범죄행위를 하게 된다고 하는 이론이다. 그러나 필자의 신합리적 선택이론은 그러한 합리적 기대개념을 기초로 하면서도 여러 변인과 촉매 요인 등을 고려한 동태적 이론으로 다음 두 가지 측면에서 시론적으로 전개하고자 한다.

우선, 범죄이익에서 범죄비용을 제한 것을 범죄로 인해 기대되는 순이익(P)이라고 하자. 가장 단순한 접근은 범죄순이익의 크기가 클수록 범죄 실행가능성의 크기가 증가한다고 할 수 있으며, 기존의 합리적 선택이론과 달리 범죄는 범죄이익과 범죄비용을 계산한 범죄 순이익, 범죄 환경, 사회화의 정도, 촉매요인에 의해 범죄발생이 결정된다고 할 수 있다. 범죄환경이란 범죄를 행하기 쉬운 물리적·심리적 조건으로, 가령 절도를 하려고 할 때 표적물인 건물의 방범정도, 침입가능성 정도가 물리적 조건이고, 평소에 가난한 생활로 인한 내적 상태가 심리적 조건이다. 또한 사회화의 정도란 아무리 가난하고 범죄이익이 크다고 해도 어릴 때부터 범죄억제의 학습경험이나 도덕성의 내면화 정도를 말하며, 범죄촉매요인이란 갑자기 옆에 총이 있다든지 딸의 등록금 납부가 내일이 마감이라든지에서 보듯이 범죄를 촉발시키는 단서를 말한다.

따라서 범죄로 인한 순이익이 크고 범죄환경이 완비되어 있고 범죄억제에 대한 사회화의 정도가 낮은 경우에 촉매요인이 작용하면 범죄가 발생하는데(물론, 상습범의 경우에는 촉매요인이 없어도 범죄가 발생한다), 이 때 범죄실행가능성 곡선에서 범죄의 한계 순이익이 급상승하는 범죄변곡점(T)이 있으므로, 범죄변곡점 위의 범죄실행가능성곡선에서는 범죄환경이나 촉매요인, 사회화의 정도가 약하게 작용하나, 범죄변곡점 이하의 범죄가능성곡선에서는 이러한 요소들이 훨씬 강하게 작용한다. 이것을 그림으로 보면 다음과 같다.

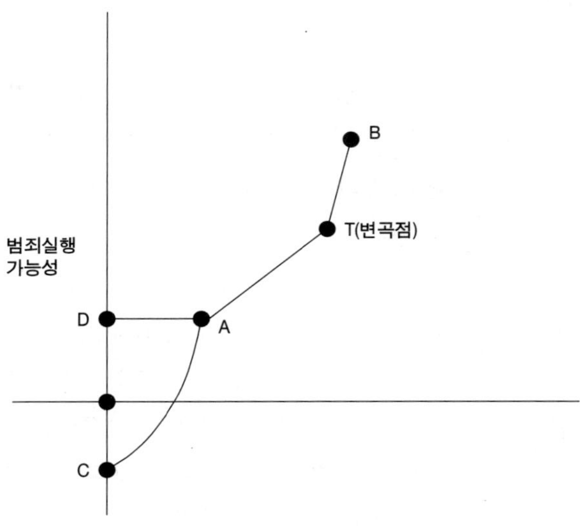

그림1 : 범죄실행가능곡선

즉, AT구간에서와 TB구간에서의 범죄촉매요인과 사회화의 정도, 범죄환경이 범죄실행에 작용하는 강도는 다르다는 것이다.

이 때 예상되는 범죄순이익이 0인데도 그림에서 보면 범죄실행가능성이 0인 경우도 있고 D와 같이 실행가능성 크기가 0D인 것도 있는데, 바로 이것이 기존범죄학자들의 합리적 선택이론과 필자의 신합리적 선택이론의 차이점이다.

즉, 기존의 합리적 선택이론은 범죄이익이 범죄비용보다 클 경우에만 범죄공급이 자동으로 이루어진다고 보았지만, 필자는 원칙적으로는 그런 점을 인정하면서도 오히려 범죄비용이 범죄이익보다 큰 경우에도 범죄가 이루어지는 경우가 많다는 것이다. 가령, 조직폭력범죄에서 구성조직원이 자기가 모든 책임을 지고 조직을 위해 범죄를 행하는 경우는 개인적 측면에서는 범죄이익이 마이너스인데도 범죄를 행하는데, 이 때는 집단사고라는 집단심리학의 변수가 경제적 측면에서의 이익과 비용개념을 억제하는 변수로 작용하기 때문이다.

집단사고란 집단에서 의사결정시 대개 위험한 방향으로 의사결정이 되는 성향으로 조직원의 합리적 의사가 반영되지 못하는 것이 특징이다. 또한 특정종교의 교주를 위해 범죄를 행하는 종교신자의 경우에도 마찬가지이다.

그리고 격정범과 우발범에서는 범죄이익과 범죄비용이 0으로 수축하므로, 이러한 경제적 계산의 여지는 없고 범죄인의 내적 특징과 범죄 상대방의 상태와 범죄환경과의 복합적 상승 크기에 따라 범죄공급의 크기가 결정된다고 할 수가 있다.

또한 기존의 합리적 선택이론에서는 범죄이익과 범죄비용으로 범죄행동의 가장 결정적 요소로 설명하지만, 신합리적 선택이론에서는 그것은 결정적 요소가 아니고 범죄행동에 영향을 주는 하나의 변수라는 것이다.

또한 범죄로 인해 예상되는 비용에서 범죄로 인해 기대되는 이익을 공제한 범죄 순비용의 크기가 0이거나 0보다 클 경우에는 기존의 합리적 선택이론에서는 범죄를 하지 않지만, 여기에서는 그런 경우에도 범죄를 행하는 수가 있다고 보며, 다만 범죄의 순한계비용이 급락하는 변곡점(T) 이하에서는 특수한 경우를 제외하고는 범죄공급이 이루어지지 않는다(아무리 조직보스의 명령으로 범죄를 하더라도 자신에게 엄청난 손해가 예상되는 변곡점 이하에서는 합리적 인간은 범죄를 하지 않는다). 이것을 그림으로 나타내면 다음과 같다. 우선, 범죄순비용을 1차 미분한 것이 범죄 순한계비용이며, 범죄순비용과 범죄 실행가능성과의 상관관계는 우하향한다.

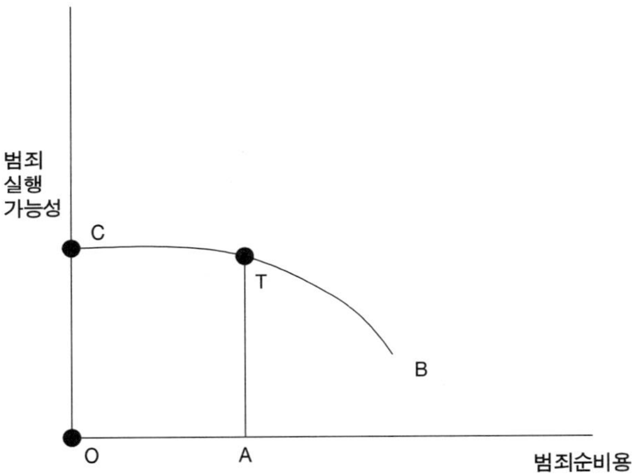

그림2 : 범죄실행가능곡선

위의 그림에서 보면 범죄순비용이 "O"가 될 때도 범죄실행가능성이 있다는 것을 가정할 때 범죄 순비용이 갈수록 커질수록 범죄실행가능성은 한계체감한다. 그러다가 변곡점(T), 즉 범죄로 인한 범죄순한계비용이 급락하는 경우(가령, 범죄인이 강간하려고 할 때 범죄를 하게 되면 100% 체포가 되며 오랜 세월을 감옥에서 보내야 된다는 경우) 합리적 인간은 범죄실행가능성이 없어 범죄실행가능성곡선은 TB로 가지 않고 TA로 수직이 된다. 위의 곡선(T)에서는 범죄 순비용의 크기와 촉매요인, 환경요인, 사회화의 정도가 작용하며, 특히 직업적 상습범의 경우를 잘 설명해 준다.

한편, 또다른 측면에서 신합리적 선택이론을 추론하면 우선 합리적 기대, 즉 범죄로 인해 예상되는 이익이 범죄로 인해 예상되는 손실을 공제한 범죄의 순이익과 범죄공급간의 1차적 정적 상관함수를 상정할 수 있다. 따라서 범죄공급함수는 아래와 같다.

범죄공급결정함수 = f(범죄의 순이익) 그림은 아래와 같다.

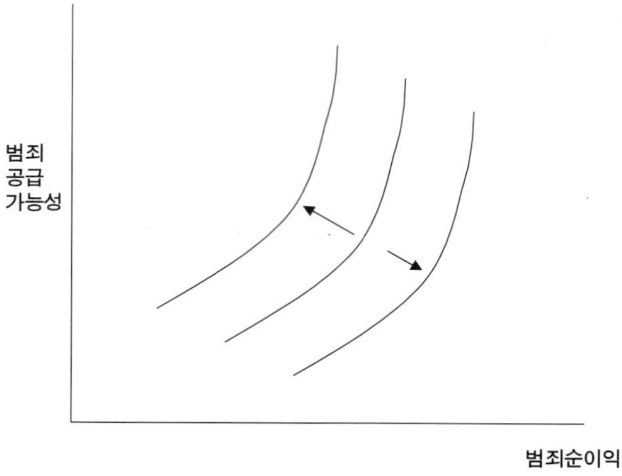

그림3 : 범죄공급곡선

그러나 실제로는 범죄공급은 범죄의 순이익 외에도 범죄인의 개인적 변인, 사회적 변인, 문화적 변인이 작용한다. 이 때 범죄순이익의 변동은 단지 범죄공급가능곡선상에서만 움직이지만, 그 외의 개인적 변인, 사회적 변인, 문화적 변인은 아예 범죄공급가능곡선을 좌측, 또는 우측으로 변동시킨다. 개인적 변수에는 개인의 성, 연령, 사회화의 정도, 훈련효과, 정보효과가 있다.

사회화란 도덕성이나 규범의 내면정도를 말하고, 정보효과란 범죄표적물에 대한 고급정보를 많이 알수록 공포감이 줄어들어 범죄비용이 줄어든다는 것이며, 훈련효과란 범행에 대한 사전 예습훈련을 많이 할수록 범행성공 가능성을 높여 범죄비용을 줄이는 것을 말한다.

사회적 변수에는 군집효과, 비교효과, 치안환경, 사회적 정책 등을 들 수가 있는데, 군집효과란 범행을 여러 명과 같이 하게 되면 위험이 분산되어 공포감이 줄어들게 되는 것이고, 비교효과란 동일한 범죄를 행한 범죄인과 비교하는 것을 말하며, 사회적 정책이란 그 나라의 경제정책이나 사회정책을 말한다.

문화적 변수에는 범죄문화, 조직문화, 국가의 형벌정책, 법문화 등이 있는데, 가령 범죄순이익이 크지 않아도 조직자체가 부패한 경우 쉽게 화이트칼라 범죄에 동참하게 되는 경우 등을 말하며, 또한 대학교에서 행해지는 표절이나 횡령에 대한 학문범죄문화에 대한 관대한 문화는 범죄 공급가능성을 증가시키게 된다.

결론적으로 신합리적 선택이론이란 기존의 합리적 선택개념을 받아들이되 범죄비용이 범죄이익보다 클 경우에도 범죄는 발생하며, 또한 범죄비용과 범죄이익 같은 경제적 개념을 억제하는 개인적·사회적 측면도 있다는 시론적 개념을 말한다.

(2) 환경범죄학

환경범죄학은 캐나다의 브랭팅햄 부부가 사용한 용어로 범죄환경의 설계와 변경을 통해 범죄를 예방하려는 학파이다. 환경범죄학의 주요 내용은 다음과 같다.[51]

첫째 제이콥스와 뉴만 등의 방범공간이론에서는 범죄예방을 위해 환경설계 방법을 제안했는데, 가령 영역성의 설정(외부의 침입을 막기 위해 거주지를 블록화하는 것), 자연적 감시(거주자가 구역을 감시할 수 있도록 건물을 배치하는 것), 거주지의 이미지 형성(치안이 나쁜 거리라는 낙인이 안 붙도록 거리를 가꾸는 것), 입지조건의 정비(주택지를 안전지대에 인접시키는 것) 등이 그것이다.

둘째로 제퍼리의 방범환경설계론을 들 수 있는데, 이것은 환경공학에 기반을 둔 것으로 가로등의 개선과 같은 감시의 강화, 담장의 설치와 같은 외부인의 행동규제, 주민에 의한 방범활동원조, 방범의식의 계몽이라는 4가지 전략을 들고 있다.

셋째로 클라크의 상황적 범죄예방론으로, 이것은 범죄기회를 주는 상황

---

51) 지광준, 전게서 376면 이하.

을 없애는 것이 범죄예방의 핵심이라고 하면서 범죄예방의 목적은 범죄의 기회를 감소시키는 것이고, 범죄예방의 대상은 구체적인 특징의 범죄형태이며, 범죄예방의 방법은 범죄자의 갱생이나 환경의 일반적 개선이 아닌 범죄발생의 가능성이 있는 환경에 직접 뛰어들어 관리, 설계, 조작을 하는 것이고, 범죄예방의 중점은 범죄를 실험할 때 들어가는 노력과 리스크를 높게 해서 범죄에서 얻는 이익을 감소시키는 것이다.

넷째로 펠슨의 일상활동이론에서는 범죄가 실행되는 기회는 일상생활에 있어서는 다수가 있고, 범죄의 표적이 무방비로 방치되어 있는 경우, 범죄가 발생한다고 주장하고 범죄를 발생시키는 구체적 요소로서 잠재적 범죄자, 적당한 범죄목표, 감시자의 부재를 들고 있다.

다섯째로 윌슨과 게링의 황폐이론은 하나의 깨진 창의 방치가 주민에게 나쁜 사회심리 영향을 주고 그 결과 거리 전체가 황폐화한다는 이론으로 지역환경을 황폐화시키는 자의 존재가 지역주변에, 범죄에 대한 불안감을 주기 때문에 지역환경의 황폐화를 막아야 한다고 한다.

그리고 클라크는 12개의 범죄예방정책을 범죄의 곤란함을 증가시키는 방책, 범죄에 따르는 위험성을 증가시키는 정책, 범죄의 대가를 감소시키는 방안으로 분류하고 있다. 범죄의 곤란성 증가방안에는 철조망의 설치처럼 범죄에 대한 물리적 방벽을 설치, 강화하는 표적의 강화와 ID카드 등에 의한 시설출입제한, 일정지역에서의 범죄를 묵인함으로써 다른 지역의 치안을 유지하는 범죄자의 이치(移置, deflecting, offenders), 총기규제처럼 범죄촉진수단의 제한이 있다고 한다.

범죄에 따르는 위험성의 증가방안에는 출입구의 규제, 순찰 등에 의한 공식적 감시, 종업원에 의한 감시, 가로등과 같은 자연감시가 있으며, 범죄대가의 감소정책에는 표적의 제거(상점에서 현금거래를 줄이는 것), 소유물의 식별표시, 범죄유인제거, 규칙의 설정(조직내부에서 범죄가 발생하지 않도록 규칙을 만드는 것) 등이 있다고 한다.

이러한 환경범죄학에 대한 기존의 비판점으로 아래와 같은 것이 있다.[52] 환경범죄학의 제안은 표면적인 환경개선을 목표로 한 것에 불과하고 범죄

---

52) 지광준, 전게서, 384면 이하.

의 진화요인인 사회적 부정(빈곤, 실업, 차별)을 덮어 진정한 문제해결은 되지 않으며, 지나친 환경설계로 사회가 요새화되어 꽉 막힌 느낌이 들며 풍선효과(어떤 지역의 범죄예방이 성공해도 다른 지역에서 범죄가 발생되는 것)라는 범죄전이의 문제와, 이러한 환경범죄학이 주장하는 정책은 기회범죄자에 대해서는 유효하나 상습범이나 화이트칼라 범죄자에 대해서는 쓸모없다고 한다.

한편, 환경범죄학이론에 대한 필자(천정환)의 비판은 다음과 같다. 환경범죄학에서 주장하는 물리적 환경의 개선을 통한 범죄예방은 강도나 절도, 강간 등 일부범죄의 예방에는 타당할 수도 있는데, 이것은 경찰서비스의 총생산량을 저하시킬 수가 있다. 경찰서비스의 생산은 환경범죄학이 주장하는 방범설비의 합리화와 같은 물리적 측면과 범인을 직접 체포, 수사하는 인적 측면으로 나뉘어지는데, 특정지역에서 지나친 물리적 측면의 강화가 있게 되면 물리적 측면에서 치안서비스의 생산량은 증가한다.

그러나 그렇게 되어 범죄가 아예 발생하지 않게 되면 경찰의 수사활동 등과 같은 인적측면에서의 치안서비스의 생산량은 0으로 수축하게 된다. 따라서 물리적 환경의 개선을 통한 물적 측면의 치안서비스의 생산량이 급감하며, 그 결과 치안서비스의 총생산량이 그전보다 감소하여 총사회적 효용이 감소하게 된다. 왜냐하면 물리적 측면의 치안서비스의 한계생산성보다 인적 측면의 치안서비스의 한계생산성이 훨씬 크고 치안서비스가 내구성을 갖기 때문이다.

가령, 특정지역에서 방범설계나 가로등설치, CCTV설치 등과 같은 물리적 환경의 개선이 있으면 초창기에는 물적 측면에서 치안서비스의 한계생산성은 높으나 시간이 갈수록 물적 측면에서의 치안서비스의 한계 생산성은 체감하게 된다. 그것은 망각기제라는 인간의 기억체계와 물적 방범설치가 강화될수록 그런 물적 방범설치를 해결할 범죄기술의 발달 등의 상호작용이 있기 때문이다.

또한 특정지역에서의 방범설치의 강화로 범죄를 완전히 예방한다는 환경범죄학의 주장은 적정한 최소한의 범죄량의 존재가 사회발전에 필수적이라는 범죄사회학적 입장에서는 바람직하지 못하며, 그 결과 사회의 총효용은 감소하게 된다.

왜냐하면 물리적 방범환경강화로 물적 측면의 치안서비스와 그로 인한 부분적인 효용은 증가하지만, 경찰활동의 축소와 그로 인한 교도소, 민간경비업, 의사, 변호사, 상인 등 범죄와 관련된 모든 업종의 서비스 생산량이 급감해 결과적으로는 사회의 총후생이 감소하는 역설적 현상이 생겨난다. 다시 말해서 물리적 방범환경개선을 통해 범죄를 완전히 예방한다는 환경범죄학은 방범이라는 미시적 측면에서는 타당하나 총 사회효용과 후생이라는 전체적·거시적 측면에서는 설득력이 없다.

따라서 환경범죄학을 절대적인 것으로 보지 말고 그 사회의 총효용과 후생량을 급감시키지 않는 물리적 방범환경설계가 있어야 한다는 거시적 시각을 보완해야 한다.

또한 미시적 측면에서 환경범죄학을 비판하면 환경범죄학은 CCTV의 설치, 잠금장치의 강화, 가로등의 설치 등과 같은 물리적 방범장치와 설계가 강화될수록 방범서비스의 한계생산성이 올라간다는 가정하게 있으나, 이 가정은 반드시 옳지 않다는 데 문제점이 있다. 그것은 방범설계의 강화는 오히려 프로 범죄인에게는 매력적인 표적물로 작용해 범죄공급이 증가할 수 있기 때문이다. 또한 지나친 물적 방범의 강화는 대물적 범죄에서 대인적 범죄로 옮겨 가는 의도하지 않은 부정적 외부효과가 발생하여 상해 등 중범죄가 증가할 수 있다.

또한 환경범죄학이 주장하는 물리적 방범설계의 강화는 근본적인 범죄감소나 예방에는 한계가 있으므로 근본적인 범죄대책을 전제한 다음에 절도 등 제한된 범죄예방에 대해 생각할 수 있는 대증요법이라고 생각한다.

(3) 신범죄생물학

신범죄생물학은 유전적·생물학적 요소만 강조한 종래의 범죄생물학과 달리(초기 범죄생물학은 범죄를 유발하는 결정적 요인은 생물학적 소질이라는 결정론적 입장에 있었다) 여기에서는 생물학적 소질인 범죄성이 있으면 범죄를 저지를 가능성이 높지만, 소질 자체가 범죄를 유발하는 것은 아니고, 다른 심리적·사회환경적 요인들과 결부되었을 때 범죄를 유발한다는 것이다.[53] 이러한 신범죄생물학은 생화학적 접근, 신경생리학적 접근과 관계되는데(범죄생물학이 선천적 요소인 유전적 요소에 주목했다면 신 범죄생물학은 후천적인 생물학적 요소인 생화학과 신경생리학에 주목한 것이 특징이다), 신범죄생물학은 1960년대 이후 유럽과 미국에서 급증하는 범죄의 원인과 대책에 대한 범죄사회학적 접근의 한계성과 생물학의 새로운 분야로서 사회생물학의 등장이 신범죄생물학을 낳는 계기가 되었다.[54]

즉, 사회생물학은 윌슨이 주장한 것으로 기본내용은 자연도태가 생물의 진화에 있어서 중요한 요인이라고 한다면 체질이나 구조만 아니라 생활양식과 행동양식도 유전적으로 계승되어야 하며, 진화의 단위를 유전자 차원에서 접근하여 동물과 인간의 사회적 행동을 유전자적 관점, 즉 인간의 범죄행동도 유전자에 의해 결정된다고 한다.[55] 이러한 사회생물학의 주장은 반사회적인 행동을 방지하기 위해서는 열성 유전자를 도태해야만 한다는 우생학이나 사회진화론사상에 부당한 근거를 부여하는 결과가 된다고(윌슨은 생물학적 결정자라고 비난) 여러 비판을 받았지만, 사회생물학의 입장은 유전자 결정론과 결부되는 것이 아니라, 단지 유전적 영향의 가능성을 시사하는 것이며, 따라서 이러한 사회생물학의 자극을 받아 유전적 요소를 가미한 범죄원인론을 탐구하는 움직임이 활성화된 것이라고 한다.[56]

한편, 신범죄생물학은 생화학적 접근법과 신경생리학적 접근법에 주목하였는데, 생화학적 접근법은 인체 내의 생화학적 결핍이나 불균형으로 생긴 감정적 장애와 범죄의 상관성을 밝히려는 연구로, 범죄의 내인(內因)으로서 호르몬에 주목하였고 범죄의 외인(外因)을 밝혀내기 위해 영양에도 주목하고 있다.[57]

다시 말해서 호르몬(특히 성호르몬)의 불균형적인 분비에 의해 생겨나는 생화학적 이상이 사람들의 사고형태와 동작에 영향을 미쳐 범죄와 관련성

53) 김보환, 범죄생물학, 동국대, 2004, 252면.
54) 김보환, 전게서, 252면.
55) 지광준, 전게서, 390면.
56) 지광준, 전게서, 390면 이하.
57) 이만종, 전게서, 176면 이하.

이 있다고 보며, 비타민이나 미네랄 등의 영양부족이 범죄와 많은 상관관계가 있다는 것으로, 이는 최근 급속히 발전하는 영양학의 발전에 따른 것이라고 한다.[58)]

한편, 신경생리학은 뇌나 척수 등의 중추신경과 신체 각부에 분포한 말초신경의 작용을 생리학적으로 연구하는 학문영역으로, 특히 이상뇌파와 뇌장애에 관한 연구가 신범죄생물학에서 주목받고 많은 연구가 이루어져 왔다. 따라서 많은 경우, 연구의 초점이 뇌의 전자파를 측정하는 EEG(Electroence phalogram)에 모아져 있다고 한다.[59)]

(4) 페미니스트 범죄학

페미니스트 범죄학이란 종전의 범죄학 연구가 여성에 대한 편견과 고정관념이 전제된 편향적 연구라고 비판하고, 그런 성적 편견이 배제된 범죄학 연구를 해야 한다는 흐름을 말하는데, 이것은 사회학적인 페미니즘(여성해방지향, 또는 남녀평등사상) 운동이 범죄학 연구에 영향을 미쳤다고 할 수가 있다.

페미니스트 이론은 사회에서 지배집단과 종속집단 사이를 근본적으로 구분하는 것이 가부장적 체계라고 보고, 이 체계에서 여성은 상대적으로 불이익을 받고 통제받는다고 한다.[60)]

심프슨은 페미니스트 범죄학은 3가지 형태로 분류하는데, 성적 불평등은 제도적인 개선이 뒤따르지 않으면 쉽사리 없앨 수 없다고 보는 자유주의 페미니즘, 성적 차별은 자본주의 사회의 주요 특징이므로 새로운 사회구조를 건설해야 한다는 사회주의 페미니즘, 가부장제도는 여성의 성에 대한 침략행위나 통제라고 보고, 이러한 성 침략이나 성적 통제를 완전히 소멸시킬 것을 주장하는 급진적 페미니즘이 그것이다.[61)]

페미니스트 범죄학은, 특히 형사절차과정이 – 그것이 여성을 차별하는 절차이든 옹호하는 절차이든 관계없이 – 여성보다 남성 위주로 되어 있다

58) 이만종, 전게서, 186면.
59) 지광준, 전게서, 258면.
60) 로널드 에이커스, 범죄학, 민수홍 외 번역, 나남, 2005, 394면.
61) 이만종, 전게서, 143면.

고 비판한다. 가령, 경찰등 수사과정에서 수사기관에 종사하는 남성들은 그들의 고정관념이나 편견에 의해 형성된 「여성상」에 의해 남성범죄인보다 여성범죄인에게 더욱더 차별적이고 엄격한 취급을 받는다고 한다. 가령, 남성과 달리 여성은 조신해야 하며, 성범죄를 해서는 안 된다는 고정적 이미지와 편견이 오랫동안 남성들이나 수사기관에 의해 내면화되어 있어 반사적으로 그러한 성차별적인 수사행동을 보인다고 하는데 따라서 편견의 제거가 중요하다고 한다.62)

그리고 법원의 판사도 일반적으로 성에 대한 고정적 이미지와 편견에 의해 여성에게 엄격하거나, 또는 때로는 동일한 남성 범죄인에 비해 훨씬 완화된 판결을 보인다. 가령, 동일한 살인범이라고 하여도 여성이 살인자인 경우는(부인이 폭행 상습범인 남편을 살해하는 경우) 집행유예 등으로 완화된 형벌이 여러 번 있어 왔는 것도 여성에 대한 성차별이며 성적인 법의 선택성의 문제라고 한다.

그리고 페미니스트 범죄학은 교정당국이 여성수형자에 대한 편견으로 인하여(여성은 집안일을 해야 한다는 것) 성차별적인 교정처우를 해온 사실에 주목한다.

가령, 남성 수형자에게는 사회진출이 가능한 모든 직종에 대해 교정작업을 시키지만, 여성들에게는 남성적인 일이라고 생각되는 일 등, 가령 운전직, 건설직 등 힘든 일이라고 생각되는 직종에는 아예 교정작업이나 취업준비를 시키지 않고 수작업, 양재, 편물 등 종래 남성들에 의해 여성들이 해야 할 일이라고 생각되는 직종에만 교도작업, 또는 취업준비가 이루어져 왔다. 특히 우리나라의 교정현실에서는 많은 여성수형자들이 교도관 등의

62) 이러한 편견심리를 알기 위해서는 편견에 대한 정확한 이해가 있어야 한다. 편견이란 개입된 태도의 한 범주이며, 편견을 갖는 이유는 다른 집단에 갖는 태도를 포함하기 때문이다. 집단적대감의 구성요소는 인지적 측면과 감정적 측면 및 행동적 측면으로 구성되는데, 고정관념은 집단적대감의 인지적 측면으로(고정관념 ; 곱슬머리는 사납다), 이것은 질서와 단순성을 성취하기 위해 현실을 왜곡시킨다(경상도 사람들은 무뚝뚝하다). 편견은 집단적대감의 감정적・평가적 측면으로(잘못된 고정관념으로 어떤 집단의 성원을 나쁘게 보는 것, 일본인은 약삭빠른 종족이다) 지각자는 타인을 그에 대한 정보나 사실에 근거하기보다는 그의 사회적・인종적 범주에 근거해서 평가하는 것으로 비논리적・비합리적이다. 차별대우란 집단적대감의 행동적 요소로, 이것은 집단멤버십에 근거한 어떤 사람에 대한 행동적 수용이나 거부이다. 편견과 차별대우가 항상 동일한 것은 아니며 행동적 차별대우가 적으면서도 상당한 편견이 존재한다.

직원식당 등의 취사에 동원되고 있어, 사실상 직업훈련의 기회나 각종 교정프로그램에 참여하지 못하고 있는 실정이며, 청주여자교도소에서 행해지는 여성수형자에 대한 교도작업도 종래에 여성들이 담당해야 하는 일들과 연관되어 있었다.

이외에도 여성들은 가족관계를 잘 형성한다든지 하는 여러 고정관념에 의해 배방 등 여러 교정적 조치가 있어 온 것은 페미니스트 범죄학자들이 비판해 온 것들이었다.

그리고 사회내 처우인 보호관찰이나 갱생보호에 있어서도 여성범죄인을 관대하게, 또는 때로는 엄격하게 취급해 온 것도 페미니스트 범죄학자들이 비판한 성차별적 요소라고 할 수 있다.

이러한 페미니스트 범죄학은 기존의 범죄학이 여성에 대한 고정관념에 의해 형성된 여성상에 기초해 이분법적으로 남성범죄인과 여성범죄인으로 분류하고 취급한 형사법적 태도를 반성케 한 점은 범죄학적·교정학적 공헌에 있어 새로운 범죄예방정책이나 교정정책을 세우는 데 한 지침을 제공할 수 있다. 가령, 교도소에서는 자녀양육을 반드시 어머니가 해야 좋다는 고정관념에 의해 기혼 여성수형자에게만 유아 대동[63)]시키는 현 제도를 유아가 있지만 돌볼 어머니가 없는 남성수형자에게 실시할 필요가 있으며,

63) 유아를 대동한 신입부녀, 또는 시설 내에서 출산한 재소부녀가 시설 내에서 유아의 양육을 신청한 때는 상당한 이유가 있는 경우에 한해 생후 18개월에 이르기까지만 소장이 허가할 수 있다(수용자 본인의 사실상 친생자이면 족하다). 허가한 뒤는 특별한 보호조치를 해야 하며, 만일 허가하지 않거나 대동의 허가를 취소했을 때는 그 유아를 인수할 상당한 인수인이 없을 때는 교도소 소재지 관할의 시장(군수, 구청장)에게 인도해 보호케 한다(허가한 자녀가 18개월에 달할 때도). 내국인 남자가 여성교도소를 참관하고자 할 때는 소장의 허가를 얻어야 한다. 한편, 수용자처우최저기준규칙 제23조에 따르면 여성교정시설에는 출산전후에 필요한 모든 보살핌과 치료에 필요한 특별시설이 있어야 하고, 실행이 가능한 경우에는 아이가 시설 밖의 병원에서 태어나게 해야 하며, 교도소에서 아기가 출생하는 경우에는 출생증명서에 그런 사실이 언급되어서는 안 된다라고 언급하고 있다. 한편, 우리나라는 유아가 18개월이 될 때까지만 신청에 의해 유아를 시설 내에서 대동할 수 있지만, 이렇게 유아를 수감된 어머니의 품에서 떼어 내어야 할 적절한 나이는 결정이 어렵고 나라마다 다른데, 이 문제는 아동학의 이론적 배경이 있어야 하는데, 이와 관련해서 임신한 여성은 가장 극단적 경우에만 수용되어야 한다는 견해가 있으며, 러시아는 5년 이하로 선고될 만한 범죄로 유죄를 선고받은 어머니는 어린아이가 8세가 될 때까지는 복역연기를 허용하며, 그 단계가 되면 선고가 집행되어야 하는지를 결정하기 위해 선고를 검토하며, 콜롬비아 법에서는 수형자의 아이는 만 3세까지 부모와 함께 있을 권리가 있는데, 이를 콜롬비아 법에서는 투텔라조항이라고 한다.

이외에도 두발단삭금지등 종래에 여성수형자에게만 인정되어 온 정책을 재검토할 필요가 있다.

이러한 페미니스트 범죄이론에 대해 이들의 범죄학비판, 즉 형사사법기관의 차별적인 대응이 성차별에서 기인하는 것임을 명확하게 실증할만한 데이터는 없고, 페미니스트 범죄학을 이론이라기보다는 하나의 시점제시에 지나지 않는다는 비판도 있다.[64)]

사견으로는 모든 형사사법적 정책이나 처우가 남성위주로 되어 있고 따라서 여성차별적 이라는 기존의 페미니스트 범죄학에 동의할 수 없으며, 단지 남성범죄인이 많고 여성범죄인이 극소수이다 보니 여성범죄인에 대한 관심이 적은데다가 여기에 기존의 여성상에 대한 고정관념이 더해져 일부 차별적 형사법적 태도가 있다고 생각된다.

또한 필자는 생물학적 성 염색체에 의해 남성과 여성을 구분하고 성적평등 형사정책을 주장하는 기존의 페미니스트 범죄학과 달리 토탈섹스이즘적 범죄학의 개념을 제시한다. 필자의 토탈섹스이즘(Total sexism)범죄학이란 기존의 페미니스트 범죄학과 달리 성(性)을 생물학적·유전적 요소인 염색체에 의해 구분하지 않고 자신의 성적 정체성에 의해 남성 정체성을 가진 자, 여성 정체성을 가진 자로 구분하여 형사사법적 대응을 할 것을 제한하는 바, 이것의 배경에는 최근 급증하고 있는 트렌스젠더(Trans-gender)[65)]의 범죄가 증대되어 감에도 이들 트랜스 젠더에 대한 범죄학적 취급이 애매하게 되어 있어 왔기 때문에 생물학적 여성에 못지않게 성 정체성에 의한 트랜스 젠더의 입장도 형사사법적 절차에서 보호되어야 하기 때문이다. 따라서 필자는 성적 정체성을 기준으로 성(性)을 3가지, 즉 남성, 여성, 트랜스 젠더(이 때의 트랜스 젠더에는 수술한 성 전환자 외에도 수술을 안한 성전환자도 포함된다)로 나누고 각각에 대한 형사법적 처우에 있어서 동등하면서도 특정특면에서는 보호받는 정책이 있어야 한다고 생각한다. 가령, 최근에 트랜스 젠더에 의한 범죄가 급증하고

---

64) 지광준, 전게서, 407면.
65) 성 전환자를 영미에서는 트랜스 젠더, 또는 트랜 섹슈얼(tran sexual)이라고 하며, 생물학적으로는 남성이나 정신적으로는 여성의 성 정체성을 가지는 경우를 MTF(Male To Female tran sexual)이라고 하고, 그 반대의 경우를 FTM(Female To Male transexual)이라고 한다.

있지만, 트랜스 젠더 범죄인이 교도소에 수용되어 분류될 때는[66] 특별관리분류되고 있다. 즉, 남성은 M, 여성은 F라는 분류지표를 받지만, 법적으로는 남성이나 여성으로 성 전환수술을 받은 외형적 여성인 트랜스 젠더는 사실상 F로 분류되고 특별관리를 받아 현실적으로 트랜스 젠더의 처우에 많은 문제점이 생길 수 있다.

따라서 분류지표기준을 새로이 정해 남성은 M, 여성은 F, 트랜스 젠더는 T라는 새로운 분류기준을 확립하고 각각의 특성에 맞게 교정처우가 이루어져야 하고, 또한 경찰이나 검찰, 법원 등의 형사절차 단계에서도 트랜스젠더라는 제3의 성을 인정하고 거기에 맞는 동등하면서도 보호받는 형사처우가 이루어져야 진정한 성(性) 해방이며 진정한 성(性) 존중이고 평등한 성이라는 것이 필자의 논지이다.

필자가 주장하는 토탈섹스이즘 범죄학의 핵심은 「동등하면서도 보호받는 것」이다. 즉, 원칙적으로는 남성, 여성, 트랜스 젠더에 대해 형사사법적 처우에 있어 동등하게 대하되, 남성, 여성, 트랜스 젠더의 각각의 본질적이고 내재적인 속성에 부합하는 의미에서 보호받는 형사사법적 처우가 있어야 한다는 것이다.

가령, 형식적 성해방의 논리에 벗어나서 교도작업에서 중노동을 요구하

---

66) 분류제도란 누진제 적용의 전제조건으로, 소극적으로는 악풍폐해를 방지하고, 적극적으로는 교정의 과학화를 위해 일정기준에 따라 수형자를 동질적인 그룹으로 나누는 것을 말한다. 이런 분류의 의미를 유럽은 군별의 의미로, 미국은 개별화의 의미로 사용한다. 그리고 수형자 분류는 행형학상·교정처우상의 요청에 따라 이루어진 분류라는 점에서 범죄학상의 요청에 따라 범죄자를 대상으로 이루어지는 범죄인분류와 다르다. 수형자분류는 목적에 따라 행형관리의 목적에 중점을 둔 수용(관리)분류와 재사회화에 목적을 둔 처우분류로 나눌 수 있는데, 최근에는 후자가 중시된다. 후자는 시설 내에서 개인에게 알맞은 처우를 하기 위해 세부사항을 분류하는 작업이다. 이러한 분류제도의 목적은 교정시설 내에서의 공공안전의 확보, 효율적 재소자관리, 비용편익적인 운영, 효과적인 교정시설의 확충계획 수립 등에 있다. 분류제도의 연혁은 근대적 자유형과 함께 출발한 고전적 수형자분류는 악성감염방지와 질서유지를 위한 소극적 성격을 가진 것이었는데, 최초의 소년교도소인 산 미켈레 소년교도소(로마, 1703년), 주간혼거·야간독거제를 실시한 간트감옥(벨기에, 1775년) 등으로 전개되었다(1차적·객관적 분류). 또 개선주의시대의 분류인 현대적 분류제도(2차적·주관적 분류)는 개별처우를 통한 사회복귀지향적인 적극적 목적을 갖는데, 현대적 의미의 과학적 분류를 시도한 벨기에의 포레스트 교도소(1907년), 뉴저지주의 랜튼감옥(1918년), 스트라우빙 교도소(독일, 1922년) 종합분류센터인 Clearing House를 설치해 과학적 분류처우를 확립한 뉴욕주의 싱싱 감옥 등이 그 예이다(과학적 분류의 최초는 간트 감옥이다).

는 건설현장의 일과 경노동을 요구하는 단순작업의 일이 있을 때는 여성이나 트랜스 젠더에게는 보호한다는 차원에서 단순 교도작업을 하게 하고 남성에게는 건설현장의 일을 맡기는 것이다.

마찬가지의 논리로 수사단계에서도 강간죄 등 특수한 범죄에 대해서는 여성이나 트랜스 젠더에게는 특별한 보호조치가 필요하다는 것으로 현재 세계 각국에서 트랜스 젠더의 범죄가 급증하는 현실을 참작한 하나의 시점 제시라고 할 수 있다.

(5) 범죄학의 국제성

오늘날 세계는 급변하며, 따라서 자연적으로 범죄문제도 국제화되어가고 있다. 난자매매, 조직폭력, 마약, 밀수, 돈 세탁, 환경오염 등의 문제는 국제성을 띨 수밖에 없고 이러한 국제적 범죄에 대처하려는 각국들의 형사정책적 노력도 활발해져 가고 있다. 따라서 각국은 범죄에 대한 정보를 공유하고 상호 연대적으로 범죄대책을 수립할 필요성이 절실해졌고, 이러한 인식을 바탕으로 범죄에 관한 국제적 협력의 노력이 날로 증대되어 가는데 이러한 일련의 흐름을 범죄학의 국제성이라고 한다.[67)]

이러한 범죄학의 국제성과 관련된 국제형사단체들을 19세기 말부터 지금까지 계속되어 오고 있는데, 가장 먼저 나온 국제범죄인류학회는 롬브로조가 개척한 범죄인류학적 연구를 기초로 범죄대책을 논의한 조직으로, 1885년 로마에서 최초로 개최되었으나 제1차 세계대전으로 중단되었다. 롬브로조의 영향 아래 주로 범죄생물학적 문제를 다루어 범죄생물학적 연구의 선구자적 역할을 했고, 다른 한편으로는 페리의 영향으로 사회학적 원인의 문제도 다루었다.

그리고 국제형사학협회(I.K.V)는 1989년 리스트를 중심으로 하멜, 프린스 등이 설립한 조직으로, 범죄의 원인과 대책에 대하여 법률적 관점 외에 범죄인류학적 · 사회학적 관점에서 과학적으로 연구하였다. 리스트의 범죄인 분류가 영향을 주었고, 나중에 국제형법협회로 계승되었으며, 국제형법 및 형무협회(CIPP, IPPC)는 1872년 런던에서 '국제형무협회'로 시작된 정

67) 정신교, 전게서, 45면.

부대표로 구성된 회의로(5년마다 개최) 1929년 국제형법 및 형무회의(정부단위의 협력체)로 개칭했다. 그 뒤에 다시 'UN 범죄예방 및 범죄자처우회의'로 바뀌게 되었는데, 여기서는 입법, 사법, 예방, 소년 등 4개 분과로 나뉘었고, 논의된 의제로는 작업임금제, 자유형의 단일화, 부정기형제도, 누진제, 소년범과 상습범의 문제, 석방자 보호, 가석방위원회, 수형자의 인격조사 등이 있다.

또한 국제형법협회(국제형법학회)는 1924년 국제형사학협회(I.K.V)를 계승하여 창설된 것으로, 국제형법학회지를 창간했다. 논의한 것에는 보안처분, 교도작업, 죄형법정주의, 형사법관의 전문화 등이 있다. 그리고 국제범죄학회는 1937년 파리에서 '국제범죄학협회'가 조직되었고, 1950년 파리 제2차 회의에서 현재의 명칭으로 개칭되었다. 5년마다 개최되었으며 범죄학 분야의 우수 논문에 데니스 캐롤(Dennis – Carrol)상을 수여했는데, 그 동안 논의된 것에는 소년범, 범죄인의 인격조사, 생물학, 정신병학, 심리학, 감옥학, 법의학, 통계학, 위험성의 진단, 기술적・과학적 경찰 등이 있다.

UN 범죄예방 및 범죄인처우회의(UN 범죄방지회의)는 CIPP를 계승한 현존하는 최대규모의 국제협력체로서, 국제연합 UNESCO 산하의 사회방위국 소속으로 5년마다 개최된다. 해마다 국제형사정책 평론을 발간하며, 결의와 권고문을 채택해 그 내용을 종합보고서로 작성한다.

국제피해자학협회는 1973년 예루살렘에서 국제피해자학회가 개최되었고, 2000년 8월에는 몬트리올에서 제10회 국제피해자학 심포지엄이 열렸다. 일본은 1990년에 일본피해자학회를 설립했고, 우리나라는 1992년에 한국피해자학회를 설립하고 현재 학회지인 피해자학연구를 발행하고 있다.

인터폴은 1956년에 창설된 국제간의 경찰정보 교환기구로 정부간 기구이며, 우리나라도 1960년에 가입했다. 여기서는 국가 사이의 범죄수사, 또는 범죄예방에 관한 협조를 하고 세계 각국의 범죄통계표를 작성한다. 1989년 본부를 프랑스 리옹으로 이동했으며, 총회, 집행위원회, 사무총국, 중앙사무국으로 구성되어 있다.

한편, 범죄학의 국제성과 관련된 관련법규나 국제조약도 많이 등장하였는데, 이에는 1998년의 범죄인 인도법, 국제형사사법공조법(1991), 국제수형자이송법(2003) 등이 있다. 범죄인 인도제도란 외국에서 범죄를 행하여 수사 또는 구속된 범죄인에 대해 그 범죄인을 구속한 국가가 상대국의 청구에 따라 범죄인의 신병을 상대국에 넘겨 주는 것으로, 우리나라도 1988년 범죄인인도법을 제정했다. 우리나라는 범죄인의 인도심사와 그 청구에 관련된 사건을 서울고등법원과 서울고등검찰청의 관할로 하고, 상호주의 원칙에 의해 범죄인 인도조약이 체결되어 있지 아니한 경우에도 상대국이 같은 종류의 범죄에 대한 우리나라의 범죄인 인도청구에 응한다는 보증이 있는 경우에는 본 법을 적용하며, 범죄인 인도의 대상범죄는 우리나라와 청구국의 법률에 의하여 사형, 무기, 장기 1년 이상의 징역, 또는 금고에 해당되는 경우에 한한다.

우리나라는 2004년 현재 호주, 캐나다, 스페인, 칠레, 필리핀, 파라과이, 멕시코, 미국, 아르헨티나, 브라질, 몽골, 뉴질랜드, 일본, 중국, 인도네시아, 우즈베키스탄, 베트남, 카자흐스탄, 페루, 과테말라 등 21개국과 범죄인 인도조약을 체결했다.[68)]

국제형사사법공조란 한 국가의 형사사건을 해결하기 위하여 그 사법절차에 타국이 행하는 협조를 말한다. 우리나라는 1991년 국제형사사법공조법을 제정했는데, 상호주의에 의해 조약이 체결되어 있지 않은 경우에도 동일사항에 관해 우리나라의 공조요청에 응한다는 요청국의 보증이 있는 때는 형사사법공조법을 적용한다. 우리나라는 2004년 현재 미국, 호주 등 16개국과 국제형사사법공조를 맺고 있다.

국제수형자이송제도는 외국에서 수형생활을 하는 자국민을 국내로 이송하여 잔형을 치르도록 하는 제도로 우리나라는 2003년 “국제 수형자 이송법”을 제정해 국제수형자 이송을 위반한데 이어 2005년 유럽 평의회 사무국에 우리 정부의 “수형자 이송에 관한 협약” 가입서를 기탁해 미국 등 60개 협약가입국과 별도의 개별조약을 채결할 필요 없이 수형자 이송을 하게 되었다.[69)]

이러한 수형자 이송조약은 1980년 이탈리아 밀라노에서 열린 「외국인

68) 정신교, 전게서, 49면.
69) 신용해, 국제수형자이송제도의 도입과 운영의 실제, 교정연구 28호, 197면.

수형자의 이송에 관한 모델조약」과 1983년의 유럽평의회의 수형자이송협약을 통해 발전되었는데, 2005년 9월 현재 유럽평의회의 협약의 당사국은 영국, 한국 등 총 61개 국가이다.[70)]

70) 신용해, 전게논문, 199면.
한편, 국내이송요건은 다음과 같다. 외국의 교도소에서 수형생활을 하고 있는 우리나라 국적의 수형자(이하 "국내이송대상자"라고 한다)가 국내로 이송되기 위해서는 국내법인 국제수형자이송법과 조약인 유럽평의회 수형자이송협약이 정하고 있는 요건을 모두 충족하여야 한다. 국제수형자이송법은 (1) 외국에서 자유형이 선고·확정된 범죄사실이 대한민국의 법률에 의하여 범죄를 구성할 것(이 경우 수개의 범죄사실 중 한 개의 범죄사실이 대한민국의 법률에 의하여 범죄를 구성하는 경우를 포함), (2) 외국에서 선고된 자유형의 판결이 확정될 것, (3) 국내이송대상수형자가 국내이송에 동의할 것 등 세 가지 요건이 갖추어진 때에 한하여 국내이송을 실시할 수 있다고 규정하고 있다. 한편, 유럽평의회의 수형자이송협약에서는 (1) 수형자가 집행국의 국민일 것, (2) 판결이 확정된 것일 것, (3) 이송요청이 접수된 때에 수형자가 복역할 형이 최소 6월이거나 부정기형일 것, (4) 이송에 관하여 수형자가 동의하거나, 선고국 또는 집행국 중 어느 한 국가가 수형자의 연령이나 신체·정신 상태를 고려하여 필요하다고 판단하는 때에는 그 수형자의 법적 대리인이 동의할 것, (5) 형 부과의 이유가 된 작위나 부작위가 집행국의 법에 의하여 형사범죄를 구성하고 있거나, 집행국의 영역에서 행하여졌다면 형사범죄를 구성하였을 것, (6) 선고국과 집행국이 이송에 합의할 것 등 6가지 이송요건을 규정하고 있다. <신용해, 전게논문, 207면>

제2장

제2장 범죄경제학

1. 범죄경제학의 중요성

범죄경제학은 경제학의 방법론을 이용하여 범죄현상을 설명하려는 분야이다. 경제학은 합리적 인간을 전제로 하고 재화가 부족한 희소성의 원칙을 전제로 한다. 따라서 범죄인은 부족한 재화를 충족하기 위하여 범죄행위를 선택하게 되며, 그런 범죄행위의 목적은 대개 자신의 효용의 극대화이다.

따라서 효용의 극대화와 관계되는 미시경제학 이론인 소비이론, 수요와 공급이론, 생산이론, 게임이론, 공공재이론, 사회적 후생이론 등이 범죄학의 분석도구로 이용된다.

소비이론에서는 범죄를 하나의 상품으로 보고, 이러한 범죄상품의 소비에 따른 효용이론과 두 가지 범죄의 선택 가능한 점들인 무차별 곡선과 한 범죄의 가격변화에 따른 다른 재화인 범죄의 소비의 변화를 보는 가격효과

등이 있다.

또한 범죄수요이론에서는 범죄인이 범죄를 수요하게 되는 이유와 범죄수요에 영향을 주는 요인들과 범죄가격의 변화에 따르는 수요의 가격탄력성 이론 및 소비자 잉여를 생각할 수가 있다.

공급이론에서는 범죄공급의 메커니즘과 범죄공급에 영향을 미치는 여러 요인들의 변화, 범죄공급의 가격탄력성과 생산자잉여 등을 살펴볼 수가 있다.

생산이론에서는 범죄라는 하나의 생산물을 어떻게 만드느냐에 관한 이론으로, 여기에는 생산비용이론, 규모의 경제이론, 범죄생산함수이론 등이 있다.

게임이론은 최근 중요시되는 이론으로 불확실한 상황하에서 이루어지는 게임에 관한 것으로 용의자의 딜레마 등이 있고, 이것은 수사심리학 등에서 이용될 수가 있다.

공공재이론은 치안서비스, 수사서비스, 교정서비스 등이 결국은 공공재로 볼 수 있으므로, 이러한 공공재의 공급이 시장기구에서 해결되지 않고 정부에서 공급되어야 할 이유 등에 관한 이론이라고 할 수가 있다. 또한 짝퉁 상품이 판쳐 가짜가 시장에서 판치는 상품사기 범죄는 공급자와 소비자 사이의 "비대칭적 정보"의 결과로 가짜가 시장을 점령하는 역선택현상이 발생해 진짜 제품을 생산하는 기업과 소비자의 후생이 감소하게 되는데, 이런 상품사기 범죄를 이해하려면 미시경제학의 한 부분인 정보경제학의 지식이 유용하다.

또한 바가지 요금에 의한 사기범죄의 발생원인은 정보탐색의 한계비용이 크기 때문에 발생하므로, 역시 정보경제학의 이해가 필수적이다.

이와 같은 미시범죄경제학이론 외에 거시적 측면의 범죄경제학이론도 생각할 수가 있다. 가령, 범죄조직경제학은 하나의 거대한 범죄조직집단을 국가나 대기업으로 보고, 이들의 국제간에 이루어지는 범죄상품의 수출과 수입이론을 국제무역이론을 통해서도 접근할 수가 있다.

또한 범죄경제학을 범죄대책과 연관된 측면에서는 생산물에 따라서 치안서비스, 수사서비스, 재판서비스, 교정서비스로도 분류할 수가 있고, 치안서비스는 사적 재화인 민간경비재화와 공적 재화인 경찰재화시장으로 분류할 수가 있다.

이러한 범죄경제학은 모든 관련주체를 합리적 인간으로 설정하고 있다. 범죄인 외에도 경찰과 교정공무원 등 형사사법주체도 자신의 효용극대화 함수에 따라 행동한다는 가설에 입각하고 있으며, 이러한 접근은 관료사회학이나 정치사회학적 입장과도 연관된다. 또한 범죄경제학은 그 영역에 따라 커뮤니케이션범죄학, 일반범죄경제학, 조직범죄경제학, 환경범죄경제학, 기업범죄경제학 등 다양한 영역으로 나눌 수 있다.

이러한 범죄경제학적 분석은 1960년대에 이르러 활발한 논의가 시작되었으며, Becker가 범죄경제이론모형의 확립에 선구자적 역할을 한 것으로 알려져 있다. 그 뒤 범죄경제학은 수학, 경제학과 사회학, 법학 등 관련분야에서 많은 연구가 이루어지고 있다.

이러한 경제적 접근의 중요성은 주로 효과적인 형벌의 수준과 바람직한 범죄대책 및 지하 범죄시장의 실상을 가르쳐 준다는 점에서 많은 정책적 시사점을 준다. 가령, 범죄를 감소하기 위하여 범죄자에게 범죄세를 부과할 때, 그 범죄세가 종량세, 즉 범죄단위의 양(절도를 한번 한 경우보다 여러 번 한 경우에 더 많은 범죄세)에 따라 부과할 때 범죄효과의 크기는 그 범죄수요곡선과 공급곡선의 탄력성에 따라 달라지며, 범죄세라는 조세가 결국은 누구에게 전가되는지를 범죄수요공급곡선의 모형분석에 의해 분석할 수가 있다. 또 사기범죄나 유해식품범죄는 정보가 사기범이나 판매자에게만 알려져 있는 정보의 비대칭성 때문에 발생하므로 이러한 불완전 정보하의 여러 문제를 분석하는 정보경제학의 지식을 활용해야 한다.

그리고 범죄대책을 위해 교정당국이 주어진 예산선의 조건하에서 동일한 교정효과를 가져다 주는 교화와 보안이라는 두 가지 재화의 적절한 조합점을 찾을 수 있는지는 두 재화의 생산가능곡선모형의 분석을 시도할 수 있고, 가석방률의 비율을 결정할 때에도 사회내 집행이라는 재화와 시설내 집행이라는 두 재화의 가격탄력성을 비교해서 적절한 형벌의 효과를 살펴볼 수가 있다.

또한 교정당국이 행하는 교정서비스라는 상품의 생산이론과 빵 등의 일반재화의 생산이론과의 차이를 통해 교정 공공재의 특징과 적절한 산출량을 계산하며, 또한 오늘날 국가기능화되는 거대 범죄집단의 특징을 하나의 기업으로 봄으로써 범죄수출과 수입에 관한 지역경제적 분석을 통해 보다 현실성 있는 범죄이론을 알 수 있다.

또한 경영성과를 과시하기 위해 과도한 주식배당을 하는 기업범죄의 행태는 소위 정보경제학에서 말하는 주인(주주)·대리인(경영자) 문제로 주인·대리인 문제의 기본이론을 이해해야 기업범죄 등을 잘 이해할 수 있으며, 또한 교사범(본인, 주인)이 교사행위시 피교사범의 행위가 교사의 착오를 일으킨 경우도 범죄경제학적으로 접근할 수 있다. 또한 형벌의 효과를 알기 위해 자유형과 벌금형 중 어느 것이 나은가는 둘을 재화로 간주할 때 사회적 생산비용을 알아야 알 수 있다.

또한 적정형벌수준을 알기 위해서는 범죄자들의 각 형사사범단계에 대응하는 가격탄력성을 도출해야 하고, 이를 위해서는 경제수학의 지식이 필수적이다. 가령, 검거에 반응하는 탄력성과 재판에 반응하는 탄력성, 행형에서 시설내 집행에 반응하는 탄력성, 보호관찰처럼 사회내 집행에 반응하는 가격탄력성들의 크기를 수학적으로 도출하여, 만일 검거에 반응하는 가격탄력성이 가장 높다면 검거율을 가장 높이는 것이, 시설내 집행에 반응하는 가격탄력성이 가장 높다면 엄격한 형의 시설내 집행을 하는 것이 효율적인 범죄대책방안이다.

또한 교정당국이 교정이라는 최종 생산물의 달성을 위해 제한된 예산을 분류, 교화, 작업, 교육, 구매, 급여, 보안 등 여러 중간생산물에 어떻게 자원을 배분해야 교정의 비용이 최소화되는 것을 알기 위해서는 생산비이론이 필수적이다.

즉, 각 생산물의 한계생산성이 균등하도록 생산하고 자원을 배분해야 가장 효율적 예산집행이 된다는 한계생산균등의 법칙을 알아야 한다.

또한 오늘날 급증하는 민간경비업체와 과점적 지위에 있는 세콤 등의 대형민간경비업체간에 이루어지는 동태적인 현상을 알기 위해서는 완전경쟁시장이론과 독점 및 과점시장이론 및 산업조직론을 이해해야 어떻게 수많은 민간경비업들의 민간경비시장에의 참입과 저지, 그리고 과점가격과 완전경쟁시장에서 민간경비가격을 알 수가 있고, 나아가 범죄대처를 위해서는 현재처럼 관료제인 경찰로만 할 것인가, 아니면 관료제를 민간경비로 대체, 또는 혼합형태인 제3sector로 할 것인가는 이에 관한 범죄예방시장론에 관한 지식이 필수적이고, 또한 이 과정에서 집단이익집단인 경찰이 집단이익을 민간경비에 뺏기지 않기 위해 집단이익을 국익으로 상징조작시키는 상징조작과정을 이해하기 위해서는 관료정치경제학적 지식과 커뮤니케이션이론이 필수적이다.

그것은 관료정치경제학에서는 모든 관료는 자신들의 효용을 극대화시키기 위해 활동한다는 효용극대화 가설을 전제하기 때문이며, 이런 것을 알면 경찰이 범죄예방과 수사, 보안, 외사 등 여러 분야에서 어디를 가장 많이 선호하고 교정당국이 교화보다 보안에 더 치중해서 생산하는 이유를 설명할 수 있고, 관료효용극대화가설에 따르면 경찰과 교정공무원들이 간접적인 범죄수요자가 될 수 있음을 알 수 있다.[1)]

또한 기존의 범죄학자들은 형법을 만들고 형벌을 집행하는 것을 국가로만 관념화하나, 필자가 만든 커뮤니케이션범죄학에서는 방송 등의 언론도 사실상 법제정기관이고 법집행기관이며, 나아가 범죄를 확대생산하고 축소생산하는 중요한 범죄생산기구가 될 수 있는데, 이를 이해하기 위해서는 범죄미디어학의 내용인 매스컴의 상징조작론과 이로 인한 상징폭력이론을 알아야 한다.

즉, 매스컴의 상업적 이익과 오해, 또는 무지로 인하여 범죄가 비범죄화되고, 또는 범죄가 새로 창출되며, 이 때 동원되는 전략이 상징조작과 상징폭력이다.[2)]

필자가 만든 커뮤니케이션범죄학에서는 범죄의 개념도 일반범죄학이나 형법상의 범죄개념보다 넓은 개념이다. 가령 2005년 말에 한국사회를 시끄럽게 했던 어느 교수의 사이언스지 논문조작사건도 형법상의 범죄는 아

---

01) 과거에 우리나라에서 경찰이 수사실적을 올리기 위해 정보원을 시켜 범죄를 하도록 교사한 적이 있고, 스웨덴 영화 "캅스"에는 마을에 범죄가 전혀 없자 구조조정을 당할 것을 염려한 경찰들이 스스로 범죄를 하거나 교사하여 범죄발생률을 높인다는 내용이 있는 바, 경찰과 교정당국의 가장 중요한 고객은 범죄인이고 적정범죄인들이 있어야 이들이 존재할 수 있다.

02) 미국과 이라크 전쟁에 한국이 개입하여 전쟁범죄와 그로 인한 수많은 부수적인 범죄들이 생산되는 것은 국익이라는 상징조작과 그 배후에 숨은 언론기관의 이익이 교묘히 결합된 결과이며, 매스컴의 이익극대화에 도움되는 상업주의로 인하여 중요한 기업범죄와 환경범죄를 행한 기업이 비범죄 집단으로 상징조작되는 일도 있다.

니나, 여기서는 학문범죄로 취급한다.

자칫하면 이런 학문범죄가 국익을 내세운 보수언론의 상징조작에 의해 진리로 될 뻔했듯이 매스컴의 태도에 따라 범죄로 되기도 하고, 되지 않기도 하는 점에서 매스컴은 실질적인 범죄입법기관의 지위에 서 있다.

커뮤니케이션범죄학에서는 또 하나 중요한 범죄가 바로 매스컴의 국민에 대한 상징폭력이다. 즉, 보수언론에 의해 모든 문제를 이념의 문제로 귀속시켜 이념갈등을 야기함으로써 국민을 상징폭력의 대상으로 만든다.

형법상의 물리적 폭력은 피해자가 자기가 피해자임을 알고 있으나, 상징폭력의 피해자는 자신이 피해자이면서도 피해자인줄 모르고 상징폭력의 가해자측에 동조하는 것이 특징이다.

물리적 폭력보다 더 무섭고 인간정신을 황폐화시키는 매스컴 상징폭력이 이루어지는 메커니즘의 분석이 여기에서는 중요하다. 즉, 범죄미디어학에서는 상징폭력도 범죄로 본다.

이같은 범죄미디어학에서도 미디어 범죄경제학이 필요한데 이처럼 범죄경제학의 외연은 너무나 포괄적이다. 이같은 범죄경제학에 대한 균형적이고 완벽한 접근을 위해서는 범죄통계학, 범죄경제수학, 범죄미디어학, 범죄환경경제이론, 범죄정보경제이론, 범죄산업조직론 등 너무나 많은 분야의 지식이 필요하지만, 아직 범죄경제학의 국내수준은 활성화되어 있지 않다. 앞으로의 범죄학은 범죄경제학의 지식이 필수적이기 때문에 여기에서는 그런 범죄경제학에 접근하는 데 있어서 가장 기초가 되는 부문만을 몇 가지 소개하기로 한다.[3)]

---

03) 범죄경제학에서는 범죄인은 자신의 이익극대화원리에 따라 행동한다고 보고 범죄도 하나의 상품이며, 범죄의 이익과 비용(형벌)의 계산에 의해 범죄하므로 범죄비용이 상승하면 범죄율은 준다고 본다. 따라서 형벌강화가 범죄율을 낮춘다고 보며, 범죄가격인 범죄비용의 변화는 범죄수요에 영향을 준다고 하나, 사회학자들은 범죄는 범죄인들의 이기적 계산에 의한 것이 아니고 내적으로 병든 상태, 또는 환경 때문에 범죄가 나온다고 보아 형벌강화나 검거율의 증가는 범죄율을 낮추지 못하고, 범죄대책은 그런 내적 상태를 치료하거나 환경을 개선해야 한다고 본다.

2. 범죄행동의 수요 · 공급이론

1) 수요이론

수요란 경제주체가 상품을 구입하고자 하는 욕구를 말하며, 이는 일정기간에 구입하는 양으로 나타난다. 이 때 수요란 구매하고자 의도한 양을 나타내는 것이지 실제로 구매한 양을 나타내는 것이 아니므로, 수요란 사후적 개념이 아니라 사전적 개념이다.

즉, 만일 마약가격이 10만원인데 5만원으로 내려간다면 5단위의 사겠다는 마음이 수요이지 실제로 구입한 것을 의미하는 것은 아니다.

이 때 잠재적 범죄인이 실제로 그런 수요욕구가 마약대금을 지급할 능력이 있어서 구매력이 있을 때, 이 때 구매력에 의해 뒷받침된 소비욕구를 유효수요라고 하며, 구매력이 없고 단지 욕망만 있는 것을 공상수요라고 한다.

또한 잠재력 범죄인이 보기에 마약가격이 계속 하락하리라 예상되므로, 가격이 내려도 수요량이 계속 감소하는 것을 잠재수요라고 한다. 이처럼 어떤 재화에 대한 수요를 결정하는 요인은 많지만 가장 중요한 요인은 상품의 가격이므로, 수요함수 D = f(가격/대체재가격, 보완재가격, 소득, 예상, 광고, 전쟁, 기호)로 나타낼 수가 있다.

가령, 마약에 대한 수요는 마약가격이 가장 큰 영향을 미치고, 그 다음에 마약에 대한 대체재인 담배가격이 상승하면 담배수요를 줄이면 마약에 대한 수요가 증가하게 된다. 만일, 마약을 주사로만 투여한다고 가정할 때 마약원료와 주사기가 있어야 마약이 주입되므로 마약과 주사기는 보완재의 상태에 놓인다. 차와 기름처럼 불가분의 관계에 있지만 어느 재화의 가격과 다른 재화의 수요량이 반대 방향으로 변화하는 관계에 있는 것을 보완재라고 한다.

즉, 기름 가격이 올라가면 자동차 구매에 대한 수요가 감소한다. 그러나 대체재(커피와 홍차)는 어느 재화의 가격과 다른 재화의 수요량이 같은 방향으로 변화되는 것을 말하므로 커피가격이 올라가면 사람들은 홍차에 대한 수요량이 증가한다. 그러나 차와 연필처럼 아무 관계가 없어 어느 재화 가격과 다른 재화의 수요량이 아무런 관계가 없는 것을 독립재라고 한다. 가령, 강간과 강제추행은 대체재이고, 강간과 횡령은 독립재이다.

소득이 증가하면 마약에 대한 수요도 증가하며, 어떤 상품에 대한 광고가 증대해도 그 상품에 대해 수요가 증가한다. 이와같이 광고선전에 의해 소비가 증대되는 것을 의존효과(갈브레이드 효과)라고 한다.

가령, 위조범죄가 TV에 자주 방영되어도 모방범죄가 생기는데, 이것이 바로 의존효과이다.

위에서 마약의 가격이 변함에 따라 동일한 수요곡선상에서 수요량이 변하는 것을 수요량의 변화라고 한다. 또한 가격을 제외한 다른 요인(가령, 대체재의 가격…)이 변동해서 일어나는 수요량의 변화를 수요의 변화라고 한다. 이 때 수요의 변화가 있게 되면 수요곡선이 이동하고 수요량이 변화할 때는 수요곡선의 이동은 없다.

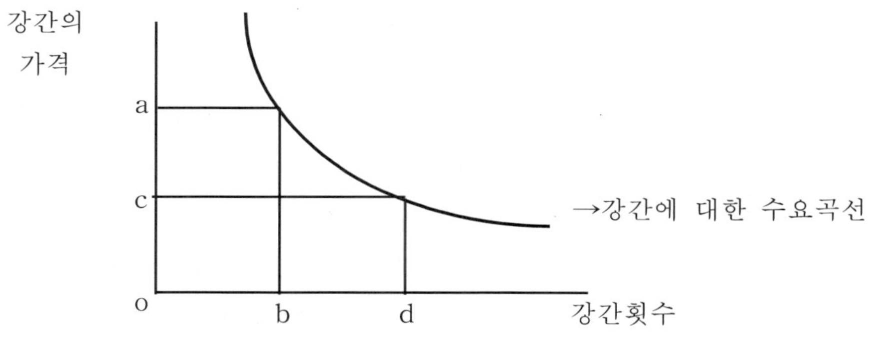

그림4 : 강간에 대한 수요곡선

가령 sex할 기회가 적은 사람이 강간에 대한 수요를 생각해 보면 강간에도 만족감을 주므로 강간도 하나의 서비스이다. 이 때 강간의 가격은 강간에 드는 비용, 즉 강간에 드는 실제 실행비용과 잡혀서 형벌에 처해질 위험, 죄책감 등을 합한 것이 강간이란 재화의 가격이므로 강간재화의 가격이 낮을수록, 즉 붙잡혀 형벌에 처해질 위험과 심리적 부담감, 실행비용이 적을수록 강간재화에 대한 수요량은 증가하므로, 다음 그림과 같이 된다.

즉, 강간의 가격이 a라면 잠재적 범죄인은 b만큼의 강간횟수를 생각하며, 강간가격이 c로 내려가면 더 많은 d만큼의 강간을 의도하게 된다.

강간의 가격의 변동만 있으면 수요량은 강간수요곡선상에서만 변동하므로 강간수요곡선의 이동은 없다.

그리고 강간재화에 대한 대체재가 매춘, 간통이라는 서비스이므로 잠재적 범죄인의 강간재화수요곡선은 대체재인 매춘가격이 지금보다 상당히 높아진다면 그는 지금까지 자신의 소비행태인 강간과 매춘의 소비비율을 매춘비율을 내리고 강간소비를 증가시키는 방향으로 되고, 이 때 강간재화의 수요곡선은 우측으로 이동하는데, 아래 그림과 같이 된다.

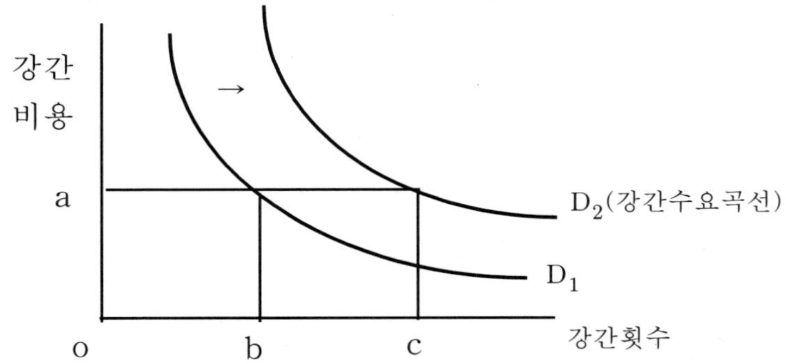

그림5 : 대체재의 가격이 상승시 강간수요곡선의 변화

즉, 위의 그림에서 원래의 강간수요곡선이 D_1이라면, 이 때 잠재적 범죄인이 강간가격이 a일 때 b만큼의 강간횟수를 의도하는데, 이 때 그가 평소에 소비해 오던 대체재인 매춘의 가격이 급상승하면 상대적으로 주어진 소득으로 매춘에 대한 소비를 줄이고 강간수요가 증가할 것이므로 c만큼의 강간횟수를 의도하게 되므로, 강간수요곡선이 D_1에서 D_2로 변동해 수요곡선의 이동이 있게 된다.

또한 강간이란 상품과 보완재의 관계에 있는 것이 비아그라 등의 발기부전치료제라면(정력이 약한 잠재적 범죄인을 가정할 때) 보완재가 없으면 강간이라는 상품을 소비할 수가 없다. 이 때 보완재인 비아그라의 가격이 폭등하면 주어진 소득으로 사기가 힘들므로 강간횟수가 줄어든다. 따라서 강간수요곡선은 좌측으로 이동하는데, 아래 그림과 같이 된다.[4)]

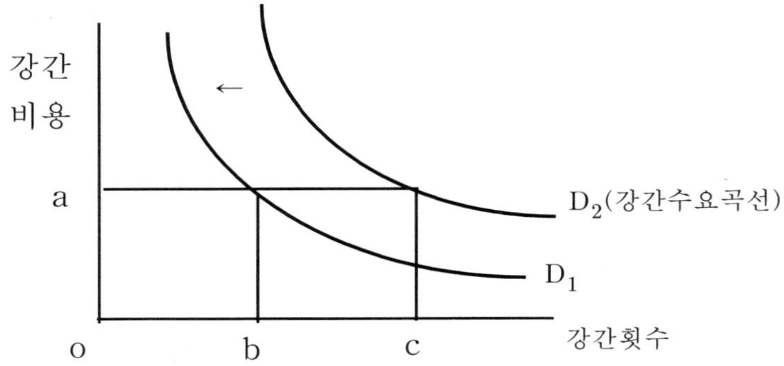

그림6 : 보완재의 가격이 상승시 강간수요 곡선의 변화

즉, 위의 그림에서 보완재인 비아그라의 가격이 상승하면 강간수요량은 c에서 b로 감소하게 되고, 강간수요곡선이 좌측으로 이동하게 된다. 마찬가지의 논리로 잠재적 범죄인의 기호(강간을 좋아함)가 증가하거나, 가수요(가격상승 예상 시)일 때도 강간수요곡선은 우측으로 이동하게 된다.

가수요란 가격이 앞으로 더 오를 것으로 예상될 때 미리 사 두려고 하는 경우(사재기 현상)로, 강간범에 대해 특별수사본부설치의 상설화와 형벌을 아주 높이게 된다는 것이 알려지면 강간비용이 앞으로 더 오를 것으로 예상되므로, 체포확률이 적은 지금에 미리 강간재화를 사 두려는 경우가 가수요현상으로 아래 그림과 같이 된다.[5)]

---

04) 보완재가 여러 개 있을 경우, 가장 적절한 보완재가 무엇인지, 즉 정력에 가장 좋은 제품이 무엇인지 알아보는 데 드는 탐색비용, 정보처리비용은 보완재의 가격에 추가된다.

05) 범죄경제학에서 보완재는 물적 보완재(강간과 비아그라) 외에 인적 보완재가 있는데, 그것은 결합적 공범간이다. A는 문따기 전문이고 B는 금고털이 전문이라면, 강도라는 상품은 A와 B의 필수적 공범에 의해서만 생산된다.

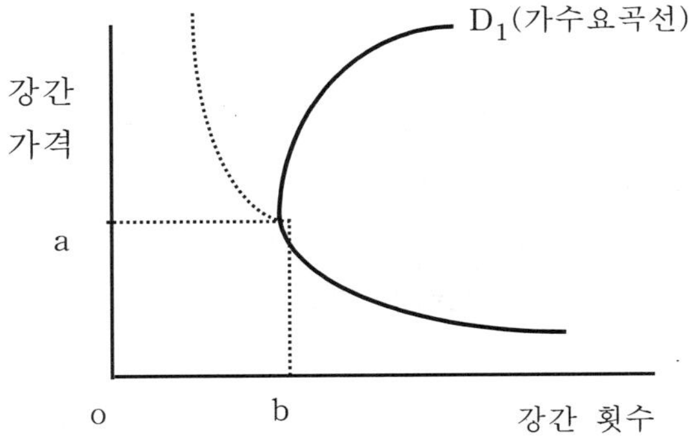

그림7 : 강간에 대한 가수요시 가수요곡선

즉, a점 이상으로 강간가격이 올라가면 수요법칙에 의해 강간수요가 줄어들어야 함에도 앞으로 강간가격이 더 오를 것으로 예상해 오히려 강간수요량이 증대되는 현상이 강간수요곡선을 나타낸다.

한편, 개인의 강간수요곡선을 횡축들을 모두 합친 것이 그 사회의 강간수요곡선이 되는데, 이 때 그 나라의 소득분포가 평등하게 분포될수록 그 사회의 강간횟수가 증대되므로 강간수요곡선은 우측으로 이동하게 된다.[6)]

이와같이 상품의 가격과 수요량과의 관계를 보면 개별수요자는 가격이 높으면 수요량을 줄이고, 가격이 낮으면 수요량을 늘리는데, 이같은 상품가격과 수요량 사이의 역관계를 수요법칙이라고 한다.

정확히 말하면 소득, 기호, 대체재의 가격 등 다른 조건이 불변이라면 상품의 가격과 수요량 사이에 있는 역관계를 수요법칙이라고 한다. 즉, 가격

---

06) 소득분배의 불평도는 10분위분배율, 로렌츠곡선, 지니계수로 나타낸다. 10분위분배율이란 모든 가구를 소득수준별로 나열해 놓은 다음, 그것을 10등분하여, 하위 40%의 가구가 받은 소득의 합이 상위 20%가 받은 소득의 합과 비교해 얼마나 되는가를 나타낸 것이다.

$$10\text{분위분배율} = \frac{\text{하위 40\% 가구의 소득점유율(\%)}}{\text{상위 20\% 가구의 소득점유율(\%)}}$$

특징은 가구 중심의 소득으로 분석하고, 완전 평등사회의 10분위분배율은 2가 되며, 10분위분배율이 높을수록 하위 소득계층의 소득이 상위 소득계층에 비해 상대적으로 많아졌다는 것을 뜻하며, 소득분배의 불평등도 개선된 것이라고 본다.

로렌츠곡선은 아래 그림으로 나타낸다.

이 내려가면 수요량은 증가된다고 본다. 이러한 수요법칙의 예외로 기펜재, 위풍재, 백로효과, 전시효과, 의존효과, 투기효과 등이 있는데, 기펜재란 같은 용도에 사용되는 두 재화(쌀과 보리쌀)가 있을 때 두 재화 간에는 "쌀의 가격이 내리면 쌀의 수요가 느는 반면, 보리쌀은 값이 떨어지면 수요가 줄어드는 현상"을 일으키는데, 이런 현상을 기펜의 역설이라고 한다.

기펜재는 보리쌀과 같이 가격이 하락시에 오히려 수요량이 감소하는 특수한 열등재로 가격과 수요량이 정의관계를 가지므로 기펜재의 수요곡선은 우상향한다.

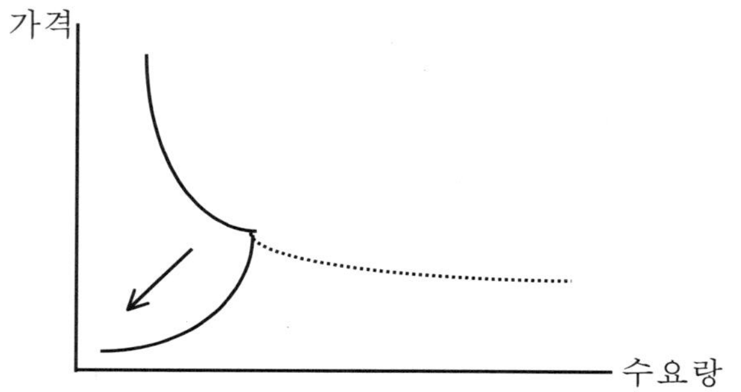

그림8 : 기펜재의 수요곡선

현실에서 이런 기펜재의 존재는 찾기 어려운데 범죄와 연결하여 보면, 만일 간통이 이제부터 합법화된다면 간통의 가격이 내려가고 이 때 간통의

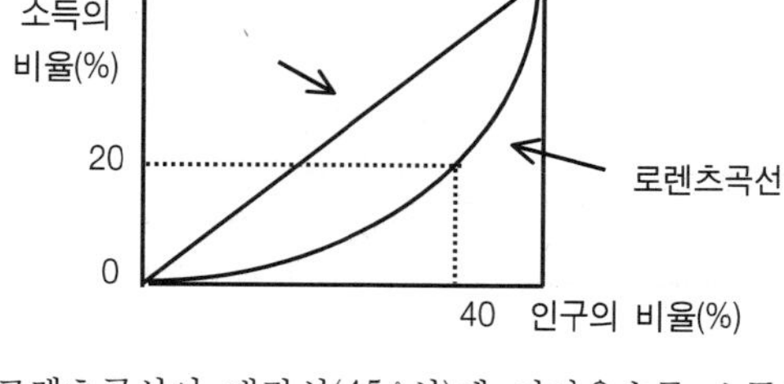

로렌츠곡선이 대각선(45˚선)에 가까울수록 소득분배의 불평등도는 개선된다. OB선(대각선 : 45˚선)은 완전 평등분배를 나타내며, OAB선은 완전 불평등분배를 나타낸다.
지니계수란 CT로 표시되는데 $G = \frac{\text{불평등면적}}{\triangle \text{OAB면적}}$ 가 되고 지니계수는 값이 작을수록 평등도가 높다.

수요는 증가하는 반면, 열등재인 매춘은 가격이 하락해도 오히려 매춘의 수요량이 감소하게 되어 매춘재화가 기펜재가 된다.

왜냐하면 매춘과 간통은 같은 용도에 사용되는 두 재화이고 상대적으로 간통재화가 매춘재화보다 고급재화이기 때문이다.

전시효과란 습관이나 체면 때문에 소비가 이루어지는 경우로 듀젠베리 효과라고 한다. 친구가 차를 사니 자기도 뒤질세라 차를 사는 경우로, 범죄에서는 학생폭력범죄에서 조직원이 동료학생을 왕따시키면 자기도 그 조직원을 따라 그 학생을 왕따시키는 현상을 들 수가 있다.

또한 학생이 오토바이를 난폭질주 운행할 때 불법적인 난폭질주가 그 학생에게 효용(만족도)을 준다면 난폭질주도 상품이며, 동료학생이 난폭질주를 소비할 때 친구도 따라서 난폭질주를 소비하는 현상이 전시효과이다.

따라서 난폭질주에 대한 전시효과가 있으면 가격이 하락해 개별수요와 시장수요의 크기가 커져 많은 학생들이 난폭질주를 하여, 그 결과 범죄를 하게 되는 결과를 초래한다. 이 때 전시효과가 있게 되면 수요의 가격탄력성이 그전보다 가격에 대해 더 탄력적이게, 전시수요곡선은 최초의 수요곡선보다 완만한 기울기를 가지면서 우하향하게 된다.

가령, 난폭질주라는 교통범죄를 동료학생들이 멋있게 해 보이면 그것을 본 친구는 너무나 멋지게 보여 그런 재화를 덩달아 소비하고픈 욕구가 생겨 난폭질주를 하면 더 큰 만족을 줄 것 같아 기대비용보다 기대이익이 훨씬 더 크게 생각되어 범죄, 난폭질주의 가격이 하락하여 아래 그림에서 P_2에서 P_1으로 하락한다. 이 때 따라 하려는 친구들은 난폭질주가 너무 멋있어 앞으로 다른 학생들도 많이 따라 할 것이라고 예상, 즉 난폭질주에 대한 시장수요가 크게 증가하리라 생각하여 그 증가된 시장수요곡선을 따라 B점에 해당되는 2에서 소비하게 되어 최초의 점인 A와 새로 형성된 B점을 연결한 전시효과수요곡선이 생기고, 이 곡선은 최초의 수요곡선보다 완만한 기울기를 가진다.

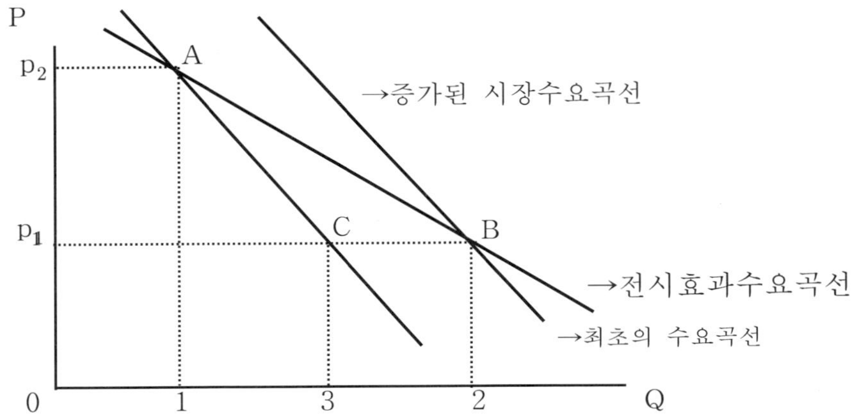

그림9 : 전시효과수요곡선

위의 그림에서 32의 크기가 전시효과로 인해 증대된 사회적 수요량이다. 따라서 난폭질주 등의 교통범죄에 대한 정부의 대책은 증가된 시장수요곡선을 최초의 수요곡선에 가깝게 좌측으로 이동해 전시효과수요곡선의 탄력성이 더욱더 낮게 하여 전시효과의 크기를 최소화시키는 각종정책이 필요하다.

전시효과와 정반대 개념이 백로효과로 타인들이 어떤 재화를 많이 소비할 때 자신은 그들과 격이 다르다는 것을 과시할 때 나타나는 것으로, 이것이 있게 되면 그전보다 가격이 상승하여 수요가 적어지고 그전보다 덜 탄력적인 수요곡선인 백로수요곡선을 가지는데, 이는 비합리적 요인에 의한 특수한 범죄에서 많이 나타난다(합리적 요인에 의한 특수범죄는 제외). 단순절도를 많이 하는 친구들에 대해서 자신은 그런 단순절도를 하지 않고 특수절도를 한다든지, 정치범죄에서 동료들과 달리 거물급 정치인을 암살한다는 등에서 나타나는데, 이 때 그런 범죄수요의 다른 합리적 요인은 고려치 않고 자신은 다른 동료와 다르다는 우월적 동기만이 있다고 가정한 경우이다.

따라서 백로효과에 의한 범죄를 막으려면 백로수요곡선의 기울기를 완만, 즉 백로수요곡선의 탄력도를 크게 하여 백로효과의 크기를 줄이는 정책이 필요하다.

또한 전시효과적 범죄와 백로효과적 범죄의 특징은 일반범죄와 달리 내구성이나 반복성, 영속성이 적다는 것으로 범죄대책에 있어서 자원의 합리적 배분의 기중을 제공해 준다. 즉, 범죄수요에 있어서 합리적 범죄인을 전제로 하는 기능적 범죄수요자는 자신의 예산과 주어진 범죄가격을 고려하고 모두 합리적 요인을 고려해 효용극대화를 위한 범죄수요를 하므로 이들에 대한 범죄대책에 자원배분의 우선순위를 두어야 하며, 비합리적 요인에 의해 범죄를 수요하는 비기능적 범죄수요자들은 범죄행동이 일시적인 것이 대부분이므로 기능적 범죄수요에 대한 대책과는 차이가 있다는 것이다.

다시 말해서 백로효과(snob effect)란 자기는 타인과 다르다는 것을 과시하기 위하여 타인이 소비하고 있는 상품의 소비를 줄이는 경우로 학생조직범죄에서 많이 나타난다. 가령, 신출내기 고등학생이 여중생들이나 여고생들을 강제추행할 때 우두머리 학생이나 다른 학생은 그런 학생과 다르다는 것을 과시하기 위해 여중생에 대한 강제추행 상품의 소비를 중단하는 경우이다.

그런데 수요법칙은 다른 요인들이 일정할 때 상품의 가격이 하락하면 수요량이 증가한다는 것으로 수요곡선은 우하향하는 곡선을 나타낸다. 그런데 수요곡선은 마이너스의 기울기, 즉 우하향하는데, 이 수요곡선은 그 상품에 대한 한계효용곡선과 같다. 즉, 다음 그림과 같다.

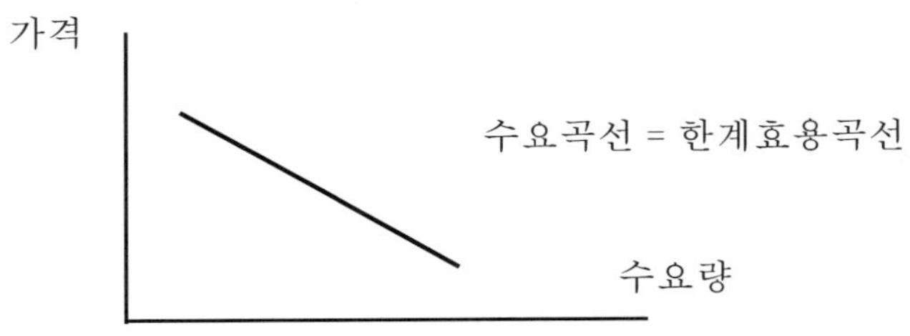

그림10 : 수요곡선

이 때 효용이란 주관적인 만족도의 크기를 나타내며, 총효용은 일정기간에 어떤 재화의 소비로부터 얻게 되는 효용의 총량을 말하고, 한계효용은 재화 1단위를 더 소비함으로써 추가적으로 얻게 되는 만족도를 의미한다.

가령, 오토바이 난폭질주운행은 교통범죄인데, 난폭질주는 청소년에게 만족도를 주는 상품이라고 할 수가 있다. 만일, 청소년이 하루 동안에 난폭질주를 10번 한다면 최초에 하는 난폭질주가 가장 큰 만족도를 주고, 2번째, 3번째로 갈수록 만족도는 낮아진다.

이처럼 난폭질주나 강간 등의 상품의 소비량이 1단위씩 증가할수록 총효용은 증가되지만, 소비량이 증가될수록 추가되는 만족도는 줄어드는데, 이를 한계효용체감의 법칙이라고 한다.

아래 그림과 같이 된다.

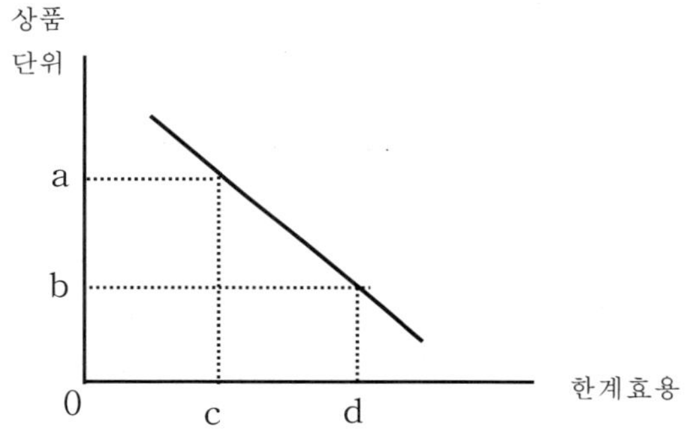

그림11 : 한계효용체감법칙

즉, 최초로 난폭질주를 1단위 소비할 때의 만족도는 아주 컸으나, 그 다음부터 1단위 추가로 소비할수록 증가되는 만족도는 갈수록 줄어든다.

가령, 성욕에 목말랐던 자가 최초의 성행위시 만족도는 높으나, 그 다음 sex 때부터는 만족도가 조금씩 줄어든다.

따라서 재화의 총효용은 한계효용의 누계와 같고 재화의 한계효용이 0이 될 때 총효용은 극대가 된다(이 때 한계효용은 욕망의 강도에 정비례하고, 재화의 존재량에 반비례한다).

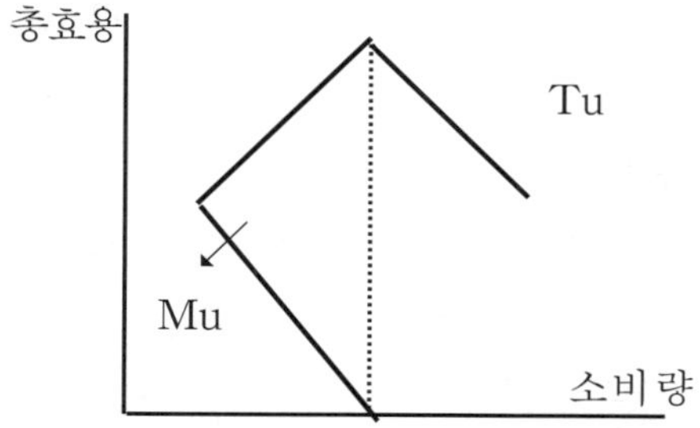

그림12 : 총효용과 한계 효용의 관계

위의 그림에서 Mu(한계효용)가 0일 때 Tu는 극대가 된다.

그리고 이렇게 수요곡선이 우하향하면 소비자잉여는 반드시 존재하게 된다. 소비자잉여란 소비자가 그 재화없이 지내느니 차라리 기꺼이 지불할 용의가 있는 가격이 그가 실제로 지불하는 가격을 초과하는 부분을 말한다. 소비자잉여는 각 소비자의 주관적 만족도를 나타내므로 모든 사람이 동일한 것은 아니다. 따라서 소비자의 지출용의액을 축소할수록 소비자잉여는 작아진다. 따라서 극빈자일수록 소비자잉여의 혜택은 적어지고 부자일수록 소비자잉여는 커진다.

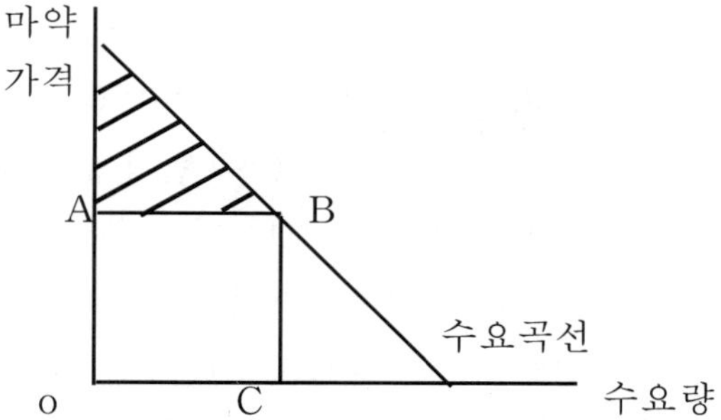

그림13 : 소비자 잉여

위의 그림에서 마약에 대한 수요곡선이 우하향할 때 소비자는 0C만큼 마약을 사려고 할 때 그가 지불할 의사가 있는 총가격(마약가격×수요량), 즉 총지불의사 금액은 0DBC이다.

이 때 마약시장에서 마약의 시장가격이 OA로 정해진다면 그는 마약시장에서 시장가격 0A로 0C만큼 실제로 구입하므로 0C구입시 실제 지불액은 0ABC가 된다.

따라서 소비자잉여란 총지불의사액에서 실제지불액을 제한 부분인 빗금친 부분이 소비자잉여가 된다

소비자잉여란 소비자이익과 같은 개념으로, 그가 지불하려고 마음먹은 액수보다 덜 지출하고도 동일한 마약을 구매할 수 있어 실제로 이익을 볼 것이다.

가령, 두 명의 마약소비자 중에서 A는 위와 같이 마약시장에서 결정된 시장가격으로 마약을 구입하고, 다른 한 명은(두 명 모두 0DBC만큼을 지불해서라도 마약 0C를 구입할 의사가 있다면) 아직 구입하지 않고 0DBC만큼의 돈을 갖고 있으면 시장에서 거래한 A의 후생이 B보다 증가한다. 그것은 A는 0DBC만큼의 지불의사가 있음에도 시장가격에 따라 0ABC만큼만 지불해 ABD만큼의 소비자이익, 소비자잉여가 발생했지만 B는 소비자잉여가 발생하지 않았기 때문이다.

따라서 소비자잉여가 클수록 마약수요는 증대되므로 마약범죄의 대책은 이러한 소비자잉여를 줄이는 것이다.

한편, 수요와 관련하여 중요한 개념이 수요의 가격탄력성 개념이다. 수요의 가격탄력도란 수요량의 변화율을 가격변화율로 나눈 개념이다.

가령, 사과가격이 100원일 때 20개를 사먹었다면, 이 때 사과의 시장가격이 50%상승해서 150원이 되면 수요의 법칙에 의해 수요량은 줄어드는데, 그 줄어드는 비율이 가격변화율보다 더 크게 변화하면(탄력성 〉 1) 탄력적이라고 한다(가령, 수요량변화율이 99%로 이제는 2개만 수요). 또 줄어드는 비율이 가격변화율보다 적게 변화(즉, 가격은 50%상승했지만 수요량은 10%감소해 18개만 수요한다면)했다면 이는 비탄력적(탄력성 〈1)이라고 한다.

또한 가격변화율만큼 수요량의 변화율이 있었다면 단위탄력적(탄력성 = 1)이라고 한다.

대체로 쌀, 생수 등 생활필수품은 없어서는 안 되므로 쌀의 가격이 올라가도 줄어드는 수요량은 조금밖에 줄어들지 않으므로 비탄력적이고, 생활

에서 없어도 되는 사치품은 가격이 올라가면 올라간 비율보다 더 큰 폭으로 수요가 감소하므로 사치품의 가격탄력성은 탄력적이다라고 할 수 있다.

물론, 이런 경우도 절대적인 경우는 아니고 대체재의 존재여부에 따라서 탄력성이 달라진다. 가령, 쌀과 밀이 대체재라면 쌀의 가격이 50% 오른다고 해도 쌀의 수요량 감소비율은 50%이상으로 하락할 수 있다.

즉, 사람들은 가격이 오른 쌀 대신 밀을 더 선호하여 수요하기 때문인데, 이처럼 생필품이라고 해도 대체재의 존재여부에 따라 탄력성이 결정된다.

한편, 수요탄력성에는 위에서 말한 가격탄력성 외에도 소득탄력성(= 수요의 변화율) 소득의 변화율, 교차탄력성(= 한 재화 수요의 변화율) 이 있으며 수요의 탄력성에도 호탄력성과 점탄력성이 있다. 타 재화 가격의 변화율

여기에서는 호탄력성(e_p)을 보면

$$e_p = \frac{\dfrac{\triangle Q}{(Q_1 + Q_2)/2}}{\dfrac{\triangle P}{(P_1 + P_2)/2}} = -\frac{\triangle Q}{\triangle P} \cdot \frac{P_1 + P_2}{Q_1 + Q_2}$$

가 되며, 수요의 가격탄력성은 기울기의 역수가 되고, 호탄력성의 크기는 다음과 같다.

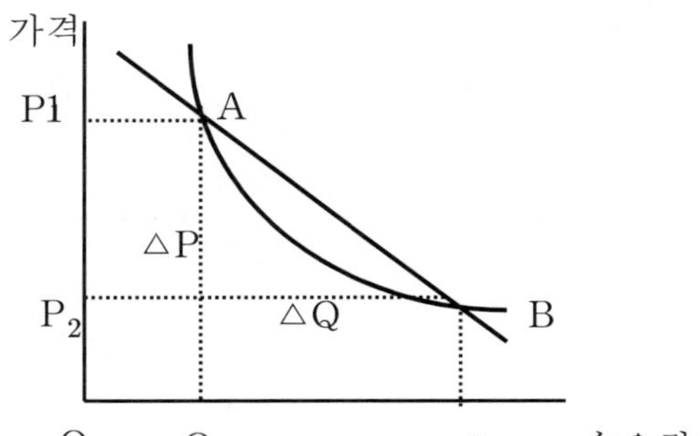

그림14 : 호탄력성

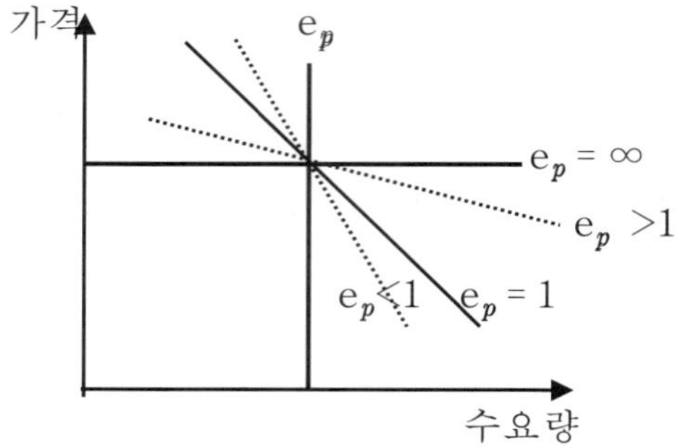

그림15 : 호탄력성의 크기

위에서 e_p 〈1인 경우를 비탄력적, $e_p = 0$이면 단위탄력적, e_p〉 1이면 탄력적이다.

$e_p = \infty$이면 완전탄력적이며(공산품), $e = 0$이면 수직선으로 되고 완전 비탄력적이라고 한다. $e = 0$인 것은 희소재, 토지 등이 있는데,이것은 가격이 아무리 변해도 수요량은 전혀 변하지 않는다는 것을 의미한다.

한편, 수요의 탄력성과 소비자의 총지출액의 관계는 다음과 같다.

수요의 탄력성	소비자의 총지출액	
	가격인상시	가격인하시
e_p〉 1	감소	증가
$e_p = 1$	불변	불변
0 〈e_p 〈1	증가	감소

그리고 수요탄력성과 균형가격의 변화를 보면 수요의 탄력성이 크면(그림 16) 공급곡선의 이동시 균형가격의 변동폭이 작고 수요의 탄력성이 작으면(그림 17) 공급곡선의 이동시 균형가격의 변동폭이 큰데 아래 그림과 같다.

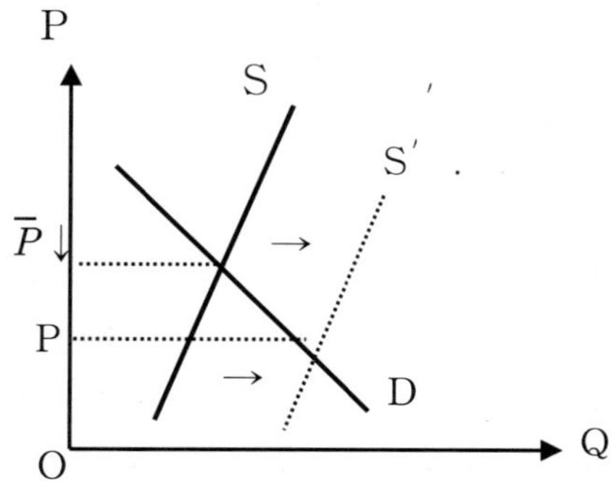

그림16 : 수요탄력성이 큰 경우의 균형가격의 변동

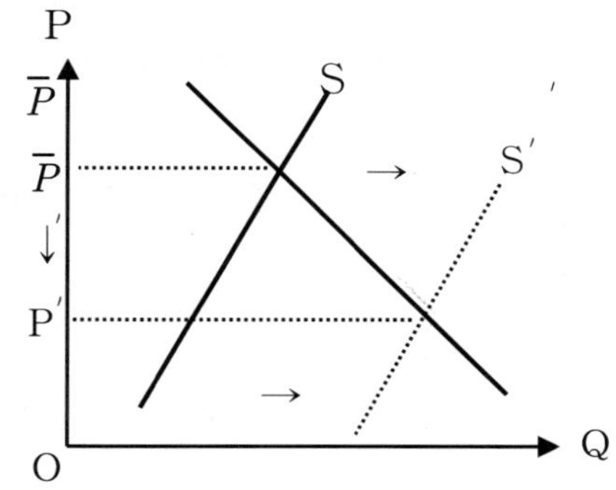

그림17 : 수요탄력성이 적은 경우의 균형가격의 변동

범죄경제학에서도 수요의 탄력성이 중요한 개념으로 범죄대책론과 관련해서 중요한 의미를 지닌다. 즉, 형벌을 강화하면 범죄의 가격이 오르는데, 이 때 범죄가 얼마 정도 줄어드느냐가 탄력성의 문제이다.

앞에서 언급했듯이 범죄의 가격(비용)이 하락하면 범죄수요는 증가하고, 범죄의 가격이 상승하면 범죄수요는 감소하는 것이 수요의 법칙이다. 만일에 형벌을 강화해 범죄의 가격이 상승한 비율보다 더 큰 비율로 범죄수요가 줄어들면 형벌의 효과는 있다고 본다. 어떤 국가가 공직부패가 심각한 상태이고 부패에 대해 처벌이 약한 나라는 공무원부패가 만연되어 있다.

이 때 공무원의 횡령범죄에 대해 정부가 처벌을 강화하겠다고 공언하면 공무원의 횡령이라는 상품의 가격은 상승하게 되는데, 가령 20% 상승했다고 해도 수요법칙에 의해 공무원들이 횡령이라는 재화에 대한 소비는 줄어들지만 그 줄어드는 비율이 가격상승률보다 적은 비탄력적이라는 것이다.

부패가 일상화된 조직에서는 부패에 대한 둔감화 효과가 워낙 크기 때문이다. 따라서 화이트칼라 범죄에 대한 가격정책은 근본한계가 있다.

또한 성 욕구를 해소할 제도적 방법이 없는 사람의 경우는 매춘이라는 재화에 대해 비탄력적 수요를 가져 매춘이라는 상품의 가격이 많이 올라도 그 소비는 조금밖에 줄지 않아, 역시 가격정책을 통한(즉, 단속과 처벌의 강화, 매춘가격의 상승) 매춘범죄의 방지에는 근본한계가 있어 보다 사회적인 범죄대책이 필요함을 알 수가 있다.

또한 너무 가난한 직업적 상습범의 경우에도 절도라는 상품의 가격이 아무리 많이 올라도 수요량은 조금만 감소하는 비탄력적인 수요곡선을 가진다고 할 수가 있어 이러한 비탄력적인 수요를 가지는 범죄에 대해서는 보다 근본적인 범죄대책이 있어야 함을 알 수가 있다.

즉, 분배정책, 교육정책, 사회정책 등 근본적 범죄대책 외에도 가격정책의 혁신이 필요하다.

여기서 앞에서 본 공무원범죄 등의 화이트칼라 범죄는 조직문화가 부패된 경우에는 비탄력적 수요곡선을 가져 가격을 올려도 수요는 별로 감소하지 않는데, 이 때의 가격정책은 가격을 대폭 올리는 정책이 있어야 한다는 것이다.

즉, 범죄경제학에서 말하는 범죄의 수요탄력성과 사과 등의 일반상품의 수요탄력성에는 차이가 있는 것이 범죄라는 상품에 있어서는 범죄라는 상품가격을 대폭 올리면 갑자기 범죄수요량이 급감하는, 즉 질적으로 변화되는 변곡점이 있다는 것이다.

가령, 공무원의 횡령범죄가격을 계속 올려도 공무원의 횡령재화소비는 별로 줄어들지 않다가 변곡점, 즉 범죄가격이 너무 높게 되는 점부터는 공무원의 횡령재화소비가 급속히 줄어든다. 즉, 변곡점이 되는 가격부터는 지금까지 비탄력적인 수요가 탄력적인 수요로 바뀌는 점이 있다.[7]

---

07) 필자의 사견이다.

다시 말해서 횡령 등의 상품에 대해 정부가 처벌을 강화한다고 공언해도 공무원의 횡령소비는 별로 감소하지 않다가 변곡점이 되는 가격, 즉 처벌을 아주 강화해 비용을 대폭 높이면(공무원 범죄시 즉시 수사하고 형량을 예외 없이 대폭 강화하고 집행유예 등을 없애는 등) 그 때부터 공무원범죄는 급감하게 되어 탄력적인 수요로 되는 것이다.

따라서 비탄력적인 범죄수요에 대한 범죄대책의 가격정책은 각 범죄에 해당하는 적절한 변곡점을 찾는 것이 중요하다.

한편, 범죄수요곡선의 형태는 대부분의 범죄는 수요곡선이 우하향하지만 사상범, 종교범 등의 경우는 수직곡선이 된다.

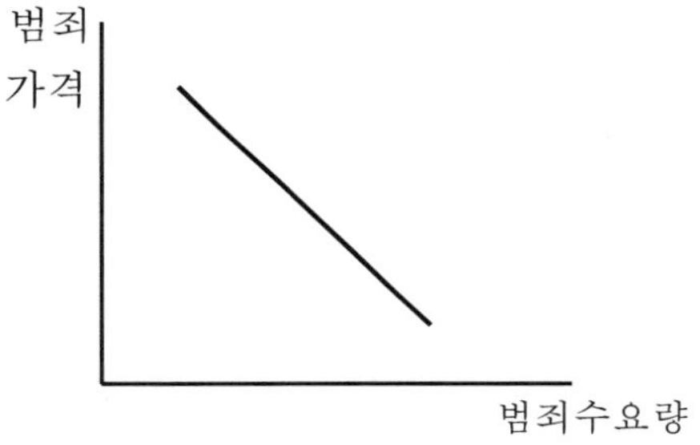

그림18 : 보통범죄의 수요곡선

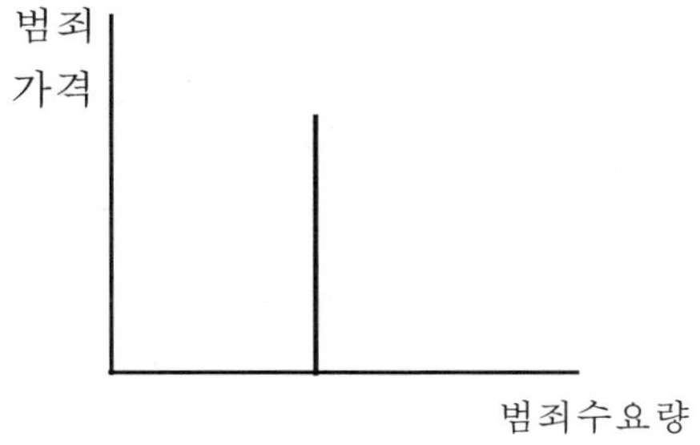

그림19 : 확신범죄의 수요곡선

즉, 특정 종교의 교리에 세뇌된 종교범죄나 마약중독자, 자신의 신념에 근거한 사상범 등은 범죄의 가격이 아무리 변해도 수요량에는 영향을 미치지 않는 완전비탄력적 수요곡선을 가진다.

한편, 사과, 쌀 등의 일반상품의 수요는 능동적 수요만 존재하지 피동적 수요는 존재하지 않지만 범죄의 수요에는 능동적 수요 외에 피동적 수요도 있다. 절도, 강간 등 대부분의 범죄는 의도가 포함된 능동적 수요이지만 실수로 차선을 위반한 교통범죄와 같이 대부분의 과실범은 과실범죄라는 상품의 구매를 의도하지 않아 피동적 수요라는 특성을 갖는다.

이러한 능동적 수요와 피동적 수요의 차이점은 전자의 경우에는 범죄의 가격탄력성이 있으나 후자에는 범죄의 가격탄력성의 개념이 의미가 없다는 것이며, 이것은 과실범죄에 대해서는 범죄대책으로 가격정책이 큰 의미가 없고 보다 다른 근본적 대책이 필요하다는 것을 의미한다.

한편, 마약에 심하게 중독된 자는 마약에 대한 수요가 완전비탄력적인데, 이 때 정부가 마약범죄를 퇴치하는 방안은 마약수요자와 마약공급업자 양면에서 할 수 있다. 정부가 마약공급업자를 엄벌에 처하고 처벌을 대폭 강화하면 마약공급선은 좌로 이동해 S_1에서 S_2로 이동한다.

그림은 다음과 같다.

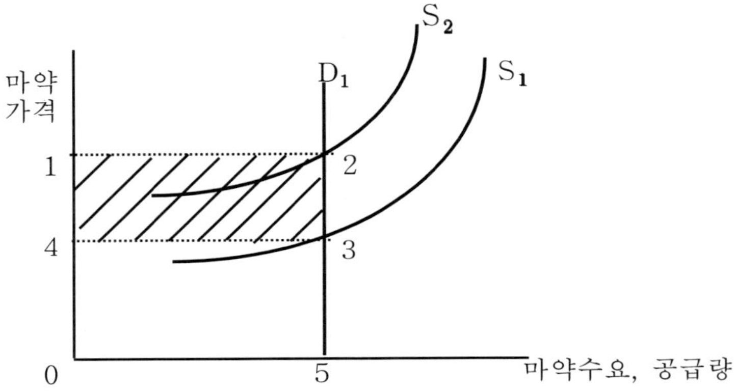

그림20 : 마약 단속시 변화

위의 그림에서 마약중독자는 완전 비탄력적 수요이므로 수직선인 D_1이 마약수요곡선이다. 최초의 마약공급업자의 마약공급곡선은 S_1이다. 이 때 정부가 마약공급업자를 엄벌에 처하는 등 형벌을 대폭강화하면 공급곡선은 S_2로 이동하고 마약가격은 4에서 1로 대폭상승하게 된다. 따라서 마약중독자는 최초의 구입대금인 0435에서 0125로 대폭 증가하게 된다. 따라서 돈이 부족한 마약중독자는 마약을 위해 더 많은 돈이 필요하므로 범죄를 할 수 있다.

또한 마약공급업자도 수입이 증가되므로 마약밀수를 더욱더 행할 수 있어 마약범죄에 대한 형벌강화와 단속의 강화는 그 한계가 있음을 보여준다.

따라서 마약과 대체관계인 코카 등을 합법화시키면 마약중독자의 수요곡선이 좌측으로 이동하게 되고, 따라서 마약의 암시장 가격도 하락해 마약범죄가 줄어든다.

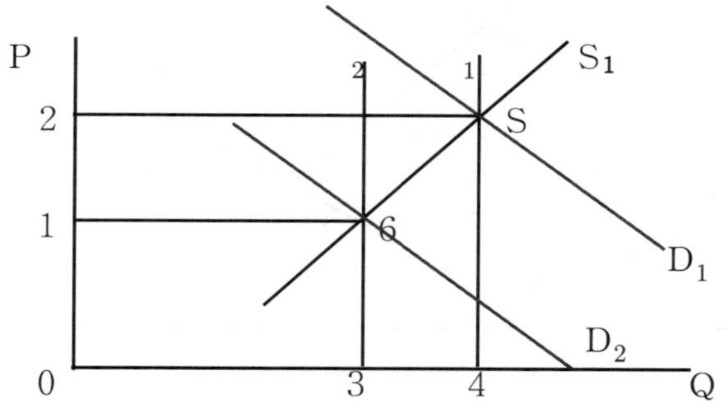

그림21 : 마약 대체재로 인한 변화

위의 그림에서 정부가 마약대체재인 담배가격을 낮추거나 마약대체재인 코카를 합법화시키면 마약중독자의 수요곡선이 D_1에서 D_2로 이동하게 되어 마약구입자금이 0245에서 0136으로 줄어들게 되어, 그에 따라 마약범죄가 줄어듦을 알 수 있다.

따라서 마약범죄에 대한 대책은 형벌이나 단속의 강화보다는 마약과 대체재 관계에 있는 것의 개발, 또는 부분적으로 마약을 합법화하는 것이 더 나을 수가 있다. 그것은 마약수요자를 마약에 심하게 중독된 중독자와 가볍게 중독된 자로 분리할 수 있다면, 마약가격에 완전히 비탄력적인 마약중독자에게는 마약을 제한적으로 합법화하고, 탄력적인 수요곡선을 가진 가벼운 중독자에게는 기존처럼 단속을 통해 방지하면 더 효과가 있다.

마약단속효과를 그림으로 나타내면 다음과 같다.

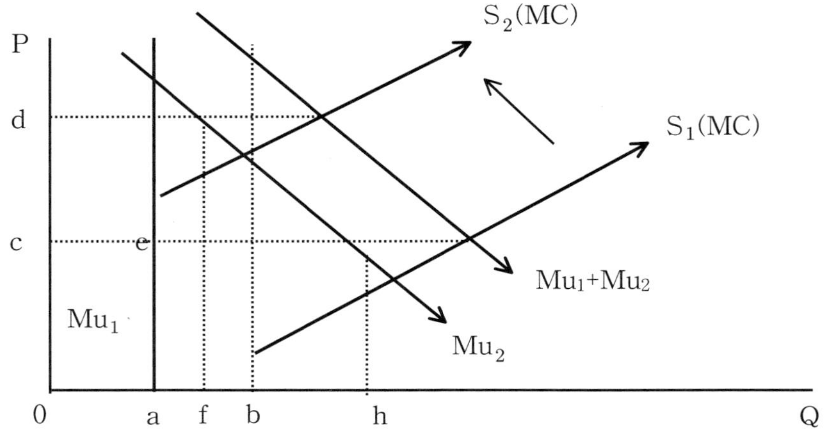

그림22 : 마약단속효과

여기에서 Mu_1은 마약중독자의 한계효용곡선으로 수요곡선을 나타내고, Mu_2는 비중독자의 한계효용곡선으로 수요를 나타낸다. 마약의 한계비용곡선은 공급곡선이다.

만약, 사회에 마약수요자를 완전탄력성을 가진 중독자 그룹과 탄력적 수요를 가진 비중독자 그룹으로 구분한다면 총수요곡선은 두 그룹의 수요곡선을 합친 것이 되고, 이 때 암시장에서의 가격은 c이다. 이 때 정부가 마약단속을 강화하면 마약공급곡선은 좌측으로 이동해 S_2로 되고 암시장의 가격은 d가 된다. 그러나 마약중독자는 가격변화에 완전 비탄력적이므로 마약구입자금이 0ace에서(0a×0d)로 증대되는데 이 때 부유하지 않은 중독자는 증대된 자금을 마련해야 되고, 이 과정에서 불법이 생길 수 있다. 그러나 이 때 비중독자의 경우는 수요가 줄어들어(oh에서 of로 감소) 정부의 마약단속이 효과를 볼 수 있다.

만약, 정부가 마약으로 인한 범죄를 막기 위해 마약을 합법화한다고 할 때, 마약세를 종량세로 부과한다고 할 때의 조세 전가현상을 보면 먼저 마약공급업자에게 마약 한 단위에 S원의 종량세를 부과하면 아래 그림에서 마약공급선이 좌측으로 이동해 마약균형가격이 P_1으로 상승하게 되는데, 따라서 공급업자에게 부과된 종량세가 마약공급곡선의 이동으로 마약환자에게 일부분 전가되는 마약세부담의 전가가 발생한다.

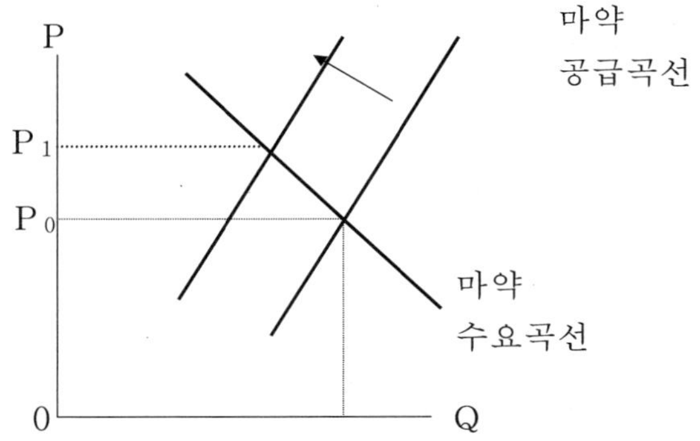

그림23 : 마약세의 조세전가

즉, 제품 한 단위당 세금을 의미하는 종량세를 마약공급업자에게 부과하면 종량세가 마약중독자에게 일부 전가되고, 나머지는 공급자가 부담하게 된다. 그런데 앞에서 보았듯이 마약완전중독자는 마약수요곡선이 완전비탄력적이므로(가격탄력성이 0), 이 때 정부가 마약공급업자에게 마약세를 종량세로 부과하면 종량세가 마약중독자에게 모두 전가된다.

만약, 마약에 거의 중독되지 않은 가난한 자는 마약가격탄력성이 완전탄력적이므로 이 때 정부가 마약세를 종량세로 부과하면 종량세는 마약공급업자가 전부 부담하고 소비자는 전혀 부담하지 않는다.

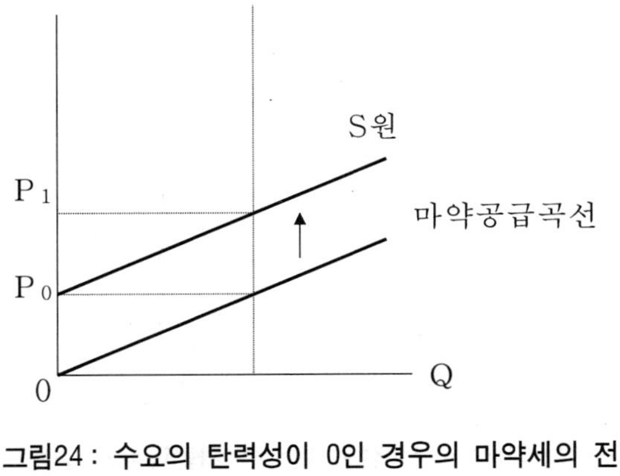

그림24 : 수요의 탄력성이 0인 경우의 마약세의 전가

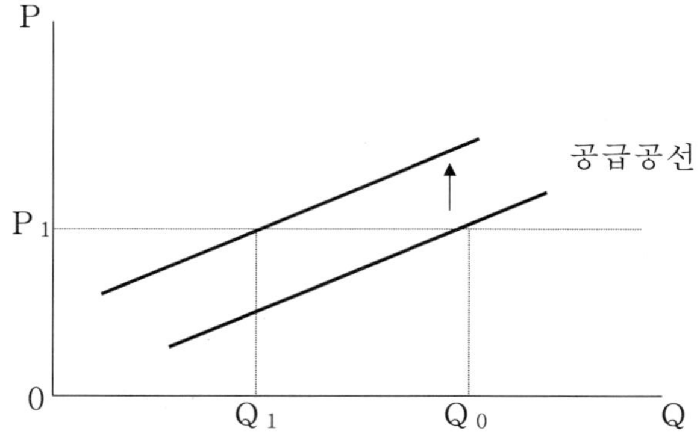

그림25 : 마약수요의 탄력성이 무한대인 경우의 마약세의 전가

따라서 정부가 마약범죄세를 부과할 때 마약소비자의 가격탄력성이 클수록 마약세는 마약소비자에게 거의 전가되지 않고 마약업자에게 대부분 전가되는 현상을 알 수 있다.

마찬가지로 마약세는 마약공급의 탄력성의 크기에 의해서도 결정된다. 여기서 가정은 마약소비자의 선호체계가 일정하여 수요곡선이 일정하다는 것이다.

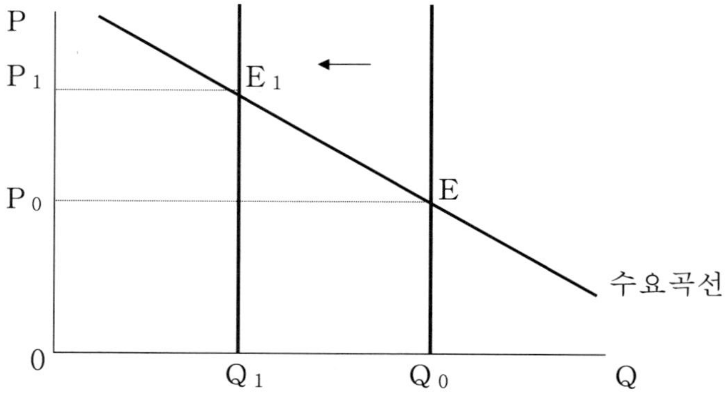

그림26 : 공급의 탄력성이 완전히 비탄력적인 경우의 마약세의 전가

최초의 균형은 E점이었으나 정부가 종량세를 부과하게 되면 마약 가격이 올라가고, 이 때 종량세는 마약공급업자에게 모두 전가된다.

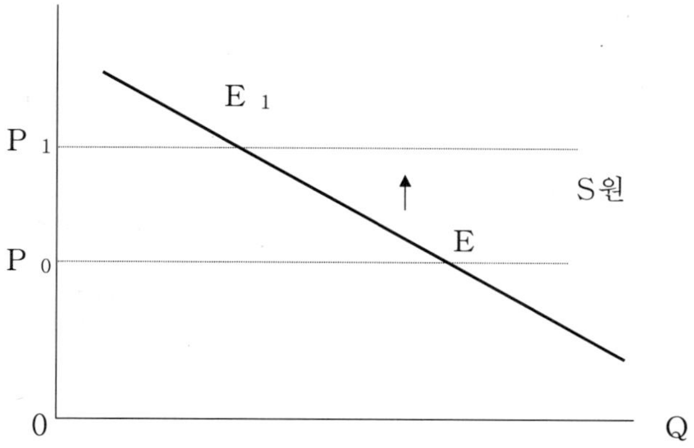

그림27 : 완전비탄력적인 경우의 마약세의 전가

위의 그림에서 보면 마약공급곡선이 완전 탄력적인데 이 때 정부가 부과한 종량세인 마약세는 전부 소비자에게 전가된다. 따라서 마약공급탄력성이 클수록 마약세가 소비자에게 더 많이 전가된다.

한편, 수요의 가격탄력성 외에 수요의 소득탄력성도 있는데, 이는 소득의 변화율에 대한 수요량의 변화율로 개념된다. 가령, 소득이 100만원일 때 사과에 대한 수요량이 100개였을 때, 소득이 50%증가하면 수요량이 증가한다고 할 때 소득증가 비율보다 더 큰 비율로 수요량이 증가하느냐, 또는 적은 비율로 증가하느냐의 문제이다.

따라서 수요의 소득탄력성 = $\dfrac{\dfrac{\text{수요증가분}}{\text{수요량}}}{\dfrac{\text{소득 증가분}}{\text{소득}}}$ 으로 표시된다.

이 때 소득탄력성이 "+"이면 정상재로서 소득이 증가할 때 수요가 증가하는 재화이고, 소득탄력성이 "—"이면 열등재를 나타낸다.

이때 정상재에서도 탄력성이 "1"보다 크면 사치재, "1"보다 적으면 필수재로 개념된다. A가 소득이 늘자 빵에 대한 수요를 줄이면 빵에 대한 수요

의 소득탄력성은 음수이고 빵은 열등재이다. 그런데 앞에서 본 수요의 소득탄력성은

$$\frac{\text{수요량의 증가분}}{\text{소득증가분}} \times \frac{\text{소득}}{\text{수요량}}$$ 이 되고 이것은

$$\frac{\text{접선의 기울기}}{\text{원점을 연결한 직선의 기울기}}$$ 가 된다. 그것은 접선의 기울기는

$\frac{\text{수요량의 증가분}}{\text{소득증가분}}$ 이고 원점을 연결한 직선의 기울기는 $\frac{\text{소득}}{\text{수요량}}$ 이 되기 때문이다. 따라서 그래프로 보면 다음과 같다.

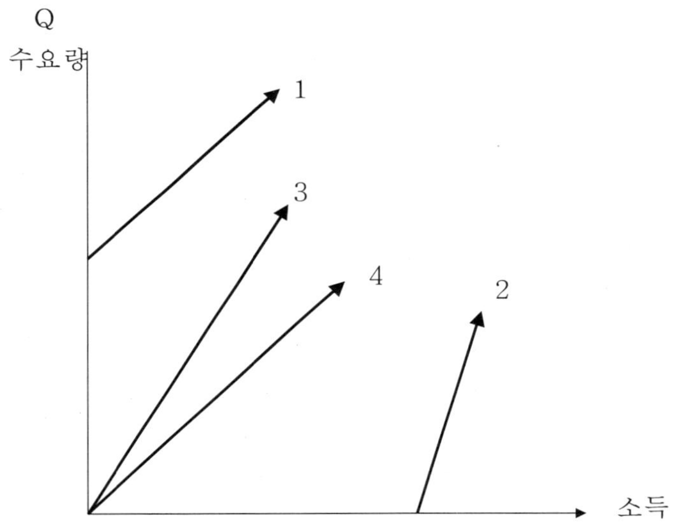

그림28 : 수요의 소득탄력성

위의 그림에서 원점을 지나는 곡선은 모두 수요의 가격탄력성이 1이다. 이 때 곡선 1은 생필품에 있어서 수요의 소득탄력성을 나타내고 곡선 2는 사치품의 수요의 가격탄력성을 보여준다.

범죄라는 상품과 연결시켜 보면 보통의 경우에는 범죄인은 소득이 증가

하면 절도, 강도, 사기 등의 재산범죄는 줄어들므로 이들 절도 등은 열등재에 속한다. 그러나 직업적 상습범의 경우에는 소득이 증가해도 범죄가 일상화된 것이므로 절도, 강도 등에 대한 수요는 계속 증가되지만, 증가되는 폭이 적다면, 즉 소득탄력성이 1보다 적다면 직업적 상습범의 경우에는 절도가 필수재가 된다. 또한 표적범죄인 스토킹도 상대에 대한 불합리한 집착이므로 스토커의 소득이 증가하면 당연히 스토킹에 대한 수요가 증가하므로 스토커에게는 스토킹은 정상재이다.

따라서 스토커의 소득이 하락한다고 해도 스토킹 범죄에 대한 수요는 "1"보다 적게 감소할 것이므로 스토커에게서 스토킹은 필수재에 속한다.

마약에 완전히 중독된 자는 마약수요의 소득탄력성은 0에 가깝다. 즉, 마약에 중독된 자는 자신의 소득의 증감과 관계없이 항상 일정한 마약이 있어야 하기 때문이며, 마약중독자는 아니지만 마약소비자는 소득탄력성이 보통 비탄력적일 것이다.

또한 부패가 만연화된 공직사회에서 공무원의 수뢰죄는 정상재일 수도 있고 열등재일 수도 있다. 즉, 공무원의 월급이 감소하면 수뢰죄에 대한 수요가 보통 증가하므로, 이 때는 열등재의 성격도 있지만 부패가 조직문화적 성격이고 공범적 분위기가 지배한다면 공무원의 소득이 증가해도 수뢰죄에 대한 수요는 증가하므로 이때 수뢰죄는 정상재이다. 그러나 가격탄력성이 0인 범죄도 많다. 내란죄나 외환의 죄에서 상관의 명령에 따라야 하는 부하의 참여, 정신범죄, 과실범, 격정범, 사상범 등이 그 예이다.

따라서 범죄에 대한 수요의 가격탄력성의 범죄학적 의의는 수요의 가격탄력성의 정도에 따라 적합한 범죄대책을 세워야 한다는 것으로, 이 때는 과학적 분류가 선행되어야 한다.

가령, 공무원의 수뢰죄처럼 동일한 범죄에 대해서도 각각의 가격탄력성이 다르므로, 이 때는 수뢰죄를 열등재로 생각하고 가격탄력성이 큰 공무원에게는 월급을 올려 주는 것이 수뢰죄에 대한 수요를 크게 감소시켜 범죄를 효율적으로 방지케 한다.

그러나 수뢰죄를 정상재로 생각하는 공무원에게는 월급을 올려 주어도 수뢰죄에 대한 수요는 증가하므로, 이때는 범죄대책방안으로 소득정책은 의미가 없고 비소득정책이 더 효과가 있다.

한편, 교차탄력성이란 관련재가격의 변화율로 수요변화율을 나눈 것으로,

$$\frac{\text{수요량의 증가분}}{\text{관련재 가격의 증가분}} \times \frac{\text{관련재의 가격}}{\text{수요량}}$$ 이 된다.

가령, A가 쇠고기와 돼지고기를 보통 1kg과 2kg씩 소비할 경우, 이 때 쇠고기의 가격이 50% 상승하면 돼지고기의 수요량은 몇 %나 증가하는가에 관한 것이다. 이 때 대체재의 관계에서는 수요의 교차탄력성이 양수가 된다. 보완재의 관계에서는 수요의 교차탄력성이 음수가 된다.

요약하면 범죄수요편에서는 범죄수요의 가격탄력성이 매우 중요하다. 가령, 범죄의 가격은 범죄로 인한 비용, 즉 검거에 대한 두려움, 사법과정에 대한 두려움(유죄선고에 대한 두려움), 형벌의 고통에 대한 두려움 등이 비용에 포함되므로 이 때 범죄대책의 올바른 방향은 위의 3가지 요소에서 가장 탄력적인 요소를 찾아 대처하는 것이 가장 중요한 범죄대책이다.

가령, 범죄수요의 형벌탄력성이 "0"에 가깝다면 아무리 형벌을 강화시켜 범죄가격을 높여도 범죄수요는 영향을 받지 않아 효과적인 범죄대책이 아니다. 만일, 유죄선고율에 대한 탄력성이나 검거율에 대한 탄력성이 크다면 범죄대책을 위해서는 검거율을 높이거나 유죄선고율을 높이는 것이 형벌강화보다 효과적인 범죄대책이 된다. 따라서 각각의 탄력성의 크기를 정확하게 측정하는 것이 중요하다.

또한 앞에서 다이아몬드와 같은 사치품은 탄력성이 크므로, 이러한 사치품에 대해서는 부가가치세 외에 특별소비세를 부과하면 수요가 많이 감소하므로 가격정책은 효과를 볼 수 있듯이 범죄에서도 생필품과 사치품이 있다. 가령, 생계형 절도 등의 범죄나 가벼운 폭행이나 모욕 등을 생필품이라고 한다면, 기업인이나 정치인들의 거액수뢰나 공무원들의 거액횡령 등은 사치품이라고 할 수 있으므로, 이러한 범죄에는 특별소비세에 해당되는 범죄세를 부과하는 것도 그러한 범죄를 줄이는 방안으로 생각해 볼 수 있다.

노숙자나 직업적 상습범은 범죄수요의 가격탄력성이 완전비탄력에 가까우므로 형벌이나 검거율을 높여 아무리 범죄가격을 높여도 범죄수요에 영향을 주지 않으므로, 이 때는 가격정책이 아닌 비가격정책, 즉 사회적 대책을 강구하는 것이 더 범죄대책에 맞다.

2) 공급이론

공급이란 생산자가 어떤 재화를 판매하고자 하는 욕구, 또는 의도로 사전적 개념이다. 즉, 상품가격이 100원이면 100개를 공급할 마음이 있고, 200원으로 올라가면 150개를 공급할 마음이 있다는 사전적(事前的) 개념이다.

이런 공급에 영향을 미치는 것에는 상품의 가격, 다른 재화의 가격, 보조금, 기술, 경쟁, 생산요소의 가격, 경기전망 등에 의해 결정되고, 가장 크게 영향을 미치는 것은 상품의 가격이므로 공급함수 s = f(가격/기술, 생산요소가격, 지역사회의 범죄율, 경쟁, 타재화의 가격…)으로 표시할 수가 있다.

이 때 가격을 제외한 다른 요인의 변화가 없다고 가정하면 그 상품의 공급, 그 재화의 가격에 의해 결정되어 시장가격이 올라가면 더 많이 공급하고 가격이 내려가면 더 적게 공급하려는 우상향하는 공급곡선을 그릴 수가 있다.

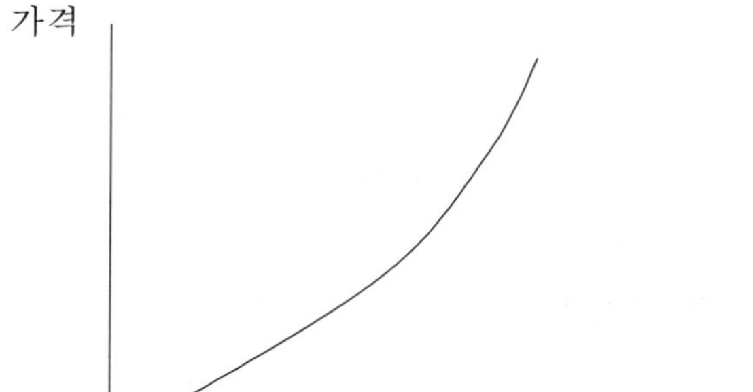

그림29 : 공급곡선

즉, 상품의 가격이 올라가면 공급량이 증가된다는 것을 알 수가 있다(공급의 법칙). 이 때 가격이 변동하면 공급량은 주어진 공급선상에서 변하는데 이를 공급량의 변화라고 한다. 이 때는 공급곡선의 이동은 없다.

그리고 앞의 공급함수에서 가격을 제외한 다른 요인의 변화에 의해 공급이 변화할 때는 공급의 변화라고 한다. 이 때는 공급곡선 자체의 이동이 있다.

가령, 빵의 가격이 P에서 1만큼 공급할 경우, 이 때 빵을 만드는 생산요소인 임금과 밀가루 가격이 내려가면 생산자는 동일한 예산으로 더 많은 빵을 만들 수 있어, 공급이 2로 증가되어 공급곡선 자체가 우로 이동하게 된다. 또한 관료사회학적 시각에서면 관료는 자신의 효용극대화를 위해 행동하므로, 지역에 범죄율이 너무 적으면 구조조정 등에 불안을 느낀 경찰이 정보원을 시켜 범죄를 만들 수가 있다. 이같이 지역의 범죄율이 너무 낮으면 범죄공급곡선을 우측으로 이동케 한다.

이처럼 가격 이외의 다른 요인의 변화로 인해 공급이 변하는 것을 공급의 변화라고 한다. 이 때는 공급곡선 자체가 이동하는 것이 특징이다. 마찬가지로 기술의 발달, 경쟁, 경기의 낙관적 전망이 있게 되면 공급곡선을 우측으로 이동하는 공급의 변화가 있게 된다.

한편, 범죄를 상품으로 볼 때 범죄의 공급자는 개인, 기업, 단체, 국가(국가적 수준의 범죄, 전쟁)로 나뉜다. 이 때 범죄공급의 측면에서 본 범죄의 가격은 범죄실행으로 인한 순이익을 말하는데, 이 때 범죄실행의 순이익을 범죄로부터 기대되는 총이익에서 범죄로부터 기대되는 총비용을 제한 값이 된다.

가령, 절도를 하게 되면 1000만원이 기대이익이라면, 만일 체포될 시의 각종 비용과 절도로 인한 기회비용, 절도라는 생산품을 생산할 때 드는 생산비(준비기간, 준비비용, 장갑 등 실행비용, 장물아비와의 거래비용…), 절도로 인한 죄책감 등의 심리적 비용, 형벌의 고통과 형벌기간의 기회비용 등을 합한 것이 1000만원보다 적게 되면 범죄라는 상품을 공급하게 된다. 왜냐하면 합리적 경제적 인간관을 범죄경제학은 전제한다. 따라서 범죄의 순기대이익과 범죄공급량은 정의 비례관계를 갖는 우상향곡선을 갖는다.

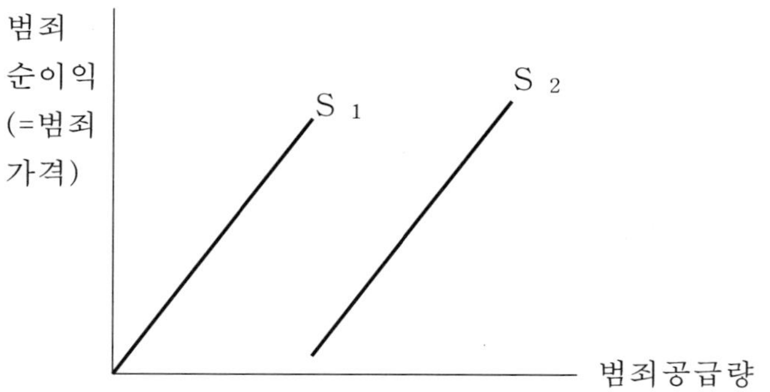

그림30 : 범죄 공급곡선

즉, 위의 그림에서 범죄순이익이 0이면 원칙은 범죄가 발생하지 않지만, 범죄순이익 즉 범죄가격이 증대될수록 더욱더 많은 범죄를 공급하려고 한다(공급량의 변화).

이 때 범죄라는 생산물의 요소가격인(예 : 강도) 장갑의 가격, 칼의 가격, 공범인 자의 인건비의 하락이 있게 되면 동일한 예산으로 더 많은 상품이 공급가능하므로 공급곡선이 S_1에서 S_2로 이동한다(이를 공급의 변화라고 한다).

한편, 공급의 가격탄력도란 공급의 변화율을 가격의 변화율로 나눈 개념이다. 즉, 만일 빵의 가격이 100원일 때 공급업자가 200개 공급하려고 할 때 가격이 150원으로 상품가격이 50% 상승했을 시에는 공급의 법칙에 의하여 공급량이 증가한다. 이 때 가격의 변화율보다 더 큰 변화율로 공급량이 증대되면 탄력적(e>1)이라고 한다(가령, 공급량은 100%증가해 400개 공급 때). 만일 가격의 변화율 50%보다 더 적은 비율로(가령20%만 증가) 공급량이 증가할 때는 비탄력적 공급이라고 한다. 만일, 가격변화율만큼 공급량에 변화율이 있으면 단위 탄력적 공급이라고 한다(e = 1).

아래 그림과 같이 정리할 수 있다.

$$E_p = \frac{\text{공급량의 변화율}}{\text{가격의 변화율}}$$

$$= \frac{\frac{\triangle Q}{Q}}{\frac{\triangle P}{P}} = \frac{\triangle Q}{Q} \cdot \frac{P}{\triangle P} = \frac{\triangle Q}{\triangle P} \cdot \frac{P}{Q}$$

공급곡선의 탄력성은 다음과 같다.

$$E_p = \frac{\frac{\triangle Q}{(Q_1 + Q_2)/2}}{\frac{\triangle P}{(P_1 + P_2)/2}} = \frac{\triangle Q}{\triangle P} \cdot \frac{(P_1 + P_2)}{(Q_1 + Q_2)}$$

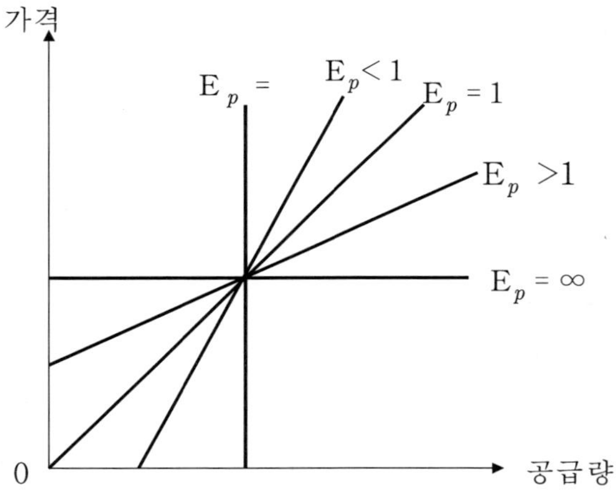

그림31 : 공급탄력성의 크기

위의 그림에서 공급곡선이 수직인 것은 탄력성이 0이고 공급곡선이 수평인 것은 탄력성이 무한대이고, 공급곡선이 원점을 지나기만 하면 공급탄력성은 1이다. 가령, 골동품과 같은 희귀품은 가격의 등락에 관계없이 공급량이 변하지 않으므로 수직곡선으로 나타난다($E_p = 0$).

$E_p < 1$인 것은 농산물, $E_p > 1$인 것은 공산물, $E_p = \infty$인 것은 완전고용수준까지의 노동공급을 들 수가 있다.

위와 같이 원칙으로는 공급곡선은 우상향하는 곡선이지만, 이러한 공급의 법칙에 대한 예외가 있다. 매점매석, 노동의 공급곡선 등이 그것이다. 매점매석은 가격이 계속 상승 예상시 생산자가 공급을 거부하는 경우이고, 노동의 공급곡선은 후방굴절곡선을 가지는데, 그것은 임금이 일정수준 이상 올라 여유가 생긴 노동자가 일하기를 꺼려 노동공급이 감소하는 경우에 생기는데, 아래 그림과 같다.

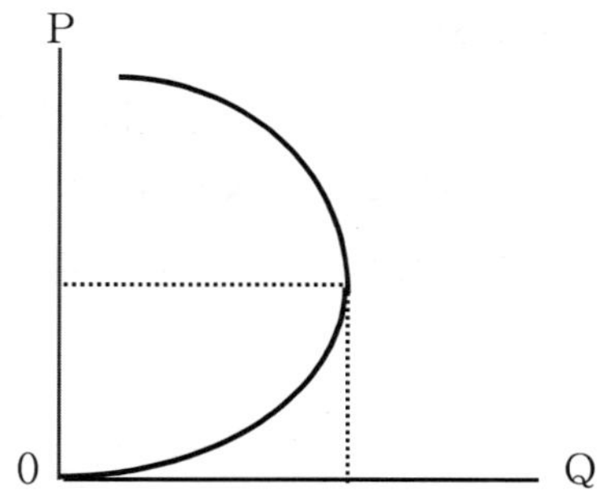

그림 32 : 매점의 공급곡선

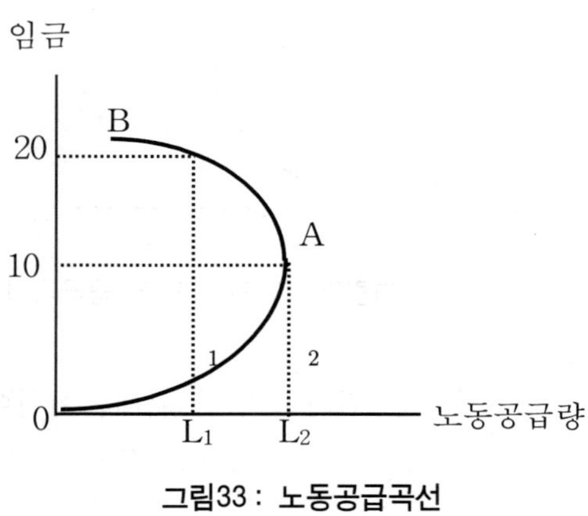

그림33 : 노동공급곡선

위의 노동공급곡선에서 임금이 10이 될 때까지는 노동을 계속 공급하나 임금이 10보다 높은 수준이 되면 그 때부터 여가를 선호해 노동공급을 줄여 임금이 20이 되면 노동공급량은 L_1이 된다는 후방골절곡선이다.

이것을 좀더 설명하면 앞의 노동공급곡선은 후방굴절형 노동공급곡선인데, 플러스의 기울기를 가지는 OA부분에서는 대체효과가 소득효과를 압도한다. 그것은 OA까지는 임금이 인상할 때마다 여가의 기회비용이 증가하므로 개인은 여가 대신에 여가를 노동으로 대체하여 더 많은 노동을 하게 되므로 대체효과가 소득효과를 압도한다. 또한 임금이 10이상인 부분부터는 소득효과는 대체효과를 압도하므로 그 때부터 후방굴절곡선이 된다.

즉, 개인은 임금이 10이상 인상되면 소득이 증가되고, 소득이 증가할 때 노동자는 여가를 더 선호하여(소득효과) 여가 대신에 노동을 선택(대체효과)하지 않으므로 소득효과(임금인상은 사실상 소득증대효과이고, 이것은 정상재인 "여가"에 대한 수요를 증가시키는 소득효과)가 대체효과를 압도하게 된다.

여기서 개인의 범죄공급곡선을 도출할 수 있다. 범죄라는 재화를 범죄인이 공급한다면 개인의 범죄공급곡선은 다른 조건이 일정하다면 후방굴절곡선이 된다.

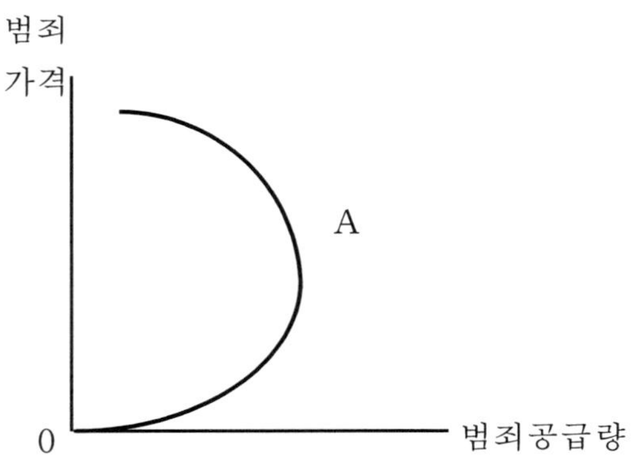

그림34 : 개인의 범죄 공급곡선

즉, 여기서 범죄가격은 범죄로 인한 기대순이익이 된다. 보통 다른 조건이 일정하다면, 또한 여가가 정상재라면 절도・강도 등의 재산범죄는 소득이 낮은 수준일 때는 범죄기대순이익이 클수록 여가를 범죄노동으로 대체효과가 소득효과(범죄가격의 상승은 실질소득의 증가이고, 이로 인한 여가증대라는 소득효과)보다 크므로 OA까지는 양의 기울기를 가진다. 그러나 A점 이상의 범죄기대이익이 되면 소득이 일정수준 이상이 된 것으로, 이때부터는 범죄가격이 증가해도 여가를 범죄노동으로하는 대체효과가 적고, 소득효과가 대체효과를 압도하므로 후방굴절형 범죄공급곡선이 된다.

즉, 재산범들은 보통 소득이 높으면 소득효과가 대체효과보다 크기 때문이다.

한편, 범죄공급과 관련하여 살펴보면 범죄라는 상품의 가격은 범죄로 인한 기대순이익(기대되는 총이익에서 기대되는 총비용을 제한 것)이므로 범죄가격(기대순이익)이 올라가면 공급법칙에 의해 범죄공급량은 증가하므로, 보통범죄는 다음 그림과 같이 된다.

그러나 범죄경제학에서는 빵과 같은 일반상품공급과 달리 가격에 관계없는 공급곡선이 있을 수가 있다. 가령, 과실범에는 가장된 과실범(일부러 차 접촉사고를 내고 돈을 뜯는 행위)과 진정한 과실범이 있는데, 가장된 과실범은 공급법칙에 의해 과실범죄라는 가격이 올라가면 범죄공급은 증가되지만 진정한 과실범은 범죄가격과 무관하게 이루어지므로 공급법칙과 무관하다. 오히려 진정한 과실범은 주의력 분산정도가 높을수록 과실범죄가 증가되므로 범죄가격과 무관하며, 아래 그림과 같이 된다.

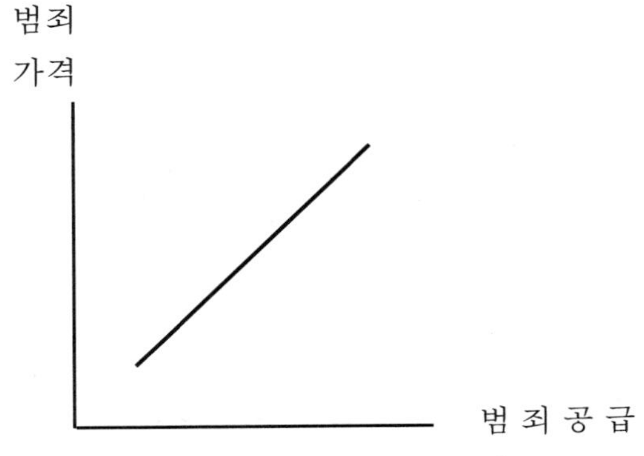

그림35 : 일반적 범죄 공급곡선

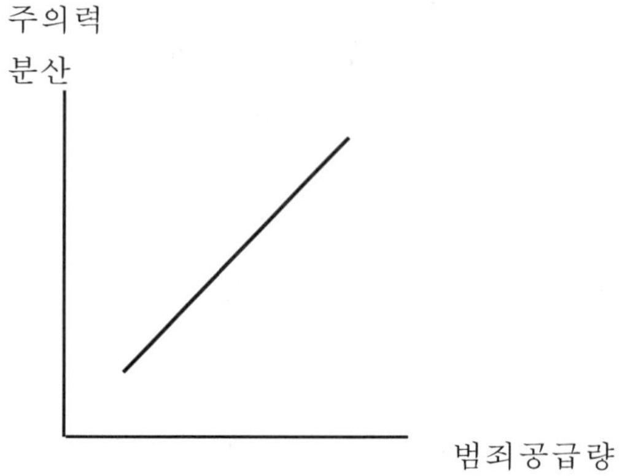

그림36 : 진정한 과실범의 범죄공급곡선

또한 순간적으로 범행을 하는 격정범도 범죄이익과 범죄비용을 합리적으로 계산하고 범행하는 준격정범과 그러한 합리적 계산을 하지 않고 바로 범행을 하는 진정격정범이 있는데, 보통 가벼운 폭행이나 상해, 가벼운 모욕 등에서는 진정격정범이 많고, 살인 등의 중범죄에서는 준격정범이 많다. 따라서 진정격정범의 공급은 범죄가격과 무관하며, 진정격정범의 내용이 결과를 요하는 결과범인 경우에는 진정격정범은 "운"에 의해 범죄공급이 좌우되고, 준격정범은 합리적 계산을 하므로 범죄가격이 올라가면 준격정범의 공급이 증가되는 공급법칙을 따르며, 아래 그림과 같이 된다.

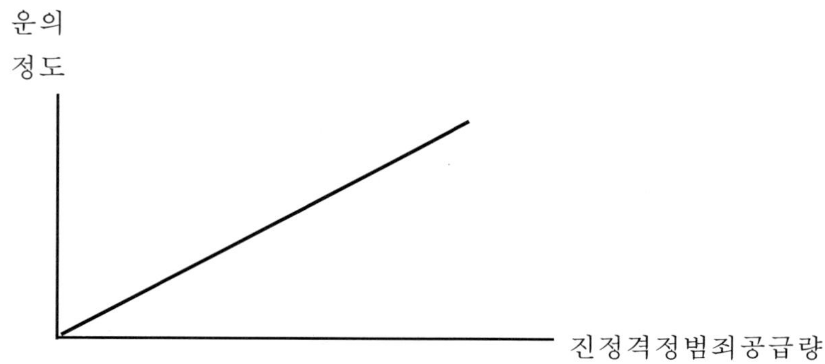

그림37 : 결과범에 있어서 진정격정범의 공급곡선

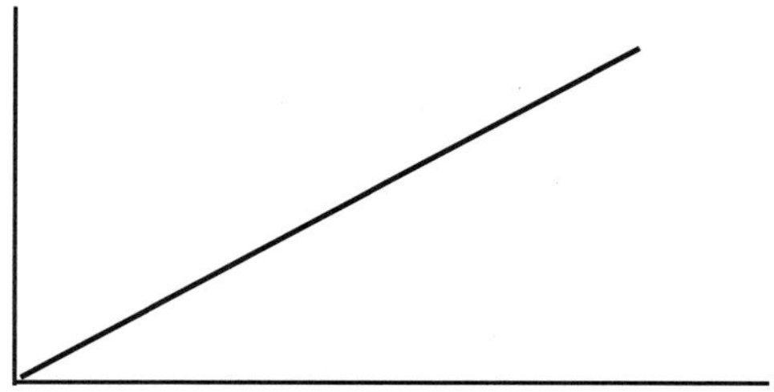

그림38 : 준격정범의 공급곡선

한편, 공급법칙에 따르면 범죄가격, 즉 기대되는 순이익이 증가할수록 범죄공급은 증가되지만, 이러한 공급법칙의 예외가 일반상품시장과 달리 범죄시장에서는 많다.

가령, 정신병자의 범죄행위는 기대되는 순이익, 즉 범죄가격과 무관하게 발생하며 조직폭력범죄, 내란죄나 정치범인 경우의 종범은 기대이익이 기대비용보다 적어도, 즉 범죄가격이 감소되어도 범죄공급이 증가될 수 있으며, 그 기준은 집단문화의 결속력 정도에 달려 있다.

즉, 결속력이 아주 강한 집단문화를 가진 집단의 종범인 경우에는 범죄가격과 관계없이 범죄가 공급될 수 있다.

또한 스토킹과 같은 증오범죄도 기대되는 이익이 적어도 공급될 수가 있는데, 그것은 증오범죄의 특성은 범죄가격에 의해 공급되기보다는 무서운 자기집착에 의한 것이 많기 때문이다.

한편, 사상범이나 확신범은 가치지향적 확신범과 가치중립적 확신범으로 나눌 수가 있는데, 전자는 객관적으로 보면 범죄로 인한 기대이익이 마이너스이지만 주관적으로는 기대이익이 기대비용보다 큰 경우이다. 그것은 이 일은 자기가 함으로써 정의감, 사명감, 이타감 등을 느껴 자신의 주관적 만족도를 높이기 때문이다. 따라서 가치지향적인 확신범은 범죄가격이 올라감에 따라 범죄공급이 증가되는 공급법칙을 따른다. 그러나 가치중립적인 확신범은 그러한 주관적 만족도가 적거나, 또는 특정이념이나 국가를 위해 자신을 희생양으로 생각하는 경우로 범죄가격이 감소해도 범죄공급은 증가될 수 있으므로 범죄가격과 무관한 범죄공급곡선, 완전비탄력적인 범죄공급곡선을 가진다. 아래 그림과 같다.

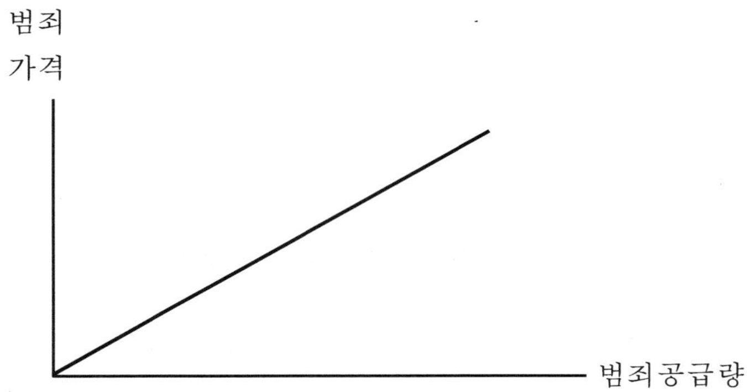

그림39 : 가치지향적인 확신범의 범죄공급곡선

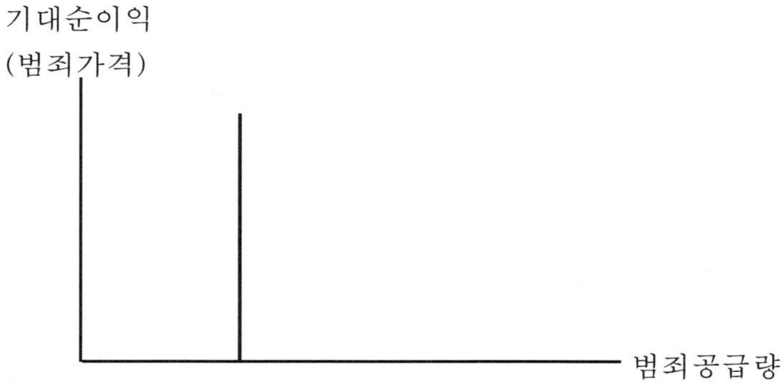

그림40 : 가치중립적인 확신범의 범죄공급곡선

한편, 범죄라는 상품의 공급에서도 노동시장의 후방굴절곡선과 같은 후방굴절형 범죄공급을 생각해 볼 수가 있는데, 다음 그림과 같다.

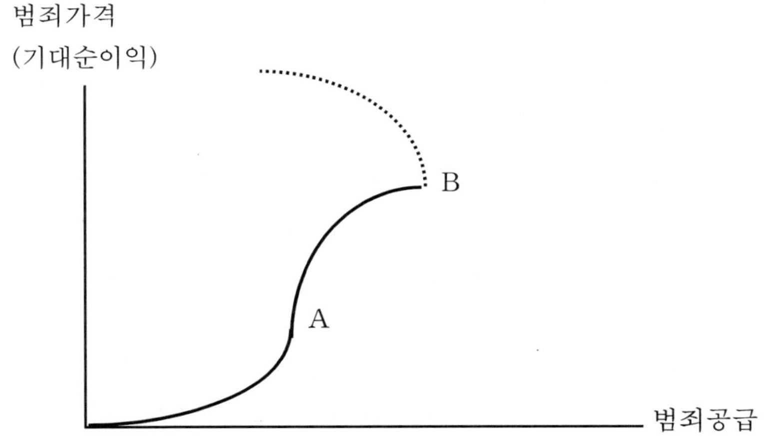

그림41 : 변곡점이 있는 후방굴절 범죄공급곡선

위의 그림에서 A는 변곡점이다. 즉, 범죄공급곡선을 범죄가격으로 1차 미분한 값이 OA구간에서는 계속 체증적으로 증가되다가 A점부터 B점 까지는 체감적으로 증가하게 된다.

즉, 범죄행위도 노동행위로 의제할 수 있으므로 일정수준(B점) 이상이 되면 여유를 추구하고, 또한 지나치게 이익이 많으면 안전을 추구하므로 B점 이상의 이익부터는 후방굴절곡선이 된다. 따라서 일반 노동시장의 후방굴절곡선이 된다. 따라서 일반 노동시장의 후방굴절노동공급곡선과 범죄공급후방굴절곡선의 차이점은 전자는 일정한 임금이상이 되면 그때부터 여가를 추구하지만, 범죄후방굴절공급곡선은 일정한 기대이익을 넘어서면 그때부터는 여가 외에 안전(security)을 추구하는 경향 때문에 범죄공급을 줄인다는 점에서 차이가 있다.

또한 범죄공급후방굴절곡선에서는 OA까지는 범죄가격이 증대될수록 범죄공급이 체증적으로 증가하지만 변곡점인 A점을 넘어서면 일단 안전을 중요한 요소로 취급해 신중해지므로 AB구간에서는 범죄가격이 증가해도 범죄공급은 체감적으로 증가한다.

따라서 범죄가 필요할 수밖에 없다는 범죄사회학적 입장에서는 범죄를 줄이기 위한 대책은 범죄공급후방굴절곡선을 좌측으로 이동시키는 각종 사회적 정책을 쓰거나 범죄공급후방굴절곡선상의 변곡점을 좀더 아래로 내리는 각종대책이 필요하다고 하겠다.

따라서 지금까지의 논의를 살펴보면 범죄공급의 가격탄력성, 즉 형벌을 강화하여 범죄가격을 상승시킴으로써 범죄공급을 어느 정도의 비율로 줄이느냐 하는 정책은 탄력적인 가격탄력성을 가지는 범죄에는 어느 정도 맞을 수 있으나, 범죄공급의 가격탄력성과 무관한 위장과실범, 진정격정범, 가치중립적인 확신범 등에서는 보다 다른 근본대책(가령 사회화)이 필요한 범죄대책이라고 할 수가 있다.

한편, 공급곡선이 우상향하면 생산자잉여(이익)가 발생한다. 그런데 보통 한계비용에 의해 공급곡선이 결정되고, 보통한계비용곡선은 우상향하므로 적은 공급량에 대해서는 보다 낮은 가격으로 공급하려는 의도가 있지만, 실제로 받는 금액은 한계비용보다 큰 시장가격을 받으므로 생산자가 이익이 되는 생산자잉여가 발생한다.

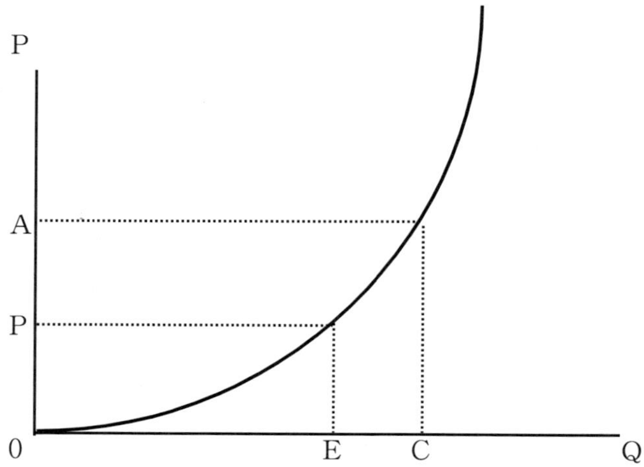

그림42 : 생산자 잉여

위의 그림에서 공급법칙에 의해 공급자는 OE만큼의 상품을 OD의 낮은 가격으로 공급할 의사가 있다. 그런데 실제로 시장가격이 OA라면 OA를 판 총판매대금은 OABC이지만 공급자가 마음 속으로 OC만큼의 공급량을 주고받고 싶다는 판매대금은 OBC의 크기이다.

따라서 시장에서 거래가 된다면 공급자는 OAB만큼의 생산자 잉여가 발생하게 되고, 이러한 생산자잉여는 공급자가 거래를 통해서 얻게 되는 이익이다.

한편, 앞에서 살펴본 소비자잉여와 생산자잉여를 합쳐서 사회적 잉여, 또는 사회적 후생이라고 한다. 이런 사회적 후생은 소비자와 공급자가 시장에서 거래를 하게 되면 양 당사자 모두에게 이익이 된다는 것을 의미한다.

이 때 시장은 암시장도 포함되며, 따라서 암시장에서 거래되는 매춘과 마약 등도 마찬가지로 사회적 후생을 증가시키게 된다.

이 때 정부가 시장에 개입하면 그만큼의 후생손실이 발생해 자원배분이 효율적이지 않음을 나타내 준다. 만약, 교도소 내에서 흡연이 허용될 때, 담배에 대한 자유로운 수요와 공급에 의해 앞에서 본 사회적 잉여가 발생하는데, 정부가 교도소시장에서만 수형자들의 이익을 보호한다는 명분아래 담배에 대한 최고가격제를 실시하게 되면 그만큼의 사회적 손실이 발생한다. 이를 그림으로 보면 다음과 같다.

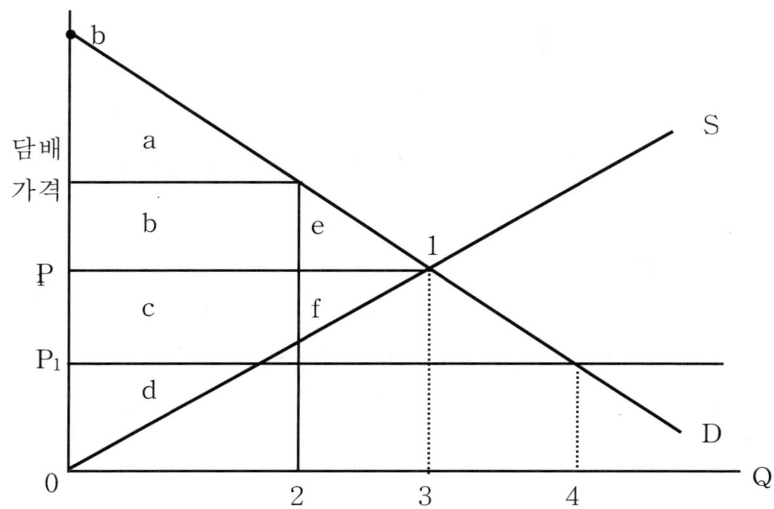

원래 교도소 내에서의 담배의 시장가격은 P이고, 이 때 사회적 잉여는 소비자잉여와 생산자잉여를 합친 삼각형 016의 크기이다. 이 때 정부가 수형자의 이익을 보호하기 위해 담배가격을 P_1으로 최고가격제를 설정하면 P_1에서 수요량은 4이고 공급량은 2이므로 「4 - 2」만큼의 초과수요가 발생한다. 따라서 분배문제가 발생해 웃돈을 주고서라도 담배를 사려는 암시장이 발생하게 되는데, 이러한 암시장이 없다고 할 경우에 소비자 잉여는 a+b+c이고 생산자잉여는 d로 축소되고 최고가격제 실시로 인한 사회적 잉여는 a+b+c+d로 축소되고 e와 f는 날라가 버린다.

즉, 최고가격제의 실시로 인해 e와 f만큼의 사회적 손실이 발생한다.

3. 범죄소비자선택이론

소비자선택이론에서는 무차별곡선과 예산선, 가격효과(소득효과+대체효과)를 중심으로 살펴본다.

1) 무차별곡선과 예산선

먼저, 일반상품에서의 무차별곡선을 살펴보면 무차별곡선이란 소비자에게 동일한 만족을 가져다 주는 상품들의 조합이라고 할 수 있다. 만일, 소비자가 귤과 오렌지의 두가지를 소비한다고 할 때, 동일한 만족도를 가져다주는 귤과 오렌지의 조합점들을 연결한 것이 무차별곡선이 된다.

가령, 귤 2개, 오렌지 4개를 소비할 때와 귤 4개와 오렌지 2개, 귤 3개와 오랜지 $^8/_3$개 등을 소비해도 A라는 소비자에게 동일한 만족도를 준다면, 그러한 조합점들을 연결하는 궤적이 소비의 무차별곡선이 되고 다음 그림과 같이 된다(두 재화 모두가 소비자에게 만족을 주는 재화임을 전제).

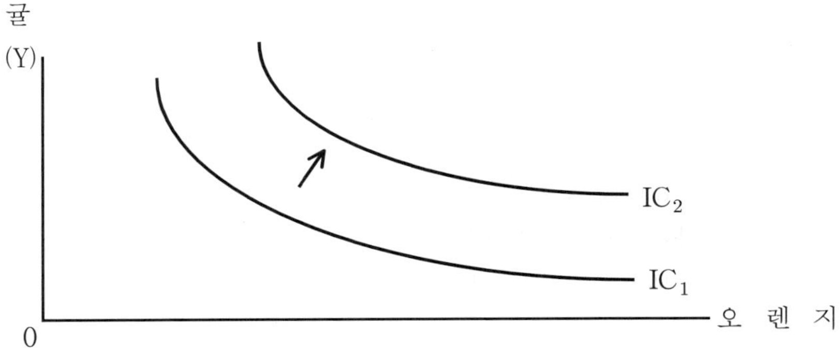

그림43 : 무차별곡선

이 때 A의 효용식은 $u_A = X \times Y$가 된다. 무차별곡선의 특징은 무차별곡선은 우하향한다는 것이다. 무차별곡선이 우하향한다는 것은 소비자에게는 X, Y 두 재화가 모두 만족도를 주는 재화이므로, 한 재화의 소비가 줄어 감소하는 만족도를 보충하기 위해서는 다른 재화의 소비가 늘어나야 한다. 또 보통 인간은 소비를 늘릴수록 효용은 증가된다는 불포화성을 가정한다면, 무차별곡선은 우상향하거나 수평, 또는 수직곡선이 될 수 없다.

바로 그러한 불포화성의 가정 때문에, 즉 소비가 늘어날수록 개인의 만족도가 증가되므로 무차별곡선은 원점에서 멀수록 더 높은 만족도를 나타낸다.

그러나 두 재화가 모두 소비자에게 고통을 주는 재화(비재화)일 경우에는 무차별곡선은 우하향하지만, 이 때는 원점에서 가까울수록 만족도가 높다.

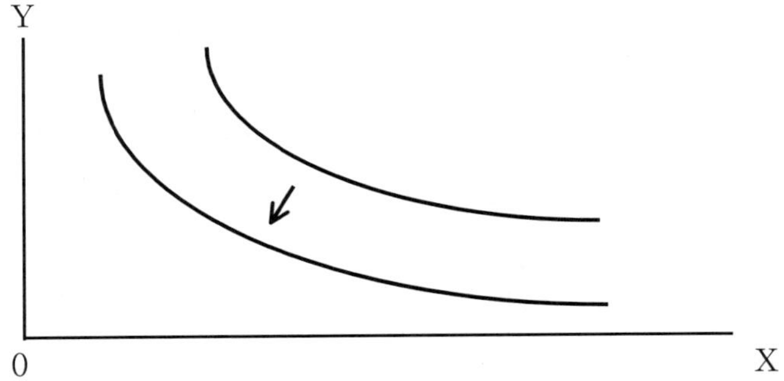

그림44 : 비재화의 무차별곡선

위의 그림같이 소비자에게 고통을 주는 비재화들은 원점에서 가까울수록 만족도가 높아지는데, 이런 경우는 특수한 경우이다.

또한 무차별곡선은 다른 무차별곡선과 교차할 수 없다. 그것은 소비자의 선호는 X와 Y의 여러 조합점들 간에도 언제나 일관된 선호가 유지된다는 이행성의 공리가 있기 때문이며, 선호가 변화되지 않는다는 것은 이해성공리가 있다는 것을 의미한다.

그리고 무차별곡선은 원점에 대해서 볼록하다. 그것은 무차별곡선의 기울기인 한계대체율(MR5 = $\frac{\triangle Y}{\triangle X}$)이 체감하기 때문이다.

즉, 무차별곡선에서 X재소비를 증가시킬수록 표기되는 Y재의 양이 줄어들기 때문이다.

무차별곡선의 기울기인 한계대체율은 동일한 만족을 얻기 위해서는 X재 한 단위를 얻기 위해 포기할 용의가 있는 Y재의 수량을 나타낸다. 이 때 X재의 소비를 늘릴 때마다 한계대체율이 체감한다고 가정하면 무차별곡선은 원점에 대해 볼록하게 된다. 만일, 귤과 오렌지의 한계대체율이 3인 소비자는 귤 1개를 먹으나 오렌지 3개를 먹는 것은 동일한 만족감을 준다는 것으로, 이는 귤 한 개의 한계효용이 오렌지의 한계효용보다 3배 높다는 것을 나타낸다.

따라서 앞에서 언급한 소비량은 증가할수록 그 재화의 한계효용이 체감하는 한계효용체감의 법칙에서 다음이 도출된다.

$$\text{MRS} = \frac{\triangle Y}{\triangle X} = \frac{Mu_x}{Mu_y}$$

(MRS는 한계대체율, Mu_x는 x의 한계효용, Mu_y는 y의 한계효용)

한편, 뒤에서 볼 예산선의 기울기가 $\frac{P_x}{Py}$(P_x는 X재의 시장가격, P_y는 Y재의 시장가격)이므로 예산선과 무차별곡선이 일치하는 최적 소비의 조건은 MRS = $\frac{Mu_x}{Mu_y} = \frac{P_x}{P_y}$가 되며, 이는 다시 변형하면 $\frac{Mu_x}{P_x} = \frac{Mu_y}{P_y}$ 가 되는데 이는 앞에서 언급한 한계효용균등법칙을 나타낸다.

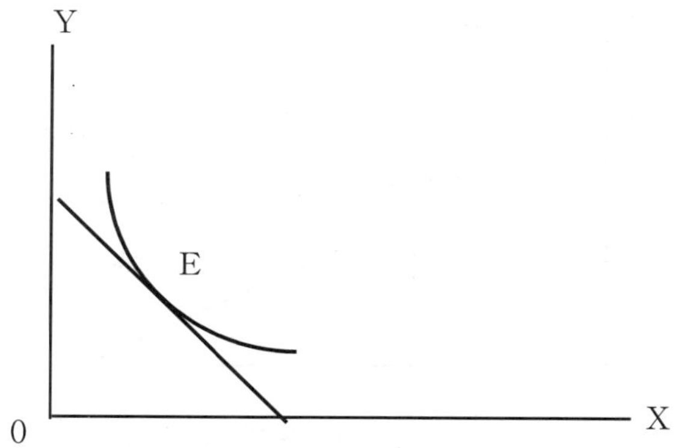

그림45 : 최적소비조건

위의 그림에서 최적소비조건은 무차별곡선과 예산선이 만나는 E점이다. 즉, X · Y축 내부에서 소비자 균형이 이루어지고(내부해) 무차별곡선이 원점에서 볼록할 때만 MRS = $\frac{P_x}{Py}$가 되며, 이 조건이 충족되지 않으면 MRS = $\frac{P_x}{Py}$가 되지 않는데, 그 한 예가 코너해이다.

한편, 위에서는 X · Y축의 내부에서 만족이 결정되는 내부해가 보통이나 특수한 경우는 코너해가 존재하는데, 코너해가 존재하는 이유는 소비자가 X 또는 Y 재화 중에서 어느 한 재화를 지나치게 좋아하기 때문이며 수감된 교도소에서 잘 발생한다. 가령, 수형자에게 sex재화, 담배, 술이 금지되어 있어 평소 사회에 있을 때, 이들 재화에 대한 한계효용이 높은 수형자의 경우에는 교도소의 지하시장에서 sex나 담배, 술에 대해 지나치게 선호할 수 있어, 교도소의 암시장에서 일반재화와 담배, 또는 일반재화와 sex 간에 있어서 무차별곡선이 sex, 또는 담배축에 코너해를 가진다.

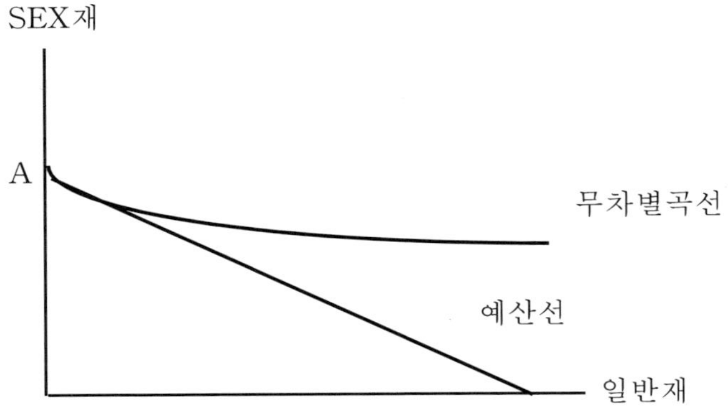

그림46 : 수형자의 코너해

위의 그림에서 교도소의 수형자는 sex재화가 희소재이므로 sex재와 일반재 사이의 무차별곡선과 예산선이 만나는 A에서 수형자의 만족이 극대화되는 코너해(corner solution)가 이루어진다. 이처럼 소비자의 최적선택이 무차별곡선의 어느 한 끝에서 되는 것을 코너해라고 한다. 즉, 코너해가 되면 MRS>$\frac{P_x}{Py}$가 된다.

한편, 무차별곡선이 우하향하는 직선인 경우가 있는데, 이는 Token economy를 행하는 교도소 내에서 이루어지는 시장에서 잘 이용된다. 교도소경제이론에서 Token이란 수형자가 선행을 하면 Token을 주고, Token이 일정한 개수가 되면 금전이나 외박 등 여러 혜택을 주는 것을 말한다.

가령, 현금 1000원과 토큰 1개가 교도소내에서의 교환가치로 되어 있다면 토큰 1개와 500원짜리 동전 2개는 언제든지 교환되고 동일한 만족도가 유지되므로, 이 때 토큰과 동전 간에는 완전대체재의 관계가 있으며, 수형자는 언제든지 동일한 1 : 2로만 교환하면 동일한 만족도가 유지되므로, 이 때 무차별곡선은 기울기가 " −2"인 우하향하는 직선을 가진다.

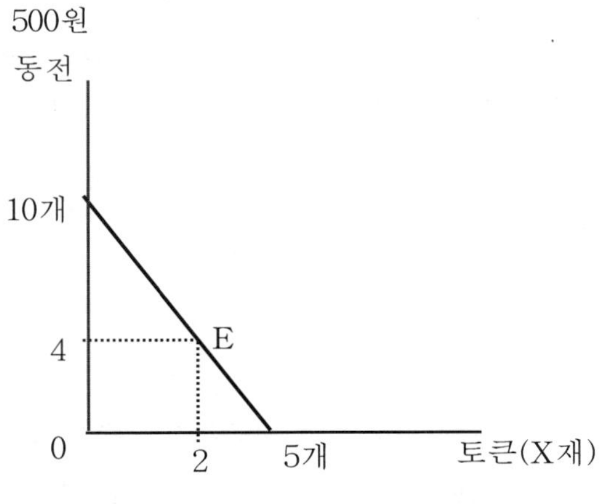

그림47 : 완전대체재의 무차별곡선

위의 완전대체재 간의 무차별곡선에서의 한계대체율은 무차별곡선의 기울기와 같다는 것을 알 수가 있다. 한편, 완전보완재 관계에 있는 무차별곡선은 "L" 자형의 무차별곡선이 되고 이 때 주어진 비율을 벗어나 초과된 재화는 아무 쓸모가 없게 된다. 가령, 교도소의 수형자들에게 일회용 설탕과 일회용 커피(설탕이 포함되지 않은)가 거래된다면 원칙은 일회용 설탕과 일회용 커피가 1 : 1로 결합되어 소비될 때만 동일한 만족을 얻게 된다.

만약, 1회용 설탕이 3개 있고 일회용 커피가 1개 있다면, 일회용 설탕 2개는 의미가 없는 무용지물이 되지만 만족도는 동일하게 되므로 "L" 자형의 무차별곡선이 된다.

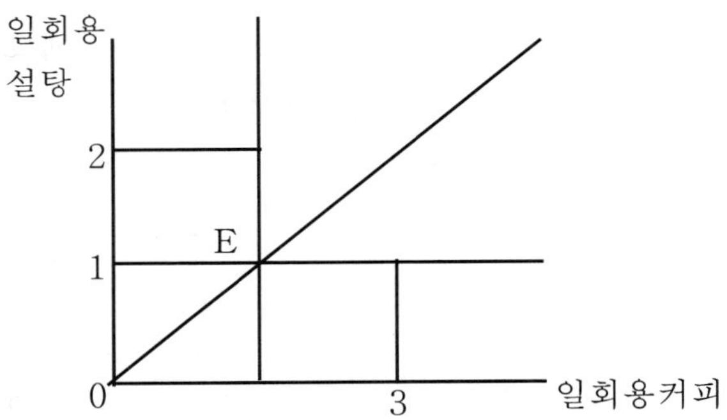

그림48 : 수형자의 완전보완재 간의 무차별곡선

위의 그림의 무차별곡선에서는, 가령 일회용 커피와 일회용 설탕이 1 : 1 이라는 동일한 비율로 결합될 때만 동일한 만족도를 주므로, 그것을 초과하는 재화(가령 일회용 설탕 1개, 일회용 커피 3개)는 의미가 없고 동일한 만족을 주므로 "L" 자형의 무차별곡선이 된다.

한편, 두 재화 중 하나는 만족을 주는 재화이고, 하나는 소비자에게 "−"의 만족을 주는 비재화라고 한다면, 이 때의 무차별 곡선은 우상향하게 된다. 가령, 징벌을 받는 수형자에게는 정자세로 앉아 침묵해야 하는 징벌이 그에게는 비재화에 해당된다.

이 때 징벌과 빵 사이에 무차별곡선은 우상향하는데, 그것은 아래 그림에서 수형자가 A점(1, 2)에 있을 때 그가 싫어하는 징벌을 2단위 더 주고, 그 대신 빵을 1단위 더 주면 수형자의 효용은 동일하기 때문이다.

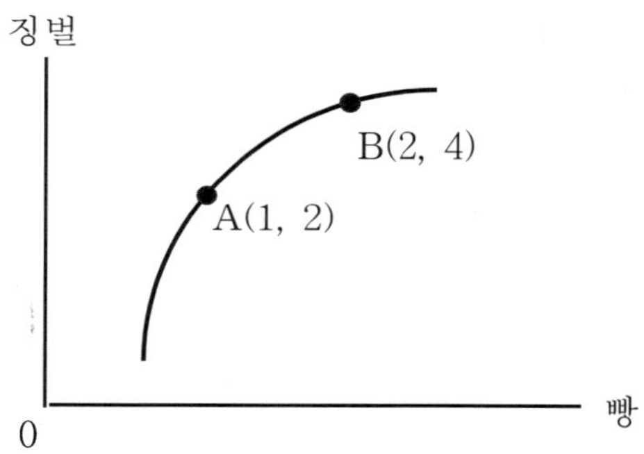

그림49 : 비재화가 있을 때의 수형자의 무차별곡선

위의 그림에서 징벌은 수형자에게 고통을 주는 비재화이다. 이외에도 수형자에게는 공장에서 일하는 작업시간이 비재화(bads)가 되고 TV관람 등의 여가가 재화가 되며, 수형자가 자신이 모은 돈으로 투자를 하려고 할 때, 그 투자에서 예상되는 수익률은 재화이고 위험률은 비재화가 되어 위와 같은 우상향하는 무차별곡선이 성립된다.

한편, 어떤 재화가 소비자에게 만족감도 고통도 주지 않는 것을 중립재화라고 하며, 이것은 주관적 개념이다. 가령, 기독교에 대해 관심없는 수형자에게는 기독교관련서적을 외부에서 자꾸 갖다 주어도 그에게는 중립재가 되므로, 이 때 기독교 관련서적은 아무리 소비를 많이 해도 효용에 영향을 주지 않는다. 다만, 빵의 소비량은 증가될수록 효용은 증가하므로, 이때는 무차별곡선이 수직으로 되며, 이 때의 기독교 서적(Y재)의 한계효용은 0이고 X재(빵)의 한계효용은 양(+)이 된다.

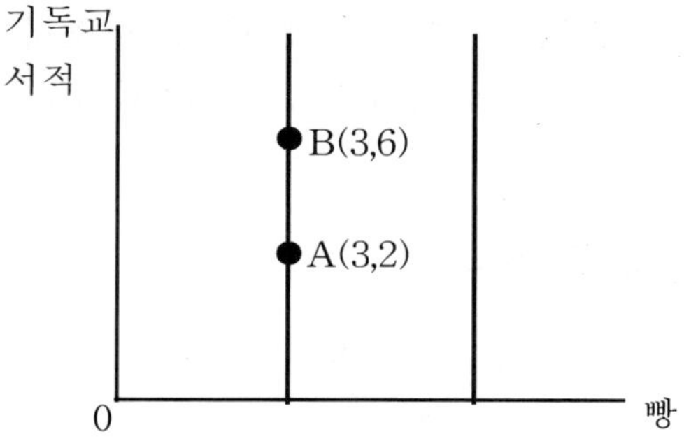

그림50 : 중립재에 대한 수형자의 무차별곡선

위의 그림에서 수형자는 A점에서 빵과 기독교 서적을 3단위, 2단위로 소비하는 것과, B점에서 각각 3단위, 6단위로 소비하는 것은 동일한 효용을 주며 따라서 무차별곡선이 오른쪽으로 이동할수록 효용이 증가한다.

한편, 두 재화 모두 효용을 가져다 주는 효용재이지만 한 상품만 극단적로 선호하면 원점에서 오목한 곡선을 지니게 되는데, 아래 그림과 같다.

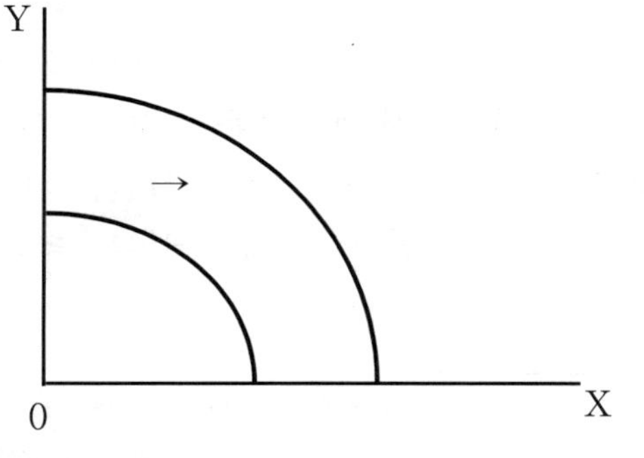

그림51 : 수형자의 오목한 무차별곡선

가령, 위의 그림에서 수형자에게 담배와 금연초가 주어져 있다면 수형에 따라서는 한 상품만 극단적으로 선호하게 되므로, 위와 같은 그림이 된다. 이 그림은 또한 위험애호자의 무차별곡선과도 같다. 위험애호자는 한 가지 상품만 극단적으로 구입하는 상품묶음을 선호하게 된다.[8)]

또한 수형자 중에서 사고를 많이 치고 교화가 힘든 문제수형자가 직면하는 무차별곡선(교화와 보안이라는 두 재화에 대한)은 원점에서 오목한 곡선이 된다. 왜냐하면 문제수형자에게는 보안(질서유지)과 교화의 두 재화 모두가 그에게는 고통을 가져다 주는 비재화(bads)이기 때문이다.

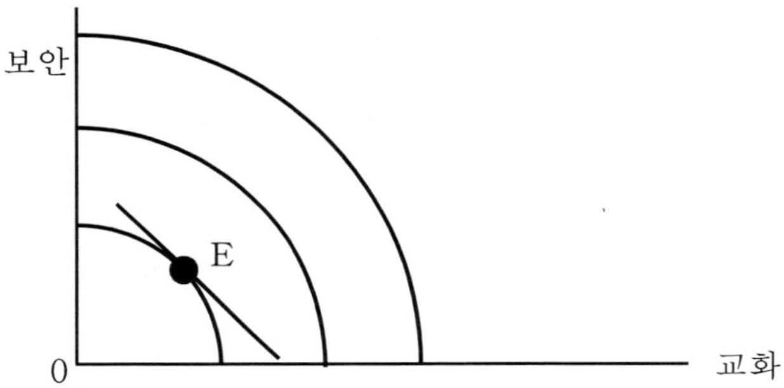

그림52 : 문제수형자의 무차별곡선

위의 그림에서 일반적인 무차별곡선과 달리 문제수형자의 무차별곡선은 원점에서 가까울수록 소비자인 문제수형자의 만족도(효용)가 증가한다. 왜냐하면 보안과 교화의 두 재화 모두가 비재화이기 때문이다.

또한 원점에서 볼록한 일반 무차별곡선과 달리 원점에서 오목하다. 그것은 교화 1단위를 더 증가하기 위해서는 보다 많은 보안재화를 포기해야 하기 때문이다. 그런데 이 때 예산선은 교정당국이 가진 자원으로 생산할 수 있는 보안과 교화의 조합점이며, 이 예산선은 바로 문제수형자가 직면하는 예산선이기도 하다. 왜냐하면 문제수형자는 주어진 교정정책에 순응해야 하기 때문이다.

---

08) 이 점에서 기존의 무차별곡선인 원점에서 볼록한 무차별곡선은 위험기피자의 무차별곡선이다. 위험기피자는 극단적인 상품의 구입보다는 두 상품을 함께 구입하는 것을 더 선호하기 때문이다.

한편, 예산선이란 주어진 소득, 또는 예산을 가지고 구입할 수 있는 상품의 여러 조합을 나타내는 직선이다. 가령, 어느 수형자의 소득이 I 라면 $I = P_x \times X + P_y \times Y$가 된다.

(P_x는 X재의 가격, P_y는 Y재의 가격이고 X · Y는 상품의 수량)이다.

따라서 $Y = -\frac{p_x}{P_y} \times + \frac{1}{P_y}$이 되므로 예산선의 기울기는 $\frac{p_x}{P_y}$가 되며, $\frac{p_x}{P_y}$는 두 상품의 가격비로 X재 한 단위와 교환되는 Y재의 수량을 의미한다.

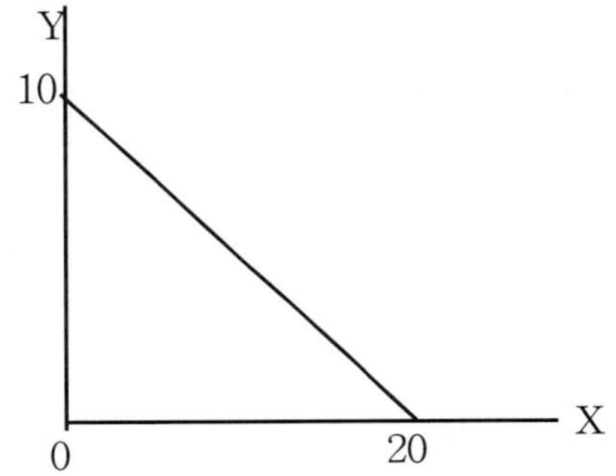

그림53 : 예산선

가령, 수형자가 가진 돈이 200원이라면 20원짜리 과자(Y재) 10개를 살 수 있고 10원짜리 껌(X재) 20개를 살 수 있는데, 두 재화의 구입가능한 점들을 연결한 것이 예산선이다.

따라서 두 상품의 가격이 일정한 상태에서 소득만 증가, 또는 감소하면 예산선은 우측, 또는 좌측으로 이동한다.

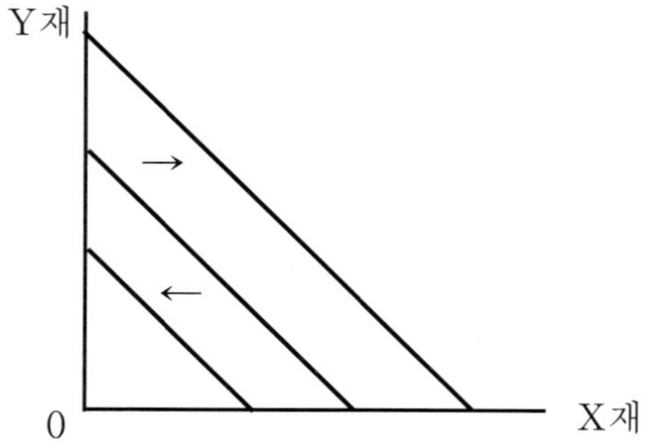

그림54 : 소득변화에 따른 예산선의 이동

또한 소득이 변동하지 않은 상태에서 두 상품의 가격이 동일비율로 상승, 또는 하락하면 예산선은 좌측, 또는 오른쪽으로 평행이동한다.

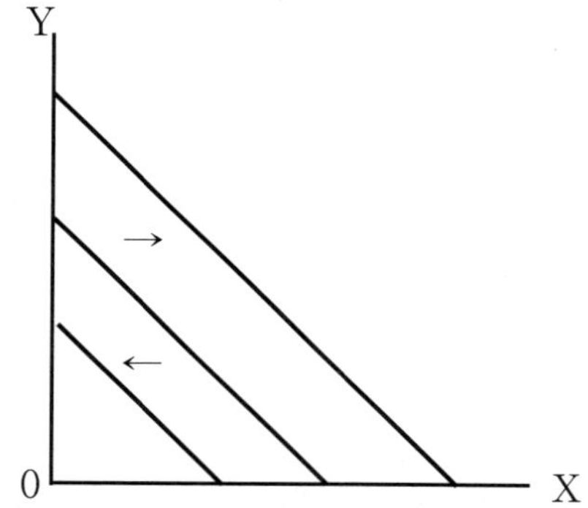

그림55 : 예산선의 수평이동

만일, 다른 조건은 변동이 없는데 X재의 가격만 변동시에 X축의 변동이 있게 되면 다음과 같다.

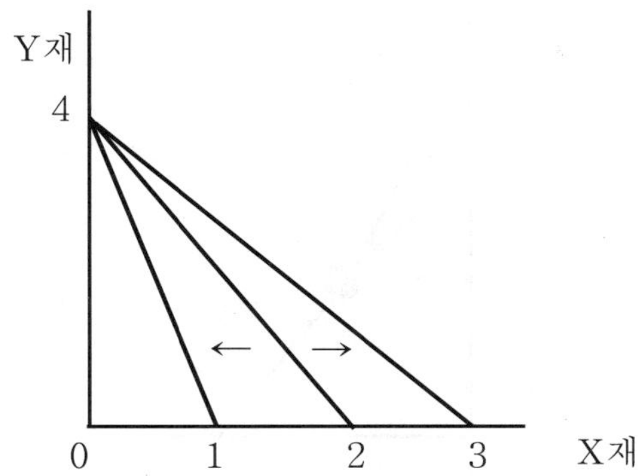

그림56 : 예산선의 변화

즉, 위의 그림에서 최초의 예산선이 24인데, 다른 조건은 일정하고 X재의 가격만 하락하면 예산선이 34로 되고, X재의 가격이 상승하면 14로 된다.

만일, 교정당국이 가난한 수형자에게는 빵(X재)을 무료로 a만큼 지급 시 사과(Y재)와 빵에 대한 그의 예산선은 다음과 같이 된다.

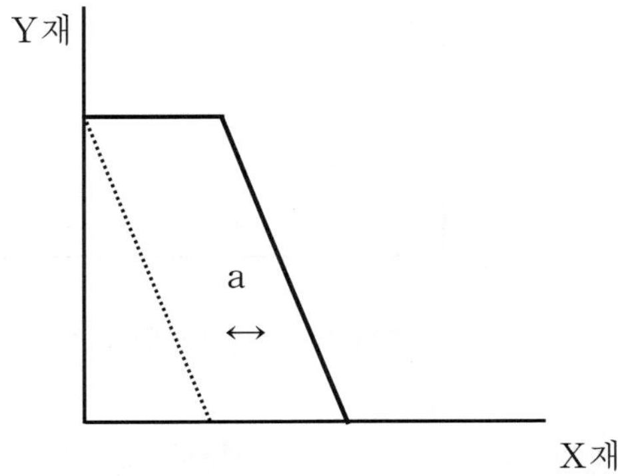

그림57 : 일부무료지급시 교정당국의 예산선

또한 교정당국이 가난한 수형자에게 a이상 Y재의 구입시 초과분의 가격이 할인되면 다음과 같다.

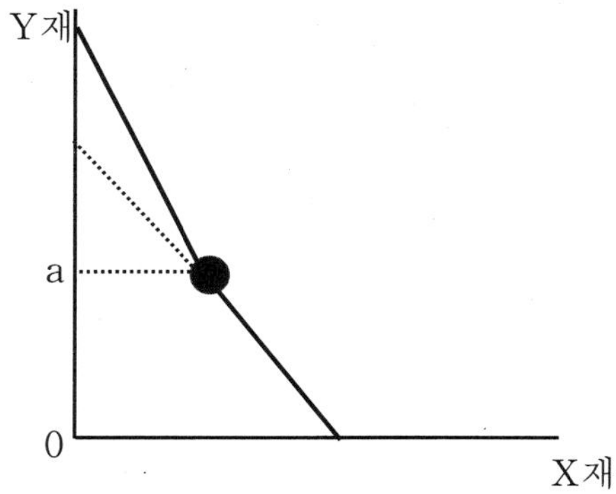

그림58 : 할인시의 예산선

만약, 교정당국이 흡연 허용시 공기 오염을 우려해 담배를 배급제로 함으로써 담배(X재)의 구입량이 a로 제한될 경우의 예산선은 다음과 같다.

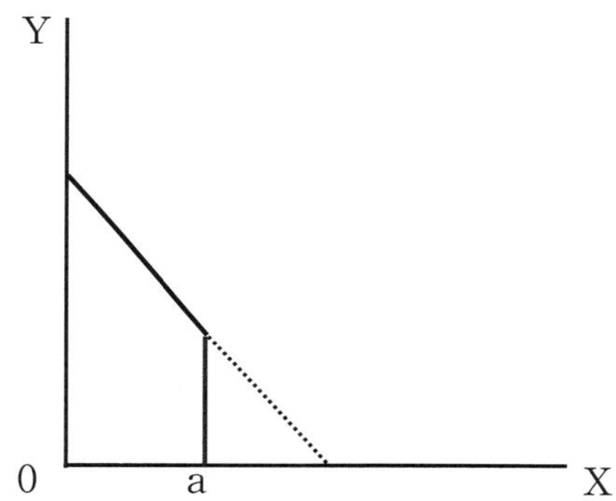

그림59 : 배급제하의 예산선

따라서 앞에서 본 무차별곡선과 예산선을 이용해 이제 소비자의 만족이 극대화되는 소비자 균형을 찾을 수 있다. 즉, 두 재화의 가격선과 무차별곡선이 만나는 점인 $MRS_{xy} = \frac{p_x}{P_y}$에서 결정된다.

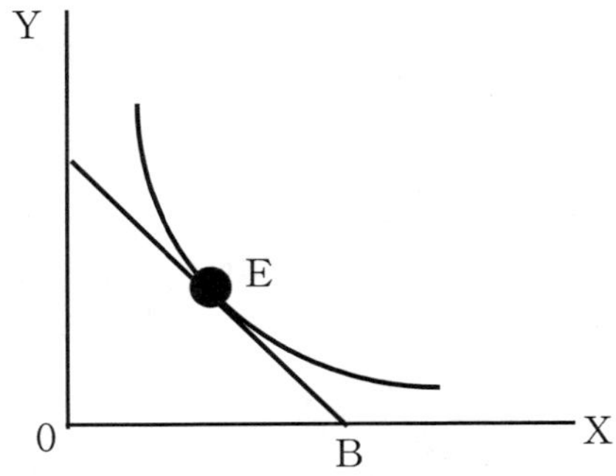

그림60 : 소비자 균형

즉, E점에서 소비자만족이 극대화되는 소비자 균형이 달성되는데, 이때는 내부해를 가진다. 그러나 코너해인 경우에는 X재, 또는 Y재만 구입하게 되고 이 때는

$MRS_{xy} = \frac{p_x}{P_y}$의 균형조건이 성립하지 않는다.

한편, 가격효과(소득효과와 대체효과를 더한 것)는, 가령 출소한 수형자들이 일정한 생활을 유지하여 범죄를 다시 하지 않게 하려면 보조금을 얼마나 인상해야 하는가를 알아보려면 가격효과를 이용해서 분석해야 한다.

대체효과란 X재의 가격이 변화할 때에 실질소득의 변화없이 상대가격의 변화에 따른 X재의 소비량의 변화를 대체효과라 하며, 상대가격의 변화없이 실질소득의 변화에 따른 X재의 소비량의 변화를 소득효과라 한다. 가령, 월 소득이 300만원인 A가 쇠고기와 돼지고기를 일정하게 사 먹고 있는데 이 때 쇠고기(X재)의 가격이 10000원에서 5000으로 하락했을 때 다음과 같이 된다.

쇠고기(X)의 가격하락 → X재의 상대가격이 하락하여 X재의 소비량이 증가하는 것을 대체효과

쇠고기(X)의 가격하락 → 소비자의 실질소득증가효과와 같아 X재(정상재)는 소비량이 증가되고, 만일 X재가 열등재(말고기)라면 열등재인 X재의 수요가 감소하는 것이 소득효과임

즉, 대체효과란 한 재화의 가격이 변화되면 먼저 상품 사이의 상대가격이 변동해 상대적으로 싸게 된 쇠고기(X)는 더 많이 사 먹고, 상대적으로 비싸게 된 돼지고기(Y)의 수요는 줄어드는 것이 대체효과로, 대체효과는 실질소득이 변하지 않는 상태에서 이루어지는 소비의 변화를 말하고 소득효과란 한 재화의 가격이 변동할 때 그의 실질소득이 변동되어 그 재화의 수요량을 증감시키는 것으로, 소득효과는 두 재화간의 상대가격이 불변인 상태에서 이루어지는 소비의 변화이다.

따라서 정상재인 쇠고기의 가격이 하락하면 대체효과는 "－"이다(∵쇠고기의 수요량이 증가하여 변동방향이 다르므로). 또한 소득 효과도 " － "이다(∵쇠고기의 가격이 하락시 실질소득 증가로 쇠고기 수요가 증가되므로) 따라서 정상재인 경우, 두 효과를 합친 가격효과도 "－"(음)이다.

만약, 열등재가 돼지고기라면 돼지고기 가격의 하락이 있으면 대체효과는 음이고 소득효과는 양(+)이다(∵실질소득증가로 정상재의 수요는 증가하나 열등재의 수요는 감소하여 같은 방향으로 움직이므로). 이 때 대체효과〉 소득효과이므로 두 효과를 합친 소득효과는 양(+)이다.

여기서 정상재의 가격효과를 보면 아래 그림에서 최초의 예산선인 12와 무차별 곡선(u_1)이 만나는 점 A에서 최초로 소비자가 만족하는 소비자 균형이다(X재는 빵, Y는 과자). 이 때 수요자의 소득과 Y재의 가격이 불변인데 빵(X)의 가격이 P에서 P_1으로 하락하면 예산선이 13으로 이동해 K로 소비자균형이 이동하게 되고, 이때 X인 빵의 수요량은 OB에서 OB_1으로 되어 BB_1만큼 올라가는데, 이것이 가격효과이다. 그런데 가격효과는 대체

효과와 소득효과를 합친 것이다. 대체효과의 크기는 이동된 예산선 13과 평행선이면서 최초의 무차별곡선인 u_1과 접하는 예산선 45를 그리면 대체효과에 의한 소비자 균형은 C로 이동하고 대체효과에 의한 수요량의 증가량은 B_0B_2만큼 올라간다(평행선을 긋는 이유는 X재의 가격하락에 따른 실질소득의 증가를 무시해야 대체효과를 알 수 있기 때문이다).

이 때 B_2B_1만큼의 X,재 수요량 증가가 소득효과이다.

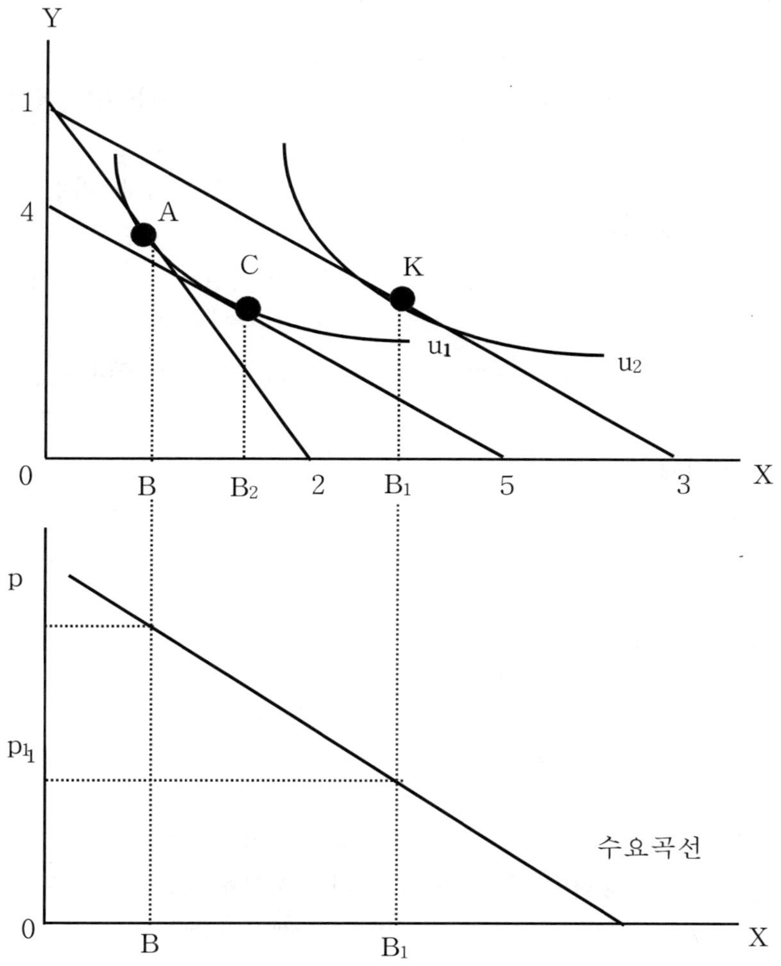

그림61 : 가격효과

위의 그림에서 BB_1의 크기가 가격효과이고, BB_2가 대체효과, B_2B_1의 크기가 소득효과이다.

그런데 보통은 개인은 소득수준이 낮을 때는 대체효과가 소득효과보다 크고, 소득수준이 높아지면 소득효과가 대체효과보다 높다.

가령, 극빈자의 경우에는 쇠고기 1kg과 돼지고기 3kg을 소비한다면(돼지고기가 열등재), 이 때 쇠고기의 가격이 하락하면 상대적으로 싸게 된 쇠고기의 소비를 증가하고, 상대적으로 비싼 돼지고기의 수요를 줄이는 대체효과의 크기가 쇠고기 가격을 하락시키는 실질소득 증가의 효과가 있어, 쇠고기의 수요를 증가하는 소득효과의 크기보다 더 크다.

가난한 자는 상대가격의 변동에 아주 민감하기 때문이며, 실질소득이 증가해도 소득에 따른 소비의 증가가 적기 때문이다.

한편, 여기서 정상재와 열등재의 개념은 주관적이다. 가령, 보통은 쌀밥이 라면에 비해 정상재이고 라면은 열등재이지만, A는 돈만 생기면 밥대신 라면을 식사로 생각하여 사 먹고 좋아한다면, A에게는 라면이 정상재이다. 범죄에서도 일반범죄인은 젊은 처녀를 강간하고 젊은 처녀가 없으면 중년여인을 강간한다면, 이 때는 젊은 처녀를 강간하는 것이 정상재이지만, A는 평소에 젊은 여인보다 늙은 여인에 대한 기호가 있을 경우, 이 때는 젊은 처녀에 대한 강간은 열등재에 해당되는데, 이처럼 범죄에서의 정상재와 열등재의 개념은 특이한 범죄인의 범죄심리 파악에 그 의의가 있다.

4. 범죄생산이론

1) 범죄생산의 개념과 주체

보통 생산이라 함은 인간의 효용을 증가시키는 모든 행위(광의), 또는 어떤 물건을 가공하여 전과는 용도가 다른 새로운 재화로 만드는 행위로, 빵과 같은 일반상품의 생산주체는 기업이며, 생산의 동기는 이윤의 극대화이다.

그러나 범죄경제학에서 범죄도 생산의 대상물이 되며, 이 때 범죄생산의 주체는 개인 · 기업 · 국가 등이 있고, 범죄생산의 동기는 원칙적으로 효용이나 이윤의 극대화이다. 기업이 범죄생산의 주체로 되는 것은 주로 조직폭력범죄, 기업범죄 등이 있는데, 마피아나 야쿠자 같은 조직폭력집단은 마약이나 매춘 등의 불법시장에서 범죄를 대량생산하는 대기업으로 볼 수 있으며, 지역의 소규모 조직폭력집단은 범죄를 지역사회에서 생산하는 중소기업으로 볼 수 있다.

특히 조직폭력집단의 관할구역 안에서 여러 경제행위를 통제하는 규칙과 의사결정기능 및 통치권과 지배권을 가져 일반기업의 성격을 갖고 있다. 다만, 일반기업과 달리 조직범죄집단은 암시장이나 불법시장에서 범죄라는 생산물을 생산한다는 점이 차이가 있다.

한편, 국가도 범죄생산의 주체인데, 가령 아편밀수, 화폐위조, 각종 밀수 등의 범죄를 생산하는 북한을 들 수가 있고, 또한 전쟁시에 행해지는 모든 범죄는 국가가 생산하는데, 가령 1937년 일본군대가 일본국가의 지시에 의해 중국의 난징에서 수만명의 중국인을 학살하고 여성을 집단강간한 난징대학살이 대표적인 전쟁범죄이다. 왜냐하면 전쟁시 군인의 범죄는 범죄가격과 관계없이 국가나 상관의 절대적 지시에 의해 이루어지기 때문이다.

2) 범죄의 생산요소와 수확체감의 법칙

보통 빵과 같은 일반상품의 생산요소는 토지, 자본, 경영능력, 노동이 생산요소라고 한다. 그러나 범죄경제학에서의 범죄의 생산요소는 토지, 노동, 자본, 범죄생산기술, 경영능력 등을 생각할 수 있는데, 개인차원에서 이루어지는 범죄에는 주로 노동과 자본, 범죄생산기술이 생산요소이다. 가령, 강도범이 강도라는 상품을 생산하기 위해서는 자신의 강도행위라는 범죄노동 외에 칼, 권총, 망원경, 자동차, 마스크 등의 자본이 필요하며, 쉽게 생산하는 강도기술도 필요하다.

그러나 기업차원에서는 그런 노동과 자본 외에도 토지, 기업경영능력도 중요한 생산요소인 것은 점차 대기업화되어 가는 대규모 조직폭력집단을 통해 알 수가 있다.

또한 국가가 범죄생산의 주체일 때는 토지, 노동, 자본, 경영능력, 생산기법 외에 상징정책이 또 하나의 주요한 생산요소로 들어간다.

왜냐하면 범죄가격과 무관하게 국가의 지시에 의해 범죄를 수행하는 국민에게는 그 범죄의 의의 등에 관해 국가가 상징형성과 상징조작을 통한 상징정책을 제공해야 범죄생산의 효율성을 높일 수 있기 때문이다.

물론 도로, 통신, 항만과 같은 간접자본도 일반상품의 생산과 마찬가지로 범죄생산물시장에서도 주요한 간접자본이 되며, 이러한 간접자본은 주로 정부가 생산하는데, 범죄산업구조가 고도화될수록 이러한 사회간접자본의 비율이 증대된다.

한편, 범죄생산물의 수확체감의 법칙을 보기 전에 일반상품의 수확체감 법칙을 살펴보면 보통 일반상품의 경우는 상품의 생산에 있어 특정 생산요소만 투입하다 보면 그 생산요소의 한계생산성을 궁극적으로 체감하게 된다. 즉, 소비에서 소비량을 증가할수록 한계효용이 체감하듯이 한계생산물이 궁극적으로 감소하는 수확체감의 법칙(한계생산성 체감의 법칙)이 작용한다.

수확체감의 법칙은 노동만이 가변요소라고 가정하고, 가변요소의 증가에 따라 총생산은 증가하되 그 한계생산은 체감한다는 것으로, 아래 그에서 L_2-L_4에 해당된다

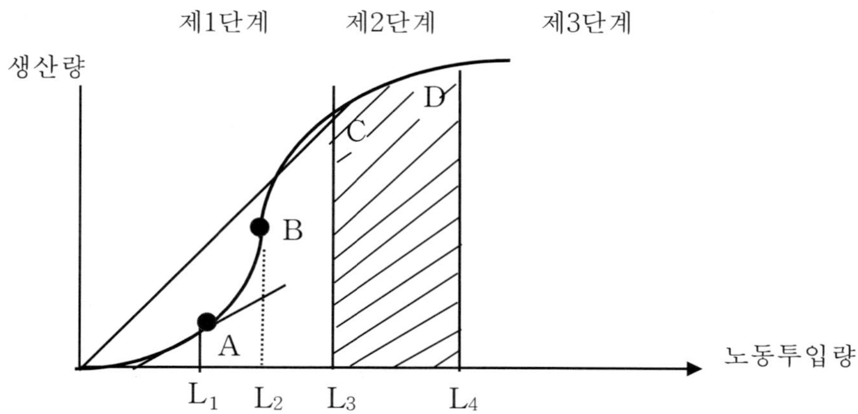

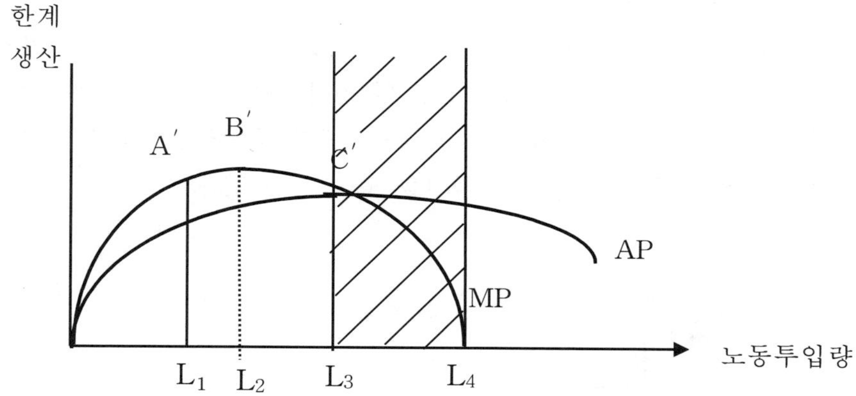

그림62 : 생산의 3단계

위의 그림에서 MP는 한계생산으로 노동단위투입 증가에 따른 총생산의 증가분이고, AP는 평균생산으로 총생산을 노동투입량으로 나눈 것(총생산)이다.

노동투입량의 그림에서 보면 L_2에서 L_4까지는 노동투입을 증가할수록 총생산은증가하지만 그 한계생산은 체감하고 있다.

다시 말해서 한계생산이 체감한다는 것은 결국 생산량이 늘어남에 따라 생산물의 한계비용이 체증한다는 것이다(한계비용체증의 법칙). 위의 빗금친 부분이 가장 경제적 생산영역임을 보여 주고 있다.

따라서 범죄시장에서도 이러한 수확체감의 법칙, 즉 한계비용체증의 법칙이 적용된다. 가령 강도, 절도, 소매치기 등 전통적 범죄생산에 종사하는 인구들이 많아지면, 즉 그러한 전통적 범죄의 생산자들의 노동투입이 증가할수록 총범죄의 생산량은 증대되지만, 범죄생산자들의 초과공급으로 경쟁이 치열해지므로 범죄를 생산하는 데 드는 한계비용이 일정한 점을 지나면서부터는 한계비용이 체증하는 수확체감의 법칙이 작용하게 된다.

그러나 모든 범죄시장에서 반드시 이러한 수확체감의 법칙, 한계생산성 체감의 법칙이 작용하는 것은 아니고, 초기 설치비용이 많이 드는 하이테크 범죄나 컴퓨터 관련 범죄에서는 오히려 수확체증의 법칙이 작용할 수가 있다. 왜냐하면 시초에는 엄청난 비용이 들었지만 생산을 자꾸 할수록 한계비용이 감소하는 한계체증현상이 발생하기 때문이다.

한편, 범죄요인은 자신이 가진 모든 가용자원을 이용하여 두 가지 범죄만 생산한다면 기술적 효율이 있는 양 생산물의 배합을 나타내는 생산가능곡선을 만들 수 있고, 이 때 Y축에는 경범죄, X축에는 중범죄를 놓으면 기회비용이 체증되는 생산가능곡선을 도출할 수 있다.

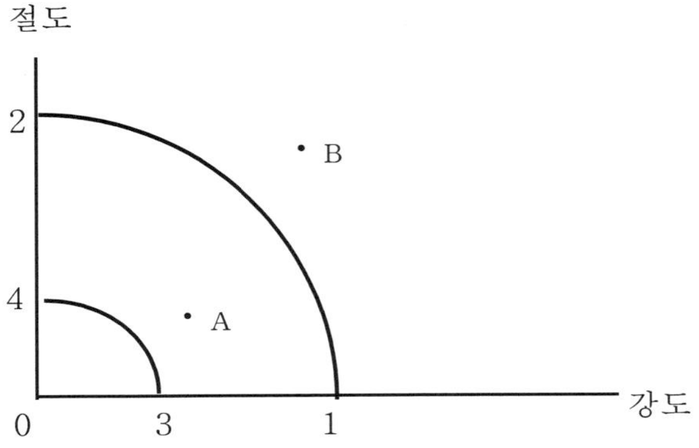

그림63 : 범죄의 생산가능곡선

위의 생산가능곡선은 범죄인이 자신이 가진 모든 노동과 자본을 이용해 절도와 강도라는 두 상품만을 생산할 수 있다고 할 때에는 원점에서 오목한 생산가능곡선을 가지며, 이때 위의 그림에서는 02>01인 생산가능곡선을 가진다.

즉, 중범죄인 강도 1단위를 더 생산하기 위해서 포기되어야 할 절도생산량은 점점 증가하므로 기회비용은 체증하는데, 그것은 중범죄가 경범죄보다 더 많은 비용이 들기 때문이다. 위의 그림을 사회의 생산가능곡선이라면 B는 생산불가능한 점들이고, A는 그만큼의 범죄실업자가 많이 존재함을 보여 주거나 범죄생산의 유휴설비가 존재함을 나타낸다. 범죄실업자란 범죄생산할 의사와 능력이 있지만, 범죄생산에 참여하지 못하는 자로서 범죄생산가능곡선 내부인 A점에서 범죄생산이 이루어진다는 것은 범죄실업이 감소할수록 A점이 생산가능곡선으로 이동하게 된다.

따라서 범죄를 줄이기 위해서는 범죄생산가능곡선을 좌측으로 이동시키는 정책이 필요하다. 그러나 무조건 원점으로만 이동할 수도 없고, 또한 범죄사회학의 입장에서는 적절한 범죄의 생산이 사회존속에 필수적이고, 그 점이 생산가능곡선(34)이라면 생산가능곡선(34)으로 움직이는 범죄예방정책이 필요하다.

5. 형사사법공공재이론

1) 형사사법공공재의 개념과 종류

재화는 경합성과 배제성을 기준으로 사적 재화와 공공재로 구분할 수 있다. 가령, 범죄학책과 같이 사적 재화는 경합성과 배제성이 있다. 즉, 범죄학책은 그 책을 산 개인에게만 혜택을 볼 수 있지 많은 사람들이 동시에 그 혜택을 볼 수 없으며, 한 개인의 소비가 타인의 소비를 감소시키는 것을 경합성이라고 한다(빵, 노트를 생각할 것). 공동소비불가능성이다.

또한 빵과 같은 사적재화는 빵에 대한 대가를 지급하지 않는 사람은 혜택을 볼 수 없으며(배제성), 따라서 돈을 내지 않은 무임승차자에 대한 제재가 가능하다(소비자들은 사적재화에 대한 선호를 표출해야 되므로 시장가격이 설정된다).

그러나 치안서비스, 교정서비스, 수사서비스, 재판서비스, 국방, 외교, 가로등, 공원처럼 설치비용이나 세금을 낸 사람만 아니라 국민, 또는 지역주민 모두가 그런 형사사법공공재(치안서비스, 교정서비스, 재판서비스 등)나 지역공공재(지역공원), 국가공공재(치안, 국방)를 동시에 그 혜택을 볼 수가 있고, 한 개인의 소비가 타인의 소비를 감소시키지 않는 비경합성을 가진다(비경합성은 한 사람이 추가적으로 소비에 참여하는데 드는 한계비용이 0임을 뜻한다).

여기서 형사사법공공재란 치안, 교정, 재판, 수사처럼 형사사법과정에서 발생하는 공공재를 말하며, 이런 형사사법공공재는 모든 이가 동시에 혜택을 볼 수가 있고(비배제성) 세금이나 대가를 내지 않아도 그 혜택을 볼 수가 있다(비배제성).

따라서 공공재는 세금이나 그 생산에 대한 대가를 지급하지 않는 사람도 혜택을 볼 수 있으므로 무임승차자의 문제가 발생하며, 따라서 공공재는 수익자부담의 원칙이 적용되지 않아 소비의 외부경제와 동일한 성격을 갖는다.

공공재는 한번 설치한 다음에는 추가적인 생산에 따른 한계비용은 0이다. 가령, 공원을 처음 설치할 때에는 큰 비용이 들지만, 일단 완성된 다음에는 추가적인 생산(공원이 주는 쾌적함 등)에 드는 한계비용은 0이다.

그런데 생산이론에서는 한계비용과 한계수입이 같도록 생산해야 가장 효율적인 자원배분이 되므로(이 때 한계수입은 한계효용과 같은 개념이다) 공공재도 재화이므로 한계효용이 0이 될 때까지 소비해야 자원배분이 효율적이고 다음 그림과 같이 된다

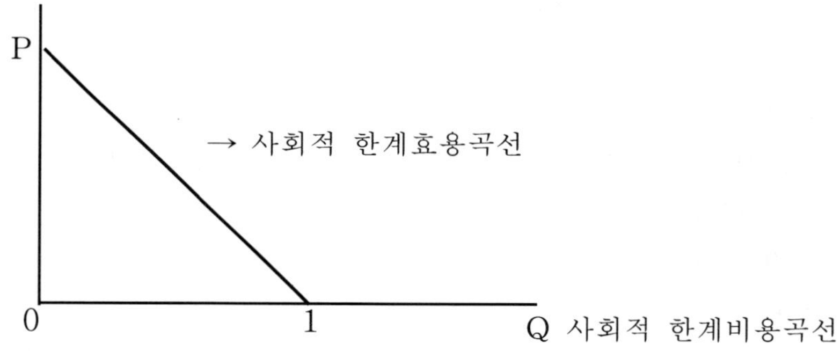

그림64 : 공공재의 생산

위의 그림에서 사회적 한계효용곡선은 개인한계효용곡선이므로 우하향하는 곡선을 가진다. 이 때 앞에서 보았듯이 공공재의 한계비용은 0이고, 이것을 모두 합친 사회적 한계비용도 0이다. 따라서 사회적 한계비용과 사회적 한계효용이 만나는 1점이 적정 생산량이므로 공공재는 무료로 공급될수록 자원배분이 효율적임을 알 수가 있다. 즉, 한계수입(한계효용)이 0이라는 것은 공공재는 무료로 공급되어야 효율적인 자원배분을 달성할 수 있음을 의미한다.[9)]

한편, 공공재는 순수공공재와 준공공재로 구분가능한데, 순수공공재란 국방, 치안, 교정처럼 정부가 생산하고 공급하며, 대가를 내지 않는 무임승차자도 이용할 수 있는 재화를 말하고, 준공공재는 유료공원, 유료시립도서관, 경상대학처럼 정부, 또는 지방자치단체가 생산하지만 돈을 낸 사람만 이용하게 하여 무임승차자를 배제할 수 있는 재화를 준공공재라고 한다.

죄를 지은 모든 사람에게 교정서비스는 무료로 제공되므로 순수공공재이지만, 민영교도소는 일정한 자격을 가진 자에게만 입소가 허락되므로 준공공재라고 할 수가 있다.

한편, Savas는 경합성과 배제성 유무를 기준으로 공공서비스를 시장재적 성격을 가지는 공공서비스, 공유재적 성격을 가지는 공공서비스, 요금재적 성격을 갖는 공공서비스, 집합재적 성격을 가지는 공공서비스로 나누고, 아래와 같이 그 특징을 설명한다.[10]

시장재적 성격을 갖는 공공서비스란 경제개발을 위한 각종 서비스처럼 주로 시장에서 제공되어 공공부문개입이 최소화되는 부분이며, 공유재적 성격을 갖는 공공서비스란 천연자원이나 희귀 동식물처럼 경합성은 있지만 배제는 불가능한 서비스이다. 따라서 소비는 경합되지만 정당한 대가를 지급하지 않아도 배제시킬 수 없어 공유지의 비극이 나타난다.

요금재적 성격을 가진 공공서비스란 비경합성은 있지만 배제가 가능한 공공서비스로 대가를 지급하지 않는 시장기구를 통해 서비스를 공급할 수 있는 여지가 많다. 집합재적 성격을 가진 서비스란 치안, 외교처럼 비경합성과 비배제성의 특징 때문에 항상 과소공급과 과다공급의 쟁점을 야기시키는 만큼 공공부문이 공급해야 하는 서비스로 무임승차자의 문제가 발생한다.

Savas의 분류를 표로 보면 다음과 같다.[11]

---

09) 의무교육같이 사회적 관점에서 일정량의 소비가 요구되는 상품을 가치재라고 한다.
10) 이종수 외, 행정학, 대영, 2004, 723면 이하.
11) 이종수 외, 전게서, 721면 이하.

		비경합성	
		경합성	비경합성
비배제성	배제성	시장재 (private goods)	요금재 (toll goods)
	배제불가능	공유재 (common – pool goods)	집합재 (collective goods)

출처 : 이종수 외, 전게서, 721면에서 재인용.

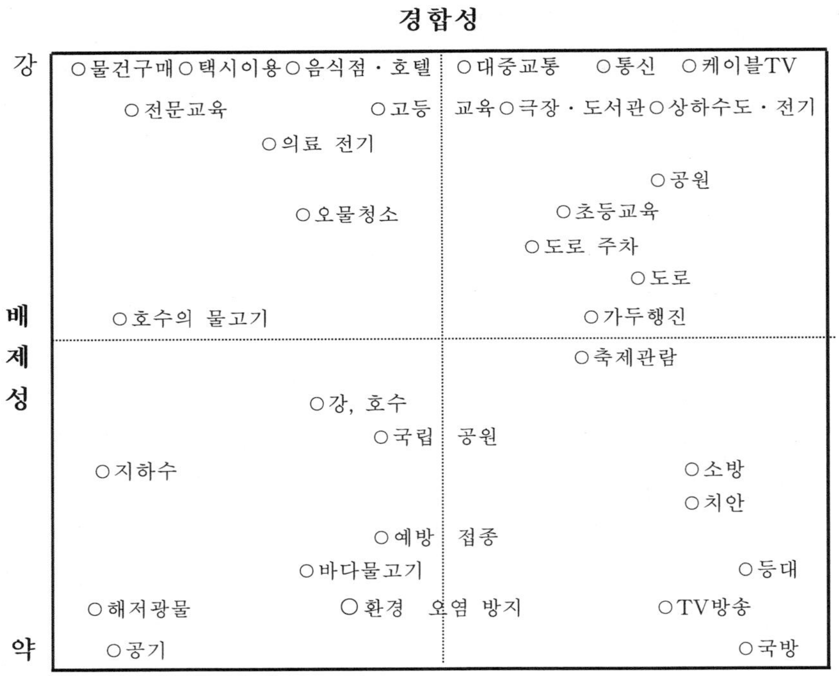

(출처 : 이종수 외, 전게서, p.722에서 재인용).

그림65 : Savas의 공공서비스의 분류

한편, 천정환은 공공재를 단순공공재와 다중공공재로 구분하는데, 단순공공재란 그 대상이 국민, 또는 지역주민처럼 획일적인 고객을 대상으로 하는 것으로, 가령 방범서비스는 그 혜택이 일반국민이다.

다중공공재는 고객을 두 차원에서 가지는 공공재로 일반고객과 특수고객을 대상으로 행해지는 공공서비스를 말한다. 가령, 교도소에서 행해지는 수형자에 대한 교정서비스는 1차적 고객은 수형자이지만 수형자 교화로 인해 사회의 범죄가 줄어들고 수형자 가족도 큰 혜택을 보므로 수형자 다음으로 큰 혜택을 보는 수형자의 생태계(가족, 친구, 친족 등)는 2차 고객이고, 그 다음으로 교정서비스의 혜택을 보는 국민은 3차 고객이라로고 할 수가 있다. 수사서비스, 재판서비스, 피해자지원 서비스 등도 마찬가지이다.

이처럼 혜택의 크기에 따라 고객이 나누어지게 공급되는 공급서비스를 다중공공재라고 한다. 따라서 국방 같은 단순공공재에서는 고객이 차별화되지 않고 대부분의 고객이 능력에 맞는 균등한 세금 등의 대가를 지급하여 소비에 있어서 형평의 문제는 발생하지 않는다(누구든 균등한 효용을 체험하므로).

그러나 교정서비스처럼 다중공공재에서는 고객이 혜택의 크기에 따라 여러 계층으로 나누어지고 고객계층마다 교정서비스 등의 한계효용이 다르다. 1차고객이 가장 큰 사회적 한계효용을 가지고 3차고객이 가장 적은 사회적 한계효용을 가짐에도 무임승차자를 제외한 대부분의 고객이 동일한 한계비용을 냄은 자원의 효율적 배분을 저해한다. 왜냐하면 사회적 한계비용과 사회적 한계효용(수익)이 일치하는 점이 효율적 자원배분점이기 때문이다.

따라서 사회적 한계효용을 가장 크게 가져가지만 상대적으로 적은 사회적 한계비용을 부담하는 수형자나 재판받는 사람에게는 교정세, 또는 재판세를 부과하여 사회적 한계비용을 높여 사회적 한계효용과 일치되도록 해야 할 필요성이 있으며, 마찬가지의 논리로 3차고객인 국민보다 더 큰 사회적 한계효용을 가져가는 범죄인의 가족, 소년원생의 부모 등 가족에게도 교정세나 보호세를 부담시켜 사회적 한계비용을 상승시켜 그들의 사회적 한계효용과 사회적 한계비용을 일치시켜야 자원의 효율적 배분이 될 수 있다.

가령, 무료로 공급되는 소년원생들에 대한 각종 소년보호조치에 대해 부모들에게 일정한 보호세를 부담시키면 소비의 외부비경제가 사라지고 외부효과가 내부화될 수 있다.

또한 단순공공재도 외교, 국방과 같이 모든 사람들의 한계효용이 같고 대상자들의 시장이동이 없고 동일한 시장만 있는 양적 공공재와, 사람들의 한계효용이 다르고 시장도 가격탄력성에 따라 여러 시장으로 분리될 수 있어 대상자들이 보다 나은 시장으로 이동하는 질적 공공재로 분류할 수 있다.

질적 공공재의 대표에는 방범서비스, 교육서비스 등이 있다. 즉, 방범서비스는 국가에서 제공한다고 해도 소득이 높은 층과 낮은 층들은 방범서비스에 대한 한계효용이 다르고, 질에 대한 수요의 탄력성도 다르며, 지역마다 방범서비스의 질이 다르게 공급되며, 사람들은 보다 질 좋은 제품을 따라 다른 곳으로의 진출과 퇴출이 있게 된다.

가령, 교육서비스가 질 좋은 곳으로 학부모들이 이동하는데, 대체로 교육재에 대한 한계효용을 크게 가지는 자들은 교육재의 품질에 대한 수요의 탄력성이 탄력적이어서 교육서비스의 질이 저하되면 교육서비스에 대한 수요량이 많이 감소하여, 그 결과 교육서비스의 질이 높은 시장으로 진입하려고 한다. 이 때 여러 사회적 비용이 발생한다.

마찬가지로 치안서비스에 대한 한계효용이 다르고 품질에 대한 수요의 탄력성이 탄력적인 시장과 비탄력적인 시장으로 시장을 구분할 수가 있는데, 대체로 영구임대아파트 등에 거주하는 극빈자들은 치안서비스에 대한 한계효용도 낮고 품질에 대한 수요의 탄력성도 낮다.

그러나 고소득자들은 대체로 범죄집단의 매력적인 고객이므로 치안서비스에 대한 한계효용이 높고 품질에 대한 수요의 탄력성이 높아, 치안서비스의 품질이 조금만 낮아도 공공치안서비스에 대한 수요량이 많이 감소하여, 그 결과 질 높은 치안서비스가 제공되는 시장으로 이동하거나 이동 등의 사회적 비용이 많이 들면 만간경비나 경호 등의 사적 치안서비스에 대한 수요를 증가시키게 된다.

그러나 고소득층들은 치안서비스에 대한 가격의 수요탄력성은 비탄력적이다. 즉, 만족할 만한 치안서비스가 제공된다면 치안서비스의 가격인 치안세나 관련세금 등의 가격이 올라가도 수요량은 거의 줄어들지 않는다. 이에 비해 극빈자층은 치안서비스 가격의 수요탄력성이 탄력적이므로 치안세를 올리면 수요량이 많이 줄어들고, 줄어드는 현상을 경찰 대신에 지역주민 방범대의 대체재를 더 선호한다든지 치안세의 납부거부 등으로 나타난다.

따라서 치안서비스는 현재 국가가 독점생산, 공급하므로 국가의 총수입(치안세에다가 공급량을 곱한 금액)을 증가시키려면 치안서비스에 대한 수요곡선의 기울기가 가파른 시장, 즉 수요의 가격탄력성이 낮은 시장에는 높은 가격을 책정하고, 치안서비스에 대한 수요곡선의 기울기가 완만한 시장, 즉 수요의 가격탄력성이 높은 시장에는 낮은 가격을 책정하면 된다.

이것을 치안서비스 시장의 가격차별정책이라고 한다. 이 때의 전제조건은 동일한 질의 치안서비스가 제공되고, 치안서비스의 소비자간에 시장이동은 불가능한 경우이다. 그리고 한계수입(MR)과 한계비용(MC)이 일치하는 점이 이윤극대화점이므로 MC(정부의 치안서비스 생산의 한계생산비) = MR_1,(가격탄력성이 낮은 시장의 한계수입) = MR_2(가격탄력성이 높은 시장의 한계수입)이 되도록 치안서비스의 가격을 차별하면 탄력성이 낮은 시장에 높은 가격이 책정된다.

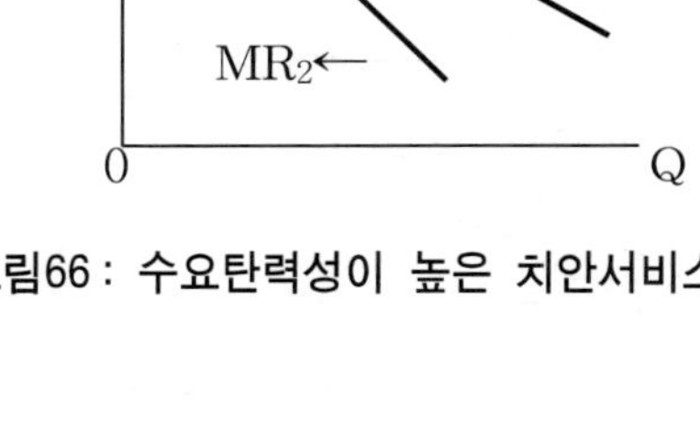

그림66 : 수요탄력성이 높은 치안서비스시장

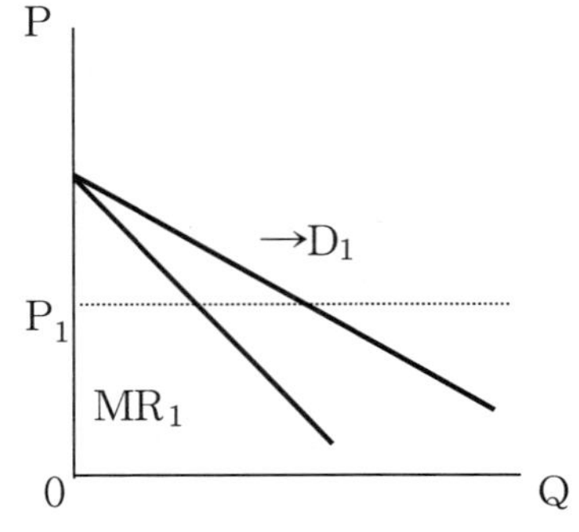

그림 67: 수요탄력성이 낮은 치안서비스시장

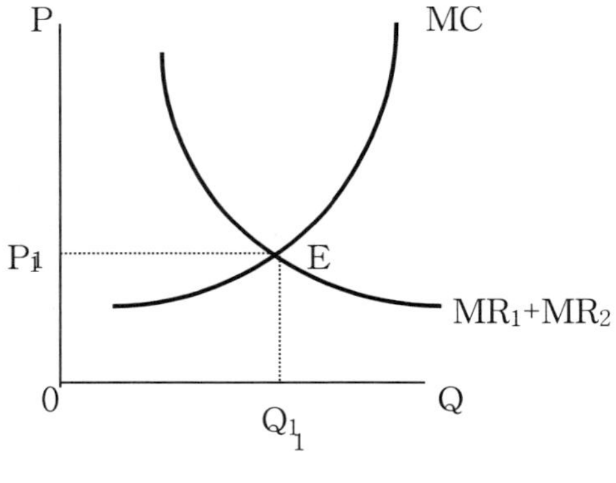

그림68 : 전체 치안서비스 시장

먼저, 극빈층들은 치안세의 가격에 대해 가격탄력성이 높다. 위의 그림 66처럼 수요곡선의 기울기가 완만하게 도출되며 작도에 의해 MR곡선이 도출된다(수학적 증명 생략). 또한 부유층들은 치안세의 가격에 대해 가격탄력성이 낮아 그림 67처럼 가파른 수요곡선과 그에 따른 MR곡선이 도출되며, 독점기업인 정부는 치안서비스의 한계비용곡선이 바로 공급곡선이 되므로 MC곡선과 두 시장의 MR곡선을 더한 곡선이 만나는 점 E에서 이윤이 극대화 된다(MR = MC가 이윤극대화조건). 이 때 치안서비스 가격 P_1이 결정되고 P_1에 대응하는 개별시장의 수요곡선인 D_1과 D_2에 해당되는 각각의 점에 해당되는 곳에서 각각 시장의 공급량이 결정되므로 수요탄력성이 낮은 부유층에는 수요량이 증가되고, 수요탄력성이 높은 극빈층에는 수요량이 감소함을 알 수 있다.

2) 형사사법공공재의 최적 공급과 용의자의 딜레마

방범서비스는 형사사법공공재의 하나이다. 가령, A와 B의 둘만이 사는 지역에 정부가 방범장치 CCTV를 설치한다고 할 때, 몇 대를 설치하는 것이 사회적으로 볼 때에 가장 최적인가에 관한 문제이다. 그것은 CCTV가 공공재라면 사람들은 무임승차하기 위해 자신의 선호를 나타내지 않고 상대가 먼저 설치하기를 바라는 성향으로 인해 공공재는 항상 과소공급되는 경향이 있기 때문이다. 이 때 공공재의 최적공급량은 CCTV라는 공공재의 사회적 한계비용과, 이로 인한 사회적 한계비용이 일치하는 점에서 결정되므로 아래 그림과 같이 된다

즉, 아래의 그림에서 만일 B가 A보다 집이 부자고 골목이 많아 CCTV설치로 B의 한계수익이 A보다 크다고 가정하면 사회적 한계수익곡선도 두 곡선을 합친 것이 되고, 이 곡선과 CCTV설치로 인한 사회적 한계비용이 만나는 1점이 공공재의 최적 생산량이다.

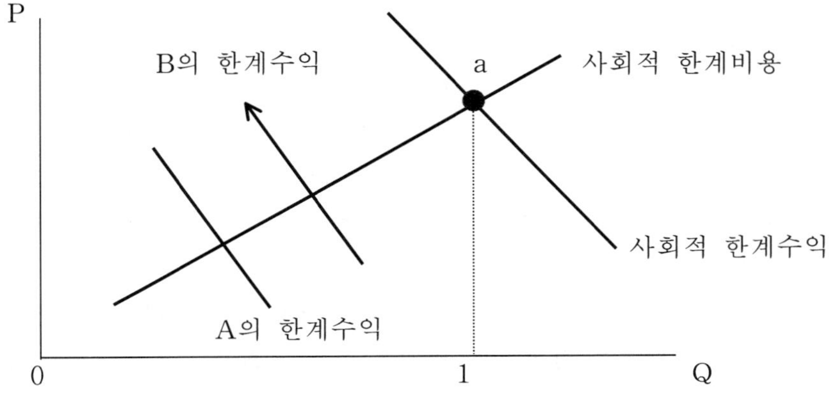

그림69 : 형사사법 공공재의 최적생산

이제 P재가 공공재, E재가 사적재일 때의 일반균형분석을 살펴보면 CCTV의 설치는 공공재이고, A와 B는 무임승차하려는 동기를 가져 자신들의 선호를 숨겨 표시한다. 따라서 A와 B는 CCTV의 설치로 인한 한계효용(수익)을 낮게 평가하는 경향이 있다.

따라서 A와 B는 공공재와 사적재화에 대한 똑같은 효용을 가져다 주는 무차별곡선의 기울기는 완만하게 만나는 점에서 왜곡된 균형량이 생기고, 이는 최적 공공생산량보다 적게 생산되는 시장실패가 발생한다.

따라서 공공재와 사적재의 생산가능곡선의 기울기인 한계변환율과 공공재와 사적재 간의 무차별곡선의 기울기인 한계대체율이 만나는 점에서 생산량이 결정되며, 아래 그림과 같다.

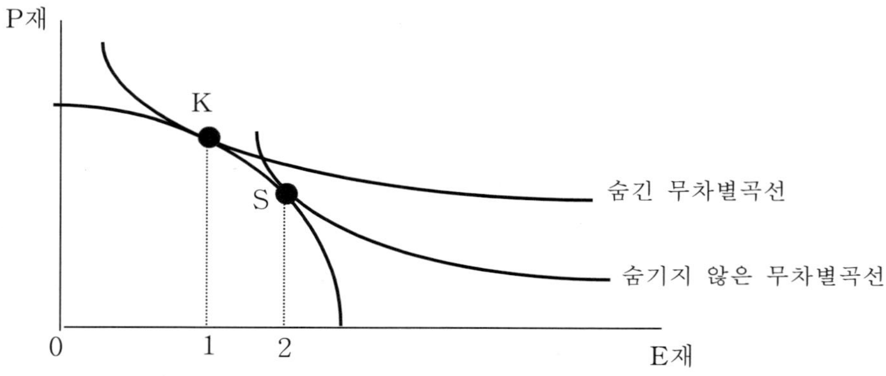

그림70 : 공공재의 일반균형

위의 그림에서 P는 공공재이고 CCTV와 같은 공공재는 비배제성이기 때문에 무임승차자의 문제가 발생하므로 설치비를 서로 내지 않으려고 한다. 따라서 CCTV의 설치에 관한 논의에서 A와 B는 자신의 CCTV에 대한 올바른 선호를 숨기므로 잘못된 숨긴 무차별곡선이 생기고, 이런 숨긴 무차별곡선이 공공재와 사유재의 생산가능곡선과 만나는 점인 생산량인 “1”에서 생산량이 결정되는데, 이것은 숨기지 않은 무차별곡선과 생산가능곡선이 만나는 점에서 달성되는 최적생산량인 “2”보다 적게 생산되는 것을 알 수가 있다.

따라서 공공재의 공급을 위해 가장 중요한 것은 개인들이 자신의 진정한 선호를 드러내도록 하는 방법을 찾아야 공공재의 최적 공급이 가능하다는 것을 알 수가 있다. 즉, 공공재는 비배제성의 성격이 있어 비용을 부담하지 않아도 공공재를 소비할 수 있으므로, 사람들은 치안과 같은 공공재를 실제로는 적정한 돈을 주고서라도 사려는 선호를 숨기고 진정하지 않은 선호를 드러내어 무임승차하려는 성향이 있어, 소위 "용의자의 딜레마"에 빠지게 되며, 그 결과 사회적으로 바람직한 공공재를 생산하는데 실패하게 되는 것이다.

여기서 고전적 게임이론의 내용인 용의자의 딜레마 문제로 인하여 바람직한 공공재의 공급이 실패하게 되는데, 이런 용의자의 딜레마 문제는 무임승차 때문에 오는 것이다.

가령, 도둑이 들끓는 마을에 여러 명이 살고 있지만 실제 돈을 버는 사람은 A와 B 두 명만 있다고 할 경우, 두 명이 만나 마을에 CCTV설치를 의논한다고 할 경우에 A는 200만원, B는 300만원의 여윳돈이 있고, CCTV 설치대금은 50만원이라면 이들은 비용부담에 대해 쉽게 합의보기 어렵다. 왜냐하면 A와 B는 CCTV가 서로 필요하다는 것은 알지만 상대가 거기에 얼마만큼의 가치를 부여하는지를 알 수가 없어 자신의 CCTV에 대한 올바른 가치를 밝히려 하지 않기 때문이다.

이 때 A에게는 90만원의 가치가 있고 B에게는 60만원의 가치가 있다고 할 때 총가치의 합계는 60만원으로 설치비용인 50만원을 초과하므로, 서로가 적절히 비용을 부담하면 모두에게 이익이 된다. 이 때 두 사람이 할 수 있는 결정과 그에 따른 결과를 다음과 같이 보수 행렬로 표시할 수가 있다(보수는 각각의 여유자금에서 설치로 인한 가치와 비용을 계산한 값이다).

		(B) 찬성	(B) 반대
(A)	찬성	275,355	240,360
	반대	290,310	100,300

그림71 : 용의자의 딜레마

이 때 둘 다 비공개로 선호를 표시하되, 둘 다 찬성하면 각각 반분해서 비용을 부담하고, 둘 다 반대하면 CCTV설치는 없던 일로 하며, 어느 한명만이 "찬성"표시할 때는 그 자가 모든 설치비용을 부담키로 하면 둘은 서로가 어떤 전략을 선택할지 모르는 가운데서 자신의 선호를 표시, 즉 각자는 자신의 보수만을 알 수 있고 타인이 CCTV에 얼마나 큰 가치를 두는지 모르는 비협조적 게임하에서 표시하게 되는데, 이 때 각자의 우월전략(우월전략은 상대의 전략과 관계없이 항상 더 높은 보수를 보장하는 전략)은 모두 「반대」를 선택하게 되고 그 결과 CCTV는 설치되지 않는다는 것이 결론이다(개인적으로는 최선의 선택이 전체적으로는 최악의 선택이 될 수 있다는 것을 보여 준다).

이러한 것은 서로에게 더 유리한 결과가 있음에도 불구하고 자신만의 이익을 좇아 행동할 때 결과적으로는 바람직하지 못한 일이 일어남을 보여준다. 즉, 모두에게 이익이 되는 파레토 우월한 배분점이 있는데도 불구하고 무임승차적 동기로 인하여 자신의 이익만을 따라가다 보니 바람직하지 않은 파레트배분이 일어난다는 것을 "용의자의 딜레마"가 보여주고 있다.

이와같이 자신의 선택과 반응에 의해 자신과 상대방이 동시에 영향을 받는 전략적 상황을 분석하는 이론이 게임이론으로 최근 이에 관한 연구가 활발해지고 있다. 이러한 게임이론은 정치학, 생물학, 경제학 이외에도 범죄학, 수사학에도 이용될 수 있는데, 가령 인질극이나 사상범 등의 정치적 소수자의 행태 이해에 용의자의 딜레마게임이 이용될 수 있다. 이를 좀더 자세히 살펴보기로 하자.

먼저, 게임에 참여하는 자를 경기자라고 하면 경기자가 가진 계획을 전략이라고 하며, 각 경기자에게 귀속되는 게임결과를 보수라고 한다. 가령, 두 명의 공범을 경찰이 따로따로 심문할 때 경찰은 둘 모두 자백시에는 형량을 3년씩 구형할 것이고, 둘 다 범행을 부인하면 이번 사건과 관계없는 과거의 경범죄에 대해서만 1년씩 구형하게 되고, 만약 한쪽은 자백했는데 다른 쪽은 침묵한다면 형이 가중되어 6년을 구형할 것이라고 말했다고 하면 보수표는 다음과 같이 된다.

A	C	D
C	(3,3)	(0,6)
D	(6,0)	(1,1)

그림72 : 용의자의 딜레마

이 때 C는 자백, D는 부인하는 것의 약자이다.

이 때 합리적 인간을 전제로 하는 게임이론에서의 우월전략이란 상대방의 어떤 전략에도 항상 유리한 해에 도달하려는 전략을 말한다. A는 B가 자백할 경우에 A도 자백할 때에는 3년, 만일 부인하면 6년이 되므로 자백이 유리하다.

또 B가 부인을 한다고 해도 자백하면 0년, 부인할 때에는 1년이므로 A는 언제나 자백을 선택하는 것이 유리하다. A는 B가 자백하든 부인하든 자백의 보수가 더 높다. 따라서 A의 자백은 우월전략이 되고 B의 경우도 마찬가지로, 결국 모두 자백을 택해 3년이라는 사회적으로 바람직하지 않은 결과를 보여 준다. 즉, 이 때의 파레토 최적은 둘 다 “부인”을 선택해 1년의 형이므로 우월전략은 파레토 최적상태가 아님을 보여 준다(우월전략이란 상대의 전략에 관계없이 자신에게 언제나 유리한 결과를 초래). 이 때 A와 B 모두에게 친한 친구가 A에게 면회 왔을 때 A는 친구에게 “자신은 부인할 테니 너도 부인해라”는 말을 B를 면회할 때 전해 달라고 했다고 가정하자. 친구를 통해 이것을 전해 들은 B는 A의 전략을(부인이라는) 알게 되어 버리는 상황이 되었다.

이 때 합리적인 인간을 전제로 하는 게임이론에서는 B는 합리적 선택인 자백을 하게 된다. 그것은 자신에게 가장 큰 이익을 가져다 주기 때문이다. 이처럼 상대방의 전략을 알고도 전략을 바꿀 동기가 없는 해를 내쉬의 균형이라고 한다.

따라서 내쉬균형은(D · D)가 된다. 그것은(D · D)균형에서 A와 B 모두 전략을 바꿀 유인이 없기 때문이다.

즉, 내쉬균형이란 각 경기자가 상대의 전략을 주어진 것으로 보고 자신에게 최적인 전략을 선택할 때에 최적전략의 짝을 말하는데, 위에서 보듯이 현재의 내쉬균형(D · D)은 용의자의 딜레마가 발생한 경우이다. 그것은 (C · C)를 선택할 때에는 모두의 후생이 증가되는 파레토 개선이 가능하기 때문이다.

한편, 이때의(D · D)는 우월전략 균형의 성격도 있다. 그것은 우월전략 균형은 파레토 개선이 가능한 파레토 열위 상태이기 때문이다.

이처럼 용의자 딜레마게임에서는 중요한 것은 경기자 사이에 협조가 이루어질 수 없다는 상황이 조성되었다는 사실과, 또한 게임이 단 한번만 이루어진다는 사실이다. 만일, 용의자 딜레마게임이라고 해도 여러 번에 걸쳐 행하는 반복게임을 하게 되면 서로 협조하는 양상으로 되기 때문이다.

이러한 용의자 딜레마게임은 현실에서는 카르텔의 본질적인 불안정성을 설명할 수 있고, 출소자에 대해 지역사회에서 보호서비스를 생산하는 데 있어서 주민들이 비협조적 태도를 보이는 이유와, 가로등이나 공원을 설치하는 데 주민들이 비협조하는 태도를 설명하는 분석들로 사용될 수가 있다.

이처럼 시장에서 개인들의 이기주의에 따라 행동해도 가격 매커니즘에 의해 자원배분이 자동적으로 달성된다는 보이지 않는 손이 제 기능을 하지 못하는 현상을 보여 주는 용의자 딜레마를 배제할 수 있게 하려면 경기자(A와 B) 간에 서로 대화를 하게 하거나 구속력 있는 협약을 맺게 하는 방안을 생각할 수 있다.

6. 환경범죄경제론

1) 환경범죄의 개념

오늘날 공해가 심각해지고 그로 인해 환경오염이 심각해져 가고 있으며, 이 과정에서 공해범죄는 산업화와 더불어 급속히 증가하고 있는데, 최근 중국기업의 공해범죄로 인한 피해가 한국에도 영향을 미치듯이 이러한 환경범죄문제는 국내적 문제만 아니라 국제적 문제도 되고 있다.

이러한 공해범죄, 또는 환경범죄의 개념은 다양하게 모색되어 정의가 분명치 않으나, 유명건은 인간의 건강에 위해를 주거나 환경을 저해하는 환경오염행위, 또는 이와 관련된 행위로서 법에 의해 처벌되는 행위라고 규정하며,[12] 공해범죄는 공해 그 자체에 주목하여 공해를 대기오염, 수질오염, 소음과 진동으로 인하여 국민의 건강에 미치는 위해의 생활환경을 저해함으로써 발생되는 피해로 규정되고 있다.[13]

그러나 유명건의 견해는 환경범죄를 인간의 건강에 위해를 주는 환경오염 행위로 규정하여 사후적 개념을 전제로 하고 있는데, 환경오염이 서히 나타난다는 점과 그런 환경오염이 인간의 건강에 바로 위해를 주는 면 외에도 지금 당장은 인간의 건강에 위해를 주지 않지만 장기적으로 위해를 줄 우려가 많은 것이 특징이므로 환경범죄를 인간의 건강에 위해를 줄 우려가 있거나, 또는 위해를 주는 환경오염 행위, 또는 이와 관련된 행위로서 법에 의하여 처벌되는 행위라고 광의의 개념으로 보는 것이 더욱더 타당하다고 본다.[14]

오늘날 환경범죄의 주체는 쓰레기를 몰래 버리는 개인, 공해배출하는 기업과 국가 등이며, 미래에는 우주도 환경범죄의 주체가 됨과 동시에 객체가 될 수 있다.

2) 환경범죄의 특징

환경침해행위의 특수성은 침해의 간접성, 전파성, 완만성, 상규성, 복합성, 영구성 등이 있는데, 간접성이란 환경침해행위가 물, 공기, 대지 등의 환경인자를 매개로 하여 인간에 가해지는 것이고, 전파성의 환경침해행위는 시간적·공간적으로 광범위한 지역에 걸쳐 침해를 가져오는 것을 말하며, 완만성은 환경침해행위가 서서히 일어나는 것을 말하고, 상규성은 일상적인 사회활동 등에서 이루어지는 경우가 많은 것을 말하며, 복합성은

12) 유명건, 환경범죄, 공해대책 : 1987, 7월, 29면.
13) 이윤호, 현대사회와 범죄, 박영사, 2005, 291면.
14) 과거에는 환경범죄의 보호법익을 인간의 생명과 건강에 두었으나, 최근에는 환경재를 직접적 보호법익으로 하되, 전통적 법익도 간접적 보호법익으로 하자는 견해가 있다. : 이승헌, 형사정책, 대명, 2000, 609면.

환경오염은 여러 가지 간접적 요인이 결합되어 발생해 원인규명을 어렵게 만든다는 것이다.[15)]

환경범죄는 단순히 우연한 것이 아니고 동일한 기업과 정부기관의 수많은 조직 사이에서 일어나는 제도적 행위로, 이런 기업범죄로서의 특성은 사회의 주류언론이 그런 기업들의 환경위반행위에 대해 축소보도하기 때문이며, 환경범죄는 때로는 정부가 오염자가 되고, 때로는 주요 산업계와 연계되어 환경범죄 행위에 가담한다고 한다.[16)]

또한 환경오염의 피해자는 주로 하류계층들로서 그것은 환경규제가 까다로운 선진국을 피해 개발도상국으로 폐기물 반출이 이루어져, 국제적 환경범죄의 피해자는 주로 환경범죄에 저항할 힘도 없는 가난하고 아무런 권력도 가지지 못한 계층이라고 한다.[17)]

또한 환경범죄의 가해자는 사회적으로 우월한 지위에 있어 피해자 구제가 어렵고, 또한 환경범죄는 행위자가 복수인 경우가 많아 행위주체를 확정하기가 곤란해 인과관계문제와 입증부담의 문제가 생겨 환경소송을 어렵게 하고 있다.

환경침해 원인이 국가나 사회활동에 유익한 경우에는 그러한 피해가 무시되거나 행위자가 죄의식을 가지지 않으며, 환경범죄는 기술적 요소가 강해 그런 범죄의 단속처리에 있어서는 그런 시설에 대한 지식을 갖춘 전문가가 필요하며, 환경범죄는 그 피해가 가시적이지 않아서 개인이 고소하는 경우가 드물고 수사단계에서도 기술적 요소로 인하여 증거수집이 어렵다.[18)]

또한 환경문제에는 관련이익집단간의 이해가 상충하는데, 가령 기업과 환경보호단체간의 대립이 심할 경우에는 보다 합리적인 환경정책을 수립하기가 곤란하다. 그리고 환경문제의 배후에는 사적 비용과 사회적 비용의 불일치를 가져오는 외부성이 발생해 시장이 자원배분의 문제를 적절히 해결하지 못하므로 정부가 통제하지 않으면 환경오염 문제는 더욱더 심각해

15) 지광준, 범죄학, 경인, 2003, 482면.
16) 이윤호, 전게서, 293면.
17) Censored : The News that Didn't Make It – and why, chapel, NC : :Shelburne, 1993, 57면 : 이윤호, 전게서, 293면에서 재인용.
18) 송광섭, 범죄학, 유스티니아누스, 1998, 669면.

져 간다. 이 때 오염시의 사회적 비용은 사적 비용에 오염제거비용과 피해보상비용을 더한 것이다.19)

한편, 환경론자는 공해의 완전방출을 주장하나 경제학에서는 그것을 비현실적이라고 한다. 그것은 공해를 완전히 없애는 데는 한계비용이 급격히 체증하기 때문이다. 다시 말해 환경론자와 달리 경제학자들은 희소성이 작용되는 현실에서 환경오염이 없다는 것은 비현실적이므로 적정한 환경오염의 존재를 전제로 한다.

깨끗한 환경을 공공재라고 하면 오염된 환경을 깨끗이 하는 환경순화서비스도 공공재이다. 이 때 개인의 환경순화에 대한 한계효용을 수직으로 합쳐서 구한 것이 환경순화수요곡선이 되고, 환경순화에 대한 한계비용을 수직으로 더해서 구한 것이 환경순화에 따르는 사회적 한계비용이고 공급곡선이 되므로, 두 곡선이 만나는 점에서 적정환경 순화수준과 적정환경오염수준이 결정된다.

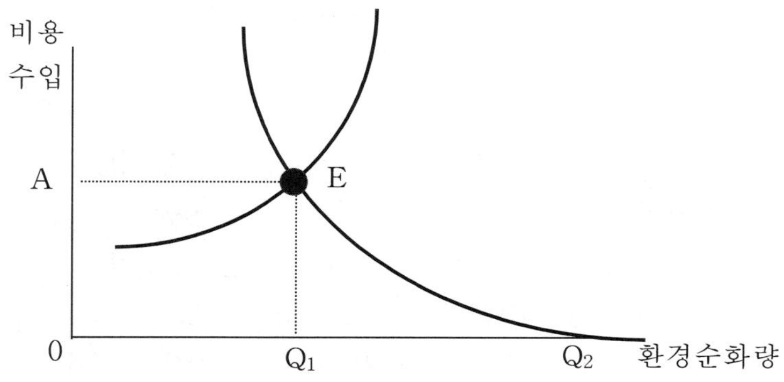

그림73 : 적정환경순화 수준

19) 환경오염은 주로 생산에 따르는 외부성으로 생산의 외부성이라 칭하고, 수형자 흡연시의 공기오염현상은 소비의 외부성이라고 한다. 가령, 연탄을 생산시에 외부효과가 발생해 주위 사람도 손해보는 것은 생산의 외부성이다. 외부성이 있으면 사적비용과 사회적 비용이 불일치되는데, 이 때 외부성을 내부화시켜 사적비용과 사회적 비용을 일치시키면 외부효과에 의한 비효율성이 제거된다. 사적 비용은 외부성을 고려하지 않은 것으로 연탄생산비이고, 사회적 비용은 외부해소비용이 고려된 것으로 오염제거비용도 포함된다.

위의 그림에서 공급곡선(환경순화에 따르는 사회적 한계비용)과 수요곡선(환경순화에 따르는 사회적 한계수익)이 만나는 점에서 적정 환경순화량이 결정되므로 OQ_1은 적정환경 순화수준이고, QQ는 적정환경 오염수준이므로 환경대책은 Q_1Q_2를 초과하지 않도록 통제하는 것이다.

7. 환경범죄에 대한 대책

1) 정부의 개입을 통한 해결

여기에는 가장 많이 사용되고 있으며, 가장 쉬운 방법이 환경오염행위에 대해 각종 법을 통해서 규제하는 것이다. 환경보전법, 오물청소법, 해양오염방지법 등이 이에 속한다. 현재 우리나라는 환경범죄대책법으로 크게 특별조치법과 개별환경법률로 되어 있는데, 이러한 법률에는 형벌과 행정벌이 혼재되어 있어 효과적이지 못하다는 평을 듣고 있다.

또한 환경범죄가 성행하는 이유는 그것이 전문성을 내용으로 하고 있어 수사와 기소에 어려움을 겪고 있으므로 관련법령을 재정비하여 환경경찰을 신설하여 전문화시키는 방안도 필요하다. 또한 각 지방자치단체에서 환경을 담당하는 공무원에게 실질적인 환경범죄 단독권을 주는 제도화 방안이 필요하며, 전문적 환경행정인을 육성하기 위해 환경행정직렬을 실시하도록 한다.

또 하나의 방법은 공해방지 설치를 하는 기업에 대해 조세감면이나 보조금 등의 지원, 또는 공해세금을 부과하는 간접적인 통제방식이 있다. 가령, 공해배출기업으로 하여금 외부비용을 발생하지 않도록 오염배출 측정기를 오염방출기업에 달도록 한다 그러면 오염배출량에 따라 공해세를 부담하게 하면 이윤극대화를 목적으로 하는 기업은 스스로 공해배출을 줄이기 위한 노력을 한다.

그러나 이 방법은 공해한계이익이 공해한계비용을 너무 큰 차이가 나는 기업에게는 효과가 없으므로 차액에 대한 누진적 공해세를 부과해야 효과가 있다.

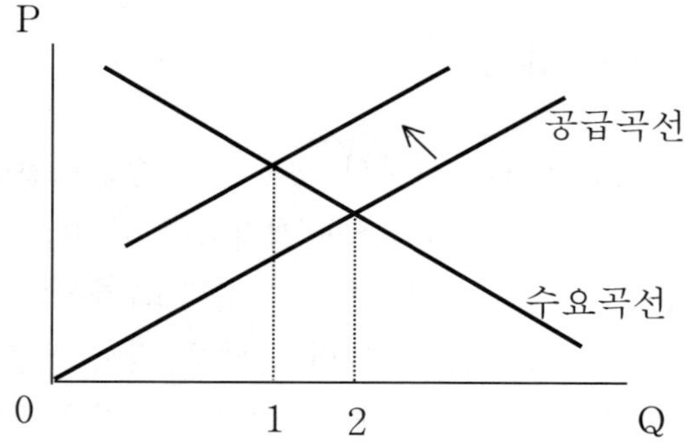

그림74 : 공해에 대한 세금 부과

위의 그림에서 공해발생기업에 대해 공해세를 부과하면 공해를 일으키는 상품공급곡선을 좌측으로 이동시켜 상품공급이 줄어들어 그만큼의 공해가 감소한다. 우리나라의 쓰레기 종량제가 여기에 해당된다.

그 다음으로는 보조금 제도가 있는데, 공해방지 시설을 설치하거나 공해배출을 줄이는 기업에 대해 일정금액을 보조하는 제도가 있다.

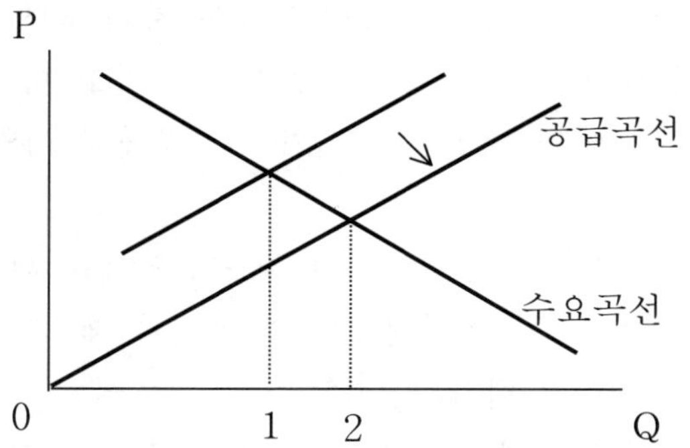

그림75 : 보조금 지급때의 효과

가령, 공해방지 장치를 설치하는 기업에 보조금을 설치하면 공해방지 장치가 된 생산시설의 장비를 절감하게 되고, 따라서 상품공급곡선을 우측으로 이동하여 생산량이 2로 증가하게 된다.[20]

2) 시장거래를 통한 해결

여기에는 환경오염권을 하나의 경제적 자원으로 보아 환경오염권을 가장 높은 가격에 응찰하는 기업에게 매각하게 되면(그 전에 국가는 동종 산업에게 동일한 양의 공해발생권을 배분한다고 가정) 관련기업들 간에 환경오염권의 거래를 통해(이렇게 되면 공해를 많이 배출하는 기업이 공해를 아주 적게 배출하는 기업에게 환경오염권을 시장을 통해 사는 것이 유리하다고 생각해 매입하는 경우) 국가 전체로 보면 환경오염을 적정수준 이하로 규제할 수 있다.

또 하나의 방법은 그 유명한 코우즈(R.Coase)의 정리를 통해 해결할 수가 있다. 먼저, 코우즈의 정리를 살펴보기 전에 공해발생원인을 살펴보기로 하자. 공해는 외부성의 문제와 관계된다.

외부성이란 생산과 소비로 인해 발생하는 이익과 비용이 거래당사자 외의 제3자에게 영향을 미치는 것으로 시장 밖에서 발생한 것이다. 여기에는 외부경제와 외부비경제가 있다.

가령, 마을 입구에 낡은 집이 있어 마을 전체의 이미지가 좋지 않을 때 낡은 집의 주인이 그 집을 깨끗이 고치고 자기 집에 진입되는 길도 도로로 만든 경우에는 마을 전체의 집값이 올라가고 마을 주민 전체가 교통이익을 보듯이, 어떤 개인의 행위가 제3자에게 이익을 주는 것이 외부경제이다.

이와 반면에 교도소 내의 방에서 골초가 담배를 피우면 옆의 사람도 간접흡연의 피해를 보듯이, 어떤 개인의 행위가 제3자에게 손해를 주는 경우를 외부불경제라고 한다.

즉, 강의 상류에서 폐수를 버리는 기업으로 인해 그 기업과 직접 시장에

---

20) 공해발생기업처럼 생산자의 생산활동으로 인해 타인에게 외부경제나 외부비경제를 가져오는 것(상류의 공해기업으로 하류의 유기농 농가가 오염제거 비용이 증대)을 생산외부효과라고 한다. 소비의 외부효과는 소비행위가 타인에게 외부경제를 제공하거나(A가 마을 입구 도로 앞의 자기집을 신축하여 마을 전체가 집값이 상승), 또는 외부비경제(수형자가 흡연시 동료가 피해)를 가져오는 것을 말한다.

서 거래하지 않는 토마토 재배농가가 하류에서 토마토 재배 때 심각한 피해를 입는 것도 외부불경제이다. 이 때 폐수발생기업이 상품제조과정에서 투입되는 비용이 사적 비용이고, 그 기업이 자신이 부담하지 않는 손해를 제3자에게 끼치는 비용은 사회적 비용의 일부분이 된다. 따라서 이런 사회적 비용이 시장실패를 가져오는 원인이 되고, 공해문제는 외부불경제와 관계됨을 알 수가 있다.

즉, 공해물질의 배출을 비용으로 여기지 않는 기업이 생각하는 최적 생산량은 공해를 비용으로 보는 사회적 관점에서는 적정량 이상의 과다생산이 되기 때문이다.

그런데 오염을 발생하는 상류에 있는 기업과 토마토를 재배하는 하류의 재배농가만 있다고 가정하고 오염을 발생했을 때는 외부불경제가 발생하고, 이 때는 사회적 비용이 사적비용보다 커지게 된다. 이 때 사회적 비용은 오염으로 인한 토마토 재배농가들의 손해비용과 폐수기업이 오염물질방출을 줄이기 위해 자체 정화하는 폐수처리비용을 더한 것이고, 따라서 오염방출량에 따른 사회적 한계비용은 토마토농가들의 한계손해비용과 오염기업의 한계처리비용을 합친 것이 된다. 또한 이 때 폐수기업의 한계처리비용은 오염발생량이 증가될수록 감소한다. 처음에는 고가의 정수처리시설이 들었기 때문이다.

따라서 오염에 따른 사회적 한계비용곡선은 한계처리비용곡선과 한계손해비용곡선을 더한 것이 되고, 이 때 최적오염물질의 방출수준이 결정된다.[21]

---

21) 사적 비용은 만두제조에 필요한 재료비와 자본비, 임금 등으로 구성되고, 만두의 사회적 비용은 사적 비용에다가 만두제조과정에서 생긴 수질오염, 대기오염비용을 합친 것이고, 사회적 비용과 사적 비용의 차이가 외부비용이다.

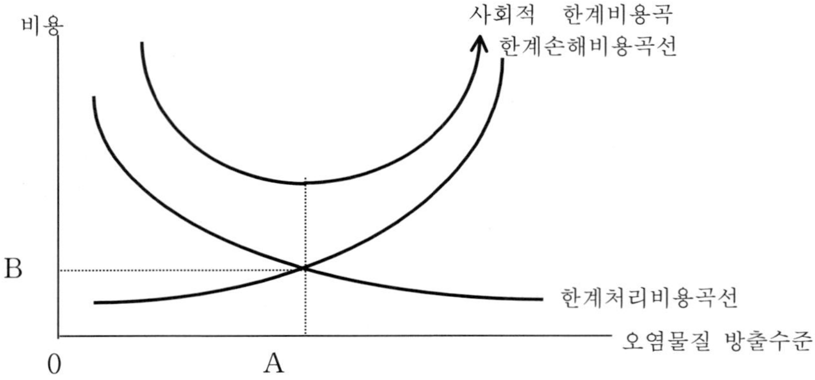

그림76 : 최적 공해 방출수준

즉 위의 그림에서 체감하는 한계처리비용곡선과 한계손해비용곡선을 합친 것이 오염으로 인한 사회적 한계비용곡선이 되고, 이 때 최적 공해방출수준은 한계처리비용곡선과 한계손해비용곡선이 만나는 A점이 된다.

한편, 이러한 외부불경제가 있을 때의 시장실패를 보면 먼저 폐수기업의 사적 한계비용은 체증하며, 이러한 사적 한계비용곡선은 바로 그 기업의 공급곡선이 되므로 우상향한다. 이 때 앞에서 보았듯이 외부불경제가 발생할 때는 사회적 한계비용이 사적 한계비용보다 항상 크므로, 사회적 한계비용곡선은 사적 한계비용선 위에 위치하면서 우상향하므로 아래 그림과 같이 된다

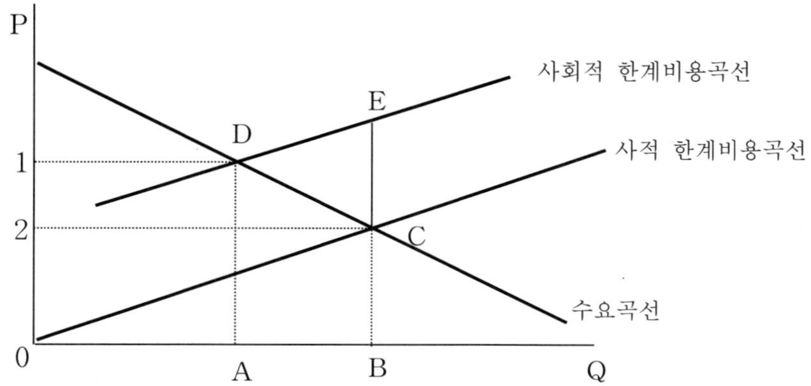

그림77 : 공해발생 크기

따라서 공해를 발생하지 않았을 때의 기업은 사회적 비용을 발생시키지 않으므로 그 기업의 사적 한계비용곡선이 바로 사회적 한계비용곡선이고 공급곡선이므로, 수요곡선과 만나는 점인 C에서 균형가격과 생산량이 결정된다. 이 때 그 기업이 공해를 발생시키게 되면 체증하는 사회적 비용을 발생시키게 되고, 이것은 생산비용에 포함되므로 공급곡선이 좌측으로 이동한 것과 같게 되고, 이 때 사회적 비용을 고려한 최적생산량은 OA가 된다.

따라서 원래의 균형생산량 OB는 최적생산량인 OA보다 많아 총사회적 비용 [AB×∑사회적 한계비용－사적한계비용]이 발생했고, 그 크기는 삼각형 EDC의 크기로 이 크기가 공해발생크기로 생각할 수가 있다.

위의 경우에서 알 수 있듯이 사적 비용과 사회적 비용이 일치하면 외부성의 문제가 없고 공해와 같은 환경오염의 문제도 발생하지 않는다. 이처럼 사적 비용과 사회적 한계비용이 일치하는 것은 소유권이 분명히 확립되었을 때이고, 소유권이 분명하게 규정되어 있지 않을 때는 외부성의 문제가 발생해 사적 비용과 사회적 비용의 차이를 가져오게 됨을 알 수가 있다.

가령, 김씨는 박씨의 범죄학책이 박씨의 것이라고 생각, 즉 소유권이 박씨의 것이라고 보므로 김씨는 박씨의 범죄학책에다가 함부로 낙서하지 않는다. 만일, 김씨가 박씨의 책을 훼손하면 박씨는 김씨에게 손해배상을 청구할 것이다. 그러나 누구 책인지 모르면, 즉 소유권이 명확히 규정되어 있지 않으면 아무나 책에다가 낙서하고 찢어 갈 것이다(공공도서관에서의 책 훼손행위)

만일, 교도소 내에서 흡연이 허용되면 교도소 내의 공기에 대해서는 아무도 소유권을 주장할 수 없어 외부성의 문제, 즉 아무나 담배를 피워 옆 사람에게 피해를 주는 공해가 발생하게 된다.

지역하천도 지역민들은 막연히 국가 것이라는 인식은 있지만 어느 누구도 소유권을 갖고 있지 않기 때문에 누구나 오염물질을 버려도 아무도 말리지 않으며, 국립공원 내에 함부로 쓰레기를 버려도 아무도 간섭하지 않아, 결국 환경이 파괴되는 이른바 하딘이 말한 공용지의 비극이 생기게 된다. 이렇게 외부불경제와 관계된 환경오염을 해결하는 데 있어서

Coase는 정부의 개입이 없이도 외부성 문제(공해)가 해결될 수 있음을 보여 준다. 즉, 코우즈는 외부성과 관련된 문제에 상호성이 있기 때문에 오히려 정부의 간섭을 바람직하지 않은 결과를 가져온다고 한다. 상호성이란 서로 피해를 주고받는 것을 말하는데, 교도소 내의 공장과 고시반이 이웃해 있을 때 공장의 소음이 고시반의 강사에게 피해를 주게 되고, 그렇다고 공장을 없애면 이번에는 강사가 공장의 수형자들에게 손해를 주는 것을 말한다.

이와 같은 상호성과 관련된 외부성이 있을 경우에 강사와 공장경영자간에 협상에 의해 좋은 결과를 볼 수 있고, 이 때 정부는 둘 간의 협상이 잘 되도록 도움을 주는데 그쳐야지 더 이상 개입을 해서는 안 된다는 것이다. 이처럼 이해당사자의 자발적 협상에 의해 공해 등을 포함한 외부성의 문제를 풀 수 있다는 것이 코우즈 정리의 내용이다(방음벽을 세워 문제를 해결하기로 거래함). 이러한 코우즈 정리가 적용되기 위한 전제조건은 거래비용이 적어야 되며, 또한 소유권이 분명히 규정되어야 한다는 것이다. 가령, 강의 상류에 폐수방출기업이 있고, 하류에는 토마토재배농가만 있다고 가정할 때, 이 강물에 대한 소유권은 현재는 누구에게도 없기 때문에 외부성의 문제가 발생한다. 이 때 강물에 대한 가격을 책정하면 외부효과가 내부화되어 외부성문제가 해결된다.[22)]

가령, 폐수방출로 인해 토마토 농가는 매달 100만원의 정제비용이 들어가고, 그 대신 폐수방출기업은 자체처리비용이 50만원이 들어갈 때 강의 소유권을 토마토 농가에 주면 폐수방출기업은 50만원을 지급해 폐수를 정화하여 내보내게 된다(외부성의 내부화라고 한다).

왜냐하면 토마토 농가의 피해액 100만원을 물어 주는 것보다 이익이 되기 때문이다. 또한 강물소유권을 폐수방출기업에 주면 토마토 농가는 그 공장이 강물을 오염시키지 않는 대가로 기꺼이 50만원을 지급한다. 왜냐하

22) 외부성은 시장 밖에서 일어난 것이고, 만약 시장 안에서 일어나는 것은 외부성이 아닌데, 이런 사이비 외부성을 금전적 외부성이라고 한다. 가령, 소규모 마트가 있는 산본에 대형마트가 들어오면서 소규모 마트의 수요량이 급감한 것은 대형마트의 외부불경제가 아니다. 그것은 시장 안에서 발생한 것이기 때문이다. 또한 산본에 공장이 유치되면서 월세가 여기서 폭등하면 공장이 가져다 주는 외부불경제가 아니다. 시장 안에서의 수요·공급변동의 결과이기 때문이다.

면 강이 오염되면 토마토 농가의 정화비용은 100만원이 되기 때문이다(이를 외부성이 내부화되었다고 한다).

이같이 시장원리의 외부에서 이루어지는 현상인 외부성(어느 한 경제주체의 행동이 본인의 의도와는 무관하게 다른 경제주체에게 일방적으로 영향을 미치는 현상)에다가 가격의 원리를 적용시켜 보상이나 교환이 이루어지도록 만들 경우, 이를 「외부성이 내부화」되었다고 한다.

즉, 앞의 예에서 당사자까지 어떤 거래를 통해 문제를 해결했다면 공해문제라 해도 더 이상 이를 외부성이라고 하지 않는다. 시장에서 상품을 사고 파는 것처럼 이미 가격이 지급되었기 때문이다.

또 하나의 중요한 것은 코우즈 정리가 적용되기 위해서는 당사자간의 합의에 따르는 거래비용이 적어야 하고 당사자가 확정되어야 한다. 가령, 오염기업도 많고 강의 하류에 수많은 농가가 있다면 그런 수많은 사람들을 한번에 모으는 데도 많은 비용이 들어가고 수많은 사람과의 합의에 많은 시간과 비용이 들 경우는 합의점에 쉽게 도달하기 어렵다.

즉, 오염으로 인해 어떤 농가는 피해를 보겠지만 가족 등 오염기업과 관련있는 농가들이 하류에 많이 있다면 그들은 오염에 대해 혐오감을 느끼지 않아 쉽사리 합의하기 힘들고 많은 거래비용이 발생해, 이 때는 코우즈의 정리에 근거해 외부효과를 해결할 수가 없다(이 때 거래비용이란 사전비용으로는 정보비, 협상비, 측정비가 있고, 사후비용에는 이행비용, 감시비용, 보증비용이 있다). 이와 같이 정부의 개입이 없이도 이해당사자간의 시장거래를 통해 외부효과문제를 효율적으로 해결할 수 있다는 것, 즉 외부성이 존재하는 경우에 소유권만 명확히 설정하면 당사자들 간의 자발적인 협상을 통해 파레트 효율적으로 자원을 배분한다는 것이 코우즈의 정리이며, 이 때 소유권은 누구에게 있든 무관하다.

다시 말해서 코우즈 정리의 의의는 정부가 개입하지 않고 이해당사자들간의 자발적 협상에 의해 외부효과를 해결할 수 있는 점을 제시한 데에 있다. 그러나 코우즈 정리의 한계는 코우즈 정리의 전제조건, 즉 외부효과가 있을 때에 이해관계자의 확정과 자발적 협상, 거래비용의 주소, 외부효과를 발생시키는 재화의 경우에는 소득효과가 없어야 한다는 전제조건의 충족이 어렵다는 것이다. 가령, 도로에서 아파트에 거주하는 아이들이 자동차에서 나오는 벤젠으로 감기에 잘 걸린다면, 오염자와 피해자를 명확히 하기 어렵고 당사자를 확정지어도 많이 들어가는 협상비용 때문에 협상에는 참여치 않고 결과만 누리려는 무임승차자, 즉 다수의 피해자는 협상비용을 부담하지 않으려는 사태가 발생해 협상이 곤란한 경우가 많고, 비효율적인 자원배분이 된다는 것이다.[23)]

23) 자원배분이 가장 이상적인 상태로 되었을 때를 파레토의 최적이라는데, 이때는 타인에게 어떤 이익을 주기 위해서는 또다른 타인의 후생을 감소시켜야 한다. 즉, 어떤 이의 후생을 감소시키지 않고서는 타인의 후생을 증진시킬 수 없는 자원의 배분상태를 말한다. 이러한 파레토 최적이 달성되기 위해서는 소비(교환)의 최적성과 생산의 최적성, 생산과 소비의 최적성이라는 3가지 조건이 동시에 충족되어야 한다. 교환의 파레토 최적이란 어떤 재화들을 사람들이 교환해서 소비한다면 타인의 후생을 감소시키지 않고는 다른 어느 누구의 후생도 증가시킬 수 없는 배분상태로, 이 때는 모든 재화들에 대한 모든 사람들의 한계대체율이 같아야 한다. 생산의 최적성은 기업들이 생산요소 배분에 있어서 타 기업의 생산을 감소하지 않고는 타 기업의 생산을 증대할 수 없는, 그런 생산요소의 배분상태로 모든 재화생산에 있어서 모든 생산요소들간의 기술적 한계 대체율이 균등할 때 달성된다. 또한 재화생산에는 생산의 최적성과 소비의 최적성이 동시에 달성되는 생산·소비의 최적성이 달성되어야 한다. 가령, 연필을 생산 최적성에 맞게 생산해도 사람들이 연필을 선호하지 않아 소비의 최적성이 안 되면 자원의 낭비가 되기 때문이다. 그러나 현실적으로 파레토 최적이 안 되는 경우를 시장실패라고 한다.

제3장

제3장 범죄심리학의 기초

1. 범죄심리학의 중요성

범죄학에서 심리학의 중요성은 아무리 강조해도 지나치지 않다.

가량, 범죄의 원인을 하게 된 원인을 심리적 측면에서 한정하면 그런 행동의 원인을 내적상태에 둘 것인가(내적귀인), 또는 외부상태에 둘것인가(외부귀인)에 관한 귀인이론을 모르면 효과적인 범죄행위의 원인과 적절한 교정정책의 방향을 설정할 수가 없기 때문이다.

즉, 귀인이론이 포함되는 사회 심리학의 기본 이론들을 알아야 효과적인 범죄대책이 되기 때문이다. 이외에도 매스컴의 범죄에 미치는 영향을 알기 위해서는 학습이론과 모방이론 등의 지식이 필수적이며 논문조작 범죄행위에 매스컴이 이용당하고 어리석은 추종자가 생기는 현상은 심리학의 동조이론이 필수적이며 개인의 심층적 범죄 심리를 이해하기 위해서는 동기심리학과 성적 심리학의 지식이 필수적인데 이처럼 범죄원인과 범죄현상 및 범죄대책을 이해하기 위해서는 심리학의 지식은 필수적이므로 여기에서는 여러 심리학이론들을 여러교재를 참고하여 쉽게 기술하고자 한다.

2. 사회심리학

1) 사회심리학 서론

(1) 사회심리학의 정의

항상 천운(天運)이 따라붙는 천정환(千定煥)의 성공의 원인을 어디에 둘 것인가? 왜, 천정환의 글에 동조하고 설득당하는 가 등등.... 프리드만은 이것을 인간의 사회적 행동에 대한 연구라고 하였고(사람들은 왜 좋아하느냐?) 애론스는 인간의 사회적 행동에 대한 사회적 영향에 대한 연구라고 하였다(왜 A는 자신의 의견을 버리고 남들의 의견에 동조할까? 친구의 영향이 어떻게 이루어질까? 왜 천정환이 부산 출신이라고 무뚝뚝하다고 생각할까?). 따라서 애론스와 프리드만의 말을 종합해 보면 사회심리학은 사회적 행동과 사회적 영향에 관한 연구라고 할 수 있다(협의로는 실험사회심리학이며 광의로는 조직심리학까지 포함한다).

사회심리학이 인간의 사회적 행동에 관한 학문이라면 인간과 동물들의 사회적 행동에 관한 분야가 사회생물학이다.

(2) 사회심리학의 이론

가. 생리학적 이론

프로이트와 로렌츠에 의하면 인간의 사회적 행동(남을 공격하는 것, 사랑, 동조...)은 생득적으로 타고 났다고 한다. 열대어 연구로 유명한 로렌츠는 인간과 동물은 공격적 충동은 타고 났다고 보았으며 프로이트는 인간의 본능인 리비도(삶의 본능)와 타나토스(죽음의 본능)에서 후자가 공격적 행동을 나타내게 하는 것이라고 보았다.

나. 학습이론

행동주의자들은 인간의 여러 행동은 선천적으로 타고난 것이 아니라 사회생활을 하면서 배운 것이라고 보고 이 때 학습의 메커니즘에는 연합(Association), 강화(reinforce - ment), 모방(imitation)이 있다고 보았다.

연합이란 자극이 주어졌을 때 반응과 연결되어 그것만 보면 똑같은 행동을 하는 것으로, 파블로프의 실험에서 개한테 음식을 주기 전에 종소리를 들려주면 나중에는 종소리만 들려도 개는 침을 흘린다(종소리와 음식이 연합). A는 전과자는 모두 나쁘다라는 왜곡된 소리를 들었기 때문에 전과자와 나쁘다라는 것이 연합되어 전과자에 대해서는 항상 경계하고 두려워한다.

강화(어떤 행동 뒤에 유쾌한 결과가 오면 이것을 정적 강화라고 함)와 벌에 의해 인간은 여러 행동을 학습한다. 유쾌한 결과가 오면 그 행동을 계속하게 되고 이것은 학습으로 된다. 유쾌한 결과가 오면 그 행동을 계속하게 되고 이것은 학습으로 된다.

모방에 의해(어린이, 성인 모두) 인간은 여러 행동을 배워 나간다(이것을 대리학습이라고 한다). 따라서 행동주의 이론은 과거의 후천적 학습에 의해 인간의 행동이 결정된다는 결정론적 관점에 있고 따라서 역사적 흐름을 중시한다. 즉, 과거의 학습과정을 상당히 강조하여 수형자가 모든 것을 폭력으로 해결하는 것은 그가 자랄 때 부모의 폭력적 해결방식을 모방한 결과라고 본다. 또 이 이론은 수형자의 외부적으로 드러난 행동만 강조하고 그 이유는 묻지 않으며 또한 행동의 원인을 환경에 둔다(수형자의 절도는 환경 때문이다). 이런 행동주의 이론에 반발한 것이 지각, 인지이론이다.

다. 지각 - 인지이론

인간의 행동은 환경에 의해서 결정되는 것이 아니고 사물을 어떻게 지각, 조직, 해석하느냐에 따라서 인간의 여러 행동이 달라진다고 보는 이론으로, 레빈, 켈리가 대표자이다. 학습이론에서는 역사적인 것을 중시하나 여기서는 그것에는 관심없고 순간순간 사건을 어떻게 지각, 해석하느냐에 관심을 갖고 또한 인간의 내적 상황에 관심을 갖는다. A가 B를 강간했다면 행동주의 이론에서는 강간행동 그 자체를 중시하나 여기서는 A가 그 상황에서 그녀를 꼭 강간해야만 된다고 지각했느냐에 관심을 갖는다.

○	△	×
○	△	×
○	△	×

의 그림에서 A는 옆으로(○△×) 그림을 지각했으나 우리는 같은 을 보고 아래로 묶어서 지각하여 A와 다른 지각을 한다. 지각이론의 대표적인 것이 귀인이론(행동의 원인을 찾는 것 ; 천정환 교수가 식사를 같이하자고 하는데 왜 그럴까?)과 인지부조화 이론이다. 인간은 대개 지각에 있어 균형을 유지하려고 하며(그래야 편하다) 따라서 균형이 이루어지지 않으면 균형이 되도록 하려고 한다.

A와 B는 친하지만 A는 금희를 싫어하는데 B는 그녀를 좋아한다면 이것이 인지의 부조화이다. 따라서 A는 B와의 관계를 그만두거나 또는 태도를 바꾸어 금희를 칭찬하려고 하여 인지의 균형을 유지하려고 한다.

라. 유인 – 갈등이론

이것은 행동주의 이론과 지각 – 인지이론을 혼합한 것으로 인간의 행동은 배운 것이지만 인간의 행동을 어떻게 해석하느냐도 강조하면서 또한 행동에 있어서 합리적 선택에 관심을 갖는다.

여기서는 인간이 자기에게 이익을 최대화하는 행동을 선택하는 경향이 있다고 하는데, 하기 좋은 것은 + 유인가, 하기 싫은 것은 – 유인가라면 A가 강간한 적이 있는 B를 만났을 때 도망간다면 – 유인가이고(신고할까봐 불안하다) 자수한다면 – 유인가이며(교도소에 가야 되니) 신고를 못하도록 상해를 가하면 + 유인가이다(신고도 안하겠고 돈도 뺐으니). 따라서 A가 B를 강간했다고 설명하는 것이 이 이론이다.

그런데 어떤 때는 동시에 2가지의 행동이 요구될 때도 있으며(접근 – 접근갈등 ; 여자가 데이트하자는데 교수도 식사하자고 하여 두 행동이 모두 + 유인가일 때) 한 가지 행동에 2개의 유인가가 있을 때도 있다(접근 – 회피갈등 ; 프로포즈하고 싶으나 거절당할까봐 걱정이 되면 프로포즈라는 정적 유인가와 거절이라는 부적(－)유인가가 있을 때). 이와 같은 상황에서 인간들은 현재의 유인가를 분석, 계산하여 행동한다는 것이다.

(3) 사회심리학의 방법론

가. 연구의 종류

이론적 연구란 하나의 이론에 근거해서 여러 가설을 세우고 그 가설을 검증하는 것이다. 공격적 행동은 학습되었다는 이론을 검증하기 위해 가설을 세우고 검증할 때 인형을 성인이 차는 것을 아이들에게 보여주고 성인에게 돈을 주는 것을 보여주는 A 집단과 보여주지 않는 B 집단을 설정하고 아이들을 A 집단에 넣으니 아이들도 인형을 심하게 공격하였으며 따라서 공격적 행동은 학습(모방)에 의한 것이라는 것이다.

경험적 연구란 가설을 세우지 않고 구체적인 증거를 통해 일반적 사실을 끌어내는 것이다(상습범들을 조사해보니 부모들이 실업자, 미혼모, 폭력부모 등이 많았다면 상습범과 이런 것들은 상관관계가 깊다는 것).

기초연구란 실제상황에 관련되지는 않았으나 일반적, 기본적인 것을 연구하는 것(모방은 공격성에 어떤 영향을 주는가?)이고, 응용연구는 현실문제에 대해 그것을 해결하려고 하는 것이다(TV의 폭력물은 청소년 범죄에 어떤 영향을 주는가?).

나. 연구의 방법

상관연구는 2개 이상의 변수의 관계를 조사하는 것이다. 장점은 빠른 시간 내에 많은 변인(변수)을 조사할 수 있다는 것으로, 아동학대와 부모의 실직과의 상관연구시, 아동을 학대할 때 부모의 실직, 성격, 환경, 지능, 학력 등 많은 변인을 조사할 수 있다. 단점은 2개가 상관관계가 높다고 해서 완전히 인과관계가 밝혀졌다고 할 수 없다는 것이다(아동의 학대와 부모의 실직이 관계가 높다고 해서 실직이 곧 아동학대의 원인은 아니다).

실험연구는 2개의 변인간의 관계를 밝히는 것인데 변인을 여러 수준으로 변화시켜 이에 따른 반응의 변화를 측정하는 것이다. 장점은 하나의 독립변인에 의해 어떤 반응이 나타나는 가를 정확히 할 수가 있다는 것이고

(욕설의 강도에 따른 반응을 연구할 때 욕설이라는 독립변인을 강도에 따라 여러 가지로 변화시켜 제시하면 피험자의 반응을 정확히 할 수 있다), 단점은 독립변인을 극단적으로 변화시킬 수 없다는 것이다. 가령 소음의 강도에 따른 반응을 연구할 때 실험실에서 낼 수 있는 소리의 강도가 있다면 실제로는 그 이하의 소음도 있으나 그것은 인간이 들을 수 없다는 한계가 있다. 또 자연적 사건과 실생활 일들은 실험상태로 만들 수 없다(지진에 대한 인간의 반응을 연구할 때 지진이라는 사건을 만들 수 없다).

현장연구는 실제상황에서 실제사람을 대상으로 조사(여론조사)하는 것으로, 자연적 상황에서 한 것이므로 자연스런 반응을 얻을 수 있으나 순수한 반응을 알기가 어렵다(동장에 대해 물으면 동민들이 순수하게 대답하지 않을 수도 있다). 또 변인을 통제하기 힘들다(그것을 단둘이 있을 때 물어봤을 때와 여럿이 있을 때 물어볼 때는 다르다).

실험실연구는 변인에 대해 정확히 통제할 수 있으나 피험자들이 순수한 반응을 하지 않을 때도 있다(자기가 실험대상인·줄 알았을 경우).

다. 연구의 테크닉

① 기록물 연구 : 이미 발간된 기록물에서 이용된 자료를 모으는 것으로, 현장 연구에서 많이 쓰인다. 통계자료로써 비교한다.

② 문화비교연구 : 문화간의 차이를 비교, 연구하는 것으로 이 연구의 근본목적은 일반화를 넓히기 위한 것이다(백인의 기쁜 표정이 이렇다면 흑인도 그러한가).

③ 관찰연구 : 행동을 직접 관찰하는 것으로, 가령 수형자들이 흥분된 상황에서 어떻게 싸우는 가를 관찰하는 것 등이며 관찰척도를 만드는 것이 문제이다.

라. 연구의 윤리적 문제

공격적 행동의 모방과 학습을 실험할 때 피험자가 실험실에서 공격적 행동을 모방하다가 그만 실행활에서 공격적이 되어버리면 곤란하다. 또한, privacy의 문제가 있다. 따라서 어떤 연구이든 피험자의 프라이버시는 존중되어야 하고 따라서 피험자의 자발적 참여가 있어야 한다.

바. 실험에 있어 bias(편파)의 문제

① 실험자의 bias : 실험자가 피험자가 어떤 방향으로 가기를 바라는 때의 편파이다. 교도관이 수형자의 지능검사 때 수형자를 보니 영리하게 생겼다면 수형자가 잘못알 때 규정에 위배해 한번 더 설명해 주어 실험자가 바라는대로 피험자가 반응하도록 하는 현상이다.

② 피험자의 bias : 피험자는 은근히 실험자가 바라는 방향으로 반응할 수 있다(잘 보이려고). 또는 피험자는 자기가 좋은 사람으로 보이려고 왜곡된 반응을 한다(히스테리가 있는데도 없다고 대답한다).

2) 애착(attachment)

(1) 개념

유아가 소수의 사람들과 맺는 특수한 관계로서 이들이 주위에 있을 때 안심하게 되는 경향을 말한다. 특히 신생아 때 잘 나타나 둘이 되면 절정을 이룬다.

(2) 특징

애착이 된 사람이 주위에 있을 때 그에게 가까이 가려하고, 타인보다도 애착된 이가 아기를 달랠 때 쉽게 달래지며 낯선 상황에 있어도 애착된 사람이 있으면 두려움을 느끼지 않는다.

(3) 애착관계를 맺는 이유

가. 선천적 요소(J. Bowlby)

애착에 대해 연구한 볼비에 따르면 유아가 자기를 돌보아주는 이에게 애착이 되는 것은 선천적 습성 때문이며 후천적이나 학습 때문은 아니라고 한다. 특히 유아기에는 적어도 1, 2년 이상은 자기를 돌보아주는 사람에 대해서 기대게 된다는 특성이 자기를 돌보아주는 사람과 밀착한 유대관계를 갖게 하는 요소이다.

나. 학습이론

서로가 서로의 행동에 대해 보상을 줌으로써 이 사람이 자기한테 필요한 것을 배우기 때문에 애착관계가 형성된다고 한다. 아기가 울면 엄마가 젖(보상)을 주면 아기는 젖에 대한 보상으로 울음을 그친다.

(4) 유아의 애착행동들

가. Looking

신생아에게 매력적 요소는 검정과 흰색의 조화로, 따라서 움직이는 엄마의 눈동자가 매력적 요소가 되어 아기가 엄마에게 애착을 갖도록 한다.

나. Vocalizing(발성)

아기는 처음에는 모음에 가까운 옹알이를 하다가 6개월쯤 되면 자음과 모음이 결합된 옹알이를 하는데, 이것이 엄마를 기쁘게 하고 이에 대해 아기도 톤을 바꿔가며 소리를 내며 이런 관계가 서로 밀착되게 하는 요소라고 한다.

다. Smiling

아기가 태어나자마자 웃는 것은 의미가 없고 3, 4개월 뒤부터는 엄마를 보고 웃으며, 그 후에는 엄마 외의 주위의 성인을 보고도 웃는다. 피아제는 처음에는 엄마에 대한 schema가 형성되어(엄마는 타원형 얼굴을 가진 자라는 쉐마가 형성) 그 뒤부터는 주위의 모든 사람을 엄마의 쉐마 속에 집어넣음으로써 웃는다고 보고, 이것을 동화현상이라고 하였으며 학습이론에서는 일반화현상(타원형 얼굴을 가진 자는 모두 엄마라고 일반화)이라고 한다.

라. Crying

아기가 울 때 엄마가 달려와 욕구를 충족시켜 주면서 아기는 안도감과 이완이 되며 따라서 애착관계가 형성된다.

(5) 애착의 종류

Ainsworth의 실험에 의하면, 1, 2살 된 아이를 엄마와 함께 원의 미로라는 실험실에 들어가게 하고 그 뒤 낯선 이도 들어가게 한다. 그 뒤 엄마를 나오게 하거나 돌아오게 했을 때 안정적 애착(secure attachment)이 된 아이는 엄마가 나가면 불안해하고 엄마가 돌아오면 안정이 된다. 그러나 불안정한 애착(anxious attachment)이 된 아이에게는 엄마가 나가거나 돌아와도 반응이 없거나 또는 굉장히 운다. 이렇게 불안정한 애착이 생기게 된 이유는 엄마의 일관성 없는 행동, 즉 아기가 울 때 어떤 때는 금방 달려오지만 어떤 때는 늦게 오든지 또는 오지 않는 행동을 보이기 때문이다.

(6) 친화(affiliation)동기

신생아가 엄마에게 애착이 잘 된다고 하는 것은 사회성 발달에 영향을 주고 또한 친화동기의 출발점이 된다. 친화 동기란 될 수 있으면 타인과 같이 있으려 하는 것으로 친화동기의 요인으로는 다음과 같은 것이 있다.

본능설은 인간이 모여 사는 것은 본능이라고 보는 관점이다. 그러나 본능설을 증명하기 위해서는 신생아를 대상으로 실험해야 하는 문제점이 있으므로 간접적인 방법으로 자연도태설이 있는데 여기에서는 생존에 필요한 특성은 남고 필요하지 않는 것은 소멸된다고 하여 인간이 모여 사는 것도 필요에 의해서 세세대대로 전해져 왔다는 것이다. 또다른 요인으로 본능보다 선천적 요인이라는 주장이 있는데, 이것은 인간의 선천적인 의존적인 특성 때문이라는 것이고, 학습이론은 남과 같이 있음으로 해서 아이의 모든 욕구가 충족되었기 때문에 남과 함께 있는 것이 좋다는 것을 배운다는 것이며, 욕구충족이론은 인간은 욕구를 충족하려면 남이 있어야 한다는 것을 말한다.

이러한 친화동기를 증감시키는 요소로 fear(두려움, 공포)가 있는데, Schachter에 따르면 fear가 높을수록 군집(같이 있는 것)하게 된다고 한다. 사트 연구는 두려움을 많이 느낄수록 친화동기가 증가된다는 것을 실험으로 증명했는데 이 때 사트 연구에서 두려움을 많이 느낄 경우에도 일부 사람은 혼자 있고 싶다는 대답이 있은바 이런 친화동기의 증감에 영향을 주는 요소가 출생순위 라고 한다. 즉, 첫째 아이는 부모의 관심이 커서 엄마의 밀접한 관계를 맺었기 때문에 둘째, 셋째 아이보다 친화동기가 높다는 것이다.

이렇게 fear가 군집을 하게 하는 이유에 대해 사트 연구에 따르면 타인과 같이 있음으로 인해 자신의 공포를 줄이기 위해서라고 한다. 또 하나의 이유는 사회적 비교욕구 때문이라고 하는 바 Festinger에 따르면 인간은 자신을 평가하려는 욕구가 있지만 공포같은 감정과 관련되는 것은 객관적 증거가 없어 공포상태에서 자신이 느끼는 감정의 정도가 적절한가 여부를 비교하기 위해 타인과 군집하게 된다고 한다(사회적 비교).

이 때 사회적 비교를 불러일으키는 요소에는 fear, sex, hunger가 있는데, 성욕, 기갈을 많이 느낄 때는 그 강한 욕구가 이 상황에서 적절한지 확신감이 작으므로 타인과 비교하자고 하며 따라서 군집현상을 일으킨다고 한다. 사트의 hunger 연구에서는 인간의 기갈 욕구가 강할 때는 그것이 불확신감을 일으켜 그 불확신감이 적절한지 여부를 확인하기 위하여 사회비교욕구가 증대되고 이것이 군집현상을 일으킨다고 한다.

이 때 군집의 대상, 즉 누구와 비교하려고 하느냐에 대해서는 Zimbardo의 연구는 사람들이 비교욕구를 느낄 때에는 자신과 유사한 사람 또는 유사한 상황에 있는 이와 같이 있으려 한다고 한다.

사회적 비교에서 불확신감의 역할에 대해 Geard는 사트 연구처럼 단순히 공포를 일으키는 것으로서는 타인과 비교하려는 욕구가 커진다는 것을 충분히 설명하지 못한다고 하며 그 감정을 확신하느냐 여부가 더 사회비교를 불러 일으켜 친화동기를 증감시킨다고 한다(자신의 감정에 대해 확신감이 없을수록 타인과의 비교욕구가 커진다고 한다). 이 때 불확신감의 정도에 영향을 미치는 요소에 대해 Geard 연구에 따르면 자신과 타인에 대한 정보를 줄 경우는 불확신감이 작은 경우로 군집의 욕구가 가장 낮았고, 또한 자신에 대한 정보만 알려주었을 때가 전혀 정보가 없을 때보다도 사회적 비교욕구가 더 증가해 군집욕구가 가장 강하다고 한다.

한편 프로이트는 anziety와 fear를 구분했는데 fear는 대상공포로 위험의 대상이 있을 때 느끼는 공포이고, 전자는 실제로 위험이 존재하지 않는 경우의 불안으로 인간은 누구나 갖고 있지만 그것이 현실적으로 실현할 수 없는 욕망일 경우에 나타나는 것이다. 모든 인간은 의존적 욕구를 가지는데, 독립적이기를 바라는 성인이 그런 의존적 욕구를 보이면 남들은 납득을 안하고 그것이 자신에게는 수치심을 가져오므로 그런 의존적 감정을 느낄 때마다 생기는 불안이 바로 anziety이다. 따라서 실제로 해가 되는 대상이 존재하지 않는데도 anziety를 느끼므로 anziety를 느낄 때는 타인과 같이 있어도 도움이 안되고 따라서 anziety가 높은 사람의 경우에는 anziety가 낮은 사람보다 친화동기가 낮다. 이에 관한 연구가 Sarnoff와 zimbardo의 연구로 이 연구는 지금까지의 사트의 연구를 증명함과 아울러 anziety를 느낄 때에는 Fear와는 정반대 현상, 즉 anziety가 높을수록 혼자 있고 싶고 anziety가 낮을수록 군집의 욕구가 있음을 보여주었다(anziety를 느끼는 것은 실제로 그런 욕구가 있는데도 그것을 하기가 쑥스러운 상황에 접하게 될 때 느끼는 감정으로 가령 누구나 빨고 싶은 욕구가 있지만 껌, 담배는 공인된 것으로 anziety를 느끼지 않으니 성인이 호루라기를 빠는 것은 낮은 anziety이고 우유병을 빠는 것은 고수준의 anziety이다).

3) 사회지각

(1) 서설

사회지각이란 타인을 어떻게 파악하는가의 문제로 사람들은 타인을 보면 어떤 단서(외모...)를 통해 그에 대한 인상형성을 하게 된다. 가령, 사람들은 항상 천운이 따라다닌다는 천정환을 처음 볼 때 천정환의 단서(출신지가 부산, 외모 등등)를 통해 천정환에 대해 어떤 인상을 형성(무뚝뚝하거나 다정다감하겠다)하게 되는데 이와 같이 외적 단서에서 그에 대한 인상형성에까지 다리를 놓아주는 것이 고정관념과 암묵적 성격이론이다(부산사람이니 무뚝뚝하겠다라는 고정관념이 형성). 암묵적 성격이론이란 "이런 특성을 가진 사람들은 저런 특성도 가지고 있다."라고 생각하는 것을 말한다. 즉, 한두개의 단서를 통해 그 단서와 쉽게 연상되는 특징들도 갖고 있을 것이라고 생각하고 그에 기초해 그에 대한 인상을 형성한다. 가령, A가 진보정당원이라는 사실을 알면 사람들은 그에 대해 "타협할 줄 모르고 과격할 것이다"라는 성격도 갖는 것으로 판단해 인상을 형성하게 된다.

(2) 인상형성에 있어서 특성

사람들은 처음에 만나면 여러 인상을 형성하는데 굉장히 제한된 정보(사진, 학벌, 직업 등)속에서 인상을 형성해가며 여기에는 다음과 같은 특징이 있다.

가. 항상성(consistency)

일단 한 개인에 대해 인상을 형성했으면 그를 일관성있게 보려고 하는 것으로 일관성의 원리는 사물에는 나타나지 않고 인간에 대해서만 나타난다. 가령 사과를 사기 위해 보니 색깔은 좋으나 약냄새가 난다는 등 긍정, 부정적 요소를 같이 갖고 평가하나 교도관이 신입수형자에 대해서 제한된 정보 속에서 좋게 평가했다면 나중에 수형자의 나쁜 면이 나타나도 그것이 자기가 갖는 인상에 부합되기 위해 긍정적으로 해석하려고 한다. 대학생들이 천정환교수에 대해 처음에 좋은 인상을 가졌다면 나중에 그의 부정적인 면이 나타나도 계속 천정환교수에 대해 좋은 인상을 가지려는 경향을 말한다.

나. 평가의 차원에서 파악

Osgood은 첫인상 형성에 있어서 대표적으로 많이 나타나는 범주로 'good, bad', 'strong, weak', 'active, passive'가 있다고 하고 이 중에서 가장 중심으로 삼는 것이 'good, bad' 평가차원이며, 또 사회성과 지적(知的) 여부를 주요한 평가차원으로 보았다. 사회성에서 good에 속하는 것으로는 관대, 성실이 있고, bad에 속하는 것에는 잘난체하거나 성내는 것 등이 있다. 지적 차원에서 good에 속하는 것으로는 능숙, 과학적 등이며 bad는 어리석음, 경솔함 등이 있다.

이렇게 대인관계에서는 good, bad 차원이 평가에서 주요한 차원이지만 여러 상반되는 정보가 들어올 때는(성실하나 잘난체한다) 합의 원리와 평균의 원리 중 보통은 평균의 원리가 사용된다. 가령 어떤 수형자가 지적이며(+3점) 성실하나(+2점) 냉담하다(−2점)면 4/3 = 1.3에 해당되는 인상을 준다고 한다(학습이론가).

이러한 학습이론가들의 주장에 대해 인지이론가들은 상반되는 정보가 들어올 때 항상 기계적으로 평균을 하는 것이 아니고 예외가 있으며 평균원리의 예외로 중심특성, context, 부적특성이 있다고 보았다.

중심특성이란 사람을 평가하는데 있어 하나가 평가되면 다른 것도 다 영향을 받는 핵심적 요소가 있다고 하는데 그것이 warm(따뜻함), cold(차가움)라고 한아. Warm, cold는 다른 평가요소들을 흡수하고 다른 평가차원에 영향을 주므로 중심특성의 경우에는 단순히 평균원리로만 설명할 수 없다.

또 전후 맥락(context)에 따라 사람을 좋게 또는 나쁘게 평가한다고 한다. 가령 비키니를 입은 여자는 수영장에서는 멋있으나 강의실에서는 부정적으로 평가되므로 단순히 평균한 평균의 원리와 다르다.

부적 특성(negativity effect)이란 정적특성보다는 부적 특성에 더 많은 비중을 둔다는 것이다. 그러나 중간 정도의 부적 특성(가령 −5에서 +5가 척도라면 −3정도의 중간 정도의 부적특성)에는 평균의 원리가 그대로 적용되나 −5인 경우에는 −5이상의 가치를 갖는다. 이렇게 심한 부적 특성의 경우는 그 이상의 값을 갖는 이유에 대해 지각이론에서는 figure(전경) − ground(배경)이론으로 설명한다. 이것은 일상생활에서 두드러지게 지각되는 것은 전경이며, 일상생활에서 부적인 것은 흔하지 않아 전경으로 작용해 눈에 잘 띄어 부적인 것에 평가를 많이 둔다고 한다(어떤 수형자가 노란색을 입으면 이것은 일반 수형자가 입는 푸른 수의인 배경에 비해 전경이 되어 눈에 띈다). 또 하나의 이론이 incentive theory이다. 이것은 사람 평가에서 가능한 자신에게 부담을 주지 않으려고 하는 것으로 일단 어떤 수형자에 대해서 부적인 인상을 받았으면 계속 나쁘게 평가하는 것이 마음에 편하다고 한다(심사숙고해서 그 사람이 그렇지 않은데 하고 자기에게 부담을 주기가 싫다).

(3) 인상형성에 있어서의 단서

가. 외모

사실은 그렇지 않은데도 마르면 신경질적으로 보인다. 그러나 똑같은 외모는 연령층, 성, 종족에 따라 다르게 보이므로 정확도에 있어서는 많이 부족하다.

나. 비언어적 대화(nonverbal communication)

① 부(副)언어(para language) : 목소리의 고저, 억양, 리듬 등으로 목소리가 크면 자기주장적 인상을 준다. 그러나 목소리가 크다고 항상 자기주장적인 것은 아니며 어떤 맥락에서 나왔느냐에 따라 다른 인상을 주므로 부언어는 하나의 단서는 될 수 있으나 문제점이 있다.

② 제스처 : 제스처가 많은 이는 점잖지 못하다는 인상을 주나 똑같은 제스처라도 다르게 해석될 때가 있다.

③ Eye - contact : 눈맞춤을 안하려고 할 때는 대화에 관심이 없거나 거짓말 등을 할 때 등이다.

(4) 지각판단에 영향을 주는 요인

가. 지각자의 상태

지각자가 현재 어떤 환경에서 판단하느냐에 따라 다른 인상을 갖는데 Murray의 실험에서 똑같은 사진을 한 집단에서는 무서운 게임을 보여주면서 보여주고, 다른 집단에서는 그냥 보여줄 때, 앞의 집단은 그의 인상을 무섭다고 기술했다.

나. 판단의 차원

어떤 수형자에 대한 판단은 누가 판단하느냐에 따라 다른 결과를 준다. A 교도관은 성실에 평가의 차원을 두고, B 교도관은 지적인 것에 평가의 차원을 둔다. 이에 관해 Dorn, Bush의 연구가 있다.

(5) 평가에 있어서 편견(bias)

대인지각에 있어서 부정확하게 판단할 가능성을 말한다.

가. Halo effect(후광효과)

디온 연구에 의하면 첫인상이 좋으면(good) 그가 good에 해당되는 다른 특성도 갖고 있으리라고 생각되어 그의 나머지부분도 좋게 평가하는 현상을 말한다(아름다운 사람을 더 능력이 있다고 생각하는 것).

나. 유사성의 강조

사람들은 타인이 자기와 비슷할 것이라 생각하는 경향이 있으며 연령, 사회적 지위, 출신지역에 따라 유사성의 가정이 크게 작용하는데 프로이트에 따르면 이렇게 유사성을 가정하는 이유는 투사(projection) 때문이라고 한다(자신의 특성을 남한테 투사하므로 유사성의 가정이 생긴다).

다. 관대성 효과

보통 사람들은 타인을 평가할 때 부정적 평가보단 긍정적 평가를 한다고 한다. 그 이유는 상대가 자신과 유사하다는 가정이 있기 때문이다. 그런데 이것은 사물에게는 작용하지 않고 사람에게만 작용한다고 한다. 또 하나의 이유는 polyance principle이 있는데 이는 사람들은 자신의 주변을 가능한 긍정적으로 평가하려는 경향이 있으므로 만사를 좋게 평가한다고 한다(인상형성에서도 초두성 효과가 있어 첫인상이 좋으면 나중에 나쁜 단서가 나와도 무시되는 경향이 있다).

라. 사회인지에 있어서의 편파

인간은 타인에 대한 모든 정보가 아니라 그에 대한 독특한 면만 가지고 schema를 형성하기 때문에 이 때 자기가 갖고 있는 그에 대한 schema의 속성에 맞지 않는 요소가 들어왔을 때 오류를 범할 수 있다(교도관은 A 수형자에 대해 게으르고 지능이 낮은 자라는 schema가 형성되어 있는데 어느 날 시험에서 그가 전체 1등을 했을 때 교도관은 그가 컨닝을 한 것이 아닐까라고 생각할 수 있다).

참고사항

Schema(도식)

1. Schma의 개념 : 사회인지론의 용어로 어떤 사물에 대해 갖는 도식이다.

2. 사회인지의 특성 : 대인지각에서 타인을 만나면 그것이 하나의 자극으로 작용하는데 그 자극에 대해 하나의 인상을 형성하는 것이 schema이다(교도관이 A 수형자에 대해 아주 큰 키, 명석한 두뇌, 교활함이라는 것을 머리 속에 넣어, 즉 A에 대한 schema가 머릿속에서 구조화된다). 이때 schema를 형성하는데 있어 A에 대한 모든 정보를 갖고 형성하는 것이 아니라 A의 독특한 면만 갖고 schema를 형성하는데 이를 도식이라고 한다. 천정환 교수에 대해 교수, 성실, 경상대 대학원 졸업, 호감주는 얼굴, 출신지가 부산, 항상 천운이 따라다니는 사람 등 몇 가지의 제한된 정보만으로 천정환에 대한 어떤 schema를 형성한다. 또 인간은 자기 노력을 덜 들이려는 특성이 있어 A에 대한 schema를 형성하는데 불필요한 정보는 빼버린다(A의 가족관계, 키, 학력 등 수많은 정보는 주요한 정보는 아니므로 그에 대한 schema에서 빼버린다).

3. Schema의 발달 : 피아제는 schema가 발달할수록 지적발달이 많이 이루어진 사람이라고 했는데 사람들은 수많은 schema를 갖고 있고(A에 대해 시험, 교정학...) 이런 schema들을 하나의 인덱스로 만들어 두뇌에 파일로 저장하고 있으며 아동은 어른과 달리 이런 파일의 동화(assimilati－on)와 조절(accomodation)로 설명하는데 동화현상이 이루어진 다음에 조절현상이 이루어진다고 보았다. 동화란 새 상황에 직면시 그 상황을 자기가 갖고 있는 기존의 도식에 맞추는 현상이고(아이는 무궁화 계급장이 달린 사람은 경찰관이라는 schema를 갖고 있는데 어느날 무궁화 계급장이 있는 교도관을 보고 자기가 가진 경찰관의 schema의 속성에 맞으니 그를 경찰관이라고 이야기하는 것),, 조절이란 새 상황에 직면시 기존의 도식속에 부합시키려 하였으나 되지 않을 경

우에 새로운 도식을 만들거나 기존의 schema를 변경시키는 현상을 말한다(교도관을 보고 기존의 경찰관이라는 schema에 집어넣었으나 가만히 보니 다르다. ➔ 경찰관은 파출소에 있고 교도관은 교도소에 있다. ➔ 이때 교도관이라는 새로운 schema를 만든다. ➔ 계급장 달린 자가 교도소에 있으면 교도관이고 파출소에 있으면 경찰관이라고 기존의 schema를 변경해 나간다). 이런 schema의 조정을 통해 우리는 새로운 schema를 발달시켜 나간다.

4. Schema의 역할 : 우리의 기억에 도움을 준다. 시장에서 살 물건이 빵(천정환 교수는 할인매장에서 무가당 식빵을 자주 산다), 우유, 통조림, 수, 콘돔 등 여러 개가 있다면 이것을 머리 속에 그림을 그려(문을 열면식탁에 빵, 우유가 있고 침대에는 콘돔이 있다고 그림을 그려놓는다) 나중에 어떤 정보(시장에서 살 물건)가 들어왔을 때 그것을 기억하려면 그 schema file을 끄집어내면 회상하는데 도움을 준다. 또 schema는 우리에게 의미있는 해석을 내려준다. A는 애인이 퇴근한 6시에 기다렸으나 1시간 뒤에 전화가 왔다면 1시간 동안은 그녀에 대한 정보는 없다. 따라서 추측을 한다. 애인의 집이 그녀의 직장에서 10분내의 가까운 거리에 있어 아마 퇴근 뒤 집에 갔다가 엄한 아버지에게 잡혀있다가 1시간 뒤에 몰래 전화를 한 것이라고 전체의 과정을 의미있게 해석한다. 또 schema는 어떤 일이 일어날 것인가에 대한 규범적 기대를 갖게 한다. 수형자는 교도관에 대한 어떤 schema를 가지면서 그에 대해 어떤 기대를 갖는다.

5. Schema의 문제점 : Schema 형성 때 그의 독특한 면만 갖고 형성해 다른 요소가 들어오면 그것이 기존 schema의 속성에 맞지 않아 오류를 범할 수 있다. Schema는 융통성이 없는 반응을 하게 한다(A수형자가 교도관에 갖는 schema는 의존적인데 6새로 온 교도관은 독립적 수형자를 원할 때 A는 새로운 상황에 적응 못한다). Schema는 부정확한 기대를 갖게 한다. 수형자는 소장에 대해 여러 schema를 가지나 소장이라고 해서 수형자가 기대하는 모든 역할을 다 가질 수 없다.

4) 친교관계, 호감(liking)

사람들이 왜 천정환 교수를 좋아하느냐 싫어하느냐에 관한 문제이다.

(1) Liking에 영향을 주는 요소

프리드만에 따르면 근접성(proximity), 개인적 자질, 친숙함, 보상(rewardiness), 인지조화, 유사성을 들고 있다.

가. 근접성

프리드만은 그 사람이 좋아할 수 있는 데에는 가까이 있다는 것이 가장 중요한 요소라고 한다.

① 작용방식 : 1956년 White 연구는 물리적 거리가 가까울수록 서로 좋아하게 될 확률이 크다고 했고 물리적 거리와 기능적 거리를 비교한 사트 연구에 따르면 물리적 거리가 가까울수록 더 자주 만나며 같은 거리라도 기능적 의미의 거리가 가까울수록 더 자주 만난다고 한다.

② 작용원리 : 근접성이 왜 2명을 친하게 만드느냐에 대해서는 가까이 있는 사람들이 서로를 알게 될 가능성이 더 높아 호감을 증가시키며 또한 가까이 있으면 그와 앞으로도 자주 상호작용하리라는 기대가 있기 때문에 그와 맺는 관계가 유쾌하리라 생각하고 상대를 긍정적으로 평가하며 그것이 호감을 증가시킨다고 한다(단순히 반복해서 만나면 매력이 증가하는데 이를 단순노출효과라고 한다). 또한 타인의 행동에 대한 예측을 잘 할 수 있기 때문에 더욱 더 좋아하게 된다고 하며 또한 가까이 하면 친숙감을 가져오므로 좋아하게 된다고 한다. 멀리 있는 사람과 사귀는 데는 많은 비용 등이 든다는 부담의 효과 때문에 근접이 liking에 영향을 주는 요소이다.

③ 근접성 원리의 예외 : 근접성이 사람들을 서로 좋아하게 되는 요인은 되나 여기에는 예외가 있다. 가령 어떤 수형자에게 처음부터 부정적 첫인상을 가질 때는 그를 가까이서 자주 만난다고 해도 좋아하지 않는다.

나. 개인적 자질

① 성격적 차원 : 성격적 차원이 어떻느냐는 것이 사람들을 좋아하는데 주요한 요소가 된다. 성격 특성에서 가장 중요하게 작용되는 중심적 특성은 warm(온정)이다. 1968년 앤더슨이 서로가 좋아하게 되는 요소 6가지를 들었는데 이에는 sincere, honest, loyal, truthful, trustworthy, dependable이 있다.

② 신체적 매력 : 신체적 매력이 호감에 어떻게 작용하느냐에 따라서 몇 가지의 특성이 있다. 첫째, 매력 수준에 관해서는 실버만의 연구에 의하면 대부분은 자기와 비슷한 매력을 가진 수준의 사람을 좋아한다고 한다. 둘째, 성적 차이에서는 남자가 여성보다 더 신체적 매력에 중점을 둔다. 셋째, 신체적 매력이 있기 때문에 다른 것도 다 좋게 평가하는 경향성을 후광효과라고 하는데 이에 대해 디온 연구가 있다. 그러나 신체적 외모에 있어서 후광효과가 항상 작용하는 것은 아니고 예외가 있는데 그것은 배심원 관계와 직접대면을 할 경우이다. 즉, 여자의 범죄에서는 미모일 때는 후광효과가 작용하나 자기의 외모를 이용한 범죄에서는 후광효과가 약해 무거운 형벌을 내리며 또한 멀리서 볼 때와 달리 직접 대면하면 후광효과가 약해진다. 넷째로 잘생긴 여자가 모든 면에서 못생긴 여자보다 영향이 더 크다고 한다. 다섯째로 시거와 랜드의 연구에 의해 개인의 신체적 매력의 효과는 그가 사귀고 있는 타인에 대한 인간의 지각도 바꾼다.

③ 능력, 자신감(competence) : 일반적 상황에서는 외모, 근접성 등의 조건이 같다면 상당히 유능할수록 더 좋아한다. 그러나 구체적 상황에서는 완벽한 사람보다는 약간의 결점이 있는 사람을 좋아한다(애론스 연구). 즉, 완벽한 이보다 실수한 쪽을 더 좋아한다는 연구가 있다(실수효과). 물론 실수효과도 성과 자존심에 따라 차이가 나서 여성은 완벽한 이를 좋아하나 남자는 실수에 대해 매력의 포인트를 준다고 한다.

다. 친숙감

자노크의 연구에 의하면 자주 만날수록 친숙감이 증대대외 더 좋아하게 되며, 이 때 친숙함이 좋아함을 가져온다는 데 대한 설명이 exposure effect 이다. 즉, 자주 만날수록 그에 대한 인식이 증가되어 그에 대한 학습이 증가되고 정적인 감정이 증대되어 좋아하게 된다고 한다(노출효과).

그러나 exposure effect의 예외로 ① 지나치게 많이 만나면 이 때는 포화상태가 되어서 또한 상대의 결점이 보여 호감이 감소된다고 하며, ② 자기가 싫어하는 사람을 자주 본다고 해서 호감을 증가시키지는 못하며, ③ 두 명의 흥미, 욕구, 성격이 갈등상태일 때는 자주 만나도 호감을 증가시키지 못한다고 한다.

라. 보상(rewardiness)

천정환 교수와 같이 있으면 즐겁고 기쁜 마음 등의 보상이 생기므로 더 좋아하게 된다는 것이다. 이러한 보상설의 근거는 다음과 같다.

① 학습의 원리 : 그를 만날 때마다 즐거운 감정이 연합되어 그를 좋아한다는 것이다.

② 교환의 원리 : 항상 보상이 된다고 해서 그를 좋아하는 것이 아니라 상대가 나를 좋아하는 것을 알면 나도 그를 좋아하고 상대가 나를 싫어하면 나도 상대를 싫어한다고 하는 것이다. 워스트의 실험에서는 자신이 불안할수록 상대가 자신을 좋아할 때 그를 더 좋아해 교환의 원리가 더 크게 작용한다는 것을 밝혀내었다.

③ Gain – Lose 원리 : 좋아하는 정도에 변화가 있을 때 더 좋아한다는 것이다. 즉 처음부터 항상 좋게 이야기하는 것보다는 처음에는 나쁘게 이야기하다가 점점 좋게 이야기할 때 그를 더 좋아한다는 것이다. 이에 관한 연구로는 애론스와 린더의 실험이 있다. Gain – Lose 원리가 일어날 수 있는 조건은 상대의 마음의 변화가 일어났다는 사실이 외부로 나타나야 하고 그 태도의 변화가 점진적이어 하며 환심을 사려는 행위가 아니어야 한다.

마. 인지균형조화

이 이론의 가저은 사람들은 주위에 대해 균형상태를 유지하려는 경향이 있어 균형이 이루어지지 않을 때에는 균형을 이루려는 태도를 취한다는 것이다. Heider는 liking에서 인지균형은 sentiment(대상에 대한 감정적 관계)와 unit(상대와의 관계의 유사성, 자주 만나는 정도)의 2차원에서 파악해야 한다고 하고, ⊖가 하나일 때는 불균형 상태이므로 ⊖를 ⊕로 바꾸어 균형을 이룬다고 보았다. 가령, A는 수형자인 언니는 좋아하지 않으나(sentiment는 ⊖이다) 친언니이므로 unit는 ⊕가 되어 불균형상태가 되므로 균형을 위해 언니에 대한 태도를 바꾸는 경향이 있어 언니를 좋아하게 된다고 한다.

바. 유사성

여기서는 종교, 가치관, 태도 등이 유사할수록 더 좋아하게 된다는 것이다. 이와 관련하여 성격에 있어서는 상반되는 그 이론이 있는데, 즉 성격이 유사할수록 좋아한다는 견해와, 정반대의 성격을 좋아한다는 보상이론이 있는데 보통은 결혼과 같은 일반적 상황에서는 유사한 사람끼리 결혼하나 직업처럼 역할이 강조될 때는 보상이론이 맞다고 적용된다.

(2) 친밀한 관계의 형성

프리드만은 사람들이 호감의 정도가 높을수록 더 친밀한 것은 사회적 침투력에 의해서라고 하면서, 사회적 침투단계를 ① 오리엔테이션 단계(상대에게 긍정적으로 보이게 하고 비평을 삼가고 호감을 갖도록 하는 단계이다), ② 탐색적 감정교환단계(이야기의 폭이 넓어지고 조금 더 깊은 차원에서 이야기한다), ③ 감정교환단계(성격의 여러 영역에 침투해 칭찬, 비판, 요구를 하나 서로가 완전히 중심영역에까지는 침투하지 못한다), ④ 안정된 감정의 교환단계(안정적 교환단계)로 나눈다.

한편 사회적 침투의 증가, 즉 서로가 친밀해지려면 자아개방이 이루어져야 하며(사회적 침투와 가장 관계되는 것은 자기개방), 이 때 자아는 공중자아(public self ; 내가 남한테 보여주고 싶은 긍정적인 모습)만 보여주면 사회적 침투가 일어나지 않고 실제자아(real self)를 보여주어야 한다. 또 두명을 고립시킬수록 사회침투가 빨리 나타나며, 또한 자아개방이 점진적이어야 호감이 증가하게 된다. 급진적인 자기개방은(업무이야기 도중에 금방 자신의 사적 이야기를 한다) 상대가 불안해 자기를 방어하기 때문이다.

둘 간의 관계는 비교수준(CL)에 의해 결정되는데 비교수준은 관계함으로써 얻어지는 이익과 지불되는 비용의 비율에 의해 결정되는 바, 비교수준이 높으면 행복해져 관계가 지속되나 비교수준이 낮으면 관계에 불만스럽다. 그러나 비교수준이 낮아도 바로 관계가 종결되는 것은 아니고 그녀를 대체할 대안(다른 여인)이 있으면 비로소 관계가 종결될 수도 있다. 즉, 최초의 여인을 A라 하면 A와의 비교수준이 낮아 불만스러울 때 다른 여인 B가 훨씬 호감을 준다면(B와의 관계는 대체비교수준이라고 한다), 비교수준이 낮고, 대체비교수준이 높을 때 남자는 최초의 여인인 A와 관계를 청산하려고 한다. 따라서 대체비교수준이 A와의 관계지속의 평가기준이다. 즉, 현재의 관계에서 얻는 성과가 대체비교수준보다 떨어지면 현재의 관계를 청산한다.

5) 공격성

(1) 개념

가. 행동주의자

구체적으로 나타나는 행동으로 개념을 정의하나 실제로 남을 해치는 경우는 공격적 행동이 아닌 경우가 있다(의사의 치료행위).

나. Eronson

타인에게 상처나 고통을 주는 것을 목표로 한 행동을 공격적 행동이라 한다. 따라서 의사의 치료행위는 공격적 행동이 아니다. 보통은 공격적 행동을 3가지로 나누는데 반사회적 공격행동(절도처럼 사회규범을 위반하는 것), 친사회적 공격행동(그 자체는 공격적이나 그 집단의 도덕적 규범에 맞는 공격 ; 나치의 유태인 공격), 허용된 공격적 행동(축구의 정당한 태클 행위)이 있다.

(2) 공격적 행동의 원인

가. 본능설

Freud, Lorenz, McDougall 의 이론으로, 프로이트는 인간은 리비도(생의욕구)와 thanatos(죽음의 본능)가 있고 이런 것은 어떤 형태로든 표현이 되어야 하며 이것이 억제될 때 여러 공격행동이 일어난다고 보았다. 즉, 죽음의 욕망이 내적으로 작용할 때는 자기학대이나, 외적으로 작용할 때는 공격적 행동으로 나타난다(전쟁에서의 잔인한 행동).

그리고 로렌츠는 열대어 연구를 통해서 공격행동이 본능이라고 주장한다(※ 로렌츠와 Tinbergen은 동물행동학으로 유명하다).

나. 공격

A가 공격을 받았기 때문에 공격적 행동을 한다는 것이다.

다. 좌절

보통은 좌절에 대한 반응으로 공격적 행동과 퇴행의 2가지가 있는데, 좌절감과 공격적 행동과의 연관성에 대해 1941년의 Barker의 연구는 실험실에서의 어린이 연구를 통해 인간이 좌절을 느끼면 공격적 행동을 한다는 것을 보여주었다. 또, 1882년부터 1930년까지의 목화값 하락과 공격행동과의 연관을 조사한 Hovland와 Seers에 따르면 목화값이 하락이 되면 좌절감이 생기고 이에 따라 린치사건의 증가가 나타났다고 한다.

이러한 공격적 행동과 좌절감의 관계에 대한 반론이 있는데 똑같은 좌절이라도 그것이 의도적일 때는 상대를 더 잔인하고 공격하게 되고, 의도적인 것이 아니라고 할 때는 공격적 행동이 일어나지 않는다. 또한 A가 좌절을 느낄 때 그것이 외적 환경에 의한 것이라고 외적귀인을 하면 공격행동이 일어나지 않으나(A가 버스를 타려고 하는데 그 버스가 그냥 지나쳐갈 때 사실은 그 버스안에 응급자가 발생해 버스가 바로 병원으로 갔다고 생각할 때) 그것이 내적 환경에 의한 것이라고 내적귀인을 하면(버스운전사가 A가 마음에 안들어 그냥 지나쳤다고 생각되면) 버스에 돌멩이를 던지는 등의 공격적 행동이 증가한다.

또한 절대적 좌절 또는 단순한 좌절을 느낄 때는 공격적 행동이 덜하나 상대적 좌절을 느낄 때는(타인과 비교하니 자기가 못하다는 것을 느낄 때) 공격적 행동이 증가한다.

그러나 모든 좌절감이 다 공격적 행동을 나타내는 것은 아니고 공격적 행동을 결정하는 요인이 있는데 ① 좌절에 대한 반응으로 공격행동을 학습했느냐 여부에 따라 다르다. ②기대수준이 높을수록 좌절감이 더 크고 공격행동이 증가하며 ③ 개인차에 따르는데 보통은 지배적 아동이 비지배적 아동보다 좌절감이 올 때 더 공격적이다. 그러나 성별에 따른 경우는 논란이 있다.

(3) 공격적 행동의 학습

앞에서 공격적 행동은 본능에 의한 주장도 있지만 상당 부분은 학습된 것이다. 또한 인간은 살아가기 위해서는 공격적 행동을 배울 필요가 있는데 이런 학습에 영향을 주는 요소들에는 다음과 같은 것이 있다.

가. 강화

뒤에 나타나는 결과가 자기에게 보상을 주면 그 행위가 증가된다. 자기 아이가 다른 아이를 때릴 때마다 칭찬을 하면 자기 아이는 다른 아이를 볼 때마다 공격을 한다.

나. 모방

Bandura의 보브인형실험연구에서 아동의 공격적 행동은 모방에 의한 것임을 보여주는데 이 때 모델이 아동과의 관계가 아주 밀접한 경우(예: 부모)에는 모방이 강력하게 나타난다. 매를 맞고 자란 부모들이 자기 자식도 잘 때린다는 연구가 있다(Battered Child 연구)

다. 공격유발단서

Berkowitz와 Lepage 연구로 공격유발단서가 있을 때(예: 총은 공격적 행동을 유발) 더 공격적이 된다고 한다. 이는 조건화 학습이론가의 주장으로, 어떤 단서가 인간의 공격적 행동과 짝지어 나타나 조건화 학습이 된다.

(4) 공격적 행동의 감소

가. 카타르시스

프로이트는 게임, 운동 또는 편지쓰기 같은 환상적 공격태도 등을 통해 공격적 충동을 해소시킬 수 있다고 하나 이에 대한 찬·반 양론이 있는데 카타르시스가 공격적 행동을 줄인다는 연구가 있고 반대로 인지부조화 이론에서는 인지부조화로 공격충동은 해소되지 않고 단지 억제되어 있어 자신의 인지균형을 위해 더욱 공격적이 된다는 연구도 있다.

카타르시스 이론의 부작용은 카타르시스로 인해서 강화받아 탈억제현상이 일어나 계속 공격적이 될 수 있으며 또한 행동이 연속적일 때는 공격적 행동을 하는 것은 공격적 충동을 더욱더 증가시키는 면이 있다.

나. 처벌

그러나 벌이 너무 심하면 모델링이 되거나 자신에게 타당하지 못하다고 느껴 대응공격이 일어날 수 있다. 또한 벌을 준 사람과 조건형성이 되어 부작용이 나타날 수가 있다.

다. 공격억제학습

개개인이 자신의 공격행동을 통제, 조절하는 것을 학습하게 한다. 누구나 공격불안이 있는데 공격불안이 있는 사람은 공격억제를 학습했다고 볼 수 있다. 공격불안의 형성방법은 부모의 훈육, 비공격적 행동의 제시, 공격 이외의 다른 행동시 강화하는 것 등이 있다. 또한 자라면서 주변의 주요인물의 생활규범을 내면화함으로써 공격불안이 형성된다.

라. 치환, 전이(displacement)

좌절감을 주는 대상이 아닌 다른 대상에게 공격적 행동을 나타나게 한다. 치환의 특징은 공격적 행동을 하는 대상이 실제로 욕구좌절을 주는 원인과 유사할수록 공격적이 되며, 보통 치환된 공격은 약하고 힘이 없다(공격충동이 감소된 이후이므로).

한편 성인의 경우 공격충동을 감소시키는 방법에는 고통의 단서를 제시(희생자의 고통을 같이 느끼도록 제시)하는 방법도 있다.

(5) Media의 영향

영화 등에서의 폭력물 상영은 카타르시스에 의해 공격적 행동이 감소된다는 주장이 있고 이에 대해 Bandura는 공격적 행동을 모방하여 더욱 공격적이 된다고 하였으며 Berkowitz는 조건화 학습이론을 들어 시청자에게 공격적 단서를 주므로 일상생활에서 조건화된다고 한다. 즉, Bandura는 Bob 인형실험을 통해 공격적 행동을 필름으로 보여주어도 실험집단은 공격적으로 행동하였는데 여기서 모델이 보상을 받거나(공격적 행동에 대해 칭찬해 주는 장면이 있을 때) 또는 모델이 자기와 유사할수록 공격성이 증가하였다.

Berkowitz는 대학생을 A, B 집단으로 나누어 전자에게는 공격 필름을 보여주고 화나게 만들고 B집단에게는 공격 필름만 보여주어도 두 집단 모두 공격적이 되었다. 그것은 공격단서를 많이 보아 실장면에서의 조건화되어 공격적 행동을 하게 된 것이다.

그러나 위의 두 연구 모두 실험실 연구라는 점에서 문제가 있어 실제 생활에 일반화시킬 수 없다. 또한 실제로 공격적 행동을 할 때는 보복의 두려움이 작용하는데 실험실에서는 보복이 고려되지 않았고 또한 실험실에서는 필름을 본 뒤에 바로 측정하였지만 사회에서는 공격행동이 바로 나타나는 것이 아니라는 점에서 다르다.

그 외 미디어가 공격적 행동에 미치는 다른 효과들을 보면 여러 공격적 행동에 대한 둔감화 현상이 일어난다. 그리고 이것은 공격적 행동을 억제하는 상황을 무시하여 공격적 행동을 유발하게 한다(폭행장면을 보면 흔히 누가 또 폭행했구나 하여 폭행을 방치해 공격적 행동이 일어날 가능성을 더 증가시키게 된다).

그리고 성적 자극과 관계되는 애정물을 많이 보면 카타르시스에 의해 자주 볼수록 성적 흥분이 해소되어 공격적 행동도 해소된다고 보아야 하나 실제 연구에서는 sex 장면을 봄으로써 강간이 증가하여 카타르시스 이론에 반대되는 연구가 있다.

6) 귀인(歸因, attribution)

(1) 정의

타인의 행동을 보고 그의 내적 상태를 유추하는 것이다. 신입 수형자가 들어오자마자 울면 다른 수형자들은 그의 내적 상태를 모르니 그의 외적 단서나 행동을 통해(울음을 보고) 그의 내적 상태를 유추하는 것이 귀인이다(귀인은 어떤 것의 원인을 어디에 두느냐의 문제이다.

(2) 이론

가. Herder의 이론

그는 모든 인간은 인과율에 관심이 있어 어떠한 사건의 원인이 무엇인가를 알고자 하는 욕구를 갖고 있다고 주장하는데 그의 귀인 이론에 대한 주장을 naive psychology(상식심리학)이라고 한다.

그에 앞서, 인간행동의 원인을 살펴보면 외적 요인과 내적 요인으로 나눌 수 있는데 A가 그렇게 한 행동의 원인을 외적 요인에 둘 경우는 외적 귀인화라 하고(A가 교정학에서 낮은 점수를 받은 이유는 A의 노력이 부족한 것이 아니라 교정학 교수가 워낙 점수를 낮게 주기로 유명하기 때문) A가 그렇게 한 행동의 원인을 내적 요인에 둘 경우는 내적 귀인화(A가 노력이 부족해서 낮은 점수를 받음)라고 하는데 우리가 어떤 사람의 행동의 원인을 내적 귀인 또는 외적 귀인하느냐에 따라 그에 대한 태도가 달라진다(외적 귀인하면 그에 대한 좋은 태도 유지 가능). 가령 천정환(千定煥)에게는 항상 천운(天運)이 따라다니는데 이것을 아는 사람들은 천정환이 성공한 이유를 내적 요인보다는 외적 요인(운이 억세게 좋은 사람)에 두며 이를 외적 귀인이라고 한다.

그리고 인간의 행동은 내적, 외적 요인에 의해서만 일어나는 것이 아니라 안정적(stable)이냐 비안정적(unstable)이냐에 따라 다른데, A의 행동의 원인이 안정적 원인이냐 아니냐에 따라 인간관계에 영향을 미친다. 즉 A의 범죄가 stable한 것으로 보느냐(그는 본래 범죄성이 농후하다) 또는

unstable한 것으로(그는 본래는 범죄성이 없으나 워낙 환경이 안 좋아서 범죄했다) 보느냐에 따라 인간관계에 중요한 영향을 미친다. 따라서 외적 요인이든 내적요인이든 안정된 요인 또는 일시적 요인이 있을 수 있고 상호관련을 맺는다. 외판원이 높은 판매고를 올린 행동에서 안정적 요소는 그의 사교성 등 능력이고, 일시적 요소로 볼 수 있는 것은 운이 좋은 것이라고 할 수 있다. 앞에서 A가 교정학 점수가 낮은 것은 어려운 교정학 자체의 문제점이 바로 외적 요인이면서 안정적 요소이다.

한편 하이드는 항상성의 원리를 주장하는데, 이것은 인간의 행동은 대부분 복합적 원인에 의해 일어나지만 인간들은 어떤 행동의 원인에 대해 한 가지 원인만을 귀착시키는 경향을 말한다(이를 불변량의 원리라고 함). 예를 들어 어느 수형자가 소장실만 갔다 오면 늘 함박웃음을 지었다면 어느 날 그가 함박웃음을 하고 감방으로 들어오면 동료들은 "저 친구 또 소장실을 갔다왔구나."라고 생각하는 경향을 말한다(사실은 여러 요인들에 의해 그가 함박웃음을 지을 수 있음에도).

나. Kelley의 이론

켈리는 하이드의 이론은 일어날 수 있는 상황이 반복적으로 관찰이 가능한 경우라고 하고, 인간의 일상생활이 항상 반복적으로 관찰 가능한 것은 아니라고 하며 인간행동의 원인과 효과에 대해 3차원인 자극대상(stimulus object), 연기자(actors), 상황(context)에서 설명한다(이를 공변량의 원리, 입방체의 원리라고 한다). 가령 어느 수형자가 실미도라는 영화가 인상적이었다면 자극대상은 영화이고 인상적이라고 한 수형자가 actor이며 그가 누구와 어떤 상황에서 보았느냐가 상황(맥락)이다. 이때 수형자가 그 영화가 좋다고 했을 때의 원인을 3가지 차원에서 접근한다. 이때 단순히 3차원에서만 보는 것이 아니라 각자에 있어서 몇 가지 정보(정보의 독특성, 정보의 합의성, 일관성)를 활용한다. 독특성이란 그 수형자가 그 영화만 좋아하느냐와 관계되고 합의성은 그 영화를 타인들도 좋아하느냐이며 일관성은 그 영화를 그가 몇 번 보아도 좋다고 생각하느냐이다. 만약에 그가 그 영화만 좋다고 했을 때(독특성이 높다), 또 몇 번 봐도 좋다고 했으면(일관성이 높다), 또 타인들도 그 영화가 좋다고 했다면(합의성이 높다) 이 때는 자극대상에 귀인한다. 만약에 독특성과 합의성도 없는데 일관성있게 좋아한다면 행위자에 귀인하고 정보의 독특성은 높으나(다른 영화는 안좋다) 합의성과 일관성이 낮을 때는 context에 귀인한다(그는 좋은 사람과 그것을 보았다).

이러한 켈리의 이론에서 나오는 것이 절감의 원리(discontenting principle)이다. 이것은 어떤 행동의 원인을 생각할 수 있는 것이 여러 가지가 있다면 이 때 실제로 그런 행동을 일으킨 분명한 원인이 있다고 생각되는 경우에는 다른 원인의 역할이 감소되는 것이다. 가령 출소자가 교도관을 찾아와 식사를 대접하고 싶다고 하여 교도관이 응하고, 이야기 도중에 출소자가 아직 교도소에 있는 절친한 친구의 딱한 사정을 이야기하면 교도관은 출소자가 자기를 찾아온 것은 순수한 뜻이 아니고 친구인 재소자 때문이라고 생각하게 되면서 정말 그 행동의 원인이 되는 다른 요인의 역할은 감소된다는 뜻이다(사실은 출소자는 친구 재소자의 일을 부탁하러 온 것이 아니고 순수하게 찾아왔음에도 불구하고).

(3) 타인에 대한 귀인

타인에 대한 행동의 원인을 귀인할 때 크게 작용하는 것이 절감의 원리와 기대이다. 먼저 절감의 원리를 보면 사람들은 대개 타인 행동을 귀인할 때는 우선은 외적 환경에 강조를 두고 외적 환경의 강도가 약할 때는 내적 귀인을 한다. 가령, 교도소장이 기부행위를 했다면(사실은 순수한 뜻으로 좋아서 기부했는데도) 사람들은 기부는 사회에서 좋은 일로 평가되므로(외적 요인이 강하다) 소장이 그랬을 것이라고 외적 귀인을 한다. 교도관 회의에서 A 교도관은 B 수형자의 징벌을 찬성하여 진술했는데도(이때 다른 교도관들은 A가 강력한 징벌을 이야기하기를 바라고 있어 외적 압력이 강했다) 다른 교도관들은 A의 행위는 A의 진정한 태도가 아니라고 생각하고 외적 귀인을 한다. 만약 교도관 회의에서 A만 교화지향적 주장자이고 다른 사람들은 모두 응보주의자였을 때 A가 교화적 정책을 주장할 때(이 때는 외적 힘이 약하다) 다른 교도관들은 그것은 진정한 A의 태도라고 내적 귀인을 한다. Jone, Harris 연구는 외적 압력이 있으냐 없으냐에 따라 귀인을 달리하는 것을 보여주고 있다.

다음으로 기대란 타인에 대한 기대를 마하는데 그에 대해 어떤 기대를 갖고 있느냐에 따라 귀인을 달리 한다. A 수형자는 평소에 B 교도관에 비판적이었는데 어느 날 A가 B에 대해 아주 공손히 대하는 것을 본 C는 A는 B를 존경해서가 아니라 좋은 처우를 받기 위해 공손히 하는 것이라고 외적 귀인을 한다(C는 A에 대해 가진 기대감에 근거해 A 행동에 대한 귀인을 한다).

(4) 자기지각

자기행동의 원인을 찾는데 자기행동의 외적 단서에 근거해 찾는다는 것이 귀인 이론가의 주장이다. Ben은 자기가 왜 그런 태도를 가졌나를 설명하는데 자기의 태도에 있어서 외적단서를 찾아서 귀인한다고 보았다. 1975년 Conway는 대학생을 2개의 집단으로 나누어 A 집단에는 그들이 믿는 종교적 행위를 많이 기술하라고 하고 B 집단에는 종교적 행위를 1개 또는 2개만 기술하라고 한 뒤 그들이 얼마나 종교적이라고 생각하느냐고 물었더니 A 집단은 자기들이 대단히 종교적이라고 이야기하고 B 집단은 종교적이 아니라고 이야기했다(외적 단서에 의해서 자기들의 태도를 설명한다).

가. Schachter의 정서상태(emotion) 연구

사트에 따르면 인간은 자신의 정서상태에 관해 이야기하라고 할 때 자신의 생리적 각성에 따라 외적 단서에 근거해 인지적으로 명명하므로 자신의 감정을 유추한다고 한다. 내가 어떤 감정을 느끼느냐를 이야기할 때 먼저 생리적 변화(흥분상태)가 온 뒤에 거기에 명명(기쁜 것이라고)함으로써 자신의 감정상태를 알게 된다는 것이다(기쁜 것이 즉각 오는 것이 아니고). 사트의 실험에서 흥분을 가져오는 주사를 맞게 한 뒤에 A 집단은 주위에 즐거운 표저을 지닌 사람과 같이 있게 하고 B 집단은 발로 차는 사람과 함께 있게 한 뒤에 그들의 감정상태를 물으면 A 집단은 행복하다고 말하고 B 집단은 화가 나 있다고 한다(즉, 자신들의 흥분상태가 실제로 기쁜 상태와 무관한데도 그 흥분이 슬픔 또는 기쁨 때문인지를 이야기할 때는 외적으로 자기 주위의 단서에 근거해 이야기한다).

이런 사트 연구의 좋은 점으로는 잘못된 원인을 찾게 하는 것(misattribution)과 False feedback이 있다. 전자는 자신의 생리적 상태를 일으키는 원인을 다른 곳에 귀인시켜 현재 느끼는 감정을 감소시킨다는 것이다. A 집단에는 슈가피라는 중립적 약을 주면서 이것을 먹으면 손이 떨리고 땀이 나며 긴장이 된다고 이야기 해주고 B 집단에는 그런 이야기를 하지 않고 약만 주고 나서 두 집단에 전기쇼크(고통)를 주었다. 여기서 그의 긴장은 실제로 땀나고 긴장되는 것은 슈가피에 돌리므로 현재 자신의 긴장이 감소된다는 것이다. A 집단은 고통이 슈가피 때문이라고 생각하므로 전기쇼크가 고통스럽지 않다고 보고한다. 즉, 자신의 생리적 각성상태의 원인을 여기에 두므로 다른 자극의 역할의 힘이 감소된다. 즉, A가 현재 굉장히 화가 나 있는데 홍분한 것은 화가 나 있기 때문이 아니라 중립적 알약 때문에 그렇다라고 하여 원인을 다른 데에 돌려 현재 자기가 느끼는 감정을 감소시킬 목적으로 행한 연구였다.

False feedback이란 자신의 생리적 상태가 무엇 때문에 일어난 것이라는 정보를 줄 때 거짓 정보를 주는 것을 말한다. Valins의 연구에서는 남자한테 여자 누드사진들을 보여주고 당신의 맥박소리를 들려주겠다고하고 실제로는 거짓 정보를 준 다음 당신이 좋아하는 사진을 가져가라고 하니 대부분 자신의 맥박이 빠르다고 거짓으로 알려준 사진을 가져가 감정을 엉뚱한 다른 곳에 돌렸다. 즉, 인간의 감정은 외부 단서가 어떠냐에 따라 상당히 다를 수 있음을 알 수 있다.

사트 연구의 시사점으로는 감정상태를 다른 곳에 귀인하여 심리치료를 할 수 있다는 것이다. Stormer와 Nisbett는 불면증 환자에게 아무 약효없는 슈가피를 주면서 A 집단에는 심장이 더 뛴다라고 이야기하고 B 집단에는 심장이 빨리 뛰는 것이 감소된다고 이야기하면 A 집단은 자기들이 심장이 더 뛰고 잠이 안 오는 것, 즉 생리적 각성상태는 약을 먹었기 때문이라고 생각해서 불면을 거기에 원인을 두므로 잠을 더 빨리 잔다(잠이 안오는 것은 약 때문이라고 생각해 별로 잠이 오지 않는데 신경을 쓰지 않아 빨리 잠든다). 따라서 심리치료분야에서 긍정적이다.

나. 자기지각이론의 제한점

일반적 상황에서는 자신의 태도와 감정상태의 원인을 정확히 알고 있으므로 내 감정이 어떠한 가를 아기 위해 외적 단서를 찾지 않는다(A 수형자가 동료로부터 뺨을 갑자기 맞으면 바로 화가 나므로 자시의 화난 상태를 알기 위해 외적 단서를 찾지 않는다). 따라서 자신의 내적 상태에 대해 확신이 없거나 자신의 반응이 중요하지 않다고 생각되는 경우에만 외적 단서에 근거해서 원인을 찾고 자신의 반응이 중요한 것일 때는 자신의 감정을 주의깊게 살피고 외적 단서에 근거하지 않는다.

(5) 귀인에서의 편파(오류)

가. 인지적 편파

① 특출성 : 지각에 있어서 편파를 가져오는 인지적 요소로 그 자극의 특출성(salience)이 있다(그 자극이 빨간색 등 특출하므로 얼른 눈에 띈다). 자극의 대상의 특출성은 귀인에서도 중요하게 작용한다는 것이 Taylor와 Fiske의 실험이다(1975).

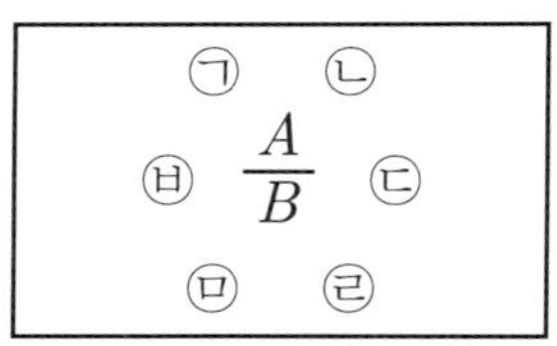

그림78 : 자극의 특출성에 따른 귀인

실험보조원 A와 B를 마주보게 한 뒤에 피험자 6명을 그림과 같이 좌에 배치하면 ㉠과 ㉡에게는 B가 독특하게 보이고 ㉣과 ㉤에게는 A가 특출나게 보인다. A와 B가 비슷한 양을 이야기하도록 한 다음에 물어보니 ㉠과 ㉡은 B가 대화를 리드했다고 생각하고 ㉣과 ㉤은 A가 대화를 주도했다고 말하듯이 그 자극이 얼마나 특출하게 되느냐에 따라 다른 귀인을 하게 된다.

② 타인의 의도기질의 과대평가 : 이는 타인에 대한 행동의 귀인을 할 때 보통은 내적 귀인을 많이 하고, 외적 귀인을 하지 않는 경향을 말한

다. A가 교정직 공무원 시험에 응시했으나 낙방했을 때 사실은 경쟁률이 너무 높았는데도 사람들은 A의 낙방의 원인을 내적 귀인한다(평소부터 공부 안하더니 낙방했다라고 생각). 즉, 타인의 행동의 원인에 대해 환경보다 그 자신에 귀인해 시험에 떨어진 A의 낙방의 원인을 내부 귀인하는데, 이를 기본적인 귀인오류라고 한다.

③ actor와 observer의 관계 : 보통은 actor는 외적 귀인을 하고 observer는 내적 귀인을 하게 된다. 그 이유는 서로가 갖고 있는 정보의 차이 때문이며 또한 누가 actor인가 observer인가에 따라 보는 시각이 다르기 때문이다(actor는 실제로 행동을 한 사람이고 observer는 그것을 본 사람). 지나가는 여자 교도관에게 수형자가 농담을 걸 때 여자 교도관은 저 사람은 여자만 보면 농담을 건다라고 생각(즉, 수형자의 본심이 아니라고 생각하여 내적 귀인을 한다)하나 수형자는 여자가 지나가길래(외적 요소이다) 농담을 해 보았다고 외적 귀인을 한다. Nisbett는 남자 대학생에게 그 과목을 전공한 이유와 여자를 사귀는 이유를 쓰게 하고 자기와 친한 친구의 경우도 써보라고 하니 자신의 경우는 그 여자가 매력적이어서 사귀며 그 과목은 장래가 촉망되므로 전공한다고 말하지만(외적 귀인을 한다), 친구의 경우는 그 친구는 불안하기 때문에 여자를 사귀고 있고 그는 졸업 뒤 취직을 위해 그 과목을 전공했다고 내적 귀인을 하는 것을 발견했다. 따라서 actor는 외적 귀인하고 observer의 경우(자기가 친구를 보는 관찰자의 입장)에는 내적 귀인을 하게 되는데 이렇게 귀인의 방향이 다른 이유는 actorms 자신에 대한 정보를 많이 갖고 있으나 observer의 경우에는 actor에 대한 정보를 많이 가지고 있지 않아 서로 갖고 있는 정보의 차이가 있기 때문이며, 또 하나의 이유는 누가 actor, observer 이냐에 따라 보는 초점이 다르기 때문이다. actor에 있어서 초점은 환경(ground)이고 observer에 있어 초점의 대상은 actor 이므로 관찰자는 내적 귀인을 하고 actor는 외적 귀인을 한다. 가령, 교도소장에 있어서 초점의 대상은 수형자들이고 수형자들의 초점의 대상은 교도소장이다. 앞에서 본 figure – ground 이론에서 우리는 보통 figure에 초점을 두는데 가령 수형자들은 교도소장이 figure(전경)이고 강의하는 교

실이나 칠판이 ground(배경)이며 소장이 판서할 때는 움직이는 글씨가 figure이고 소장은 ground가 된다. 따라서 상황에 따라 figure와 ground가 다르다.

④ 정보의 일치성의 과소평가: 앞에서 켈리는 귀인을 할 때 일치성, 일관성, 독특성의 3가지 차원을 고려해서 한다고 했지만 실제상황에서는 정보의 독특성과 일관성은 중시하는 반면에 일치성은 과소평가하는 경향이 있다. 여자 교도관이 수형자와 결혼하고자 할 때 주위의 모든 이가 반대(정보의 일치성)하나 그녀는 자신만이 좋아하고(독특성) 계속 좋아하면 된다고(일관성)하여 결혼하겠다고 하는 경향이 있다.

나. 동기적 편파

① 방어귀인

잘한 것은 내적 귀인을 하고 못한 것은 외적 귀인시키는 것을 말한다(Kingdon 연구). 가령, 어느 교도관에게 많은 수형자를 교화시킨 성공의 이유를 물으니 자신이 잘한 덕분이라고 하고(내적 귀인) 교화에 실패한 이유를 물으니 잘못된 교정정책과 환경 탓이라고 하는 경우(외적 귀인)를 말한다.

② 방어귀인을 하는 이유

ⓐ 자아고양편견: 잘된 것은 자기 덕으로 귀인하면 더욱더 정적 느낌을 갖게 되어 보다 자아고양이 되고 긍정적인 자아개념이 된다는 뜻이다. 즉, 자기의 성공을 자기 덕으로 돌리면 정적 느낌이 커지므로 방어 귀인을 한다는 뜻이다. 그리고 관찰자보다 actor의 경우에 방어 귀인을 더 많이 하고 자아가 많이 관여한 행동일수록 방어적 귀인을 한다.

ⓑ 인지적 이유: 켈리에 따르면 일상생활에서는 실패보다는 성공이 더 많으며, 따라서 실패할 때는 그에 대한 일관성있는 정보가 없어 실패의 원인을 외적 요인으로 돌린다는 것이다. 그러나 인지적 이유로만 말하는 데는 문제가 있는데 왜냐하면 현실에서는 실패가 더 많고 또한 성공의 기준이 사람마다 다르며 또한 자아가 많이 개입될수록 방어 귀인을 많이 하는데 이것은 인지적 이유로는 설명할 수 없기 때문이다.

ⓒ 자기인상유지 : 대부분은 실패의 원일을 알고 있지만 실패의 원인을 외적인 것으로 돌려야 상대가 자기에게 갖는 평가가 계속 유지되므로 방어귀인을 하게 된다는 것이다.

(6) 귀인 이론의 시사점

① 사람들은 보통 세상을 자신이 통제할 수 있다고 생각하는 경향이 있다. 출소자가 강요된 행위에 의해 범행을 했을 때라도 주위의 사람들은 '사람은 자기 주변을 통제할 수 있으므로 그의 범행은 그가 잘못했기 때문'이라고 내적 귀인을 한다(평소에도 성격이 안좋더니 범행을 했다고 생각). 따라서 사람들이 자기 주위를 통제할 수 있다고 생각하여 범죄자나 피해자에게만 귀인을 할 때는 인간관계에 많은 문제점이 생긴다.

② 어떤 환경에서도 상대방에게 행동을 강요할 필요가 없다. 만약 A는 그 행동을 할까 말까 생각하고 있는데 B가 그 행동을 강요해 A가 그 행동을 하면 A는 그 행동의 원인을 자기 탓으로 돌리지 않고 외적 귀인을 하게 된다.

7) 친사회적 행동(prosocial behavior)

(1) 개념

이것은 정적(正的)인 사회적 결과를 가져오는 행동을 말하며 여기에는 남을 이롭게 하는 이타적 행동과 답례행동이 있는데 둘 다 자발성을 전제로 한다. 전자는 어떤 외적인 보상을 기대하지 않고 남을 돕는 그 자체가 목적이며(거지에게 적선) 후자는 도움을 받았기 때문에 그 도움에 대한 답례로서 하는 행동이다(도움을 준 천정환 교수에게 보답). 이타적 행동과 답례행동 모두 어떠한 외적 보상(남을 도와주면 자기도 직접 보상을 받는 경우)을 기대하지 않는 행동이나 내적 보상(남을 도와주는데서 느끼는 기쁨)은 있을 수 있다.

가. 친사회적 행동과 연령과의 관계

1952년 Ugirell, Semin의 연구(아동의 연구)에 의하면 연령이 올라갈수록 이타적 행동이 증가했고 7세 때가 피크였다. 1959년의 Gross와 Handlon의 연구도 연령과 친사회적 행동과의 관계(연령↑ ⇨ 친사회적 행동↑)를 나타내었다. 1970년의 Staub 연구는 일정 연령(7, 8세)까지는 연령이 증가할수록 친사회적 행동이 증가함을 나타내었다. 이렇게 일정 연령까지는 연령이 증가할수록 친사회적 행동이 증가하는 이유에 대해서는 아동이 성장하면서 환경과의 상호작용능력에 대해 자신감을 갖기 때문이라는 설명과 연령이 증가하면서 공감적 이해력이 증가하기 때문(공감이란 자신을 유지하면서 타인의 세계에 들어가서 타인과 똑같이 느끼고 생각하는 것)이라는 것, 어른들의 도움주는 행동과 아동들이 도움을 줄 때 칭찬받는 것을 관찰할 기회가 증가하기 때문이라는 설명 등이 있다.

나. 도덕적 발달과 친사회적 행동의 관계

① 피아제

피아제는 도덕발달단계를 前道德(premoral stage)단계, 현실적 도덕단계, 자주적 도덕단계로 나누었다. 전도덕단계는 3세 이전이며 이 때는 도덕발달이 이루어지지 않는다(아이가 장난감을 갖고 놀다가 버리는데 이때 다른 아기가 가져가면 다시 빼어와 남을 도와준다는 것을 생각하지 않는다). 현실적 도덕단계에서는 도덕의 판단기준을 부모같은 권위자에게 두며, 옳고 그름의 판단기준을 그 결과가 어떠하느냐에 둔다(컵을 하나 깼으나 나쁜 일을 하다가 깬 경우와 컵을 여러 개 깼으나 잘못이 없는 경우를 아이에게 제시했을 때, 아이는 평소에 엄마가 컵을 깨면 안된다고 했기 때문에, 컵을 여러 개 깬 경우가 더 나쁘다고 생각한다). 자주적 도덕단계에서는(13세 이후)아이는 사회적 규칙이라는 것이 인위적으로 결정된 것이라는 것을 깨닫고 또 그런 규칙을 지키는 것이 절대적이라는 것을 알며 도덕판단은 자기의 판단에 근거하되 행동의 의도에 많은 관심을 갖는다(앞의 예에서 컵을 여러 개 깬 것보다 1개 깬 것이 더 나쁘다). 이러한 피아제의 연구를 발달시킨 것이 콜베르그이다.

② 콜베르그

콜베르그는 도덕발달단계를 前道德단계(7세 이하), 보수적 도덕성단계, 원칙적 도덕성단계로 나눈다. 전도덕단계에서의 판단기준을 그 행위가 처벌을 받느냐의 여부이며 기본욕구의 충족에 근거한 행동의 경우는 나쁘다고 한다(A가 심야에 부인을 살리기 위해 급히 인근 약국에 가 약을 훔쳤다면 절도는 처벌되므로 그 행위는 나쁘다). 보수적 도덕성단계에서는 처음에는 자기가 좋은 사람으로 인정받고자 규범을 준수하나 후반기에 가서는 규범준수 의무를 다함으로써 사회질서를 지켜야한다고 판단하게 된다. 원칙적 도덕성단계에서는 처음에는 자신이 어떤 도덕적 원칙을 세우고 나서 자신이 만든 도덕률을 지키는 데 급급하다가 후반기에는 모든 사람이 순종해야 된다고 생각하는 보편적 도덕률을 세운다. 피아제나 콜베르그의 주장처럼 도덕발달단계는 인지발달과 관계되며 따라서 인지발달이 이루어져야 친사회적 행동도 이루어진다.

(2) 친사회적 행동의 학습

사회학습이론에서는 친사회적 행동은 학습되는 것이며, 학습은 강화와 모방에 의한다.

가. 강화

어떤 행동에 대한 결과가 긍정적일 때 이를 강화라고 한다. 강화에는 물질적 강화(A가 B를 도와주면 A에게 사탕 등 물질을 준다), 사회적 강화(사탕 대신 칭찬을 한다), 대리 강화가 있는데 물질적 강화는 연령이 낮을수록, 사회계층이 낮을수록 효과적이고, 사회적 강화는 그 반대의 경우가 효과적이다. 대리 강화란 보브인형실험에서 A가 때릴 때 어른이 그를 칭찬할 경우 A가 기분좋은 표정(강화받은 표정)을 할 때 이것을 관찰자가 보고 기분좋게 느끼는 경우이다. 대리 강화에서 남이 친사회적 행동을 하고나서 강화받는 것을 보고나서 관찰자가 친사회적 행동을 할 것이냐에 관한 연구가 브라이언의 연구인데 이 때 대리 강화도 그런 영향을 미친다고 한다. 브라이언의 연구에서는 아동들에게 미니 볼링게임을 시키면서 20점을 받을 때마다 3페니씩 주겠으니 그 돈을 가져도 좋고 기부해도 좋다고 이야기 해주고, 게임 전에 필름(자기와 같은 연령대의 소년들이 자기와 똑같은 지시를 받고 10회에서 5회를 20점을 받을 때마다 3페니에서 2페니를 기부하고 나서 즐거운 표정을 짓는 것)을 보여주었더니 이 필름을 보지 않은 아이보다 본 아이들이 더 많이 기부했다.

나. 모방(modeling)

앞서서 강화의 중요성을 강조하였으나 행동이 주어졌다고 해서 강화가 매번 이루어지는 것은 아니다. 누가 칭찬을 하지 않았는데도 사람들은 거지에게 적선을 하며(강화가 없어도 이타적 행동을 한다), 여기에는 모방에 주요한 작용을 한다. 천정환 교수가 이타적 해동을 하는 것을 본 다른 사라들도 천교수의 행동을 모방할 수 있다. 모방의 학습을 설명하는 심리기제(왜 모방이 친사회적 행동을 증가시키는가?)에는 다음과 같은 것들이 있다.

① 모델은 관찰자에게 친사회적 행동을 하는 사회규범을 기억하게 해주기 때문이다(자기는 거지를 도와주고 싶은 마음은 있으나 그 상황에서 그것을 기억 못하는데 모델이 거지를 도와주는 것을 보일 때 자기도 어려운 남을 도와주어야 한다는 규범을 기억해주기 때문에 기부를 한다).

② 모델은 특정상황에서 적절한 행동에 대한 정보를 주기 때문이다(천교수가 어려운 학생의 이야기를 들려주었을 때 이 상황에서 적절한 행동이 무엇인지 막연한데 이 때 한 학생이 일어나 천교수에게 이 돈을 그에게 기부하고 싶다고 말하면 이 때 적절한 행동은 기부라는 것을 알게 된다).

③ 모델을 통해서 강화를 받기 때문이다(모델이 기부하고 나서 강화를 받은 것을 관찰자가 보고 대리 강화를 경험해서 친사회적 행동을 증가시킨다).

(3) 이타적 행동이론

인간은 이기적이라고 하는데 왜 사람들은 남을 도와주며 또 어떤 이들은 남을 도와주지 않는가?

가. 교환설

서로가 서로에게 goods(좋은 것)을 주나 내가 남에게 goods를 주면 남도 하리라 기대하므로 이타적 행동을 한다. A가 B에게 좋은 것을 받았을 때는 A는 B에게 보상을 해야된다는 압력을 받는다. 교환설에서는 cost와 reward가 있다. 내가 기부하였을 때 cost는 기부금과 거기까지 가는 시간이고, reward는 기부함으로써 내가 받는 보상이다. 교환설에서는 인간은 가능한 많은 이득을 가지려 하고 따라서 타인은 자기가 원하는 것을 얻는 도구에 지나지 않으며 이타적 행동은 자기가 어떤 행동을 함으로서 보상을 받기 위한 도구적 행동이라고 본다(기부행위는 미래의 보상을 위한 도구적 행동이다). 따라서 외적 보상을 기대하지 않는 순수한 이타적 행동은 드물다고 한다.

나. 규범적 접근

어떤 사회에서는 기부의 규범이 있는데 이 때는 기부하되, 어떤 보상을 원해서가 아니라 도와주는 그 자체에 목적을 갖는 행동을 해야한다는 규범이 있다. 이런 규범이 있으므로 그 규범에 맞게 행동하려고 이타적 행동을 한다.

다. 발달적 접근이론

이타적 행동은 학습된 것이라 보며, 도덕적 판단의 발달과 타인의 욕구에 공감할 수 있는 능력의 발달에 따라 이루어진다고 하면서 학습의 기회를 강조하는데, 아무리 이타적 행동을 하고 싶어도 학습할 기회가 주어지지 않으면 이타적 행동이 나오지 않는다.

라. 문화적 접근이론

인간이 자기 집단을 보호하기 위해 적인 되는 것을 공격하고 서로 협동하고 희생하는 것이 대대로 전해지면서 이루어진 것이 이타적 행동이 되었다는 입장이다. 이타적 행동은 인간이 타고난 것이 아니라 인간 고유의 특성이 된 것이다(성격 이론에서는 인간이 밤을 두려워하는 것은 선천적으로 타고난 것이 아니라 고래로부터 밤은 무섭다는 것이 세대를 통해 내려오면서 선천적으로 타고난 듯이 되었다).

(4) 이타적 행동의 성립과정

다니엘 바하르의 패러다임에 따르면 이타적 행동은 먼저 지각과정(이 상황이 도움이 필요한가 아닌가 하는 지각상태)을 거치고 판단과정(판단과정에 영향을 미치는 요소는 개인적 변인, 상황변인, 도움을 필요로 하는 사람의 특성, 문화적 변인)과 결정단계를 거쳐 행동한다.

가. NES의 경우(Non Emergency Situation ; 긴급상황이 아닌 경우)

① 지각과정

지금 상태가 ES(Emergency Situation)인지 NES인지 구별해야 되는데 NES는 즉각적으로 어떤 행동이 필요한 것은 아니며 요구하는 행동이 명백하다(노인에게 자리 양보, 거지에 적선...). NES의 경우에 이타적 행동을 할 것인가의 여부는 그가 정말 도움이 필요한가 아닌가를 지각해야 한다.

② 판단과정

이것은 2가지로 생각할 수 있는데 먼저 '그가 왜 도움이 필요한가, 책임의 소재를 누구한테 귀인하는가'와 '내가 그에게 도움을 주면 나에게 오는 cost와 reward가 무엇인가'이다. 내적 귀인(건강한 이가 거지 노릇하면 게으르다고 귀인)보다는 외적 귀인(백발의 노인장애인이 도움을 요청할 때)일 때 더 많이 도움을 준다. Berkowitz의 연구에 의하면 도움을 필요로 하는 사람의 책임이 외적인 것에 있다고 볼 때 더 많이 도와준다고 한다. 그리하여 외적 귀인한 뒤에는 cost와 reward를 계산하여 판단하는데 이 때는 도와줄 때와 도와주지 않았을 때의 각각의 cost와 reward를 계산한다. 도와줄 때의 cost는 기부금이고 reward는 정신적 만족감 등이며 도와주지 않을 때의 cost는 심리적 부담감, 죄책감이고 reward는 하던 일을 계속하는 것이다. 따라서 cost가 높을 때는 덜 도와주고 reward가 더 높으면 더 도와준다. 이 때 cost－reward의 관계에 의해서만 도움 여부를 판단하는 것이 아니라 판단과정에 영향을 주는 변인에는 개인변인, 상황변인, 도움을 필요로 하는 사람의 특성, 문화적 변인 등 4가지 변인이 있다.

ⓐ 개인변인

성차에 대해서는 일반적으로 이야기 할 수 없으나 여자는 자기에게 힘이 드는 일과 모호할 때는 덜 도와준다고 한다(도움이 필요 없는데도 도움을 주었다가 무안당하는 것에 대한 cost가 크므로). 또한 도움을 요청하는 인종이 어떤 인종인가에 따라 차이가 있다고 하며 연령이 높을수록 타인을 더 많이 도와준다고 하나 이것도 어떤 종류의 이타적 행위인가에 따라 다르다(자리를 양보할 때는 50대가 20대보다 많이 하지 않는다). 성격과 이타적 행동과의 관계에 대해서는 보통은 관계가 있다고 생각하지만 더 중요하게 영향을 미치는 것은 상황변인이다.

ⓑ 상황변인

i) 타인이 도와주고 있느냐의 여부: 브라이언의 연구에서 여대생이 차가 고장나서 도움을 요청할 때 한 남자가 도와주는 장면과 여대생이 혼자 서서 도와달라는 장면에서 전자의 경우에 많은 이들이 지나가다가 도움을 주었다. 무론 이에 대한 반대의 연구, 즉 남이 도와주고 있으면 오히려 도와주지 않는다는 연구도 있다(∵자기에게 강요하는 것처럼 되어). 타인이 도와주고 있을 때 주위에서 더 도와줄 가능성이 많다면 그 이유는 모델이 있을 경우에 따라하기 쉽기 때문이다(저 상황이 도움을 필요로 한다). 또다른 이유는 모델은 우리에게 사회규범을 상기시켜주기 때문이며(다른 사람이 돕는 행동을 보면 도와주어야 한다는 사회규범을 상기한다) 또한 모델로 인하여 cost의 값이 내려가기 때문이다(남에게 도움을 주면 거절하여 당황하지 않을까하는 cost가 이는데 남이 이미 도와준다는 것은 이러한 cost가 크게 하락되므로).

ii) 이전에 남을 도운 경험: 과거에 남을 도와준 경험이 있는 사람을 같은 행동을 반복한다는 것으로, 이에 대한 프리드만의 연구가 있다. 보통 이전의 경험이 다음에도 똑같은 행동을 반복하게 할 것이라는 가정을 인정한다면 그 이유는 자기지각과(도와준 사람은 자기를 관대하다고 지각해 거기에 부응하기 위해 다음에도 도와준다) 자극의 특출성(경험자는 도움을 필요로 하는 사람의 행동이 독특한 자극이 되어 얼른 눈에 띄기 때문에 한번 도와주면 다음에도 도와준다) 때문이다.

iii) 자기가 도와주어야 할 때 타인의 존재여부 : 거지가 있을 때 혼자 걸어가는 경우와 여럿이 걸어가는 경우 중에서 전자가 더 많이 도와준다. 그 이유는 여럿이 가면 책임이 분산되어 심리적 갈등이 분산되므로 cost가 줄어들기 때문이다.

ⓒ 도움을 필요로 하는 사람의 특성

여자가 남자보다 더 많이 도움을 받는다고 하나 이것도 도움을 요청하는 행동이 무엇이냐에 따라 다르다. 도움을 필요로 하는 사람의 인종이 자기와 비슷한 인종일 때는 더 많이 도움을 준다고 한다(동족을 도와줄 때는 cost보다는 reward가 크므로). 이 때 남자가 같은 종족에 도움을 줄 때는 성차가 주요하게 작용하나(여자를 더 많이 도움) 남자가 다른 종족에 도움을 줄 때는 성은 중요하지 않다고 한다. 도움을 필요로 하는 사람의 연령이 많을수록 도움을 많이 받는다고 한다.

ⓓ 문화적 변인

각 문화마다 서로 다른 규범에 따라 이타적 행동에 차이가 있다. 또 같은 문화권 내에서도 사회경제적 지위에 따라 다르다.

나. ES의 경우(긴급한 때)

ES의 특징은 chasm(도움을 주면 나한테 해가 올 수 있는 cost가 크다), unusual(ES는 잘 일어나지 않는다), unique(각각의 ES가 독특하다), 예측불가능, 즉각적 행동을 요구하는 점 등이다. 긴급상황에서 이타적 행동에 관한 연구의 선구자인 Latane, Darley는 긴급상황에서 이타적 행동이 일어나는 자기의 설명을 Decision making model이라하며 남을 도와주는 것은 다섯 가지에 의해 이루어진다고 하는데 첫째 어떤 일이 일어났는가를 알아야 되며, 둘째 긴급상황인지를 결정해야 되고(길에 누운 자가 상습적인지 아파서 누운 자인지 판단) 도움을 줄 것인가를 결정하고 도움을 준다고 할 때 방법을 결정하고 그 다음에는 실행단계를 거친다고 한다.

Darley가 긴급상황을 실험으로 만들어 연구한 결과, 주위사람들의 수와 긴급상황의 관여여부는 관련성이 있었다. 즉, 긴급상황에서 주위에 사람들이 있을 때는, 주위에 사람들이 많을수록 도와줄 가능성이 감소되는 억제효과가 나타났다. 이렇게 목격자들이 있을 때 억제효과(책임의 분산)가 나타나 도와주지 않는 이유에 대해 Darley는 타인이 있을 때는 자기가 당황하게 될 상황을 피하려고 도와주지 않으며, 자기는 ES라고 생각하나 옆의 사람이 가만히 있다는 것은 급한 상황이 아니라고 생각하게 만들기 때문이라고 한다. 그러나 Darley의 연구는 실제상황이 아닌 실험실 연구라는 문제점 등이 있다. 이에 대해 필라빈은 Darley와는 반대로 모두가 협조적이고 책임분산의 효과가 없다고 한다. 필라빈의 가정은 인간은 위기상황을 보면 생리적 각성이 일어나고 그런 각성상태는 혐오적이므로 그것을 감소 또는 제거하기 위해 도움을 주거나 또는 그냥 지나가 버린다고 한다. 필라빈의 현장연구에서는, 지하철에서 1명이 술병을 들고 가면서 쓰러지는 상화에서 Darley의 연구와는 반대로 많은 사람(50%)들이 도와주어 책임의 분산효과가 없었다.

한편 ES에서 이타적 행동이 NES와 다른 것은 생리적 각성이 들어가는 것과 또한 판단과정에서 바로 책임소재(귀인)와 cost - reward를 계산하는 것이 아니고 명명화(labeling)가 들어간 점이다. ES에서 이타적 행동이 이루어지는 패러다임은 지각 → 생리적 각성 → 명명화 → 결정 → 행동의 단계를 거친다.

① 지각

먼저 사람들이 ES이라는 것을 알 수 있어야 한다. 이 때 도움을 요청하는 경우는 직접적 도움의 요청일 때가 간접적 도움의 요청일 때와 도움을 청하지 않을 때보다 많이 도와준다.

② 생리적 각성

그 다음에는 생리적 각성이 일어나는데 실제로 ES를 경험한 사람에게 후에 물어보니 굉장히 당황했다고 한다.

③ 명명화(labeling)

NES에서는 바로 책임소재로 갔으나 여기서는 명명화 단계가 들어간 점이 다르다. 누군가가 도움을 요청할 때 그 상황이 ES라고 명명해야 도움을 준다. NES의 경우에는 도움이 필요한 상황인지가 명백하나 ES의 경우에는 그것이 모호할 때가 많아 labeling이 중요하다. labeling의 단서가 되는 것이 주위의 행동이다. 이 상황이 ES인가를 알 수 없을 때 옆의 사람이 어떻게 행동하느냐에 따라 명며화가 달라진다. 명명화가 된 다음(ES이다)에는 책임소재가 결정되는데 외적 귀인이 되면 더 많은 도움을 주게 된다. 그 다음에 cost와 reward를 계산하는데, 도움을 줄 때의 cost(피해, 위험의 정도, 도움을 준다고 나섰을 때 효과가 없을 때의 자신감의 상실)와 reward(만족감)과 안도와줄 때의 cost(부끄러움, 자책감)와 reward(하던 일을 계속하는 것)가 있다. 이러한 명명화 단계와 판단과정에 영향을 주는 요소에는 개인변인, 상황변인, 문화적 변인이 있는데 개인변인에서는 성(남자의 경우는 상대가 직접적이든 간접적이든 도움을 요청할 때와 혼자 있을 때와 여럿이 있을 때는 차이가 없었으나, 여자는 상대가 간접적으로 도움을 요청할 때는 여럿이 있을 때보다 혼자 있을 때 더 도움을 준다고 한다), 인종(cost가 낮을 때는 인조의 차이가 없으나 cost가 클 때는 될 수 있으면 같은 종족을 도와준다), 환경(소도시에서 자란 사람과 중·하류층에서 자람 사람이 더 도움을 준다는 연구) 등이 있다. 상황변인은 NES의 경우와 비슷하며, 문화적 변인으로는 소도시의 사람들이 ES의 경우에 대도시민보다 더 잘 도와준다고 한다(∵소도시민들은 서로가 잘 알고 사회적 책임감이 크므로 도와주지 않으면 cost가 크게 발생).

(5) 답례행동

가. 개념

도움에 대한 보상으로서, 자발적으로 이루어져야 하고 외적 보상을 기대하지 않는 경우를 답례행동이라고 한다.

나. 이론

① Homans의 공정성 분배원리

기증인과 수령인의 이익/투자 비율이 일치하지 않을 때 수령인의 이익률이 클 경우 기증인에 대한 보답의 의무감에 비례해서 답례행동을 한다. 즉, 기증인(도움을 준 사람)과 수령인(도움을 받은 사람)의 이익/투자 비율이 서로 일치할 때,

$$\frac{\text{기증인의 이익(reward − cost)}}{\text{기증인의 투다}} < \frac{\text{수령인의 이익}}{\text{수령인의 투자}}$$ 가 되어

수령인의 이익률이 높을 경우에 기증인에게 보답해야 되겠다는 의무감을 느끼고 의무감에 비례해 답례행동을 한다(∵상호교환에서는 이익/투자의 비가 공정해야 하므로).

② Adams의 형평이론

$$\frac{\text{기증인의 이익(oupput)}}{\text{기증인의 input}} < \frac{\text{수령인의 output}}{\text{수령인의 input}}$$ 가 되면

불형평의 감정을 느껴 그 감정을 해소하기 위해 여러 행동(기증인과의 관계단절, 또는 기증인의 reward를 증가시켜 output을 증가시키는 등) 중에서 답례행동을 하게 된다(input은 Homans의 투자의 개념이고 output은 reward에서 cost를 뺀 것이다.

③ Gouldner의 답례이론

사회에는 답례에 대한 보편적 규범이 있으므로 그 규범 때문에 답례한다.

④ Greenberg의 부채이론

상대에게 도움을 받았다는 부채감은 유쾌하지 못한 각성상태를 유발하고 그것을 해소하기 위해 상대를 돕는다. 기증인과 수령인의 reward와 cost의 비에서 수령인의 것(reward에서 cost를 뺀 것)이 클수록 상대에 대한 부채감이 더 크고 또한 기증인의 도움행위에 대한 귀인에서 내적 귀인을 할 경우에는 더 부채감을 느낀다. 또한 기증인이 자발적으로 사적 동기에 의해 도움을 주었을 때가 더 부채감을 느끼며 타인에 의해 받는 cue(단서)에 따라 부채감의 크기가 결정된다(타인이 B에게 기증인인 A는 정말 순수하게 당신을 도와주었으니 당신도 보답해야 된다고 이야기하는 경우).

다. 답례행동의 성립과정

먼저 도움을 받았을 때 판단과정(기증인의 동기에 대한 귀인 ; 그가 왜

자기를 도왔는가? 또 cost와 reward의 관계), 그 뒤에 결정을 하고 보답행동으로 나아간다. 이때 판단과정에 영향을 미치는 변인에는 수령인과 관련된 변인, 기증인과 관련도니 변인, 이익과 관련도니 변인, 상황변인, 문화와 관련된 변인이 있다.

① 도움을 받은 상황

기증인이 자발적 또는 강요에 의한 것이냐에 따라 답례행동이 달라진다.

② 판단과정

기증인의 동기를 분석해 그가 자발적으로 한 것이고 외적 보상을 하지 않았을 때 더 답례행동이 많았다. 답례행동 시의 reward는 형평의 감정을 느끼는 것과 부채감을 해소하는 것이고 답례행동을 안했을 때의 cost는 불형평 감정을 느끼는 것, 의무감 등이 있다. 판단과정에 영향을 미치는 변인에는 수령인의 변인, 기증인의 변인, 도움과 관련된 변인, 상황변인, 문화와 관련된 변인 등이 있다.

ⓐ 수령인의 변인 : 일반적으로 남자는 답례지향적이다(도움을 받았을 때의 답례행동을 하는 경우가 더 많다).

ⓑ 기증인의 변인 : 기증인이 현재 갖고 있는 자원이 적은데도 도왔다면 순수하게 내적 동기로 보아 불균형 감정이 더 커져 답례행동을 한다. 또 기증인이 미래 자원이 더 많을거라고 생각되는 사람에게 더 답례행동을 하며 기증인과 수령인 간의 과계가 멀수록 더 답례를 한다(아빠가 해주는 것은 당연하게 생각한다). 기증인이 cost가 많이 들었다고 생각되면 상대에 대한 부채감을 더 느끼고 기증인에게 이전에 도움을 받은 경험이 있을 때는 더 답례행동을 한다(그와의 관계가 유지되리라고 보므로).

ⓒ 도움과 관련된 변인 : 기증인의 도움이 양적이든 질적이든 도움받은 것에 비례해서 더 답례하고자 한다.

ⓓ 상황과 관련된 변인 : 비공식적 상화에서 도움을 받았을 때 더 답례를 하고자 한다.

(6) 보상행동

가. 정의

상대에게 해를 주고 그 뒤 피해자에게 보상을 하는 것으로 자발적이고 보상을 하나 외적보상을 기대하지 않기 때문에 친사회적 행동으로 간주한다. 타인에게 해를 주면 심리적 갈등을 겪고 그것을 해소하려는 데서 보상행동이 나타난다.

나. 이론

① Calsmith의 죄의식론 : 타인에게 해를 끼치면 죄의식이 생기고 그 감정을 해소하고자 보상행동을 한다고 본다. Calsmith의 연구에 의하면 죄의식을 느꼈을 때 더 답례행동을 하려고 한다.

② 인지부조화이론 : Festinger에 의하면 자기가 갖는 신념에 위배되는 행동을 했을 때 느끼는 감정이 인지부조화이고 인간은 이 때 인지균형상태로 돌아가려는 노력이 이루어지므로 상대를 도와준다고 한다. Arons는 대개 인간은 자신에 대해 긍정적인 자아개념을 갖는데 해를 준 것은 자아존중감에 부정적이므로 긍정적인 자아 고양을 위해서 보상행동을 한다고 보았다.

③ 불형평(inequity)이론 : 인간관계에서는 형평의 관계를 유지하려고 하는데, 해를 준 것은 형평에 위배되므로 형평을 유지하기 위해 보상을 한다.

다. 보상행동에 영향을 주는 요인

피해자가 자기 앞에 있는가, 또는 피해자가 앞으로도 자기와 접촉을 계속 할 것인가 또는 보상의 적절성 유무(같은 정도의 능력을 가진 사람이 더 답례행동을 한다), 시간의 경과 등이 있다.

8) 성 역할(sex roles)

(1) 서설

아동이 양친 등에게서 자신을 동일시하여 성적 역할을 배우는 가장 기초과정이 성 동일시(sexual identification)로, 성적 동일시가 이루어지면 여기에서 성적 정체감(sexual identity)이 생겨나며 이 때 자기가 어떤 성에 속하다는 것을 느낀다(아동이 자기가 남자라는 것을 느끼는 것은 보통 2살부터로, 프로이트는 3살부터라고 하며 성기기에서 자기가 남자라는 성적 정체감이 형성된다고 보았다). 5세, 6세 때는 남자와 여자가 다르다는 것을 확실히 느끼는데 이런 성적 정체감에서 성 역할 고정관념(자동차 장난감을 갖고 노는 것은 남자의 역할, 인형을 갖고 노는 것은 여자의 역할)이 생기며 커서 성인이 되어서도 성적 고정관념을 갖게 되어 남성은 적극적, 독립적, 공격적 역할을 해야 하고 여성은 부드럽고, 복종적인 것이 정형적 역할이라고 생각한다. 이 때 성 정체감이 형성되지 않으면(남성이 자기가 아기를 낳을 수 있다면...) 문제가 심각하나 성 역할의 경우에는 큰 문제는 없다(오늘날, 남자나 여자가 하는 일은 거의 같다).

(2) 성 역할의 형성이론

가. 사회학습이론(Bandura)

사회학습이론에서는 2가지 심리적 기재가 있으며, 강화 또는 벌, 모방이 그것이다. 아동이 sex role을 배우는 것은 아동이 자기의 성에 맞게 행동할 때 주위에서의 강화(사내아이가 자동차 장난감을 사면 아빠가 칭찬) 또는 벌(사내가 소꿉놀이를 하면 엄마가 꾸중)을 통해서이다.

모방을 통해서도 성 역할을 배우는데 아동들은 탁월한 사람과 동성을 더 모방해 사내가 아빠를 모방하면서 남자의 역할을 배운다. 모방을 강조하는 이론에서는 프로이트와 유사한 부분이 있다. 프로이트는 성 역할 발달에서 동일시를 사용했는데 이 과정에서 크게 작용하는 것이 love와 fear이다. 성기기에서 아이들은 부모에 대해 콤플렉스를 느끼고, 사내아이는 엄마의 사랑을 독차지하고 싶지만 아빠에 대한 두려움이 있어 이 2개가 조화가 되어 해결책으로 자기도 아빠다와짐으로써 엄마의 사랑도 얻고 아빠와 대등해져 두려움이 해소되며 아이는 남자의 역할을 배워간다고 한다.

나. 인지이론

성 역할의 발달은 일정한 인지발달수준에 도달해야 된다고 한다. 남자아이는 먼저 성 정체감이 형성되어야 하고 그 뒤 자신의 성과 타인은 어느 성에 속하는가를 배우게 되고(자기가 남성이라는 것을 알게 되면) 그 뒤 자신의 성에 해당되는 또는 기대되는 행동을 알게 되면(남자는 자동차 장난감을 갖고 놀아야 된다) 강화나 모방이 없어도 그런 행동을 하게 된다는 이론이다. 즉, 인지이론에서는 일단 자신의 성을 알고 성 정체감이 형성된 뒤에 자신의 성 역할을 배우게 되면 자신이 남성이기를 원한다는 것이다.

(3) 성 역할 고정관념에 영향을 주는 요소

부모, 동료(peer), 매스미디어가 있는데 아동들은 성 정체감이 생기면 동성끼리 노는데 이때 peer가 강화를 한다(남자가 여자답게 놀면 친구들이 같이 놀아주지 않고, 남자답게 놀면 친구들이 같이 상대한다). 한편 오늘날 매스미디어는 고전적인 성 역할의 변화를 초래하는 원인이 되어 전통적으로 우리가 갖는 성 역할 관념을 변화시키는 요소가 되었다(드라마에서 주인공인 여자가 적극적, 공격적 행동을 할 경우).

(4) 남녀의 성차

전체적으로 지적 차이에서는 남・녀 차이는 없으나 언어능력은 청소년기까지는 여자가 우세하고 수나 공간능력은 사춘기 이후부터는 남성이 우세하다고 하며 공격성은 남・녀 차이가 가장 뚜렷하고(특히 신체적 공격성) 의존성과 동조성은 여자가 더 의존적이라고 하나 뒷받침할 연구는 없다. 리더쉽은 남자가 더 강하다 하나 증거는 없으며 민감성은 전통적으로는 여자가 더 강하다고 하나 남녀의 본질적 차이는 없으며 문화적 요소라고 한다.

(5) 성역할의 변화

남・녀에 대한 고정관념이 남・녀를 차별하게 만들어왔다. 똑같이 입사했으나 여직원에게 커피 심부름을 시키는 것 등이 그것이었다. 그러나 최근에는 그러한 성 역할에서 많은 변화가 왔다(외국에는 남자 수형자의 계호도 여자 교도관이 하는 곳이 많다). 이러한 성 역할에서 많은 변화가 생기는 원인은 출산과 가족계획을 자유로이 통제할 수 있어 여성 역할의 변화가 초래된 것에 있고 자녀 양육과 여성의 일에 대한 태도의 변화, 결혼관의 변화(이제 여성들은 결혼을 최후의 안식처로 생각하지 않는다) 등에 있다.

9) 동조(conformity)

(1) 개념

동조란, 가령 千定煥 교수가 길을 가다가 갑자기 교내 게시판을 유심히 쳐다보면 따라오는 학생들도 덩달아 게시판을 보는 현상처럼 실제 또는 가상의 인물이나 집단으로부터 압력을 받아서 자신의 행동이나 의견을 바꾸는 것이며 어떤 특정하게 정해지지 않은 사회적 기준을 따르는 것이다.

Asch의 실험에서는 지각에 있어서 객관적인 사실인데도 주위의 압력에 의해 자기가 갖고 있는 의견을 왜곡해서 타인과 같이 의견을 제시하는 것을 보여준다(과제가 쉬운 때도 동조가 일어남).

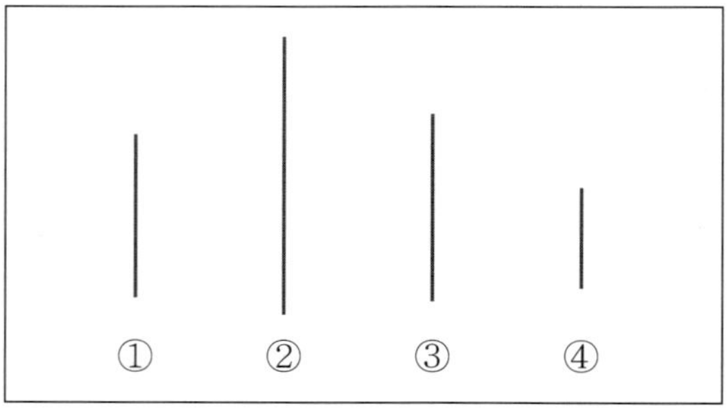

그림79 : 동조현상

위의 그림에서 ①과 같은 길이의 선을 물으니 앞에 있는 사람과 그 다음 사람이 모두 ②라고 대답했을 때, 즉 다른 사람들이 ②라고 대답했을 때 피험자의 35%가 역시 ②라고 대답한다(사실은 ③이 명백한데도). 이와 같이 ②가 아님이 명백한데도 피험자들이 앞의 사람들의 의견에 동조해서 ②라고 대답한다(이 경우는 상당한 압력이 주어진 경우이다).

에론스의 책에는 모호한 상황에서도 수천 명이 동조하는 현상을 보여주고 있다(갑자기 댐이라는 말이 나오고 그 말은 퍼져서 댐이 무너졌다라는 말이 나오며 동쪽으로 가라는 말이 나와 수천 명이 뛰기 시작했다).

(2) 동조하는 이유

가. 정보성과 신뢰성

모호한 경우에는 타인이 정보제공의 원천인데 타인은 내가 갖지 않은 정보를 가졌을 거라고 판단해서 타인이 정보를 제시하는 대로 따라한다(컨닝도 동조의 한 현상). 이 때 무조건 타인을 따라하는 것이 아니고 정보제공자의 신뢰성이 동조에 영향을 미친다(공부를 못하는 사람의 답안은 컨닝하지 않는다). 즉, 동조하는 것은 모호할 때 타인이 자기한테 그 상황에 적합한 정보를 제공하기 때문인데 이 때 정보제공자의 신뢰성 유무가 크게 작용한다.

나. 이탈의 두려움

인간은 집단에 속하는 사람들끼리 비슷해지기를 원한다. 이와는 반대로 제시로 이탈의 두려움이나 이단시될 우려 때문에 자기의 의사보다 남의 의사에 따른다는 견해도 있다.

다. 집단의 의견

특히 만장일치일 때는 최대의 동조를 얻는데, 가령 모든 수형자들이 같은 의견을 제시할 때는 압력이 크므로 이의를 갖는 사람도 쉽게 이견을 제시하지 못한다. 이 때 한명이라도 이견을 제시하면 동조비율이 1/2로 급감한다는 연구가 있으며 이 경우 이의제기자가 정답을 말하지 않아도 동조비율이 감소된다고 한다. 또 하나는 이견을 제시하는 자가 나중에 이야기할 때보다 먼저 이야기할 때가 더 동조비율이 감소한다(앞에서 A가 ①과 같은 길이가 ③이라고 이야기하고 나서 나머지 사람들이 ②라고 이야기할 때가 여러 명이 ②라고 이야기 한 뒤에 A가 ③이라고 말한 것보다). 이렇게 만장일치가 깨어졌을 때 동조율이 급감하는 이유는 한명의 이견제시는 정보에 대한 신뢰감이 떨어지는 것을 나타내므로 쉽게 이견을 제시할 수 있기 때문이며, 달리 생각하는 사람이 있다는 것을 알면 자신의 판단에 대한 확신감이 커지고, 이탈의 두려움이 훨씬 감소되기 때문이다.

라. 집단의 크기

집단의 크기가 동조에 영향을 주는데 집단 크기가 클수록 영향이 크리라고 생각하나 연구에 따라 다르다. 가령 감방에 2명만 있을 때 사실은 추운데 한명이 덥다고 하면 동조하지 않으나 10명이 있을 때 9명이 덥다고 이야기하면 자신의 올바른 의견을 수정한다. 이같이 여러 명이 있을 때는 동조가 많이 이루어지나 이것은 현장과 실험연구에서 차이가 있다. Asch의 실험연구에서는 2~16명의 남자를 대상으로 동조현상을 관찰하였더니 2명에서 3명이 있을 때 동조현상이 급증하고 3명에서 4명이 있을 때는 별로 차이가 없으며 4명 이상이 되나 오히려 감소한다고 하였으며, Geard의 연구에서는 남녀를 따로 해서 남자는 1명, 3명, 5명... 만장일치할 때와 여자는 2명, 4명, 6명...으로 만장일치했을 때 남자는 1명에서 3명으로 증가할 때 동조현상이 가장 급증했고 5명으로 할 때는 약간 감소하였으며 여자는 2명에서 4명으로 증가했을 때가 동조가 급증했다고 한다(Geard의 연구에서는 실험상황에서 결정적으로 작용하는 것은 3, 4명이다).

자연상황에서는 Milgram의 연구가 있는데 뉴욕시에서 실험보조원이(1-15명) 길을 가다가 고층빌딩을 1명이 보고 있으면 지나가는 행인들의 14%가 동조했고 2명일 경우는 22%가, 5명일 때는 40%가 동조했다(Asch와 Geard의 실험연구는 소속하는 집단이 하나의 독립된 단위를 형성하나 자연상황에서는 오가는 행인은 하나의 집단 단위를 형성하는 것은 아니라는 점이 차이이다).

마. 구성멤버

집단 구성원들이 전문가로 구성되어 있을 때와 개인에게 주요한 인물로 되어있는 경우에는 동조 압력을 많이 받는다. 전자는 정보의 신뢰성이 높기 때문이며 후자는 이탈에 대한 두려움 때문이다.

바. 집단의 응집성

집단의 응집성이 클수록 동조현상이 크다(집단에서 이탈에 대한 두려움이 크므로). 그리고 주어진 과제가 중요하다고 생각할수록 동조현상이 큰데 응집력이 가장 큰 경우는 10대의 gang이다(갱 : 모여있는 집단).

사. 개인의 특성

확신감이나 자존심이 클수록 동조가 적고 지능이 높을수록, 교육수준이 높을수록 동조가 덜하다.

아. 기타

문화적 차이에 관해 애론스는 노르웨이 사람이 프랑스인보다 더 동조한다고 보았다. 또한 성에 있어서는 실제 대면 대, 동조 강요 때, 만장일치 때는 여자가 남자보다 더 동조를 한다는 1960년대의 연구가 있지만 현재는 그렇게 단언하기가 곤란하다.

(3) 사회적 동조의 3형태

여기에는 순종(compliance), 동일시, 내면화가 있다.

가. 순종(복종)

① 개념

요청받은 것을 하고 싶지 않아도 하는 것을 말한다. 이 때 크게 작용하는 것이 상과 벌인데 상을 받고자, 벌을 피하고자 순종한다.

② 순종에 영향을 주는 요인

ⓐ 보수, 처벌, 위협 : 보통은 보수나 처벌 등이 순종을 하게 하는 요인이지만 Lepper의 연구는 보수를 많이 준다고 해서 항상 순종하는 것은 아니라는 것을 보여주고 있다. 레퍼는 매직잉크를 좋아하는 아이를 대상으로 A 집단에는 그것을 갖고 놀면 보수를 주겠다고 공언하고

실제로 주었고, B 집단에는 그런 약속없이 잉크를 갖고 노는 시간에 비례해 보수를 주었으며, 또다른 집단에는 약속도 하지 않고 보수도 주지 않았을 때 실제로 측정해보니 보수를 주겠다고 공언하고 약속지킨 경우가 훨씬 더 적게 잉크를 갖고 놀았다. 그것은 매직잉크를 갖고 노는 그 자체는 흥미로운 일이지만 그것을 갖고 노는 것은 보수를 받기 위해서라고 생각되어 매직잉크에 대한 매력이 감소했기 때문으로, 여기서 순종하게끔 보상을 주어도 한계가 있다는 것을 알 수가 있다.

ⓑ 모방 : 타인이 순종하는 것을 볼 경우에 자신도 순종하는 경향성이 증가하는데 이를 modeling 효과라고 한다.

ⓒ 상황으로부터의 압력 : 순종을 많이 할 수 있게 하려면 상대로 하여금 순종하기가 곤란한 상황을 만들어야 한다(순종의 압력이 커야한다). Milgram은 2명씩 짝을 지어 1명은 학생역, 1명은 선생역을 맡게 하고 선생에게 학생이 기억할 단어를 읽어주고 학생이 오류를 범할 때마다 전기쇼크(가벼운 것부터 아주 위험한 수준까지)를 주게 하는데 이 때 선생은 학생이 실수할 때 아주 위험한 전기쇼크까지 주었다. 즉, 밀그램의 연구에서 피험자들은 실험자의 요구에 응해서 극심한 상황까지 할 수 있다는 것을 보여주고 있고, 이 때 실험자의 권위(유명한 교수, 또는 주요한 실험이라는 것을 강조할수록)가 더 영향을 주며 또 실험자가 그 상황에 직접 있느냐 여부가 순종비율에 영향을 준다는 것을 알 수 있다(명령자가 옆방에서 선생에게 전화로 쇼크를 주라고 했을 때는 순종비율이 25%였다). 밀그램은 피험자들이 얼마나 권위있는 자에게 복종하는지 보여주고 있다.

ⓓ Hawthorne effect(호손 효과) : 호손 효과란 피험자가 실험자의 기대에 맞게 반응하는 것을 말한다. 실험을 할 때 피험자에게 관심을 주고 있다는 인식을 줄 경우에는 훨씬 동조하는 경향이 높다. 호손 공장에서 6명의 직원을 선택하여 작업조건을 제시(실제로 알고자 한 것은 작업조건이 다를 때의 생산량이다)하고 6명의 생산량을 측정하니 작업조건이 변화할 때마다 생산량이 증가했다(작업조건이 계속 변하면 피로해서 못할텐데도). 그것은 직원들이 자기들은 선택된 사람이라는 인식을 갖게 되고 6실험자가 기대하는 것은 우리의 생산량 증가

일 것이라고 기대를 갖게 되어 그에 부응해서 더 많은 생산량이 나온 것이다(수형자들에게 질문서를 돌릴 때 수형자들은 실험자가 요구하는 것은 이런 것일거라고 기대하면 본래 자기의 의사와는 달리 실험자의 취향에 맞게 반응하는 현상).

③ 순종을 증가시키는 방법

ⓐ Foot – in the door technique(발 들여놓기 기법) : 일단 작은 요구에 순종하게 만들면 더 큰 요구에 쉽게 순종한다는 것이다(프리드만의 연구). 그러나 반대로 먼저 큰 요구에 순종하게 만들려고 시도하면(머리 들이밀기 기법) 그 뒤는 작은 요구에는 쉽게 순종한다고 한다. 일하기 실험하는 수형자에게 하루에 물건 100개씩 만들라고 하면(보통은 50개 생산) 그는 부담을 느껴 거저하는데 이 때 하루에 55개만 만들라고 하면 순종한다.

ⓑ 개인행동에 명명하기(labeling) : 어떤 명칭을 사람한테 주고 그에 대한 이미지를 강화해주면 사람들은 자기에게 제공된 명칭과 가능한 일치하려고 한다(어느 수형자에게 교도관이 '성실하다'라고 명명하면 그는 계속 열심히 일한다). Kraut의 실험에서는 자선금을 내는 사람들을 한 집단에는 자선적이라고 명명하고 다른 집단에는 비자선적이라고 명명을 하니 앞의 집단은 자선을 계속했다.

ⓒ 동기유발 : 그 순간에 그것이 얼마나 관심의 대상인가? 관심이 많을수록 동기유발이 높고 따라서 동조성을 증가시킨다. 교정학을 공부시키려 할 때 교정직이 얼마나 매력적이고 그에게 관심의 대상이 될 수 있다는 것을 알게 하면 그 학생은 천정환 교수의 교정학 과목을 수강신청하게 된다.

나. 동일시

이것은 자기에게 주요한 역량을 주는 이와 같아지기를 바라기 때문에 나타나는 사회적 역량에 대한 반응이다. 자기를 주요인물과 동일시하여 내가 그와 같다고 생각함으로써 그와 만족한 관계를 유지할 수 있다. 순종과 다른 점은 순종에서는 상과 벌을 주는 사람의 힘이 중요하나 동일시에서는 그것이 없어도 동일시 현상이 일어나며 또한 동일시 대상이 되는 모델이 현재 자기 앞에 없어도 계속 지속되어 모델의 가치관과 사고는 현재의 자신에게 영향을 미친다(A 수형자는 강력한 카리스마를 가진 B 수형자가 동일시되고 싶은 모델이었는데 B가 먼저 출소해 없어도 모델링의 효과는 지속된다).

다. 내면화

동일시는 같아지려는 욕구에 의해서 그의 가치를 동조했으나 내면화는 이것이 더 발전을 해서 자기 스스로 올바른 사람이 되겠다는 욕구에 의해서 가치나 신념을 자기 것으로 갖는 것이다. 가령 수형자가 왜 행형법규를 지키느냐에 대해 규칙을 지키지 않으면 징벌을 받으므로 지킨다는 것이 순종이고, 자기가 모델로 삼는 교도관이 그것을 지키라 하므로 지킨다는 것은 동일시이며, 진정한 자신의 교화를 위해서는 규칙이 준수되는 것이 좋다고 생각하는 단계가 내면화의 단계이다. 순종은 영향력을 주는 사람의 power에 따라 순종의 강도가 결정되고 또한 상과 벌은 유효한 시기까지에만 유효하고 유효성이 없어지면 순종이 일어나지 않는다(부모의 체벌은 일정 연령까지만 유효하고 아동이 청년기가 되면 효력이 없다). 동일시는 동일시를 유발하는 강력한 요소가 있을 때 동일시의 지속성이 결정되고 그가 자기한테 주요인물인 한 계속 동일시되는데 이 때 모델이 바뀔 수도 있다(A 수형자는 처음에는 B 수형자가 모델이었으나 나중에는 교도관이 모델이 될 수 있다). 내면화는 새 정보를 주는 사람의 신뢰성이 얼마나 큰가에 따라 내면화가 다르다(전문가일 때 내면화의 영향을 더 받는다).

(4) 동조와 순종의 의미

기본적으로 동조나 순종을 하는 것은 자신이 올바르게 되려는 욕구와 타인의 기대에 부응하여 주류에 참여하자는 것으로, 따라서 기성세대와 다수집단은 동조를 좋아한다. 보통 동조는 바람직하고 동조하지 않으면 나쁜 결과(수형자가 규칙 위반시 징벌)가 되나 동조하지 않는 것이 항상 잘못은 아니다. 그러나 대부분의 상황에서는 동조하지 않는 것은 외로운 일이며 일단 동조나 순종을 하면 내면화가 되는 가능성이 증가한다(처음에는 수형자가 징벌을 피하기 위해 규칙을 준수했으나 지켜보니 좋다고 느껴 내면화될 수 있다).

10) 매스커뮤니케이션, 설득

(1) 서설

대중매체는 인간들의 태도에 직・간접적으로 영향을 준다. 인간들은 매스컴에 의해 설득당하고 매스컴에 의해 직・간접으로 자신의 태도와 가치관을 변화시킨다. 매스컴이 어떻게 우리에게 영향을 미치느냐에 대해 Hovland는 의사전달자, 의사전달, 표적(우리), 주위환경이라는 패러다임을 제시했다.

(2) 의사전달자(의사소통의 원천)

가. 신빙성

의사전달자가 문제영역에서 전문성이 있다고 지각되면 더 신빙성이 있다고 생각되므로 더 영향을 받는다. 의사전달자가 얼마나 전문성을 가지는가에 따라 우리의 태도에 변화를 주어 설득당할 수 있다는 것으로 그 예가 Hovland와 Weiss의 연구이다(의사전달자의 어떠한 전달내용이든 그가 전문성이 있나 없나, 내가 그를 신뢰할 수 있느냐에 따라 설득력이 달라진다). 이러한 전문성의 전이효과에 대해, 전문성을 가진 자가 그런 전문성과 유사한 영역에 대해 평가했다면 전이효과가 있어 신빙성이 있으나(유명한 천정환 교수가 교정학에 대해 평가했을 때) 그런 전문성과 반대의 영역에 대해 그가 평가했을 때는 그의 신빙성은 낮아져 전이효과는 없다(유명한 시인의 음악에 대해 평가시).

어떤 분야의 전문성을 가진 이가 의견을 제시했을 때 우리에게 영향을 미치는 이유는 다음과 같다.

① 감정전이설(학습이론)

어떤 전문가를 좋아하면 그에 대해 정적 감정을 갖게 되고, 그가 주장하는 메시지에 감정이 전이되어 긍정적 평가를 하게 된다.

② 메시지의 의미변화설(형태주의이론)

의사전달자와 그가 보내는 메시지가 연합이 되어 그가 보내는 메시지 자체의 의미가 변화되므로 대중의 의견에 영향을 준다. 가령, 교도소장에 대해 수형자들은 교정전문가이고 교화지향적이라는 이미지를 갖고 있는데 이 때 교도소장이 어떤 정책적 의견을 제시할 때 소장에 대해 느끼는 그런 이미지와 소장이 보내는 메시지가 연합이 되어 수형자들은 소장의 의견에 설득된다.

③ 신뢰성

이것은 의사절달자가 메시지를 전달할 때 어느 한쪽으로 편파되어 있지 않다고 사람들이 생각하는 것이다. 의사전달자가 어떤 태도로 이야기하는 것이 신뢰도에 영향을 주고 그것 자체가 대중의 태도 변화에 영향을 준다. 의사전달자가 개인적 이익과 상반되는 주장을 할 때 그를 신뢰하는 신뢰도가 증가한다(에론슨의 연구). 그리고 의사전달자가 타인의 의견에 영향을 주려는 의도가 내포되어 있지 않은 것처럼 보일 때 더 신뢰도가 증가하며 자발적으로 행동한 것으로 믿을 때 우리는 더 설득을 많이 당한다.

다. 의사전달자의 호감과 매력

의사전달자의 매력과 호감이 클수록 의사전달의 효과가 크다(대학교수보다 대중스타가 등장하는 광고가 그에 동일시되어 효과가 크다).

라. 준거집단

자기가 소속한 준거집단의 설득력이 커서 자신의 태도변화에 영향이 클 수 있다.

(3) 의사소통의 본질

가. 감정적 호소

애론스의 연구에는 논리적 호소보다 감정적 호소가 더 설득에 영향을 준다(충치 방지를 위해 불소를 수돗물에 넣자는 쪽은 의사를 통해 논리적으로 주장하고, 반대하는 쪽은 쥐를 그린 전단지를 통해 수돗물에 쥐약을 넣지 말자라고 감정적 접근). 그리고 감정적 측면과 관련해 의사소통으로 인해 겁을 많이 느낄수록 효과가 크다(흡연의 무서움). 의사전달의 공포감과 관련도니 연구는 Leventhal의 연구가 있다.

나. 일방적 주장

자신의 의견만 계속 주장하는 일방적 주장과 반대의 의견도 제시하면서 자신의 의견을 주장하는 양방적 주장 중 어느 쪽이 효과가 있는 가에 대한 것으로, 청중의 지능이 높을수록 양방적 주장이 더 효과적이었다. 또 청중이 본래 가지고 있는 본래의 입장에 따라 다른데 청중이 A라는 주장을 만이 갖고 있는데 전달자가 A를 주장하려고 하면 이 경우에는 일방적 주장이 효과적이고 전달자가 A를 주장하려고 할 때 청중이 B라는 주장을 많이 갖고 있으면 이 경우에는 양방적 주장이 효과적이다.

다. 의사전달자의 수

의사전달자의 수가 2인일 때, 먼저 말하는 것과 뒤에 말하는 것 중 어느 것이 더 효과적인가? 사회지각이론에서는 첫인상이 중요하므로 맨 처음에 강력히 주장할 때 효과적이라고 본다.

기억이론에서는, 앞에서 배운 것이 다음 학습에 도움이 되면 긍정적 전이, 다음 학습을 방해할 때는 부정적 전이라고 하는데, 앞에서 배운 것과 뒤에 배운 것의 시간 간격이 작을수록 간섭이 많아 소극적 전이가 크게 일어난다. 또 단기기억테스트에서 끝에 있는 것이 잘 기억되는 것을 말미효과(regency effect), 앞에 있는 것이 기억이 잘 되는 것을 초두효과(primacy effect)라고 한다.

2명의 의사전달자가 이야기할 때는 첫 번째와 두 번째의 의사전달자의 시간 간격이 짧으면 소극적 전이효과가 크게 일어나(간섭현상) 먼저 말하는 것이 효과적이나, 반대로 앞의 연설자와 두 번째의 연설자 사이의 시간 간격이 길거나 또는 2명의 연설자가 연설하고 나서 바로 청중의 의사결정을 해야할 때는 나중에 연설하는 것이 효과적이다(regency effect ; 최근효과)

라. 의견차이

A가 청중과 다른 의견을 갖고 있을 때, A가 극단적으로 자기의 의견만 주장할 경우와 청중의 의견에 맞추어 자신의 의견을 약간 변경할 경우가 있으면 보통은 의사전달자가 중간점까지는 청중과 의견차이가 클수록 청중의 의견변화가 많다(극단적으로 자기의 의견만 주장하면 청ㄹ중은 반응이 없다). 이 때 의사전달자에 대해 신뢰도가 클수록 영향을 주나 신뢰성이 중간 정도일 때 더 큰 의견의 변화가 온다(에론슨의 연구).

(4) 청중 자체의 특성

청중이 어떤 것에 대한 개입 또는 얽매임의 정도(commitment)가 클수록 매스미디어를 통한 설득은 어렵다. 또한 청중의 심적 상태에 따라 설득의 효과가 달라진다(수형자들이 흥분된 상태라면 교도관이 의견을 제시해도 설득효과가 없다). 또 면역효과로 청주이 이미 특정한 것에 면역이 되어 있으면 설득의 효과가 없다(가령 교도관들에게 당국이 교정 정책에 있어 응보주의 정책으로 세뇌시켰다면 이들은 응보주의에 대한 비판을 들어보지 못해 면역이 되어 있지 않아 교육형주의를 비판하는 주장에 쉽게 설득당한다). 또 청중의 개인적 특성에 따라 설득의 효과가 달라지는데, 자존심이 높을수록 설득적 의사소통에 덜 영향을 받는다.

(5) 상황변인

A가 갖는 생각과 다른 의사전달이 A에게 주어질 것이라고 사전에 경고하면 그렇지 않을 때에 비해 저항력이 커 자시의 생각을 변화시키지 않는다. 그 이유는 경고를 받은 자는 방어책을 쌓기 때문이다. 교도관이 수형자들에게 "10분 있다가 여러분이 운동시간에 족구를 해서는 안되는 이유를 말해주겠다"라고 사전에 알리고 10분 뒤에 들어가 말을 하면 사전에 경고받은 수형자들은 그렇지 않은 수형자에 비해 자신의 생각을 바꾸지 않는다.

한편 주의분산이란 교도소장이 수형자들에게 "여러분이 나의 의견에 반대하는 것을 안다"라고 말한 뒤에 자신의 주장을 이야기하면서 수형자들에게 영화를 보여주면 훨씬 설득력이 크다는 것으로, 이 때 너무 분산이 크면 설득의 효과가 없다(그 영화가 너무 재미있으면 수형자들이 소장의 의견에 열중하지 않기 때문에).

11) 편견

(1) 개념

편견이란 개입된 태도의 한 범주이며 편견을 갖는 이유는 다른 집단에 갖는 태도를 포함하기 때문이다. 집단적대감의 구성요소는 인지적 측면과 감정적 측면 및 행동적 측면으로 구성되는데, 고정관념은 집단적대감의 인지적 측면으로(고정관념 ; 곱슬머리는 사납다), 이것은 질서와 단순성을 성취하기 위해 현실을 왜곡시킨다(경상도 사람들은 무뚝뚝하다). 편견은 집단적대감의 감정적, 평가적 측면으로(잘못된 고정관념으로 어떤 집단의 성원을 나쁘게 보는 것 ; 일본인은 아주 약삭빠른 종족이다) 지각자는 타인을 개인 외에 그에 대한 정보나 사실에 근거하기보다는 그의 사회적, 인종적 범주에 근거해서 평가하는 것으로 비논리적, 비합리적이다. 차별대우란 집단적대감의 행동적 요소로 이것은 집단멤버십에 근거한 어떤 사람에 대한 생동적 수용이나 거부이다. 편견과 차별대우가 항상 동일한 것은 아니며 행동적 차별대우가 적으면서도 상당한 편견이 존재한다.

(2) 편견에 대한 이론

가. 사회적 수준이론

어떤 특징의 사회집단에서 언제, 어떻게 편견이 발전되는 가에 초점을 두는데, 개인보다 집단에 초점을 둔다. 사회적 수준이론의 주이론은 현실적 집단갈등이론이다. 이것은 두 집단이 부족한 자원 때문에 경쟁할 때에 서로를 위협하게 되고, 이것이 그들 간의 적대감을 일으켜 상호 부정적 평가를 일으키게 된다는 것으로 편견은 현실갈등의 자연적 결과이다. 현실적 집단갈등이론은 집단의 이익을 고려하여 주로 경제적 이익에 초점을 두어 집단을 취급한다.

나. 사회문화적 이론

어떤 특정 개인의 편견을 취급하지만 그 원인을 대인적 상호작용에서 찾으려 한다. 즉, 편견은 대인관계로 전달되는 것으로 보며 따라서 사회문화적 학습을 통해 습득된 규범의 일부라고 본다.

다. 개인 내 이론

개인의 편견에 초점을 두지만 그것의 원인을 성격, 다른 태도들 및 인지적 도식과 같은 내부원인에서 찾으려고 한다. 여기에는 인지적 일관성이론, 사회인지이론, 심리역학적 이론이 있는데, 인지적 일관성이론은 자기들의 기존의 성향에 맞추어 자신의 태도와 행동을 형성시킨다고 주장한다. 즉, 다른 이전의 태도들과의 일관성을 촉진시키기 위해서 편견적 태도를 형성한다. 사회인지이론에서는 지각자들은 타인에 대해서 유의미하고 구조화된 인상을 형성하려고 노력하고, 그것은 필연적으로 어떤 왜곡을 낳게 만든다고 한다. 심리역학적 이론은 개인 내의 동기적 긴장들에서 나온 것으로 분석하는데, 심리역동적 치료방법은 인종편견을 전위된 공격으로 취급한다.

(3) 편견을 줄이는 방법

초기의 사회화를 바꾸거나(처음부터 편견을 가르치지 않는다) 또는 적절한 접촉은 편견을 감소시키는데 이 경우 3가지의 필요한 조건은 밀접한 접촉이어야 하며, 협동적 상호의존이어야 하고, 접촉은 평등한 지위에서 이루어져야 한다.

12) 집단심리

(1) 집단지도자의 유형과 역할

Bales의 연구에 의하면 지도자에는 사회지도자와 과업지도자가 있는데 전자는 성원들을 칭찬, 위로, 화해하도록 하는 자이고 후자는 일과 관계된 지도자로 일하는 단계를 만들어내고 일의 분담을 지휘하는 말을 하고 집단의규율을 만들어내는 지도자이다. 일반적으로 집단에는 이 두 가지 유형의 지도자가 동시에 존재하는데, 사회지도자는 보통 1명이 계속 맡게 되지만 과업지도자는 당면과제가 달라질 때마다 바뀌는 경향이 있다

(2) 집단의 특성과 구조

집단이 커지면 대체로 집단의 응집도가 낮아진다. 집단의 응집도는 집단 성원이 집단에 대해 좋게 생각하는 정도를 말한다. 응집도가 높아지면 성원간에 통신의 양이 많아지며 통신의 내용도 협조적이고, 집단활동에 적극 참여하게 되며 서로간에 체면을 덜 차린다. 집단의 응집도를 높이는 요인은, 입단 철차의 까다로움, 집단이 성원 개인의 욕구를 충족해주는 정도, 집단이 집단 구성의 목표를 성취하는 정도 등이다.

집단구조란 성원들간에 존재하는 비교적 영속적인 관계를 의미하는데, 중요한 것으로는 권력구조, 통신구조, 친교구조가 있으며 친교구조와 통신구조는 사회도(sociogram)의 방법으로 알아낼 수 있다. 통신구조는 누가 누구와 정보를 주고받는지를 나타내는 구조로 여기에는 집중형 구조와 분산형구조가 있는데, 전자는 군대처럼 성원의 한 사람에게 정보가 집결되고 거기서 정보가 각 성원에게 퍼져가는 것으로 능률적 처리가 장점이나 주면에 있는 사람은 타인과 통신을 하지 않아 불만을 가질 수 있다. 분산형 구조는 핵심적 위치가 없는 구조로서 지도자가 쉽게 드러나지 않고 능률적으로 일이 처리되지 않으나 성원간의 소통이 자유로와 성원의 만족도와 사기가 높다. 권력구조에서는 전제적 집단과 민주적 집단이 있는데 연구에 의하면 전제적인 집단의 성원들은 더 공격적이며 지도자에 대해서도 적대감을 품었고 민주적인 집단의 성원들은 덜 공격적이고 지도자를 좋아했다.

(3) 집단과 과제수행

가. 사회적 촉진

zaionc에 의하면 혼자서 일을 할 때보다 집단 속에서 일할 때가 더 능률이 높아지다고 한다. 그러나 사회적 촉진현상은 수행과제가 간단한 작엽 또는 익숙한 것일 때는 발생하나 과제가 복잡하거나 생소하면 오히려 능률이 저하되는 사회적 억제현상이 발생한다.

나. 사회적 태만

여럿이 일하게 되면 개별적으로 할 때보다 덜 열심히 하게 되는 현상을 말하는데 이는 사회적 촉진과는 정반대의 현상으로 자신의 작업량을 스스로 평가해 볼 수 있을 때는 사회적 촉진이 발생하고, 그렇지 않은 경우에는 사회적 태만이 발생한다(여럿이서 교실을 청소할 때).

(4) 집단의사결정의 특징

가. 집단극화

Mascovicci와 Zavalloni에 의하면 집단에서 의사결정을 하면 원래 개별적으로 갖고 있던 태도보다 더 극단적 방향으로 의사결정을 하게 되는 현상을 말한다. 즉, 긍정적 태도를 가진 학생들은 더 긍정적으로, 부정적 태도를 가진 학생들은 더 부정적으로 변화한다.

나. 모험이행

집단적으로 결정을 하는 조건에서는 모험적인 대안의 선택이 더 많이 나온다는 것으로, 집단적으로 결정을 하게 되면 개인적으로 하는 경우보다 더 모험적인 방안을 선택하는 것을 말한다. 그러나 그 이후의 연구에서는 집단적 의사결정이 개인적 결정보다 오히려 더 보수적 경향을 갖는다는 결과가 나왔다. 따라서 이 현상들은 나중에 극단이행현상으로 불리우게 되었다. 집단토론을 통해 구성원들이 선호하는 가치가 모험지향적이면 모험이행, 보수지향적이면 보수이행이라는 극단이행현상이 발생하게 된다.

다. 집단사고

전문가들로 구성된 최선의 집단이 최악의 결정을 내리는 현상이다. 이러한 집단사고가 일어나는 원인은 강력한 지도자가 집단에 있을 때, 수행과제가 매우 복잡하고 결정을 내리기가 어려울 때, 매우 촉박한 상황에서 문제를 해야할 때 등인데 이러한 조건들에 놓인 집단은 최선의 해결책보다는 성원들간의 감정을 상함이 없이 만장일치적 합의를 이끌어내는 데 주된 노력을 들이므로 집단사고가 일어난다. 이런 집단사고를 방지하기 위해서는 성원들간의 상호비판을 허용하는 개방적 분위기를 조성하고, 집단을 어려 하위집단으로 나누어 토론하게 하여 종합하는 방식을 채용하며, 또한 합의한 방안을 재차 토론에 부치는 방안 등이 필요하다.

(5) 군중행동

사람들이 집단을 이루었을 때 나타나는 비합리적, 비도덕적, 퇴행적 행동을 군중행동이라고 한다. 군중행동시에는 남이 행동하는대로 자신도 공격적이 되는 사회전염이 일어나는데 이러한 군중행동의 특징은 몰아라는 것으로 설명이 된다. 몰아란 개인이 집단 안에 있을 때는 개인의 책임감을 상실하는 심리적 상태이다. 개인이 집단 속에 있으면 익명성이 보장되므로 몰아현상(책임분산)이 발생하는데, 군중 속에서 비도덕적 행동이 군중 속에 퍼지는 사회전염도 몰아현상이라고 한다.

2. 이상심리학

1) 좌절과 갈등

좌절이란 목족의 달성이 방해받거나 지연될 때 맛보는 경험으로 개인에게 좌절을 일으키는 장애라는 것은 심리적인 것으로 개인의 내재적인 욕구와 관련해서 존재하며 좌절의 원천에는 개인의 신체적 특징, 지적 차이, 사회경제적 지위, 욕구충족활동에 대한 방해 등이 있다.

Coleman과 Hammen은 좌절의 근원으로 자원의 부족, 상실, 실패, 생애 대한 무의미감, 행동 과정의 지연(시간의 지연)을 들고 있다. 갈등이란 두 가지 이상의 상반되는 목표에 달했을 때 일어나는 것으로 갈등은 욕구좌절의 근원이 될 수 있는데 대립되는 두 목표 중 어느 하나가 만족되면 다른 하나는 좌절을 가져온다. 갈등의 기원에는 문화의 상반되는 가치의 존재, 양립할 수 없는 목표, 금지와 욕망의 상충, 개인의 희망과 능력의 불일치가 있다.

Lewin이 분류한 갈등장면에는 다음과 같은 것들이 있다.

가. 접근 – 접근갈등

두 대상 모두가 긍정적 유인가를 가질 때 생기는 갈등이다. 어느 한 목표를 결정하려고 하면 vector의 힘이 한쪽에 강화되어 선택에 불안이 적어 갈등상태가 심각하지 않으나 개체가 한쪽 목표를 충족하면 반대 목표의 vector가 다시 강해진다. 금희는 평소 교정공무원이나 교사가 되고 싶었는데 두 군데 모두 합격해 어느 하나의 선택에 곤란을 겪는 경우이다.

나. 접근 – 회피갈등

긍정적 유인이거나 부정적 유인가를 갖는 것이 동시에 제시될 때 느끼는 갈등으로 이것을 적극적으로 해결 못하면 긍정적 유인가 때문에 욕구가 남아, 긴장이 지속되면 신경증 같은 부적응 행동이 나타난다. 가령, 현금을 주고 물건을 사려고 할 때 느끼는 갈등이 예인데 그것을 사고 싶지만 또 한편으로는 현금이 아까워 사고 싶지도 않는 경우이다. 이 갈등은 멀리 있는 경우에는 긍정적 유인가가 우세하나 가까이 갈수록 부정적 유인가가 크게 작용한다(여자는 마음에 드나 장모를 모셔야 되는 경우에 망설이는 경우). 천정환이 영숙에게 청혼하고 싶으나 거절당하면 자존심이 상할 것 같아 망설이고 있을 때 느끼는 갈등이다. 갈등의 유형중 스트레스 해소가 가장 어렵다.

다. 회피 – 회피갈등

부정적 유인가를 가지는 것이 2개가 제시될 때 나타나는 것으로 직접적으로 해결 못하면 도피하는 행동이 나타나는데 일시적 기능장애나 공상의 세계에 일시적 도피를 하나 이것에 의해서도 갈등이 해소되지 않으면 진장의 계속으로 부적응 사태가 난다. 학원에 가서 교정학 공부를 하기가 싫고, 그렇다고 학원에 안가고 집에 있으면 엄마에게 책망을 받을 경우 느끼는 갈등이다. 이 유형은 도피의 형태로 문제해결을 얻고자 하는 갈등과 관계된다. 가령, 주현이는 교정공무원이 되기 위해서는 교정학 강의를 들어야 한다고 생각하나 공부가 너무 싫었다. 그러나 놀자니 마음이 괴로웠다. 그는 학교에 가지도 않고 놀지도 않고 양로원에 가서 무료로 배식하는 일을 도와주었을 때 무료배식일이 바로 도피행동이다.

라. 이중접근 – 회피갈등

이것은 접근 – 회피갈등이 양방향에서 작용할 때 나타나는 갈등으로 가령 아버지는 교정직 공무원을, 어머니는 일반행정 공무원을 하라고 하는 상황인데 교정공무원이 되면 아버지는 좋아하겠으나 어머니는 싫어하실 것이고 일반공무원을 하겠다고 하면 어머니는 좋아하겠지만 아버지는 싫어한는 경우이다.

2) 스트레스

가. 서 설

이것은 갈등이나 욕구장면에서 경험하는 심리적 압박으로 이것의 약간은 좋으나 장기간되면 생리적 문제(두통 등이 나타나는데 스트레스에 대한 생리적 반응은 ACTH라는 부신피질자극호르몬과 스테로이드라는 부신피질호르몬이 관여된다), 인지적 문제(자존심의 저하), 행동적 문제(능률이 하락되고 대인관계가 곤란), 정서적; 심리적 문제(분노, 초조감) 등을 야기한다.

나. 스트레스의 강도에 영향주는 요인

① 상황요인

여기에는 예측가능성, 통제가능성, 사회적 지원, 평가 등이 있다. 예측가능한 사건이라면 그렇지 않은 사건에 비해 스트레스의 강도가 약하며 어떤 사건을 통제할 수 있다고 생각하면 스트레스를 적게 받는다. 가령, 교정공무원 시험에 떨어진 사건에 대해 다시 1년간 공부할 수 있는 돈과 자신감이 있다고 생각되면 큰 문제가 안되나 당장 돈이 한 푼도 없으며 상황이 절박해 이 사건을 통제할 수 없다면 스트레스가 크다. 그리고 직접 어떤 사건을 통제할 수 없다고 해도 다른 사회적 지원을 받을 수 있다면 스트레스의 강도는 약해지는데 위의 경우에 친구나 애인이 경제적으로 지원해주거나 심리적 지원을 해주면 스트레스는 줄어든다. 또한 사건의 평가는 정반대의 행동을 하게 하는데 낙방이라는 자극상황을 다르게 평가(이번에는 위낙 적게 뽑아서 탈락했으나 내년에는 많이 채용할 예정이므로 조금만 하면 합격할 수 있다라고 평가)하면 스트레스가 줄어들 수 있다.

② 개인적 요인

똑같은 낙방이라는 스트레스 상황에 대해서도 개인에 따라 스트레스를 적게 받을 수도, 많이 받을 수도 있다. 스트레스에 대한 저항적인 성격요인에는 몰입성(자기가 하고 싶은 일을 하면 아무리 노동시간이 많아도 스트레스를 적게 받지만, 하기 싫은 일인 경우에는 노동시간이 적어도 스트레스를 많이 받는다), 통제성(통제감이 높은 사람은 스트레스를 덜 받는다), 도전성(도전성이 강한 이는 낙방해도 그것을 긍정적으로 보므로 스트레스를 덜 받는다) 등이 있다.

다. 스트레스에 대한 신체적 반응(Selye의 견해)

Selye는 스트레스를 일단의 증상을 유지하는 심리적, 생리적 상태로 보고 스트레스에 대한 생리적 반응를 경고반응, 저항단계, 소진단계를 거친다고 한다(경고반응, 저항반응, 소진단계를 일반적응증후군이라고 한다). 교정공무원 시험에서 낙방한 것을 확인했을 때의 신체적 반응이 경고단계로 이것은 충격과 역충격으로 이루어지는데 충격단계에서는 체온과 혈압이 낮아지고 근육이 이완되며 역충격단계에서는 최초의 충격이 진정되면서 엔돌핀의 분비로 통증이 감소되고 상황에 대처하게 된다. 이러한 신체의 생리적 반응에도 불구하고 스트레스가 지속되면 신체는 저항단계로 돌입된다. 저항단계에서는 스트레스 유발자(stressor)에 대한 저항역이 생기는데 이 때 ACTC와 스테로이드의 분비수준이 증가한다. 그런데 이때 또 다른 스트레스 유발자가 새로이 도입되면 신체는 이것에 더 이상 효과적으로 작용할 수 없게 된다. 즉 저항단계의 특징은 처음에 제시된 스트레스 유발원인에 대한 저항은 증가되나 신체의 전반적인 저항력은 저하된다.

유해한 스트레스가 그래도 계속되면 이것이나 다른 새로운 스트레스에 대한 신체의 저항력은 결국 소진되는데(소진단계) 이 때는 면역반응이 약화되고 더 이상 ACTC와 스테로이드가 분비 안되며, 경고단계에 나타난 증상들 중의 몇 가지가 다시 나타난다.

라. 심리적 스트레스의 유형

여기에는 압박감, 불안, 갈등,좌절 등이 있는데 압박감과 불안을 살펴보면 압박감은 내적압력(자존심의 고양) 또는 외적 압력(가족의 기대, 사회의 급변, 타인과의 경쟁) 때문에 느끼는 긴장상태로 사람들은 압박감의 원인을 스스로 안다. 그러나 불안은 왜 불안한지 모르는 경우가 많은데 불안은 특성불안(성격특성의 일종)과 상태불안(특정 사회적 장면에 의해 생기는 불안 : 면접 전에는 상태불안이 증가했다가 면접 뒤에는 감소하는 것)이 있는데 Martinez－Urrutia의 연구는 두 가지 불안의 성질을 보여준다(특성불안은 특정장면과 관계없이 일정하다). 불안은 그 원인불명이 많아 대처하기가 곤란하나 상태불안은 위험의 예상에 의해 생길 수 있다는데 가령 번지점프를 할 때의 불안보다 번지점프 하기 직전의 불안이 더 크다고 한다. 프로이트는 객관적 불안(환경에서 지각된 위험에 대한 현실적 반응)과 신경증적 불안(개인 내에서 이루어지는 무의식적 갈등)을 구별했는데 그는 신경증적 불안은 id의 충동과 그것을 억제하는 superego 사이의 무의식적인 갈등의 결과라고 말한다.

한편 Watson은 불안이나 공포는 학습된 반응(정서적 조건반응)이라 한다. 불안에 대처하기 위해서는 불안을 유발하는 상황을 재인식해 변화시켜 그 장면을 직접 다루거나 불안을 유발하는 상황 자체를 직접 다루지 않고 불안감으로부터 개인을 방어하는 것이다.

마. 스트레스의 완화방법

가장 근본적인 해결은 관용성을 키우는 것이며 그 외에 이완훈련(근육이완훈련, 영상훈련법), 약물사용과 음식물의 조절, 요가와 명상법, 바이오 피드백 등이 있다. 이런 방법들은 방어기제와는 달리 의식적인 수준에서의 자기관리 또는 통제기법이라는 특징을 가지고 있다. 위에서 영상훈련법이란 자신의 아름다운 과거를 회상함으로써 편안한 상태를 되살리는 것이며 바이오 피드백은 측정기구를 이용해서 신체 생리적 변화를 조절하는 방법이다. 한편, Benson은 이완반응으로 조용한 환경 － 눈감기 － 편안한 자세 － 숫자세기를 언급하고 있다.

바. 스트레스 대처벙법

스트레스에 대한 직접적 대처에는 공격(불편한 상황을 해소하려고 노력하는 것으로 유머와 자기표현도 우회적 공격의 일종이다), 태도 및 포부수준의 조정(자신을 변화시키는 것으로 융통성과 타협과 관계된다), 철수(불편한 상황으로부터 피해버리는 것)가 있고 방어적 대처(스트레스 상황을 종식시키거나 획득할 수 없는 것은 원했던 것이 아니라고 믿는 것)가 있다.

3) 욕구좌절에 대한 반응

첫째로 공격성이 나타날 수가 있는데(물리적, 언어적 공격) 좌절을 일으키는 대상을 모를경우와 좌절의 대상이 너무 강력할 때는 직접 공격하지 못하고 그 공격성이 다른 대상으로전이되어 가는데 이를 전이된 공격성 또는 전가라고 한다. 둘째로 욕구좌절의 원천이 피할수 없다는 것을 이전에 학습하면 학습된 무력감을 느끼는데 이것에서 벗어나는 방도는 자기 스스로가 무엇인가를 해야 된다. 셋재로 퇴행을 들 수 있는데 퇴행이란 문제해결에 실패하면 어린 시절의 미숙한 행동양식으로 돌아가는 것으로 극심한 억압 하에서는 이것이 나타난다.

4) 방어기제

가. 서 설

방어기제란 욕구의 발동과 이의 억압에서 오는 불안과 긴장을 해소하여 또 자아의 방위를목적으로 무의식적으로 이루어지는 적응수단으로 id의 욕구를 시기와 방법을 적절히 고려하여 간접적으로 충족시키기 위해 마련된 편법으로 방어기제를 쓰고 나서 현실적 행동이 따라야 적응적이라고 한다.

나. 유 형

① 합리화

자기 행동이 동기를 은폐하기 위해 사회적으로 용인되는 구실처를 붙여 자기의 행동을 설명하여 자기를 유능하게 보이려는 수단이다. 가령 교정직 시험에 낙방한 자가 자신의 실력 부족을 인정하면 자존심에 해가 되므로 이번에 교정학의 출제는 교정학의 출제범위를 벗어난 형사정책에서 다 나왔기 때문에 낙방했다고 하여 자신의 행동을 정당화시키는 것이다. 여기에는 목표과소평가인 sour grape(먹고 싶으나 먹을 수 없는 포도를 신포도이므로 안먹겠다)와 목표과대평가인 sweet lemon이 있다. 후자는 A 교수의 강의는 맞지 않아 듣기 싫지만 그의 강의를 그래도 듣는 것이 자신의 취업에 유리하다고 생각해 듣기 싫은 강의를 듣는 행위를 정당화시킨다(인정하고 싶지 않은 것을 인정해야만 할 때 그것의 가치를 높이는 것). Sour grape의 예에는 선에서 퇴짜맞은 자가 그녀의 학벌이 너무 낮다고 평가해 자존심을 지키는 것처럼 바라는 것을 얻기 어려울 때 그것의 가치를 깎아내리는 것 등이 있다.

② 투사

불안의 원인을 외부세계로 돌림으로써 불안을 제거코자 하는 것으로 목적은 일종의 합리화 현상으로 신경증 불안을 감소하기 위한 수단이다. 즉, 자신의 감정이나 동기를 타인에게 돌림으로써 불안에서 벗어나고자 하는 것으로 투사의 특징은 감정의 주체가 바뀌는 것이며 유형에는 비합리적인 것에 대한 비난, 개인의 성격 결함을 타인에게 찾는 것, 자신의 결함을 남에게 전가하는 것 등이 있다.

③ 주지화

부인의 다른 형태로 감정적 혼한상태를 인정하기보다 위협조건에 관한 지적 분석을 하는 경우이다. 의사가 자신의 부인이 갑자기 중상을 입었을 때 마치 남처럼 태연하게 위기에 처한 부인을 수술하는 것으로 혼란한 감정에서 자신을 떼어놓는 것이다.

④ 감정전이

감정을 한 대상으로부터 다른 대상으로 옮겨가는 것으로 여기에는 i) 억압된 감정을 다른 대상에 옮겨 감정을 이완하는 것, ii) 환경여건 때문에 표현할 수 없는 감정을 다른 대상에 옮겨 감정을 만족시키는 것(아빠에게 꾸중들은 아이가 자신의 동생을 때리는 것)이 있다. 전이의 방식은 사회적으로 용인되는 방향이며 이때 유사의 정도가 멀어질수록 만족도는 낮다(아빠에 대한 감정을 엄마에게 풀면 만족도는 높으나 강아지를 때리면 만족도는 낮다). 그리고 전이에서 특수한 것으로서 감정적, 정서적 장애가 신체적 증상으로 나타나는 경우도 있다.

⑤ 억압

성격의 안정에 위협을 주는 충동, 감정을 의식 밖으로 밀어내어 무의식적으로 방벽을 쌓는 과정으로 프로이트에 의하면 selective forgetting mechanism이라고 한다. 이는 대체로 자신도 모르는 사이에서 일어난다. 사촌누나에 대한 성적 상상을 무의식적으로 억압하여 반사회적 행동을 자제하게 된다. 억압의 극단형태가 기억상실증이다. 싫은 사람과의 약속시간을 잊어버리는 것이 그 예이다. 한편 억제는 바람직하지 못한 생각과 충동에 대한 의식적 통제로 억압과 동일한 목적이나 개인적 의도가 있다는 것이 다르다. 이상 위에서 말한 합리화, 투사, 감정전이, 주지화, 억압, 억제 등은 기만형으로 자신의 실제 감정을 왜곡시키거나 변명한다는 점에서 기만형이라고 한다.

⑥ 보상

이것은 열등감정을 느끼고 있는 특성을 극복하기 위해 동원되는 수단으로 직접적 방법으로 욕구의 만족을 취하는 것(말더듬이가 나중에 훌륭한 웅변가가 되는 것)과 간접적 방법으로 욕구의 만족을 취하는 것이 있다.

⑦ 치환

치환은 일종의 보상행위이다. 어떤 목표에 대한 욕구가 어떤 장애에 의해 도달행동이 저지될 때 그 목표와 일정한 관계가 있는 다른 목표를 달성함으로써 본래 욕구를 만족시키는 것이다. 또한 애정이나 적의를 직접 표현할 수 없자 금희와 비슷한 용모를 가진 자를 사랑한다든지 딸이 없는 가정이 이웃집의 딸아이를 끔찍이 사랑하거나 암컷 고양이에 집착하는 경우, 직장의 과장에게 질책받고 굽신거린 남편이 집에 와서 아내에게 신경질을 내는 경우 등이다.

⑧ 반동형성

치환기제의 특별한 형태로 충동이나 욕구의 파생물인 불안의 에너지를 그 대립물에 집중시킴으로써 의식면에서 감추는 것이다(자신의 본심과는 정반대로 행동함). 경쟁자를 지나치게 칭찬해 자신의 불안한 마음을 감추거나 성욕이 너무 강한 자가 성관계를 혐오하는 것, 전처의 자식을 후처가 지나치게 사랑하는 것 등이 그 예이다. 바람을 피운 남편이 밉지만 남편이 데리고 온 아이에게 굉장히 잘해주는 것 등으로 반동형성은 어떤 동기를 그 반대로 표현하여 원래의 동기를 은폐하는 것을 말한다.

⑨ 승화

가치있는 대상을 통하여 욕구를 충족시키는 기제로 승화과정을 통해 발산되지 못한 찌꺼기는 노이로제가 되기도 하나 또 한편으로는 더 높은 문화적 욕구의 원천이 되기도 한다. 용납되지 않는 욕구가 사회적으로 용납되는 형태로 바뀌는 것이다. 프로이트에 의하면 성적, 공격적 충동이 사회적으로 용납되는 형로 바뀌는 것이 승화이다(나체그림 그리는 것, 무용). 예술과 학같은 작품은 승화의 결과로 볼 수 있다. 또한 공격적 충동은 축구와 같은 공격적 스포츠를 통해 표현될 수 있다. 이러한 보상, 치환, 반동형성, 승화는 대체형의 기제로 이들은 원래의 욕구가 충족 안되어접근 가능한 다른 대상에서 욕구를 간접적으로 충족하는 것들이다.

⑩ 퇴행

욕구를 현실적으로 충족시킬 수 없을 때 어린 시절로 후퇴하는 행동을 함으로써 자아를 방어하는 기제이다(토론에서 진 사람이 울음을 터뜨리는 경우로 이것은 어릴 때 울면 엄마가 욕구를 채워준 과거로 돌아가는 경우이다). A 어린이가 동생이 태어나 엄마의 관심이 동생에게만 가니 A 어린이가 아무데나 소변을 누는 행위도 퇴행에 들어간다. 이 때 주의를 집중시키기 위해 퇴행되는 행동을 주의집중지제라고 한다. 즉, 어릴 적에 만족했던 행동양식에 다시 의지함으로써 현 상황에서의 위협이나 불안을 해소시키는 방어기제이다(정신병 환자가 어린이의 행동을 보이는 것). 즉, 퇴행이란 복잡한 현실의 어려움을 극복할 수 없을 때 어릴 때의 행동으로 돌아가는 것으로 아동과 성인에 다 나타나며 자기노력으로 안될 때는 옛날에 자기가 가장 만족한 때로 돌아가려는 과거지향적 특성을 갖는다.

⑪ 부인(denials)

고통스러운 환경이나 위협적인 정보를 거부하는 것으로 대학을 수석졸업한 사람이 자기보다 못한 사람은 다 9급 교정직 시험에 합격했는데 자신만이 낙방했을 때 "뭔가 잘못되었어"라며 불안으로부터 도피하는 것이다.

⑫ 백일몽

현실 불만의 욕구를 상상적인 만족으로 채우는 것으로 정신이완의 역할을 하는데 자신을 성공적 인물로 생각하는 경우(comparing - hero - style)와 자신을 가련한 주인공으로 생각하는 경우(suffering - hero - style)가 있다.

⑬ 운동성 히스테리

괴로운 상태에서 잘 벗어날 수 있는 신체적 증상을 발달시켜 자아를 방어하는 것으로 고의적으로 아픈 척하는 꾀병과는 달리 실제로 아픔을 느낀다.

⑭ 동일시

개인이 자기를 어떤 사람이나 집단 또는 소속의 감정적 유대를 강하게 가짐으로써 후광효과를 받아 만족케 하는 것이다(고시에 떨어진 아버지가 자식의 합격 때 자신도 성공한 것처럼 느끼는 것과 엄마가 딸의 미모를 자랑스럽게 여기는 경우). 동일시는 투사와 대립된다(투사는 바람직하지 않은 것을 남에게, 동일시는 바람직한 것이 자기에게 비추는 것이다).

ⓐ 나르시스틱 동일시(narassistic identificiation) : 자기의 용모, 계, 취미 등과 비슷한 사람과 동일시하는 것이다.

ⓑ 목적지향적 동일시 : 욕구 불안으로부터 벗어나고 싶은 욕망이 이미

목표를 달성하고 있는 대상과 동일시하는 것이다.

ⓒ 대상 상실 동일시(obzect – loss – identification) : 집착해온 대상을 소유할 수 없는 경우에 대상에 동일시함으로써 그 대상을 되찾고자 하는 것이다.

ⓓ 공격자와의 동일시(Bettelheim의 표현) : 잠재적인 적의 요구에 복종함으로써 징벌을 피하고자 하는 수단으로 권위, 법, 질서에 동일시하는 것이다. 미운 아버지와의 갈등을 해소하기 위해 아버지에 오히려 숭배하는 태도를 가지는 것, 포로들이 자신들을 학대하는 간수들의 언어와 행동양식을 모방하는 것 등이다. 프로이트는 어린이들이 부모와 동일시하는 이유를 자기방어로 설명한다. 이상, 백일몽, 퇴행, 부인, 운동성 히스테리, 동일시는 회피형의 방어기제이다(위협적인 사태로부터 자기를 도피시킴으로 안정을 찾는 것).

5) 정신병리(심리적 장애)

(1) 서 설

정신병리란 사회적으로 적절하게 행동할 능력이 없어서 그 행동의 결과가 자신이나 사회에 부적응을 일으키는 것이라고 정의할 수가 있다. 이런 심리적 장애를 결정하는 기준에는 일탈성(정상적 행동으로부터 많이 벗어난 행동), 부적응성(어떤 행동이 생활의 부적응을 초래하는 것), 심리적 고통감(심리적 고통을 장기간 경험할 때 이를 심리장애로 본다)의 3가지가 있는데 이 중 어느 하나의 기준만으로 심리적 장애를 판단하지 않고 두 개 이상을 가지고 심리적 장애를 판단한다고 한다.

(2) 정신병리의 모형

의학적 모형에서는 심리적 장애를 병으로 보므로 고치는 방법도 의학적 치료를 내세우며 여기서는 심리장애보다 정신장애, 내담자보다는 환자라는 용어를 사용하는데 정서문제는 의학적 치료로 치료될 수 없는 한계가 있다. 정신분석학적 입장에서는 이상행동에는 무의식적동기가 있다고 본다. 그래서 무의식적 욕구로 된 id와 도덕적 자아인 superego 간의 갈등을 현실자아인 ego가 이들 사이를 잘 조정 못하면 심리적 장애가 유발된다고 하며 여기에서는 환자 자신에게 무의식적 과정을 알도록 해주어야 이상행동이 치료된다고 본다. 행동주의에서는 인간의 모든 행동은 학습(조건형성에 의해)된 것으로 보고 따라서 이상행동의 원인도 잘못된 학습에서 찾는다. 따라서 행동수정요법으로 이상행동을 치료해야 된다고 본다. 인지적 입장에서는 사건에 대해 잘못 해석 또는 왜곡된 신념체계 때문에 이상행동이 나온다고 보며 인본주의에서는 현실적 자아와 이상적 자아 사이의 괴리가 이상행동을 유발한다고 본다. 즉, 자기실현이 봉쇄된 결과가 심리장애라고 본다.

(3) 심리적 장애의 분류와 증상

보통 정신병리의 분류는 미국의 정신의학회에서 발행한 『정신장애의 진단 및 통계 요강: DSM』과 세계보건기구에서 발행한 국제질병분류체계(ICD)가 있는데 현재는 DSN－IV(4판)이 가장 최근(1992) 모형이다(DSN－IV 진단체계의 다중축에는 전반적 적응수준, 의학적 상태, 심리사회적 스트레스, 임상증후군, 특정한 방어 기제가 있다) 여기서는 우리에게 익숙한 분류인 DSM－II의 기준에 따라 정신병, 신경증, 정신장애, 성격장애 기타(정신신체질환, 성적 일탈, 약물중독)로 나눌 수가 있다.

가. 정신병

이것은 현실과 환상을 구별할 수가 없고 환각과 망상을 경험하며 자신은 통재할 수 없어 방치하면 사회나 개인에게 불리한 상태로, 원인에는 기능적 정신병(심리적 이유)과 기질적 정신병이 있다. 정신병은 성격이 와해되고 현실과의 접촉이 희박하며, 개인적, 사회적 기능이 크게 손상되며, 사고와 감정, 행동이 극단적으로 이탈되며 환각을 경험하며 증상과 행동에 대한 이해가 결여되어 있다. 그러나 신경증은 부적응적 회피행동으로 개인적, 사회적 기능이 약간 손상되었으며 환각은 없고, 사고나 감정, 향동이 극단적으로 이탈되지 않는다. 현실감각이 있고 자신의 부적응행동을 이해는 하나 변화시킬 수 없다는 느낌을 갖는 점에서 정신병과 구별된다. 기능적 정신병의 종류에는 다음과 같은 것이 있다.

① 조울증

이는 조증(흥분상태)과 울증(우울)을 교대로 경험하는 것으로 순환성 정신병이라고도 하며 실제로는 어느 한쪽만이 나타나는 경우가 보통이다. 원인에는 유전적 특성, 정신분석학적 설명(유아 때의 어떤 경험이 나주에 조울상태를 유발), 학습된 무력감, 학습이론(환경이 적응행동에 대한 보상을 제공하지 못할 때)이 있다. 증세로는 조증은 아주 흥분된 상태로 자신에 확신을 갖고 강박관념, 망상을 갖고 모든 충동을 표현하며 우울한 느낌을 피하기 위해 반동형성을 쓴다. 울증은 무력감, 낙심, 무관심, 무가치감이 특징으로 이것이 신경증의 우울증과 다른 것은 이것은 환상, 망각이 수반되는 점이다.

② 망상증

이는 논리적으로 일관되어 있지 않으나 사고과정에서 엉뚱한 생각이 체계화되어 관련도니 체계를 만들어 확실히 믿는 것으로 과대망상, 피해망상, 조종망상(누가 자기를 조종한다), 관계망상(모든 일을 자신과 관계되는 일로 현실을 지각)이 있는데 치료는 불안요소를 제거하고 자유를 구속하지 않고 신뢰감을 주도록 조심성 있는 치료를 해야 한다.

③ 정신분열증

이는 현실을 왜곡하고 사회적 관계가 단절되고 사고, 감정, 지각이 혼란도니 정신병으로 특징으로는 인지적 측면에 장애가 발생해 사고과정이 파괴되어 논리적 일관성이 없고 연산과 기억에도 장애가 있으며 정서적 혼란, 적절한 정서반응을 못하며, 적절한 대인관계를 맺지 못하고, 있는 그대로 지각 못하고 주관적으로 반응하며 현실로부터 유리되어 자폐적 사고과정을 겪는다. 여기에는 단순형(사고과정은 퇴화되었으나 환각과 망각은 없는 상태), 파괴형(환각과 망상이 체계화), 긴장형(정신분열증의 일반적 증상 외에도 기괴한 동작으로 오랜시간 동안 있다), 편집형(외적 귀인을 하며, 과대망상이 체계화되고 투사경향이 강하고 현실적 근거없이 자기 판단에 확신이 대단하다)이 있다. 정신분열증의 원인에는 심리적 요인(인생경험이론), 유전적 생물학적 요인, 그리고 위의 두 요인들의 상호작용으로 보는 것도 있다.

④ 편집증

원인으로 심리적 요인으로는 죄책감, 열등감 등이 있다. 망상(객관적 증거가 없는데도 끈질기게 떠오르는 강렬한 신념)이 체계적으로 조직화되어 내적 논리가 유지될 때 편집증이라고 하며 특징은 망상체계가 잘 작동하고 조직적이다. 편집증 환자는 경멸한 행위에 대한 원한을 오랫동안 풀지 않고 사소한 문제에 대해 소송을 자주 제기한다.

나. 신경증

이것은 불안을 일시적이나마 해결하려는 반복적 행동으로 일상적으로는 적응된 행동을 하나 자기 자신으로는 부적응된 행동을 보이는데 현실문제 해결은 되나 똑같은 문제해결에도 여러 증세가 수반되는 것이 특징이며 여기에는 불안신경증, 공포증, 강박증, 전환증 등이 있다.

① 불안신경증

모든 신경증에는 불안이 공통특성이나 여기서는 불안이 표면에 나타나는 점에서 불안이 다른 증상에 의해 가려지는 다른 신경증과 다르다. 불안신경증 환자는 급성불안발작이 있고 또한 유동불안(아무 이유없이 막연히 불안)을 보인다. 불안신경증의 원인에는 학습이론에서는 처리할 수 없는 외적 사상에 대한 반응으로 설명하고 프로이트는 위험한 충동이 무의식에 억압되어 있다가 나타나려 하여 불안하다고 한다.

② 공포증

공포증은 불안증과 달리 어떤 대상이 있어 그 대상에 대해 공포를 느끼는 것으로 어떤 대상에 대해 불합리하면서 강력한 공포를 느낀다. 원인에 대해 보상, 경험, 관찰을 통한 학습, 정신분석학적 설명(개인의 충동이 위험을 초래하는 것에 대한 방어로서 내적 갈등을 어떤 대상으로 이전시킴으로 공포증이 나타난다고 설명) 등이 있다.

③ 강박증

이는 불합리한 행위를 수행하려는 끈질긴 충동(강박행위 ; A가 길을 가면서 누가 자기 발을 밟으면 자기도 그 사람 발을 밟아야만 자기가 행복해진다고 생각해 그의 발을 밟고 마는 것) 또는 불합리한 생각을 떨쳐버릴 수 없는 강박관념 때문에 괴로움을 당하는 것으로 현실생활에 적응하나 효과적인 적응을 하지 못하는 것으로 이렇게 강박행위를 하는 이유는 강박행위가 그들에게 혼란도니 세상에서 통제와 질서감을 부여해주기 때문이다.

④ 전환증

내적 갈등을 신체적 증상으로 전환함으로써 불안에서 벗어나려고 하는 것으로 생리적 근거가 없이 운동기능이 마비되는데 본인은 내적 갈등 때문에 마비가 오는 줄은 모른다. 전환증은 고통의 원인을 모르며 거의 불안을 느끼지 못하나 꾀병은 피하려는 갈등상황을 알고 있어 갈등을 경험한다. 한편, 전환증의 하나인 히스테리는 신체적 고통을 수반한다. 전환 히스테리는 갈등장면에서 도피하는 것으로 이차이득이라고도 한다(시누이가 동서간의 갈등으로 괴로워하다가 갑자기 동서 앞에서 기절한 것은 전환 히스테리의 보기이다).

⑤ 신경성 우울증

원인에 대해 Rogers는 이상적 자기상과 현실 자기간의 괴리, 프로이트는 표현해도 되는 감정을 표현하지 못하는 경우라 하고, 학습이론에서는 보상원의 상실로 행동이 강화받지 못해서 그렇다고 본다. 그들 자신이 우울한 근원은 알지만 왜 그렇게 지나친 반응을 하는 지를 모르며 우울한 감정이 오래 지속되어 정도가 심각해 현실적 불안이 수반된다(충격적 사태 후 차츰 우울하게 되면 신경성 우울증이다).

⑥ 해리증

기억의 일부를 원래의 자기에서 분리해 불안을 유발하는 상황과 관련된 것들을 피하려는 시도로 3가지가 있는데 첫째, 둔주란 기억상실증과 신체적 도피가 결합된 것으로 둔주상태가 끝나도 그동안의 일은 이해못한다. 둘째, 기억상실로 과거에 관한 전부 또는 일부분의 기억을 잊어버리는 것이다. 셋째, 다중성격으로 이는 정서적인 외상 또는 스트레스에 의해 생기는 것으로 동일인이 상황에 따라 전혀 다른 사람이 되어 생활하는 것을 말한다.

⑦ 심기증(건강염려증)

신체적 증세에 지나친 반응을 보이는 것으로 이것이 심하면 실제로 증상이나 질병이 발생한다.

⑧ 실존적 신경증

생에 대한 가치를 회의하는 것이 지나쳐 우울증을 초래해 생의 의미에 무감각해지는 현상이다.

다. 기타 심리장애

① 정신신체질환

이는 긴장이 지속되면(정서적 원인)기질상의 손상은 없으나 기능상의 장애가 있는 것으로 생리적 변화를 수반한다. 정서적 요인에 의해 신경성 피부염이 생기며 정신신체적 질병이 호흡기(천식)로 나타나는 경가 있고 불안 그 자체만으로도 위궤양이 생긴다는 예도 있다(책임을 무겁게 지는 중역 원숭이가 위궤양에 많이 걸린다.

② 성적 일탈

이것은 사회적으로 비난받는 방법으로 성관계를 갖거나 성적 만족을 얻는 것으로 여기에는 성대상도착 등이 있다. 성대상도착이란 성대상이 잘못된 것으로 수간, 자위행위 등이 있다(Fetishism). 성목표도착이란 성적 쾌감이나 종족 번식이 목표가 아니라 다른 것이 목표가 되는 경우로 sadism, masochism, 노출증, 관음증 등이 있는데 새디즘(성적 가학증)은 타인에게 괴로움을 주면서 성적 쾌락을 얻는 것이며 매조키즘이란 상대방으로부터 괴로움을 당함으로써 성적 만족을 얻는 것을 말한다(동성애는 DSM - Ⅱ에서는 성도착으로 간주되었으나 이제는 더 이상 성도착으로 분류되지 않는다).

③ 성기능 장애

성기능이 정상적이지 않은 것으로 불감증과 조루증이 있다.

④ 성격장애

이것은 사회적 관점에서 볼 때 장기간 지속되는 일단의 부적응적인 행동패턴인데 특징은 충동적 행동경향, 자기중심적이며, 도덕감이 결여되었고,

타인에 대한 애정이 결여되고, 거짓말을 잘 하고 스릴을 추구하며 벌에도 행동의 변화가 없으며 의존적 또는 미성숙한 성격을 보인다. 성격장애에는 반사회적 성격과 경계선 성격이 있는데 반사회적 성격은 성격이 반사회적 특징인 것을 말하며 경계선 성격이란 성격이 불안정하고 일관성이 없어 때와 장소에 따라 다르게 행동하며 감정, 행동이 불안정하다.

⑤ 발달장애

여기에는 학습장애와 자폐증이 있는데 전자는 나이, 교육수준 등에 비해서 기대되는 수준보다 성적이 낮게 나올 때를 말하며 자폐증이란 타인과의 의사소통이 곤란하고 활동과 관심이 현저하게 제한되어 있는데 이들은 자기중심적 언어의 사용, 타인에 무관심, 의식적 행동, 반복적 행동, 정신지체 등의 현상을 보인다.

⑥ 약물중독

약물을 남용하면 신체적 의존성과 정신적 의존상태를 유발하는데 신체적 의존상태의 특징은 약물에 대한 내성과 투약중단에 따른 증상이 있다. 심리적 의존성은 학습된 요구를 의미하는데 이는 불안을 완화시키기 위해 약물을 습관적으로 사용하는 것을 의미한다. 약물에 자꾸 의존하면 성격이 퇴화되어 현실감각이 없다. 중독성을 가지는 향정신성 약물에는 진정제(술), 흥분제(코카인, 카페인, 암페타민), 환각제(마리화나, LSD), 마취제(헤로인, 몰핀)가 있다.

라. 심리치료

여기에는 정신분석적 치료, 행동치료, 인지치료, 인간중심적 치료, 집단치료 등이 있다. 이와 같이 심리치료에는 여러 형태가 있으나 모든 치료법은 통찰력을 높이고, 역동적 갈등을 해소시키며 자기 만족감과 개인적 안정감을 증대시키며 방어기제에 의지하는 정도를 감소시킨다.

① 정신분석학적 치료

프로이트가 만든 기법으로 여기서는 이상행동이 의식화되어 제대로 적용되어야 할 것을 무의식으로 넣어 긴장이 유발되는 데서 온다고 한다. 무의식적 자료를 끌어내기 위해서 자유연상, 꿈 분석, 실수 분석을 사용하는

데 이들을 통해 무엇을 무의식으로 몰았는가를 알 수 있다. 즉, 심리치료는 무의식화되어 의식 속에 잠재양상으로 작용하고 있는 여러 갈등과 좌절의 요소를 깨닫고 이를 의식화하는 작업인데 의식화 작업에는 자유연상, 꿈의 분석 등이 있다.

자유연상이란 억압된 동기를 알아내는 기술로, 환자의 자유연상을 통해 저항, 전이, 꿈의 내용이 얻어지는데 이 과정에서 환자는 상징화되고 변장된 억압내용을 표출하며 카타르시스를 경험한다. 이 때 치료자는 변장된 환자의 진술내용을 원래 의미를 가진 내용으로 밝혀내어 설명해 준다. 자유연상 도중에 저항이 발생하는데 저항내용은 환자가 의식 내에 표현함으로써 ego를 불안케 하는 것으로 이 때 저항을 적게 하여 무의식적 자료를 쉽게 끌어내는 방법이 보조적 방법인 최면치료이다. 이러한 최면치료는 환자가 정상적으로 회상할 수 없는 사건의 본질을 알아내는 데 쓴다.

전이란 자유연상 도중에 환자가 성장초기단계에서 해소하지 못한 감정을 치료자에게 옮겨가는 현상으로 환자는 치료자에게 사랑 또는 증오하는 감정을 드러낸다. 이 때 치료자는 호나자의 그런 감정의 의미를 환자에게 해석해주면 환자는 문제의 핵심을 이해하는 통찰을 경험하고 이를 통해 현재의 자기의 증상을 극복하기 시작한다.

이러한 정신분석기법은 많은 비용이 들고 치료자에게 고도의 전문성이 요구된다.

② 행동치료(행동수정기법)

행동수정가들은 전통적 치료법(정신분석학, 비지시적 치료)에 대해 비난을 했다. 그들은 치료자의 주관적 판단에 의존하기 때문(치료자가 보기에 괜찮다고 하면 치료되었다고 한다)에 비난하고 그것들은 특별한 치료효과가 없다고 비판하면서 행동치료가들은 행동장애 밑에 깔린 역동성보다는 행동장애를 일으키는 실제로 붕괴된 행동에 관심을 둔다. 따라서 여기에서는 이상행동의 이면에 숨어있는 내적인 본질에는 관심이 없고 부적응을 일으키는 행동 그 자체에 관심을 가져 바람직한 행동을 조성하고 바람직하지 않은 행동의 제거에 관심이 있다. 여기의 기본원리는 학습기제원리를 사용하는 것이며 이것은 조건형성원리에다가 인간의 인지능력도 이론화시킨

사회학습이론을 포함해서 사용한다. 여기에는 혐오치료, 체계적 둔감법, 행동조성, 표현훈련이 있다. 이러한 행동수정기법은 속마음의 변화에는 관심없고 원인은 묻지 않고 증상만 치료(술먹는 행동)해 외형적 행동을 강조하며 미래지향적이다. 이 기법은 수비고 단기간에 효과를 보지만 고쳐진 행동이 장기간 지속될 수 없는 문제점이 있다.

a. 혐오치료

알콜중독치료에 쓰이는데 술과 혐오자극(전기자극)을 짝지워 술을 먹을 때마다 전기쇼크를 주어 술에 대해 회피하도록 조건형성시킨다.

b. 체계적 둔감법

체계적인 단계를 통해 불안증이나 공포증을 치료하는 것이다. 이것은 자율신경계의 원리를 이용한 것인데, 즉 교감신경의 흥분을 억제하는 이완상태유지훈련을 하여 어떤 경우에도 이완상태를 유지할 수 있다면 어떤 상황에서도 불안반응을 보이지 않는다는 것이다. 여기에는 Wolfe의 상호억제방법이 쓰인다. 이것은 뱀에 대해 공포를 느끼는 자에게 이완훈련을 계속시키면 나중에 뱀에 대해 이완과 긴장이라는 2개의 반응이 경쟁상태가 생기고 이완훈련을 계속하면 나중에는 긴장반응을 억제하고 이완상황이 온다는 것이다. 체계적 둔감화란 불안위계를 만들어(개미→파리→바퀴벌레→쥐→뱀) 놓고 환자를 이완시킨 다음 낮은 자극상황에서부터 자극을 제시함으로써 불안을 극복케 하는 것이다. 가령 이성관계에 공포를 느끼는 자에게 불안위계(여자사진→근접→만나는 것→키스→포옹→성관계)를 만들어 놓고 처음에는 여자 사진만 보아도 긴장하는 자에게 이완훈련(relax) 시키면 이완과 긴장이 경쟁하다가 긴장이 사라진다. 즉, 작은 공포에 대해 쉽게 학습(둔감화)시키고 조금씩 공포를 느끼는 것에 차츰 둔감(이완훈련)화시켜 계속적으로 상위 위계로 올라갈수록 체계적 둔감화시키면 나중에는 sex에 대해 긴장반응을 이완반응이 눌러 둔감화하게 되어 성관계에 대한 공포증이 치료된다. 다시 말해 체계적 둔감법은 역조건 형성을 이용해 공포증을 치료하는 기법이다(하나의 조건반응이 더욱 새로운 조건반응과 대체되는 것이 역조건 형성이다).

c. 행동조성

이것은 Skinner의 조작적 조건형성원리를 이용해서 부적절한 행동을 없애는 방식이다. 나쁜 습관을 교정하는데 효과적인데 가령 수형자가 나쁜 행동을 하면 벌을 주고 착한 일을 하면 토큰을 주어 일정수의 토큰이 모아지면 휴가, 외박 등 혜택(이런 것을 강화라고 한다)을 준다(이를 토큰경제라고 한다). 이렇게 되면 교도소가 바라는 최종목표에 가깝게 행동조성이 된다. 행동조성이론은 자극과 반응을(S – R 이론) 직접 연결하여 학습하는 점에서 개인의 내적 감정을 중요시하지 않는다.

d. 표현훈련

자기 감정을 잘 표현못하는 환자에게 그가 그의 의견을 솔직히 표현할 때 칭찬, 보상 등의 강화를 하면 자기 표현능력이 향상되어 환자의 열등적, 소극적 성격을 적극적 성격으로 개조하는 데 도움을 준다.

마. 인지치료

여기서는 심리적 장애를 설명하는데 있어서 인간의 의식과정(이를 인지과정이라고도 한다)을 중요시한다. 즉, 사상에 대한, 또는 사건에 대한 개인의 지각을 중요시한다(가령, 수형자가 교도소에 있는 동안 그의 부인이 외도한다는 사실을 전해들은 수형자는 그런 사건(사상)을 정절을 중시하는 사회에서 있을 수 없는 일이라고 지각하면 흥분하거나 우울하여 심리적 장애를 겪지만, sex란 인간의 본능이므로 부인의 외도도 있을 수 있다고 지각하게 되면 우울증이나 불안에 걸리지 않아 심리적 장애를 겪지 않는다. 여기에는 Ellis의 합리적 정서치료와 Beck의 인지치료기법, 인지사회학습적인 사회치료기법이 있다.

① Ellis의 합리적 정서치료

Ellis는 신념이나 생각이 인간의 행동이나 감정에 영향을 미칠 수 있다는 가정 하에 심리적 장애를 가져오는 비합리적 신념을 찾아 교정하게 되면 우울증 등의 심리적 장애를 고칠 수 있다고 한다. 가령, 수형자의 부인은 남편이 교도소에 있지만 자신은 어떤 상황에서도 순결을 절대로 지켜야 한다는 도덕적 신념을 갖고 있는데 그녀가 실수로 외도했다 하면 스스로를 용서할 수 없어 자기학대와 우울, 불안 등의 심리적 장애를 가지게 된다. 이 때 치료자는 그녀의 그런 신념이 절대적 진리는 될 수 없다는 것을 깨닫게 하고 rfj한 비합리적 신념을 바꾸게 하면 그녀의 이상행동이 고쳐진다는 것이다. 즉, 심리적 장애의 선행사건(외도)이 바로 심리적 장애를 일으키는 것이 아니라 그 사상(외도)을 어떻게 지각하느냐의 신념체계 때문에 심리적 장애를 유발할 수도 안할 수도 있다고 본다.

② Becker의 인지치료기법

Becker는 심리적 장애를 겪는 자들은 대개 왜곡된 인지나 사고, 태도 등이 있다고 보고 이러한 부정적인 인지나 사고를 변화시켜야 심리적 장애가 치료된다고 보았다. 그러한 부정적 인지의 예에는 자신을 무능하다고 인식하거나 자신이 겪는 세계가 온통 부정적이라는 인식 등이 있고 왜곡된 인지의 예에는 이분법적 사고(실무율적 사고), 과잉일반화, 임의적 추론, 선택적 추상, 개인화 등이 있다고 한다. 이분법적 사고를 하는 수형자는 만일 자신의 아내가 외간 남자와 만났다는 사실을 알게 되면 전부 아니면 전무라는 사고를 하여 반드시 외도했다고 부정적으로만 생각하여(건전한 이성관계라는 중간적 영역을 생각 안한다)흥분하거나 우울증을 겪는다. 임의적 추론이란 위의 예에서 아내의 이성과의 만남에 대해 외도에 대한 확실한 근거도 없으면서 외도했다고 임의적으로 결론을 내린 것이다. 선택적 추상을 가진 수형자는 부분적 사상(事象)여기서는 이성과의 만남)에 치중해서 판단을 하는데 가령 그의 아내가 시부모와 아이들에게도 항상 정숙한 태도를 보이고 또한 공인중개사 학원에서 남자 학원생과 만남을 가진다는 사실을 듣게 되면 한쪽 부문(이성과의 만남)에만 치우쳐 아내가 외도했다고 믿는다.

③ 인간중심적 치료(인본주의 치료)

ⓐ 로저스의 내담자 중심치료 : 여기서는 환자(내담자)가 스스로 문제를 풀어나가게 돕는 것이 치료자의 목적이다. 여기서는 치료자는 내담자의 태도나 말에 대해 진실로 수용하고 있음을 보여주며 이 때 내담자는 자신을 발견하고 수용한다고 한다. 즉, 치료자는 환자가 표현하는 긍정 또는 부정적 감정을 있는 그대로 받아주면 환자는 더 많은 감정

과 충동을 표현하게 되고 이 과정에서 환자는 자기이해와 통찰이 깊어지게 된다고 한다. 여기서는 상담가가 주도권을 잡는 지시적 치료가 아니라 내담자가 상담의 주도권을 잡는 비지시적 치료기법을 쓰며, 과거보다 현재를 중시하며, 지적인 면보다는 정서적 면을 중시하는데 많은 비용이 드는 문제점이 있다.

ⓑ 실존주의적 치료 : Bingswanger와 Boss가 주장한 실존주의 심리학에서는 인간들의 내적변화를 중시하며, 인간들이 존재불안감을 갖는 이유는 협소한 인간관계를 갖고 있고 자신의 현 존재를 알지 못하므로 그렇다고 하므로 인간들은 현재 상황에서 자신의 현 존재를 깨닫게 해야 한다고 한다. 여기서는 수형자나 또는 심리적 장애자가 철저하고 정직하게 그의 현재 환경을 이해하도록 돕는 현상학적 연구과정이 치료방법이다. 따라서 그들의 내면적 변화를 우선해야 하며 그들에게 인생에서 추구하는 것이 무엇인지, 무엇이 자신을 그렇게 만들었는지에 대한 해답을 얻도록 도와주어야 한다. 치료자는 그들이 자신의 현 존재를 받아들이도록 하고 자신의 존재이유를 깨닫게 하고, 자신의 세상을 자유로이 설계하도록 돕는다. 이런 실존주의 심리학은 능동적 입장에서 인생의 의미를 깨닫게 하나 시간이 많이 걸리며, 실존이 구체적인 방법을 제시하지 못하고 있다.

④ 집단치료

이것은 한 명 이상의 치료자가 여러 사람을 대상으로 치료하는 것을 말하는데 집단 속에서 개인의 문제를 이해하고 치료하는 방법이다. 여기에는 심리극, 가족치료기법 등이 있다. 심리극(모레노)에서는 집단 성원 가운데 한명은 주인공의 역할을 하고 치료자는 감독자의 역할을 맡는다. 심리극의 의의는 심리극의 진행과정에 환자들이 직접 참여하는 것이므로 환자 자신과 관련된 문제를 실연한다는 데 있고 심리극에서는 참여자의 자발성도 강조되며 여기에 참여 안하는 자는 청중으로 참여한다. 환자는 다른 집단 성원의 도움을 받아 자신의 여러 문제를 연출하는데 어디까지나 새로운 사실을 연출하는 것보다는 무의식적 욕구나 감정을 솔직하게 표현해 보게 하는데 목적을 두고 있다. 이런 무의식적 욕구나 감정에 대한 통찰이 생기면 말로써 표현하는 것보다 더 큰 치료가치를 얻을 수가 있다. 또한 모든 주인공은 서로 다른 경험을 갖게 하기 위해 서로 다른 역할을 연출하게 할 필요도 있다. 가족치료란 심리적 장애를 가진 가족 구성원에 대해 온 가족이 다 참여해 장애를 가진 구성원의 문제를 해결하려는 방식이므로 심리적 장애를 가진 개인이 치료되는 것이 아니라 가족 전체가 치료된다고 보는 방식으로(가족이 치료의 대상이 된다) 가족치료의 목표는 구성원 모두가 보다 더 나은 상호작용을 하도록 가족관계를 재정립하는 것이다.

집단치료는 타인과의 바람직한 관계를 형성하는 수단으로 이용되어 왔는데 그 예가 감수성 집단훈련이다. 가령 국장, 과장, 부하들이 집단으로 휴가내어 특정한 상담에 참여해(공식적 지위는 벗어놓고) 서로의 감정과 태도를 솔직하게 이야기하면 국장은 부하의 문제점을 이해하게 되고 부하도 상관의 문제점과 애로를 이해하게 되어 인간관계에 대한 감수성이 증가하게 된다는 것이다. 이러한 집단치료는 개인치료에 비해 초점이 분산되어 긴장이 덜해지며 타인의 문제를 객관적으로 관찰할 수 있고 자신의 무의식적 동기나 감정을 솔직히 표현할 수가 있으며 새로운 의사소통방식을 현장에서 실험할 수도 있고 개인의 장애의 문제를 집단 속에서 더 잘 해결할 수가 있다.

3. 성격심리학

1) 서설

성격의 정의에 대한 일반적 규정은 없지만, 대체로 성격이란 개인의 환경적응이나 대인관계에서 비교적 일관성있게 나타나는 독특한 행동양식 및 사고양식이고 다양한 자극상황에서 일어나는 개인의 행동에 기반을 두고 추론된 것이 성격이며 성격에 영향을 주는 요인에는 유전적 측면(일란성 쌍생아 연구), 지적 요인(어릴 때의 열등감은 성격에 영향), 신체적 측면, 가정·사회환경요인, 후천적으로 획득한 동기·태도, 독특한 경험 등이 있다. 성격연구의 접근법에는 법칙존재론적 접근법과 개별기술적 접근법, 절충법이 있는데 법칙존재론적 접근법이란 모든 사람에게 공통된 성격유형이 있으며 성격의 보편적 기준을 만들어 모든 사람에게 통용되는 일반법칙을 만들고자 하며, 개인들은 이 공통적인 특질차원에서 단지 그 정도를 달리한다고 보는 입장이다. 개별기술적 접근법은 개별적으로 개인의 성격의 독특성을 다루자는 것으로 Allport는 장기간에 걸쳐서 집중적으로 개인사례를 연구해서 한 개인을 특정짓는 특질을 발견해야 한다고 주장한다.

이러한 성격심리학의 영역은 심리학에서 가장 넓으며 개인차의 설명을 성격심리학의 연구대상으로 삼는 데는 대체로 합의가 되어 있다.

2) 성격이론

(1) 특성이론

특성이론은 유형론(typology)과 기능적 특질론으로 나눌 수 있는데 유형론은 성격을 개인의 외형적 유형에 따라 나누는 방법으로 여기에는 유형론의 시조인 Hippocrates의 체액론, Kretschmer의 체격론, Sheldon 이론, Berman의 내분비선론과 Jung의 개념이 있다. Hippocrates의 체액론은 체액의 비례적 통합에 따라 사람의 기질을 sanguine, phlegmatic, choleric, melancholic으로 나눈다(다혈질, 점액질, 황담즙질, 흑담즙질). 그의 분류는 생리학 등의 발달로 인정되지 않으나 내분비 등이 성격 형성에 미치는 영향에 대한 연구에 도움을 주었다(다혈질은 낙천적, 점액질은 침착). Kretschmer는 체격을 sethenic, pyknic, athletic으로 나누고 체격 특성에 따라 성격 특성을 상관지으려 했으나 통계적 바탕이 부족하였다. Sheldon은 수정 뒤 세포분열하여 세포가 질로 구분 때 내배엽, 외배엽, 중배엽으로 나누어지는 단계에서 어느 쪽이 두드러지게 발달하느냐에 따라 내배엽 성격, 외배엽 성격, 중배엽 성격으로 구분했다(내배엽은 뚱뚱, 중배엽은 근육질, 외배엽은 허약). Jung은 성격을 내향성과 외향성으로 구분했다. 이런 유형론은 사람들의 다양한 특성을 몇 가지의 유형으로 나누어 설명하는 고전적 분류이다. 따라서 유형론은 비연속적 범주들을 가정한다.

특질론에서 특질은 유기체가 나타내는 연속적이고 일관적인 행동유형을 말한다. Allport의 특질론은 인간의 성격은 특수한 구조로 되어있으며 성격

특질은 공통특질과 개인특질로 구분된다고 보았다. 개인특질에는 기본특질(고도의 일반화된 성향으로 개인의 생활을 체제화), 중심특질(누구나 갖고 있지만 정도의 차이가 있어 개인을 구별짓는 것), 2차적 특질(특별항 상황, 자극에서 다르게 나타나는 특질)이 있다(기본특질은 특이성격을 가진 자의 특질로(성취, 자기희생) 일반인은 갖고 있지 않고, 중심특질에는 감수성, 쾌활성, 인도성, 사교성이 있고, 2차적 특질은 태도와 같은 주변특질이다. Cattell의 특질론은 요인분석법을 사용해 16개의 기본특질과 35개의 표면특질로 성격을 나누는데(성격특질을 매우 광범위하게 연구) 기본특질 중 '내성적, 외향적'등 12개 쌍은 개인의 타인성격을 평정하는 것이고 '보수적, 개척적'등 4개 쌍은 자기 자신이 스스로 평가하는 것이다. 그가 제작한 16PF 검사는 자주 쓰이는 성격검사의 하나이다. Evsenck는 이론적 근거가 있는 가설로부터 출발하여 요인분석을 통해 가설을 확인했는데 그는 인간의 성격을 ① 내향성, 외향성 ② 정서적 안정성, 불안정성의 2차원으로 나누었다(가장 주용한 특질차원은 내향성, 외향성으로 봄).

특질론에 대한 비판은 개인의 특질이 상황에 따라 다르게 나타나는 점을 무시했다는 점이다. 따라서 특질 한 요인만 가지고 인간의 행동을 예언하는데는 문제가 있고(A는 사람들이 많은 곳에서는 외향적이나 집에 오면 가족들 앞에서는 말이 없고 내성적이다) 유기체의 행동은 특질과 환경요인과의 상호작용을 통해서 표출된다. 또 하나의 특질론의 문제는 학자들간에 기본특질이 무엇인가에 대해 일치하지 않는 점이다. 그럼에도 불구하고 여러 학자들의 성격검사들을 통해 일관되게 밝혀진 성격차원은 외향성과 내향성, 안정성과 불안정성이다.

(2) 정신역동이론

프로이트는 성격이 원초아(id), 자아(ego), 초자아(superego)로 구성되어 있으며 이들은 서로 분리되어 존재하는 것이 아니라 전체구조 속에서 역동적으로 상호작용한다고 보았다. 즉, 성격은 정신적 에너지가 움직이는 상황이고 성적 측면이 인간행동을 지배하는 원천이 id라고 했다. Id는 쾌락의 원리에 따르며(주위나 상황을 고려치 않고 자신의 본능이 시키는대로 행동한다) 자아나 초자아에 의해 그런 욕구가 억압되면 상상을 통해 그런 욕구를 충족시킨다(이런 것을 통해 id의 긴장을 감소한다). 이를 일차과정이라고 한다.

이러한 원초아에서 이후에 자아와 초자아가 파생된다. 즉, 현실검토의 필요성에서 id에서 ego 기능이 나오고 다시 문화적 전통과 행동규범의 필요로 ego에서 superego가 파생되었다. ego의 기능은 끊임없는 갈등상태에 있는 id와 superego 간의 욕구를 조절하면서 현실에 맞게 욕구를 충족(현실의 원리)하는 것이다. 즉, ego는 id와 superego 간의 갈등을 중재하며 또 방어기제를 사용하여 id의 욕구를 시기와 방법을 고려해 간접적으로 충족시키는 편법도 쓴다. E해는 2차적 사고과정으로 superego를 손상시키지 않고 id의 근본욕구를 들어준다(자아는 원초아의 욕구를 사회에 수용될 수 있게끔 달랜다). 한편 ego가 id와 superego 간을 조절 못하면 ego가 붕괴되는데 자아붕괴를 막기 위해 무의식적으로 이루어지는 수단이 방어기제이다. Superego에는 양심과 이상적 자기상이 있으며 이에 따라 죄악감이나 자부심을 느끼게 하며 원초아의 욕구를 억압하고 제재(사회적 제재)한다.

다시 말하면 id는 무의식적인 부분으로 자기만족만을 추구하고 superego는 자아이상을 포함하며 어릴 때부터 금지규범을 내면화할 때 발달하고 ego는 분별능력이 있어 바람직하지 않은 결과를 초래하지 않으면서도 충돌을 만족시키는 행동을 택한다.

정신역동이론에서 프로이트는 모든 행동을 성과 관련시켜 설명(따라서 성 심리적 요인이 인간의 성격을 결정짓고 정신병 원인이다라고 함)하고 그는 인간의 행동에 영향을 주는 것은 무의식이며 이런 무의식은 주로 sex와 같은 본능적, 반사회적 내용들로 되어 있다고 하여 심리적 결정주의(무의식이 현재의 행동을 결정)와 개인행동의 본능적 면을 강조하고, 행동에 있어 무의식적 결정자를 강조한다(무의식을 추론할 수 있는 단서에는 꿈, 실수, 신경증적 증세, 자유연상이 있다). 이런 정신역동이론은(성격이 5살 이전에 대부분 형성된다고 함) 성인의 경험이 유아기의 경험을 근거한 것을 강조해 성인의 범죄는 그가 어릴 적에 생성된 무의식적 동기가 현재의 행동을 결정지은 결과라고 보므로(성격발달에서 유아기의 중요성을 강조) 현재 행동의 원인으로서 과거의 사실들을 지나치게 강조해 현재의 상황조건들을 경시한다. 또한 인간의 본성을 지나치게 비관적으로(id를 너무 중요시해) 보며(본능적, 공격적) id의 에너지를 측정할 수 없는 것처럼, 경험적 자료들이 완벽하지 못하고 객관적 검증이 곤란하여 여러 개념들이 모호하다. 그러나 이 이론은 다른 이론의 밑바탕이 되어 인간을 보는 사상적 측면에 영향을 주었고(성 심리의 주용성과 무의식의 세계를 밝힌 점) 이상행동과 행동의 무의식적 결정요인들을 고려했고 갈등의 원인의 하나가 성욕임을 밝혔다. 이 이론은 무의식을 설명함으로써 범죄동기에 대해 규명이 어려운 부분을 해결해주고 범죄인이 유아기에 부모로부터 받은 영향을 이해함으로써 범죄인의 행동에 미친 영향을 규명할 수 있지만 교정은 한계에 부딪힌다. 왜냐하면 수형자의 범죄는 그가 어릴 적에 생성된 무의식적 동기가 현재의 행동을 결정지은 결과라고 보고, 범죄를 나타나게 하는 원인이 과거에 이미 형성된 것이며 그런 것은 변화적이 아니기에 행동 역시 변화적일 수 없기 때문이다.

(3) 신 프로이트 학파

성 본능을 중시한 프로이트와 달리 사회적 가치관들을 중요시하였다. 이들은 성과 공격성도 중요시하지만 절대적인 것은 아니라고 보았고 id보다 ego의 기능을 강조하였다. 애들러는(개인심리학) 기본동기로서 우원에의 동기를 가정하여(긍정적 동기) 인간의 창의성과 자율성을 인정하며 사회적 상황의 중요성을 강조하였다(열등감도 긍정적 동기로 인해 극복하려는 과정에서 자율성과 창의성이 발휘되어 좋은 신체로 발달한다). 즉, 그는 초기에는 우월에의 욕구가 기본동기이며 어떻게 열등감을 극복하느냐가 성격의 기본이라고 했고 후기에는 사회적 관계를 중시하는 사회심리적 접근법으로 성격의 기본틀로 삼았다.

Jung은 무의식을 개인적 무의식과(억압된 본능처럼 프로이트의 무의식과 유사) 집단 무의식(조상대대로 경험된 내용이 축적된 것)으로 나누어 무의식의 긍정적 면을 강조하였고 집단무의식에서의 사고의 형태들을 원형이라고 한다. 그는 인간을 개인적 무의식만 아니라 집단적 무의식도 성격에 영향을 미친다고 하며 따라서 범죄인이 범죄를 하게 된 것은 그의 자유의지 때문이 아니라 조상들이 경험한 조건이 누적되어 전래된 집단 무의식 때문(∴ 결정론적 시각)이라고 해 교정은 한계에 부딪힌다. 한편 그의 이론은 이론적으로 검증이 약하다(융의 심리학은 분석심리학이라고 한다).

그 외에 Horney는 인생에서의 기본 불안의 중요성을 강조했고, Fromm도 사회적 환경의 중요성을 강조했다. 프롬은 인간의 욕구를 소속의 욕구, 초월의 욕구, 착근의 욕구, 정체의 욕구, 준거욕구로 나누고 상호모순이 되면서 갈등을 야기한다고 하며 사회적 상황이 개인의 성격을 결정짓는다고 보았다. Sullivan은, 지금까지의 성격이론은 개인이 갖는 특질이 성격으로 남과 구별된다고 했으나, 개인의 성격은 개인과 개인과의 관계에서 나타나는 경향성이라고 했다.

(4) 사회학습이론

특질이론은 행동을 결정하는 이유로 개인요인을 중요시했고, 정신역동이론에서는 무의식적 요인을 강조하나, 여기서는 상황요인을 강조한다(상황요인과 개인의 인지요인들의 상호작용으로 행동이 결정). 그리고 직접경험을 통해서만 학습이 된다라는 조건형성이론에 대해 여기서는 인지적, 언어적, 상징적, 모방기능으로 대리학습을 통해서도 학습이 된다고 하며 사회학습이론의 가정은 사람들은 강화를 얻기 쉬운 방식으로 행동한다는 것이다(학습된 행동이 매번 행동으로 나타나지 않고 동기가 있을 때만 나타난다고 한다). 여기에서의 강화는 직접경험을 통한 강화(어떤 행동 때 칭찬, 보상, 찬성 등), 대리학습을 통한 강화(타인이 어떤 행동을 하고 칭찬, 보상을 받는 것을 보는 것), 자기 보강(자기 스스로를 칭찬하여 자기 행동에 보강을 주는 것)이 있다. 가령 A는 천정환 교수가 사람들에게 겸손한 태도와 진실한 행동을 할 때 다른 학생들이 존경한다는 말을 하는 것을 듣고 자기도 겸손한 태도를 대리학습하게 된다.

이 이론은 어떤 상황에서 인간의 행동은 상황에 대한 평가에 달려있다고 하여 상황과 인간의 상호역동적 작용을 강조하며(비키니 옷은 해수욕장에서는 수용되나 강의실에서는 수용되지 않는다) Mischel은 환경조건에 영향을 미치는 인적요인을 유능성, 인지전략, 여러 행동의 결과에 대한 기대,

행동의 결과에 대한 주관적 산출가, 자신의 행동조절 체계와 계획을 제안했다. 따라서 이 이론은 특정행동을 하게 만다는 상황요인을 지나치게 강조하여 개인차나 생득적 요인을 무시한다. 그러나 환경요인들을 세분화할 것을 강조해 성격이론에 기여했고 이상행동의 변화에 효과가 있다.

(5) 현상학적 이론(제3의 심리학)

이것은 인간을 결정적인 것으로 파악하지 않고 현재의 인간의 주관적 경험, 인생관, 개인의 향상성을 강조하며 객관적 사상보다는 개인이 그것을 어떻게 지각하느냐가 개인의 성격에 영향을 미친다고 하여 그런 현상 자체에 초점을 둔다. 따라서 과거경험이나 동기를 강조하지 않는다. 이 이론은 성장과 자기실현을 추구하는 긍정적 면을 강조한다. 즉, 이 이론은 현상을 중요시하는 실존주의 철학에 영향을(∴ 철학적 이론이라는 비판) 받아 현재에 펼쳐지는 현상을 중요시하므로 과거보다는 현재와 미래를 강조하고 개인이 현상을 어떻게 내면 속에서 주체적으로 지각하느냐에 관심을 가져 행동보다는 내면세계에 관심을 갖고 주체성과 자유의지를 중시했다(인간의 주체성을 중시하는 점에서 인간을 긍정적 변화능력이 있다고 보아 낙관적 인간관을 가지고, 인본주의 심리학이다). 내담자 상담이론(상담에서 상담자가 주도하는 것이 아니고 고객이 상담을 주도하는 것)으로 유명한 Rogers는 『자기이론』이 유명한데, 이 때 자기(self)란 "자기"를 특징지우는 모든 관념과 지각, 가치관으로 구성되며 개인은 스스로 자기 개념을 만들고(자기는 뛰어나다) 이상적인 자기상(self-image)을 만들어 거기에 맞추어 행동하려고 한다. 즉 개인은 이상적 자기(7급 교정공무원이 되는 것)에 맞추어 행동하려고 하나 현실적 자기(공무원 시험에 떨어져 일용직으로 일하는 것)는 그렇지 못하면 괴리가 발생하게 되는데 이런 괴리를 스스로 수용하면 건강한 성격이 된다는 것이다(이때 내담자의 자기상의 변화를 알아보기 위해 상담가들이 사용하는 것이 Q-sort이다). 그리고 객관적 사상에 대한(7급 시험에 낙방) 각 개인의 주관적 경험은 달라(A는 수용, B는 수용 못하는 것) 이것들이 각 개인의 성격을 결정짓는다(A는 건강한 성격이 된다).

자기실현이론으로 유명한 Maslow는 인간의 욕구를 생리적 욕구 → 안전욕구 → 사랑의 욕구 → 존경의 욕구 → 자기실현의 욕구로 나누고 인간이 가진 가장 기초적 원동력을 자기실현의 욕구라고 한다(이때 순간적으로 자기실현을 경험하는 것을 절정경험이라고 한다). 그는 인간은 모두 자기의 잠재력을 최대한 발휘하여 자아실현을 하려고 한다고 보아 인간의 주체성과 긍정적 인간관과 자유의지와 성장에의 욕구를 중요시하였다. 한편 Kelly는 인간은 세상을 경험하고 해석할 때 구성개념을 사용한다고 하며 인간을 이해하기 위해서는 그의 개인적 구성개념을 파악해야 한다고 주장한다. 현상학적 이론은 사상에 대한 개인의 독특한 지각과 해석에 중점을 두어 사적 경험의 중요성을 언급했으나 개념들을 타당화하는 데 어려움이 있으며 반드시 하위욕구가 충족되어야 차상위 욕구로 가는 것은 아니며 자기개념이 그의 행동에 영향을 주는 것은 분명하나 그 관계의 설정이 분명치 않다. 그러나 부정적 인간관을 제시한 프로이트에 비해 긍정적 인간관을 제시한 점이 특징이다.

3) 성격의 평가

(1) 관찰법

실험적 상황, 면접상황이나 자연스러운 상태에서 피험자를 관찰하여 성격을 평가하는 것으로 간단하고 경제적이나 관찰자의 주관적 편견이나 오류의 영향을 받기 쉽다. 평정척도란 어떤 성격특질에 관한 판단을 기록하는 수단으로 평정자는 잘 훈련되어야 하며 단점을 관대성 효과(점수를 좋게 주는 것), 후광효과가 있다.

(2) 목록식 성격검사(= 자기보고형검사 = 지필검사 = 객관식 성격검사)

이것은 여러 문항들에 대해 “예”, “아니오”, “모르겠다”로 답하게 하여 성격을 검사하는 것으로 신뢰도와 타당도가 높으나(아주 엄격한 절차를 통해 제작되므로) 피험자의 반응이 제한되는 점과(예, 아니오라고만 대답하게 해 자유로운 반응이 곤란케 함) 왜곡보고의 가능성(특히 자신을 좋은 성격의 인간으로 기술하려는 사회적 선호성의 경향이 있다고 함)이 있다.

가. MMPI(다면적 인성검사)

처음에는 비정상적 행동을 가진 이를 진단하기 위해 제작되었으나 그 뒤 정사인 연구에도 사용되는데 여러 특성을 기술한 556개의 문항(예 나는 인간관계가 좋지 않다)으로 구성되어 피험자는 거기에 “예”, "아니오“라고 대답하게 하는데 이 검사는 4개의 타당도 척도와 10개의 임상 척도로 구성되어 있다. 타당도 척도는 피험자의 솔직한 반응을 평가하는 척도로 무응답척도(응답하지 않은 문항수), L척도(피험자가 자신을 지나치게 좋은 모습으로 나타내려는 반응을 반영), F척도(비전형적 방법으로 대답하는 것을 탐지), K척도(정신장애가 있으면서도 그것을 숨기려는 사람을 식별)가 있다. 임상척도에는 Ha(건강염려증), D(우울증), Hy(히스테리), Pb(반사회성), MF(남성/여성 경향), Pa(편집증), Pt(강박증), Sc(정신분열증), Ma(경조증), Si(내향성)가 있다. MMPI는 질문지법(경제적, 신속하여 자발적으로 하려는 사람에게 효과적이나 검사결과가 의도에 따라 조작될 가능성이 있다)의 단점을 커버하기 위해 나왔고 따라서 시간이 많이 걸리는 단점이 있다. 이것은 경험적 구성에 의해 제작되었으며 솔직하게 반응을 교정할 수 있는 거짓말 척도가 마련되어 있다. MMPI는 가장 널리 쓰이며 단체적으로 사용이 가능하다.

나. CPI(캘리포니아식 성격검사)

정상인들의 성격특성을 알아보기 위해 제작된 것으로 사교성, 지배성, 자기통제성, 책임감, 사회화 등의 특질을 재는 철도들로 구성되어 있다.

다. MBTI

융의 성격이론에 근거해 개발된 것으로 성격을 내향성과 외향성, 감각형과 직관형, 사고형과 감정형, 판단형과 인식형으로 되어 있다.

이러한 성격검사들의 문제점은 솔직하게 대답하지 않을 수 있으며 질문에 동의할 때 묵종경향이 있다는 것이다. 또한 자기의 성격을 표현하는데 제한이 있다.

(3) 투사법

앞의 성격검사는 객관성을 위해 대답을 극히 제한하나 여기서는 애매한 자극에 대해 자유롭게 반응토록 한다. 이때 모호한 자극에 자신의 성격을 자극에 투사하는 것으로 가정한다(애매한 자극이 투사법의 특징이다).

가. Rorschach 검사

피험자는 각 카드의 잉크번짐의 모양을 보고 그것이 무엇과 비슷한지 주관적으로 대답하게 하는 것으로 피험자의 반응은 위치, 결정요인, 내용(반응한 내용)에 따라 채점된다. 따라서 피험자의 내면의 성질까지 알 수 있으나 시간이 많이 걸리고 판정에 있어 상당한 전문가가 필요하며 신뢰도가 적고(예언력이 극히 제한) 개인검사 위주로 된다(단체적으로 사용불가, 피험자의 내면세계 분석은 Rorschach 검사와 TAT이고 그림에 대해 과거, 현재, 미래를 연결토록 하는 것은 TAT이다). 이 검사는애매한 자극을 제시하므로 피험자가 자신의 심리적 증상을 위장하거나 과장하기 어렵다.

나. TAT(주제통각검사)

머레이가 개발한 것으로 여러 검사카드를 피험자에게 보여주고 이야기를 만들어 보라고 하면(과거, 현재, 미래를 연결토록 하면)피험자는 자신의 욕구와 동기를 반영한다고 한다. 즉, 모호한 그림들에 대해 이야기를 만드는 과정에서 자신의 과거 경험, 관심과 욕구를 투사하므로(억압된 욕구를 표출하여) 여러 성격측면들이 평가될 수 있다고 하므로 오늘날 임상장면에서 치료목적 외에도 교육, 산업현장 등에서 넓게 활용된다. 개인검사 위주로 되고 단체검사에는 사용될 수 없다.

투사법은 신뢰도가 약해(반응의 해석이 검사자의 주관에 좌우되므로) 검사결과는 개인의 성격에 관한 잠정적 해석으로 간주하고 다른 정보를 추구하는 것이 바람직하며 이 검사들은 어느 부분을 더 탐색해야 되는지에 유용하다. 그리고 "예", "아니오"라고만 반응케 하는 구조적 검사와는 달리 투사법은 마음대로 자유스러운 반응을 하게하는 비구조적 검사이므로 내면의 세계를 잘 알 수가 있다. 즉, 억압된 자아의 욕구가 표출된다고 보는 점에서 투사법은 프로이트의 정신역동이론을 배경으로 한다.

(4) 성격의 유형

Rotter에 따르면 통제의 소재를 내부, 외부에 두는 경향에 따라 개인의 여러 사회적 행동이 달라진다고 한다. 내부통제자들은 보상이 자기들의 개인적 특성과 관련되어 있다고 믿어(자신의 능력 탓으로 돌려) 덜 동조적이며 독립적이며 책임감이 강하고 성취지향적이다. 외부통제자는 행동의 원인을 자신이 통제할 수 없다고 느끼므로 우울한 경향이 있다. 즉, 외부통제자들은 보상이 자기들의 행동과 무관하게 일어난다고 믿는다(행동에 대한 결과를 우연이나 운으로 돌린다). 그리고 내부통제자들은 이 세상을 개인의 행동이 어떤 결과를 가져오는 예측할 수 있는 장소로 지각한다. 한편 양성성(androgyny)이란 한 개인이 남성성과 여성성을 다 가지고 있는 경우로 양성적인 사람은 어떤 상황에 처했을 때 그 상황이 요구하는 가장 적절하고 효과적인 행동을 한다. Bem의 연구는 양성적인 개인들이 보다 독립적이고 남에게 봉사하는 특성을 가지고 있음을 보여준다.

4. 학습심리학

1) 서설

우리가 무엇을 익혀 머리에 넣고 가지고 있다가 꺼내는 것은 학습의 일부이다. A는 항상 천정환 교수를 볼 때 피해다닌다. 이것은 좋지 않은 것이 학습되었다는 뜻이다. 인지적 작업(외우고 머리에 넣고 끌어내는 것), 정서, 사회적 행동에도 학습의 영향이 있다. 이것은 어릴 때부터 다양하게 나타난다. 어린이는 엄마의 발소리만 들어도 울음을 그친다(조금 지나면 밥을 준다는 것을 예견하므로). 아이가 흰 쥐에 대해 공포를 느끼지 않으나 굉음과 짝지우면 공포를 느낀다(대상과 연결되어 있는 정서는 학습에 의해 패턴이 결정된다). 이렇게 정서적 행동, 대인감정, 행동이 학습이 된 것이라면 새롭게 학습시킬 수 있다. 손님이 올텐데 아이가 자꾸 울면 엄마는 이 자리에서 피해달라는 것을 목적으로 돈을 주는데 학습이론에 의하면 사실은 다른 효과, 즉 학습을 시키고 있는 것이다(우니까 돈을 주더라. 따라서 일정한 행동을 학습시키는 것이다). 이와 같이 보상(돈, 먹이)과 연결되면 연결된 행동(우는 것)이 다음에 나타날 가능성이 많다. 이같이 한번 일어난 행동인데 계속해서 나타날 때 학습이라 한다. 학습이 일어났다거나 일어나지 않았다는 것은 직접 알 수는 없고, 학습현상은 행동을 추론해서 짐작만 한다. 학습이 있어도 행동으로 나타나지 않을 때를 잠재적인 학습이라 한다. 이와 같이 학습은 경험에 의해 이루어지고 비교적 영속적인 행동변화를 의미하며 약물에 의한 신체 상태 변화는 학습현상이 아니다. 여기서는 학습의 원리들과 기억이론들을 아주 쉽게 살펴보기로 한다.

2) Pavlov식 조건형성(고전적 조건형성)

그는 침샘의 분비연구 도중에 우연히 개가 음식이 입에 들어가기도 전에 음식을 갖고 가는 실험자의 발소리만 듣고도 침을 흘리는 현상을 발견하고 실험을 했다(이때 흘리는 침은 심리적 분비). 먼저 종소리를 울려보니 훈련 전에는 개가 침을 흘리는 반응이 없고 단지 종소리 나는 쪽에 귀 기울이는 정도의 정향반사만 있다는 것을 확인했다. 그 다음에 종소리를 들려주고 바로 음식을ㄹ 주는 일을 여러 번 반복하니(종소리와 음식이 연합) 나중에는 종소리만 들어도 침을 분비(이를 조건타액분비라고 함)했다. 개가 침을 내게 하는 고기, 먹이 등은 무조건자극(US)이며 고기같은 무조건 자극에 의해 자동적, 반사적으로 침을 흘리는 반응을 무조건반응(UCR 또는 UR)이라고 한다. 원래 종소리는 실험 전에는 침분비와 무관한 중성자극 인제 그가 종소리와 고기를 여러 번 짝지워주고 나서 나중에 종소리만 울려도 침을 분비하여 이때의 종소리를 조건자극(CS)이라고 한다(조건자극이 될 수 있는 자극은 연구대상인 반응과는 중성적인 것이면서 개의 감각영역 내의 자극이어야 한다). 그리고 조건자극(종소리)을 고기와 같은 무조건 자극과 여러 번 짝지워줄 때 나중에 조건자극(종소리)에 의해 침을 흘리는 반응(이것은 학습된 반응이다)을 조건반응(CR)이라고 한다. 따라서 파블로프식 조건형성의 절차는 조건자극(종소리)과 무조건 자극(고기)를 짝짓는 것이다. 조건반응과 무조건반응은 같으나(다만 무조건반응이 더 크다)조건반응은 조건자극에 의해 유발되어 나타난다는 점이 다르다(무조건반응이 더 커 음식줄 때가 소리울릴 때보다 더 많은 침을 흘린다. 그런데 앞에서 개가 종소리만 들어도 침흘리는 것이 100번 정도 되었다고 하면 이때 학습되었다고 한다). 한편 파블로프식 조건형성에서 나타난 현상에는 다음이 있다.

(1) 일반화된 흥분

중성자극(종소리)과 무조건자극(고기)은 한번만 연합해서 짝지워도 피험동물은 아주 흥분해 골기 앞에 오는 특정한 자극조건을 기다리게 된다.

(2) CS와 UCS의 짝짓기

조건반응의 강도는 CS와 UCS의 짝짓기의 빈도와 두 자극 사이의 시간간격과 관련이 있는데 CS와 UCS의 짝짓는 횟수가 증가할수록 조건반응의 강도도 증가하며 또한 CS를 UCS보다 1/2초 전에 제시할 때 제일 빨리 조건형성이 되어 학습이 확실히 일어난다.

(3) 자극의 일반화

주어진 자극과 비슷할수록 조건형성이 더 잘되고 차이가 날수록 덜 나타나는데 이를 일반화의 구배라고 한다. 조건반응은 일정한 CS와 유사한 자극에 의해서도 유발된다(종소리와 비슷한 소리에도 침을 분비).

(4) 변 별

자극의 일반화에서는 종소리의 소리의강도의 차이에 대해서도 침을 흘렸으나 여기서는종소리의 일정한 강도에 대해서만 반응하도록 할고 소리강도의 차이가 나는 종소리에 대해서는 반응(침분비)을 하지 않도록 할 수 있는 것을 변별이라고 한다. 이 때 실험자가 종소리의 일정한 강도에 대해서만 고기와 연합해 보상을 주고 유기체(개)가 구별할 수 없을 정도의소리의 차이에 대해서는 주지 않으면, 즉 개가 구별할 수 없는데도 변별학습을 시키면 신경질적 반응을 보이는데 이를 실험신경증이라고 한다(아이가 “멍

멍이"라는 말을 배우면 모든 동물에게도 그렇게 하나 동물들의 차이를 알면 개에게만 사용하는 것도 변별이다).

(5) 1차적 조건형성과 고차적 조건형성

앞에서 종소리와 고기를 연합시키면 조건반응(침)이 나오는데 이 때를 1차적 조건형성이라고 하고 이렇게 조건형성이 된 다음에는 이제는 그보다 높은 수준의 조건형성을 고차적 조건형성이라고 한다. 가령 최초의 조건자극인 종소리만 들어도 개는 침을 흘렸지만 이제는 종소리를 들려주기 전에 안아준다. 안아주는 행동을 제2의 자극이라고 하면 안아주고 그 뒤 종소리 들려주고 고기주면 이제는 안아주는 제2의 조건자극은 개가 조건반응을 (침) 일으키는 제2의 조건자극이 되고 이런식으로 제3, 제4의 조건자글을 만들 수 있다.

(6) 소거(사라지는 것)

종소리 다음에 고기주는 것을 반복해서 완전 학습이 이루어진 다음에(매번 종소리 때마다 100% 침을 흘리게 되었을 때) 오랫동안에 걸쳐 종소리만 들려주고 먹이를 주지 않으면 종소리에 침이 나오는 반응이 일시적으로 사라지는 현상이 소거이다. 즉, 조건형성이 된 후에 CS에 대해 UCS가 짝지워주지 않으면 차츰차츰 CS에 대해 CR이 나타나지 않는다. 이 때 최초의 조건형성이 아주 없어지는 것은 아니고 휴식을 취하고 나서 다시 먹이를 주지 않아도 종소리에 침을 흘렸다. 다만 그런 반응(종소리에 침을 분비 안하는 것)이 나오지 않게(이것을 내부억제라고 함) 학습시킨 것이 또 그 안에 개재해서, 반응 안하게 하는 것이 우세해지기 때문에 종소리에 침 반응이 일시적으로 나오지 않는 것이 소거이다. 즉, 소거는 조건형성된 연합이 해체되는 것은 아니다.

(7) 자발적 회복과 재학습

소거가 있어도 처음에 학습(조건형성)된 것이 없어지는 것이 아니라 일정한 휴식시간을 거치면 처음에 소거되어 나타나지 않던 것이 다시 나타나는 현상이(즉, 휴식시간을 거치고 나서 다시 CS를 제시하면 소거된 것으로 믿어졌던 CR이 다시 생긴다) 자발적 회복이다.

그런데 만일 초초에 조건형성시킬 때 CS와 UCS를 100 짝지워야만 CS에 CR(침을 흘림)이 되었다면 이제 소거된 것을 다시 재학습(재조건형성)시키려면 최초의 조건형성 때의 횟수(CS와 UCS의 짝짓기 횟수)보다 적은 횟수로도 조건형성이 되는데 이를 재학습이라고 한다(즉, 재조건형성은 처음의 조건형성보다 신속하게 이루어진다).

(8) 파블로프식 조건형성에서의 3대 법칙

가. 흥분의 법칙

UCS에 대해 UCR하던 것이 중성적인 CS(종소리)와 UCS(고기)가 짝지워짐으로 해서 종소리(CS)에 대해 주목하게 되고 흥분하게 된다.

나. 내부억제의 법칙

일단 조건형성 뒤에 UCS(고기)는 제시하지 않고 계속해서 종소리(CS)만 제시하면 억제의 학습에 의해 이미 확립된 CR(조건반응)이 일어나지 않는다. 즉, 최초로 조건형성된 것이 일시적으로 사라지는데 이는 억제반응이 학습되었기 때문이다.

다. 외부억제의 법칙

CS 이외의 새로운 외부자극은 잘 확립된 CR의 양을 줄인다. 즉, CS(종소리)와 CR(침분비) 사이에 다른 자극을 주면 외부요인에 의해 조건형성이 와해되거나 잘 나타나지 않는 현상이다.

한편 파블로프의 고전적 조건형서에 대해 "인지설"의 입장에서는 기대가 형성되어(종소리 다음에 고기자극을 줄 것이다) 예견이 있기 때문에 개가 침을 흘리다고 한다. 즉 파블로프의 실험에서 개들은 연합(종소리와 고기)을 형성하지 못하고 기대감을 학습했기 때문에 종소리에도 침을 흘린다고 주장하는 것이 인지학습이론의 주장이다. 따라서 예견할 수 없는 상황에 놓이면 조건반응이 나타나지 않는다고 한다.

3) 도구적 조건형성(조작적 조건형성)

(1) 서설

유기체(개, 인간)의 학습원리를 설명하는 원리가 고전적 조건형성 외에 또다른 원리들이 있다. 먼저, 고전적 조건형성에서는 개는 가만히 있기만 해도 조건형성이 이루어졌다(즉, 종소리와 고기를 짝지워주면 나중에 종소리를 듣고 침을 흘리듯이 개는 수동적으로 있어도 종소리 듣고 아무 일을 안해도, 어떤 능동적 움직임을 하지 않아도 조건형성이 이루어졌다).

그러나 여기에서는 학습하는 유기체가 수동적으로 있는 것이 아니라 능동적으로 어떤 행동을 해야 하게 되는 측면이다. 가령, 비둘기에게 핑퐁을 가르치는 측면은, 비둘기가 오는 공에 대해 쪼기만 하면 먹이(보상, 보강)를 주었다. 즉, 능동적으로 쪼는 행동을 하지 않으면 먹이가 없다. 즉, 비둘기가 쪼는 행동을 하지 않으면 조건형성이 되지 않고 더 높은 행동수준을 끌어낼 수 없다. 일정한 행동(쪼는 행동)을 하게 되면 그런 행동만을 보강(먹이주는 것)해 주어야 한다. 이와 같이 어떤 행동을 하여 그 다음에 보강이 왔느냐의 여부가 중요하며 인간에게 이런 측면은 동물보다 더 강하다. 아이는 우는 행동이(능동적) 먹는 것과 연결되면(보강이 되면) 아이는 배가 고프면 먹이와 관계되는 행동(우는 것)이 자꾸 나타난다(아이는 수동적이 아닌 능동적으로 행동을 한다). 즉, 우는 행동은 먹이 또는 갖고 싶은 물건을 갖는 수단이 된다(우는 행동이 수단이다). 이런 방법으로 유기체가 능동적으로 행동하게 되는 여러 측면이 있는데 여기서는 Thorndike Skinner의 이론을 살펴본다.

(2) Thorndike의 도구적 조건형성

그는 고양이가 페달을 밟으면 문이 열려 음식을 먹을 수 있게 되어있는 문제상자에서 고양이가 상자에서 나와 먹이를 얻기 위해 상자 속에 있는 페달을 어떻게 밟는가를 관찰했다.

이 때 페달을 밟기까지의 시간이 시행착오 속에서 점차 줄어들었다(시행착오학습). 그리하여 고양이는 자기에게 보상 또는 유리한 효과(먹이)가 나오는 방향으로 행동(페달밟는 것)한다(효과의 법칙). 효과의 법칙은 행동은 보상이 따르면 한다는 것으로 다윈의 자연도태설과 공리주의의 쾌락설에서 유래되었다. 이 때 개가 특정한 반응(페달을 밟는 것)을 할 때 보상(먹이)을 받게 되는데 보상의 여부가 전적으로 유기체의 능동적 행동에 달려있다. 따라서 고양이의 행동은 바람직한 목표(먹이)를 얻기 위한 도구적 행동이다. 즉, 도구적 조건형성에서는 고양이는 능동적 행동을 해야 보상을 얻는다(유기체의 반응은 그 반응결과에 대하여 도구적이다).

(3) Skinner의 조작적 조건형성

가. 실험

스키너의 심리학의 핵심은 "정적 강화(칭찬, 먹이...)"가 주어지면 유기체는 강화받은 행동을 반복한다는 것이다.

먼저 스키너는 스키너 박스를 만들었는데, 이 안에는 쥐가 지렛대를 밟으면 먹이공급통에서 먹이가 내려와 음식을 먹을 수 있게 장치가 되어 있다. 이 박스 안에 쥐를 넣으면 쥐는 처음에 여러 행동들을 하는데 우연히 지렛대를 눌렀을 때 먹이가 나오면 배고픈 쥐는 이전에 한 다양한 반응을 생략하고 바로 지렛대를 누르는 행동을 계속하게 된다(지렛대 누르는 행동을 조작시켜). 따라서 쥐는 먹이를 먹기 위해서는 지렛대를 눌러야 된다. 즉, 지렛대를 누르는 것은 그 행동 뒤에 따르는 결과 때문이다(쥐는 지렛대를 누르는 행동과 그에 따르는 결과인 먹이와의 관계를 학습했다).이렇게 유기체로 하여금 어떤 행동을 계속 하게 하는 것을 강화라고 하고 이런 강화를 이끄는 유인요소를 강화물이라고 한다.

예를 들어 어떤 아이가 집안에서 마구 울어 용돈을 받았다고 하자. 아이는 수많은 행동(공부 등)이 가능하나 아이가 무슨 행동을 하면 보상을 주는 환경을 만들었느냐가 중요하다.이가정은 스키너 박스와 같이 우는 행동을 하면 돈이 나오게 되어있다. 따라서 아이는 그 다음에 자기가 바라는 것(용돈)을 받을 수 있는 행동(우는 것)을 택하게 되어 우는 행동이 자꾸 조작된다(만들어진다). 따라서 강화와 연결되는 행동이 학습된다.

앞의 경우에서 쥐가 스키너 박스에서 지렛대를 밟으니(환경을 조작한다는 의미) 먹이가 나오거나, 마찬가지로 아이가 집안 정리(환경을 바꾸는 조작 행동)를 하였을 때 엄마가 돈(보상)을 주면 그 행동은 자꾸 조작되고 늘어난다. 보상의 바로 앞선 행동이 학습이 된다고한다(따라서 조작적 조건형성은 학습자가 환경을 조작한다는 것을 강조한다).

이런 원리가 인간행동의 깊숙한 부문까지 침투되어 조직관리, 부적응행동치료, 기업관리, 문화적 패턴정리까지 적용된다. 원리는 간단하다. 일정한 행동을 하고 보상이 주어지는 행동은 학습이 된다(조건형성이 된다). 결국 환경의 변화를 만들어놓고(조작) 쥐가 이리저리 행동하다가 우연히 지렛대를 누르면 보상(먹이)가 나오게 되는데, 지렛대를 눌러 먹이가 나온다면 인간은 다음에 들어갈 때에는 이리저리 행동하지 않고 바로 누르지만 쥐는 그 다음에 들어가서 또 이리저리 흔들다가 지렛대 누르면 먹이가 나온다(쥐는 계속 시행착오하나 인간은 그렇지 않다). 원리는 간단하며 그것에 의해 학습이 이루어지고 이런 측면이 인간의 행동을 설명하는데 주요한 부분이라고 한다.

나. 현상

스키너의 조작적 조건형성에서도 파블로프의 실험과 같이 일반화, 변별, 소거현상 등이 나타난다. 고전적 조건형성에서는 먼저 주어진 자극과 비슷하면 조건형성된 반응이 나타날 확률이 크고 차이가 날수록 덜 나타나는데 이를 일반화의 구배라고 하며 이것은 여기서도 나타난다(고전적 조건형성에서는 단일한 자극이었고 여기서는 환경 전체이다).

스키너 실험에서는 어떤 행동을 하고 보상이 주어지면 그 행동이 자꾸 일어나며 어떤 행동뒤에 처벌이 오면 다음에는 그러한 행동을 하지 않는다(행동을 하지 않게 되는 것을 배우는 것으로 이같이 처벌을 사용해도 학습이 된다). Watson의 행동주의에 영향받은 스키너는 실험공간(스키너 박스) 안에 지렛대를 장치하고 쥐가 지렛대를 누르면 먹이가 나오도록 하였다. 쥐가 처음에는 주어진 환경을 탐색하면서 여러 반응을 하다가 지렛대를 누르니 먹이가 주어졌다. 따라서 쥐는 다른 여러 반응을 생략하고 지렛대를 누르는 반응을 계속하게 된다. 이렇게 어떤 행동 뒤에 보상이 주어지면 그런 행동(지렛대 누르는 것)이 생기게 되는데 이를 조성이라고 한다.

즉, 조작적 조건형성에서 유기체로 하여금 실험자의 의도대로 반응하도록 점차 강화하는 것을 행동조성이라고 한다. 따라서 스키너의 실험에서 강화란 보상 또는 처벌이다(스키너 박스에는 지렛대, 먹이그릇, 불빛 등이 사용된다). 물론 여기서도 쥐가 지렛대를 눌러도 먹이가 나오지 않는 경우는 지렛대를 더 이상 누르지 않는 소거현상이 나타난다. 그러나 어느 정도 시간이 지난 뒤에 다시 CS를 제시하면 CR이 나타나는데 이를 자발적 회복이라고 한다(따라서, 소거가 생겨도 쥐는 앞에서 학습한 것을 완전히 잊어버리지 않는다는 것을 자발적 회복현상을 통해 알 수 있다). 학습된 것이 없어지는 것이 아니라 반응하지 않게 하는 것이 새로이 학습되었기 때문에 소거가 일시적 현상이 된다.

여기서도 변별훈련이 가능한데, 즉 일정한 행동을 했을 때만 보상을 주며, 쥐에게 불빛있는 Box에 들어가 지렛대 누르니 먹이가 나오고, 불꺼진 Box에 들어가 누르게 하니 먹이가 안나오게 하면 그것을 몇 차례 반복사면 쥐는 불꺼진 Box 환경에서는 먹이가 안나온다는 사실을 알게 된다. 한참 학습시킨 뒤에 들어가서 불빛이 있을 때는 지렛대를 누르게 되고 그렇지 않으면 누르지 않게 된다. 환경의 차이가 있으면 반응이 똑같은 결과가 아니라는 것을 구별하게 해준다. 이것은 고전적 조건형성의 변별과 비슷한데 그때의 변별은 종소리의 음 높이의 차이였으나 스키너 상자에서는 처한 환경 자체가 바뀐 것이다. 환경이 바뀌면 똑같은 결과가 나타나지 않는다.

또 비슷한 환경에 들어갔을 때 똑같이 지렛대를 누르게 할 수 있다. 밝은 불빛, 뿌연 불빛 장면에 가도 지렛대 누르면 먹이가 나오게 했다. 비슷하게 불빛을 쏘아주면 지렛대 누르는 행동을 만들 수 있다. 따라서 비슷한 환경에서도 똑같은 반응이 나타나는 환경의 일반화 현상이 있다. 한편 스키너 Box에 전류를 흐르게 하면 쥐는 도망간다. 옆의 Box는 전류가 흐르지 않는다. 반복시키면 쥐를 전류가 있는 상자에 넣으면 바로 옆의 상자로 도망가는데 이를 도피훈련이라고 한다. 인간은 다음에 혐오적 사태가 있을 거라고 하면 혐오적 사태를 미리 없애는 행동을 한다. 지각하면 벌을 주니 지각하지 않는 행동을 한다(회피훈련). 도피훈련은 그 사태가 당면한 다음에 회피하는 행동을 배웠다. 여기서는 미리 그런 사태가 당면하지 않게 한다. 혐오적 사태가 일어나지 않게 학습시킨다.

다. 스키너의 조작적 조건형성의 활용

조작적 조건형성에서 유기체의 반응을 바람직한 것에 가까운 방향으로 선택적으로 강화하는 과정을 조성이라고 한다(즉, 어떤 행동 뒤에 보상이 주어지면 그 행동은 생기게 되는데 이를 조성이라고 한다) 즉, 없던 행동을 만들어 나가는 것을 행동조성이라고 하며(수업태도가 나쁜 자에게 관심을 주지 않다가 그가 설명에 주의를 기울이면 교사가 관심을 표명해 점차 바람직한 행동을 만든 것도 조성이다) 이런 방법으로 원하는 최종반응으로 가까이 가는 것을 계기적 근사법(최종반응은 그것으로 이끄는 각 단계들이 강화되기 때문에 학습된다)이라고 한다.

가령, 원하는 최종반응이 비둘기가 핑퐁하는 것이라면 이 때 처음부터 높은 수준의 행동모형(핑퐁)을 만들어 그것을 할 때만 보상을 준다고 하는 것이 아니라 비둘기가 하기 쉬운 것부터 학습시킨다. 처음에는 비둘기가 앞으로 공을 쪼기만 해도 먹이를 주고 그 다음에는 일정 넓이로 갈 때, 그 다음에는 공이 정확히 갈 때 먹이를 준다(비둘기가 쪼아서 공이 다르게 가면 먹이를 주지 않는다). 따라서 먹이가 주어지니 계속 거기로 공을 쫀다. 이렇게 해서 마지막에는 일정 영역으로 비둘기가 공을 쪼아 넘기면 먹이를 주게 하면, 즉 처음에는 쉬운 행동에서 최종적으로는 바라는 행동을 이끌어 낼 수가 있다(최종적으로 하는 것은 어려우나 초기단계부터 하면 쉽게 학습시킨다).

마찬가지로 인간들의 신념, 습관, 목표들은 조작적 조건형성의 기제를 통해서 학습될 수 있다. 스키너는 <자유와 존엄을 넘어서>에서 이 원리로 범죄행위를 없애고, 개인행동의 변화, 사화적 변화, 문화적 환경을 더 좋게 할 수 있다고 하였는데 핵심은 정적인 보강의 사용이다(바라는 행동이 나올 때 적절히 보상하도록 만들면 그 행동이 더 많아진다). 그는 현대의 인류문화는 아직도 벌이 성행한다고 하고 그에 따라 부작용이 나타나 인간이 더 훌륭한 행동을 만드는데 기여하지 못한다고 보고 있다. 그는 특히 정적 보강을 활용하는 측면의 주장을 통해 사회환경, 국가정책, 학교생활까지도 지금보다 나은 환경을 만들 수 있다고 한다. 특히 활용되는 것이 행동수정요법인데 행동수정에서 조작적인 형태는 사회적으로 적응적인 행동을 강화하고 부적응적인 행동을 소거시키면서 행동장애를 치료한다. 따라서 반사회적 행동도 수정할 수 있는데, 반사회적 행동시 처벌을 주면 부작용이 나타날 가능성이 많으니 친사회적 행동시 보상을 해주면 친사회적 행동을 조장시킨다. 여기서는 "수줍다"라는 성격도 그가 활달히 하는 행동이 적절히 보상을 못받았기 때문에, 더 많은 보상을 받을 수 있는 기회가 없기 때문에 그렇다는 것이며 자꾸 그런 것이 보강되면 활달하게 된다고 한다. 여기서는 반사회적 행동도 학습에 의해 형성된 것이니 사회적 행동도 그런 것이 나타날 때마다 보상을 해주면 그런 행동이 더 나타난다고 한다. 이와 같이 조작적 조건형성에 근거한 행동수정요법 중 Token economy가 있다. 이것은 행동을 바꾸기 위해 주로 병동이나 교정시설에서 쓰이는데 바람직한 행동 때 직접 보강물은 아니나 보강물을 바꿀 수 있는 Token을 준다(Token은 병동 내에서만 통용되는 화폐). 토큰 수가 일정한 수가 되면 물건과 교환해주거나 외출을 허가 하는데 이와 같이 착한 행동과 보상이 연결되니 착한 행동이 증가한다는 것이다.

또 하나는 어떤 주장을 하고 싶어도 꾹 참는 사람을 위한 자기주장훈련이 있다. 시어머니앞에서 이것이 부당하다고 며느리가 이야기하는 행동이 나타날 때 보상(잘했다고 칭찬한다)이 주어지면 다음에 그런 행동이 자주 나타난다. 이 때 영향력 없는 사람이 보상해주면 안되고 자기가 존경하는 사람이 보상(칭찬)해주어야 보강이 된다. 이렇게 칭찬을 받으면 기분좋은 결과가 되므로 점점 자기 주장을 내세우고 유쾌경험을 하게 한다.

한편 처벌을 사용하는 방법도 있다. 알코올중독을 없애기 위해 고전적 조건형성에서는 술먹기 전에 약물(구토가 나는 약물)을 주는데 구토와 술이 짝지워지니(혐오치료법) 술에 대해 불편하게 느낀다. 처벌이 정당화되는 사태라면 이런 혐오적 사태에는 이런 치료법이 사용된다.

지금까지 언급한 조작적 조건현성에서 이루어진 반응은 대개 수의적인 반응이었지만 최근에는 맥박, 혈압 등의 불수의적 반응도 마음대로 통제 가능하게 되었는데 이것 역시 조작적 조건형성과 관계된다. 생리적 기능에 관한 변화(심장박동수)를 자기에게 알려주는 기술이 바이오 피드백이라고 하는데 이런 방법을 통해 스스로 생체변화를 통제하게 할 수 있다. 먼저 이완훈련을 계속 시킨다. 그 다음에 긴장사태에 놓여졌을 때 이완상태와 결합시키도록 계속훈련을 시키면 이완훈련에 따라서 그 다음에 긴장사태가 와도 훨씬 안정되게 넘겨 생체변화도 안정되게 할 수 있다. 더 적극적으로는 자기가 할 수 있는 안정된 보상만 아니라 외적인 보상을 주어도 된다. 가령 안정된 상태가 되면 유쾌한 자극(좋은 경치 사진)을 짝지워준다. 따라서 긴장된 상태가 왔을 때 조금 안정된 행동이 나타나면 유쾌한 자극과 계속 짝지워주면 안정된 상태가 자꾸 나타난다. 따라서 자발적으로 통제할 수 없다고 생각되는 근육운동도 안정된 행동을 할 때 보상을 주면 이런 행동이 강화되어 나타난다. 그 외에도 기질적 장애가 없는 심장병, 조루증까지도 정적보강에 의해 통제할 수 있다. 어떤 사태가 와도 뇌파가 안정되는 것을 유지하는 사람들은 요가나 명상을 통해 외계사태의 변화와 관계없이 자기의 불수의적 움직임을 통제할 수 있다는 측면이 동양심리학에도 많다.

또 활용되는 것으로 프로그램식 학습이 있다. 이것은 학습자들이 자신에게 맞는 속도로 문제를 풀 수 있도록 되어 있고 그의 답이 맞는지 틀리는지(정답은 강화이다) 즉각적으로 알려주게 되어 있어 자기에게 알맞은 공부를 할 수 있어 학습이 빨리 개인화된다.

4) 강 화

(1) 강화물

강화물은 어떤 반응의 비율을 증가시키는 사상(事象)이다. 정적강화물(보상)은 이것이 주어지면 그 앞선 행동이 일어날 확률을 높여주는 것(먹이, 음식)이다. 즉 유기체가 학습하기를 바라는 반응(착한 일)을 했을 때 제공되는 음식과 같은 것이다.

또 개가 도피훈련할 때 개가 도피반응을 하면 개에게 괴로움을 주던 전기쇼크가 제거된다면 이렇게 반응(도피)이 일어난 다음에 제거됨으로써 그 반응(도피)을 강화시켜주는 자극(전기쇼크)이 부적강화물이다. 즉, 부적강화물은 일정한 행동 뒤에 없어지는 혐오자극으로 부적강화물은 도피학습 때 많이 사용된다. 한편 1차적 강화물이란 음식처럼 태어날 때부터 생래적으로 강화물로 기능하는 것이다(음식, 전기쇼크). 원래는 중성자극(예 : 종소리, 돈, 토큰 등)이었던 것이 1차적 강화물과 짝지움으로 인해 강화효과를 갖는 것을 2차적 또는 고차적 강화물이라 한다. 개한테 음식을 주기 전에 종소리를 들려줄 때 종소리가 2차적 강화물이고 토큰도 일정 수 이상이 되면 음식과 바꾸어준다고 할 때 음식과 바꿀 수 있는 토큰도 2차 강화물이다. 이러한 2차 강화를 조건강화라고 한다(∵. 이차 강화는 일차 강화물과 연합되어 있으므로).

동물은 1차적 강화물에 의해서 학습되는 것이 많으나 인간은 2차적 강화물이 많다. 물론 음식같이 1차적 강화물이 주요 작용하는 측면도 있으나 그렇지 않는 분야에서는 언어적, 심리적, 상징적 이런 것들이(칭찬, 미소, 돈) 2차적 강화물의 기능을 많이 갖는다. 또 강화물은 절대적 크기보다 그 심리적 크기가 중요하다.

한편 처벌은 어떤 행동을 하지 못하게 하는 환경자극을 말하는데 처벌이 주어지면 앞선행동을 없애는 것을 말한다. 부적 강화는 부적 결과(전기쇼크)를 피하기 위해 어떤 행동(도피)을 하는 것이므로 행동을 하느냐 안하느냐의 면에서 서로 다르다.

(2) 강화계획

강화를 어떻게 주느냐가 유기체의 행동에 영향을 준다. 유기체가 특정 행동을 할 때마다 강화를 주는 것은 연속강화라고 한다(비둘기가 공을 쪼기만 하면 먹이를 준다). 그러나 비둘기가 공을 쫄 때마다 먹이를 주는 것이 아니고 가끔씩 먹이를 주는 것처럼 부분적으로 강화가 주어지는 것을 부분강화라고 한다(특정한 반응 모두가 아니라 그 중 일부에 대해서만 강화가 주어지는 것이 부분강화이다). 특히 인간의 경우는 매번 그 행동(우는 행동)이 나타난다고 엄마가 매번 보상(과자, 돈)을 하는 것은 아니다. 부분강화에서도 일정한 간격에 입각해서 강화하는 경우도 있고(간격계획) 행동이 나타나는 비율에 따라 강화받는 경우도 있다(비율계획). 간격계획에는 고정간격(일정한 시간, 예를 들어 1시간마다 먹이를 준다. 또는 일주일마다 보수를 준다)과 변화간격(고정간격에서는 10분마다 먹이를 주었다면 변화간격에서는 평균해서 10분마다 먹이를 준다. 어떤 때는 5분이 지나서 먹이를 주고 어떤 때는 20분이 지나서 먹이를 준다)이 있다.

고정비율은 일정한 반응을 하게 되면 강화물이 제공되는 것이다. 가령 비둘기가 공을 10번 쫄 때마다 1번 강화(먹이)를 한다. 즉 행동이 10번 나올 때마다 1번 보상을 하는 것을 말하는데 이때 쥐나 비둘기는 10번 쪼는 시간은 처음은 기나 갈수록 시간이 적게 걸린다. 변화비율은 일정한 반응을 하면 강화물이 제공되는데 그 반응이 평균으로 제공되는 것을 말한다. 즉, 평균해서 10번 행동에 1번 보상하는 것인데 어떤 때는 15번 쪼면 1번 보상하고 어떤 때는 5번 쪼아도 1번 보상해 평균 10번 행동에 1번 보상하는 것이 변화비율이다(강화계획 중 변화비율 때가 소거가 가장 어려운데 그것은 가장 높은 반응률을 보이기 때문으로 도박에 중독된 자의 도박행위를 설명해준다).

이 때 강화효과에 영향을 미치는 것에는 강화의 지연, 강화의 수(강화를 많이 받는 것이 빨리 학습된다), 강화의 질(맛있는 먹이), 강화의 양(무게, 부피)이 있는데 강화의 양이 증가함에 따라 반응강도가 증가한다. 또 대비효과(강화의 맥락효과)란 앞서의 학습장면에서의 강화량과 수에 의해 영향을 받는다. 즉, 이전의 강화받은 사태와 상대적으로 결정된다. 가령 처음에는 쥐에게 1/10 의 비율로 먹이(보강)을 주다가 그 다음에는 1/2 의 비율로 주니 쥐에게는 좋다(더 빨리 학습이 일어난다). 먼저 학습과의 대비, 즉 쥐가 앞의 강화조건과 다른 강화조건을 비교할 기회를 가지면 그 강화물의 유효성에 영향을 미치는 것을 대비효과라고 한다.

한편 강화의 지연(우는 행동과 과자주는 것 사이의 시간을 지연하는 것)에 있어 지연시간이 짧을수록 학습이 잘된다.

5) 처 벌

혐오적 조건형성은 처벌과 부적 강화로 나누어지는데 처벌이란 해서 안되는 행동을 했을 때 그에게 부정적 결과를 줌으로써 그런 행동을 하지 못하게 하는 것이다.

현실적으로 교사가 처벌없이 정적 보강만 사용하기에는 교육장면이 적절하지 못하다. 그것은교사가 학생을 관찰할 수가 있고 무슨 행동이 강화가 필요하다는 것을 매번 기억할 정도로 학생 수가 적어야 하는데 사실은 그렇지 않다. 벌이 너무 과하면 벌하고 관련된 사태(학교)나 벌을 준 사람과 관련하여 정서적 조건형성이 되어 버려 학교와 교사를 싫어해 더 많은 것을 배울 수 있는 교사에 혐오감이 생긴다. 또한 벌을 줄 때는 일관성(똑같은 행동에 대해 어떤 때는 벌을 주고 어떤 때는 칭찬하면 어떤 것이 적당한 행동인지 모르니 그런 행동을 할 때마다 처벌해야 한다), 즉시성(나쁜 행동 때 바로 처벌), 구체성(나쁜 행동 자체에 대해 책망한다)이 있어야 효과적인 벌이 될 수 있다.

또한 벌은 매번 똑같은 강도로 주면 효과가 없으니 강도를 바꾸어준다. 그런데 벌을 계속주면 벌을 피할 기회만 생각하고 행동을 바꾸려 하지 않고 벌에 순응해 버리면 처벌효과가 안나타난다. 그리고 보상효과는 결과 예언이 용이하나(대개 그런 행동이 증가된다) 처벌일 때는 그런 나쁜 행동이 없어질지 아닐지 예측하기 어렵다. 또한 관심을 못받는 아이는 처벌받는 것을 관심받는 것으로 여겨 나쁜 행동이 누적되고 고착되는 측면이 있다.

6) 사회학습이론(Bandura)

앞에서는 개인이 직접 어떤 사태에 직면해서(경험) 고전적 조건방법이나 조작적 조건방법으로 일정한 행동이 습득되는 과정을 이야기했다. 고전적 조건형성에서는 원래 자기가 유쾌하다고 느끼는 정서와 짝지워주는 것에는 똑같은 감정을 느끼나 조작적 조건형성에선느 그런 행동이 나오는 것은 자신의 행동이 결과가 좋았기 때문에 좋다(좋은 결과를 가져다주는행동이 학습된다). 이러한 2가지의 원리는 근본적으로 자신의 경험을 토대로 해서 자신의 행동이 생긴다.A는 그런 일이 불쾌하다고 경험했기 때문에 불쾌한 결과를 가져오는 일을 하지 않는다. 이 일을 하면 나중에 매맞는 결과가 나타나므로 그런 행동을 피하려 한다. 고전적 조건형성이나 조작적 조건형성이나 결국 결과가 자기에게 직접 경험된 것을 말한다(어떤 행동을 직접 경험했는데 유쾌한 경험을 했다면 그런 행동이 자꾸 나타나 학습이 되고 불쾌한 경험일 때는 그런 행동이 반복되지 않으니 그런 행동이 학습되지 않는다).

주의할 것은 이렇게 자기가 유쾌한 것과 짝지워져서 직접 경험을 하지 않았다면 모든 것이 학습이 되지 않는다고 이야기하면 인간이 겪는 여러 현상을 설명할 수 없는 것이 많다는 것이다. 가령 A는 자신이 그것과 관련해 어떤 직접적 경험이 없는데도 "oo당"에 대해 선호하는 측면을 갖는다. 또 A는 자신이 야구와 관련된 어떤 일을 해서 결과가 좋았다고 하는 것이 없는데도(직접 경험한 일은 없는데도) 야구를 좋아한다(학습되었다). A는 타국을 비난해서 자기에게 좋은 결과가 왔다고 하는 것이 없는데도(직접 경험한 적이 없는데도) 타국을 비난한다. 바로 이런 것들은 고전적 조건형성원리나 조작적 조건형성원리로는 설명할 수가 없다. 인간행동을 설명하는 데는 이들보다 더 큰 원리, 즉 사회학습이론이 있다. 인간이 직접경험, 과거경험에 의하지 않고도 어떤 것이 학습되는 현상을 사회학습이 설명한다. 인간에게는 직접경험을 하지 않아도 학습되는 방법이 있다. 즉, 인간에게는 언어적 능력, 상징능력, 모방능력이 강하고 중요하므로 자신이 직접경험하지 않았더라도 타인의 행동을 관찰하여 똑같이 자신이 직접강화나 처벌을 받았을 때와 똑같은 효과를 낼 수 있다는 것이 사회학습이론이다.

인간은 타인의 행동을 자신의 행동인 것처럼 생각해 볼 수 있는 사고능력, 상징능력이 있어 남이 보상받는 것을 보면, 내가 직접 강화받지 않아도 직접 강화받은 것과 같은 효과를 본다는 것이 사회학습이론의 주장이다. A는 모델이 어떤 정당에 대해 지지하는 행동을 본다. 그리고 그런 행동이 주위의 칭찬받는 것을 보면 A도 그런 행동을 배운다는 것이다. 모델이란 그의 행동을 모방, 동일시하고 싶은 사람이다(A는 금희를 너무 좋아해 금희가 A의 모델이 된다). 모델이 어떤 행동 뒤에 강화(칭찬 등)를 받았다면 모델이 보상받기 전의 행동은 자기가 한 행동일 때와 같이 그런 행동이 학습된다. 모델의 행동에 대해서는 모델이 아닌 자의 행동보다 훨씬 주의집중을 많이 하므로 모델에 더 관심을 가져 모델이 한 행동에 대한 결과를 끝까지 보게 되어 결과가 보상을 주느냐, 아니냐를 보게 되고 그런 것이 기억 속에 저장이 되고 그런 기억이 결국 나중에 자기가 직접 경험하지 않았는데도 자신으로 하여금 그런 행동을 하게 한다. 자기가 직접 학습한 것이 아니고 모델이 보상, 처벌받는 것을(모델이 학습하는 것) 보고 배운다(이것을 대리학습이라 한다). 인간에게는 이런 대리학습능력이 있어 타인의 행동을 배우고 따른다.

가령, 어른이 어떤 큰 인형을 차고 때리고 나서 껄껄 웃는 것(이것이 강화이다)을 아이에게 보게 해준다. 아이는 그런 행동이 유쾌한 결과를 가져왔다는 것을 보게 된다. 아이는 자기가 직접 인형을 공격해서 강화받은 적이 없지만, 그 어른이 아이가 볼 때 괜찮은 사람이다라고 생각할 경우에 그는 아이의 모델이 되며 따라서 아이에게도 기회가 주어지면 인형을 차는 것이 관찰된다. 옛날에는 이것을 전부 모방이라 했으나 모방은 단순한 copy이며 사회학습이론가들은 단순한 copy로 보지 않는다. 모델이 있게 되면 그 모델에 대해 주목하게 되고 그 행동에 주의해서 보니 빨리 기억되고 기억을 하니 그런 행동이 학습된다고 본다. 이 때 학습된 것이 매번 그 행동이 나오는 것이 아니고 그런 행동을 하고 싶다는 동기가 있을 때에만 나타난다. 아이는 모델을 통해서 타인을 어떻게 하면 혼내주는가를 알게 되는데 이때 매번 다른 사람을 혼내주는 것은 아니고 혼내주어야 할 동기가 있을 때 학습된 것이 행동으로 나타난다. 학습된 내용은 어떤 것은 행동으로 즉각 옮겨지고(이것은 외부에서 관찰된다) 어떤 것은 행동으로 옮겨지지 않고 학습으로 남아있는 것(기억되고 있다, 이것은 외부에서 관찰이 안된다)이 있다. 따라서 학습된 내용과 실제 행동 사이에는 그만큼 거리가 있다.

고전적 조건형성과 조작적 조건형성을 자기가 직접적으로 경험하고 물리적 환경 내에서 일어나는 학습현상이다. 그러나 인간이 갖는 측면들, 상상, 주의집중, 선별적 선호 등이 영향을 미쳐 자기가 직접 경험하여 보상, 처벌을 받지 않아도 행동을 배울 수 있다. 이런 측면이 있으므로 자기가 직접 경험한 것보다 훨씬 많은 학습량을 배울 수 있다.자신이 직접 경험하지 않아도 모델의 행동을 통해 그가 강화받는 것은 학습이 되고 그가 처벌받는 것은 회피되는 것이 학습된다.

행동주의적 입장은 분명히 관찰될 수 있어야 한다. 고전적 조건형성과 조작적 조건형성에 서 종소리, 개가 침 흘리는 것, 지렛대 누르는 것 등 모든 것이 관찰된다. 그런데 사회학습이론에서는 모델의 행동을 보고 나서 그것을 기억하고 있느냐, 즉 뇌에서 상징적으로 주의집중을 더 했는가는 관찰이 되지 않는다. 따라서 급진적 행동주의자는 이 이론이 행동주의에서 파생되었는데도 행동주의가 아니라고 비판하나 인간의 상징적 측면을 강조하는 인지이론가 들은 바깥에 드러난 행동을 중요시한다고 하여 행동주의 흐름을 그대로 받고 있다고 평가한다.

7) 언어학습

언어학습에 관한 연구는 에빙하우스가 1885년에 행한 망각에 관한 실험이 시발점이 되었다. 언어재료를 가지고 학습시키는 방법에는 자유회상학습, 계열학습, 쌍대연합학습(짝짓기) 이 있는데 자유회상학습은 어떤 항목들을 준 뒤에 제시된 항목을 생각나는대로 회상하게 하라는 것으로 이것을 피험자들에게 실시한 결과 주관적 체제화 현상과 계열위치효과가 나타났다. 주관적 체제화는 피험자들이 매번 같은 순서로 기억하는 경향을 말하는데 가령 피험자들에게 천운, 천정환 교수, 땅콩, 현미, 당근, 김미현, 교정학, 행운, 부산, 생식, 박영숙 교수, 무좀, 연근 등을 주고 자유회상시키면 A는 매번 천운, 천정환 교수, 교정학, 박영숙 교수, 부산... 이런 순서로 자기 나름대로 체제화해서 기억하고 B는 부산, 김미현, 땅콩,연근...이런 순서로 매번 기억한다. 즉, 주관적으로 어떤 체계를 사람들이 자기 나름대로 만들어 기억하는데 주관적 체제는 자기의 기존의 언어적 구조와 관련시켜 새로운 것을 받아들이기 때문에 나타난다.

계열위치효과란 주어진 항목들에서 맨 뒤의 항목이 가장 잘 기억되었고(최근효과) 그 다음에는 앞부분의 것이 잘 회상(초두효과)되고 중간부분의 것이 가장 잘 기억 안되듯이 회상률이 목록에서 제시된 순서에 따라 다르게 나타나는 것을 말한다.

계열학습은 제시된 항목을 순서대로 정확하게 기억해야 하는 것을 말한다. 쌍대연합학습이란 하나의 쌍을 주고 1쪽 자극을 주고 짝이 되는 것을 찾게 하는 학습으로 가령 '천정환 교수 – 행운' 또는 '천정환 – 천운'이라고 하자. 이 때 행운 또는 천운이라는 자극을 제시할 때 짝이 되는 천정환을 찾게 하는 것인데 초기에 외국어를 배울 때 이 방법이 많이 쓰인다(예 : You – 당신). 한편 재인법은 피험자로 하여금 여러 보기에서 정답을 고르게 하는 것 또는 주어진 항목이 맞는지 틀리는지 확인하도록 하는 것을 말한다.

이런 초두효과, 최근효과, 쌍대연합학습, 재인법은 능동적 활용은 아니나 그런 것이 있었다고 하면 답할 수 있다. 즉, 수동적이거나 피상적 단서만 주어져도 간단히 답을 할 수 있다. 한편 학습전략에서는 우연학습보다 의도학습이 학습효과가 크다.

8) 학습이론

(1) 근접설

고전적 조건형성에서는 조건자극과 무조건자극 간에 연결이 있으니 그에 의해서 조건자극에 대해서도 무조건자극에 대한 똑같은 반응이 나타난다. 음식과 종소리가 가까이 연결되어있으면 음식에 대해 반응하던 것이 시간적으로 가까이 주어지면 2개가 연결되어 연결된 것은 음식에 대한 반응과 같이 똑같은 반응이 나타난다. 어떤 행동에 대해 보상이 주어졌다면 행동과 보상이 시간적으로 연결되어 있으니 행동이 학습된다는 것이 근접설로 연합주의의 가장 간단한 형태이다. 근접설의 대표자인 Guthrie는 반응이 자극과 연결되기 위해 필요한 조건은 반응이 자극과 시간적으로 근접하는 것이라고 보고 자극이 반응과 연합되기 위해서는 강화는 필요없고 단지 근접만이 필요하다고 하였다.

(2) 인지학습

Tolman의 이론은 학습은 단지 자극 - 반응의 연합에 의한 것이 아니라 자극들 사이의 관계를 학습한다고 한다(기호학습). Tolman은 쥐가 미로에서 달려가는 학습을 했다 해도 거기로 가면 먹이가 나왔다 하여 수동적으로 배우는 것이 아니라 미로에 가면 쥐는 머리 속에서 나름대로 미로에 대한 인지지도가 형성된다고 보았다. 천정환 교수가 있는 대학에 간다면 어떤 학생의 머리에는 길이 그려진다. 이것은 주관적으로 만들어져 머리에 그려진 인지지도로, 물리적 지도는 다르다. 미로에 있는 쥐는 그곳에 가면 보상이 주어지고 자극에 따라 보상이 주어져서 학습된 것이 아니라 가는 동안에 지도 자체를 학습한다. 즉, 학습은 행동을 배우는 것이 아니고 환경에 대한 인지지도(cognitive)를 학습한다는 것이다(기호 - 형태설). 이것을 잠재학습이라고 한다. Tolman은 그 당시의 지배적 이론인 연합주의 견해에 반대해 유기체는 자극과 반응 사이의 연합관계를 학습하기보다는 인지를 학습했다고 하여 학습이란

단순한 조건형성 이상으로 지적과정이 수반된다고 보았다.

Kohler는 침팬지 실험(통찰설)에서 창고 안에 침팬지를 넣고 천장에 바나나를 매단 후 밑에는 상자와 막대기들을 두었는데, 종전의 학습이론에 의하면 상자 올리는 것을 배우고 막대기 끼우는 것을 배워서 바나나를 따야 하나 침팬지는 매번 시행착오를 하지 않고 어느 순간에 통찰이 생겨서 바나나를 따는 것을 보았다. 통찰력을 학습하는 것이지 하나하나의 행동을 학습하는 것이 아니다. 침팬지 입장에서는 여러 행동을 하다 보면 "아! 이거로군"(아! 학습)하는 통찰이란 어떤 문제의 핵심에 시행착오없이 갑자기 도달하는 과정으로 학습이 인지획득과정이라는 것을 보여준다.

제4장

제4장 범죄정책학

1. 범죄정책학의 개념

범죄정책학이란 주로 범죄대책과 예방에 관한 정책을 결정하는데 있어서 어떠한 방향과 절차로 범죄정책이 결정되고 집행되며, 그러한 정책이 나오게 된 배경과 정책가의 의도를 분석하고, 매스컴 등 다양한 형사 정책방향에 영향을 주는 여러 변수 등에 관한 연구를 통하여 올바른 범죄정책을 수립하기 위한 분야라고 정의할 수 있다.

이러한 범죄정책학은 경찰정책, 검찰정책, 교정정책, 사법정책, 피해자정책 등으로 나누어 볼 수가 있고, 경찰정책은 방범정책, 치안재생산정책, 수사정책 등 다양한 정책으로 나누어 볼 수가 있다.

이러한 범죄정책학의 개념을 통해 우리는 여러 가지 이유로 국민의 의사가 범죄정책결정구조에 원만히 투입되지 못하거나 범죄정책결정과정에서 생기는 각종 편견의 동원이나 상징조작(특히 매스컴에 의한 상징기소, 상징재판, 상징사면) 등으로 인하여 올바른 범죄정책이 수립되지 못하는 배경을 알 수가 있어 그에 대한 적절한 통제를 할 수가 있다.

가령 범죄인에 대한 교정정책을 수립할 때 응보주의 정책을 반 교화적이고 반인도적 정책이라고 무조건 몰아붙이는 편견이 동원되면 적절한 교정정책이 수립되지 못한다. 이때는 그러한 편견이 동원을 수정해야 한다.

또한 치안공공재 생산방식을 결정하는 정책의 수립에 있어 지금까지 신분이 보장되는 경찰관료로만 생산할 것인가, 민간경비 등의 사적 부분도 치안공공재의 생산에 참여시킬 것인가를 정책수립하게 되는 경우 그러한 민간경비부문의 참여가 경찰관료들의 입지를 좁혀 경찰엘리트 등에게 불리하게 될 것으로 생각되면 은연중에 그러한 이슈가 억압되는 무의사결정(無意思決定)이 발생한다.[1)]

따라서 아무리 합리성이 있는 대안이라고 해도 그러한 대안들이 경찰정책 수립과정에서 구축(crowding - out)되는 배경을 신 엘리트주의라는 무의사결정론을 통하여 알 수 있다.

마찬가지로 각종 범죄정책에 대한 정책분석이나 정책평가에 있어서도 올바른 정책분석과 정책평가를 저해하거나 영향력을 행사하려는 여러 동태적 변수를 알 수 있고, 이 과정에서 특정 집단의 이익을 국민의 이익으로 전화시키는 각종 상징조작이 발생한다.

이처럼 범죄정책에 관한 연구는 올바른 범죄정책의 방향을 결정짓는데 중요한 역할을 하므로 우리는 그러한 정책이론을 충분히 숙지해야 한다.

한편, 범죄정책을 수립하거나 결정하는 범죄정책가의 범위에는 경찰과 검사 등의 수사기관, 법관관료 등의 법원기관, 교정관료 등의 교정기관, 피해자 정책을 결정하는 관료와 시민단체, 범죄정책에 영향을 미칠 수 있는 관련이익단체, 비정부기구, 범죄학자, 교정학자, 교정복지학자, 심리학자, 사회학자, 법경제학자, 정치인, 법학자, 매스컴 등이 있을 수 있는데 여기서 가장 무서운 영향력은 매스미디어로 한계효용이 높은 뉴스를 생산해야 하는 언론은 범죄가 일어나기를 바라는 숨은 범죄수요자로서의 성격을 갖고 범죄정책결정에 영향을 미친다는 점에서 매스미디어의 이기성과 상업성을 올바로 파악해야 동태적 범죄정책 결정과정을 이해할 수가 있다.

---

01) Bachrach와 Baratz는 무의사결정을 의사결정자의 가치 또는 이해에 대한 명시적 또는 잠재적인 도전을 억압하기로 하는 결정이라고 정의하여 사회의 지배적인 가치, 이해에 대한 도전이 나타나는 것을 방지하고자 할 때 무의사결정이 발생한다. 이러한 무의사결정의 수단에는 폭력, 권력의 행사, 편견의 동원, 지연전략 등이 있다.

따라서 여기에서는 그러한 범죄정책학의 기본이 되는 기초개념인 정책이론을 참조한 여러 정책학을 통해 쉽게 서술하기로 한다.

2. 정책학의 기본이론[2)]

1) 정책의제설정이론[3)]

정책의제의 설정이란 사회내의 다양한 집단들의 요구가 정부관료의 진지한 관심을 경주하는 문제로 구체화되어가는 과정을 말하는데, 보통은 대중의 관심을 모으는 쟁점문제들로 구성되는 공공의제가 정책결정자들의 공식적인 관심사로 채택되어진 쟁점문제들로 구성되는 공식의제로 될 때 정책의제가 형성된다고 한다.

다시 말해서 각종 집단의 요구가 정보의 진지한 관심의 대상이 되는 항목으로 전환되어가는 과정을 정책의제 설정이라고 한다. 가령, 최근 문제가 된 경찰관채용시험의 응시자격에서 키나 몸무게의 제한으로 불이익을 보는 집단들의 응시제한 완화 요구에 대해 정부가 공식적인 관심의 대상으로 삼는 것을 말한다.

(1) 정책의제설정과정

EyeStone에 의하면 정부에 의해 공식적으로 채택되기 전이지만 많은 개인이나 집단의 관심이 집중되어 있으며 정부에 의해 해결되어야 한다고 여겨지는 의제를 공중의제라고 하고, 이러한 공중의제들이 정부에 의해 공식적으로 정책의제로 되면 이를 공식의제라고 한다.

가령 최근에 경찰대학의 폐지여부 문제에 국민의 관심이 집중되어 있다면 이것이 공중의제이고, 그 뒤 경찰대학의 존폐여부가 정부의 공식적 논의대상으로 될 때 이것을 공식의제라고 한다.

---

02) 노화준, 정책분석론, 박영사, 2004 : 오석홍, 정책학, 법문사, 2000 : 유훈, 정책학, 법문사, 2002 참조 우영재, 행정학원론, 백산, 2004, 159면 이하 참고

03) 유훈, 정책학원론, 법문사, 2002, 236~252면 참조

한편, EyeStone은 정책의제설정과정은 사회문제단계(많은 사람들이 느끼는 기대에 미치지 못하는 상황)에서 사회적 이슈단계(사회적 의견의 불일치가 있는 사회문제로서 해결책을 조속히 강구해야 하겠다는 긴급성을 갖고 있는 단계)로 그 뒤 공중의제(공중이 해결책이 강구되어야 한다고 믿는 이슈)로의 전환을 거쳐 공식의제로의 채택단계를 거친다고 한다.

문제는 이러한 수많은 사회문제 중에서 극히 일부만이 정부의 관심을 끄는 공식의제로 채택되는데 이러한 정책의제설정에 영향을 미치는 요인들에는 사회적 유의성, 심각한 문제, 구체성, 해결정책의 존재여부, 감정적 측면, 유행성, 주도집단 등이 지적되고 있다.

즉 사회적 유의성(그 문제가 많은 사람들과 관련된 문제)이 있고 문제가 심각할수록, 구체성이 높은 문제일수록, 해결책이 있는 문제일수록, 감정적 측면이 강해 대중매체의 관심을 끌수록, 다른 곳에서 정책의제로 채택된 경우일수록(유행성), 주도집단의 크기가 클수록 정책의제로 채택될 가능성이 높다.

유행성과 관련해서 보면 유행성이 클수록 정책의제로 채택될 가능성이 높다. 가령 경찰공무원이나 교정공무원 또는 입사시험에서 우리나라는 전통적으로 연령제한이 엄격했지만, 최근 연령제한을 완화해야 한다는 여론이 있어 왔고, 이러한 사회문제를 최근 많은 공기업과 은행 등에서 공식의제로 채택하여 연령제한을 철폐한 것은 이익집단 등의 사회운동이나 항의에도 영향이 있지만, 이미 이러한 사회문제에 대해 외국에서는 연령제한을 완화하여 해결책이 강구된 유행성이 있는 것도 영향이 있었다.[4)]

04) 정부가 공무원 채용 때 연령제한을 두는 이유에 관해 2003년 6월 11일에 중앙일보에 중앙인사위원회의 관계자는 나이든 사람이 신규로 들어오면 공직에서 일 처리가 어렵다고 주장하고 있는데, 이와 관련하여 취업시 연령제한의 문제점을 기사화한 부산타임즈 2002년 9월 11일자에는 한국여성단체협의회가 2002년 6월에 서울시에 거주하는 남녀 510명을 대상으로 여론조사한 결과 여성은 90%가, 남성은 74%가 연령제한이 심각한 편이라고 응답했고, 연령제한이 부당한가에 대해 전체 응답자의 48.6%가 매우 그렇다고 응답했고, 37.5%가 그런 편이라고 응답했으며, 한국여성개발 연구원의 김미경 연구위원은 2002년 8월 30일 한국여성단체협의회에서 주최한 모집채용에서의 연령제한에 관한 워크숍에서 미국은 이미 30년 전 '연령차별금지법'을 만들어 고용, 해고, 승진, 직업훈련에서부터 구인광고나 이력서에 나이를 명시하는 것에 이르기까지 연령차별을 불법행위로 간주하고 있다고 설명하고, 캐나다는 인권법, 호주는 인권 및 기회평등법에서 연령차별을 하지 못하도록 했으며, 또 영국에서는 모집, 채용, 교육, 승진,

또한 현재 우리나라는 1999년 이전에는 수형자의 배우자 성적교섭권을 인정하지 않다가 1999년 일부 교도소에서 "부부만남의 집"을 설치해 극히 제한된 요건하에서 부부의 성적교섭권을 허용하고 있는 정책을 실시해오고 있는데, 이러한 정책은 수형자의 성생활을 전혀 인정하지 않음으로써 오는 교도소내의 동성애와 계간 등의 심각한 문제가 발생했고, 이 문제는 구체성이 높고 해결책이 존재하며 많은 외국에서도 실시하는 유행성이 "부부만남의 집"을 설치하는 정책의제가 형성되어 실시되고 있다.[5)]

(2) 정책의제설정모형

Rogen Cobb에 따르면 정책의제설정모형은 외부주도모형, 동원모형, 내부주도모형으로 된다. 첫째, 외부주도모형은 정부의 외부에서 쟁점문제가

해고 등의 과정에서 연령차별을 하지 못한다고 설명했다. 한편, 2003년 6월 11일 중앙일보에 기고한 2002년 11월에 만들어진 고령자 고용촉진법은 모집 등에 있어서 연령차별을 못하도록 한 조항이 있으나, 이는 강제성이 없는 권고조항이기 때문에 실효성이 없다고 하면서 미국처럼 처벌조항으로 바꾸어야 한다고 주장한다.: 천정환, 신교정학, 한국고시회, 2004, 37면.

05) sex를 재화로 보면 sex는 기본재이다. 즉, 인간다운 생활을 위해 가장 필요한 기본적 재화이다. 이때 기본재로서의 sex재는 사회인에게 희소성이 없지만 수형자에게는 희소재의 성격을 지닌다. 따라서 사회인은 sex재와 타재화에 대해서 그의 효용이 극대화 되는 소비자균형이 내부해를 가지나 수형자는 sex재에 대해 기호가 고착될 수 있으므로 수형자의 소비자균형은 코너해를 가진다고 추론할 수 있다. 즉, 일반인은 sex재에 대해 이상반응이 적다. 수형자의 경우에 만약 1달에 1번 sex재 사용기회를 준다면 그는 그의 모든 소득을 sex재에 사용할 가능성이 많아 한계효용균등법칙이 성립하지 않아도 수형자의 만족이 극대화되는 소비자균형, 즉 Y축에서 코너해를 가진다. 만약 Y축의 sex재의 가격이 Px, x축의 일반재의 가격이 Py라면 일반사회인에게는 sex재에 대해 코너해를 가지게 되어 여러 부정적 외부효과가 발생하게 된다.

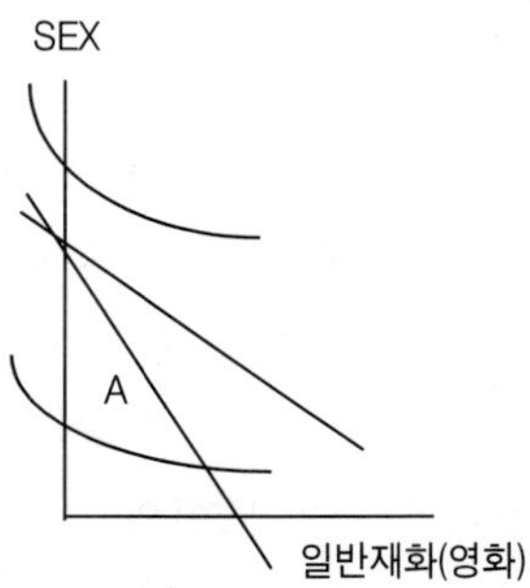

그림80 : Y축에서 코너해를 갖는 수형자의 소비자균형

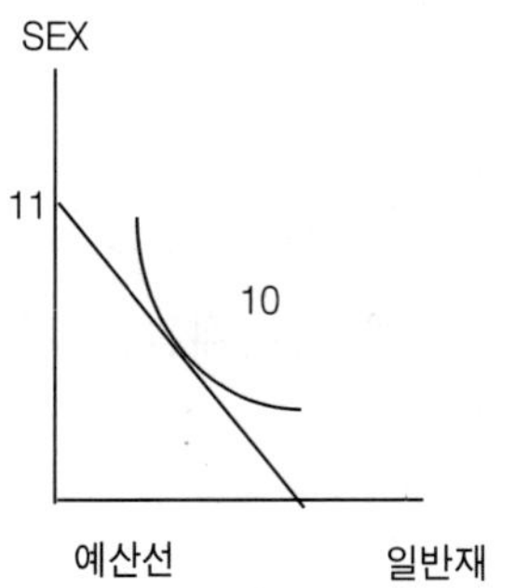

그림81 : 일반인의 소비자균형

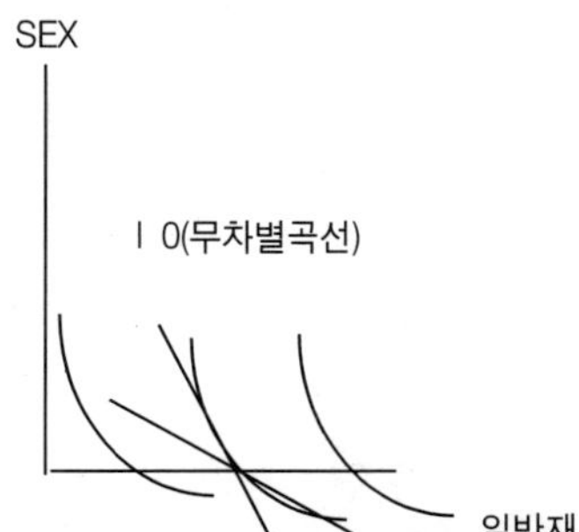

그림82 : X축에서 코너해를 수형자의 소비자균형

제기되어 공공의제로 등장케 되며, 이것이 공식적인 의제로 채택되도록 정책결정자에게 외부로부터 압력이 가해지는 상황에 통용되며 이것은 평등적 사회에 나타난다. 또한 회원은 많으나 재정력이 빈약한 집단의 경우에 이 모형을 사용하면 성공할 가능성이 높다고 한다.

이때 정책의제의 형성과정은 발안(외부집단의 불만단계) → 명료화(불만들이 여러 방식을 통해 구체적 요구로 변화) → 확대(공공의제가 공식의제화되도록 하기 위해 외부집단은 정책결정자에게 압력을 행사 → 참입(공공의제에 관해 정책결정자들이 그 쟁점문제에 깊은 관심을 나타내어 공식의제로 되는 것) → 의 단계를 거친다.

가령 최근 경찰대학의 여러 문제점이 일반경찰 출신과 가족들에 의해 불만이 여러 경로를 통해 제기되고 인터넷과 언론을 통한 각종 압력을 행사하여 드디어 정책결정자들이 경찰대학의 존폐여부에 대한 공식적인 관심을 갖게 되는 경우와 같이 외부주도모형은 일반순경처럼 상대적으로 지위가 낮은 집단이지만 회원이 많은 경우에 이 모형을 활용할 가능성이 높다.

동원모형은 정책결정자가 공식의제에서 공공의제로의 변화를 원해 정책의제가 채택되는 것으로 지도자와 추종자간의 거리감이 크고 정치지도자를 특별한 시각으로 보거나 초자연적인 힘에 의해 부여된 것이라고 여길수록 동원모형이 지배한다.

즉, 정부안에서 주도되어 거의 자동적으로 공식적 의제가 되는 경우로 성공적인 집행을 위하여 공식의제가 공중의제로 전환되는 것으로 이때 고도의 상직조작이 행해진다.

가령 교정공무원법의 제정과 교정청설치 등에 관한 정책은 일반국민과는 이해관계가 없고 관심사도 아니지만 교정국 내부에서 사실상 주도되고 이것이 성공적인 집행을 위하여 교도관의 부족과 교정공무원법의 부재로 인한 각종 사회적 문제점을 언론 등 여러 경로를 통해 알리는 공중의제로 전환시키게 되어 소위 공론화의 단계를 거치게 되면 국회 등의 정책결정자를 쉽게 움직일 수 있다고 본다.

한편, 카리스마적 지도하에서 행해지는 전통적인 동원모형의 과정은 발안단계(지도자에 의해 정책이 발표되면 그것이 자동적으로 공식의제가 된다) → 명료화단계(지도자들이 대중에게 계획을 분명히 알리고 지지를 요구한다) → 확대단계(계획을 집행사기 위해 새로운 참여자를 유도한다) → 참입단계(대중들이 정부계획을 인식케되어 공식의제로부터 공공의제로 변화케 된다)를 거친다.

내부접근모형은 대중의 참여를 전혀 배제하고 정부 내의 정책결정자나 그 측근자들에 의해 발안된다. 정책의 집행을 위한 지원을 대중으로부터 얻으려 하지 않고 오히려 정책집행에 특별히 영향력 있는 집단을 포섭하여 그의 지원을 얻으려고 노력하는 것으로 개도국에서 잘 나타난다. 또한 엘리트사회일수록 내부주도모형에 의존할 가능성이 높다고 한다.

단계는 발안과 명료화(내부집단들은 불만이나 새로운 정책대안을 명료화할 수가 있다)→확대(발안자들이 관심집단을 선택하고 관심집단은 정책결정자에게 쟁점문제가 중요하다는 필요성을 갖게 한다)→참입(공식의제화되는 것으로 침입화는 직접접촉과 중개집단을 통해서 이루어지는 방식을 택하며 이때 특수이익의 부여 등의 방식을 사용하기도 한다)의 단계를 거친다.

2) 정책결정이론

(1) 의의와 성격

정책결정이란 정부가 미래의 행동대안을 복잡한 동적과정을 통하여 의도적으로 공익을 위해 내리는 결정으로 바람직한 미래상, 바람직한 발전방향, 선호의 행동노선, 정책의지, 공식적인 정당성 등을 구성요소로 한다.

이러한 정책결정은 공익성에 근거하지 않은 의사결정과는 차이가 있지만, 정책결정은 의사결정의 특수한 종류로 공익이 기준이다. 의사결정의 주체는 기업과 정부이다. 가령, 경찰청이 제한된 예산과 인력을 어떻게 배치할 것인가에 관한 행동대안을 내리는 것이 정책결정이며 이때의 정책결정은 공익에 근거한다.

그러나 에스원같은 민간경비업체가 고객들에 대한 범죄예방을 위한 행동대안을 결정해도 이것은 정책결정이 아니고 의사결정인데, 그것은 공익성에 근거하지 않고 사익성에 근거하기 때문이다. 그리고 주로 사기업체에서 행하는 의사결정은 계량화가 용이하지만 정책결정은 계량화가 용이하지 않으며, 또한 정부나 국가기관도 행동대안을 결정하더라도 그것이 공익과 무관한 것이면 의사결정이 된다. 이처럼 정책결정과 의사결정의 결정적 차이는 공익성에 근거하느냐이다.

이러한 정책결정은 서술적 기능(현실을 재정의하고 가능성을 탐색하며 문제를 발견케 한다), 규범적 기능(나아갈 방향을 인식케 한다), 전략적기능(정책결정은 당위성과 현실성 및 능률성을 결합시킨다), 변동유발기능(정책결정은 환경의 질적 변화를 야기시킨다), 타정책과의 관련기능(상위정책은 하위정책의 대안개발을 가능케 해주며 하위 정책의 정당성의 근거를 제시해준다), 정치적기능(정책결정은 국민설득, 상징조작기능을 수행한다)으로 구분된다.

(2) 유형

정책결정은 형식을 가진 기준으로 하면 정형적 결정과 비정형적 결정, 전략적 결정과 전술적 결정, 개인적 결정과 집단적 결정이 있는데, 정형적 정책결정이란 기안, 품의제와 같이 정책결정방법을 미리 표준화시켜놓고 그에 따라 반복적으로 결정이 이루어지는 것으로 비용과 시간이 절감되지만 환경변화에 대응하는 정책결정을 할 수가 없다.

가령 조직폭력 범죄가 기승을 부릴 때 이것의 방지를 위한 정책결정을 할 때 과거에 했던 정책결정방식에 따라 지역별, 시간대, 시기별 상황을 고려하여 기획단속을 하기로 정책결정을 하는 것을 말한다.

비정형적결정이란 환경변화에 따라 알맞은 방법으로 정책결정을 하는 것으로 발전지향적인 정책결정이지만 많은 경비와 시간이 드는 점이 문제로 지적되고 있다.

가령 급증하는 조직범죄를 효율적으로 대처하기 위해 종전과 같이 비슷한 내용으로 정책결정을 하는 것이 아니라 조직범죄의 서식환경의 근절과 조직범죄추방운동, 증인보호절차의 강화, 비호세력 엄단, 국제공조의 강화, 교정처우의 내실화, 자금원봉쇄 등을 위하여 전에는 시도하지 않은 새로운 방법으로 정책결정을 하는 것을 말한다.

전략적 정책결정이란 무엇을 할 것인가에 관한 것으로 본질적 문제에 관한 규정을 결정하는 것이며 전술적 결정이란 어떻게 할 것인가에 관한 것으로 수단적 문제에 관한 규정을 결정하는 것을 말한다.

가령 국내에 여러 범죄가 급증할 때 이 기간에 여러 범죄 중 마약범죄 근절을 우선 목표로 정했다면 이것이 전략적 정책결정이고 이때 마약범죄의 근절을 위해 어떤 수단, 즉 마약자금을 근절하는 정책을 사용할 것인가 또는 마약 수용자에 대한 교육정책을 사용할 것인가 또는 마약 수요에 대한 탄력성을 고려하여 부분적으로 마약사용을 합법화할 것인가[6]에 관한 전술적 결정이다.

한편, 정책결정은 내용을 기준으로 하여 추출정책, 규제정책, 분배정책, 상징정책, 구성정책 등이 있다. 적출정책이란 인적·물적 정책을 적출하기 위한 정책을 말하는데, 가령 적절한 교정정책을 위하여 여성교도관이 많이 필요하다면 어떻게 하면 여성교도관을 많이 확보할 수 있는가에 관한 것이다.[7] 규제정책은 정부가 산출하는 여러 통제와 관련된 정책으로 가령 국가

06) 보통 마약수요자는 중독이 심한 자와 심하지 않은 자로 구분이 가능하며, 이때 중독자는 마약이 없으면 살기 어려워 마약의 암시장에서의 가격이 아무리 올라도 수요가 크게 줄지 않는 비탄력적 수요의 특징을 가져 만약 정부가 철저히 마약공급을 차단시키면 마약가격만 폭증하고 이때 탄력성이 적은 중독자는 더 많은 구매비용이 필요해 더 많은 범죄행위를 하게 되므로 합법화시킨다. 그러나 중독이 심하지 않은 자는 마약이 없어도 크게 영향을 받지 않으므로 마약가격이 올라가면 마약에 대한 수요가 급감하므로 탄력적인 수요곡선을 가지게 되어 중독자와 달리 범죄가 적어지므로 계속 불법화시키는 정책을 쓸 수 있는데 수요의 탄력성과 수요곡선의 기울기는 역의 관계이므로 중독자와 비중독자의 수요곡선은 아래와 같다.

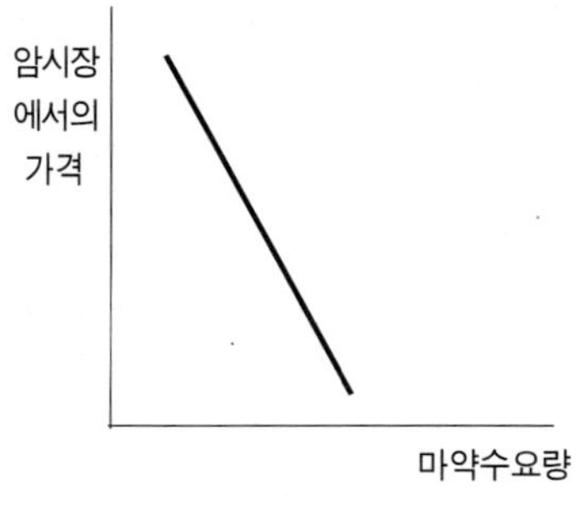

그림83 : 중독자의 수요곡선

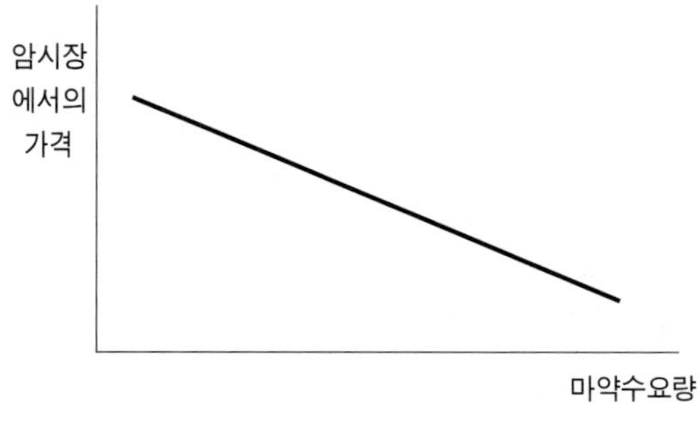

그림84 : 비중독자의 수요곡선

07) 우리나라는 교정관료의 대표성과 관련해 특히 性에 의한 대표성이 아주 부족해 외국과 많이 차이가 나는데, 독일의 테겔 교도소에는 여성교도관들이 남자 수용자들을 관리하며(교정, 2000. 4, 104면), 미국의 캘리포니아 교정국 산하의 베카빌 교도소에는 여자 교도관들이 포승

가 각종 범죄를 규제하는 정책 등이 그 예이다. 규제정책은 보통 법규형태로 나타나며 규제정책의 가장 강력한 수단은 강제력의 행사이다.

다시 말해서 규제정책이란, 특정 개인이나 집단의 행태를 제한하거나 규제를 부과하여 반사적으로 많은 다른 사람들을 보호하려는 목적을 지닌 정책을 의미하며, 비용집단은 특정, 수혜집단은 불특정된다. 규제정책에서는 수혜집단과 비용집단을 정책결정시에 선택하게 된다는 점에서 두 집단 상호간 정부와 정책대상집단 간의 치열한 갈등과 대립을 불러일으킨다는 특징이 있다.

가령 독점기업을 규제하기 위해 공정거래법이 제정되는데 이때 수혜집단은 일반소비자이고, 비용집단은 독점기업이 된다. 최근 경인방송의 설립을 둘러싸고 이에 관한 사업자 선정을 둘러싼 정책 등도 그 예로 볼 수 있고 민영교도소 설립인가도 그 예로 볼 수가 있다.

상징정책이란 정당성의 확보나 국가적 위신을 위한 정책으로서 교육, 문화, 이데올로기와 관련된 정책을 의미한다. 가령 동상건설, 기념일, 국경일, 훈장수여 등을 그 예로 들 수 있다. 현충일 행사는 호국, 보훈에 대한 국민적인 공감대를 형성하는 상징정책의 하나로 볼 수 있다. 경찰학교에서 경찰관들에게 국기에 대한 경례와 각종 의식행위에 참여시키고 무궁화 계급장이 달린 제복을 착용케 하는 것도 상징정책의 하나이다.

등 보안장비를 갖고 남자수형자를 계호하며(교정, 2001. 5, 51면), 뉴질랜드의 교도소에는 여자직원이 남자직원과 함께 남자 제소자 사동에 근무하며(교정, 1994. 2, 43면), 미국 텍사스주의 교정시설에도 여자직원이 남자수형자를 계호하며(교정, 2003. 2, 106면), 이탈리아의 레비비아 교도소는 교도소 공무원 중 50%가 여성이며(양봉태, 구미교정제도, 교정, 1995.11, 43면), 미국 알렉산드리아 구치감에는 여자 공무원이 남성수용자의 계호 외에도 직접 신체검사까지 하며(양봉태, 구미교정제도, 교정, 1995.10, 89면), 중국은 전체교도관 중 25%가 여성이며 호주의 교도소에는 여자가 남자 교도소에서 일하는 것이 일반화되어 있고, 캐나다에서는 여성교도관이 급증하자 남자 수용자들의 불평에 대해 대법원은 교도관의 권리는 수용자의 우려보다 우선하다고 했으며(교정, 1997.12, 94면), 미국의 엘도라도 교도소는 문제수용자의 수용사동 등 보안상 아주 위험한 근무처에도 여성교도관이 근무하며(양봉태, 구미교정제도, 교정, 1995.9, 70면). 미국 텍사스주의 교정시설에는 여자 교도관의 비율이 30%에 이르며(이용배, 미국의 교정제도, 교정, 1996, 4, 96면), 스웨덴에서 가장 중범죄자를 수용하는 쿰라 교도소에는 여성 직원이 40%이며(한인섭, 스웨덴 방문기, 신동아, 1997. 4, 436~445면), 캐나다의 프레리 지방교정청에는 전체 직원 중 여성직원이 60%이상을 차지하며(이정숙, 캐나다 연수기, 교정, 2002. 3, 37~38면) 우리나라와 좋은 대조를 보여주고 있다.

각종 사회복지제도와 관계되는 재배분정책이란 고소득층으로부터 저소득층으로 소득이전을 목적으로 하는 정책으로, 수혜집단과 비용집단이 특정되어 있는 특징을 갖는다. 따라서 비용집단과 수혜집단이 계층분화에 의해 이데올로기적 논쟁을 야기하여 계급정책(class policy)으로서의 성격을 가지며, 정치엘리트들의 정상연합회(peak association)에 의해 정책이 주도되는 엘리트론적 정책과정을 보인다.

BK사업의 선정같은 것이 분배정책인데(이때 수혜집단은 특정되어 있다), 분배정책이란 정부가 정책대상집단에게 서비스를 배분하는 것으로 가령 경찰청이 제공하는 각종 치안서비스의 공급, 법원이 제공하는 각종 사법서비스의 공급, 교정기관이 제공하는 각종 교정서비스의 공급, 보호관찰소와 같은 보호기관이 제공하는 각종 보호서비스의 제공을 말한다. 이때 수혜집단은 특정되어 있으나 비용집단은 불특정되며, 수혜집단과 비용집단 간의 정면대결은 없고 갈라먹기 정치가 나타난다.

구성정책이란 새로운 행정기관의 설치에 관한 정책을 말한다. 물론 이러한 상징정책과 구성정책의 결정에도 상징조작 등의 자원이 동원된다.

구성정책의 예는 현재 폭증하는 출소자의 재범을 막기 위해 기존의 교정국을 교정청으로 설립할 것인가에 관한 정책이 그 대표적인 예이다. 또한 이민수요에 대응해 이민청을 만들면 이것도 그 예이다.

(3) 이론모형

정책결정의 이론모형에는 산출지향적 이론모형과 과정지향적 이론모형으로 나뉘어지는데, 산출지향적 이론모형에는 합리모형과 만족모형, 점증모형, 혼합모형, 최적모형이 있고 과정지향적 이론모형에는 엘리트모형, 집단모형, 체제모형, 제도모형 등이 있다.

합리적 모형이란 규범적, 이상적 접근방법으로 정책결정자는 언제나 이성적 판단에 따라 대안을 선택해야 한다는 것으로 인간의 전능성을 전제해야 하고, 목표에 대한 합의가 어렵고 시간과 인간능력의 제약으로 모든 대안의 색출검토가 어렵다는 비판을 받는다. 다시 말해서 이 모형은 정책결정자가 합리적 원칙에 의하여 행동하고 결정하는 모형으로서 객관적 사실

등을 비교・분석하여 경제원칙에 의해 목표달성의 극대화를 추구하는 형태로 각종 경제적・통계적 기법과 계량적 분석방법에 의존해 정책의 합리화를 추구한다.

이를 위하여 정책결정자들은 이용가능한 모든 정책대안들과 각 정책대안들의 모든 결과를 파악해야 하며, 각 정책대안에 대한 비용 대 편익 비율을 분석해야 한다.

그러나 이 모형은 지나치게 합리적 지식에 기초를 두는 모델로 정책결정에 활용될 수 있는 기법만 생각했지 인간의 정신적・심리적인 현상과 사회의 동태적 요소들에 대해서는 고려하지 않았다는 비판을 받는다.

만족모형은 Simon과 March가 주장한 것으로서 현실적・실증적 접근방법이다. 정책결정자는 현실적인 만족수준에서 대안을 선택해야 한다는 것으로 절대적 합리성의 기준이 아니라 제약된 합리성과 주관적 합리성에 따르게 된다.

이 모델은 현실주의적인것에 있어 만족할 만한 질이 현재의 상황과 밀접하게 연관되어 있기 때문에 현실을 대변하여 사회현실에 유연하게 대처할 수 있는 보수적 모델이다. 그러나 만족모형은 현상유지적・보수적 결정만 가능케 되고 만족화의 평가기준이 모호한 점, 만족이라는 주관적・심리적 요소를 강조하므로 정책결정이 비합리적으로 되기 쉽고 객관성을 갖기 힘들며 개혁적 추진이 곤란하다는 비판을 받는다.

점증모형은 Lindbloom, Wildavsky가 강조한 것으로 경제적 합리성보다 정치적 합리성을 강조하는데 정책결정자는 현존정책보다 조금 상회한 수준에서 정책대안을 선택한다는 것이다. 다시 말해서 기존의 정책에서 소폭적 변화만을 고려하며 행해진다. 또한 합리모형에서는 총체적인 분석을 통해 최적의 대안을 결정하지만, 점증주의에서는 이러한 분석적 방법이 대폭적으로 제한되며, 기본적으로 다양한 참여자들 간의 타협과 합의에 의한 결정이 이루어지며 한 관에서 정책이 결정되는 것이 아니라, 여러 기관에서 상호 독립적으로 의사결정을 하는 과정을 거친다. 이러한 과정은 한 기관에서 결정시 고려하지 못하는 것들이 고려될 수 있다는 장점이 있다. 그리고 합리모형에서와 같이 주어진 목표를 달성하기 위한 최적수단을 찾는 것이 아닌, 목표에의 합의 자체가 어렵고, 수단에 의해 목표가 결정될 수 있다는 점에서 목표와 수단을 동시에 고려한다.

이런 점증모형은 현실의 정책과정을 잘 설명할 수가 있고 관련 집단들의 타협과 협상의 중요성을 부각시켰다는 점에서 정치적 실현 가능성의 측면은 장점이나 소폭적 변화에 대한 합의 기준이 없고 보수적 성격으로 인하여 기본적 혁신에 관한 결정을 설명할 수 없으며 강력한 집단이나 개인에게만 유리하다는 비판이 있다.

그동안 우리나라의 범죄예방정책의 수립에 있어서도 행정부의 밀어붙이기식의 결정으로 범죄예방정책에 있어서 점증주의의 적용의 어려움이 있어왔다. 그러나 사회가 다원화 되어감에 따라 관련 집단의 광범위한 참여, 관련 집단들 간의 타협과 합의에 의한 점증주의의 적용가능성을 높여야 한다.

가령, 갈수록 증대되는 범죄 예방과 관련하여 민간경비제도를 활성화시키는 정책을 관련 집단과 협의하여 수립하고 호주 등 선진국에서 행해지는 공인탐정제도도 관련 협의의 의견을 참작하여 실시할 필요가 있다. [8]그러나 무조건 모든 정책을 관련 집단간의 이해관계에 따라서만 결정하면 정책의 실패를 가져오므로 적용범위가 넓고 분석적 결정(사업의 타당성 분석 등)이 필요한 부분에서는 합리모형에 따른 합리적 정책방식이 우선되어야 한다.

즉, 점증주의와 합리모형의 조화가 필요하다.

한편, 혼합모형은 Etzioni가 주장한 내용으로 정책결정을 기본적 결정과 부분적 결정으로 구분하고 기본적 결정은 합리모형으로, 부분적 결정은 점증모형에 따르자는 것으로 합리모형과 점증모형을 절충한 것이다. 이 모형은 인간의 일반적 행태에 비추어 합당한 면이 있지만 기존의 상태를 이론화시킨 것에 불과하다는 비판을 받는다.

그리고 Dror가 제시한 최적 모형은 경제적 합리성과 초합리성을 모두

08) 1999년 우리나라는 공인탐정법안이 국회에 제출된 적이 있으나 폐기되었다. 일본은 민간단체인 일본탐정협회가 부여하는 탐정학사라는 민간자격제도가 있는데, 현재 일본의 탐정회사는 4,000여 곳이며 일본의 고다마 회장은 1969년 세계 최초로 민간탐정학교인 탐정경비사양성소를 설립하여 5만명 이상이 거쳐 갔다고 한다.: 김태환, 프로탐정의 세계, 백산, 2004, 175면 이하. 한편, 2005년에는 한국에도 한국탐정협회가 개설되었다.

고려하면서 결정자는 최저대안을 선택해야 한다는 것이다. 여기서 초합리적 요소란 정책결정자의 직감, 직관, 주관적 판단, 추측 등을 의미하는데, 따라서 이러한 초합리적 요소는 정책결정자가 자란 사회적·문화적 배경과 가치관에 의해 크게 달라질 수가 있어 바로 이점이 장점이 됨과 동시에 한계로 작용될 수가 있다. 따라서 최적모형에서의 최적이라는 개념은 양적인 개념이 아니라 질적인 개념이며, 따라서 최적모형은 유토피아적 성격이 강하며 초합리성이 명확하지 않고 사회과정의 분석이 충분치 않다는 비판을 받고 있다.

한편, Cohen, March, Olsen 등이 주장한 쓰레기통 모형이란 정책결정은 어떤 정해진 규칙 속에서 이루어지는 것이 아니라 마치 쓰레기통에 집어던진 쓰레기들이 뒤죽박죽으로 엉켜져 있는 것과 같다고 한다. 이 모형은 복잡하게 급변하는 사회의 혼란스런 상황하에서 어떻게 정책결정을 하는데 기여하게 되는가를 제시해 준다.

이 모형에서 세 가지 기본조건은 문제성 있는 선호(자신이 무엇을 선호하는가를 알지만 실제로 정책결정에 참여하는 사람들은 무엇을 선호하는지 모르는 경우가 많다), 명확치 않은 기술(어떤 수단을 선택해야 하는지 모른다), 일시적 참여자(참여하는 사람들은 시간적 제약성으로 인하여 일시적으로 참여한다)이고 네 가지의 기본요소는 문제의 존재, 해결책의 존재, 참여자와 결정의 기회의 존재이다.

이러한 네 가지의 요소의 흐름이 서로 다른 시간에 하나의 통안으로 들어와 우연히 모아지게 될 때 결정이 이루어진다고 보았다.

이 모형은 급변하는 사회에서 무정부상태를 전제로 현실문제를 해결하는 장점은 가지고 있으나, 무정부상태는 현실에서 드문 상황이라는 비판을 받는다.

한편, 위의 모형 중 합리모형은 정차학과 경제학에서도 많이 원용되는합리모형에서 결정되는 이상적 정책결정은 아래 그림과 같다.

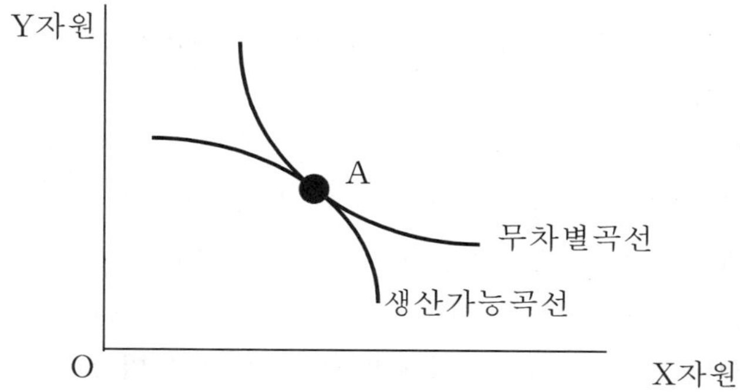

그림85 : 합리모형 하에서 달성되는 이상적 정책결정

위의 그림에서 이용할 수 있는 사회의 모든 자원과 가치를 X자원과 Y자원으로 나눌 수 있다면 동일한 총효율을 주는 무차별곡선은 위와 같이 되고, 생산가능곡선은 원점에서 볼록한 형태로 되며 이때 두 곡선이 만나는 A점이 사회적 자원으로 달성가능한 가장 합리적인 정책결정점이 된다.

엘리트 모형은 엘리트에 의해 정책이 결정되고 그 정책은 관료와 행정가에 의해 집행되어 대중에게 전달되는 하향적 흐름을 말하는 것으로 권위주의적 정치문화 풍토를 가진 나라에서 흔한 정책결정유형이다.

따라서 엘리트 모형에서는 정책의제의 선택과 정책결정의 내용은 지역이나 국가의 엘리트가 그들의 이익가치에 부합되는 것이 결정되며 이 과정에서 대중은 상징조작에 세뇌되어 지지를 보내게 된다.

집단모형은 정치학의 집단이익론에 영향을 받은 모형으로서 국가의 공공정책결정은 합리적 이성에 의해 결정되는 것이 아니라 이익집단간의 상호작용과 그 과정에서 영향력이 더 크게 보이는 이익집단의 주장에 의해 영향을 받게 된다는 것이다. 이러한 이익집단들은 자신들의 이익을 정채에 반영시키기 위해 끊임없는 상징조작과 상징다툼을 행하고 이런 상징투쟁은 언론을 이용하기도 하고 때로는 언론의 이익에 의해 게이트 키 핑(gate-keeping)되기도 하며 대개 이익집단과 언론은 자신들의 집단이익이 더 국익에 가깝다는 상징조작을 행하려고 하므로 공공정책의 결정은 세력이 큰 이익집단이 상징조작하는 방향으로 움직이게 된다.

이러한 집단모형은 상대되는 두 집단 중 한 집단이 더욱더 결속되고 구체화된 집단이면 그 집단의 상징조작 내용이 공공정책으로 결정될 가능성이 크다.

가령 얼마 전에 발생한 교정사고를 계기로 교정당국은 교정사고의 발생은 교도관의 문제가 아니라 교도관 부족 때문이므로 이 기회에 3부제 등 교도관을 대폭 확대하고 교정국을 교정청으로 해야 한다는 상징형성을 했지만, 이에 대립되는 뚜렷한 이익집단이 없어 교정당국의 주장대로 교정인력정책이 결정되었고 이 정책결정의 타당성을 비교 검증할 수 있는 집단간의 상호 상징다툼과정이 없었다.

따라서 집단모형은 서로 대립되는 각 집단들의 성격이 구체적일 때 동태적 과정을 거치는 성숙된 모형이 되나 그렇지 않고 한 집단만의 세력이 크고 구체적일 때는 집단모형은 설득력이 약하며 그렇게 결정된 정책은 공공성을 상실하기 쉽다.

Ostrom에 의해 제기된 공공선택모형은 가장 합리적인 공공정책은 어느 다른 조직의 가치에도 해를 미침이 없이 최선의 가치가 형성되는 소위 파레토 최적점에서 결정된다고 본다.[9)]

따라서 이러한 공공선택 모형은 이성적 모형을 강조하는 합리모형과 유사한 것으로 경제학의 이론들을 많이 원용하고 있다.

후생경제학의 한 분야에서 이야기되는 파레토최적은 효율성에 관한 으로 기초개념은 아래 그림과 같이 설명될 수 있다.

먼저 에지워드의 계약곡선상의 점들은 Pareto최적을 의미한다고 할 수가 있다.

09) 신윤표, 행정학, 박영사, 1998, 96면.

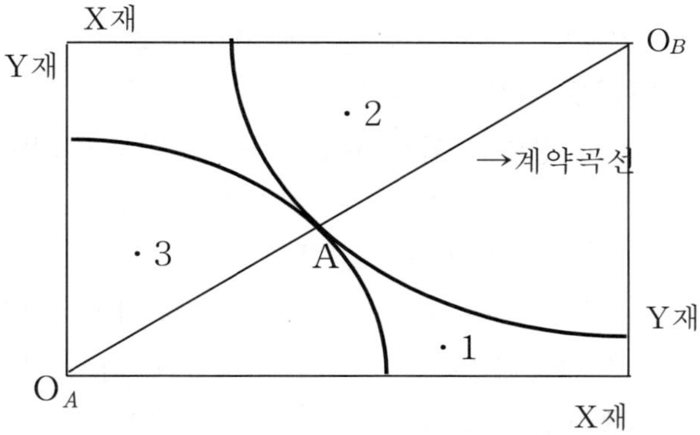

그림86 : 파레토최적

계약곡선상의 A점으로부터 2점으로 이동하면 A의 만족도는 증가하나 B의만족도는 줄어든다. 또한 A점에서 3점으로 이동시 B의 효용은 증가하나 A의 효용은 감소한다. 또 A에서 1로 이동시 두 사람 모두의 효용이 감소하므로 계약곡선상의 A점은 더 이상 모든 구성원의 만족도를 동시에 증가시킬 수 없는 상태인 파레토최적점이다.

즉, 파레토최적이란 자원을 어떻게 재분배하더라도 구성원 전체의 만족을 증가시킬 수 없는 상태를 의미한다.[10)]

이러한 공공선택모형은 모든 개인은 자기이익적 선호를 가지며, 모든 개인은 각 대안들의 우선순위를 합리적으로 결정할 수 있으며, 자기의 선호에 비추어 이익을 극대화하려는 전략을 취한다는 가정을 취하고 이 모형은 각종의 정부기관들이 산출하는 공공재를 강조하는 정치·경제학적 특성을 지니는 모형이다. [11)]

한편, 게임모형은 둘 이상의 경기자가 각자 여러 개의 대안을 가지고 있으며 각 대안의 결과는 상대방이 채택한 대안에 따라 상이할 수도 있는 상황에서 이루어지는 합의적 의사결정을 연구하는 것으로 게임이론은 한 사

10) 파레토최적은 소비의 파레토최적과 생산의 파레토최적으로 구분되는데 생산의 파레토최적점들을 그리면 생산가능곡선이 된다. 생산의 파레토최적은 아래와 같다.

람만이 할 수 있는 독립적인 최선의 대안이 존재하지 않는 정책결정, 즉 다른 사람의 선택에 따라 최선의 대안이 달라질 수 있는 정책결정에 적용되는 이론인 점에서 정책결정이 한명에 의해서 결정되는 것이 아니라 상대의 행위에 의해서도 영향을 받는다는 것을 인식한 것이다.12)

외교정책같이 상대의 입장을 고려하면서 정책결정을 해야 하는 경우에 많이 이용된다는 모형이며 수사심리학에서도 공범간에 있는 복수의 피의자들에 대한 심문에도 연관이 있다.

오늘날 사회과학 전반에 활용되는 게임이론에서 게임의 요소는 경기자, 전략, 보상이라는 3가지의 기본요소를 갖는다. 가령 인질극을 벌이고 있는 인질범과 경찰진압대 사이의 게임에서는 인질범과 경찰이 각각의 경기자로

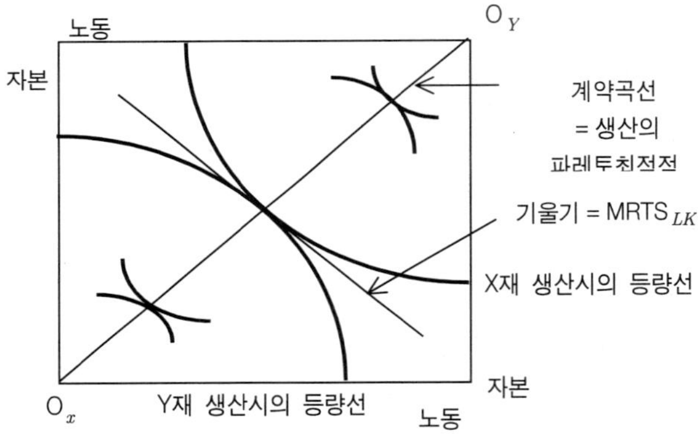

그림87 : 파레토최적곡선

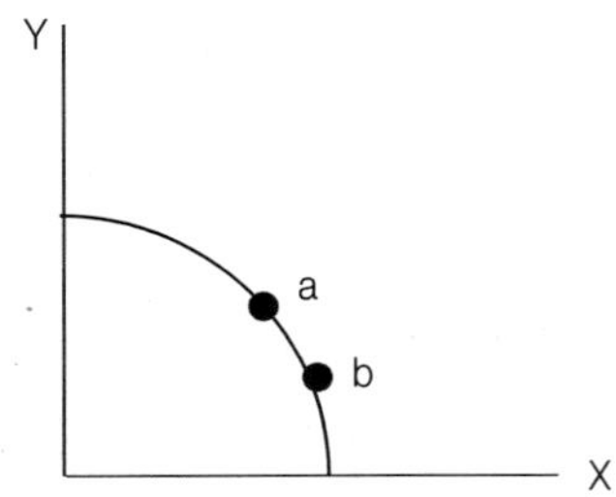

그림88 : 생산가능곡선

생산가능곡선상의 a와 b점을 계약곡선상에서 생산이 이루어지는 점들이다.

11) 신두범 외, 행정학, 박영사, 2003, 631면.
12) 신두범 외, 전게서, 626면.

서 이들은 일련의 선택할 수 있는 행위를 선택하는 의사결정을 하게 된다.

따라서 경기자의 수는 보통 여러 명인 거명으로 표시되지만, 두 사람만의 가장 단순한 게임도 있다(A범죄 집단과 대립관계의 B범죄집단이 특정 지역의 이권을 놓고 경쟁 때). 이때 게임이론의 경기자들에게는 어떤 가치적 속성은 무의미한 것으로 간주한다. A국과 B국이 외교전쟁 때 A국이 민주국가이므로 좋다는 그런 구분은 하지 않는다. 다만, 모든 경기자는 자신들에게 가장 큰 효용을 가져다 줄 것으로 생각하는 대안을 항상 선택한다는 합리적 인간으로 가정된다.

전략이란 경기자가 주어진 행동대안을 선택하는 것으로 게임의 종류에 따라서 대양한데, 2명의 경기에서는 A가 취할 수 있는 전략은 a_1, a_2........a_n으로 표시한다면, B가 취할 수 있는 전략은 b_1, b_2.........b_n으로 표시된다.

		B의 전략
		b_1 b_2 b_3 b_3
A의 전략	a_1	$(A_{11},B_{12})(A_{12},B_{12})(A_{13},B_{13})$ $\cdots(A_{1n},B_{1n})$
	a_2	$(A_{21},B_{21})(A_{22},B_{22})(A_{23},B_{23})$ $\cdots(A_{2n},B_{2n})$
	a_3	$(A_{31},B_{31})(A_{32},B_{32})(A_{33},B_{33})$ $\cdots(A_{3n},B_{3n})$
	…	… … … … …
	a_n	$(A_{n1},B_{n1})(A_{n2},B_{n2})(A_{n3},B_{n3})$ $\cdots(A_{nn},B_{nn})$

그림89 : 보상행렬

보상이란 게임 뒤 경기자가 취득하는 성과물을 말하는데 보통 위와 같이 보상행렬이 정기된다. A_{ij}와 B_{ij}는 A가 전략 i를 선택하고 B가 전략j를 선택시 A와 B에게 돌아가는 보상을 나타낸다.

한편, 게임이론에서는 승자가 얻은 보상과 패자가 얻은 손실을 합치면 전체적으로 제로가 되어 승자와 패자가 분명히 구별되는 zero sum game과 경기자 모두 이익을 볼 수 있는 협동적 게임이 있다(대립되는 두 조직폭력집단이 협동하여 외국폭력집단을 막으면 두 집단 모두에 이익이 된다).

이러한 협동게임에서는 목적달성을 위한 협상과 의사소통이 있지만, 완전히 갈등관계를 나타내는 제로섬게임에서는 의사소통과 협동은 없다.

(4) 정책결정의 과정과 참여자

보통 정책결정과정은 문제의 인지단계, 정보수집·분석단계, 대안의 작성·평가단계, 대안의 선택단계를 거친다.

그리고 정책결정과정은 다양한 세력이 참여하여 대립하고 타협하는 권력작용과정으로 주요 참여자는 부하공무원, 전문가, 이익대표자, 정당, 시민, 사법부, 정무관이 있는데, 사법부는 위헌법률심사권을 통해서 간접적으로 참여하게 된다. Anderson에 의하면 정책결정자에는 공식적 정책결정자와 비공식적 정책결정자로 나뉘는데, 전자에는 입법부, 사법부, 행정부가 있고 후자에는 이익집단, 정당, 이익단체, 여론, 전문가가 있다.

정책결정자는 이익단체를 의사결정에 참여시킴으로써 현실적이고 적용가능성이 높은 정책을 수립할 수가 있다. 또한 전문가 집단의 참여는 정책의 질과 합리성을 높이는 장점이 있으며, 여론은 국민의 지지를 받을 수 있는 정치적 토대를 제공한다.

그런데 우리나라의 경우에는 정책결정에 있어 지나치게 이익집단과 여론의 압력을 받아 정책결정의 합리성이 저하되고 있어 정책결정이 이익집단간의 게임으로 흐르고 있다.

최근 수사권 조정과 관련하여 경찰과 검찰이 보인 이익집단적 행태는 수사권조정과 관련된 정책결정이 얼마나 이익집단간의 게임적 성격을 반영하는가를 보여주고 있다.

이러한 정책결정과정에는 대게 참여자간에 갈등이 생기게 되는데, 이때 조정하는 방법에는 협상, 경쟁, 명령, 분쟁, 협력이 있다.

(5) 정책결정의 한계

정책결정의 변수에는 정책결정자, 구조, 정책환경, 목표, 정보가 있으며 따라서 올바른 정책결정의 합리성을 제약하는 변수도 결정자, 구조, 환경, 목표, 정보별로 나누어 생각할 수가 있다.

먼저 정책결정자가 미래상이 결여되었거나 바람직하지 못한 가치관과 행태가 있거나 비합리적 경험이 많거나 왜곡된 환경에서 자랐다면 합리적 정책결정을 저해하게 된다. 또한 조직구조가 지나치게 집권적 구조이고 막료기능이 부족하거나 품의제가 일상화된 조직구조에서는 합리적인 정책결정이 나오기 어렵다.

또한 정책결정환경이 지나치게 폐쇄적이면 여론이 정책결정에 잘 반영되지 않고 정책결정이 사회적 관습의 영향을 많이 받아 정책결정이 연고주의적으로 행해지는 경향이 있다. 또 환경과의 지나친 밀착이 있어도 환경의 압력을 받거나 환경에 부합하는 정책을 하게 되어 올바른 정책결정의 수립을 저해하게 된다.

또한 정책결정환경에서 매몰비용이 있게 되면 그 동안에 들어간 비용 때문에 정책내용을 쉽게 변경할 수 없어 합리적 정책결정의 수립을 저해하게 된다.

매몰비용이란 이미 어떤 사업에 들어간 비용으로서 회수할 수 없는 비용을 말한다. 가령 방범정책으로서 CCTV를 구입하는데 엄청난 돈이 들어갔다면 바로 이 비용이 매몰비용이 된다.[13)]

또한 관료정체경제학의 입장에 서게 되면 이기주의적 관료는 적절한 정책결정수립을 방해하게 된다. 왜냐하면 정치경제학의 입장에서는 정책결정 관료는 자신의 이익을 극대화하는 것에 최우선 관심을 두므로 자신의 이익에 반하는 정책결정에는 여러 방식을 통해 수립하지 않거나 저항하게 마련이다.

이기주의적 정책관료의 이익극대화 함수에는 월급, 위신, 계급, 정치적 자원, 부하의 수, 정치적 영향력 등이 변수로 참여하게 되는데, 이기주의적

13) 이 때 경제적 비용을 고려하는 경우는 매몰비용은 회수될 수 없으므로 매몰비용은 비용요소에 포함시키지 않는다. 경제적 비용은 명시적 비용과 암묵적 비용을 더한 개념이며 이때 암묵적 비용은 외부로부터 필요한 요소를 대가를 지급하면서 동원하는 경우이며 암묵적 비용은 자체적으로 보유하고 있는 요소를 생산에 투입하는 것의 비용이다. 가령 민간경비업자가 자신 소유의 빌딩에서 민간경비업을 운영하려고 할 때 이때 외부에서 돈주고 고용하는 경비요원들의 임금과 각종 물품비가 명시적 비용이고, 민간경비업자 자신의 노동력의 대가와 자신소유 빌딩의 임대료(대가)가 암묵적 비용이 된다. 그런데 보통 회계에서 비용개념은 명시적 비용만을 가리키므로 이를 회계비용이라고 한다.

정책관료는 그러한 정책결정이 위의 변수들에 긍정적 영향을 미치는 방식으로 정책결정을 하려고 하므로 그러한 이기주의적 관료도 올바른 정책결정수집의 장애요인이 된다.

그리고 앞에서 잠시 언급했지만 정책결정자가 특정한 관점에 경도되어도 올바른 정책결정을 저해하게 된다. 정책결정자는 정치적, 경제적, 사회적 관점 등을 총체적으로 가지되, 어느 한 관점만 고집하게 되면 합리적 정책결정을 저해하게 된다.

가령 가석방비율은 몇%로 유지하는 것이 좋은가는 경제적, 사회적, 행정적 관점 등을 종합해서 결정해야 되는데, 가령 경제적 관점만 고집해서 결정하면 적절한 정책결정이 저해된다.[14)]

그리고 정책결정자들이 정책결정에 필요한 정보가 부족하거나 질이 낮은 정보로 구성되어 있다면 이 역시 합리적 정책결정을 저해하게 된다. 특히 정책집행할 때 정책집행자가 불완전한 정보를 가지게 되면 소위 정보경제학에서 말하는 정보비대칭성의 문제가 생기며 정보의 비대칭성에 따라 도덕적 해이나 역선택이 발생하게 된다.[15)]

14) 가령 형의 최적집행수준을 경제적 비용에서만 본다면 형벌의 집행의 최적수준은 범죄의 사회적 순비용과 형벌집행의 순비용의 합이 극소가 되는 점이 되며, 그 극소점에 해당되는 형벌집행의 확률 이상으로 형벌을 집행하면 형벌집행에 필요한 비용의 증가분이 범죄피해의 감소로 인한 사회적 비용의 감소분보다 커지게 되어 경제적 효율성을 저해한다. 형벌집행의 최적수준은 아래와 같다.

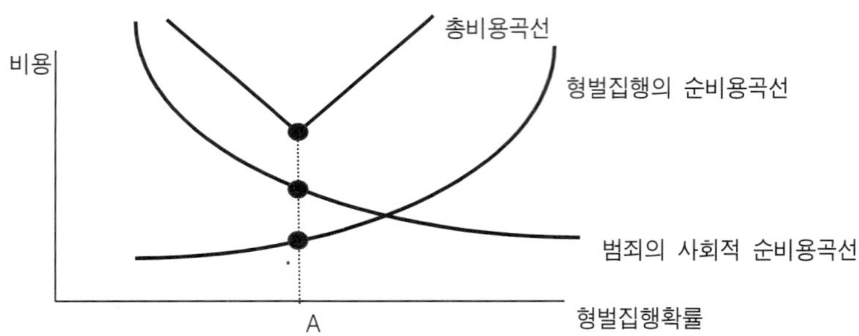

그림90 : 형벌집행의 최적수준

위의 그림에서 형벌집행확률이 작아지면(즉, 대부분 가석방으로 풀려난다면) 범죄행위가 증가되어 사회적 비용은 증가되므로 범죄의 사회적 순비용곡선은 우하향하며, 형벌집행의 확률이 클수록 교정비용이 많이 들므로 형벌집행의 순비용곡선은 우하향하며 두 비용곡선을 합한 것이 총비용곡선이다. 이때 총비용곡선의 극소점인 A에서 형벌집행확률을 정하면(가석방비율을 정하면)가장 비용이 적게 드는 형벌집행수준이 된다.

또한 정책결정에서는 미래예측이 중요한데 미래예측기법을 잘못 사용할 경우 적절한 정책결정을 저해할 수 있다.[16]

3) 정책집행이론

(1) 개념

정책집행이란 정책목적의 실현을 위한 행동화 과정으로 Jones는 정책집행은 사업계획에 효과가 발생되도록 하는 의도적 활동이라고 했고 Nakamura와 Smallwood는 정책집행을 권위있는 정책지시를 실천에 옮기는 과정으로서 그 과정을 자동적이지 않으며 정책결정, 정책평가와 순화적 과정에 있는 것으로 보았다. 이러한 정책집행과정은 복잡한 동태적 과정이며 이 과정에서 정책집행에 대한 순응과 불응 등도 나타나는 동적과정으로 리더십과 조정이론, 커뮤니케이션이론 등 다양한 인간관계기술이 필요한

---

15) 도덕적해이란 정보가 비대칭적일 때 정보를 가진 측(보험가입자)이 바람직하지 않은 행동(함부로 운전하는 것)을 하는 것으로 보험가입자는 사고가 나도 보험금이 나오므로 주의의무를 소홀히 하여 사고발생이 높아지게 된다. 또한 본인으로부터 권한을 위임받은 대리인은 정보를 많이 갖고 있어 본인의 이익보다 자신의 이익을 위주로 행위하는 현상이 발생하는데, 이를 정보경제학에서는 주인 - 대리인 문제라고 한다(소유와 경영이 분리시, 경영자가 경영성과를 과시하기 위한 과도한 주식배당).
역선택이란 정보를 갖지 못한 측이 바람직하지 않은 상대와 거래할 가능성이 높아지는 현상으로 가령, 자해를 결심한 후 보험에 가입하거나 병약자만이 보험에 가입하는 것으로 역선택이 존재하면 보험금지급의 증가로 보험회사가 파산하므로 역선택을 방지하는 각종 유인제도가 필요하다.

16) 이러한 미래예측에는 인과관계분석인 예측과 직관적 미래예측인 추측이 대표적인데, 예측이란 이론적 가정과 과거・현재의 자료에 입각하여 미래의 상태를 예측하는 것을 의미한다. 여러 이론에 내포된 인과관계에 관한 가정에 기초하며 원칙적으로 연역적인 과정으로 이론지도, 경로분석, 투입 - 산출분석, 선형계획, 회귀분석, 구간추정, 상관분석, 시뮬레이션 등 여러 가지가 있다. 회귀분석이란 종속변수와 독립변수들 간의 관계의 형태와 크기를 정확히 측정하는 일반적인 통계절차이다. 관측치와 예측치 사이의 편차자승의 합이 최소가 되도록 함으로써 가장 적합한 회귀적선을 도출하는 방법이고, 인과관계모형은 공공정책의 원인과 결과를 설명하고 예측하려 하는 이론의 단순화된 표현이다. 추측에는 브레인스토밍, 델파이, 정책델파이 있다. 델파이란 미래사건에 대한 견해를 구하고, 개발하는 예측절차이며, 정책델파이(Policy Dlphi)란 델파이 기법을 정책문제에 적용한 것으로 전통적 델파이는 기술적인 무제에 대한 그 방면의 동질적인 전문가들의 의견을 수집하여 합의된 견해를 도출하려고 하는 반면, 정책 델파이는 주요 정책이슈의 해결책에 대하여 있을 수 있는 강력한 반대의견을 창출하려고 한다.

과정이라고 할 수가 있다.

고전적 정책과정연구에서는 정책집행은 결정된 정책내용의 단순히 충실한 구현과정으로 인식하여 정책과정연구상 정책집행의 중요성을 간과하였다. 그러나 그 뒤 정책집행과정이 정책의 성공을 좌우한다는 인식이 대두하여 정책집행의 중요성이 부각되었다. 이러한 정책집행에 대한 접근방법으로는 거시적 사회관리와 정책의도 실현을 중심으로 하는 하향식 접근방법과 참여 민주주의 하에서 정책집행의 현장을 중시하는 상향식 접근법이 있는데, 하향식 접근법은 정책결정자의 목표·정책내용을 명확히 서술하고 목표달성을 위한 집행자들의 행위를 단계별로 구체화하는 접근방법으로 정책지침은 사전에 엄격히 규정되어 있어 일선 집행요원은 이 규정을 정확하게 적용해야 올바른 정책집행이라고 보며 상향적 접근법은 일선 집행현장의 일선집행관료 및 정책대상집단·관련이익집단의 관계를 파악한 후 상부조직의 정책과정을 연구하는 접근방법으로 지나치게 지침을 사전에 세밀하게 규정해 놓으면 정책시행현장에서 참여자들 간의 흥정과 타협을 어렵게 하여 집행을 어렵게 한다고 본다.

따라서 하향식 접근방법은 정책의도 실현에 연구의 초점을 두며, 상향식 접근방법은 현장에서의 적응에 중점을 둔다. 또한 하향식 접근방법은 정책관련집단의 참여에 부정적이며 일선관료의 재량을 통제하고자 한다. 그러나 상향식 접근방법은 현지적응적 집행전략과 관련을 가지고 정책관련집단의 적극적 참여와 일선공무원의 재량을 넓게 인정해준다.

(2) 정책결정의 유형

Nakamura와 Smallwood에 따르면 고전적 기술자형, 지시적 위임형, 협상형, 재량적 실험형, 관료적 기업가형으로 나눌 수가 있다.

고전적 기술자형은 고전적인 유형으로서 정책결정자가 정책목표를 그대로 정하면 정책집행자는 재량이 없이 그대로 목표를 달성하기 위해 기술적 설계자로서 행동한다는 것이다. 이 모형 하에서는 정책집행자들은 이들 목표를 달성할 만한 기술적 능력을 보유하고 있고 정책수립자들은 집행자들에게 기술적 권한을 위임하여 또한 정책결정자들이 집행과정에 대한 통제력을 지닌다.

지시적 위임형은 고전적 기술자형보다는 많은 권한과 재량을 부여받아 정책을 집행하는 때이다. 즉 정책수립자들은 정책집행가에게 목표달성을 지시하지만 일정한 재량적 권한도 함께 위임해 주므로 정책집행자는 집행현장에서 기술적, 행정적, 협상적 능력을 발휘할 수 있다.

협상형은 정책결정자와 정책집행자가 대등한 권력 하에 있을 때 나타나는 형으로 정책집행에 대하여 협상하는 유형으로 이 유형의 가정은 정책결정자와 정책집행자들이 정책목표에 대해서 반드시 동의하는 것은 아니고 정책결정자와 정책결정자는 정책목표와 수단에 관해서 서로 협상한다는 것을 전제로 한다.

협상형에서는 정책집행자들이 정책결정자와 항상 같은 의견인 것은 아니므로 집행과정에서 정책집행자는 자신의 효용을 극대화시키기 위하여 집행의 왜곡이나 상징조작을 행할 수 있다.

재량적 실험형은 정책목표 달성을 위한 광범위한 재량권을 정책집행자에게 주는 형태로 재량적 실험형의 가정은 정책집행자의 충분한 능력의 구비와 정책결정자가 정보의 불확실성으로 목표를 구체화시키지 못하는 경우이다. 그러나 이 경우에도 정책이 실패할 경우 책임소재의 문제를 둘러싸고 다툼이 있으며, 정책결정자의 무지와 정책집행자의 전문성으로 인하여 정책집행자가 자신의 효용을 극대화시키는 집행을 하는 수가 있다.

관료적 기업가형은 사실상 정책집행자가 정책과정을 지배하여 정책결정자의 권한도 갖고 있는 형으로 정책집행자가 정책결정자보다 우위적 권력에 있을 때 나타나는 형이다.

관료적 기업가형의 기본가정은 정책집행장들은 정책목표의 수립과 그 목표를 수립할 수 있는 수단적 능력이 충분하다는 것을 전제로 하며 정책집행자들은 정책목표를 달성하는데 필요한 여러 자원을 확보하기 위해서 정책결정자와 수시로 협상하게 된다.

관료적 기업가형은 정책과정 모두를 정책결정자가 지배하고 사실상 정책목표의 결정과 집행을 기업가의 전문경영인처럼 행한다는 점에서 정책서비스라는 생산물을 생산하는데 가장 능률적인 집행방법이다.

이러한 관료적 기업가형은 자신의 능력을 과시하기 위해 단기적 업적과 계량화되는 정책에 관심을 가져 정책집행이 선호되는 경향이 있다.

(3) 정책집행에서의 순응과 불응

순응이란 정채결정자의 의도나 정책내용에 포함된 행동규정에 대해 정책집행자나 대상집단이 일치된 행동을 하는 것을 의미한다. 이는 단순히 외면적 행동변화라는 점에서 외면적 행동변화뿐만이 아니라 내면적 가치관의 변화까지 요구하는 수용과 비교된다.

불응이란 순응과 대비되는 용어로서 정책의도나 행동규정과 일치하지 않는 태도를 의미한다.

이러한 순응과 불응은 정책집행과정의 동태성을 보여주는 것으로 사실상 정책목표의 변경도 가능하다는 점에서 중요하다고 할 것이다.

이러한 순응과 불응의 발생이론은 관료의 정치경제학적 이론과 많이 관계되는데, 순응이 발생하는 이유로 집행관료의 효용극대화 함수와 정책집행이 네거티브적 관계를 갖지 않거나, 정책집행의 한계생산이 집행관료의 효용극대화 함수에 부정적으로 작용한다고 해도(관료의 이익과 정책집행이 상호배치된다고 해도) 정책이 합리적이거나 정책결정자의 정통성에 대한 존경이 있거나 강제력의 행사나 정책환경의 압력이 있을 때는 순응을 하게 된다.

집행관료가 불응하게 되는 원인은 정책집행으로 인하여 관료의 한계효용곡선이 체감할 때 이기적 관료는 저항할 것이고 자신에게 유리한 방식으로 상징조작을 통하여 불응할 가능성이 커진다. 또한 정책집행이 관료의 한계효용을 저해하지 않아도 의사전달체계의 미비로 집행자가 결정자의 의도를 잘 파악하지 못할 때, 정책의 목표나 내용이 모호하거나 제시되는 정책집행기준이 상반될 때, 정책집행이 기존의 사회가치체계와 대립될 때 불응이 발생할 수 있다.

또한 이 과정에서 형식상으로는 순응이나 실제적으로는 불응하는 형식적 순응현상이 발생할 수 있다. 과거 우리나라의 교정정책이 정책결정자에 의해 교화적 정책결정을 채택해도 일선의 집행관료들이 그 동안의 응보정책으로 인하여 기득권을 누렸다면 그러한 교화적 정책목표는 관료의 한계효용함수를 체감시키므로 관료들은 그러한 한계효용함수의 체감률을 낮추기 위해 외형상으로는 순응하면서 실질적으로는 불응하는 현상이 발생할 수 있다.

따라서 불응하는 집행관료들을 순응시키기 위한 방안이 필요하다. 그러한 순응확보방안으로는 집행관료의 효용극대화 함수에 부정적 영향을 주지 않는 각종 유인책이나 보상이 필요하며, 정책내용을 명확화시키거나 정책목표와 수단 간의 우선순위를 분명히 하고, 정책과정의 합리성을 제고해야 한다. 또한 불응을 비판하는 사회적 규범의 확립과 순응하지 않을 대는 처벌 또는 관료신분 박탈을 한다는 강압같은 강제적 전략과 각종 정보제공을 통한 설득전략이 필요하다.

정책집행상의 불응의 경제학적 의의를 살펴보면 이것은 경제학에서 말하는 주인과 대리인 문제로 해석되며, 주인과 대리인 문제는 소위 정보경제학에서 말하는 정보비대칭성과 관계된다.[17]

---

17) 정보경제학은 거래한 쪽이 다른 쪽보다 적은 정보를 보유할 때 발생하는 비대칭적 정보와 관련된 현상을 분석하는 부분으로 여기에는 역선택과 도덕적 해이가 있다. 역선택(잘못된 선택)이란 중고차 시장같이 정보비대칭 상태에서 거래일방이 합리적이라고 새각하는 방안을 강구했으나 도리어 더 나쁜 상황으로 빠져들어가는 현상을 말한다. 즉, 판매자에 비해 적은 정보를 가진 구매자 사이에 비대칭적 정보상황이 발생한 것이다. 또한 민간경비업자가 생산성이 높은 경비원을 고용하고 싶지만 생산성을 결정하는 노동자의 자질을 수가 없다. 이에 반해 경비원을 하려는 이들은 자신들의 능력을 잘 알고 있다. 따라서 기업은 손실을 피하기 위해 처음부터 낮은 임금을 책정하게 되면 질 좋은 노동력을 선택할 기회가 사라진다. 따라서 가격이 낮을수록 품질 낮은 경비원만이 경비인력시장에 나오므로 가격이 낮을수록 공급되는 민간경비원의 평균품질은 하락되므로 평균품질과 임금과는 비례곡선을 그린다.

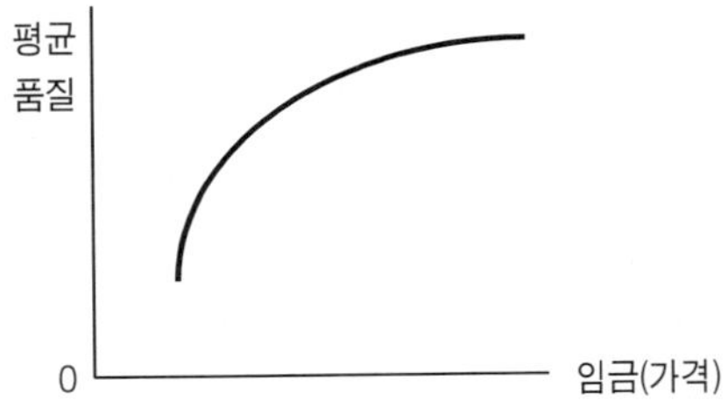

그림91 : 평균품질곡선

도덕적 해이란 계약상의 의무를 져버리고 자신의 이익만을 위해 행동하는 것으로, 가령 화재보험에 가입하게 되면 가입자는 화재가 나도 보험금이 나온다고 생각하여 그전에 비해 화재예방에 주의를 덜 쏟고 또한 자동차보험에서도 가짜환자가 많은 것이라든지, 건강보험으로 치료비가 100%부담되는 의료보호 1종에 해당되는 자는 아주 사소한 질환이라도 무조건 병원에 가는 부도덕한 일이 발생하게 된다.

주인과 대리인문제는 도덕적 해이와 관계되는데, 이것은 정보비대칭하에서 대리인과 주인간의 이해관계가 상충되어 발생하는 문제이다.

가령, 전문경영인은 연봉만 받으므로 주인인 주주들의 이익보다는 자신의 이해를 고려해 경영할 가능성이 많은데 이처럼 주인과 대리인 문제는 감시비용이 높고 이해관계가 상충할 때 나타난다.

따라서 관료 중에서 이기적 관료들은 자신의 효용극대화 함수를 추구하므로 정책집행에서 주인인 국민이나 정책결정자의 이익보다는 대리인인 자신들의 이익에 맞는 방식으로 정책을 집행할 가능성이 많다. 특히 모든 정보를 정책집행자가 소유하고 국민이나 정책결정자는 적은 정보를 가지고 있다. 또한 국민이나 정책결정자는 대리인인 정책집행자의 집행을 감시하는 감시비용을 많이 드린다고 해도 전문성으로 되어 있는 정책집행자의 활동을 감시하기도 어렵고 감시한다고 해도 감시비용을 누가 부담하느냐의 문제가 발생하여 무임승차자가 발생한다.

따라서 많은 비용으로도 해결되지 않은 숨겨진 행동이 정책집행자에게 나타날 수가 있으며 이것 때문에 정책집행의 불응이나 왜곡된 순응이 나타나게 된다.

따라서 이러한 불응을 막고 주인-대리인 문제로 인한 부작용을 막기 위해서는 신분보장제의 관료제의 재검토, 관료제에 대한 시민단체 등의 외부통제의 제도화와 강화, 언론의 비판의 활성화가 가장 중요한 근본적 대안이 된다. 경찰이나 교정관료조직도 신분을 철저히 보장하는 관료제를 타파하는 근본개혁이 필요하다.

이외에도 주인-대리인 이론의 전제인 정보의 비대칭성을 감소시키기 위한 방안들, 가령 정보공개절차의 내실화, 정책정보의 공개와 투명성 등이 필요하다. 도한 효용극대화를 추구하는 이기적 관료들을 위해서는 유인체계가 필요하며 이를 위해 합리적 근무성적평정제, 공정한 승진제도, 적절한 성과급제도, 각종 보상 등의 유인책이 필요하다.

그동안의 한국의 집행관료들은 각종 승진제도나 행정제도가 실적보다는 연고 등에 의한 면이 많아 정책집행과정에서도 자신들에 유리한 행동만을 선호하려는 조직 내 지대(rent)추구현상이 발생해 왔다.[18]

4) 정책평가이론

(1) 의의

이것은 정책집행이 이루어졌을 때 그 정책대안이 소기의 효과를 가져왔는가를 판단하는 단계를 말하며, 정책평가의 목적은 정책집행의 효율성, 정책결정의 타당성, 정책의 계속 유지성에 대한 판단자료를 얻자는 것이다.

과거에는 정책집행을 주로 고전적 기술자형으로 보아 정책집행은 원래 정책결정내용대로 집행될 것으로 보아 정책평가가 중요시되지 않았으나,

---

18) 경제지대란 생산요소공급자의 잉여로서 생산자잉여와 같은 성격을 띤다. 생산자가 기회비용이상의 수입을 얻듯이 요소공급자들도 요소공급의 기회비용이상을 얻게 되면 잉여가 발생하는데, 이것을 경제지대로 노동공급자들의 경제지대는 노동공급곡선과 균형임금선이 만드는 면적이 된다.

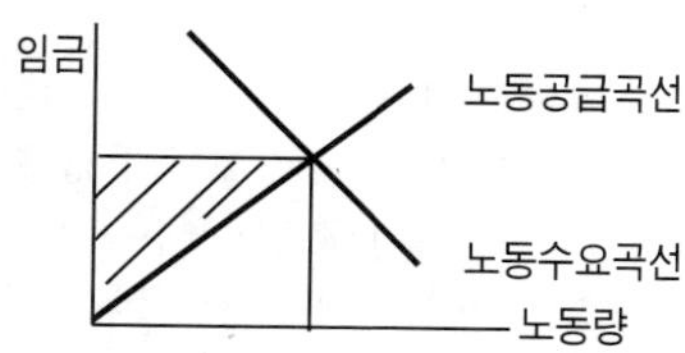

그림92 : 경제지대

위의 그림에서 밑줄 친 부분이 경제지대이다.

한편 지대란 토지주인이 받는 임대료로서 100%경제지대로 지대는 공급이 비탄력적이므로 수요에 의해 결정된다.

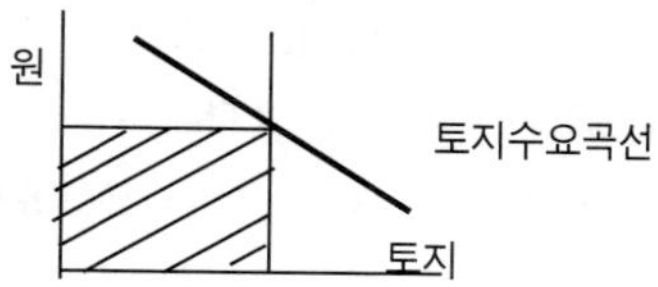

그림93 : 지대결정

위의 그림에서 밑줄 친 부분이 지대이다.

한편, 실력이 너무 좋은 탐정이나 변호사가 있어 해결률이 100%에 가깝다면 이들은 가격에 대해 공급이 완전비탄력적이므로 이들의 수입료나 연봉은 사건 수요자들에 의해 결정되므로 수입료나 연봉은 지대와 유사한 성격을 갖는다.

앞에서 보았듯이 정책집행과정에서의 불응이나 왜곡 등 여러 현상이 발생하자 정책집행 자체가 고도의 정치적·사회적 동태과정임이 드러나게 되었다. 따라서 정책집행이 끝나고 난 뒤에 정책이 원래의 의도대로 집행되었는가를 점검할 필요가 있고 또한 환류작용을 통해 다음의 정책결정수립에 합리성을 확보해 준다는 점에서 정책평가의 중요성이 있다. 이러한 정책평가의 기준에 대해 Nakamura는 정책목표의 달성, 능률성, 고객만족, 대응성, 체제유지를 들고 Frohock은 형평성, 능률성, 공익, 파레토의 최적화를 들고 있다.[19]

(2) 유형

미국정책평가 학회에 따르면 먼저 평가의 시기에 따라 형성적 평가와 총괄적 평가로 구분할 수가 있다.[20]

형성적 평가는 사업계획을 형성 및 개발하는 과정에서 수행되는 것으로 정책집행과정에서 나타나는 문제점들을 해결하여 사업계획을 더 나은 방향으로 개선하기 위한 목적으로 수행된다.

---

19) 파레토최적이란 누구에게라도 손해를 주지 않고는 타인에게 이익이 되도록 재분배할 수 없는 상태를 의미한다. 가령 특정지역에 A와 B 두 명만이 있을 때 이 지역에 도둑이 많아 지역경찰서가 방범서비스라는 재화를 6단위 배분한다고 가정하면 6단위의 분배방식은 다양하다. 가령 A와 B에게 치안서비스를 각각 2개, 3개 주는 경우(①번), 3개씩 같이 주는 경우(②번), 2개 B에게는 4단위를 주는 경우(③번)가 있다면 ②번과 ③번은 파레토 최적배분상태이다. 왜냐하면 누구에게도 손실을 주지 않고는 타인을 더 이롭게 할 수가 없기 때문이며 ①번은 치안서비스 1단위가 남았으므로 이것을 누구에게 주는 현재보다는 나은 상태로 될 수 있다. 이때 현재의 배분상태로 보아 객관적으로 나은 배분상태를 파레토 우위의 배분상태라고 한다. 소비와 생산의 파레토최적은 아래 그림과 같다(2인 – 2요소 – 2재화 가정 시).

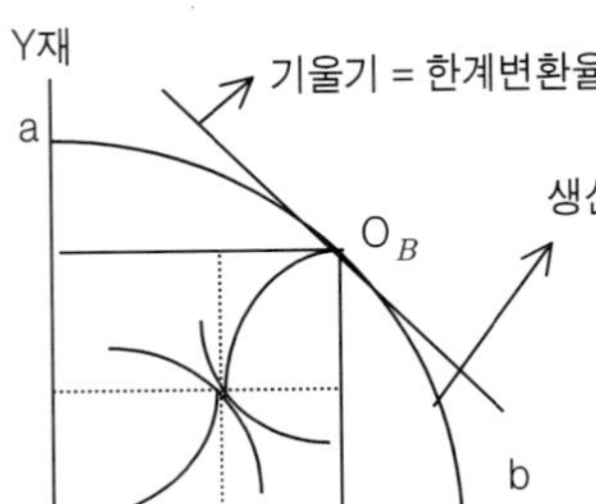

그림94 : 파레토최적

조건 : ㉠$(MRS_{xy})_A = (MRS_{xy})_B$

㉡$(MRTS_{LK})_X = (MRTS_{LK})_Y$

㉢ $MRT_{xy}) = (MRS_{xy})_A = (MRS_{xy})_B$

· a : 모든 요소로 X재만 생산할 때의 X재생산량

· b : 모든 요소로 Y재만 생산할 때의 Y재생산량

기울기 = 한계변화율(MRT) · MRTS는 두 생산물의 한계기술 대체율이고 MRT는 X,Y두 재화의 변환율로 X재의 만족도를 Y재료표시한 것이다.

20) 이종수 외, 행정학, 대영, 2004, 355면 이하.

총괄적 평가는 정책이 집행된 뒤에 그 정책이 처음의 목적을 얼마나 달성했는가에 대한 평가로 보통 정책평가라는 개념은 총괄적 평가를 의미한다.

또한 평가목적기준에 따라 과정평가, 영향평가, 포괄적평가로 나누는데, 과정평가는 정책이 정해진 지침에 따라서 집행되었는지를 평가하는 것이고, 영향평가란 정책이 원래 목표대로 대상집단에 영향을 주었는지를 평가하는 것이고, 포괄적 평가는 과정평가와 영향평가를 모두 포함하는 평가를 말한다.

(3) 정책평가의 방법

정책평가의 기본방법에는 사회실험인 진실험과 준실험이 있고, 비사회실험인 통계적 방법에는 짝지기와 무작위 배정이 있다.

진실험적 방법은 실험집단과 통제집단의 동질성을 확보해 행하는 실험, 즉 실험대상을 무작위로 두 집단에 배정해 두 집단간에 동질성을 확보하고 한 집단은 비교를 위해 사용하며(통제집단), 다른 집단(실험집단)에는 일정한 처치를 가해 일정한 시간 후에 두 집단이 결과변수 상에서 나타나는 차이를 처치의 효과로 추정하는 실험방법으로, 실험집단의 비동질성으로 인한 내적 타당성의 여러 문제를 극복해 준다.[21)]

진실험과 준실험의 가장 큰 차이는 실험집단과 통제집단의 완전한 동질성을 확보한다는 점이다. 실험집단과 통제집단의 동등성 또는 동질성이란 실험집단과 통제집단이 평가되고 있는 프로그램에 참여했느냐 또는 그렇지 않았느냐 하는 것 이외에는 모든 것이 동일해야 한다는 것을 의미한다.[22)]

준실험적 방법은 무작위 배정에 의한 방법을 사용하지 않고 두 집단이 비동질적일지라도 모든 잠재적인 혼란 변수나 허위 변수의 측면에서 가능한 한 유사한 실험집단과 통제집단을 구성하려고 노력한다. 정책평가 연구에서 진실험에 의한 방법이 이상적이기는 하나 그것이 지니고 있는 여러가지 문제점 때문에 현실적으로 준실험이 많이 사용되고 있으며, 준실험적

21) 이종수 외, 행정학, 대영, 2004, 346면.
22) 이종수 외, 전게서, 347면.

평가방법에는 비동질적 통제집단 설계에 의한 평가, 사후측정 비교집단 설계, 회귀 불연속 설계, 그리고 단절적 시계열 설계 등이 있다.[23)]

(4) 한계

정책평가가 정책집행이 정책목표를 얼마나 달성했는가의 효과성을 평가한다면 효과성의 측정이 곤란할 경우는 합리적 정책평가를 저해하게 된다. 특히 비물질적인 부분의 효과성 측정은 측정기준이 애매할 것이다. 가령 수형자에 대한 교화정책을 집행하였는데 그러한 교화정책에 대한 효과성 측정평가가 상당히 쉽지 않다는 것이다.

또한 정책평가를 과학적·합리적으로 하려고 해도 해도 행정조직 문화가 비합리적·보수적·연고주의에 물들여져 있는 경우 비합리적 조직문화는 합리적 정책평가의 저해요인으로 작용한다.

그리고 정책평가 관리도구가 비과학적이면 정책평가가 합리적이지 못하고 또한 정책평가 도구가 지나치게 과학적이라도 가치에 관한 부분은 취급할 수 없다는 본질적 한계를 지니고 있다.

또한 정책평가방법에서 어떤 방법도구를 사용하느냐에 따라 정책평가의 결과가 달라지는 한계가 있으며, 정책목표가 추상적일수록 정책성과를 객관적으로 평가하기가 곤란하다.

또한 정책실무자가 요구하는 정보와 정책평가자에 의해 제공되는 정보간의 차이 때문에 정책평가의 문제점이 있는데, 실무자들이 구체적인 프로그램의 요소와 직접통제 할 수 있는 프로그램 요소, 비계량적인 요소, 프로그램의 접적인 영향에 더 관심을 가지나 정책평가자들은 전반적인 프로그램의 영향, 관리자들의 통제 가능한 범위를 벗어나는 요소, 계량적 요소 등에 관심을 가진다고 한다.[24)].

그러나 정책평가에서 가장 문제가 되는 것은 정책평가의 정치성 때문에 정책평가가 정치적으로 상징조작되고 특정 세력에 의해 이용될 수가 있다는 것이다.

즉, 정해진 방법과 기준에 의해 정책평가 결과가 나왔지만 이것의 의미

23) 이종수 외, 전게서, 347면.
24) 이종수 외, 행정학, 대영 2004, 348면.

는 정치적으로 상징조작된다는 것이다.

정책평가의 해석권은 정치적 자원이 큰 집단에 의해 우선적으로 해석되기 때문이다. 또한 정책평가집단이 관료집단이라면 정책평가 결과로 인해 자신들의 효용극대화에 큰 해를 가져온다면 정책평가 결과의 의미를 왜곡하는 상징조작이 시도될 수 있다.

가령, 수형자 교화에 관한 교정정책의 집행에 대한 정책평가가 기존 교정관료제로는 효율적인 교화가 되지 않는다는 결론이 나왔지만, 자신의 관료적 이익의 훼손을 두려워하는 관료집단은 교정정책의 실패는 교정공무원 수의 부족 때문이라는 상징조작을 하고 교정의 민영화를 반대하는 논리로 작용해 오히려 교정조직을 확대하는 왜곡된 정책수립의 근거로 작용할 수 있다는 위험이 있다는 것이다.

정책평가에 이러한 정치적 요인이 작용하여 본래의 평가목적을 벗어나는 것을 의사(擬似)평가라고 하며 그 유형을 Suchman은 다음과 같이 들고 있다.[25]

기만(eye-wash)이란 외관이 현실을 대신한다. 효과가 적은 사업이나 불량한 사업을 정당화하기 위하여 표면상 좋게 보이는 측면만을 의식적으로 선택하여 평가하는 것이고, 糊塗(white-wash = 호도)란 사업의 실패나 결함을 은폐하기 위하여 객관적 평가를 회피하는 것이며, 매장이란 정치가 과학을 대신한다. 사업의 효과에 관계없이 사업을 무력하게 하거나 파괴하는 것이며, 가장이란 객관성과 전문성을 가장하기 위한 제스처로서 사업을 평가하는 것이며, 지연이란 사실을 탐색한다고 변명하면서 요청받고 있는 행동을 지연시키는 것이라고 한다.

즉 기만은 외관이 현실을 대신하는 것이고, 호도란 변명이 검증을 대신하는 것이며, 매장이란 정치가 과학을 대신하는 것이고, 가장(假裝)이란 의례가 조사를 대신하는 것이며, 지연이란 서비스가 조사를 대신하는 것이라고 한다.

이외에도 복수목표인 경우에는 목표를 명확하게 판단하기 여렵거나 목표의 서열화가 곤란해 정책평가의 합리성을 저해한다.

25) 김규정, 행정학, 법문사, 1998, 248면.

한편, 한국의 정책평가의 문제점에 대하여 김규정은 다음과 같이 언급하고 있다.[26)]

평가가 단편적인 정보 혹은 파당적·개인적 이해관계에 많이 좌우되어 왔으며, 따라서 평가자가 다르면 평가기준도 달라지고 동일한 정책의 공과에 대한 결론도 달라지게 되었고, 평가가 단기적·외형적 평가에 치중되고 현실의 행정운영에서 달성해야 할 구체적인 목표를 명확하게 제시하려는 노력이 결여되었으며, 정책 내지 행정사업의 평가결과를 정책결정과정에 환류시키는 제도가 확립되지 않았고, 국민에 대한 행정서비스 목표의 달성도나 만족도보다 위법성 여부에만 관심을 가지는 획일적·형식적 행정행태가 극복되지 못하였으며, 각 부처간·국과간의 할거주의적 또는 폐쇄적 경향으로 정책목표가 분산되어 평가기준이 애매하였다.

26) 김규정, 행정학, 법문사, 1998, 251면.

제5장

제5장 범죄복지학

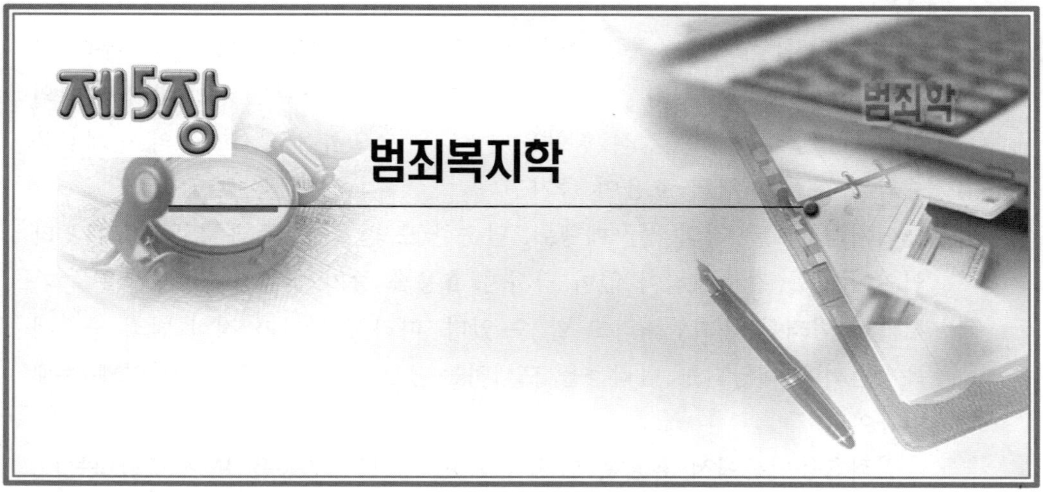

1. 범죄복지학의 개념과 중요성

범죄복지학은 사견으로 여러 의미로 쓰일 수가 있는데, 첫째로는 범죄는 지금까지는 모두 나쁜 것이고 부정적 외부효과를 가져온다고 생각해 왔다. 거의 대부분의 학자들이 그렇게 생각해 왔으며, 가령 이윤호교수는 "현대사회와 범죄의 이해"의 서문에서 "범죄없는 사회의 건설"이란 표현을 했듯이 범죄를 부정적으로 보는 것이 일반적이다. 그러나 필자는 범죄는 때에 따라서는 피해자에게(가령, 화간) 또는 타인에게 효용(만족)을 준다는 범죄효용이론(가령, 동네의 조폭이 살해되면 그 동안 공포속의 동네주민은 그런 범죄로 높은 만족감을 느낀다)을 주장하고 그런 맥락에서 세계최초로 범죄복지라는 개념을 주장한 바 있으며 그런 맥락에서 범죄복지학은 논의의 실익이 있다. 따라서 범죄복지는 범죄피해자의 복지, 제3자의 범죄복지로 나눌 수가 있다. 범죄피해자의 복지란 든 범죄가 부정적 외부효과를 가져오거나 사회적 효용함수를 저해하는 것은 아니고 범죄에 따라서는 타인의 효용이나 사회 전체의 효용에 부정적 외부효과를 주지 않으면서, 때로는 사회전체효용함수를 우측으로 상향 이동시켜 사회 전체후생을 증가시키는 긍정적 외부효과를 가져오는 범죄도 있다는 것이다. 가령 평생을 성관계 한번 할 수 없는 중증 장애인이 금지된 성매매법을 어겨 매춘부와 성관계를 한 행위는 외형상 범죄행위이지만, 그런 행위는 사회내의 타인의 한계효용에 아무런 부정적 영향을 주지 않고 오히려 당사자들의 한계효용 증가로 사회 전체의 효용이 증가된다.

이처럼 농촌총각의 성구매행위, 단순한 도박, 간통 등과 같은 범죄는 타인의 효용을 감소시킴이 없이 당사자 효용을 증가시켜 사회총후생을 증가시키는 범죄를 복지범죄라고 할 수 있다. 따라서 국가가 정한 범죄 중에서 복지범죄에 해당되는 범죄들을 모색하는 것이 복지범죄학의 첫 번째 존재 이유이다.

범죄효용이론에서 효용은 현재적 효용, 장래적 효용을 모두 포함하는데, 가량 일제시대때 독립투사들의 일본인 암살행위나 유신시대때 정치범들의 범죄행위는 미래의 효용을 증가시킨 행위라고 할 수가 있다. 그런 의미에서 범죄해석학에서는 범죄는 통시적 개념으로 고찰할 필요가 있다. 또한 강도, 강간 같은 개인적 법익의 범죄도 피해자에게는 피해와 동시에 효용을 주는 측면이 있어 이때는 순피해량을 계산해야 할 필요가 있다. 한편, 복지범죄와 관계되는 사회후생함수에는 여러 개 있지만 Bentham의 공리주의에서는 사회 전체의 후생은 그 사회의 모든 개인의 효용의 합으로 보고 있어 $W(S) = \sum_{i=1}^{n} U_i(S)$로 나타낼 수 있고, Rawls의 최적차등에서도 $W(S) = \min\ \{u,(s), u_2(s),\ ......u_n(s)\}$ 로 나타나 롤즈의 최적상태는 항상 파레토최적으로 나타난다.[1)]

가령 sex재화를 생산하고 공급하는 매춘부와 sex재화에 대한 한계효용은 아주 높지만 sex를 할 수 없어 효용수준이 낮은 장애인의 경우를 보면 sex재화는 불평등하게 배분되어 있다. sex라는 재화가 사회구성원 전체에게 적절하게 배분되어야 후생이 높은 사회가 되며 이러한 사회적 분배에 대한 선호를 반영하는 것이 사회후생함수이다.

---

01) Rawls는 효용수준이 가장 낮은 사람에 의해 사회후생이 결정된다는 사회적 약자보호원칙과 관계되며 이때의 사회무차별 곡선은 L자형으로 표시된다. sex를 재화로 보면 성접촉할 기회가 없는 장애인과 농촌총각들이 sex재화에 대한 효용수준이 가장 낮은 사회적 약자라고 할 수 있다.

따라서 사회후생극대화함수는 파레토최적 배분상태에서 바람직한 배분도 이루어진 상태라고 할 수 있으므로 효율성과 더불어 재화에 대한 배분까지 잘 이루어진 상태라고 할 수가 있다. 즉 파레토최적은 사회후생극대화의 필수조건이므로 파레토최적이 도달되지 않고서는 사회적 후생이 극대화가 될 수 없다.

사회후생극대화 곡선을 그리면 다음과 같다.

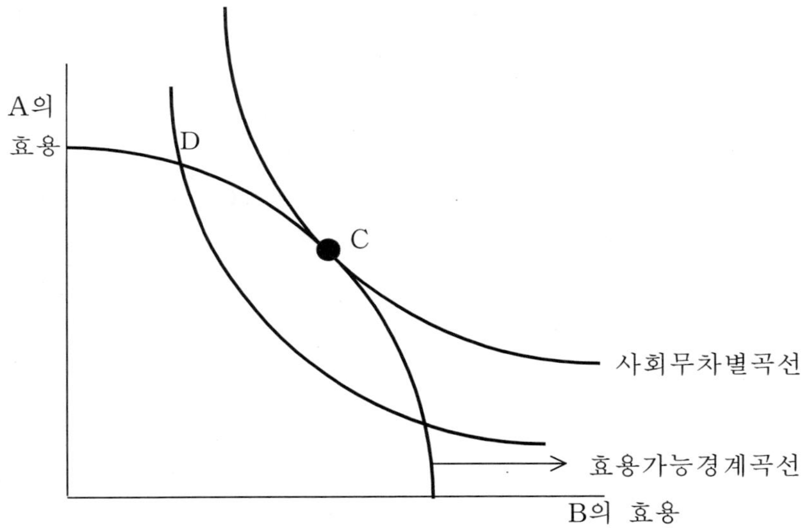

그림95 : 사회후생극대화

효용가능경계곡선은 효용가능곡선에서 자원배분의 파레토최적이 달성되는 점들($MRS_{xy} = MRT_{xy}$)만 모아놓은 것이다. 이런 효용가능 경계곡선과 사회무차별 곡선이 만나는 C점이 사회후생극대화가 되는 점이다.

위의 D점도 파레토최적 자원배분은 되지만 사회적 후생의 C점보다 낮다는 것을 알 수가 있다. 그것은 사회무차별곡선이 가장 높은 후생을 나타내는 점들이기 때문이다.[2] 따라서 범죄복지학의 첫 번째 의의는 범죄 중에서 복지범죄와 관련된 것을 찾고 그 근거를 사회후생 함수와 관련시켜 보

02) 사회적 후생함수가 가져야 할 요건을 애로우는 완전성, 이행성, 파레토원리, 독립성, 비독재성을 들고 있다. 그는 바람직한 사회후생함수는 존재하지 않는다는 불가능성의 정리를 주장했다.

면 되며, 나아가 복지경제학과의 연관성가지 언급할 수가 있다.

범죄복지학의 적극적 의미는 범죄대책론과 관계되는 것이다. 지금까지의 범죄대책은 주로 형벌, 보안처분, 범죄예방과 치안서비스의 공급 등 주로 형사사법적 방안이 대부분이었다. 즉, 사전적 범죄예방으로 방범과 치안서비스의 생산이 있으며3)

사후적 범죄대책으로는 형벌, 교정, 보안처분, 치료감호 등이 있다.

그러나 그러한 형사사법적 범죄대책이 증가됨에도 범죄가 급증하고 출소자의 재범률이 계속 증가되는 것은 이러한 형사사법적 대응방안이 한계가 있다는 것을 의미하며 관점의 전환이 필요하다는 의미로 범죄대책에 사회복지의 방법론을 가미한 것이 범죄복지학의 주요 테마로 앞으로 범죄대책론이 나아가야 할 방향이나 이러한 범죄복지학은 수형자에 대한 교정을 사회복지로 접근하는 교정복지의 정신과 상통한다. 이러한 교정복지학이론은 기존의 교정학 이론과 상이하며 차이점이 있다고 할 수가 있다.

교정학과 범죄복지학의 한 분야인 교정복지학은 차이가 남에도 그 성격차이를 모르거나 동일시하는 견해가 있지만 이 둘은 다른데, 이에 사견으로서 둘을 구분하고자 한다.

먼저 대상에 있어서 교정학은 보편주의를 취해 모든 수형자가 교정의 대상이 되지만, 교정복지학은 선택주의를 취해 클라이언트인 범죄인이 원조를 신청할 때만 교정복지사가 원조와 재활에 개입할 수가 있다.

그리고 접근방법에 있어서 교정학은 거시적·미시적 접근방법을 중시하나, 교정보기학은 상대적으로 미시적 접근방법에 중점을 둔다. 다시 말해서 교정학은 수형자 개개인의 악성교정을 위한 개별적 교화에도 관심을 갖고, 또한 동시에 범죄인의 재활과 사회방위를 위한 교정정책과 제도적 개선에도 관심을 갖는 점에서 미시적·거시적 접근법을 사용하지만, 교정복지학은 상대적으로 사회방위나 교정정책보다는 개별 클라이언트에 대한

03) Savas는 공공서비스를 경합성과 배재성 유무를 기준으로 시장재성격을 갖는 공공서비스(경제개발), 공유재 성격의 서비스(공원, 하천), 요금재 성격의 공공서비스(전기, 가스, 수도), 집합재 성격을 갖는 공공서비스(국방, 외교, 지역개발)를 들고 있는데, 집합재적 성격을 갖는 서비스는 비경합성과 비배제성의 특징 때문에 무임승차의 문제가 야기되며, 국방 등의 순수 공공재와 복지, 지역개발, 공중의료 등의 준 공공재가 여기에 속한다고 한다.: 이종수 외, 행정학, 대영, 2004, 723면.

구체적 원조와 재활과정에 중점을 두는 미시적 접근방법을 주로 의존한다고 할 수가 있다.

그리고 고객에 있어 교정학보다 교정복지학의 고객이 훨씬 광범위하고 넓다. 즉 교정학의 대상은 주로 수형자와 미결수용자를 합친 수용자이지만, 교정복지학의 고객은 수용자 외에도 범죄인과 피해자 및 그들을 둘러싼 가족 등의 생태계도 대상이 되는 점에서 교정학과 차이가 난다.

또한 형벌의 지향과 관련하여 교정학은 일반예방과 특별예방 모두를 강조하지만, 교정복지학은 주로 특별예방의 관점을 지향한다. 즉 교정학은 범죄인의 교정과 교화를 통해 범죄로부터 사회를 방위한다는 특별예방의 관점과 형벌의 엄격한 집행을 통해 일반인에게 심리적 위하를 가해 범죄를 막으려는 일반예방의 관점을 모두 내포하지만, 교정복지학에 있어서는 사회보호와 방위는 2차적 관심이고, 결과적 개념으로 우선 범죄인의 재활과정에 중점을 두는 특별예방의 관점을 중시한다.

따라서 교정복지는 개인의 재범방지에만 역점을 두다 보니 사회방위에 소홀하다는 비판을 받을 수 있다.

그리고 교정학에서는 주로 범죄를 비환경결정론적 관점을 취하나, 교정복지학에서는 범죄인이 동시에 피해자이며, 범죄는 환경의 산물이라는 점을 강조해 환경결정론적 관점을 취한다.

또한 교정학에서는 수형자의 교정 등 내용을 중시하나, 교정복지학에서는 사회사업론적 방법론을 중시하므로 내용보다는 클라이언트를 재활시키는 단계와 과정을 중시한다.

그리고 이념과 철학적 지향에 있어서 교정학은 능률성과 법적안정성을 중시하지만, 교정복지학에서는 생산성과 사회적 형평을 중요시한다.

사회적 형평이란 로울수(Rawls)의 정의론의 영향을 받은 이념으로 사회정의와 인간다운 삶의 질을 향상시킬 것 등을 내용으로 하며, 특히 사회내의 불리한 입장에 있는 사람을 고려하는 것을 이념으로 한다.

따라서 행형법 제1조의 정신에 따라 모든 수용자를 평등하게 취급하는 교정학과 달리 교정복지학에서는 특히 사회적으로 불리한 위치에 있는 클라이언트, 예를 들어 여성수용자·장애인수용자·노인수용자 및 빈곤하고 의지할 곳 없는 수용자에 특히 관심을 가져야 한다.

또한 학문적 성격에 있어서 교정학과 교정복지학 모두는 종합응용과학이지만, 교정학이 과학성을 상대적으로 중시한다면, 교정복지학은 사회사업의 방법론 등 기술적 측면을 중시하는 입장에서 기술성(art)을 상대적으로 강조하는 것이라고 할 수 있다. 따라서 교정복지는 기술성을 강조하다 보니 효과성을 중시하게 되며, 원조나 재활과정에 있어서 적법성을 크게 중요시하지 않는 점에서 교정학과 차이가 난다고 할 수가 있다.

그리고 교정학과 교정복지학이 추구하는 생산모형에서 교정학은 교정이라는 공공재를 관료모형에 의해 독점생산하는 것에 상대적으로 중점을 두는 반면, 교정복지학은 교정복지라는 공공재를 비관료모형에 의해 다자(多者)생산모형으로 생산하는 것에 상대적으로 중점을 둔다. 다시 말해 교정학에서의 교정은 상대적으로 교도관이라는 관료에 의해 교정서비스를 독점생산하는 측면(대량생산)에 중점이 있지만, 교정복지학에서의 교정복지는 교정복지사와 여러 관련 사람간의 연합에 의해 역동적으로 클라이언트를 치료하는 것에 중점을 두게 된다. 따라서 교정학에서 교정이라는 공공재는 집합적 · 획일적 · 평등적 · 국가적 · 몰가치적 성격이 강한 공공재라면, 교정복지학에서의 교정복지라는 공공재는 개별 클라이언트의 욕구에 맞는 차별적 서비스이므로 개성적 · 차별적 · 가치적 성격이 강한 공공재로 관념할 수가 있다.

물론 공공재의 특성상 무임승차자의 문제가 발생하는 것은 교정과 교정복지 서비스는 같지만, 교정복지보다 교정서비스에서 보다 많은 무임승차자의 문제가 발생한다. 그것은 교정이라는 공공재의 생산방식은 단선적(linear)이고 정형화된 방식에 의해 대량생산을 하게 되며, 그 과정에서 정의 외부효과의 크기가 클 수밖에 없지만, 개별 클라이언트 한명 한명의 욕구에 초점을 맞추는 교정복지 서비스는 비정형화된 소규모 생산을 하게 되므로 정의 외부효과가 그만큼 적기 때문이다.

고객의 성격과 관련해서도 교정학에서는 수용자는 교정재의 생산과 소비 및 평가에 있어 자신의 선호나 의견을 반영할 수 있는 고객의 지위가 약한 반면, 교정복지학에서는 교정복지의 자발성의 원칙에 의해 교정복지의 생산에 있어 자신의 선호나 의견을 충분히 밝힐 수 있는 고객의 지위에 서게 되므로 교정학에서 고객은 약한 고객이지만, 교정복지학에서의 고객은 강한 고객이라고 할 수가 있다.

교정학은 역사적으로 오래 연구되어 온 학문이고, 주로 지금까지는 형사사법과의 연관성과의 관련하에서 연구되어 왔지만, 교정복지학은 아직 패러다임이나 그 구체적 범위가 적립되지 않은 새로운 학문분야로 주로 사회복지학과 교정학과의 관련하에서 연구되어 왔고, 사회복지학계에서는 가장 개척할 분야가 많은 부분이다. 그러나 교정학과 달리 교정복지학은 접근방법의 차이로 인하여 학파이기주의가 일어날 가능성이 있는데, 그것은 교정학자는 내용을 중시하므로 교정복지학을 교정학의 한 부분으로 간주하나, 기술적・과정적 성격을 강조하는 사회복지학에서는 교정복지학을 사회복지학의 한 부분으로 간주하고 있다. 그러나 이 문제는 내용을 중시한다면 교정학의 한 부분으로 볼 수 있고, 접근기술을 중시하는 점에서는 사회복지학의 한 부분으로 볼 수 있다.

교정학은 19세기 이전에는 형벌로만 형벌학의 위치에 있다가 19세기 후반에 독일의 시바흐와 크로네 및 일본의 이찌기마 갱기찌에 의해 감옥학이라는 하나의 학문적 학파로 발전했고, 그 뒤 일본의 마사키 아끼라에 의해 행형학으로 발전하여 교정학은 주로 일본・한국・중국 등 대륙계에서 발전해 왔고 학문화되었으나, 영국・미국 등 구라파계통에서는 교정학은 독립된 학문이 아니라 형사사법체계 속의 한 부분으로 취급하거나 또는 교육학・심리학・상담학과 관계되는 분야로 취급되고 있다.

이하에서는 범죄복지학의 필수기본 지식이 되는 사회복지의 이념과 접근방법을 언급하고자 한다.

2. 사회복지의 이념과 방법론

1) 사회복지의 이념

먼저 사회복지의 개념을 보면, 사회복지란 인간생활의 이상적 상태를 의미하는 개념인 동시에 그것을 지향하는 실천적 활동을 포함하는 개념을 말하는데, 이념적으로는 현실사회의 사회복지라고 하는 시책을 달성하려는 목적적 개념이다.[4)]

그리고 윌렌스키와 르보는 사회복지의 개념을 기능적 관점에서 잔여적 개념과 제도적 개념으로 설명한 바, 전자는 가족이나 시장경제와 같은 정상적인 사회제도에 사회기능의 책임을 1차적으로 맡기고 이것이 붕괴되었을 때 사회복지 서비스가 개입된다는 개념이며, 후자는 사회복지는 현대 산업사회에서 각 개인의 자아완성을 돕기 위해 정당한 기능을 수행하는 것으로 수용되며, 여기서는 수당과 서비스를 받는데 낙인이 붙지 않는다.5)

한편, 사회복지의 범주에 대해 협의의 사회복지는 잔여적 개념의 사회복지로 가족이나 시장기구로부터 탈락된 자에 대한 보호·치료·예방의 방법을 실천하는 활동이며, 광의의 사회복지란 제도적 개념으로 평균적 욕구가 충족되지 않는 개인·가족·집단 등에 대한 여러 가지 사회적 서비스를 조직화하고 총체화한 개념이며, 최광의의 사회복지란 전 국민의 안정과 발전에 공헌하는 일체의 사회적 시책을 총칭하는데, 근대사회에서 사회복지의 개념이 잔여적 개념, 자선의 차원, 특수한 서비스(빈민), 최저수준, 개인적 개혁(문제해결), 자발성(민간후원)이라며, 현대사회의 복지개념의 특성은 제도적 개념, 시민의 권리, 보편적 서비스(모든 국민), 최적의 조건, 사회적 개혁(문제예방), 공공성(정부지원), 복지사회라고 한다.6)

한편, 사회복지와 사회사업개념은 구분되는데, 사회복지(social welfare)란 인간의 행복을 증진시키기 위하여 정부나 민간단체들이 여러 가지 프로그램이나 사회적 서비스 또는 제도를 통해서 사회적 역기능을 예방하고 줄이기 위한 체계적이고 조직적인 노력이며, 실천활동이나 사회사업(social work)이란 개인이 그의 일상생활과정에서 사회적 기능을 원활히 수행해 나가는 데 필요한 도움을 사회복지기관의 전문가가 제공해 나가는 전문적 활동으로, 사회복지가 복지사회를 목적으로 하고, 전체를 대상으로 하며, 제도·정책 등의 방법을 사용해 사전적·예방적·적극적 기능을 강조하는데 비해, 사회사업은 최저생활의 보장을 목적으로 하고, 특정부분을 대상으로 하며, 지식·기술 등의 방법을 사용하여 사후적·치료적·소극적 기능을 갖는다고 한다.7)

---

04) 최성균 외, 사회복지개론, 대왕사, 2004, 27면.
05) 최성균 외, 상게서, 28면.
06) 최성균 외, 상게서, 32~33면.

사회복지의 이념을 보면, 가장 중요한 기본이념은 인간의 존엄성으로, 인간은 그 이용가치와는 상관없이 존중되어야 하고, 또 개인의 존엄성에 대한 깊은 신념은 사회복지의 기본원리가 되어 온 것은 미국에서 크게 발달하고 있는 개별사회사업을 통해서도 입증되고 있다.8)

또 하나의 기본이념은 인간의 자기결정권으로, 이것은 각자의 자기능력과 판단에 따라 자기의 태도와 행동을 결정할 권리를 갖는다는 기본적 인권을 존중하는 것으로, 연소자나 정신장애자는 예외로 하되, 어디까지나 클라이언트의 올바른 이해와 판단과 결정을 기다리는 것이 전제되며, 따라서 클라이언트에 대한 명령으로 자기결정을 침해해서는 안되며, 자기결정을 하게 함으로써 클라이언트와의 관계는 자유롭고 부드러워지며, 민주적 원조를 해줄 수 있게 된다.9)

따라서 개별사회사업에 있어서 워커가 클라이언트의 의사의 자유와 결정권을 지원·격려해 클라이언트가 갖는 잠재력이나 자원을 최대한 활용하여 그가 원하는 방향으로 원조한다거나, 또 집단사회사업에 있어서도 그 집단의 성원들이 토론을 통해 그들의 목표와 방법을 스스로 결정할 수 있게 지원하는 기술은 모두가 자기결정권을 원리로 하는 철학적 근거에 연유하고 있는 것이다.10)

또 하나의 이념으로는 기회균등권을 들 수 있는데, 사회복지분야에 있어서 강조되어야 할 점은 평등은 타인과 같은 권리를 향유한다는 것을 전제로 하고, 나아가서는 타인과는 다른 어떤 특유의 특징을 가진다는 것을 용인하는 점이다. 인간은 누구나 평등하고 기회균등권을 갖는다는 원리는 사회복지 실제의 과정에 있어서 꼭 수반되어야 할 기본원리로, 여러 기준에 의한 여러 계층에게 아무 차별없이 꼭 같은 기회가 주어져야 할 도덕적·직업적 원칙이 있는 것이다.11)

또 하나의 이념으로는 사회연대의 원리로, 이는 현대사회에서 인간이 겪는 고통은 한 개인의 책임으로만 돌릴 수 없으므로 이에 대한 연대적인 책

07) 최성균 외, 전게서, 34면.
08) 김상규 외, 사회복지론, 형설출판사, 1989, 33면.
09) 김상규 외, 상게서, 34면.
10) 김상규 외, 상게서, 34~35면.
11) 김상규 외, 전게서, 35면.

임과 공동의 과제로 임해야 한다는 원리로, 따라서 사회복지권에 관계하는 사람은 물론, 우리 모두는 개인의 괴로움과 고통에 대해 연대적인 책임을 지고 공동의 과제로 임해야 한다는 것이다.[12]

이와 같은 이념을 바탕으로 하여 그 위에 전문적 지식과 기술이 적용될 때, 클라이언트는 원만한 조화 속에 건전한 사회적 기능을 담당할 수 있게 되고, 클라이언트 자신도 세상에는 일방적으로 받는 것은 없고 서로 주고 받고 한다는 이율적 원리를 깨달아 도움을 받은 만큼 또는 그 이상의 대가로 사회에 보답해야 함을 깨달을 수 있다.[13]

이같은 모든 사실은 오늘날의 복지는 지난날의 원리인 '누구를 위하여'나 '누구에 대해서'의 차원에서 벗어나 이제는 '누구와 더불어'의 차원에서 이루어져야 함을 입증하는 것이다.[14]

한편, 이와 관련하여 사회복지의 특성을 보면 첫째, 사회복지는 사회적 책임과 주관성이 있는데, 이는 사회복지란 사회적 목적에 의해 규정된 활동이므로 사회복지에 있어서 각종 복지시설이나 기관의 설치는 그 모두가 사회적으로 설치되고 또한 사회적으로 규정되어지는 것이므로 결코 어떤 이윤추구나 그 자체의 발전을 주된 목적으로 하는 것은 아니며, 어디까지나 사회를 위하고, 궁극적으로는 대상자의 이익과 복지가 주목적이 되어야 한다는 것이다.[15]

또 하나의 특성으로는 조직적 활동성을 들 수 있는데, 이는 사회복지는 공식의 조직을 기본으로 하는 조직적인 활동이어야 하는데, 이것은 앞서의 '사회적 책임과 주관성'에서 생겨나는 필연적 측면으로, 개인적 자선행위와 같은 항상성이나 일관성이 없는 임의행위가 항상성이나 일관성을 띤 안정된 것이 되기 위해서는 가령 아동복지법이란 법률같이 조직화되어 공식적인 형태를 형성해야 된다는 것으로, 사회복지는 사회적으로 승인된 여러 시설 및 기관에 의거하는 정규적·전임적 활동이 된다는 것이다.[16]

또 하나의 특성으로는 이용자와의 직접적인 관계성을 들 수 있는데, 이

12) 최성균 외, 전게서, 37면.
13) 김상규 외, 상게서, 37면.
14) 김상규 외, 상게서, 38면.
15) 김상규 외, 상게서, 39면.
16) 김상규 외, 상게서, 40면.

는 사회복지는 인간의 소비욕구에 직접 관계하는 것이어야 한다는 것으로, 도로정비나 자원개발과 같이 인간의 복지와 관계되는 국가의 사회적 · 공공적 시책과 사회복지와의 분할점은 그 직접성 여하에서 찾아낼 수 있으며, 따라서 사회복지는 사람에게 보아 직접적인 것이 되어 직접 그 사람의 복지와 직결되는 것이 그 특색이 된다는 것이다.[17)]

또 하나의 특성으로는 인간의 복지최우선성을 들 수 있는데, 이는 사회복지의 특성은 다른 그 무엇보다도 인간의 복지가 첫째 목적으로, 사회복지는 다른 그 아무것도 위해서가 아니고 개인의 복지 유지와 항상 그 자체를 위하여 사회에 의해 마련되는 것이라고 한다.[18)]

2) 사회복지의 방법론

여기에는 전통적으로 개별사회사업 · 집단사회사업 · 지역사회조직 등이 사회복지 실천방법론으로 분류되어 왔고, 최근에는 개인과 집단 및 지역사회를 구분하지 않고 접근하는 통합적 접근법이 대두된 바, 여기에서는 4가지 접근방법을 살펴보고자 한다.

(1) 개별사회사업

이것은 자기 스스로 해결하기 곤란한 문제를 가진 개인과 그 가족을 대상으로 문제에 대한 과학적 지식과 전문적 기술을 가진 전문가에 의해 개별적으로 이루어지는 실천활동으로, 이를 통해 환경에의 적응과 인격의 성장과 발달을 돕기 위한 의식적이고 계속적인 노력으로 워커와 클라이언트의 인간관계를 중요시하며, 예방보다는 재조정이나 치료에 중점을 둔다.[19)]

개별사회사업에 워커와 클라이언트의 관계는 역동적 상호작용으로서 Biestek는 사회복지사가 대상자를 돕기 위한 원칙으로 7가지를 제시하였는데, 그것은 개별화, 의도적인 감정표현, 통제된 정서적 관여, 수용, 비심판적 태도, 자기결정, 비밀보장의 원리가 그것이다.

17) 김상규 외, 전게서, 40면.
18) 김상규 외, 상게서, 41면.
19) 최성균 외, 전게서, 102면.

개별화(individualization)는 사람은 누구나 개별적인 특징을 가지고 있는 독특한 개인으로 취급되어야 할 인간의 권리에 기초하며, 따라서 개별화는 각 복지대상자의 특수한 성질을 인정하고 이해하는 것으로 개인의 권리이고 욕구이다. 의도적인 감정표현(purposeful expression)은 복지대상자로 하여금 자신의 감정을 자유롭게 표현하도록 하는 것, 특히 자신이 비판받게 될지도 모르는 감정들을 자유롭게 표현하게 하는 것이다. 통제된 정서적 관여(controlled emotional involvement)는 복지대상자의 감정에 대한 민감성과 그가 의미하는 것에 대한 감정이입적 이해 그리고 그의 감정에 대한 의도적이고 적절한 반응기술이다. 수용(acceptance)은 여러 약점을 가진 개인을 존재하는 그대로 편견없이 받아들이는 태도로서 사회복지실천에서 수용적 태도는 정중함과 인내심 및 경청하려는 의지로서 복지대상자가 불평을 하고 부당한 요청을 하는 등 자기 자신을 어떠한 모양으로 표현하든 그것을 비판하지 않는 것을 말한다. 비심판적 태도(nonjudgemental attitude)는 복지대상자를 돕는 과정에서 그 문제의 원인이 그의 퍼스낼리티와 같은 개인내적인 요소에 의한 것이든 또는 그들의 외부환경에 의한 것이든 그 문제의 책임이 복지대상자에게 있다는 것을 언어 혹은 비언어적인 것으로 표현하지 않는 것이다. 복지대상자의 자기결정(client self－determination)은 사회복지실천 전 과정에 걸쳐 복지대상자 개인의 권리와 욕구를 실현하기 위해 그가 모든 의사결정과정에 참여하여 스스로 선택하고 결정하는 자유를 누리는 것이다. 비밀보장(confidentiality)은 복지대상자의 기본적인 권리에 기초하는 것으로, 전문적인 관계를 통해 밝혀지는 복지대상자에 관한 정보를 누출시키지 않는 것이다.[20]

이러한 개별사회사업은 일정한 과정에 따라서 전개되는데, 보통 접수(intake)단계・조사단계・진단단계・치료단계로 나뉜다.

인테이크는 복지대상자가 문제해결의 도움을 요청하기 위해 사회복지기관에 찾아 왔을 때, 그의 욕구가 무엇이며, 그 기관에서 문제해결이 가능한가를 결정하는 전반적인 단계이다. 조사과정은 문제해결의 초기단계로서 복지대상자를 효율적으로 치료하기 위해 그들에 대한 보다 나은 이해를 구하는데 목적을 둔다. 진단과정은 사례조사에서 획득한 제반 자료의 분석을

20) 이영철 외, 사회복지학, 양서원, 2004, 112~113면.

통해 문제의 원인이나 특성에 대한 종합적인 해석을 내리고 그 문제해결을 위한 계획을 수립하는 단계이다. 그리고 치료과정은 문제를 정확히 사정하여 그의 생활상황을 변화시키는 최종단계를 말한다.[21]

그리고 이러한 치료과정은 지지적 치료법과 명확화 치료법으로 분류된다. 지지적 치료법은 약화된 자아구조를 가진 대상자에 대해 구체적 서비스를 수반하는 환경조정, 자유롭게 감정을 표현할 수 있는 기회의 제공, 칭찬과 격려, 필요시 보호적인 원조와 전문적 권위의 행사를 말한다. 명확화 치료법은 클라이언트에게 현재 의식하지 못하고 있는 감정이나 행동들을 밝혀주어 현실에 보다 나은 사회적 적응을 하게 하는 기법이다.[22]

이러한 개별사업의 이론으로는 심리사회적 모델, 기능적 모델, 문제해결 모델, 가족치료 모델, 위기개입 모델, 사회화 모델이 있다. 심리사회적 모델은 인간을 생리적·심리적으로만 아니라 인간을 둘러싼 사회경제적 상황을 포함한 전체적인 시각으로서 인간은 자주적 존재이나 동시에 환경의 영향을 받아 상황의 지배하에 생활하게 된다는 것이다. 기능주의학파는 인간을 기계적·결정론적 관점에서 보는 진단주의학파와 프로이트의 정신분석에 반해 인간을 의지적·낙관론적 관점에서 인간을 자신의 창조자로 본다.[23]

진단주의와 기능주의를 절충한 문제해결 모델은 문제·사람·장소·과정 등의 4P개념으로 되어 복지대상자가 문제해결자가 되어 자아개념이 중시된다. 행동수정 모델은 스키너의 강화이론에 영향을 받은 행동주의적 접근방식이며, 가족치료 모델은 가족성원 속에서 역할과 상호 의무를 명확히 하고 성원 간에 더욱 적합한 행동을 북돋아 주는 것으로, 의사소통유형의 전체체계에 초점을 맞추고 있다. 위기개입 모델은 긍정적인 성장과 변화를 유도할 수 있는 효율적인 대처기술을 개발시켜 줌으로써 원조하는 기술이다. 사회화 모델에서는 대상집단을 사회화되지 못한 경우와 불충분하게 사회화된 경우 특정 하위문화에 사회화된 경우로 나누고, 사회복지사가 사회화의 대행자가 되어 대상자가 사회기능력을 갖게 하는 것이다.[24]

21) 이영철 외, 상게서, 113면.
22) 최성균 외, 전게서, 107면.
23) 이영철 외, 상게서, 114면.
24) 이영철 외, 전게서, 114~115면.

(2) 집단사회사업

집단사회사업은 손상된 사회적 기능을 회복하고자 하는 욕구를 지닌 대상들이나 현재의 사회적 기능을 보다 적극적으로 유지하며 강화하고자 하는 욕구를 지닌 대상들에게 그 욕구를 충족시키며, 개인·집단·지역사회 문제에 보다 능동적으로 대처해 나갈 수 있도록 소집단활동을 통해서 의도적으로 실시하는 원조과정이다. 따라서 집단성원들이 상호 역동적인 영향을 주고받음을 전제로 상호작용하는 힘이 활발하게 작용하여 그 집단에 속한 성원들의 사고방식이나 행동양식 및 기타 자기 인식이나 생활관까지 변화시킬 수가 있으며, 이를 위해 전문가는 집단의 상호작용의 힘을 인식하여 이것을 적극적이며 의도적으로 활용함으로써 대상자 개인이나 집단이 당면하고 있는 문제해결을 돕는다.[25)]

집단사회사업이 효과적으로 이루어지기 위해서는 집단과 집단구성원 및 집단사회사업가가 필요하며, 여기에서 집단은 단순히 개인들의 집합체가 아닌 집단구성원 간의 상호 역동이 이루어지는 유기체로, 사회복지사는 집단구성원을 전체로 보는 것이 아니라 구성원 각자에게 초점을 두어 개별화해서 접근할 수 있는 대면집단이어야 하며, 집단사회사업가는 집단의 상황과 집단구성원의 욕구를 파악하고 집단활동의 장을 설정하여 집단이 갖는 목적에 따라 적절한 프로그램을 전개해야 하는데, 이 때 집단사회사업가는 다양한 역할을 수행하는데, 그 중 대표적인 것은 가능자·변화매개자·중개자·대변자·상담자의 역할 등이다.[26)]

한편, 노던(Northen)은 집단발달단계를 5단계로 구분한 바, 준비단계, 오리엔테이션단계. 탐색과 시험의 단계, 문제해결단계, 종료단계이다. 준비단계에서는 유사한 내용의 문제를 가진 개인들의 접수와 집단구성에 관한 조치가 행해진다. 오리엔테이션단계에서는 집단성원간의 인간적인 유대관계가 생기고 투쟁적 리더를 중심으로 의사소통이 이루어지는 단계이다. 탐색과 시험단계에서는 상호작용의 유형이 발달하고, 하위집단이 생성되며, 집단의 규범과 가치를 위한 통제기제가 발달하는 단계이다. 문제해결단계

25) 최성균 외, 전게서, 110면.
26) 이영철 외, 상게서, 116면.

에서는 성원들 간에 신뢰·수용·상호의존 등과 같은 특징을 보여 고도의 협동체제가 나타나며, 문제해결능력이 고도화되는 단계이다.[27)]

그리고 집단의 목적이 달성되거나 집단의 존속기한이 도래한 경우, 또는 집단응집력이 약화되어 종식을 고하거나 집단이 환경의 압력에 효과적으로 대응 못할 때 집단은 종료하게 된다.[28)]

한편 파펠과 로드만(Papell & Rothman)이 집단사회사업의 모형을 제시한 바, 사회적 목표 모델과 치료적 모델 및 상호작용 모델이 그것이다. 사회적 목표 모델(social goals model)은 집단활동을 통해서 사회적 의식과 사회적 책임 등의 목적을 달성하고자 하며, 그리고 시민참여, 훌륭한 사회인, 민주적 과정의 습득 등을 추구하고자 하는 모델이다. 치료적 모델(remedial model)은 문제를 가진 개인에게 그 전문성을 발휘하여 치료적인 집단활동을 전개하는 데 있는데, 이 모델은 '교정적 모델'이라고도 하며, 임상적인 경향으로서 집단 자체가 변화매개체로 활용되는데, 특장은 집단이 치료의 수단이 되고, 집단이 치료를 위한 환경이 되는 것이다. 상호작용적 모델(reciprocal model)은 집단과 개인간의 상호작용관계에 근거를 두고 사회복지사와 집단구성원을 포함한 하나의 사회적 체계로서 개념화하고 있는데, 이 모델에 의하면 하나의 체계 또는 집단을 그 자체가 유기체로서 사회복지사와 각 구성원들 간의 상호관계에 의해 영향을 받는다. 이 모델을 '조정적 모델' 또는 '매개모델'이라고도 한다.[29)]

(3) 지역사회조직

지역사회조직사업이란 지역사회를 구성하는 개인·집단·이웃의 사회적 복리를 원하는 방향으로 향상시키기 위해 지역사회수준에서 전개되는 일련의 활동을 말한다.

하퍼와 던햄(Harper & Dunham)은 이것에 관한 수많은 정의 속에는 협력과 통합의 사상, 욕구충족과 욕구와 자원간의 균형을 가져오고자 하는 사상, 프로그램 간의 관계에 관심을 두는 사상, 민주적 과정과 전문가주의

27) 최성균 외, 전게서, 112~113.
28) 최성균 외, 상게서, 113면.
29) 이영철 외, 전게서, 117면.

간의 실무적 관계를 제공한다는 사상이 내포되어 있다고 한다.30)

이러한 지역사회조직론에서는 지역주민의 욕구와 자원 및 자기결정에 따라 자조적 사업을 추진해야 된다. 이 때 고려해야 할 원칙이 있는데 이를 지역사회조직의 원칙이라고 한다. 이에 관해 여러 정의가 있으나, 맥네일과 데마체(McNeil & Johmser Demarche)의 견해를 토대로 하면 지역사회조직의 원칙은 다음과 같다고 한다.31)

지역사회조직은 지역주민의 욕구를 충족시키고자 하는 사회사업의 한 과정이며, 지역사회의 문제해결에는 주민의 광범위한 참여가 있어야 하고, 지역사회조직은 지역사회를 이해하고 있는 그대로를 수용하고 그 특성을 개별화해야 하며, 지역사회의 복지를 증진시키기 위해 결성된 복지기관들의 협의체는 서비스의 조정을 통해서 제한된 복지자원을 효율적으로 활용하여야 한다.

이러한 지역사회조직의 과정은 사회조사의 단계, 계획의 수립, 실행의 촉진, 자원의 활용 및 동원, 활동의 평가라는 과정을 거친다. 사회조사단계에서는 지역사회 내의 다양한 사회복지문제에 대하여 주민의 의식 정도와 그 문제성격에 대하여 검토한다. 계획수립단계에서는 장·단기 목표설정, 목표의 실현방법, 우선순위결정, 또는 문제해결의 조직이나 기구 등을 강구하고 예측될 수 있는 문제점에 대한 대응책도 강구해야 한다. 실행촉진단계에서는 지역사회를 위한 사회복지계획의 인식, 동기부여를 위한 홍보활동, 조직내부의 상호 협력관계를 유지·강화할 수 있는 조정활동 등이 전개되어야 한다. 자원활용단계에서는 인적·물적·사회적 자원을 동원해야 하며, 평가단계에서는 성취도와 수행과정에서 야기된 문제점을 검토한다.

한편, 로스만은 지역사회조직의 3가지 유형을 제시했는데, 지역개발 모델과 사회계획 모델 및 사회행동 모델이 그것이다. 각 모델들의 내용은 다음과 같다.32)

지역개발 모델(locality development model)은 지역사회의 변화를 가장 효과적으로 이룩하기 위해 지역주민들을 목표결정과 실천행동에 참여시켜

30) 최일섭, 지역사회복지론, 서울대, 1990, 27면.
31) 최일섭, 상게서, 109면.
32) 이영철 외, 전게서, 117~118.

야 한다는 전제에서 나온 지역사회조직의 한 형태이다. 이 모델에서는 지역사회의 중심으로 민주적인 절차와 자발적인 협동 및 토착적 지도자개발 등을 중요시한다. 사회복지사의 역할은 안내자 · 가능자 · 전문가 · 치료자의 역할이 강조된다. 사회행동 모델(social action model)은 지역사회의 불우계층에 포함된 주민들이 사회정의와 민주주의에 입각해서 보다 많은 지원과 향상된 처우를 그 지역사회에 요구하는 단체행동을 말한다. 이 모델에서 사회행동참여자들은 가진 자들과 그렇지 못한 자들의 두 집단으로 구성되어 있으며, 특히 권력을 가진 소수의 사람들이 가지지 못한 다수 사람들의 권익을 침해하는 사회적 착취의 직접적인 결과로서 문제를 보고 있다. 사회복지사는 가능자 · 중재자 · 변호자 · 행동가의 역할이 강조된다.

(4) 통합적 접근방법

이것은 개별사회사업 · 집단사회사업 · 지역사회조직론 등으로 분리된 전통적 실천접근방법에서 그 관점을 통합한 것으로 볼 수 있고, 특정한 문제발생을 개인과 지단 및 지역사회의 상호 영향력의 전체적인 시각에서 접근을 하려는 유형이다.[33]

미국에서 사회사업실천의 통합화는 사회복지사의 역할이 개별사업가 · 집단사업가 · 의료사회사업가 등으로 세분화됨에 따라서 다양한 서비스를 받아야 할 복지대상자가 여러 종류의 사회복지사를 찾아 가야 하는 불편을 해소하기 위해서 논의되기 시작하였다. 통합적 접근방법을 발전시키는데 기여한 이론은 체계이론이었는데, 일반체계이론은 모든 유기적 조직체가 체계, 즉 상부체계와 이의 부분들인 하부체계로 구성되어 있다는 생물학적 이론으로, 물질적 또는 정신적 에너지가 교환되는 경계를 가진 체계는 투입 · 전환 · 결과 · 환류라는 일련의 과정으로 이루어진다고 보고 사회복지사는 체계이론을 활용하여 개인 · 집단 · 가족 · 지역사회 등을 이해하고 그 문제를 해결하고자 하였다.[34]

이러한 통합적 접근법의 특징은 전통적 방법과는 달리 사회사업실천에 있어 본질적 개념과 활동, 기술과 과업 등에 공통적 기반이 있음을 전제로

33) 최성균 외, 전게서, 122면.
34) 이영철 외, 전게서, 118~119면.

한다. 클라이언트의 성장과 잠재성은 미래지향적임을 강조하고, 상황 속의 인간을 이해하고 설명하는데까지 확대된 개념을 사용하며, 과거 사회사업의 개입은 인간 또는 환경에 초점을 두는 이분법적 형태였으나, 통합방법론은 이 양면적 상호작용에 초점을 두어 인간과 환경의 공유영역, 즉 '사회적 기능수행'영역에 사회사업가가 개입해야 함을 강조한다.[35] 통합방법론의 과정은 초기접촉단계, 사정계획단계, 개입행동단계, 종결평가단계를 거친다. 초기접촉단계는 초기 대인접촉과정으로 클라이언트를 접촉하는 것이며, 이 때 과제가 규명된다. 사정계획단계에서는 사정평가와 제공될 서비스종류를 계약하게 되는데, 사정평가의 내용은 문제에 대한 인식, 문제가 자신의 생활에 미치는 영향, 클라이언트의 한계기능과 잠재능력, 문제해결에 대한 방법, 문제와 관련된 여러 체제의 상황이며, 계약은 사회사업가와 클라이언트가 다룰 문제를 정의하고 목표를 설정하여 개입계획을 협상하는 과정이다. 개입행동단계에서 개입행동은 계약에 의해 구체화된 목표달성을 돕는 전문가의 다양한 개입역할에 의해 이루어진다. 종결평가단계에서는 효과성과 효율성에 대한 평가를 한다.[36]

35) 최성균 외, 전게서, 124면.
36) 최성균 외, 상게서, 125면.

범죄학

제2부 각론

제6장

제6장 범죄학이론의 개관

1. 범죄학이론

1) 근대적 범죄이론

(1) 고전학파

여기서는 인간을 자유의사와 관계없이 어쩔 수 없이 환경 때문에 필연적으로 범죄를 하는 결정론적 존재가 아니고, 합리적으로 계산할 줄 아는 이성을 지닌 존재라고 보았다. 인간이 범죄를 하고 안하고는 자신의 자유의사에 의해 결정되고(비결정론), 합리적으로 계산하므로(모든 인간은 고통을 최소화하고 쾌락을 극대화하려고 하므로) 범죄로 인해 얻는 쾌락이 처벌의 고통보다 크다는 생각이 들면 범죄가 발생(쾌락주의, 공리주의)한다고 본 것으로, 범죄의 사회구조적 원인이나 범죄인과 비범죄인 사이의 생래적 차이 등은 범죄의 원인으로 생각하지 않았다. 따라서 범죄대책은 범죄로 인해 얻는 쾌락보다 형벌로 인한 고통이 훨씬 크다는 것을 인식시켜야 하므로 아주 가혹한 형벌의 부과를 주장했다.

가. Beccaria

「범죄와 형벌」을 저술한 18세기 고전학파의 선구자인 그는 범죄를 예방하는 것이 더 좋다는 일반예방주의를 강조하고 따라서 신속한 형벌과 형벌의 확실성, 그리고 죄형법정주의와 죄형균형론을 주장하였으며 또 사면제도의 반대(사면제도는 범죄자에게 범행을 해도 사면될 수 있다는 기대감을 주어 일반예방의 효과가 약해짐)를 주장했다. 한편, 그는 그 당시의 비인간적인 형사사법제도를 비판한 데서부터 그의 사상의 기저를 이루었고 또 사회계약론과 공리주의 관점에서(최대 다수의 최대 행복이 공리주의의 기초임) 공리주의에 반하는 사형과 고문, 그리고 지나치게 가혹한 형벌의 폐지를 주장했다(최초의 사형폐지론자).

나. Bentham

그는 베까리아에게 영향을 받아(베까리아가 최대 다수의 최대 행복의 개념을 제시) 최대 다수의 최대 행복을 주장해 공리주의적 법철학(법의 목적은 사회 공유의 행복을 보장)을 주장했고, 일반예방을 주장한 베까리아의 사상을 계승해 형벌부과의 목적은 범죄의 일반예방에 있고 또한 형벌은 일반예방주의 목적에 의해 정당화되어야 하며 범죄인의 개선목적은 형벌의 부차적 목적에 지나지 않는다고 주장했다. 또한 베까리아의 죄형법정주의를 계승해 범죄를 명확히 했으며(사적인 죄와 공적인 죄의 구별) 베까리아의 죄형균형론에 영향을 받아 각 상품에 가격을 매기듯이 각 범죄에 비례하는 형벌을 가하자는 형벌의 계량화를 주장했다. 또한 그는 범죄행위에서 내면에 있는 범죄동기를 중요시했으며, 범죄는 학습된 행위라고 보아 범죄발생의 사회적 원인을 중요시했고, 범죄의 사회적 원인을 중요시했기 때문에 피해자에 대한 국가배상제도를 주장했다. 그 외에 원형 감옥인 파놉티콘 감옥의 건립을 계획했다.

다. Howard

감옥개량운동의 선구자인 그는 그 당시의 감옥상태에 충격을 받아 행형의 목적은 응보형이 아니라 수형자의 개선목적을 추구해야 하고 형벌집행의 목적은 노동의 교육에 있다고 주장하였다. 이를 위해 수형자가 형기와 관계없이 개선이 되었으면 출소시키는 부정기형제도와 개선에 따라 형기를 감축시켜 주는 제도의 도입, 그리고 수형자의 개선과 아무 관계없는 사형의 폐지를 주장했다. 한편, 그는 「감옥상태론」에서 관리의 공정한 임명과 충분한 보수를 지급할 것, 독립된 행정관청에 의한 통제, 완전한 보안조치 및 야간독거제와 분류수용, 그리고 수형자의 개선에 도움이 되는 노동이 모든 교육방법의 주를 이루도록 할 것을 주장했다.

이러한 고전파이론은 1960년대의 범죄경제학이론에 영향을 주었고(고전주의의 쾌락주의는 범죄의 이익과 범죄의 비용을 계산해 범죄행위를 한다는 경제학개념이 있음) 그 당시의 야만적인 형사사법제도를 개혁하여 적법절차에 바탕을 둔 형사사법제도를 정립하였으며, 현실적 · 인간적 범죄관(범죄로 인한 이익이 처벌로 인한 고통보다 클 때 범죄를 한다고 하므로)을 제시해 그 당시의 종교적 · 초현실주의적 범죄관에서 탈피했다. 그러나 이론 자체가 지나치게 비현실적이어서 범죄의 중요한 원인인 환경 등의 요인을 간과했으며 또 평등처벌의 원칙을 강조한 것도 비판 받는데, 예를 들어 신고전주의는 평등처벌의 원칙을 부정하고 형벌적용에 있어 범인의 연령, 상황 등을 고려해 처벌의 개별화를 주장했다.

(2) 실증학파

이것은 19세기의 자연과학의 발달, 다윈의 진화론, 인류학의 출현 등으로 인간의 범죄행위를 과학적 연구방법을 사용해 연구하는 학파를 말한다. 이들은 범죄행위가 개인의 자유의지에 의해 결정되는 것이 아니라 그의 소질이나 그 개인을 둘러싼 사회적 환경에 의해 결정된다고 보아(결정론적 관점) 범죄원인을 자유의사가 아닌 사회적 · 심리적 · 신체적 요인에 두고 있다. 그리고 고전주의가 인간은 누구나 범죄를 결정하는 것에 대한 자유의지를 가진 점에서는 평등하므로 범죄인이나 비범죄인을 본질적으로 다르지 않다고 보았던 것에 반해, 범죄행위에 대한 자유의지를 부정하는 실증주의에서는 범죄인과 비범죄인을 본질적으로 다르다고 보아 고전주의의 처벌위주가 아닌 개개의 범죄인을 교화 · 개선해(과학적 처우로) 사회에 복귀시켜(특별예방, 부정기형) 사회를 보호해야 한다고 주장했다(고전주의는 범죄통제수단으로 처벌위주와 정기형, 사법제도를 중시).

실증주의 이론에는 Quetelet와 Guerry 등의 제도(통계)학파와 롬브로조에게 영향을 준 골상학(Gall, Spurzheim)이 있는데 제도학파의 시조이며 초기 범죄사회학의 대표자인 케틀레는 「사회물리학」에서 사회는 범죄를 예비하고 범죄자는 그것을 실천하는 수단이라고 지적하는 등 범죄원인으로 사회적 환경과 자연적 환경을 중시하여 범죄를 사회현상으로 파악했고, 따라서 범죄를 사회적 상태와 함수관계에 있다고 보았다. 또한 범죄를 집단현상(사회는 집단을 전제로 하므로)으로 파악해 범죄현상의 법칙성을 주장(그는 모든 사회현상을 대수의 법칙으로 파악했다)하여 범죄성향을 집단적, 대량적 관찰을 통해 법칙화할 수 있고 대수의 법칙(개연성 이론)에 의해 범죄예측도 가능하다고 하였다. 그는 범죄의 사회적 원인을 중시했기 때문에 절대적 빈곤보다 상대적 빈곤이 범죄원인으로 더 중요하다고 했고, 범죄의 자연적 환경도 중시해 범죄의 기온법칙(온난한 지방에는 인신범죄가 많음)을 주장했지만, 범죄원인에 있어 개인적 요인을 무시했다는 비판을 받기도 한다.

한편, 범죄지리학의 창시자인 게리는 프랑스의 범죄통계표를 분석했으며 그 외에 실증주의 범죄학에 관련된 것으로는 재판의학(Zacchias), 재판사례연구(저명사건기록을 지은 Pitaval과 신비따발을 지은 hitzig와 häring이 유명)가 있다. 페스탈로찌는 행형의 기본입장을 교양에 두고(수형자 교육에서 직업교육을 강조) 사회교육의 중요성을 강조하며 사형 폐지를 주장했는데, 그는 훔볼트와 함께 교육형사상의 선구자로 평가받고 있으며, 그의 교육형사상은 리스트, 란자, 리프만, 살다나에게 영향을 주었다.

2) 현대적 범죄이론

(1) 이탈리아학파(범죄인류학파)

19세기 자연과학의 발달로 과학적 연구방법을 범죄학에 도입한 최초의 실증주의 학파로 현대 형벌에 있어 범죄인의 교화 개선철학의 기초를 마련했으므로 이탈리아학파는 특별예방이론의 발전의 기초를 제공했고 "범죄행위"로부터 "범죄인"에게로 연구의 중심을 전환시켰으며 범죄원인으로 소질면을 강조하는 등 신파이론의 실증적 기초를 마련했다.

가. Lombroso

근대적 과학적 형사정책의 선구자인 그는 연구 초기에는 「범죄인론」에서 소질을 중시해 생래적 범죄인설과 격세유전설, 범죄인 정형설을 주장하면서 전체 범죄인 중 65%가 생래적 범죄인이라고 주장했으나, 후기에 와서는 「범죄의 원인과 대책」에서 환경의 영향도 중시해 생래적 범죄인은 전체 범죄인의 35% 정도라고 수정했다.

생래적 범죄인은 두개골부위의 특징(입술과 눈주위의 돌출, 납작코, 대머리, 턱뼈와 광대뼈의 발달), 신체적 특징(심장위축, 기형손가락, 체모부전, 미각예민, 통각상실), 정신적 특징(충동성, 복수심, 도덕성 결여, 권태감, 성충동의 조숙), 사회적 특징(도당편성, 주색과 도박, 은어의 신작성, 무생물의 인격화)을 갖고 있으며, 이런 생래적 범죄인의 범죄성은 선조의 범죄성이 격세유전에 의해 후대에 나타난 것으로 심리학으로는 패덕광에 가깝고 병리학적으로는 간질 증상에 가깝다.

그는 범죄인을 생래적 범죄인, 격정적 범죄인, 정신병적 범죄인, 준범죄인, 사이비 범죄인, 정신병질이 없는 상습범으로 분류하고(그는 범죄인 분류의 시조이며 그는 생래적 범죄인을 진정한 범죄인으로 보았다), 이런 분류를 기초로 형벌을 개별화해야 한다고 주장했는데, 예를 들어 생래적 범죄인은 개선이 불가능하다고 보아 초범에게는 무기형, 누범인 잔혹한 범죄인에게는 사형도 인정하며, 격정범과 우발범에게는 단기자유형을 반대하고 벌금형을 주장하고, 노인과 소년범죄인은 감옥대신에 농원이나 감화학교에 수용시키고, 상습범에 대해서는 유형을 주장했다. 한편, 그는 여성범죄론에서 매춘의 범죄성을 긍정했는데 매춘을 범죄대상(代償)이라고 했다(그는 여성은 대부분이 기회범이며 매춘부들은 태어날 때부터 모성이 결여되어 생래적 범죄성이 있다고 한다).

한편, 롬브로조에게 영향을 준 이론에는 모렐의 변질이론, 골의 골상학, 다윈의 진화론, 프리차드의 패덕광이론, 톰슨의 수형자에 대한 유전학적 조사이론 등이 있고, 롬브로조에 대한 비판은 독일의 좀멜과 베어, 프랑스의 리용학파, 영국의 Goring 등이 있다. 고링은 영국의 죄수들을 연구한 결과 범죄인과 비범죄인 간에는 아무런 신체적 특징의 차이가 없다고 해 범죄인 정형설을 비판했는데 이런 고링의 주장에 대해 Hooton은 「범죄와 인간」에서 죄수들의 신체적 열등성을 제시해 롬브로조의 이론에 동의를 하였으며 그 외에 Kurella와 Sellin도 롬브로조 이론에 동의를 했다. 이런 롬브로조의 이론은 독일과 오스트리아에서는 신롬브로조(범죄생물학파)학파(렌츠, Seeling, 크레츠머, 후튼)로 발전했고 미국에서는 롬브로조의 신체적 유형을 정신의학적 유형으로 대체해 연구하는 경향이 나타났다.

나. Ferri

「범죄사회학 – 형법학에 있어서 새로운 지평선」을 지은 페리는 범죄의 원인으로 생래적 요인인 인류학적 요소(∴롬브로조의 범죄인론의 영향을 받았다), 물리적 요소(자연환경적 요인), 사회적 요소(∴라까샤뉴의 범죄사회학의 영향을 받았다)를 들고 이 중 사회적 요소를 가장 중시했다(∴범죄는 소질과 환경에 그 영향이 있다). 그는 자유의사에 의한 도덕적 책임을 부정하고(자유의사론×) 범죄는 사회가 잉태한 산물, 즉 인간의 범죄행위는 외부의 사회적 환경요인에 의해 결정된다는 의사결정론적 입장에 서서 범죄에 있어 사회적 책임 개념을 강조하였으며, 범죄에 대한 사회방위는 형벌에 의하지 말고 형벌의 등가물로서의(형벌대용물 사상) 사회개혁조치, 즉 각종 사회제도의 개혁이(∵범죄는 개인적 원인보다는 사회제도의 결함에 따른 사회병리적 현상이므로) 범죄를 제거하는 근본적 대책이라고 보았다. 형벌대용물로서는 범죄의 사회적 원인인 지나친 궁핍을 없애기 위해 생산과 노동수단의 집단소유제(∴막스 이론의 영향을 받았다)의 인정, 범죄의 사회적 원인인 실업에 기인한 궁핍범죄에는 이민의 자유 인정, 정치범에 대한 대책으로는 사상의 자유확대 등이 있는데, 형벌대용물 사상의 근본은 범죄의 사회적 요인이 가장 중요시되므로 범죄의 사회적 원인이 될 수 있는 각종 사회내의 범죄요인을 제거해 범죄충동을 억제시켜야만 범죄가 감소된다고 한다.

한편, 페리는 범죄는 사회현상이라고 했기 때문에 일정한 사회에는 반드시 일정량의 범죄가 있다는 "범죄포화의 법칙" 과, 기본적 · 전형적 범죄가 있을 때 부수적 범죄가 동시에 발생한다는 "범죄과포화 법칙" (절도에 따르는 장물범죄)을 주장했으며 범죄인을 생래적 범죄인, 관습범죄인, 정신병 범죄인, 기회범, 우발범, 격정범(재산범×)으로 분류하고 생래적 범죄인은 무기격리나 유형으로 대처(사형 부정)할 것, 관습범죄인은 개선이 가능한 자는 우발범과 같은 처우를 하고 개선이 불가능한 자는 무기한 격리시킬 것, 정신병 범죄인은 정신병원에 수용할 것, 격정범은 손해배상 또는 강제 이주시킬 것, 기회범과 우발범은 경한 자는 격정범과 같은 처우를 하고, 중한 자는 농장교도소에서 훈련치료할 것을 주장했다. 한편, 그는 위험성을 사회적 위험성(초범위험성)과 범죄적 위험성(재범위험성)으로 나누고 전자에 대해서는 행정처분을, 후자에 대해서는 사법처분을 할 것을 주장했다(사회적 위험성이란 일반인이 범죄를 범할 경향을 말한다).

다. Garofalo

「범죄학」을 저술해 범죄학이란 용어를 처음 사용한 그는 범죄원인으로서 심리학적 면을 중시(이점에서 롬브로조가 범죄원인으로 생물학적 측면을 중시한 것과 차이가 난다)했다. 「범죄학」에서는 시간과 장소를 초월한 독자적인 범죄개념을 제시하며 범죄인을 자연범과 법정범으로 나누고(나중에 과실범을 추가) 범죄의 본질은 자연범에 있다고 하였으며, 자연범은 성실과 연민이 결핍된 자로 생래적 범죄인이므로(이 점에서 그의 사상은 롬브로조의 사상에 기초한 것을 알 수 있다) 어떤 제도나 정책도 효과가 없어 유형이나 사형에 처할 것을 주장했다(자연범으로 모살범죄인, 폭력범죄인, 풍속범죄인, 재산범죄인으로 구분하고, 본능적 폭력범과 본능적 · 상습적 재산범은 무기유형에, 모살범죄인으로 개선이 불가능한 자는 사형에, 기타의 폭력범과 풍속범은 부정기유형에 처할 것을 주장했다). 그리고 법정범은 법률이 규정한 범죄로(간통죄) 법정범에 대해서는 정기구금하고 과실범은 불처벌할 것을 주장했다(즉 그는 자연범, 과실범, 법정범에 대해 처벌을 다르게 해야 한다고 주장). 또 그는 자연범 중에서 살인범은 성실과 연민이 모두 결여된 자로, 폭력범은 연민이 결여된 경우로, 절도범은 성실이 결여된 경우로, 성범죄인은 도덕적 감수성이 결여된 자로 보았다.

(2) 프랑스학파(리옹학파, 환경학파)

범죄의 생물학적 요인보다는 사회적 요인에 중점을 둔 케틀레는 범죄는 개인적 소질에 관계없이 사회에는 대량적으로 발생된다는 결정론적 사고를 가졌다. 이렇게 범죄를 사회환경의 부산물로 보는 케틀레의 견해는 프랑스학파의 라까사뉴와 살레이유에 계승되어 소질중심의 인류학적 범죄원인론을 비판하고 사회적 환경을 중심으로 한 범인성 연구에 중점을 두게 되었다. 이런 프랑스학파는 리옹학파(라까사뉴)와 가설설정방법을 주된 방법론으로 하는 사회학적 범죄이론(따르드, 뒤르껭)으로 나뉘어 전개되었고 나중에 사회학적 방법론은 미국의 사회학파에 의해 개화되었다.

가. Lacassagne

프랑스의 범죄사회학을 주도한 그는 "사회는 범죄의 배양기이고, 범죄자는 미생물에 해당되므로 벌해야 할 것은 사회이지 범죄자가 아니다" 라고 하여 범죄의 사회적 원인을 중요시했고, 사회환경 중에서도 특히 경제적 환경을 중시해 실업과 범죄의 상관성을 주장했다(곡물가격과 재산범죄의 관계에 대해 연구를 하고 범죄는 불황의 산물이라고 함).

나. Durkheim

그는 범죄의 원인을 사회의 성격 그 자체에서 구했기 때문에, 범죄는 병리현상이 아니라 모든 사회에서 반드시 나타나는 정상적 현상이라는 범죄정상설(이 점에서 그는 사실주의와 실증주의를 발전시켰다)과 사회에 범죄가 없다면 그 자체가 병리적 현상으로 사회가 정체되어 발전되지 못한다는 관점에서 사회의 진보를 위해서는 일정량의 범죄가 필요하다는 범죄필요설을 주장하고(∴범죄의 순기능을 인정) 또한 사회의 성격 그 자체에서 범죄가 발생된다고 보았듯이 사회구조상의 모순적 성격 때문에 자살이 발생(개인적 원인이 자살의 원인이 아님)된다고 보았으며, 그 유형에는 사회가 급변할 때 생기는 규범력의 약화로 인한 아노미적 자살(세상사 허무), 사회유대가 약화될 때 생기는 이기적 자살(입시실패), 집단을 위해 자신을 희생하는 이타주의적 자살(자살특공대), 사회의 과도한 규제력 때문에 발생하는 숙명적 자살(순장)을 들고 있다(여기서 그는 사회연대의 약화로 이기적 자살이 생긴다고 보아 이기주의적 자살은 Hirschi의 사회연대이론에 연결됨을 알 수 있다). 또한 그는 전통사회(기계적 유대)에서 산업사회(유기적 유대)로 전환되면서 규범이 해체되고 사회통합이 약화되어 무규범상태인 아노미를 초래해 이로 인해 범죄가 증가한다고 하여(아노미란 용어를 최초로 사용) 나중에 머튼의 아노미이론과 사회해체이론과 사회통제이론에 영향을 주었다.

다. Tarde

그는 막스이론에 근거해 범죄원인으로 자본주의 경제구조를 다루어 범죄인을 자본주의 희생자로 보았고, 그런 맥락에서 범죄를 사회적 산물로 보아 범죄인을 제외한 모든 이에게 죄가 있다고 하여 극단적인 환경일원론을 주장했다. 또한 그는 모든 사회현상은 모방의 결과라고 전제하여 모방의 법칙이란 가설을 세우고 사회심리학적 연구를 통해 범죄현상을 해명하고자 했는데, 모방의 법칙은 거리의 법칙과 방향의 법칙, 삽입의 법칙으로 되어 있다.

거리의 법칙은 모방은 사람간의 거리가(이 때 거리는 심리적 거리와 물리적 거리를 포함) 가까울수록 모방이 잘 일어난다는 것으로 모방은 사람간의 거리에 반비례하고 접촉의 강도에 비례하므로 사회집단간의 범죄경향의 차이나 강약이 생기는 이유도 설명해준다(따라서 여기서 집단책임의 개념이 제시된 것을 알 수 있다. 소도시보다 대도시가 모방이 빈번하고 빠르게 진행되고 또한 도시에는 재산범죄, 농촌에는 대인범죄가 많이 모방됨을 알 수 있다).

방향의 법칙은 모방은 사회적 지위가 우월한 자를 중심으로 이루어져 우위자로부터 열세자로 모방이 확대된다는 것이다(열세자가 우위자를 모방한다는 뜻으로 과거에는 상류층에나 존재한 아내 바꾸기란 의미의 스와핑이 이제는 사회의 모든 계층에서 발생되고, 과거 도시에 발생한 금융사기가 이제는 농촌에도 발생하는 것이 그 예이다).

삽입의 법칙은 모방은 "모방→유행→관습" 의 형태로 발전되어 가면서 상호 배타적인 유행은 낡은 것이 변하고 새로운 것이 증가한다는 뜻으로,

과거에는 사채업자가 지하시장에서 불법으로 활동했으나 여러 통제가 있자 이제는 공식적으로 금융 유사업 또는 금융 파이낸스란 이름으로 등장해 활동하는 현상을 들 수가 있다.

그러나 그의 이론은 생물학의 업적인 유전법칙이나 사회적 도태이론을 간과했고 뒤르껭과 봉거에 의해 비판 받았듯이 경제의 영향과 같은 특별한 사회적 동기를 무시했으나 미국의 학습이론에 큰 영향을 끼쳤다(∵따르드는 범죄현상을 모방의 결과라고 보았고 모방은 학습의 메카니즘이므로).

(3) 독일의 사회학파

이것은 리스트를 중심으로 형성된 학파인데 범죄원인에 대해 소질과 환경을 둘 다 중시하였다(범죄원인의 이원론).

가. 리스트

그는 형벌은 맹목적인 것이 아니라 어떤 합목적성이(형벌을 수단으로 범죄인을 개선하려는) 있어야 한다는 목적형주의를 주장(∴형벌의 대상은 행위가 아니라 범죄인이어야 하므로 행위자 형법과 특별예방주의, 주관주의와 관계)하고 또 범죄인의 개선과 재사회화를 중요시했으므로 개선과 관계되는 부정기형의 채택, 단기자유형의 배제, 소년범에 대한 특별대우, 집행유예, 벌금형, 누진제의 합리화를 요구했다. 또 범죄는 자유의지로 발생하는 것이 아니라 주위 환경에 적응 못하는 성격(반사회성; 사회적 위험성) 때문이라고 보았기 때문에 행위자의 반사회성을 중심으로(∴주관주의와 관계) 범죄인을 개별적으로 처우할 것을 주장해(∴형벌의 개별화와 관계), 개선이 가능하고 필요한 자에게는 개선을, 개선이 불가능한 자에게는 무해화(영구격리, 사형)할 것을 주장했다.

다시 말해 상태범 중 개선이 불가능한 자에 대한 형사정책은 사회방위가 더 중요하다고 보아 영구격리(종신형)할 것을 주장하였는데, 이런 그의 사상은 유럽에서 범죄인의 위험성에 기초한 보안처분제도가 태어난 배경이 되었다. 또한 그는 소질과 환경을 모두 고려하면서도(범죄원인의 2원론을 주장) 사회적 원인을 중시했으므로 최선의 사회정책이 최상의 형사정책이라고 표현했고, 이런 그의 사상을 관철하기 위해 하멜, 프린스와 함께

1888년 국제형사학협회(I.K.V)를 창설했다. 한편, 그는 Marburg강령에서 전형법학 사상(범죄학에 형법학을 포함시키는)을 발표하고 여기서는 형법이 주도적 지위를 갖는다고 주장했다.

나. Aschaffenburg

「범죄와 그 대책」을 지은 그는 범죄의 환경적 요소와 개인적 요소를 결합하여(이 점에서 리스트의 사상을 발전시킨 것을 알 수 있다) 이들 요소와 범죄와의 관계를 풍부한 통계자료를 사용해 범죄인을 7종으로(우발범죄인, 기회범죄인, 격정범죄인, 예모범죄인, 누범범죄인, 직업범죄인, 관습범죄인) 나누었는데, 이는 가장 전통적인 범죄인 분류기준표의 기초가 되었다. 우발범죄인은 주로 과실범의 형태로 나타나고, 기회범죄인은 격정범과 유사하나 감정적 흥분이 아닌 우연한 기회가 원인이 되어 범행하는 자이고 격정범은 순간적인 감정적 흥분으로 범행하는 자이고 예모범은 범행을 미리 계획하는 자이고 누범범죄인은 범죄를 반복하는 자이며(상습범도 포함), 관습범죄인은 심리적 변질 때문에 범행을 하는 자로 소극적 성격을 가지고, 직업범죄인은 뛰어난 지능과 적극적 범죄의지를 가진 자로 개선이 곤란한 자이다.

한편, 그의 사상은 메츠거, 엑스너, 사우어에 의해 계승되었는데 엑스너는 범죄원인으로 소질과 환경을 중시한 내용이 있는 「범죄생물학」을 저술했다.

(4) 오스트리아학파

리스트에 영향을 받은 오스트리아 학파는 특히 효과적인 예방적 형사정책과 범죄인에 대한 심리학적 연구방법을 중시했다.

가. Gross

「범죄심리학」과 「예심판사 필휴」를 지은 그는, 리스트의 사상을(리스트는 범죄사회학과 범죄물리학을 통합해 범죄학이라고 하고, 범죄학에 관한 많은 연구를 했음) 발전시켜 범죄수사에 필요한 모든 지식을 연구 대상으로 하는 학문을 범죄과학(범죄수사학)이라고 명명하고(그가 제시한 수사에 있어 수법수사는 현재 강력범 수사에서 많이 활용), 1912년에는 그라츠 대학내에 범죄과학연구소를 설립했다.

나. Lenz

「범죄생물학원론」을 지은 그는 그로스가 주장한 범죄과학의 체계화를 위해(이 점에서 그는 그로스의 영향을 받은 것을 알 수 있다) 범죄생물학의 범위에 심리학, 정신분석이론 등을 포함시키고 소질과 환경을 종합적 동태적으로 고찰해 메츠거의 동태적 범죄원인론에 결정적 영향을 주었다. 다시 말해 그는 롬브로조의 소질설과 크레츠머의 체형론, 융의 생물학적 반응설, 프로이트의 이론을 발전적으로 통합해 범죄를 설명한 「범죄생물학원론」을 지어(그는 범죄는 환경의 영향하에 모든 인격이 발로된 것이며, 선천적 · 후천적 · 신체적 · 정신적 잠재 원인이 현실화된 것이라고 표현함) 나중에 동태적 · 목적론적 범죄연구의 계기가 되었다.

다. Seelig

「범죄학교과서」를 지은 그는 렌츠가 체계화시킨 범죄학의 이론을 발전시키고, 나아가 범죄학의 인접분야에 대한 다양한 지식을 토대로 범죄와 형벌의 현상을 철저히 규명하였고, 여기서 그는 범죄방지대책을 진압을 통한 예방과 누구의 희생도 없는 진압 없는 순예방으로 구분했다.

(5) 사회주의학파

막스이론에 기초해(경제적 생산양식이 그 나라의 정치, 사회, 정신적 생활양식을 결정한다는 경제적 결정론과 유물론) 범죄의 원인을 자본주의 사회 그 자체의 폐단에서 찾는 학파로(∴범죄의 사회성보다는 사회 그 자체의 범죄성을 강조) 범죄는 자본주의의 산물이라고 한 Bonger(경제적 조건과 범죄성의 관계에 중점), 범죄원인은 빈곤이라고 한 Van Kan 등이 있다.

3) 미국의 범죄사회학파 이론

제2차세계대전을 전후해 대륙의 관념적인 방법론이 다원적 사회에서의 범죄를 해명하는데 한계를 드러내자, 초기에 실용주의 영향을 받은 미국의 실용주의 이론이 세계범죄학에서 두각을 나타내기 시작했는데, 1920

년대에 와서는 시카고학파의 영향으로 범죄학은 사회학이 지배하는 실증주의 학문적 성격이 강하게 나타났다(즉, 사회적 환경을 범죄의 원인으로 보고 이를 검증하려는 노력이 전개되어 나갔음). 1920년대에 다원인자론을 주장한 Healy가 등장하고 이 다원인자론을 1956년 Glueck 부부가 소년비행을 예측하는데 이용하여 한때 다원인자론이 득세했으나, 다양한 인자들의 체계화가 곤란하고 요소들 간의 상관관계를 알 수 없다는 한계에 부딪치자 그 뒤 여러 다양한 요소들의 관계를 가설로 설정해 모든 범죄에 공통된 모델을 만들려고 하는 일반화이론(사회학적 가설 설정방법)이 전개되다가, 1960년대 이후 신이론으로 낙인이론과 비판범죄론으로 이어져갔다.

(1) 문화전달 중심이론

가. 사회해체이론

사회해체란 산업화로 인하여 인구이동, 사회이동의 증대, 문화변동, 윤리의식의 와해로 공식적 또는 비공식적 사회통제가 붕괴되는 현상을 말하는데, 이런 사회해체는 범죄의 원인이 되며 범죄 하위문화를 형성시키게 되고 범죄 다발지역이 형성된다고 한다. 이런 사회해체이론은 Cooley와 Thomas가 대표자이고 이 이론의 기초는 시카고학파(파크, 버제스, 워스)의 인간생태학 이론이며(인간생태학은 생태계에서 일어나는 지배, 침입, 계승의 과정이 사회내에서도 그대로 일어나고 그 과정에서 범죄는 발생한다는 것으로 이는 범죄원인은 개인적 원인보다는 사회적 원인에 의해 결정된다는 의미이다). 또한 버제스의 동심원이론(동심원이론은 통제력이 약화된 지역의 도심에 가까울수록 비행이 많이 발생하고 도심에서 멀어질수록 적어진다고 하여 지역특성인 환경과 범죄와는 연관성이 있다는 이론임)도 관계된다고 볼 수 있다. 그러나 이미 도시화가 된 사회에는 이 이론을 적용하기가 곤란하고 Mills는 해체라는 개념이 중산층의 시각에서 본, 중산층의 편견이 내재된 개념이라고 비판했다.

나. 문화전달이론

Shaw와 Mckay가 제기한 것으로 그들은 시카고 지역에서 비행자들의 거주지역을 조사해 범죄에 대한 생태학적 이론을 발전시켜(이 점에서 사회해체론을 계승한 것을 알 수 있다) 시카고의 범죄지도를 작성했는데, 범죄지도는 비행률이 높은 곳은 해체된 도시의 중심부이고 중심에서의 거리에 반비례하여 범죄는 감소(이 점에서 그들의 이론은 따르드의 모방의 법칙에서 영향을 받은 것을 알 수 있다)한다는 내용을 포함하고 있다.

한편, 문화전달이론은 사회해체론을 계승한 것이라고 했는데, 쉽게 표현하면 사회해체로 인해 사회통제가 약화되면 범죄가 발생되며(여기까지가 사회해체론으로 범죄발생과정을 알 수 있게 한다), 그리고 계속 범죄가 발생하게 되면 해체된 지역에는 범죄 하위문화가 형성되고, 이 하위문화는 그 지역에 새로 들어오는 사람들에게 계속 전달되어 지속적인 범죄 다발지역이 형성된다는 것이 문화전달이론이다(즉, 사회해체로 생긴 범죄 하위문화의 전달과정에 중점을 둔 이론이다). 이렇게 접촉을 통해 범죄문화가 학습된다는 점에서 이 이론은 나중에 서덜랜드의 분화적 접촉이론에 큰 영향을 주었다.

다. 분화적(차별적) 접촉이론

문화전달이론, 사회해체론, 문화갈등이론, 문화변천이론의 영향을 받은 이 이론은 미국범죄학의 아버지인 Sutherland가 주장한 것으로 이 이론에서는 범죄가 개인적 병리의 산물이 아니라 접촉을 통해 학습된 것으로 본다(그는 범죄적 성향을 후천적 학습에서 찾으려 했으며 범죄인 가계를 따로 긍정하지 않았다). 범죄는 타인을 접촉하는 과정에서 그 법 위반을 긍정하는 관념이 부정하는 관념보다 우세할 때 나타나며 접촉의 빈도가 많고, 접촉의 기간이 길고, 접촉의 시기가 빠를수록, 접촉의 강도가 더 클수록 더 강하게 학습된다고 한다(A는 자기의 주위에(생태계에) 착한 친구집단 또는 깡패집단 등 다양한 친구(집단)가 있는데 A는 착한 친구보다 깡패집단과의 접촉(차별적 접촉)을 통해서 이 법 위반을 긍정하는 관념이 법의 위반을 부정하는 관념보다 우세하게 되어 범죄적 행동을 학습해 범죄를 하게 된다고 하는데, 여기서 서덜랜드는 범죄의 동기를 사회적 동기보다는 관념에서 찾고 있는 것을 알 수 있고 이것은 하위문화이론, 문화갈등이론도 마찬가지이다).

준법행위와 똑같은 방식으로 학습을 통해 습득되고 그 내용은 범죄의 동기, 범죄기술, 태도 등이며 이런 학습과정은 타인과의 친밀한 교제에서 일어난다고 하는데, 이런 논리에 따르면 범죄지역은 사회해체론이 주장하는 것처럼 해체된 것이 아니고 차별적 사회조직화 되어 있다는 것을 알 수 있다. 서덜랜드는 초기에는 계획적 범행에 대해서만 적용했으나, 그 뒤에 그의 이론이 일반이론이라는 것을 강조하기 위해 격정범과 과실범에도 적용된다고 주장했다. 그의 이론은 범죄가 학습되는 과정(불충분하지만)과 학습내용을 구체적으로 언급한 점은 의의가 있고, 집단적이고 모방성이 강한 청소년의 범죄의 설명에 유용하며(∴A가 주위에 깡패집단을 통해 범죄화되므로 서덜랜드는 범죄예방으로 A의 주위에 있는 깡패집단 등 나쁜 생태계를 반범죄적인으로 개선해야 한다고 하는데, 이것을 집단관계치료법이라고 함), 전통적 범죄만 아니라 화이트칼라범죄 등 새로운 범죄현상도 설명할 수 있다(A는 화이트칼라범죄를 긍정하는 기업인들과의 차별적 접촉을 통해 화이트칼라범죄를 학습한다). 그러나 이 이론은 학습측면만 강조하고 범죄적 성향을 후천적인 것에만 찾으려 했기 때문에 학습과는 관계없이 순간적으로 발생하는 정신 이상에 의한 범죄나 과실범과 충동범을 설명할 수가 없다. 또한 학습과정이 명확치 않은데, 즉 범죄집단과의 접촉 뒤에 그것을 범행으로 옮기는데 필요한 무엇이 빠져 있다(바로 이 문제점을 보완한 것이 Burgess와 Akers의 차별적 접촉강화이론이다. 즉 차별적 접촉이론이 차별적 접촉 → 범죄행위라는 도식이라면, 차별적 접촉강화이론은 비행집단과의 차별적 접촉 → 차별적 강화과정 → 범죄라는 도식을 갖는다.

먼저 아이가 착한 일을 하면 어머니는 과자나 칭찬을 하는데 이를 보상 또는 긍정적 강화라 하고 나쁜 일을 하면 때리거나 꾸중을 하는데 이를 처벌 또는 부정적 강화라고 하며 어머니가 칭찬을 할수록 아이는 착한 일을 계속하게 된다. A가 주위의 깡패집단과 접촉해서 일단은 범죄행위를 모방하여 비행행위를 하게 될 때 깡패집단의 보스가 그 행동을 칭찬 또는 보상을 하게 되면 보상받은 그 행위는 더욱더 강화되어 범행을 계속하게 된다고 하여, 접촉과 범행 사이에 차별적 강화 개념을 개입시켜 명확하게 학습 과정을 해명했다. 만일에 A가 최초의 범행은 접촉을 통해 모방에 기인하지만, 차별적 강화과정이 없다면(칭찬이 없다면) 모방의 영향력은 감소되어 버린다는 뜻이다).

차별적 접촉이론은 접촉에 따른 반응에 있어 개인적 차이를 무시한다(A와 A′ 두 명이 있는데 둘 다 주위에 깡패집단이 있고 접촉 횟수나 강도도 둘 다 비슷하다고 해도 A는 범죄를 학습하게 되지만 A'는 범죄를 학습하지 않을 수 있으나 이런 차별적 반응을 무시하고 있는데 바로 이 점을 보완한 이론이 자기관념이론, 견제이론, 중화기술이론이다).

또한 차별적 접촉이론에서는 범죄학습은 반드시 친근한 집단과 직접 접촉을 통해서만 이루어진다고 하여 매스컴이 개인의 범죄행위에 영향을 미치는 점을 간과했다(바로 이 점을 보완한 이론이 Glaser의 차별적 또는 분화적 동일화이론인데, 이는 범죄문화 전달의 주체를 직접 교제하는 집단뿐만 아니라 매스컴을 통해 멀리 떨어져 있는 준거인이나 준거집단까지 확장한 이론이다. A가 9급 공무원이라면 소속집단은 9급 공무원 집단이고, A가 자기가 이상으로 생각하고 자기를 동일화시키고 싶은 집단이 7급 집단이라면, 7급 공무원 집단이 준거집단이 된다. A는 자기주위에 깡패집단이 없지만 매스컴을 통해 자기가 이상으로 생각하고 자신을 동일화시키고 싶은 준거인 K가 아주 쉽게 성범죄를 하면 A도 그런 범죄를 모방해 학습할 수 있다는 것이 분화적 동일화이론인데 여기서는 서덜랜드의 접촉 대신에 동일화라는 개념을 사용한 것이 특징이다).

서덜랜드의 이론은 Short가 검증을 통해 비판했듯이 접촉의 비율이나 강도 등을 정확히 측정하기 어렵다는 비판이 있는데 바로 이점을 보완한 이론이 Quinney의 기호이론이다. 또한 그의 이론은 사회구조적 측면을 간과했고 개인의 태도나 신념, 관념을 지나치게 강조하고 있다는데 비판이 제기되고 있기도 하다.

라. 분화적 동일화이론

Glaser의 이 이론은 사람은 누군가와 동일화시키려는 경향이 있고(자신의 범죄행동을 수용할 수 있다고 생각되는 실제적 · 관념적 인간에게 자신을 동일화시키려 함), 이런 동일화의 과정에서 자신의 태도를 합리화 함으로써 범죄가 발생한다고 하는 것인데, 자세한 내용은 바로 앞에서 설명했다. 단, 이 이론은 격정범이나 성도착범에게는 적용이 곤란하다. 이 이론은 범죄를 학습의 결과로 보는 점은 서덜랜드와 의견을 같이하나, 차별적 반응의 문제를 해결하지 못하고 직접 접촉을 통하지 않고는 범죄가 학습되지 않는다는 서덜랜드의 이론의 한계에 대한 비판으로 나온 것으로 접촉이란 말 대신에 동일시라는 말을 사용해 직접 접촉을 하지 않고도 TV속의 인물이나 자기가 머리속에서 만든 관념적 인물에 자신을 동일시해 범죄가 일어날 수 있다고 함으로써 각 개인들의 차별적 반응을 설명했다.

(2) 문화갈등 중심이론

가. 문화갈등이론

「문화갈등과 범죄」를 지은 Sellin은 1940년대에 미국에 각국으로부터 이민이 증가하고 그 과정에서 규범간의 갈등이 야기된 것을 보고 이민과 범죄와의 관계를 설명하면서 문화갈등이론을 내놓았는데, 그에 따르면 문화갈등을 1차적 문화갈등(이민과 식민으로 인한 전통문화와 외래문화간의 갈등, 즉 이질적 문화간의 갈등을 의미)과 2차적 문화갈등(도시와 농촌, 세대간의 경우와 같이 동질적 문화간의 갈등)으로 나누고, 이렇게 문화갈등이 개인에 내면화되고 규범갈등이 증대되면 인격해체를 가져와 결국 범죄를 유발한다고 한다. 한편, 서덜랜드도 문화갈등의 유형을 논한 바가 있다.

나. 하층계급문화이론

Miller는 하위층계급은 그들의 관심의 초점(관심의 초점에는 자율, 숙명, 말썽, 강인, 교활, 흥분)이 중산층과 다르기 때문에 하층계급에는 독특한 문화가 형성되고 이 독특한 문화규범이 중산층문화의 법규범에 위반하면서(그러나 하층의 문화규범은 중산층의 문화규범에 대한 적대감을 표시하는 것은 아니다. 즉 밀러의 하층계급문화이론은 하층문화를 중산층문화에 대한 대항문화로 보지 않고 그 자체의 고유한 문화로 보는 점에서 중산층문화에 대한 대항문화로서의 비행하위문화를 주장하는 Cohen의 비행하위문화이론과 차이가 나고, 하층 청소년문화를 중산층문화의 연장으로 보고 대항문화로 보지 않는 Matza의 중화이론과 비교된다) 범죄가 발생한다고 보며, 특히 하층계급의 목적달성수단이 일반적·합법적 수단보다 손쉬워 쉽게 범죄가 발생한다고 한다. 따라서 하층계급의 문화와 지배층 문화 사이의 갈등이 범죄를 유발한다는 점에서 Sellin의 이차적 갈등과 유사하다. 또한 밀러는 하류계층의 가정의 주요한 형태는 여성가장가구라고 하고 이런 모자가정의 소년은 바람직한 남성모델을 가정 밖에서 찾게되며, 또한 그들 고유의 관심의 초점에 부응하는 행동을 하다가 결국 범죄를 하게 된다고 한다.

(3) 사회구조 중심이론

가. 아노미이론

머튼은 사회문화적 구조는 문화적 목표와 이를 달성하는 수단인 규범의 두 요소로 되어 있는데, 이런 목표와 수단간의 불일치 때문에 범죄가 발생한다고 한다(문화적 목표는 출세하는 것인데 A는 불법을 통해 무슨 수단을 통해서라도 성공하려 하다가 범죄를 하게 된다). 즉, 문화적 목표를 강조하면서도 그를 달성하기 위한 합리적 수단에의 접근성이 낮은 계층에게는 좌절이라는 긴장이 발생하고 마침내 수단의 합법성을 무시하게 되면서 범죄를 하게 된다고 한다(∴하류층의 높은 범죄율의 설명에는 유용하다). 특히 아노미란 무규범상태를 의미하는데 이것은 문화적 목표를 추구할 때 수단과 방법을 가리지 않는 충동의 심리로 이런 아노미의 심리상태가 확대될 때 그 사회는 각종 범죄가 발생한다고 보고 결국 범죄는 사회적 모순으로 생긴 악이라고 봄으로써 뒤르껭의 범죄정상설의 영향을 받았다(즉 머튼은 사회구조에 범죄원인이 있다고 보며, 부의 성취는 모두의 목표이나 하층계급은 이의 달성을 위한 합법수단이 구조적으로 제한되어 있어 불법으로 돈을 벌려 해 범죄가 생김). 그리고 머튼은 문화적 목표와 수단에 대한 개인적 적응유형을 다음과 같이 구분했다. 아래에서 범죄와 관련되는 것은 도피형, 개혁형, 반항형이고 그 중에서 개혁형이 가장 문제된다.

구 분	문화적 목표	합법적 수단	사 례
동조형	+	+	정상인
개혁형	+	−	전통적 범죄인
의례형	−	+	샐러리맨
도피형	−	−	알콜·마약중독자
반항형	±	±	혁명가

그림96 : 머튼의 목표와 수단의 관계유형

(※ +는 수용, − 는 거부, ±는 만연된 가치의 거절과 새로운 가치의 보충을 의미한다)

이런 아노미이론은 머튼, 뒤르껭, 코헨, 올린과 클로워드 등이 있으나, 아노미이론을 체계화시킨 자는 머튼이다. 머튼의 이론은 범죄를 개인적 차원이 아닌 사회구조적 측면에서 파악했고 사회구조 갈등의 원인을 제시하고 문화적 목표와 수단간의 통합을 장려하는 정책을 범죄예방 대책으로 제시한 점은 의의가 있다(재산범죄의 근본대책으로 재화의 재분배 정책과 사회복지의 기반을 강화시키는 정책). 그러나 머튼의 이론이 전제한 부(Wealth)의 성취가 모든 계층에서 추구하는 목표라는 공통가치설은 사회내의 가치의 다원화 현상을 무시한 비현실적 견해이며(A는 돈보다는 교육에 최고 목표) 따라서 그의 이론은 재산범죄는 설명이 되나 재산과 관련없는 비공리적인 범죄(청소년의 강간 등 쾌락을 위한 범죄)나 중류층 범죄를 설명할 수 없고, 또한 머튼의 이론은 부의 성취를 위한 합법적 수단이 하층민에게는 제한되어(긴장 상태)있기 때문에 범죄를 한다고 전제했지만 처음부터 합법적 수단으로 달성이 가능한 범죄(경미한 재산범죄)가 일어나는 이유를 설명하지 못한다.

나. 비행적 하위문화이론

Cohen은 「비행소년들」에서 중산층의 문화와 하류층의 문화간에는 갈등이 있으며, 중산층들이 그들의 편견에 의해 하류계층의 소년들을 부정적으로 평가할 때 좌절감을 느낀 하류층이 비행하위문화를 형성(∴하층문화의 성격을 중산층의 지배문화에 대한 반항으로 봄)하게 된다고 하는데, 비행적 하위문화란 비행집단에 공통된 가치관을 포함하는 사고나 행동양식을 의미하며 이런 비행하위문화의 특징으로 비공리성(이익을 추구하지 않는 행위로 A가 자기친구에게 지하철 내에서 자신의 뛰어난 소매치기 솜씨를 보여 부러움을 사기 위해 소매치기를 해 보이는 것), 악의성(A가 친구의 도시락을 몰래 숨겨 친구가 당황하는 모습을 보일 때 재미를 느끼는 것), 반항성(하류층의 소년들은 중산층의 지배문화를 거부), 집단자율성(내적으로 굳게 뭉치고 외부에 대해 적개심을 나타냄), 변덕성, 단기쾌락성(Versatility)을 들고 있다.

그의 이론은 하류층의 소년들이 자기들만의 갱집단을 형성하는 이유를 설명해 주며 청소년 범죄의 대책도 개인적 차원보다 구조적 차원에서 접근한 점은 의의가 있으나, 코헨의 이론은 사회계층적 편견이 전제되어 있다(오늘날 상류층 청소년의 비행도 많은데 청소년의 비행은 무조건 하위층의 소년에서만 발생한다고 봄). 청소년의 비행문화를 비공리적이라고 본 것도 현실성이 없고(청소년들은 돈이나 이익을 위해서 범죄도 많이 한다). 중산층의 가치관을 갖지 않는 하류계층의 청소년을 간과했다(그는 하류계층의 소년들이 중산층이 가진 가치관을 갖고 있다고 전제했지만, 이 또한 검증되지 않는 이야기이다).

다. 분화적 기회구조이론(차별적 기회이론)

Cloward와 Ohlin이 대표자로 문화전달이론과 분화적 접촉이론, 아노미이론에 기회구조개념을 도입한 이론이다. 먼저 그는 하류층 소년들은 목표를 달성하기 위해 합법 또는 비합법적인 두 가지의 기회구조를 사용할 수 있다고 보는데, 머튼의 이론에서는 문화적 목표를 달성할 수 있는 합법적 수단 또는 합법적 기회구조에 접근할 수 있는 기회가 제한되면, 긴장이 오고 바로 범죄가 발생된다고 했지만 여기서는 합법적 기회구조에 접근할 수 있는 기회가 제한된다고 해서 바로 범죄가 생기는 것이 아니라 비합법적인 가치와 수단에 접근할 수 있는 기회가 있어야 범죄가 생긴다고 한다(즉, 부의 성취라는 목표를 달성할 합법적 기회구조에 접근할 기회가 제한되었다고 해서, 즉 아무리 노력해도 돈을 벌 합법적 방법이 없다고 해서 바로 소매치기를 하는 것이 아니고 소매치기 기술 등과 같은 불법적인 수단을 익힐 수 있는 기회가 주어져야 그 수법을 배워 소매치기를 한다는 뜻이다). 머튼은 문화적 목표를 달성하는데 하나의 합법적 기회구조만 가정했지만 올린은 그것 외에 불법적 기회구조도 사회에 있다고 전제하고 또한 이런 합법적 또는 불법적인 기회구조도 각 사람들에게 차별적으로 분배되어 있다고 한다(합법적 기회구조를 갖지 못한 하류층민 모두가 소매치기 기술은 가진 것이 아니고 그런 소매치기수법도 일부만 차별적으로 갖고 있으므로 나머지도 그 기법을 배워야 소매치기라는 범죄를 할 수 있다).

클로워드와 올린은 비행적 하위문화를 범죄적·갈등적·도피적 하위문화로 구분했는데, 범죄적 하위문화는 범죄수법이 잘 전승되어 청소년 범죄자와 성인범죄자가 강한 통합을 보이는 지역에서 나타나고(주로 재산 범죄와 연결), 갈등적 하위문화는 청소년에게 모범이 될 만한 성인역할 모형이 없는 지역에서 나타나는데 주로 공격적 범죄가 일어나며(불안을 폭력에 의존), 도피적 문화는 마약중독자처럼 관습적 또는 범죄적 세계 어디에도 소속될 수 없어 도피해 버리는 형태의 문화이다(자포자기). 클로워드는 머튼의 적응모형을 수정해 개인적 적응유형을 제시했다.

적응양식	목 표	합법적 수단	비합법적 수단	폭력수용	Merton의 유형
동조형	+	+			동조형
혁신(개혁)형	+	−	+		개혁형
폭력(공격)형	+	−	−	+	없 음
은둔(도피)형	+	−	−	−	도피형

한편, 이 이론은 1960년대 미국의 범죄방지대책(존슨 정부하에서 빈곤을 타파해 범죄를 근본적으로 해결하려고 하는)에 근본적인 해결책을 제시했고 범죄를 유발하는 합법적·비합법적 기회구조를 제시한 점은 의의가 있으나, 동일한 기회구조하에서도 왜 하류층의 청소년들이 다른 반응을 나타내는지를 해명하지 못한다(합법적 기회구조에 접근을 제한 당한 소년 A와 A'가 둘 다 소매치기 기법을 알고 있어 불법적 기회구조에 접근했다 해도 A는 소매치기하고 A'는 범죄를 하지 않는 이유를 설명하지 못한다. 즉

이 이론은 목표추구라는 사회적 상황변수만 중시했지 A와 A'의 각 소년들이 가지는 개인적 성격 변수를 고려하지 않는다). 또한 이 이론은 범죄가 하류층에만 존재한다는 전제에서 나왔으므로 중산층의 범죄는 설명하기 어렵고, 중산층의 편견이 내재된 이론이며(중산층은 하류층의 비행을 그들에 대한 반발로 보므로), 하위문화를 3가지로 분류했지만 분류자체가 명확치 못하다는 비판도 있다. 게다가 청소년 범죄율이 높은 특정 지역사회 내에서도 다양한 하위문화가 존재하는 이유를 설명할 수 없다.

(4) 사회심리 중심이론

가. 중화기술이론(Matza, Sykes)

Cohen은 하류층 문화에서 자란 소년들은 범죄적 행동방식을 가질 수 밖에 없고(결정론적 관점) 그들은 중류층 사람들과는 확실히 틀린 특성을 지녔다는(이분법적 사고) 주장과 함께 하류층 소년들은 중산층의 문화에 대항해 대항규범을 만들어 냄으로써 범죄가 발생한다고 주장했지만 맛차는 그런 논리를 반대하는데, 그에 따르면 비행자들은 중산층의 규범체계를 부정하지 않고 비행자들의 내면에는 보편적 규범체계가 있으며(사람을 폭행하면 안 된다는 등의 규범이 내면화되어 있음) 비행시에도 이런 보편적 규범은 유지하고 있으나 외부환경으로부터 중화기술(합리화, 변명)을 학습해서(∴학습이론과 관계된다) 상황에 따라 이런 중화기술을 쓰게 되면(∴사회심리론과 관계된다) 범죄자에게 이미 내면화되어 있는 보편적 규범이 마비되면서 범죄가 발생한다고 본다(A여자는 타인을 상해하면 안 된다는 보편적 규범은 내면화되어 있으나 수많은 여성을 강간한 B가 증거불충분으로 풀려나오자 자신이 B를 때려 상처를 내는 것은 규범에 어긋난다는 것은 알지만 자신의 폭행은 일종의 정의로운 응징이라고 자신을 합리화시켜 내면화된 규범의식이 마비되면서 폭행을 하게 된다는 것이다).

즉 중화기술이론은 비행자들은 관습적(규범적)인 도덕성을 내면화하고 있지만, 상황에 따라 관습적인 규범에 적응할 수도 있고 또는 중화기술을 배워 비합법적인 범죄행위도 할 수 있다는 의미, 다시 말하면 관습적 행위와 비합법적 행위의 생활방식을 교차적으로 행할 수 있는 표류적 존재(즉,

비결정론 관점이다)라는 것이다. 이런 중화기술이론은 잠재가치론과 표류이론에 영향을 주었다.

중화기술의 유형에는 책임의 부정(비행을 환경의 탓으로 돌리고 자신을 사회상황의 희생물로 여긴다. 학생이 담임선생의 일관성없는 태도 때문에 비행했다고 하여 자신의 비행을 정당화하는 것), 가해의 부정(자신의 행위로 아무도 침해를 받지 않았다고 자신과 타인에게 강조하는 중화기술이다. 차를 훔치고도 잠시 빌렸다고 생각하는 것, 여자를 강간하면서 화간이라고 정당화하는 것), 피해자의 부정(자신의 행위가 유해한 것은 인정하나 자신의 가해행위는 피해자의 특수성 때문이라고 강변해 자신을 도덕적 복수자로 생각한다. 매국노를 죽이는 행위), 비난하는 자에 대한 비난(경찰 등 자신을 비난하는 자들이 더 나쁜 자이면서도 자신의 작은 잘못을 비난하는 것은 모순이라고 자신의 행위를 합리화하는 것, 절도범이 그동안 경찰관에게 상납을 해왔다고 말하는 경우), 고도의 충성심에의 호소(부모의 권위를 부정하고 친밀집단에 대한 충성심의 발로에서 행위한 것으로 중화하는 것인데, 친한 친구의 등록금을 위해 어쩔 수 없이 돈을 횡령한 경우) 등이 있는데 규범의 부정은 중화의 종류가 아니다.

이 이론은 사회심리학적 측면에서 범죄를 설명한 점에서 의의가 있고, 범죄는 그릇된 가치의 학습이 아니라 중화기술의 학습에서 비롯되었다는 점을 지적했으며, 성장효과의 설명(비행소년이 나이를 먹음에 따라 범죄를 중단하는 것은 소년이 비행시에도 보편적 규범이 내면화되어 있었기 때문)이 쉽다는 점에서 의의가 있으나, 범죄자가 범죄 전에 중화기술을 쓰는가 또는 범행 뒤에 중화기술을 쓰는가를 잘 알 수 없고, 개인적 차이점을(누구는 비행에 표류하고 누구는 비행에 표류되지 않는) 설명하지 못한다.

나. 자기관념이론

Reckless, Dinitz, Murray 등의 이론으로, 이 이론은 앞의 차별적 접촉이론의 문제점인 차별적 반응(왜 똑같이 범죄집단에 접촉했는데도 A는 범죄를 하게 되고 B는 범죄를 하지 않는가)의 문제를 해명했는데, 기존의 연구가 범죄문화에 접촉한 사람이 왜 범죄에 빠지는가를 연구한 반면에, 여기서는 왜 어떤 사람은 범죄에 빠지지 않는가에 중점을 두었다. 즉, 똑같이 범죄문화에 접촉에도 비행과 무비행은 좋거나 나쁜 관념 중 어떤 자기 관념을 갖느냐에 따라 결정된다고 한다(좋은 자기관념을 가지면 비행을 하지 않고 나쁜 자기관념을 가지면 비행을 하게 된다). 사회적으로 용인된 적정한 자기 관념의 획득과 유지가 범죄로부터 멀어지게 되는 요인이라고 본다.

그러나 자기관념이론은 나쁜 자기관념을 가진 자라도 범죄인이 되지 않을 수 있는데 그 이유를 설명하지 못한다(자기관념이 형성되는 과정도 설명하지 못한다). 한편, 자기관념이론은 강력한 내부적 통제와 이를 보강하는 외부적 통제가 규범위반에 대한 하나의 절연체를 구성한다는 레클리스의 견제이론으로 발전했는데, 내부적 견제요소에는 좋은 자아관념, 좌절감에 대한 인내(보통은 좌절감이 생기면 공격성, 즉 범죄가 발생하기 쉬우나 좌절감이 생겨도 이를 인내하고자 하는 마음이 범죄에 대한 절연체가 되어 범죄가 생기지 않는다)가 있고 외부적 견제요소에는 사회에서의 기대감(범죄를 하고 싶어도 주위에서 자신을 긍정적으로 많이 기대할 때 이런 기대감이 그가 범죄를 하지 못하게 한다), 가족에 대한 소속감 등이 있다.

(5) 사회통제 중심이론

사회통제이론에는 개인적 통제를 중심으로 한 이론(레클리스의 견제이론, Briar와 Piliavin의 동조성전념이론), 사회적 통제를 중심으로 한 이론(Hirschi의 사회결속이론) 법률적 통제를 중심으로 한 이론(억제이론) 등이 있다.

레클리스의 견제이론은 앞에서 살펴보았지만 그는 범죄조장요소로 외부압력(빈곤, 실업), 외적요인(주위의 깡패집단), 내적강요(좌절감, 긴장, 공격성)를 들고 범죄억제요소로 외적억제요소(가족과 사회에 대한 소속감), 내적억제요소(목표지향성, 좋은 자아관념)를 들며 범죄조장적 상황에 있어 범죄적 경향이 있어도 범죄억제요소가 강하게 작용하면 범죄가 되지 않는다는 이론을 제시했다.

Briar의 동조성전념이론은 사람들은 다양한 정도의 동조성에 대한 집착을 가지고 있다고 가정하고 사람이 범죄조장적 상황에 놓여졌더라도 부모와 선생님, 자기가 존경하는 동료에 강한 집착을 가진 사람은 집착이 약한 사람에 비해 범죄를 행할 정도가 낮다는 것이다(즉 범죄적 상황에 놓여진 자라도 규범을 지키는 부모나 선생님의 행동에 동조하려는 마음이 강할수록 범죄적 행동은 통제되어진다는 뜻이다).

사회적 결속이론 또는 사회통제이론은 모든 사람은 범죄적 성향이 있는 데도 대부분의 사람이 범죄를 하지 않는데 관심을 가지고 이렇게 범죄를 억제시키는 환경적 요인을 규명하려고 한 이론인데, 허쉬는 그런 범죄성향의 기본적 통제요인을 개인과 사회간의 유대, 특히 가족간의 유대로 보았고, Gottfredson과 허쉬는 범죄행위의 통제요인으로 attachment(타인에 대한 정서적 애착으로 범죄를 하고 싶어도 자기가 애착을 느끼는 스승의 기대를 저버릴 수가 없어서 범죄를 하지 않는다). Commitment(규범을 준수하면 앞으로 주어질 사회적 보상에 관심을 갖는 정도에 의해 맺어지는 유대로 장래의 목표성취에 대한 열망이 클수록 비행이 억제된다), involvement(전념의 결과로서 실제로 규범적인 일에 참여하는 행위에 의해 맺어지는 유대로 미래에 성공하기 위해 현재 열심히 노력하다보면 비행할 시간과 기회가 줄어든다), belief(규범을 준수해야 한다는 믿음이 강한 자는 비행을 덜 저지른다)를 들고 있다. 그런데 허쉬의 사회결속이론은 경미한 범죄(소년비행)에는 잘 적용되나 중요범죄(강력범)의 설명에는 곤란하다는 비판이 있다.

한편, 억제이론 또는 법률적 통제이론은 인간을 원래 이기적이고 아주 계산을 잘하는 합리적 존재로 봄으로써 인간은 자기가 범죄를 했을 때 얻을 수 있는 이익과 체포되었을 때 예상되는 처벌의 크기를 비교 계산해 처벌이 이익보다 크다고 생각하면 범죄는 억제된다고 보므로 처벌을 통한 일반예방효과를 강조한다(이 점에서 형사사법기관에 의한 통제를 긍정적으로 보고 있는데, 형사사법기관에 의한 통제를 부정적으로 보는 낙인이론과 차이가 있다). 그리고 억제의 유형으로는 대상을 기준으로 일반억제와 특별억제로 나눌 수 있고 억제정도의 기준으로 절대적 억제, 제한적 억제, 주변적 억제로 나눌 수 있다. 한편, 억제이론의 3대 억제요소에는 처벌의 신속성, 처벌의 엄중성, 처벌의 확실성이 있는데, 3요소가 각기 독립적으로 작용할 때는 확실성이 가장 억제효과가 높다고 한다. 이 억제이론은 범죄를 할 때 얻어지는 이익과 체포될 때 예상되는 처벌(손실)의 크기가 잘 계산이 되는 도구적 범죄(재산범죄)에는 잘 적용이 되나 손익을 계산할 시간도 없이 순간적으로 발생되는 격정범죄와 같은 표출적 범죄를 설명할 수 없고 사람과 범죄유형에 따라 이익과 처벌에 대한 인식이 다 다르다는 문제점이 있다.

(6) 현대적 범죄론

가. 낙인이론

이 이론의 학자로는 「소년비행」을 지은 Tappan, 「사회병리학」을 지은 Lemert, 「범죄와 지역사회」를 지은 Tannenbaum, 그 외에 Becker, Gibbs, Goffman, Erickson, Scheff 등이 있다. 전통적 범죄학은 범죄인과 비범죄인 사이에는 근본 차이가 있다는 가정하에 연구중심을 개인으로 제한시키고 범죄원인을 소질이나 환경에서 찾는 실증주의적 방법(즉, 전통적 범죄학은 범죄행위 자체에 초점을 두고 특정행위를 범죄화하는 규범적 성격임)이지만, 낙인이론은 범죄행위 자체에 초점을 두지 않고 왜 어떤 행위자가 일탈자로 낙인되는지에 대한 규명에 초점을 맞춘다. 만일 어떤 소년이 부모에게 큰소리로 대들어 경찰(비범죄자)로 연행되어 갔을 때 경찰이 그 소년에게 패륜아라고 낙인을 찍으면(비범죄자가 소년의 행위에 대해 의미 부여의 해석을 시도하고 상호작용이 이루어짐) 낙인이 된 그 소년은 자아정체감을(스스로 자기 자신을 어떤 사람으로 생각하는 것) 나쁜 쪽으로 형성하게 되고(자신을 패륜아라고 자아정체를 함), 그 뒤에는 그런 부정적인 자아정체감에 따라 나쁜 행동인 일탈을 하게 된다(∴자아정체감은 주위사람들과의 사회적 상호작용과정에서 형성됨). 따라서 일탈행위를 소년 1명의 고립적인 정적 행위로 보지 않고 범죄자와 비범죄자의 사회적 상호작용의 결과로(∴낙인이론은 사회적 상호작용에 중점을 두고 범죄를 사회규정의 산물로 본다) 보므로, 낙인이론은 일탈행위(소년이 부모에게 대드는 것)와 사회적 낙인화의 동적관계를 사회적 상호작용의 관점에서 보는 이론이다(일탈을 행위의 차원이 아닌 사회와 일탈자간의 상호작용의 차원으로 파악). 그리하여 낙인이론은 일탈이 사회에 의해 생겨난다는 전제 위에서 소년의 부정적 행동(작용)에 대한 경찰 등 사회의 낙인(반작용)이 행위자(소년)의 주관에 미치는 영향을 연구대상으로 하므로 종래의 실증적, 전통적, 심리학적, 다원적 범죄원인론을 거부하고 기존의 범죄이론이 경시한 낙인의 주체인 법집행기관(입법기관 ×)을 주요 연구대상으로 한다(낙인이론은 실증주의 범죄학에 대한 코페르니쿠스적 전환을 가져온 이론이라고 함).

그리고 낙인이론은 그 소년이 계속 비행을 하게 되는 원인을 사회구조보다는 소년의 심리적 측면, 즉 자신은 패륜아라고 생각하는 부정적 자아정체감에서 찾는다(∴낙인이론은 미시적 이론이다). 또 처벌은 범죄의 결과가 아니고 범죄의 원인이다(경찰이 그 소년을 패륜아라고 처벌하면 그는 패륜아로 낙인이 되고 부정적 정체감을 가져 앞으로도 비행을 하게 된다). 따라서 범죄대책으로는 처벌의 억제와 범죄에 대한 관용을 주장한다(경찰이 그 소년의 행동에 패륜아라고 낙인찍지 말고, 즉 처벌하지 말고, 어릴 때는 누구나 그럴 수 있다고 말하면 소년은 부정적 자아정체감을 갖지 않는다. 따라서 불간섭주의, 비범죄화도 범죄의 대책이 될 수 있다). 낙인이론가들의 주요내용을 살펴보자.

① 탄넨바움의 "악의 극화"

악의 극화란 위의 예에서 보았듯이 그 소년에게 일탈자라고 낙인이 주어지면(패륜아) 그 소년은 스스로를 일탈자(패륜아)로 치부하는 것처럼 부정적인 자아정체감을 갖게 되고 따라서 계속적으로 일탈행위를 하도록 만든다는 것이다. 따라서 경찰 등 사회통제기관이나 기성세대는 소년의 초기 잘못에 대해 꼬리표(패륜아)를 붙이지 않아야 비행이 줄어 들게 된다(악의 극화가 적을수록 청소년의 비행이 방지될 수 있다).

② Lemert

그는 1차적 일탈과 2차적 일탈을 구분했는데 1차적 일탈이란 자신이 일시적으로 규범을 어기는 행위를 하나 자신은 일탈자로 생각하지 않고 타인들에게 노출되지 않아 자신이나 타인이 정상이라고 여기며 개인의 심리적 구조나 사회적 역할의 수행에 영향을 주지 않는 일탈이다(소년이 장난삼아 친구 가방에서 식권표를 훔쳐 식사하는 행위). 2차적 일탈은 일단 일탈행위가 발각되어 일탈자로 낙인 찍히면 자신이 일탈자라는 자아정체감을 형성해 계속 일탈행위를 범하는 경우로 Becker는 이를 경력적 일탈로, Simmon는 역할감금으로 표현했다. 그리고 2차적 일탈은 보통 오랜 기간에 걸쳐 일어나고 사회적 역할의 수행이나 심리적 구조에 영향을 주는데 모든 1차적 일탈이 2차적 일탈을 야기하는 것은 아니나, 2차적 일탈은 1차적 일탈에 대한 사회통제의 경험에서 생긴다(즉, 일탈이 사회통제를 이끌어 가는 것이 아니라 오히려 통제가 일탈로 이끌어 간다).

예를 들어 1차적 일탈(소년의 식권절도)에 대한 처벌(유기정학)이 있으면 그에 대해 다시 또다른 1차적 일탈(친구의 용돈을 절도)이 있을 때 거기에 대해 더 강한 처벌(무기정학)이 있다고 하면 이제는 소년은 처벌하는 자(학교, 경찰)에 대한 적대감을 가진 일탈이 있게 되고 이 때 학교나 경찰은 그 소년(일탈자)을 "너는 어쩔 수 없는 도둑놈이다" 라고 낙인찍는 공식적 행동이 발생하게 되며 소년은 그 낙인에 대한 반응으로 일탈행동을 더 강화시킨다고 한다(∴그는 2차적 일탈을 중시했다). 특히 레머트는 기성세대의 잘못된 사회적 반응(낙인)은 1차적 일탈자를 더욱더 심각한 2차적 일탈자로 악화시킨다고 한다. 한편, 레머트는 1차적 일탈자를 2차적 일탈자로 악화시키는 낙인화 과정을, 오명씌우기 → 사회적 반응의 불공정자각 → 제도적 강제 → 일탈 하위문화에 의한 사회화 → 부정적 정체성의 긍정적 측면 수용으로 설명하고 있다.

③ Becker

일탈은 사람이 저지르는 행위의 특성이 아니라 오히려 타인이 범인에게 법을 적용한 결과이다(∴일탈은 상대적 개념이다). 사회집단은 일탈로 간주되는 규율을 제정해 일탈자를 창조하고, 일탈자는 낙인이 성공적으로 적용된 자이며(일탈자라는 낙인이 사회적 지위와 같은 효과를 준다고 하여 사회적 지위로서의 일탈이란 개념을 내세움) 일탈자로 낙인찍히는 과정 그 자체가 그 후에 계속되는 개인의 일탈행위를 결정하는 주요한 요인이 된다고 본다. 한편, 그는 일탈의 단계적 발전 모델을 제시해 단순한 규범위반자와 상습적 일탈자로 나누고 일탈의 경력을 순서대로 쌓아감으로써(이를 경력적 일탈이라고 함) 단순한 규범위반자가 상습적 일탈자로 변화되는 과정을 설명했다(과정적 이론).

④ Schur의 이론

그는 2차적 일탈을 공식적 낙인으로 인하여 사회적 상호작용에 부과된 외적 낙인의 영향이라기보다는 일탈적 자아관념의 표출로 보았으며 일탈자라는 지위는 자기의 노력으로 얻은 성취지위가 아니라 타인에 의해 부과된 귀속적 지위로 보고 이를 오명찍기의 과정으로 파악했다(대학생처럼 자신의 노력으로 얻는 지위를 성취지위라고 하고 형이나 노인처럼 저절로 얻는 지위가 귀속적 지위이다). 오명찍기란 공부 못하고 가난한 소년이 가벼운 비행을 했을 때 경찰이 그런 소년에 대한 편견이나 선입관에 의해 도둑으로 몰아 오명을 찍는 것이고 이런 오명이 씌워지면(형사제재) 그 소년의 범죄성이 교정되는 것이 아니고 오히려 눈덩이처럼 확대되어 낙인찍힌 그 소년은 계속해서 일탈행위를 할 가능성이 높다고 하는데, 이를 눈덩이효과 가설이라고 한다. 그는 눈덩이효과 가설을 바탕으로 형사사법의 한계를 주장하고 불간섭주의를 내세우면서 피해자 없는 범죄에 대한 비범죄화를 주장했다(그는 형벌은 범죄인의 사회복귀를 방해하므로 매춘, 마약과 같은 단순 일탈은 형법의 테두리 밖에서 취급할 것을 주장했다). 결국 그는 형사제도의 불필요한 개입보다는 전환이나 사회내 처우의 필요성을 제시했다.

⑤ Schrag의 이론

그는 근본적으로 범죄는 존재하지 않는다고 보고 범죄자로 지명되는 것은 그가 법을 위반해서가 아니라 당국이 그의 사회적·정치적 특권을 박탈하기 때문이라 보며 범죄는 강자의 이익을 위해 경찰, 법원 등 그들의 공식적 대행자에 의해 강제된다고 보아 범죄화의 경향을 강자 집단의 이익과 관련시켜 설명한다(∴낙인이론은 갈등이론에 기초한 것을 알 수 있다).

⑥ 낙인이론의 공헌

형사사법기관의 공식적 개입보다는 전환제도나(구금을 통한 악풍감염과 낙인의 문제점을 지적해) 사회내 처우의 필요성을 주지시켜 불간섭주의의 이론적 근거가 되었으며 비범죄화와 비형벌화의 확대에 기여했고(경미한 범죄나 소년 사법 분야에 대해) 일탈자에 대한 사회의 반응을 해명해 주었고 비판범죄학의 형성에 기여했으며 암수문제를 중시했다(일탈행위를 분석하는 방법으로서 공식통계에 나타나는 허점인 암수의 문제를 지적하고 참여관찰법에 의한 보완을 요구했으므로). 또 교정시설의 선별적 수용으로 교정시설을 다양한 대체 처분으로 활용했다.

⑦ 낙인이론의 비판

사회통제 자체를 일탈의 원인으로 보므로 반교정주의로 흐를 가능성이 있고 일탈자와 사회간의 상호작용을 지나치게 과장해 일탈자의 주체적 특성을 소홀히 한다(피낙인자를 지나치게 수동적으로 본다). 또한 사회의 구조적 불평등 문제를 경시해 화이트칼라 범죄와 같은 지배층의 범죄에 관대해지고 사회통제의 전체적 구조를 무시한 미시적 관점의 이론이며 연구대상을 하류층의 일탈로 제한해 일반화가 곤란하고 사회통제기관을 너무 비판적으로 본 점이 비판되고 있다. 또 여기서는 행위는 본질적으로 범죄적인 것은 없다고 주장하고 낙인이 없이는 일탈(범죄)도 없다고 하는 상대주의적 관점에 있는데, 강도와 같은 강력범죄는 처음부터 본질적으로 범죄로 여겨지므로 일탈의 개념 규정에 있어 지나친 상대주의적 태도는 현실성이 없다.

⑧ 보충(전환)

낙인이론이 중시한 전환제도를 보자. 전환이란 보통은 기소단계에서 절차 진행을 중지하고 비공식적 절차에 의해 범인을 처리하는 제도이다(보석, 구속적부심은 일반적 형사절차에 해당되므로 전환이 아님). 전환제도는 낙인이론가들이 낙인은 재범을 초래한다고 하며 전통적 형사절차의 폐단을 지적하고 연방정부의 지원에 힘입어 미국에서 전환프로그램이 활성화되었다. 이런 전환은 체포전 전환, 기소전 전환, 공판전 전환 또는 단순형 전환과 개입형 전환(우리나라의 선도조건부 기소유예가 대표적이다) 등으로 나눌 수도 있고 비공식적 전환(경찰의 비행소년훈방조치)과 공식적 전환(기소유예 처분)으로 나눌 수도 있다. 재판전 조정제도라고도 불리는 전환제도는 기본적으로 수사기관의 재량권을 전제로 하므로(검사가 재량으로 기소유예하는 것) 범죄에 대한 비공식적 대응이라고도 할 수 있다.

이러한 전환에 가장 크게 영향을 미치는 것이 매스컴의 보도적 형태로 사실상 숨은 형사기구이다. 전환의 효과는 낙인화의 역기능이 방지되고,

구금을 하지 않고 비공식적 환경으로의 대체를 실현하므로 인도적 처우와 비용이 절감되며 형사사법제도에 대한 신축성 부여로 법원의 업무가 감소되는 한편(형사사법의 개별화, 즉 기소여부는 범인의 특성과 지역사회 여건 등 여러 측면을 고려해 판단하므로), 경제적 방법으로 범죄문제의 처리가 가능하다.

이 제도의 문제점으로는 구금을 당하지 않아 고통이 감소되어 재범의 가능성이 있고, 기소유예 처분 때 재량이 많이 발생하므로 형사사법의 불평등이 야기될 가능성이 있으며, 범죄원인 제거에는 큰 효과가 없고, 또다른 사회적 통제망이 확대·강화된다는 비판이 있다.

나. 비판범죄학

이것은 광의로는 합의론(구조기능주의)에 바탕한 실증주의 범죄학을 비판하면서 나온 여러 이론을 총칭하는 개념이고, 협의로는 급진적 갈등이론 중 형사사법체제의 불평등을 밝히기 위해 범죄문제를 정치경제적 입장에서 접근하는 개념으로, 이 때는 보수적 갈등이론은 제외된다(범죄에 대한 합의론적 시각은 1960년대 이전까지 미국의 지배적 관점으로, 법은 사회구성원들의 합의에 기초해 만들어졌기 때문에 법은 지배층의 가치가 표현된 것이 아니고 모든 계층의 구성원들의 신념과 가치가 표현된 것으로 보고, 갈등론적 시각은 법은 지배층의 가치와 신념의 표현이므로 형사사법기관은 지배층의 피지배층에 대한 사회통제 메커니즘으로 보는데 비판범죄학은 연구의 초점을 범죄에 대한 사회통제 메커니즘에 둔다). 1960년 이전까지의 실증주의적 이론들에서 법체계와 국가체계는 범죄연구에서 제외되는 것이 당연한 것으로 받아들여졌으나(내생변수로 봄), 1960년대에 나온 낙인이론이 지금까지 당연히 주어진 것으로 수용되어온 법체계의 생성과정과 집행과정을 연구하려는 현상과 1970년대에 미국의 심화된 위기사태로 인해 범죄에 대한 시각이 거시적으로 확대되면서(즉, 범죄연구의 초점이 범죄원인 규명보다 범죄문제 형성의 구조적 맥락의 규명으로 이동), 정치적·경제적 구조 자체를 연구대상으로 하는 거시적·비판범죄학적 접근이 나오게 되었다.

한편, 비판범죄학은 광의로 해석할 때는 급진적 갈등이론만 아니라 보수적 갈등이론도 내포하므로 그런 측면에서 갈등이론을 살펴보면 먼저 보수적 갈등이론에는 Vold의 집단갈등이론, Miller의 하위계층문화이론, Sellin의 문화갈등이론, Turk의 법적갈등이론 등이 있고 막스이론에 근거한 급진적 갈등이론에는 막스의 범죄론, Bonger의 이론, Quinney의 신갈등이론, Chambliss와 Seidman의 차별적 범죄화론, Spizer의 후기자본주의 갈등론이 있다. Vold는 인간은 자기가 속한 집단의 이익의 극대화를 위해 투쟁한다고 보고, 범죄를 집단갈등의 산물로 보는데 자기 집단의 이익이 반영되지 못한 집단의 행위가 범죄로 규정된다는 논리이다. Sellin은 사회의 복잡성의 진전으로 다양한 집단의 규범간에 갈등이 생긴다는 문화갈등론을 제시(다원론적 갈등)했고 Turk는 지배층이 피지배층을 지배하기 위해 범죄자로 규정하는 법을 제정함으로써 범죄라는 개념이 생긴다고 보고(지배 – 피지배이론) 어떤 조건에서 권력자와 종속자의 문화적 차이가 법률적 갈등으로 이행되는가 하는 법률적 갈등과 범죄화에 초점을 둔다. 막스는 자본주의하에서 범죄는 생존수단에 대한 반응에 지나지 않아 범죄인은 불평등한 자본주의 체제에 적응하려고 노력하는 자이지 지배질서에 대해 투쟁하는 것은 아니라고 주장한다.

Bonger는 자본주의에서는 피지배층은 지배층에 대해 시기 또는 비굴한 태도를 갖고 지배층은 피지배층의 고통을 무시함으로써 둘 사이의 대립이 양계층 모두를 비도덕화시킨다고 하며, 형사사법기관은 지배층의 이익만 대변하고 하류층을 통제하므로 하류계층은 빈곤에서 벗어나기 위해 죄를 범한다고 한다. Quinney는 지배층은 그들의 이익을 위협하는 행위를 범죄로 규정하고 자신들의 이익을 담보하기 위해 법률을 적용하며, 하류층은 그들의 어려운 생활조건으로 인해 범죄로 규정된 행위로 나아가도록 압박받게 된다고 한다. 그는 하류층의 범죄를 적응범죄(자본체제에는 대항하지 않으면서 범죄를 하는 것)와 대항범죄(자본체제에 대항하는 행동)로 구분하고 자본주의는 노동자계급만 아니고 자본가 계급의 범죄(그들의 이익을 보호 위한 기업범죄, 담합, 부정부패)도 유발한다고 한다. Seidman의 차별적 범죄화란 국가와 법은 기득권의 이익만 대변하므로 형사사법기관의 불공정한 사건처리가 있게 된다는 것인데, 지배층은 공중의 지지를 획득해야 하므로(선거 때 이기기 위해서) 국민의 불만을 잠재우기 위해 하류층의 강력범에는 적극 대처하지만 한편으로는 중류층의 범죄에는 소극적으로 대하는 차별적 범죄화 현상을 보인다고 한다. Spizer는 후기 자본주의 사회에서는 생산현장에서 밀려난 비숙련 노동자가 증가하고 이로 인해 계급갈등이 생겨 범죄가 폭증해 사회통제상 위기가 온다고 한다.

이러한 비판범죄학은 범죄의 문제를 자본체제의 모순에 대한 해명에서 찾고, 범죄의 해결도 개혁주의적 해결을 거부하고 체제변동을 통해 해결하려고 하여 착취에 대한 정치적 투쟁을 주장한다. 따라서 범죄대책으로 부와 재산, 생활기회의 불평등을 없애야 한다고 함으로써 실증주의 범죄학의 이분법적 사고(사회에는 병든 부분과 건강한 부분이 있는데, 병든 부분만 치료하면 범죄대책이 된다고 봄)를 비판한다.

비판범죄학의 공헌을 살펴보면, 범죄가 사회구조적 불평등에서 야기되는 면이 있음을 주장해 연구의 초점을 개인으로부터 체제적 차원으로 전환시켜 범죄대책에 있어서도 거시적 측면에서 사회구조의 재편성 또는 구조적 불평등을 해소하려는 대책을 중시했고, 공식통계의 신빙성을 문제삼아 암수의 중요성을 지적했으며, 실증주의 범죄학과 달리 연구대상을 범죄인이나 범죄와는 다른 범죄통제기관으로 한 점에서 새로운 시각을 보여주었고, 법과 국가의 문제를 연구대상에서 제외시킨 실증주의 이론과 달리 국가와 법의 관계, 법과 지배층과의 관계 등을 연구대상에 포함시켰다.

한편, 비판점들을 살펴보면 이 이론에 따르면 범죄는 하류층에만 있어야 하는데도 오늘날에 행해지는 중류층·상류층의 범죄현상을 설명하지 못하고, 범죄의 접근을 지나치게 정치적으로 해석해 이데올로기적 성격이 강하며, 그들의 논리에 의하면 사회주의에서는 범죄가 없어야 함에도 그렇지 않다는 현상을 설명할 수 없다. 이 이론은 범죄의 책임을 개인이 아닌 사회가 진다는 관점이고 또 범죄가 생기지 않도록 구조적 예방체제를 갖추어야 한다고 주장하므로 즉시 실행하기에는 어려운데(∴즉각 실행할 만한 범죄통제정책이 빈곤하다), 다시 말해 범죄대책으로 체제의 전환을 주장하므로 범죄대책이 구체적이지 못하고 정책적 처방도 미흡하다. 그리고 범죄통제에만 관심을 가져 범죄원인론에 대한 연구가 제대로 안되어 있다.

4) 형사정책에 관한 새로운 이론들

1990년대에 들어서 독자적 이론들이 등장했는데 Braithwaite는 수치감이라는 개념을 제시해 사람들이 범죄를 하고 싶어도 하지 않는 큰 이유는 예상되는 처벌의 두려움보다 범죄행위 자체가 수치스럽기 때문이라고 주장했다. 그러나 이것은 격정범이나 과실범의 범죄를 설명하지 못하며 Hirschi와 Gottfredson은 "자아통제력"이라는 개념으로 범죄를 설명하려는 일반이론을 주장하지만, 자아통제와 무관한 범죄현상을 설명하지 못한다.

제7장

제7장 범죄원인론의 개관

1. 범죄원인론

1) 범죄원인에 관한 연구

범죄원인에 관한 연구는 일원론 → 다원론 → 일반화이론 → 유형론으로 발전해왔는데, 일원론은 범죄의 원인이 되는 여러 요인에서 가장 결정적 요인 한 가지를 찾아 그 한 요인에 중점을 두고 설명하는 입장이다. 이 일원론은 범죄를 일으킨 요인 중 어느 한 인자로 모든 범죄행위를 설명하므로 범죄대책도 추상적이라는 비판을 받는다.

이에 비해 Healy에 의해 완성되었고, Glueck부부에 의해 응용된 방법인 다원주의는 범죄를 일으킨 여러 인자가 있다면, 여러 인자들을 동가치적으로 취급해 일원론처럼 어느 한 인자에게 결정적 지위를 주지 않는다. 따라서 여러 병렬적인 인자의 결정과 이에 대한 대책에 중점을 두어, 유사한 행동에서 생기는 다수의 여러 인자를 발견해 사실적 자료를 모으고 이에 대한 대책을 세우자는 입장이므로 일원론보다 구체적인 특징은 있으나 범죄를 일으킨 여러 인자를 찾아내어 이들 인자들을 제거함으로써 현존질서를 유지시키려는 보수적 사고라는 비판을 받는다.

일반화이론을 주장한 서덜랜드는 범죄행위는 환경에서 학습된다고 보아 모든 범죄행위에 공통된 일반이론을 만들어 범죄원인을 설명하려는 입장이다. 즉, 범죄를 일으킨 다수요인의 복합관계 속에서 일반원리를 제시하려는 입장으로 범죄가 개별적으로 실행되어가는 과정을 일반원리로 설명한다. 또 그는 인자와 원인을 구별해 인자는 원인을 형성하는 조건이며 범죄발생의 원인은 아니라고 한다(정신병과 빈곤 등은 인자이고 원인은 아니다. 그것은 정신병자와 빈곤한 자 중에서 범행을 한 사람보다 범행을 하지 않은 사람이 많기 때문에 빈곤 등이 범죄발생의 원인이 아니라고 한다).

그러나 일반화이론은 인자와 원인의 구별기준의 모호하다는 점, 모든 범죄에 공통된 일반이론은 비현실적이라는 비판을 받고 바로 이런 일반화이론의 단점을 보완하기 위해 대두된 이론이 유형주의인데, 이는 범죄원인론에 있어 일반모형의 이론의 도출을 하지 않고 일정한 범죄와 범죄자를 유형화해서 설명하고자 하는 이론이다(여성범죄, 소년범죄, 노인범죄, 전통적 범죄 등).

2) 소질과 환경

범죄원인으로의 소질은 유전생물학적 입장에서 의미하는 소질인 유전소질(부모가 자녀들에게 전해 주는 것)과 같은 선천적 요인에 한하지 않고 일정한 행동을 할 가능성을 나타내는 후천적 발전요인도 포함된다. 다시 말해 인간은 태어날 때부터 계속 외부의 환경에 의해 영향을 받으므로, 여기서의 소질은 유전자에 의해 반드시 결정되는 것만은 아니고 출산 전후의 여러 외부적 조건(잉태시 어머니의 음주, 태아손상)과 성장기에 있어서의 외부적 조건에 의해서도 형성되는데, 이런 범인성 소질과 관련해 연구의 대상이 되는 것은 성차, 지능, 나이, 유전적 결함, 체질과 성격의 이상 등이 있으며 이런 소질설에 입각한 학파는 범죄인류학파이다.

환경은 개체에 대하여 직・간접적으로 영향을 미치는 물질적・정신적 세계를 총칭하는 것으로, 현실적으로 영향을 준 경험적 외계뿐만 아니라 영향을 줄 수 있는 외적 사상(事象)도 포함하는 것이다. 이와 관련해 연구의 대상이 되는 것은 개인적 환경(가정, 결혼, 알코올중독)과 사회적 환경

(재해, 사회적 조건)이 있으며 환경설에 입각한 학자에는 콜라자니, 로리아, 튜라티, 봉거, 라까사뉴가 있다.

그런데 최근에는 환경과 소질, 인격의 상호 관련성을 중시하는 다원론적 관점이 범죄원인론에 있어서 다수설을 이루는데, 그 예로 레빈은 행동을 성격과 환경과의 함수로 설명하고 룩셈버거는 범죄원인을 내인성 범죄(주로 소질에 의해 나타나는 범죄)와 외인성 범죄(주로 환경적 요인에 의해 나타나는 범죄)로 나누며, 아브라함젠은 모든 사람은 범죄를 범하는 경향을 가졌다는 전제하에(범죄심리학의 입장) "범죄 = 범죄경향+환경상황/내심의 저항력"이라는 공식을 만들었다. 또한 Healy와 Bronner는 정서장애와 비행사이의 관계를 밝혔고, Exner는 범죄는 범죄적 인격과 범죄적 환경과의 상호작용의 산물로 보며, 아샤펜부르크는 범죄의 원인은 일반적 원인과 개인적 원인으로 분류하고, 렌츠는 범죄는 환경의 영향하에서 소질(인격)의 발로라고 표현했고, 동태론적 범죄원인론을 주장한 Mezger는 내재적 범죄원인론과 외재적 범죄원인론을 종합해 범죄를 "V = A · E · P+pU · tU"로 표현했다(V는 범죄, A 는 소질, E는 환경, P는 인격, pU는 개인적 환경, tU는 행위환경). 그 외에도 다원론적 관점에 선 학자는 Glueck부부, 봉거, 리스트 등이 있다.

한편, 범죄에 이르는 인격의 형성과정에는 인격규정인자(이것은 조기에 있어서의 획득성의 소질적 변화를 가리키며, 이들은 환경과의 상호작용을 통하여 발전된다)와 인격형성인자(소질에 의해 규정된 인격은 기타 여러 환경에 의하여 형성)와 인격전개인자(한번 형성된 인격도 사춘기, 전쟁, 억압적인 환경이 나타나는 경우에 다시 동태적으로 변화)와 환경감수성(이것은 개체가 환경에 쉽게 친화하는 정도) 및 환경선택(이것은 개체는 환경중 일정한 것을 주체적으로 선택하게 된다는 의미) 등이 있다. 한편, 범죄실행의 요소에는 범행의 동기, 사회적 제재로부터의 해방(사회적 제재에는 가족의 기대감을 포함하는 외적 제재와 양심을 지키려고 하는 내적 제재가 있다), 범행의 기술, 범행의 기회가 있고, 범죄 유발력을 구성하는 요소에는 개인의 욕구상태와 유혹사물의 가치크기 등이 있으며, 범죄 제어력을 구성하는 요소에는 내심의 법도의식, 외부의 제어환경(피해자의 방어력, 국가기관의 법적 통제작용)이 있다.

3) 개별적 범죄원인론

(1) 유전과 범죄

서덜랜드 등의 사회학파는 유전소질과 범죄는 상관성이 있다고 하고, 룩셈버거와 Stumpfl은 상관성을 부정했으나, 오늘날은 범죄인으로 될 수밖에 없는 유전적 소질은 부인되고, 다만 간접적인 영향만 있다고 본다. 이런 범죄와 유전의 상관성을 규명하기 위한 방법들에는 유전부인(유전적 결함) 연구, 범죄인가계 연구, 쌍생아 연구와 양자 연구, 성염색체 연구 등이 있다.

가. 유전부인(負因) 연구

유전부인은 범죄인의 혈연 중에 범죄성을 유발하기 쉬운 나쁜 조건을 말하며, 유전부인의 연구란 조상의 나쁜 유전적 결함이 자손의 범죄에 어떻게 영향을 주는 요인으로 작용하는가를 범죄인의 선조를 조사해 유전적 결함을 물려 받은 자와 범죄와의 상관성을 연구하는 것이다. 이런 유전부인과 관계되는 것은 내인성 정신병, 정신병질, 정신박약, 음주병, 범죄상습성이 있고 이런 유전부인에 대한 연구자들로는 Riedl, 룩셈버거, Stumpfl, Glueck부부 등이 있으며 유전부인의 종류에는 직접부인(유전적 결함이 부모에게 있는 때), 간접부인(유전적 결함이 조부모에게 있는 때), 방계부인(유전적 결함이 부모의 형제 중에 있는 때)이 있다. 결론적으로는 유전부인의 연구만으로 범죄성이 유전된다고 할 수는 없고, 다만 유전적 소질이 범죄에 영향을 줄 수 있는 한 요인이 된다고 추론할 수 있다.

나. 범죄인 가계의 연구

이것은 범죄인의 가계를 소급조사해 범죄성의 유전여부를 분석하는 것으로, 이에 관한 연구로는 Goddard의 칼리카크가 연구, 글륵부부의 연구, Dugdale과 Estabrook의 the Tukes 연구, Goring의 연구, Rath의 연구, 그 외에 빅토리아가 연구, 남가(the Nam) 연구, 제로가(the Zero) 연구, 힐포크가(the Hill Falk) 연구 등이 있는데, 이들 연구의 결과들은 대체로 범죄소질은 유전되었다고 결론지었다. 이에 대해 서덜랜드는 에드워드가에 대한 연구를 기초로 위의 연구결과들에 반대되는 결론을 도출했다. 한편, 이런 범죄인 가계연구에 대해 명문가문에도 범죄자가 있고, 나쁜 가문에도 비범죄자가 다수 있다는 점을 설명할 수 없다는 점과, 특정가계에 대한 조사를 가지고 일반화시키기에는 무리가 있어 과학적 기초가 부족하다는 점, 배우자의 영향과 같은 환경의 영향을 고려하지 못했다는 비판이 있다.

다. 쌍생아 연구

이것은 완전히 공통으로 유전인자를 가진 일란성 쌍둥이와 그렇지 않은 이란성 쌍둥이의 범죄 일치율을 비교해 일란성 쌍둥이의 범죄 일치율이 이란성 쌍둥이의 그것보다 높게 나타나면 범죄성은 환경보다는 소질이 더 크게 영향을 준다고 추론하자는 것이다. 이에 대한 연구로는 쌍생아 연구를 최초로 한 Galton, 그리고 갈튼의 연구를 범죄연구에 도입한 Lange는 「운명으로서의 범죄」에서 일란성 쌍둥이의 범죄 일치율이 높다고 하여 범죄에 있어 소질의 중요성을 강조했고, 랑게의 불일치율을 해명한 Eysenck는 랑게의 연구결과를 더 높이 평가하고 유전소질의 역할을 더욱 중시했으며, Lange의 연구는 Newmann의 연구에서도 입증되었다. 한편, Stumpfl은 기존의 범죄 일치율의 개념에는 소질측면이 약한 교통사범, 과실범 등을 모두 포함시켜 신뢰성이 약하다고 비판하고, 범죄 일치율의 개념을 구체화하고(일치의 개념을 처벌여부, 범죄의 중대성, 범행수법, 사회적 행상, 성격구조로 5단계로 구체화) 일란성 쌍둥이는 조발성의 누범인 경우에는 거의 일치한다고 했다. 그리고 사회학적 방법을 쌍둥이 연구에 도입해 가장 광범위하게 쌍둥이 연구를 행한 Christiansen은 쌍생아 계수(쌍생아 계수는 범죄의 종류, 출신지역, 사회계층, 범죄에 대한 집단저항의 정도와 같은 사회적 변수이다)를 사용해 연구성과의 정확성을 기했는데, 그 연구의 결과에 의하면 쌍생아의 범죄 일치율은 출생지역, 범죄의 종류, 사회계층, 범죄에 대한 집단저항의 정도에 따라 차이가 난다고 하여 범죄 원인은 유전적 요인이 중요하지만 사회적 변수에 따라 많은 영향을 받게 된다는 것을 알 수 있다. 그러나 Dargard와 Cringlen은 범죄에 있어 소질의 중요성은 존재하지 않는다는 연구결과를 내놓아 기존의 쌍둥이 연구와는 반대의 입장을 나타내었다. 그리고 쌍둥이 연구의 문제점으로는 환경의 영향이 적절히 통제되지 못하고 있으며, 적은 수의 표본으로 인한 통계적 신뢰성이 문제된다는 비판이 있는데, 결국은 유전소질이 범죄의 중요원인이긴 하나 여러 환경요인에 의해 제약된다고 하겠다.

라. 양자 연구

이것은 친생부모가 범죄성이 있었던 경우에 입양아의 범죄발생 정도가 양부모의 경우보다 훨씬 높다면 범죄원인에 대한 유전소질의 영향을 크게 인정하자는 취지이다. 이에 대한 최초의 연구는 Schulsinger이며 그 뒤 크로우의 연구와 Mednick과 Hutchings의 연구가 있다. 허칭스의 연구에 의하면 가정적 결점이라는 환경적 요인이 범죄에 상당한 영향을 미친다고 하여 유전소질의 범죄에 대한 중요성과 환경요인의 중요성도 동시에 나타난 것을 알 수 있다(허칭스와 메드닉은 父의 범죄성과의 관계에서 "실부, 양부가 모두 범죄인>실부만 범죄인>실부, 양부 모두 비범죄인"으로 표시해 실부와 양부가 모두 범죄인일 때 양자가 범죄인이 될 활률이 가장 높다고 보았다).

마. 성염색체이상 연구

이것은 성염색체에 이상이 생기면 이로 인해 성격적 결함이 생길 수 있다는 보고에 따라 이상염색체와 범죄와의 상관성을 연구하려는 시도였다. 성염색체의 이상 형태로는 클라인펠터 증후군과 XYY형이 있는데, 전자는 정상적인 경우보다 여성적 특징을 나타내는 X염색체가 증가된 경우를 말하며 XXX, XXXY 등의 여러 유형이 있으나, 특히 XXY(여성형 남성)가 문제시된다. 이 형태의 특징은 고환의 왜소, 여성형 유방, 정신적 미성숙, 낮은 지능과 반사회성이 있고 범죄성은 성범죄나 동성애, 절도 등을 범하는 경향이 있다.

XYY형(초남성형)은 샌드버그가 발견한 유형으로 특징은 저지능, 장신, 성적인 조숙, 비유전성이 특징이며 초범연령이 13세로 정상인보다 빠른 조발성을 보이고 강한 공격성으로 인해 강력범죄를 범하기 쉽다는 연구가 있다. 그러나 Taylor의 연구는 XYY형이 특히 범죄성이 높다고 할 수 없으며,

또 연구 방법론의 문제점 등 여러 비판이 있어 XYY형 이상 염색체가 있다는 사실만으로 소질의 우위성을 말하기는 무리가 있다.

(2) 정신결함과 범죄

가. 정신병질과 범죄

슈나이더(schneider)는 정신병질이란 성격상의 지나친 편기성으로 인해 자신이 고통받거나 사회에 해를 끼치는 성격이라고 하고 이들은 사회적응력이 부족해 반사회적 행동의 가능성이 높다고 하였다. 그는 정신병질자를 10가지로 분류했는데, 이 분류는 오늘날 가장 많이 사용하는 분류이다. 그는 발양형(상습법에 많고 사기죄, 모욕죄에 관련되며 낙천적이나 경솔·무책임하다), 무력형(성격상 이유로 신체 고장을 일으키거나 또는 심적 능력에 부족을 느끼는 자), 열광형(소신이 강하고 투쟁적이며 소송을 즐긴다), 우울형(범죄와 관련은 적으나 비관적 세계관으로 인해 자살유혹이 강하며, 강박장애로 인한 성범죄나 살상이 가능하다), 무정형(냉담, 잔혹한 성격을 가지며 생래적 범죄인으로 흉악범에 많다. 도덕적 백치로 불리운다), 의지박약형(인내심이 적고 쉽게 유혹에 빠지며 각종 중독자, 상습 누범자에 많다), 폭발형(평상시는 조용하나 사소한 일로 잘 흥분하며 충동범죄와 관련), 기분이변형(기분의 변화가 심해 기분 변조시에는 절도, 방화, 폭음 등의 행위가 나타난다), 과장형(자기현시욕이 강하고 기망적 성격으로 고등사기범이 많다), 자신결여형(범죄와 관련이 적으나 예민한 감정의 소유라는 강박장애로 인한 범죄가 가능)으로 나누었는데, 자신결여형, 우울형, 무력형은 범죄와 관련이 적고 그 나머지는 범죄와 적극 관련된다. 한편, 정신병질은 Kraepelin이 분류한 이래(흥분인, 욕동인, 의지부족인, 허언기만인, 반사회인, 호쟁인, 기교인) 서덜랜드, 젤리히, 슈나이더, 로덴 등도 이와 관계되는 연구를 했다.

나. 정신적 박약과 범죄

정신박약은 지능에 결함이 있는 경우로 지능저하에 기인하거나 적응행동에 장애가 있다. 보통 18세 이전에 나타나며 이 정신박약이 정신병질과 결합시 사회적 위험성이 증가하며 Goddard는 범죄자 중 64%가 저지능자라는 연구를 발표하고 정신박약자는 특별한 통제조건이 없는 한 범죄자로 된다고 주장하였으나, 오늘날 정신박약과 범죄의 관련성에 대해서는 부정적인 것이 다수설이다(∵사기 등 경제범죄는 지능이 높은 자가 저지르는 경우도 많아 설명이 곤란하다). 한편, 정신박약의 종류에는 내인성 정신박약(유전)과 외인성 정신박약(배종손상, 태아손상, 출생시의 뇌손상, 유년기의 뇌손상)으로 나눌 수가 있는데, 유전은 가장 중요한 정신박약의 원인이며 정신박약자의 2/3를 차지한다.

다. 정신병과 범죄

정신병은 협의로는 정신기능에 이상이 있어(환청, 환각, 환상) 정상적인 사회생활을 하기 어려운 것으로 현실적 개념을 상실한 상태이고 광의의 정신병은 정신병질, 정신박약도 포함한다. 정신병은 뇌기관의 손상으로 일어나는 외인성 정신병(치매, 간질)과 뇌기관의 장애 없이 일어나는 내인성 정신병(조울증, 망상증, 정신분열증)으로 나누기도 하며, 3대 정신병으로는 정신분열증, 조울증, 간질이 있다. 정신분열증은 정신병 중 가장 높은 비율과 높은 범죄율을 나타내는데, 자폐증은 정신분열증의 주증세의 하나이다. 발병연령이 20세 전후가 많기 때문에 조발성 정신병이라고도 불리우며 세장형>투사형>내향적 성격자의 순으로 발생한다. 조울증은 조상태와 울상태가 주기적으로 반복되는 정신병으로 조상태에서는 자극에 민감하고 대인범죄를 주로 범하게 되고 울상태에서는 주의산만 등의 특징이 있으며, 망상에 빠져 자살을 하거나 살인을 하기도 한다. 간질은 보통의 경우 뇌의 기질적인 문제로 인하여 발병하는 병으로 선천적 요인에 의한 진성간질과 후천적 요인에 의한 증후성간질이 있다.

(3) 신체적 특징과 범죄

이에 관한 연구로 Sheldon은 사람의 체격형을 구성하는 기본요소로 내배엽(상대적으로 내장이 발달하고, 비만), 중배엽(상대적으로 뼈와 근육이 발달하고 키가 큼), 외배엽(상대적으로 피부와 신경 등 부속기관이 발달하고, 세장형)으로 구분했고 Kretschmer는 「신체구조와 성격」에서 체격형을 비만형, 투사형, 세장형으로 구분하고 혼합형과 발육이상형을 인정했다. 한편, 글룩(Glueck)의 연구에서는 비행소년에 중배엽 우월형이 많다고 하였으며(중배엽>혼합형>내배엽>외배엽 순) 리들(Riedl)의 연구에 따르면 투사형은 상해죄가 가장 많고, 세장형은 사기죄가 가장 많으며, 비만형은 절도가 가장 많은 순으로 나타난다고 한다(투사형은 조발범죄인이나 수형자 중에 가장 많다). 이러한 내용을 도표로 나타내면 다음과 같다.

체격형	기질형	정신병질형	정신병형	Sheldon과 비교
비만형	순환성	순환병질	조울증	내배엽 우월
투사형	점착성	간질병질	간질증	중배엽 우월
세장형	분열성	분열병질	정신분열증	외배엽 우월
발육이상형	발달기 범죄자			
혼합형	혼합형태			

그림97 : 체격형의 분류

(4) 연령과 범죄

Hoche와 Hoffmann은 범죄성을 나타낸 연령부터 소멸될 때의 연령까지의 과정을 그린 범죄생활곡선을 만들었고 Schwab는 누범자의 범죄 초발연령과 체격형의 관계를 나타낸 일반적 범죄생활곡선을 만들었다. 한편, Glueck부부는 25세부터 30세까지는 범죄를 많이 하다가 그 연령기가 지나면 범죄가 감소한다는 성숙이론(나이가 들수록 범죄가 감소한다는 이론)을 발표했다. 연령대별 범죄의 특징을 보면 19세까지는 재산범죄의 60% 이상을 차지하며 범죄원인은 사회적 부적응이고, 20세에서 25세까지는 특히 강력범죄와 과실범죄의 비율이 높다. 26세부터 40세까지는 사기, 횡령 등이 높은 증가율을 보이고 30대 중반과 후반에는 풍속범죄가 가장 많으며 41세에서 50세까지는 여성범죄, 공무원범죄, 위조범죄의 증가로 전체 범죄량이 증가하는 추세이다. 50대에는 재산범죄의 비율이 높고 60대에는 위조범죄가 많다(50~60세는 범죄량이 적어지는데 Exner의 “약함에서의 범죄”를 특징으로 한다).

4) 개인환경적 범죄원인론

(1) 약물중독과 범죄

약물이란 마약, 대마 및 향정신성의약품을 비롯하여 환각, 각성, 마비 등 신체적·정신적 폐해를 가져오는 유해화학물질을 말하는데, 특히 마약은 한번 빠지면 금단현상으로 끊기가 어려워 중독자들이 마약을 얻기 위해 범죄를 범하게 되며, 중독자들은 인격에 변화를 일으켜 가정파탄을 가져오기도 한다. 약물중독자의 치료는 신체적 의존에 대한 치료만 아니라 정신적 의존이 해소되어야 하므로 교정시설 내에서 재활프로그램이 운영되어야 하고 재범의 위험성이 있으므로 치료감호제도와 연계시킨다. 마산에 1992년 마약중독자 치료센터가 설치되었다.

(2) 알코올과 범죄

술에 취한 상태(명정상태)에서는 보통 판단력이 흐려지고 흥분이 고조되며 망각증상이 생겨 순간적으로 범죄가 발생할 수 있는데, 주로 충동범죄, 격정범죄, 과실범죄가 많이 발생한다. 한편, 술의 간접적 범죄촉진작용도 무시할 수 없는데, 이것은 가장의 지나친 음주로 인해 본인의 노동력상실과 가정의 불화(곤궁, 소년범죄의 원인)를 초래해 간접적으로 범죄를 촉진시키는 것 등을 그 예로 들 수 있다.

(3) 학교교육과 범죄

학교교육이 범죄억제작용을 한다는 낙관론에는 글륙 부부와 Healy, Bronner 등이 있으며, 반면 따르드(Tarde), 롬브로조(Lombroso) 등은 근대교육의 기술적 편향성을 강조해 학교교육이 범죄촉진작용을 한다고 보았다. 우리나라의 학생범죄는 꾸준히 증가(양적 증가와 질적으로도 조폭화)하고 있는데 죄명별은 폭력>절도>강력범 순서이다.

(4) 화이트칼라범죄(직업과 범죄)

이것은 전문직업을 지닌 사람들이 직무와 관련해서 행하는 변태적 행위(범죄)로(∴전문직업인이 직무와 무관하게 저지른 강간, 살인 등의 일반형사범은 제외됨) 서덜랜드가 최초로 쓴 용어이다(그는 처음에는 경영인에 의한 범죄에 한정했으나 오늘날에는 그 의미가 확대됨). 화이트칼라범죄의 발생원인에 대해 서덜랜드는 화이트칼라범죄는 부정직한 기업인과의 차별적 접촉을 통한 범죄의 학습으로 생긴다고 하며, 중화이론에서는 화이트칼라범죄인이 자신의 범죄를 합리화해 나감으로써 자신의 행위는 정당하다는 태도를 취한다고 한다. 화이트칼라범죄인들은 수치심이나 죄의식이 없고 그 수법이 지능적, 계획적, 조직적, 은폐적이며 피해자가 명확치 않아 사회가 무관심하며 범죄인은 자신에 대해 비범죄적 자기 인상을 가져 자신들을 존경의 대상으로 합리화한다. 또 화이트칼라범죄는 사회의 비난강도가 약하고 범죄수법의 전문성으로 인해 발각되기도 어려우며(회계공무원이 서류를 조작해도 회계서류는 복잡해 일반인은 모른다) 체포되어도 증거수집이 곤란해 유죄판결이 곤란하다.

(5) 가정환경과 범죄

결손가정에는 형태적 결손가정(부모 중 어느 일방 이상이 없는 가정), 기능적 결손가정(부모는 있으나 가정의 기능이 결여된 가정)이 있는데 후자가 범죄학상으로 문제가 된다. 한편, Glueck부부는 빈곤가정과 범죄의 상관성을 인정하였으며, 상관성을 부정한 Healy는 부도덕가정(가족구성원 중에 사회적 부적응자가 있는 가정)과 소년범죄의 상관성은 범죄성의 유전에 대한 문제와 밀접한 관련이 있다고 하였다. Neumeyer는 갈등가정(가족간에 심리적 갈등과 긴장관계가 있는 가정)이 비행의 원인이 된다고 한다. 한편, 고아원과 같은 사회복지시설이 가정의 역할을 대신하는 경우를 시설가정이라고 하는데 시설아동은 반사회적 행위에 빠지기 쉽다.

(6) 결혼과 범죄

보통 남자는 결혼을 하면 도덕성회복의 계기가 되어 범죄를 억제한다고 하는데 반해, 여자의 경우 사회적 접촉이 많아지기 때문에 범죄의 요소가 많다고 하며 통계상 80% 이상이 기혼녀에 의해 발생한다고 한다. 조혼과 범죄에 대하여 엑스너(Exner)는 "경제적 기초 없는 혼인은 쌍방 모두 범죄율을 높인다"고 하였다. 이혼에 대해서는 Prinzing은 이혼과 범죄의 상관성을 인정하나 Hacker, Exner는 상관성을 부정한다.

5) 범죄의 사회환경적 요인

(1) 자연환경과 범죄

여름에는 폭행, 상해 등 대인범죄가 많고 겨울에는 재산범죄와 대물범죄가 많으며 봄과 여름에는 성범죄가 많다. 더운지역에는 인신범죄가 많고, 추운 지역에는 재산범죄가 많다. 시각과 범죄의 관계는 Smith의 연구(강도는 오후 8시부터 새벽 2시까지에 약 과반수 가까이 발생)가 있고 유럽에는 토, 일, 월요일 3일간에 음주로 인한 범죄가 많이 발생한다.

(2) 지역사회와 범죄

범죄에 관련된 지역사회는 익명성, 비인격성, 무관심, 인구의 이동으로 인한 유대감의 약화, 사회적 마찰의 증대, 가정기능의 약화의 특징이 있는데 범죄에 관련된 지역사회의 연구에는 특히 근린지역이 초점이 된다. 근린지역관계 연구란 비행소년들이 밀집해 상호영향을 주는 비행다발지역에 대해 연구하는 것인데, Shaw에 의해 처음 사용되었고 Shaw와 Mckay는 시카고 범죄지도를 작성했다.

Shaw와 Mckay의 연구결과에 따르면 비행율이 높은 지역은 그 지역주민의 인종, 민족의 구성상태가 크게 변화된 뒤에는 계속 높은 비율을 나타내었고, 비행비율은 시의 중심부에서 멀어질수록 감소하고 퇴학률이 높은 지역에서는 소년법원의 수리사건의 비율도 높았고, 성인의 수감률도 높았다.

도시와 농촌의 범죄를 보면 폭력범죄는 농촌의 범죄이고(또, 본능적, 충동적 범죄도 많다) 지능범죄와 풍속범죄와 재산범죄는 도시의 범죄이나 교통기관의 발달로 범죄성의 차이가 희박해지고 있다. 한편, 도시화와 범죄에 관련해서, 지역의 도시화는 도시가 지역적으로 확대되어 주변지역을 그 권내로 흡수하는 과정을 말하며(소도시 → 중도시 → 거대도시 → 대도시로의 발전과정도 포함) 개인의 도시화는 개인이 어디에 살든 생활자체가 도시적으로 되는 것(∴농촌에 사는 개인의 범죄 수행방법이 도시에서 범죄와 유사성을 띤다)을 말한다.

그리고 Burgess는 시카고시의 구조를 가지고 5개의 성층으로 구분해 동심원이론을 전개했는데 5개의 성층은 중심업무지대(도시의 중심에 위치), 퇴화전이지대(도시의 발달로 사람들이 교외지역으로 이주함에 따라 퇴보된 지역으로 빈민가를 형성해 범죄학적으로 가장 문제되는 지역이다), 노동자계층지대(저소득의 노동자가 거주하는 지역이다), 중간계급지대(중간계급 이상의 고소득층이 거주하는 지역이다), 교외주변지역(도시주변지역으로 정기통근권 지역이다)으로 되어 있다. 또한 Taft는 비행지역을 단순빈곤지구(가난 이외는 정상적이며, 소규모의 절도 범죄가 나타남), 슬럼지구(빈곤, 아노미, 이민 등에 따라 범죄성이 배양되는 곳), 간극지구(하천변처럼 일정한 사회적 · 물리적 장벽으로 인해 전통사회와 차단된 지역), 셋방살이지구(슬럼가와 중복되나 무관심, 비인격적 관계가 강함), 고립지구(소수민족이 사는 지역으로 주민간의 동질성은 있으나 슬럼가와 같은 범죄), 환락지구(도박과 매음이 성함), 도시황폐지구(낙오자나 범죄인이 숨어 지내는데 이용)로 나누었다.

(3) 매스컴과 범죄

Lewin, Thrasher, Klapper, Ricutti 등은 매스컴은 사회환경의 일부에 불과하고, 범죄는 개인의 인격, 가정, 집단관계, 환경 등 복합요소에 의해 일어나므로 매스컴과 범죄의 증가는 무관하다고 하고, Katz, Wilson, Berkowitz 등은 매스컴은 시민에게 범죄수법을 가르쳐 주고 폭력을 미화시키므로 이것이 직접 범죄를 유발한다고 하는데 이를 단기효과이론이라 한다. 한편, Schramm은 장기효과이론을 주장했는데, 매스컴은 무비판적

성향을 갖게 하고 정신발달을 저해하며, 범죄를 미화하여 범죄를 동경하도록 유도해 가치관을 변화시킨다고 한다. 한편, 매스컴의 범죄효과에 대해 정화이론(Feshbach의 주장)은 TV의 폭력물이 시청자로 하여금 카타르시스를 경험케 해(TV속의 주인공에 동일시해 주인공이 악한을 때려부술 때 시원한 카타르시스를 경험) 대리만족을 얻으므로 공격성향이 줄어들어 범죄를 억제한다고 한다. 한편, Bandura는 모방을 통해 TV는 범죄를 유발시킨다고 하였다(TV의 범죄수법을 배우므로).

또한 매스컴은 공식적으로는 범죄발생에 기여하기도 하나 사실은 범죄가 일어나기를 바라는 은밀한 범죄수요자인데, 그것은 매스컴의 주요생산물의 원료가 범죄이기 때문이다.

(4) 경제상태와 범죄

Van Kan은 자본체제를 범죄의 온상으로 보고 빈곤의 범죄결정력에 관심을 나타내었고, Bonger는 「경제적조건과 범죄성」에서 경제적 결정설을 취해 사회주의적 범죄관인 환경설을 최초로 주장했다. Exner는 범죄통계를 기초로 경제발전과 범죄와의 관계를 연구했고, Mayer는 곡가변동과 절도범의 관계를 최초로 연구했으며(곡가변동이 재산범죄에 정비례적 영향을 준다), Exner와 Renger는 임금과 재산범은 반비례경향이 있다고 보았다.

한편, 호황기에는 사치성범죄와 젊은층의 범죄가 증가하며 불황기에는 여성보다 남자의 범죄가 많고 이혼자보다 기혼자의 범죄가 많으며 절도 등 일반범죄가 증가한다. 인플레이션 때는 재산범이 증가하고 대인범죄와 풍속범이 감소하며, 디플레이션에서는 돈에 대한 범죄가 증가한다. 한편, Miller는 빈민을 안정된 빈민과 노력하는 빈민(경제적으로 불안하나 건전한 가족관계), 긴장된 빈민(경제적 안정은 있으나 가정적으로 불안), 불안정한 빈민(가족관계와 경제면에서 불안정해 가장 문제가 되는 형)으로 나누었으며, Toby는 상대적 박탈감(기대수준의 차이에 따라 발생하는 심리적 빈곤)이 범죄와 관련된다고 했으며, 보통 빈곤은 그 자체보다 빈곤에 수반되는 문제점(소외감, 좌절감)이 더 큰 문제이므로 범죄와의 상관성이 크다고 할 수는 없다.

(5) 전쟁과 범죄

전쟁이 있으면 공식적 통제조직과 비공식적 통제조직이 약화되고, 내일을 알 수 없는 긴박감의 팽배, 국민경제의 파괴로 인한 빈곤 등으로 인해 범죄가 증대되며(범죄유발적기능), 한편으로는 청년의 전쟁참가, 전쟁시 발생되는 애국심, 희생심, 적국에 대한 공격성의 발산, 술과 마약생산의 감소 등으로 범죄가 감소된다(범죄억제기능). 한편, Exner는(제1차세계대전 전후의 독일의 예) 전쟁상황을 4단계로 구분했는데, 감격기(전쟁발발에 의해 국민적 감격이 고조됨으로써 전쟁 전보다 범죄율이 감소), 의무이행기(국민들이 승전을 다짐하고 의무의 이행을 재촉함으로써 범죄발생량이 감소), 피로이완기(전쟁의 장기화에 따라 인내심도 약화되어 여성범죄, 소년범죄가 증가), 붕괴기(물자의 궁핍화가 초래되어 범죄가 급격하게 증가)로 나누었다.

(6) 교통과 범죄

Exner는 자동차 등록수와 과실치사상은 정비례관계에 있다고 하였다. 우리나라는 교통범죄의 90% 이상이 운전자의 법규위반이고 도주 차량의 발생건수는 계속 증가하나 검거율은 50% 이하라고 한다. 그리고 자동차와 관련된 범죄에는 범죄대상인 자동차(절취), 범죄수단인 자동차(은행강도), 범죄자체인 자동차(교통사고로 인한 범죄)가 있으며, 교통범죄대책에는 도로의 개선, 운전면허제도의 개선, 교통사고와 관련된 점수제의 개선, 교통범죄의 신속한 처리, 적정한 처벌, 교통사고처리특례법의 개정이 필요하다.

(7) 군중심리와 범죄

군중심리에는 피암시성(타인의 지시에 민감하게 반응하는 것으로 성인보다는 청소년이, 남자보다는 여자가, 지능우수자보다는 지능저능자들이 더 강한 피암시성), 단일성, 비합리성, 감정성, 충동성, 저능성, 무절제성, 무책임성이 있다. 「군중심리학」을 지은 Le Bon은 군중은 처음에는 개별의사로 보이나, 나중에는 상호간의 심리작용으로 지도자의 주도에 따라 일정한 단일정신으로 집합하는 경향을 보인다고 했다(정신적 단일성의 법칙).

(8) 컴퓨터와 범죄

이것은 컴퓨터를 행위의 수단으로 하거나 목적으로 하여 형사처벌할 가치가 있는 행위의 총체로 파악된다. 컴퓨터의 범죄에는 CD범죄, 컴퓨터 스파이, 컴퓨터 파괴, 컴퓨터의 부정사용, 컴퓨터의 조작상의 부정 등이 있다.

6) 범죄인의 분류

(1) 일원적 관점에 의한 분류

가. 롬브로조(Lombroso)의 범죄인 분류

① 생래적 범죄인 : 초범은 무기구금하고 잔인한 행위를 반복시는 극형에 처할 것
② 정신병적 범죄인 : 생래적 범죄인과 더불어 진짜 범죄인이다.
③ 격정적 범죄인
④ 기회적 범죄인 : 사이비 범죄인(위험하지 않으나 자신의 명예를 위해 범죄를 할 수 있는 자)과 준범죄인(생래적 범죄인과 구별되나 간질과 격세유전에서 유사)이 있다.
⑤ 관습적 범죄인 : 나쁜 환경으로 인하여 범죄를 저지른 자
⑥ 잠재적 범죄인 : 특정한 사정 아래 범죄인의 특성이 나중에 나타난 것

나. 페리(Ferri)의 범죄인 분류

① 생래적 범죄인 : 무기격리, 유형(流刑)에 처할 것을 주장했다.
② 정신병적 범죄인 : 정신병원에 수용
③ 관습적 범죄인 : 개선불가능자는 무기격리시키고, 개선가능자는 훈련을 시킨다.
④ 우발적 범죄인(기회범죄인) : 중(重)한 자는 훈련과 치료를, 경(輕)한 자는 손해배상을 하도록 한다.
⑤ 격정적 범죄인 : 손해배상의 강제, 또는 필요에 따라 강제이주시킨다.
⑥ 가로팔로(garofalo)의 범죄인 분류

㉠ 자연범: 인류의 근본적 정조인 연민과 성실의 정이 결여된 자로 사회적 환경변화에도 개선의 효과가 없는 생래적 범죄인이다.

i) 모살범죄인: 개선불가능자는 사형

ii) 폭력범죄인: 본능적인 살상범죄인은 무기유형, 기타 폭력범죄인은 부정기유형

iii) 재산범죄인: 본능적 · 상습적인 경우는 무기유형, 기타의 경우에 소년은 농장에서 훈련, 성년은 강제노역을 시킨다.

iv) 풍속범죄인: 부정기유형

㉡ 법정범: 법률이 범죄로 규정한 것으로 사회적 환경변화로 증감이 가능하다. 정기구금

㉢ 과실범: 불처벌을 주장

다. 리스트의 분류

① 초기

범죄심리학적 특징을 기준으로

i) 법익침해의식이 결여 또는 희박한 범죄자(과실 · 태만 등)

ii) 타인에 대한 동정심으로 인한 범죄자

iii) 성욕범죄자

iv) 긴급범죄자

v) 격정범죄자

vi) 명예심 · 지배심 등에 의한 범죄자

vii) 특정주의의 고집에 의한 범죄자

viii) 이욕, 쾌락욕에 의한 범죄자

② 후기

행위자의 반사회적 위험성을 기준으로

i) 개선가능자: 개선형

ii) 개선불가능자: 범행불가능 처분

라. 국제 형사학협회의 범죄인 분류

리스트의 영향을 받아 사회적 위험성에 따라 분류

㉠ 순간적 · 기회적 범죄인: 개선가능
㉡ 사회생활 적응력이 크게 약화된 범죄인: 개선곤란
㉢ 사회생활 적응력을 기대할 수 없는 범죄인: 개선불능

마. 아샤펜부르크(Aschaffenburg)의 분류

범죄인의 개인적 요소와 환경적 요소를 결합하여 주로 행위양식에 따라 한 것이며 국제형사학협회의 분류를 세분화한 것으로 가장 전통적인 분류방법으로 이해된다.

㉠ 우발범죄인: 과실로 죄를 범한 자, 범의(犯意)가 인정되지 아니한 자
㉡ 격정범죄인: 순간적인 정서의 폭발로 인하여 죄를 범한 자
㉢ 관습범죄인: 범죄가 습관적인 자로 중요한 원인은 심리적 변질이다.
㉣ 직업범죄인: 범죄를 직업으로 가진 자로 관습범죄인보다 굳센 의지와 높은 지성, 적극적 범죄욕구를 가진 자이며 개선이 불가능한 자이다.
㉤ 기회범죄인: 우연한 기회가 동기가 되어 범죄를 하는 자로 유혹에 잘 빠진다.
㉥ 예모범죄인: 치밀한 계획하에 범죄를 하는 자로 고도의 공공위험성을 보인다.
㉦ 누범범죄인: 심리학적 의미로(형법적 의미가 아닌) 수형의 유무를 불문하고 범죄를 반복하는 자로 상습범을 포함한다.

바. 그룰레(Gruhle)의 분류

범죄란 일정한 성격의 발현이라기보다는 동기에 따라 발현하는 인간의 행동양식이라고 했다.

㉠ 경향으로부터의 범죄자: 능동적 범죄자와 수동적 범죄자가 있다.
㉡ 박약으로부터의 범죄자: 저항력 박약에 의한 범죄자로 대부분 누범자가 있다.
㉢ 열정으로부터의 범죄자: 명정범죄와 같이 순간적 충동에 의해 발생
㉣ 명예와 확신으로부터의 범죄자: 정치범이 대부분이다.
㉤ 빈궁으로부터의 범죄자: 대부분 기회범죄인이다.

사. 젤리히(Seelig)의 분류

행위자의 인격적 특성과 행위양상의 양면을 고려하여 분류했다.

㉠ 노동혐기의 직업적 범죄자: 소매치기, 부랑자, 좀도둑 등이 있다.
㉡ 저항력 박약의 재산범죄자: 환경자극에 대한 저항력 부족으로 때때로 재산범죄를 일으킴
㉢ 공격벽의 범죄자: 흥분으로 인한 범죄자
㉣ 성적 억제력 결여에서의 범죄자: 풍속범죄자, 성범죄자
㉤ 위기범죄자: 갈등상황 때의 범죄(파산)
㉥ 원시반응적 범죄자: 여성생리시 절도처럼 인격적 통제가 곤란한 상태의 범죄
㉦ 확신범: 정치범, 사상범
㉧ 공동체 의식의 결함으로 인한 범죄인: 과실범, 교통법규 위반자

아. Stumpfl의 분류

㉠ 범죄인의 성격적 태도에 의한 분류: 경범죄인(외적 사정, 또는 내적 갈등으로 인한 범죄), 중범죄인(퇴화가 원인이 된 범죄)
㉡ 범죄인의 미래에 대한 징후를 기준으로 한 분류: 조발성 범죄인(25세 이전에 범죄), 지발성 범죄인(25세 이후에 범죄한 자)

자. 심리학적 범죄인 분류

㉠ Abrahamsen의 분류
  i) 급성범죄자: 우연적, 교제적, 상황적 범죄자로 분류
  ii) 만성범죄자: 신경증, 정신병질, 정신병 범죄자로 나눔
㉡ Hewitt와 Jenkins의 분류: 사회화된 범죄인, 사회화가 안된 범죄인, 지나치게 억압된 범죄인
㉢ Quay의 분류
  i) 죄책감을 수반한 적대행동을 하는 범죄인
  ii) 인격장애로 인한 범죄인
  iii) 미성숙상태로 인한 범죄인

iv) 사회화 결핍과 정서적감응 결핍에 의한 범죄인

타. Roebuck의 분류

i) 사회화된 비행자
ii) 사회화되지 않은 공격적 비행자
iii) 지능장애 비행자
iv) 우연적 비행자

파. 다원적 관점에 의한 분류

① 성격학적 범죄인의 분류

크레츠머는 범죄인의 성격을 기초로 비만형, 세장형, 투사형, 발육부전형, 혼합형으로 나누었다. 한편, 범죄인의 성격적 태도를 기준으로 기회범죄인과 상태범죄인으로 나뉜다.

② 유전생물학적 범죄인 분류

내인성 범죄인(소질에 기한 경우)과 외인성 범죄인(환경에 기한 경우)으로 나눌 수 있다. Lange의 쌍생아 연구, Gruhle의 소년비행자 연구, Schneider의 공창연구 등이 있다.

③ 범죄심리학적 분류

범행동기에 의한 분류방법이다.

④ 범죄사회학적 범죄인 분류

성격적 특징보다 외적현상상태를 기준으로 한다.

⑤ 체질학적 범죄인 분류

⑥ 형사정책적 분류

(2) 범죄인의 새로운 분류

원인론이나 대책론의 한부분에 치중한 전통적 범죄인 분류에 대한 비판적 견지에서 나온 새로운 분류이다.

가. 요시마쓰(吉益)의 분류

① 범죄초발연령을 기준으로 한 분류

i) 조발형 : 초범연령이 25세 이전인 자
ii) 지발형 : 초범연령이 25세 이후인 자

② 형의 반복과 간격을 기준으로 한 분류(재범경과의 4기본형)

i) 지속형 : 석방후 재범까지의 기간이 2년 반 미만인 자
ii) 지장형 : 범죄간격이 2.5~5년인 자
iii) 간헐형 : 그 간격이 5년 이상인 자
iv) 정지형 : 재범하지 않은 자

③ 범죄의 방향을 기준으로 한 분류

i) 단일방향의 범죄자 : 강도 → 강도
ii) 동종방향의 범죄자 : 절도 → 장물
iii) 이종방향의 범죄자 : 절도 → 강간
iv) 다종방향의 범죄자 : 강간 → 절도 → 살인

④ Sauer의 분류

㉠ 행위유형 : 표현범, 배신범, 조폭범, 착취범
㉡ 행위자 유형 : 공격범, 이욕범, 본능범
ⓒ 생활력(Career)에 따른 분류
생활력(Career)이라는 개념을 매개로 하여 행위특성과 행위자특성을 통합하려고 하는 미국의 사회학자들의 입장으로 카반(Carvan), 레클리스(Reckless), 기본(Gibbons) 등이 대표적 학자이며 생활력의 주요 요소에는 사회적 반작용, 자기관념의 구조, 범죄와의 동일화, 비행행위에 대한 집단지지, 비행행위가 생활의 일부를 형성하는 정도 등이 있다.

나. 우리나라의 범죄인의 분류

ⓐ 우발범죄인 : 습관성이 없고 비계획적이다.
ⓑ 상습범죄인 : 상습범은 범죄의 습벽행위 수를 기준으로, 누범은 범죄

행위 수를 기준으로 결정된다. 상습범은 행위의 특성이 아니라 행위자의 인격적 특성이라는 점에서 누범과 다르다.

ⓒ 심신장애범죄인 : 심신장애로 인하여 범죄를 범하는 자로 책임무능력자와 한정책임능력자가 있다.

ⓓ 사상범죄인 : 양심범, 확신범이라고 하며 확신에 근거한 범죄인이다.

ⓔ 소년범죄인 : 현행 소년법상의 소년은 20세 미만의 자이다(행형상 23세까지는 연장이 가능).

제8장

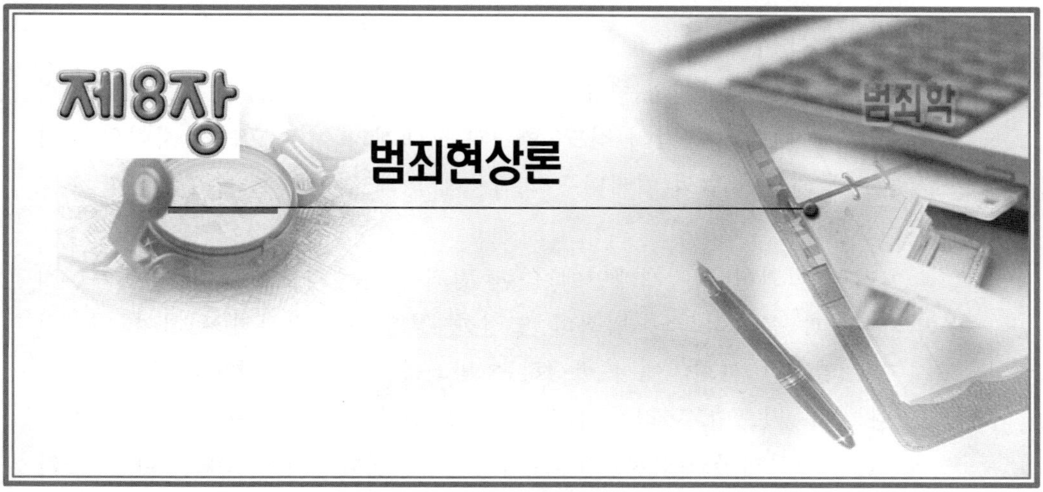

제8장 범죄현상론

1. 범죄현상의 개념

1) 범죄현상의 의의

범죄현상이란 현실적으로 발생한 범죄의 성격을 총체적, 종합적으로 파악하는 것으로 이는 궁극적으로는 범죄원인론과 직결된다. 범죄현상의 성격에 대하여 고전파범죄학자인 Beccaria는 범죄를 법률현상으로만 접근하여 각종 법률의 미비가 범죄의 원인이 된다고 보고 법률의 완비와 잘못된 법령의 개정을 통한 법제도의 개선이 범죄의 대책이 된다고 보았으며, Quetele는 범죄현상은 그 나라 사회의 사회적 병리의 발로로 보아 사회적 병리현상이 범죄의 원인이 된다고 보아 왜곡된 사회병리를 제거하는 것이 범죄의 대책이 된다고 주장하였다. 범죄인류학파인 Lombroso는 범죄현상을 자연현상으로 파악하여 유전 등의 자연적인 것이 범죄의 원인이 된다고 주장하였다.

그러나 그러한 주장들은 범죄현상의 일부분만을 본 단편적 주장으로 모든 범죄현상에 대한 일반화이론은 될 수 없다. 대부분의 범죄현상은 자연적, 개인적, 사회적, 정치적 요인 등 복합적 요인의 강약에 의해 범죄가 발생한다고 할 수 있다.

다시 말해서 절도행위는 유전적 요인과 그것을 억제할 수 있는 학습능력의 정도, 상대적 빈곤감의 정도, 환경과 생태계의 여러 요인들 사이의 복합적이고 동태적인 힘의 메커니즘적 작용에 의해 절도를 할 수도, 안 할 수도 있는 것이다.

이러한 범죄현상은 개개인에 의한 범죄를 총체적으로 파악하는 개별적 범죄현상과 특정사회의 범죄의 일정한 경향성을 밝히기 위하여 일정한 시기에 일정한 사회내에서 발생하는 범죄를 파악하는 집단적 범죄현상으로 나눌 수 있으며, 이러한 집단적 범죄현상은 국가적, 지역적, 시간적(과거, 현재), 사회구조적(자본주의 사회주의) 집단범죄현상으로 나눌 수가 있다.

이러한 범죄현상을 외부로 객관화시킨 수치가 범죄통계표이며 외부로 드러나지 않은 범죄가 암수범죄이므로 공식적인 범죄통계와 실제 발생한 범죄현상과는 차이가 있는데 이런 차이는 필연적이다. 이러한 공식적 범죄통계자료에는 법무부 교정국의 교정수용통계, 법무부 보호국의 비행소년통계, 대검찰청의 범죄분석표, 법무연수원의 범죄백서, 경찰청의 경찰백서 등이 이용된다.

그러나 이러한 공식적 범죄통계표는 범죄특성상, 통계방법상, 통계목적상 오류가 발생하며 그 결과 전체범죄현상의 실체를 파악하기에는 한계가 있으며, 이러한 공식적인 범죄통계표에 나타나지 않는 범죄행위의 총체라는 개념으로 암수범죄라는 개념이 사용되어 왔다.

2) 암수문제론

암수란 실제로 범죄는 발생했는데 범죄통계에는 잡히지 않는 범죄이며 암수범죄는 현실적으로 발생한 범죄에서 공식통계범죄를 뺀 것이 된다. 따라서 통계상의 범죄와 암수범죄의 관계는 일정비율로 나타나지 않는다. 즉 암수는 일정치 않은 변수로 존재하게 된다.

암수에 대한 문제는 범죄통계학의 발달초기부터 케틀레 등에 의하여 지적되어 왔으나 통계상의 범죄가 많으면 실제상의 범죄도 많다는 정비례의

법칙을 이유로 20C초까지는 문제시되지 않았다.[1]

그러나 그 뒤 암수범죄에 대한 여러 학자들의 연구가 있었으며 Radzinowicz는 성범죄의 90% 이상이 암수범죄라 했으며 Sutherland는 범죄통계가 사회통계 가운데 가장 신빙성이 낮고 난해한 것이라 했으며, Exner는 암수에 대한 정확한 이해는 범죄통계의 큰 급소라 했다. 또 Pollak은 남녀범죄간의 불평등의 원인은 형사사법기관의 기사도정신 때문이라고 했다(검사는 여성을 기소하기를 꺼려한다). 다시 말해서 Pollak은 사법기관의 자의적 판단에 따라 여성범죄가 낮게 평가된다고 보아 여성범죄의 비율이 낮은 중요한 원인은 암수라고 하였다.

암수범죄에는 범죄는 발생하였지만 어느 누구도 기억하지 못하거나 인지하지 못하는 절대적 암수범죄와 피해자나 시민, 수사기관 등에 의해 인지는 되었으나 해명되지 못한 상대적 암수범죄로 나눌 수가 있다. 이러한 상대적 암수범죄는 가치관계적 상대적 암수범죄와 몰가치적 상대적 암수범죄로 나눌 수가 있는데[2], 가치관계적 상대적 암수범죄란 범죄가 확실함에도 사법기관의 체계적 낙인에 의해 또는 정치인과 언론의 상징조작에 의해 암수가 발생하는 것이며[3], 몰가치적 상대적 암수범죄란 순수한 수사기술상의 문제 등으로 암수범죄가 발생하는 것을 의미한다. 또한 천정환 교수는 의미있는 암수범죄와 의미없는 암수범죄(100원을 절도한 것처럼 너무 경미한 범죄)로 나누기도 하고 또한 전환된 암수범죄와 전환 안된 암수범죄로 나눈다.

이러한 암수의 발생원인을 보면 첫째로 피해가 큼에도 피해자의 개인적 사정에 의해 신고하지 않는 경우가 있고(강간당한 A가 자신의 명예보호를 위해 신고하지 않는 것), 둘째로 범죄는 인지했으나 수사기술의 부족으로 체포하지 못한 경우(우리나라는 범죄검거율이 높은 편이다), 셋째로 수사기관의 범죄 미인지로 인한 경우(도박, 낙태)이고, 넷째로는 체계적 낙인과정에서 발생하는 암수의 문제가 있는데, 이 뜻은 형사사법기관이

---

01) 이승헌, 형사정책, 대명, 2000, 33면.
02) 이러한 분류는 저자의 사견이다.
03) 우리나라의 기업범죄, 정치범죄는 많은 경우 국민통합 또는 경제재건이라는 상징조작에 의해 사실상 무죄에 가까운 판결이 있어왔으며, 또한 교도소에 수용된 자들 중 상대적으로 하류층 출신이 많다.

자신들이 가진 가치관 때문에 차별적 취급을 함으로써 암수가 발생하는 것으로, 예를 들면 명문대학에 다니는 여대생이 죄를 범해서 경찰이 검찰로 송치했으나 B검사가 기소하지 않아 암수가 되고 중학교만 졸업한 가난하고 직업도 없는 성인여성이 앞의 여대생보다 가벼운 죄를 범했으나 B검사는 기소하는 경우이다. 특히 우리나라는 블루칼라(육체노동자)의 범죄는 엄격히 다루고 화이트칼라의 범죄는 아주 관대히 다루어 왔는데(이것을 법의 선택성이라고 함) 이로 인해 블루칼라보다 화이트칼라범죄에서 암수범죄가 많이 발생한다. 다섯째로는 피해자가 피해사실을 모르고 지내는 경우도 있는데 이런 경우도 암수범죄에 포함이 된다(화이트칼라범죄의 경우). 여섯째로 범죄는 실제로 발생했으나 피해가 워낙 가볍다고 생각되는 것, 가령 전동차내에서의 치한에 의한 피해와 같은 경우에 암수범죄가 발생한다.[4)]

위에서 성범죄, 매춘처럼 범죄수법의 다양화와 수사기술의 미흡으로 수사기관이 인지하지 못하거나 인지되었어도 체포되지 않는 암수는 전통적인 암수범죄로 주로 범죄행위의 특성으로 발생하며 오늘나의 현대적인 암수발생은 과거의 몰가치적 암수범죄가 아닌 가치관계적 성격이 강해, 기소유예, 훈방, 집행유예처럼 사법기관의 특정한 가치선호에 의해 암수가 발생하는데, 이것은 주로 범죄자의 특성에 기인하거나 언론 또는 정치집단의 의도적인 특정 상징조작에 의해 범죄가 비범죄로 전환되는 것이 특징이다.

이러한 암수범죄의 조사방법에는 직접적 관찰과 간접적 관찰이 있으며 직접적 관찰이란 조사자가 암수범죄를 직접 실증적으로 파악하는 방법으로, 몰래카메라 등을 이용하는 자연적 관찰과 실제 절취행위를 시도하고 그 행위의 발각정도를 파악하여 암수를 찾아내는 실험법이 있다.[5)]

간접적 관찰에는 조사대상을 기준으로 자기보고, 피해자조사, 정보제공자조사가 있다.

범죄피해자조사란 일반국민에게 설문조사를 통하여 스스로 범죄피해의 경험을 보고하도록 하여 조사하는 방법을 말하는데, 이 때는 설문문항의

04) 藤本哲也, 刑事政策概論, 東京淸林書院, 1984, 19면.
05) 박상기 외, 형사정책, 형연원, 1999, 23면.

정교함 여부에 따라 조사결과가 달라질 수 있다. 다시 말해서 범죄의 개념과 피해의 개념은 일반 국민의 입장에서는 주관성을 띨 수밖에 없기 때문에 정확성이 결여될 수 있고 상대적으로 가벼운 범죄피해는 응답하지 않을 가능성이 크며, 너무 오래된 범죄피해는 시간적 제약에 의해 기억이 나지 않아 조사의 한계가 있다.

또한 범죄피해자조사에서는 경우에 따라 2차 피해가 발생할 수 있다. 그것은 기억하기 싫은 범죄피해자의 경우에는 그러한 피해에 대한 응답자체가 또다른 심리적 고통을 줄 수 있기 때문이다.

자기보고는 범행자로부터 자신이 과거 또는 현재에 행한 범죄를 보고하게 하여 암수를 측정하는 방법으로 보통은 학생이나 군인들을 대상으로 집단적으로 조사하는 경우가 많아 전체적인 범죄의 규모를 파악하는데 유리하다. 그러나 범죄의 개념에 대한 주관적 해석과 범행발각에 대한 두려움 등으로 인하여 정확성이 결여되므로 이런 것을 방지하기 위하여 설문조항의 정교함이 요구된다.

정보제공자조사란 형사사법기관에 알려지지 않은 범죄나 비행을 알고 있는 자로 하여금 그것을 보고하게 하는 방법으로 주로 피해자조사로도 만족할 만한 결과를 얻지 못할 때 보조수단으로 이용되는 방법이다. 이때 정보제공자에는 범죄피해자의 생태계(친구, 가족 등)범죄가해자의 생태계, 비해자(非害者)[6] 등이 있는데, 정보제공자의 정보제공의 정확성과 응답률은 범죄의 종류, 친미의 정도, 정보제공에 따른 보상(reward)과 비용(cost)의 비율 등의 상호역동적 메커니즘에 의해 결정된다.

또한 수사기관종사자의 조사방법이 있는데, 이는 수사기관종사자가 자신들의 재량 또는 특정가치에 의해 보고되지 않은 범죄 등을 조사하는 방법이나 불이익을 우려해 정확한 응답을 기대할 수가 없다.

암수범죄의 형사정책적 의의는 암수범죄는 형사정책적으로 역기능 외에도 순기능도 갖고 있다는 점이다. 송광섭은 암수범죄의 대처방안으로서 빠짐없는 신고와 철저한 범인검거가 절대적으로 요구된다고 주장하나[7],

06) 저자가 최초로 만든 개념으로 범죄가해자도, 범죄피해자도 아닌 자로서 집단적 개념인 일반 시민과는 구별된다.
07) 송광섭, 형사정책, 유스티니아누스, 1998, 177면.

이는 수사측면에서만 바라본 단편적 시각에 불과하며 종합적 관점에서는 잘못된 견해이다. 그의 주장대로 모든 범죄가 신고되고 범인이 모두 검거되는 등의 주장은 암수범죄의 사회적 공헌도 등을 간과한, 즉 암수범죄 사회학적 시각이 결여된 주장이다. 모든 범죄가 신고되고 모든 범인이 검거된다면 경찰과 검찰, 법원, 교정기관, 보호기관에 지나친 부하(負荷)를 주어 오히려 형사사법체계의 마비와 이로 인한 여러 사회적 비용의 급상승을 가져와 부정적 외부효과가 발생해 사회의 여러 기능이 마비되게 된다. 적절한 야의 암수범죄는 사회기능의 유지와 발전에 필연적이기 때문이다.

이러한 암수문제는 정부가 해마다 발표하는 공식적인 범죄통계의 보완적 성격에 있다. 그런데 정부가 해마다 발표하는 범죄통계에 대한 인식에는 보수적 접근방식, 상호작용론의 접근방식, 급진적인 관점이 있는데 보수적인 접근방식은 범죄통계를 단순히 양으로 파악해 범죄는 사회에 대한 수용정도가 낮은 하층계층에서 집중발생하므로 그들을 사회화시키는 것이 범죄의 대책이라는 입장이며 상호작용적 접근은 범죄통계를 범죄자로 인식된 사람들의 수로 파악하여 통계상에 나타난 범죄인은 범죄를 저지른 사람이 아닌 사회적으로 범죄자로 낙인된 사람들, 즉 범죄라는 것은 공권력의 선택과정의 산물이라는 입장이다.[8)]

또한 범죄통계에 대한 급진적인 관점은 형사사법기관의 낙인에 국한되어 접근한 상호작용론의 관점과는 달리 정치, 경제, 사회 등 모든 분야의 차별적 관점에서 범죄율을 접근한 것으로 기존의 통상적인 범죄에 대한 통계의 강조를 권력있는 자들의 이해관계를 보호하기 위한 것이라고 한다.[9)]

---

08) 이승헌, 전게서, 36~37면.
09) 이승헌, 전게서, 37면.

3) 암수개념론

(1) 암수라는 용어에 대한 논란

보통 암수란 독일어로 Dunkel Ziffer, 영어로 dark number, 일본어로 暗數(암수)로 보통 쓰이고 있으며, 우리나라의 대부분의 형사정책학자와 교정학자, 법학자와 형사정책교재에서도 실제로 범죄가 발생하였음에도 범죄통계에는 나타나지 않는 범죄를 보통 암수라고 표현하여 왔고 이런 용어가 일반화된 개념이다.

그런데 고려대학교의 배종대 교수는 암수란 개념은 일본인이 만든 조작적 용어이며 이것을 우리나라가 무비판적으로 받아들인 것이고, 또한 '암수'의 우리말 뜻은 속임수라는 의미를 가지고 있어서 암수와 단어의 뜻이 전혀 맞지 않는다고 하면서 암수대신에 '숨은 범죄'라는 개념을 쓸 것을 주장한다.[10)]

한편, 송광섭 원광대학교 교수는 암수란 실제로 발생하였지만 수사기관에 인지되지 않았거나, 인지되기는 하였으나 아직 검거되지 않아 범죄통계에 나타나지 않는 범죄를 말한다고 표현하고, 이러한 암수범죄의 대처방안으로 철저한 범인검거와 빠짐없는 신고가 절대적으로 요구된다고 주장하고 있다.[11)]

지광준 강남대학교수는 암수를 본래의 의미에서의 암수와 법집행기관의 재량에 의한 암수로 나누고, 전자는 발생된 모든 범죄가 법집행기관에 의해 인지되었다고는 볼 수 없다는 의미로, 후자는 발생된 범죄는 모두 인지되었지만 법집행을 하는 사람들의 자의적인 재량에 의한 것이라고 주장한다.[12)]

그리고 박상기 교수는 암수란 실제로 범죄가 발생하였음에도 범죄통계에는 나타나지 않는 범죄라고 주장하며 암수를 실제로 범죄가 저질러졌으나, 어느 누구도 인지하지 않았거나 기억조차도 하지 못하는 범죄를 절대

---

10) 배종대, 형사정책, 홍문사, 2003, 59면.
11) 송광섭, 형사정책, 유스티니아누스, 1998, 177면.
12) 지광준, 범죄학, 경인, 2003, 53면.

적 암수범죄라고 하며, 수사기관에 의해 인지는 되었으나 아직 검거되지 않은 범죄를 상대적 암수라고 하며, 유죄판결을 받은 범죄자들이 형사소추기관에 의해 입증된 것보다 훨씬 더 많은 범죄를 저지른 경우를 범죄경력의 암수라고 주장한다.[13)]

불계범죄란 죄는 발생했지만 각종 범죄통계에 선택적으로 나타나지 않는 범죄라고 정의한다면 최초의 단계인 경찰청 통계 또는 그 다음 단계인 검찰청 통계 또는 그 다음 단계인 법원통계, 교정국의 범죄통계 중 어느 한 곳만의 통계에도 포함이 되지 않는 범죄는 모두 불계범죄에 포함이 되므로, 기존의 '숨은 범죄'나 '암수범죄'의 개념의 정의에서 오는 문제점을 해결할 수 있게 된다.

다시 말해서 범죄는 이미 발생했으나 수사기관이 인지하지 못한 경우는 처음부터 경찰통계에 잡히지 않으므로 불계범죄이며, 수사기관이 인지하여 검찰에 기소하였으나 검찰기관의 자유재량 등 여러 이유에 의하여 불기소의 처분을 받은 경우는 검찰통계에 잡히지 않으므로 또한 불계범죄이며, 범죄가 이미 발생하여 수사기관이 인지하고 그 뒤 기소단계를 거쳐 재판에 회부되었으나 증거불충분 등 여러 이유로 무죄가 된 경우에는 법원이나 교정당국의 범죄통계에 잡히지 않아 이 역시 불계범죄에 속한다.

따라서 앞의 글에서 맨 처음의 경우를 원시적 불계범죄, 또는 1차적 불계범죄, 순수한 의미의 불계범죄라고 명명하고 검찰통계 또는 법원이나 교정국, 보호국의 범죄통계에 잡히지 않는 범죄, 즉 경찰청의 통계에만 포함되고 나머지 형사사법기관의 공식통계에 잡히지 않는 범죄를 2차적 불계범죄, 전환된 불계범죄라고 명명하고자 한다.

이러한 본인의 조작적 분류에서 1차적 불계범죄는 기존학자들의 주장인 절대적 암수범죄의 개념과 가깝고 2차적 불계범죄는 기존 학자들의 주장인 상대적 암수범죄의 개념과 유사하다고 할 수가 있다.

그리고 이러한 1차적 불계범죄 또는 기존학자들의 개념인 절대적 암수범죄와 2차적 불계범죄, 즉 기존의 상대적 암수범죄는 가치관계적 불계범죄, 또는 가치관계적 상대범죄와 몰가치적 불계범죄, 또는 몰가치적 상대

13) 박상기 외, 형사정책, 형연원, 1998, 22면.

적 암수범죄로 나눌 수가 있다.

가치관계적 불계범죄, 또는 가치관계적 상대적 암수범죄란 범죄가 확실함에도 사법기관의 체계적 낙인에 의하여 또는 정치인과 언론 등의 사회적, 정치적, 문화적 상징조작에 의하여 암수(불계범죄)가 발생하는 것을 말하는데, 그동안 우리나라의 기업범죄, 정치범죄, 공무원범죄 등의 화이트칼라범죄는 많은 경우 국민통합 또는 특정 정치적 목적, 또는 경제재건이라는 상징조작에 의하여 사실상 무죄에 가까운 판결이 있어 왔다.

몰가치적 불계범죄, 또는 상대적 암수범죄란 범죄는 이미 발생하였지만 순수한 수사기술상의 문제 등으로 암수범죄, 또는 불계범죄가 발생하는 것을 말한다.

그리고 암수범죄, 또는 불계범죄를 피해정도의 여부에 따라 의미있는 불계범죄(암수범죄)와 의미없는 불계범죄(암수범죄)로 나눌 수가 있는데, 의미없는 불계범죄란 가령 돈 10원의 절도피해처럼 아주 경미한 범죄의 불계범죄를 말한다.

또한 암수범죄, 또는 불계범죄를 복지와의 관련여부에 따라 복지적 불계범죄, 중립적 불계범죄, 피해적 불계범죄로 나눌 수가 있는데, 복지적 불계범죄란, 가령 장애인이 집창촌의 직업여성과 성매매를 한 경우로 비록 법률상 범죄에 표함이 되지만 그런 행위가 양 당사자 모두의 복지, 즉 삶의 질을 증진시키는 경우의 복지적 불계범죄를 말한다.

그리고 피해적 불계범죄는 범죄인의 그러한 행위가 당사자 모두에게 복지적 효과를 가져오지 못하는 경우를 말하며, 중립적 불계범죄란 범죄인의 그러한 행위가 당사자에게 복지나 피해, 어느 것도 초래하지 않는 경우이다.

그리고 범죄행위의 인지유무에 따라 절대적인 비인지(非認知) 불계범죄와 상대적인 비인지 불계범죄로 나눌 수가 있는데 절대적인 비인지 불계범죄라는 것은 가벼운 쓰레기를 버리는 것처럼 행위자 자신도 그 행위가 범죄행위인 줄 모르는 경우이며, 상대적인 비인지 불계범죄란 행위자 자신은 그 행위가 범죄행위인줄 알지만 여러 가지 이유로 수사기관 등이 인지하지 못하는 경우의 불계범죄를 말한다.

한편, 암수범죄 즉 불계범죄를 행한 범죄인을 불계범죄인이라고 하며,

불계범죄인의 유형을 주관적으로 모색해보면 먼저 공적 불계범죄인과 사적 불계범죄인으로 나눌 수가 있는데, 공적 불계범죄인은 크게 입법적 불계범죄인, 행정적 불계범죄이나, 사법적 불계범죄인, 정치적 불계범죄인으로 나눌 수가 있다. 사적 불계범죄자에는 민사적 불계범죄인 등이 있는데, 입법적 불계범죄인이란 원래는 범죄자였으나 수사도중 간통죄의 폐지와 같은 입법적 작용으로 불계범죄인이 되는 경우를 말하며, 또한 사법적 불계범죄인이란 원래는 범죄인이었으나 여러 이유로 사법기관에 의해 불계범죄인이 되는 경우를 말하며 정치적 불계범죄인이란 원래는 범죄자였으나 정치적 이유 등으로 불계범죄인이 되는 경우를 말한다.

또한 치유된 불계범죄인과 사면된 불계범죄인으로 나눌 수가 있는데, 치유된 불계범죄인이란 원래는 범죄자였으나 성범죄 등의 친고죄의 경우처럼 당사자의 합의에 의해 불계범죄인이 되는 경우를 말하고, 사면된 불계범죄인이란 언론이나 사법부 등의 태도에 의해 범죄자가 불계범죄인으로 취급되는 경우를 말한다.

그리고 긍정적 외부효과적 불계범죄인과 부정적 외부효과적 불계범죄인으로 나눌 수가 있는데, 긍정적 외부효과적 불계범죄인이란 피해자와 주위사람 등의 생태계에 긍정적 영향을 주는 불계범죄인을 말하고, 부정적 외부효과적 불계범죄인이란 피해자와 생태계 등에 부정적 영향을 주는 불계범죄인을 말한다.

5) 불계범죄론의 교정복지적 의의

앞에서 필자가 암수범죄라는 용어대신에 보다 광의의 개념으로 불계범죄라는 용어를 사용하였는데, 이러한 불계범죄를 행한 불계범죄인에 대해서는 교정재나 교정복지서비스가 현재 생산되지 않아 실질적인 보호나 교정과 교정복지를 저해하고 있다. 따라서 교도소 등에 수감된 자만이 아니라 불계범죄자와 비자유형수형자와 형사사법기관에 의해 보호재의 생산이 면제된 자들도 교정재, 보호재, 또는 교정복지재의 생산대상에 포함시켜야 한다고 생각하는데 그 논거는 다음과 같다.[14)]

우리나라는 물론 세계의 모든 나라는 현재의 교정복지재, 교정재의 생산대상에는 자유형 수형자만을 대상으로 하고 있다. 물론 교정시설내에 수용되지 않고 보호관찰, 사회봉사, 수강명령을 받은 자들도 보호관찰등에관한 법률 제4조에서 대상자의 교화, 개선, 범죄예방을 위하여 필요하고도 상당한 범위내에서 보호관찰 등이 이루어져야 함을 밝혀 이들 대상자들도 사회내에서 교정재 생산의 대상임을 밝히고 있으나, 동법 제1조에서 보호관찰 등은 1차적으로는 개인에 대한 보호를 통해 궁극적으로는 사회를 보호함을 목적으로 하고 있다고 밝혀 이들은 보호재의 생산대상임을 분명히 하고 있음으로써 사회내의 교정은 보호재에 내포됨을 알 수 있고, 또한 이들 대상자들은 우리가 보통 알고 있는 교정시설내에서 생산되는 교정재와 성격이 약간 다르다고 할 수 있지만 광의로는 이들 대상자들도 교정재의 대상에 포함된다고도 할 수 있다.

그러나 이들 대상자를 제외한다면 현재는 교정시설내의 자유형 수형자만이 교정당국의 교정재의 생산이 되어 왔고 그것은 당연한 것으로 여겨져 왔다. 그러나 본인은 교정재의 생산객체로는 자유형수형자 이외에도 불계범죄를 행한 자와 非自由刑 수형자(사형수, 재산형과 명예형을 선고받은 자)와 형사사법기관에 의해 보호재의 생산이 면제된 자(가정폭력범죄자로 보호관찰이 처분되지 않은 자, 가석방시 예외적으로 보호관찰이 실시 안 되는 경우, 단순한 보호관찰을 조건으로 형집행이 정지된 자, 보호관찰이 부과 안 된 선고유예와 집행유예를 선고받은 자)들도 교정재의 생산대상이 되어야 한다고 생각한다. 왜냐하면 불계범죄자나 비자유형수형자, 판사 등의 재량에 의해 보호재의 생산이 면제된 자들도 모두 다 반사회적 위험성을 가진 범죄인들이며 경우에 따라서는 법의 선택성 등을 이유로 사형수를 제외한 나머지 이들은 자유형 수형자보다 더 사회적 위험성이 더 클 수 있기 때문이며, 사회속의 범죄인과 사형수를 제외한 비자유형 수형자들은 자유형 수형자에 비해 구금의 고통을 경험하지 않았기 때문에 자유형 수형자들보다 재범률이 더 높을 수도 있어 많은 피해자를 양산할 수 있기 때문에 교정재 생산의 사각지대에 있는 이들에 대한 교정재의 생산도 아주 중요한데도 과거는 물론 현재까지도 전혀 교정재의 생산이 이루어지지

14) 천정환, 신교정학, 한국고시회, 2004, 604면 이하.

않고 있다. 만약 이들에 대한 교정재 생산을 하지 않고 그대로 두어 다시 재범을 하다가 체포되어 기소되면 수많은 형사사법비용이 들어가나 이들에 대해 교정재 생산이 이루어지면 재범과 많은 피해자의 양산을 막을 수 있고, 그로 인한 형사사법 비용의 감소도 가져오며 교정재의 생산량과 질도 향상될 수 있다. 또한 사형수는 현재 자유형 수형자가 아니므로 교정재를 생산하지 않으나 우리나라는 사실상 사형집행을 거의 하지 않고 감형을 하는 경우가 많으므로 그런 현실을 반영해 교정재의 대상으로 할 필요가 있다. 그리고 현실적으로 범죄성이 큰데도 검사나 판사의 가치관이나 법의 선택성에 따라 자유형을 받아야 할 자들이 기소유예되거나 각종 유예판결 또는 벌금형 등으로 풀려나는 일이 많아 사회방위에서도 문제가 될 수 있기 때문이다.

문제는 이렇게 교정재의 생산대상을 확대할 경우 형사사법망이 확대되어 부작용이 나타날 수 있는데, 따라서 이러한 부작용을 최소화하는 방안으로 교정재를 생산할 필요가 있는데, 따라서 이러한 부작용을 최소화하는 방안으로 교정재를 생산할 필요가 있다. 먼저 기소유예자나 훈방자처럼 발견된 불계범죄인과 벌금형 수형자처럼 사형수를 제외한 비자유형수형자와 보호관찰이 부과 안 된 각종 유예자처럼 보호재의 생산이 면제된 자들에게는 현재의 보호관찰등에관한법률에 의하여 설치된 보호관찰소에 의해 보호관찰을 받도록 한다. 이것의 법적 근거는 현재 보호관찰등에관한법률 제1조에 이미 충분히 나와 있는데, 동법률 제1조에는 죄를 범한 자로서 재범방지를 위하여 보호관찰, 사회봉사, 수강 및 갱생보호 등 체계적인 사회내 처우가 필요하다고 인정되는 자에 대하여 지도, 원호하여 보호재를 생산할 수 있다는 규정을 둠으로써 법적 근거는 충분하며, 또한 동법률 제2조에서 죄를 범한 자에 대해 교정재나 보호재를 생산하는데 있어서 국민과 국가와 지방자치단체에게 생산의 책임을 지우고 있다.

따라서 교정재나 보호재의 생산의 책임이 있는 국가 등은 불계범죄인들과 비자유형수형자 등에게 기존의 보호관찰소의 조직을 활용하여 교정재와 보호재를 생산할 필요가 있는데, 이때의 보호재의 생산은 형법 제59조의 2의 규정에 의하여 보호관찰을 조건으로 형의 선고유예 등을 받은 자 즉, 보호관찰등에관한법률 제3조에 규정된 보호관찰 대상자에 대한 기존의 보호관찰방법인 보호관찰등에관한법률 제29조부터 제42조까지의 내용인 보호관찰의 신고, 보호관찰의 기간, 지도와 감독, 원호, 응급구호, 원조와 협력, 보호관찰자 등의 조사, 경고, 구인, 긴급구인, 구인기관, 유치 등의 엄격한 보호재생산과정을 그대로 적용하지 말고 낙인의 심화를 막기 위해 그들의 사생활을 충분히 보장하고, 그들의 경제활동에 피해를 주지 않는 범위내에서 일정한 보호관찰 기관을 먼저 정하고 2주에 한번씩 그들은 보호관찰소의 홈페이지와 연결된 인터넷을 통하여 자신의 범죄에 대한 반성의 글이나 현재 준법하고 있는 생활태도 또는 앞으로의 준법계획 또는 인터넷으로 지시받은 과제를 글로 띄우고 거기에 대한 인터넷 지도와 감독은 보호관찰소 직원이나, 또는 일정자격을 갖춘 민간자원 봉사자나 교정상담사 또는 보호관찰등에관한법률 제18조에 보호재생산을 지원하는 범죄예방자원봉사위원 등이 행하도록 하며 대상자가 원할 경우 해당지역내의 민간자원 봉사자나 교정상담사 등과의 접촉도 할 수 있도록 한다. 그리고 정해진 글을 기간내에 인터넷으로 띄우지 않아도 기존의 보호관찰제도처럼 경고나 구인, 유치처럼 강제적 조치는 가능한 피하고 비강제적, 자율적인 방법으로 교정재가 생산되도록 한다. 이와 관련해 불계범죄인들과 사형수를 제외한 비자유형 수형자 등에게는 위와 같은 인터넷을 통한 비강제적이고 자율적인 보호관찰을 받을 수 있도록 관련법에 근거를 두고 또한 민간자원봉사자나 자원교정 상담사 등은 자원봉사자로 하도록 하여 지역마다 충분한 인원을 확보하도록 하고 그에 소요되는 재원은 국가만 아니라 지방자치단체에게도 부담시키도록 한다. 왜냐하면 수익자부담원칙에 따라 교정재와 보호재의 생산으로 인한 수익자에 지방자치단체도 포함되며 또한 생산자비용부담원칙에 따라 보호관찰등에관한법률 제2조에 나와 있듯이 지방자치단체도 국가와 같이 교정재나 보호재의 법적인 생산책임이 있으므로 지방자치단체가 생산비용을 부담할 필요성이 있고 이는 지역사회교정으로 해석될 수도 있다.

이렇게 불계범죄인 등에 대한 새로운 보호관찰은 기존의 보호관찰제도처럼 보호관찰소에 나갈 필요없이 인터넷을 통해 일정기간마다 지도와 감독, 원호를 받음으로써 대상자들의 사생활이나 경제활동에 해를 주지 않고도 교정재나 보호재, 교정복지재의 생산에 도움을 줄 수 있어 형사사법망의 확대라는 비판을 면할 수 있다. 물론 이러한 새로운 비강제적인 보호관찰은 기존의 보호관찰제도에 비해 교정재나 보호재의 생산량이 적어 범죄예방효과도 기존의 보호관찰제도보다 적을 것이다. 그러나 기존의 보호관찰제도가 관료적, 강제적, 지시적 방법으로 보호재나 교정재를 생산하는 것이라면 불계범죄인 등에 대한 새로운 보호관찰제도는 민간적, 비관료적, 자율적, 비강제적, 그리고 사랑으로 무장된 자원봉사자에 의해 교정재나 보호재가 생산되는 점은 기존의 보호관찰제도보다 비교우위가 있어 장기적으로는 유리할 수도 있고, 생산된 교정재의 내구성도 더 오래 갈 수가 있다. 왜냐하면 사랑과 관심은 자율적으로 범죄를 줄일 수 있기 때문이다. 한편, 비자유형 수형자중 사형수는 행형법 제13조에 따라 사형선고를 받아 확정된 자는 구치소 또는 교도소내의 미결 수용실에 수용하므로 미결수용자에 준하여 처우된다. 또한 사형은 이론(異論)이 있는 일반예방효과와는 달리 원칙적으로는 특별예방효과는 전혀 없으므로 특별예방효과를 위한 사형수의 개선과 교육 등의 교정재 생산은 이론상으로는 있을 수가 없다. 물론 교도관직무규칙 제76조 제3항에 의해 교회직 공무원은 사형의 선고를 받은 자에게는 수시로 개인교회를 하도록 하지만, 그것의 목적은 동규칙 제76조 제3항에 나와 있듯이 정신적 위안이지 순수한 교정재의 생산과는 무관하다. 현재는 사형수에게 자유형수형자와는 달리 계속 계구를 차게 하고 일정기간마다 방을 옮기게 하고 어떤 직업훈련이나 교육도 시키지 않고 있다.

그러나 현실적으로 우리나라는 사형수에게 사실상 사형집행을 하지 않고 있으며 일정기간이 지나면 감형이 되는 현실이다. 따라서 이러한 현실을 반영하여 사형수에게도 교육이나 각종 교화프로그램에도 참여시켜 교정재를 생산하는 것이 더 현실적이므로 관련 행형관계 법규를 고쳐 교정재의 생산대상이 될 수 있도록 하는 방향으로 나갔으면 한다. 그리고 범죄는 발생했으나 신고나 발견되지 않은 불계범죄인에 대한 교정재의 생산도 아주 중요한데, 이들은 누구인지 일반인이나 국가 등은 알 수 없으므로 특별한 교정프로그램이 필요하다. 여기에는 발견 안 된 범죄인이 스스로의 반성을 통해 재사회화가 될 수 있도록 교정재의 생산책임이 있는 지역사회와 학교 등의 관련기관은 바르게 살기운동과 성윤리 확립 교육 등 각종 사회내 운동을 통해 발견 안된 범죄인이 자기교정재를 생산할 수 있는 분위기를 마련해줄 필요가 있다. 또한 발견 안된 범죄인은 친구들이나 가족들은 아는 수가 많으므로 이때는 가족치료 프로그램이나 생태계획 치료 프로그램을 지원하도록 하여 교정재가 생산되도록 한다. 또한 분배의 공평과 윤리의식의 제고등 정치·사회 등의 환경 매커니즘이 정의 외부효과가 발생하는 방향으로 작동되면 범죄공급곡선이 좌측으로 이동해 범죄의 공급이 감소될 수 있고, 또한 질이 높은 치안재가 생산되어 범죄자는 반드시 체포된다는 의식이 확산되고 범죄자는 반드시 처벌되고 법의 선택성도 최소화되어 누구라도 범죄인은 처벌된다는 사법적 정의가 확립되면 발견 안된 범죄인에게는 강제적으로라도 교정재가 생산되어 재범이 줄어들 수가 있다.

한편, 본인이 위에서 불계범죄인에 대한 보호관찰 등의 교정복지 서비스의 생산의 중요성을 이야기하고 그 방안으로서 지역마다 충분한 자원봉사자들이 필요하다고 언급했지만, 이와 관련하여 예산확보와 질이 좋은 고급자원봉사자의 확보를 위하여는 보호서비스의 생산에 국민들이 협력할 의무가 있다고 규정한 보호관찰등에관한법률 제2조처럼 기타 다른 형사관계 법령에도 불계범죄인에 대한 교정복지 서비스의 생산에 국민들의 협조의무를 명시할 필요가 있다. 그리고 불계범죄인과 교도소에 수용중인 수형자 등에 대한 교정복지 서비스나 교정서비스의 생산에 대한 국민들의 참여의 방법으로 현재의 헌법에 있는 일정한 연령에 달한 남자와 병역의 의무가 있다는 조항을 폐지하고 그 대신에 일정연령에 달한 남자와 여자는 공역의 의무가 있다는 것으로 개정할 것을 사견으로 제시하고자 한다.

그 근거는 남자의 신체적 우위성을 전제로 한 고전적 전쟁개념은 이제는 의미가 없고, 현대전은 심리전, 정보전쟁, 과학전쟁의 성격이 강해 굳이 남자만 병역의 의무를 지우게 할 근거가 약해졌고, 또한 지금까지 남성과 마찬가지로 여성들도 교육재, 국방재, 치안재, 교정재 등 각종 공공재의 생산에 거의 비용을 대지 않고 무임승차해왔으므로 각종 공공재의 수익을 받아온데 대한 법적 의무로 공역의 의무가 남성, 여성에게 주어질 필요가 있다. 따라서 헌법에는 일정한 연령의 남·여에게는 공역의무만 규정하고 자세한 것은 법에 규정한다고 하여 거기에 따라 공역법에서는 공역의 의무를 병역의 의무와 공역의 의무로 나누고 원칙적으로는 일정한 연령의 남자는 병역의 의무, 일정한 연령에 달한 여자는 공역의 의무에 처하도록 하되 여자의 공역의 의무는 약 1년 정도로 하게 하되, 그 내용에는 불계범죄인이나 불우하거나 극빈한 수용자의 자녀들에 대한 정서상담, 과외교육 또는 수용자의 나이 많은 부모들에게는 노인 말벗 되어주기, 봉사활동 등 다양한 프로그램을 공역의 의무의 한 내용으로 하게하고 이들 공역 의무자들은 오전에 지역에 있는 동사무소로 출근해 사회복지사의 업무를 보조하고 지시를 받아 위에서 말한 업무나 또는 그 이외의 사회복지업무를 보조하게 하면 교정시설내의 수용자의 교정재 생산에 도움이 되며, 이렇게 생산된 교정재는 종전보다 내구성이 더 튼튼해져 질적으로도 우수하게 되며 이렇게 국민들이 교정재의 생산에 간접적으로 참여함으로써 교정에 대한 국민의 관심도 제고되어 장기적으로는 교정재나 교정복지재의 생산에 유리한 물적, 인적 자원을 확보하는데도 도움을 줄 수가 있다.[15)]

15) 천정환, 신교정학, 한국고시회, 2004, 598면.

제9장

범죄학

제9장 범죄대책론

1. 신범죄예방론[1]

1) 서론

신범죄예방이론이란 본인이 시론적으로 생각해 본 개념으로 기존의 범죄예방이론이 기계적, 획일적, 몰가치적, 비차별적 성격을 가진 것이라면, 필자의 신범죄예방이론은 차별적, 가치개입적, 상황적 개념의 성격을 가진 시론이다.

따라서 기존의 범죄예방이론이 범죄예방이 최선이고 모든 범죄는 예방될수록 좋다는 절대적이고 무차별적인 것이라면 여기에서는 상대적 범죄예방이론, 차별적 범죄예방이론, 상황적 접근법, 총체적 접근을 강조하고 있다. 그리고 이러한 논의들에 앞서서 이러한 논의들과 관계되는 기존의 범죄예측이론을 살펴보고 그것에 대한 주관적 비판을 운론해 보았다.

그 다음에는 기존의 범죄예방이론을 소개하고 그런 이론들에 대한 필자의 반론을 언급하였으며, 그 다음에는 필자가 생각하는 신범죄예방론의 철학적 가치를 나름대로 운론한 다음에 그러한 시론이 어떤 교정복지적 의의

01) 교정복지학회, 교정복지연구1호, 2005, 237~256면

가 있는가를 운론하였다.

이러한 시론적 운론과정에서 복지범죄, 사회심리범죄 등 여러 주관적인 조작적 개념을 사용하였으며, 기존의 범죄예방이론이나 지역사회 경찰활동 등 공동치안서비스 생산론에서 경찰이나 지역주민을 고정된 변수 - 항상 선만을 행한다는 - 로 취급해왔으나, 필자는 관료 또는 지역주민들을 사회학적 시각에서 그들 모두를 가변적 변수로 취급하는 역동적 과정으로만 이해해야 현실적인 범죄예방이론이 나온다고 주장하였다.

2) 기존의 범죄예측론의 내용과 비판

(1) 범죄예측의 의의

이것은 범죄예방, 수사, 재판, 교정 등 형사처리의 각 단계에서 범죄자, 비행소년의 범죄, 재범위험성의 정도를 측정, 판단하는 것을 말하며 기상관측소의 기상예보처럼 예후진단과 유사하다.[2)]

이러한 범죄예측은 소극적으로는 수형자의 재범위험성을 판단하여 가석방의 허가시기 등을 판단하는 목적으로 사용될 수 있고 적극적으로는 치안공공재의 생산과 관련하여 범죄예방대책을 수립하는 것이 목적이다.

(2) 연혁

미국의 범죄예측은 1923년 워너가 매사추세츠주 교도소 수용자들의 가석방전의 기록에서 수용중의 교정여부, 행상, 석방 후의 직업, 귀향지, 사실진술능력, 전과, 신병인수인 등 60항목을 조사한 후 점수법에 의해 가석방의 성공여부에 대한 사전판단을 한 것이 최초였다.[3)]

이처럼 최초로 범죄예측을 시도한 Warner는 점수법을 기초로 가석방 성공 여부에 대한 사전판단의 자료를 마련했고(최초로 점수법에 의해 범죄예측 연구) 1928년에 계량범죄학을 범죄예측연구에 도입한 Burgess는 최초로 재범예측표를 작성했으며(계량범죄학의 제창), Exner는 버제스의 연구

02) 박상기외, 전게서, 605면.
03) 진계호, 형사정책, 대왕사, 2002, 343면.

결과를 소개해 예측의 중요성을 강조했고, Schiedt는 범죄인의 15개 성격 인자를 추출해 범죄예측표를 구성했다. 한편, Glueck부부는 「소년비행의 해명」에서 소년비행을 예측함에 있어서 계량적 측정을 시도했는데 형벌과 같은 일반예방기능이 비행소년을 갱생하는 것이 아니라 그 개인의 자기충동 억제의 성숙발전이 소년의 갱생원인이 된다고 주장했다.4) 이러한 글룩부부의 조기예측표는 Black, Glick, Tompson에 의해 검증되었고 스위스의 Fry에 영향을 주었다.

영국에서는 1960년대에 Manheim, Wilkins 등의 회귀분석방법을 사용하여 재범예측표를 작성하였으나 현대에 와서는 Hathaway & Mckinly가 고안한 MMPI(다면성 인성검사법 : The Minnesota Multiphasic Personality Inventory)이 가장 표준화된 방법으로 쓰이고 있다.5)

다만, 이 방법은 문항수가 너무 많고, 피검자의 학력수준이 높아야 정확한 측정을 할 수 있는 단점이 있으며 그 밖에도 범죄예측의 방법으로 CPL(캘리포니아 인성검사), 브리스톨 사회적응성지침, KD위험성 측정 등이 있다.6)

(3) 범죄예측의 방법

범죄예측의 방법에는 개인의 여러 기록과 여러 환경요인들에 점수를 부여하는 계량적 연구로 범죄를 예측하는 점수법(이는 주로 환경성 범죄인에게 적용된다)과 개인의 유전과 이상심리에 초점을 가지고 사례연구를 통해 직접적·임상적 예측을 하는 전체적 평가법(이는 유전성 범죄인에게 적용되고 직관적 예측법이라고 한다)이 있다. 전자는 객관성과 타당성이 높고 경제적이나 개인의 다양성을 단순화한 것이 단점이며, 후자는 개인의 특수성을 정밀진단 할 수는 있으나 전문적인 것에 대한 견해차로 인해 객관적 기준의 확보가 곤란할 만큼 전문가의 도움이 있어야 사용가능하다는 단점이 있다.7)

---

04) 글렉부부는 사회적 인자, 성격적 인자, 정신의학적 인자를 추출해 아동의 장래비행을 예측하기 위한 목적에서 작성한 것으로 이 중에서 사회적 인자를 가장 중요한 예측인자로 보았다.

05) 배종대, 형사정책, 홍문사, 2000, 274면.

06) 진계호, 전게서, 345면.

07) 전체적 평가법은 전체적 관찰법, 진단적 방법, 임상적 예측법이라고도 하며, 종합적 지식을 응용하여 예측대상자의 인격관련사항 전체를 분석하는 방법이다.

한편, 범죄예측은 과학성이 전제되어야 하는 바, 과학적 범죄예측의 전제조건으로는 누가 해도 같은 결과가 나오는 신뢰성, 예측의 목적에 부합하는 내용으로 구성되어야 하는 타당성, 예측조작이 간단한 단순성, 적은 예측인자로 높은 효과를 얻는 효율성 등이 있다.

(4) 예측의 종류

가. 예측시점에 따른 분류

범죄예측은 예측시점을 기준으로 형사사법 이전의 조기예측, 재판시 행하는 재판시예측, 가석방시 행하는 석방시예측으로 나눌 수가 있다. 다시 말해서 형사 단계별로 범죄예측을 살펴보면, 비행성을 미리 발견해 범죄를 미연에 방지코자 하는 조기예측적 측면인 예방단계(우리의 소년분류심사원에서의 비행예측, 톰슨과 글륵부부의 조기예측연구)와 수사와 재판과 행형단계에서 이루어지는 사법단계에서의 범죄예측으로 나눌 수 있는데, 범죄예측은 석방시예측 → 재판시예측 → 조기예측의 순서로 발전했다(사법예측은 수사시예측, 재판시예측, 석방시예측으로 구분).

조기예측은 범죄의 사전예방을 위하여 범죄가능성을 예측하는 점에서 주로 잠재적 범죄자를 대상으로 하는 점에서 현실적 범죄자를 대상으로 하는 석방시예측이나 재판시예측과 다르다. 또한 범죄예측은 시행주체를 기준으로 공적기관에 의한 범죄예측과 사적기관에 의한 범죄예측으로 나눌 수가 있으며, 둘 간의 관계는 상호보완적으로 이용되어야 한다.

이러한 예측시점에 따른 분류에 대해 좀더 상설하면 조기예측은 범죄경력이 없는 일반인을 대상으로 범죄위험성을 예측하는 것이 처음부터 범죄에 빠지지 않도록 미연에 예방할 수 있다는 점에 이 방법의 의미가 있으나, 범죄와 무관한 시민의 자유영역을 침해할 수 있으며 대상설정에서 공평성과 경제성이 문제가 될 수 있는 한계가 있으며, 아무리 과학적 방법을 사용하더라도 어린 소년기에 미래의 비행을 미리 예측하는 것은 소년의 인격발전을 기계적으로 이해하지 않는 한 위험성이 너무 크며, 조기예측을 진지하게 생각하는 것은 매우 위험한 전체주의적 발상이라는 주장도 있다.[8)]

---

08) 배종대, 전게서, 313면.

그러나 사견으로는 위와 같이 조기예측이 소년에게는 매우 위험하다는 배종대교수의 주장은 조기예측법의 부정적 면을 지나치게 과장한 것이며 분류심사기법이 과학화, 인간화되면 오히려 비행소년에 대한 외래분류심사 등의 조기예측은 비행소년에 대한 교정복지적 욕구를 더욱더 충족시킬 수 있으며, 그런 비행예측이 범죄예방과 아울러 파생적인 여러 긍정적 효과가 나타날 수 있다. 다시 말해서 분류심사과정, 즉 비행소년에 대한 환경조사와 상담, 각종 심리검사, 행동관찰, 건강진단, 정신의학적 진단, 가족간의 심리관계 등의 보호자 상담, 가정과 사회에 대한 현장조사, 적응, 부적응 등의 대인관계 관찰, 신체, 심리, 진료 및 생육사 등의 2차 상담과정을 통해서 가족간의 심리 사이에 문제가 있을 경우 관계 복지기관에 가족치료 등의 역동적 치료수요가 발생하며 비행소년의 불안이나 부적응행동에 대한 적절한 귀인(attribution)과정을 통해 사회심리적 치료를 할 수 있으며, 비행소년이 알지 못하는 자신의 건강에 문제가 있을 경우 관계기관을 통해 치료케 함으로써 소년의 복지에 기여할 수 있고, 비행소년을 둘러싼 가족, 학교, 친구 등에 대한 심리치료훈련수요량을 파악하게 할 수 있는 부가적 장점도 있다.

심리치료훈련수요량이란 비행소년이 다시 범죄를 하지 않게 하는데 필요한 가족, 친구 등 생태계가 가져야 할 심리적 기대수준양에서 현재 처해 있는 심리적 현재치를 제한 것이라고 할 수 있는데, 소년에 대한 조기예측 등의 외래분류심사에서 가족이나 학교, 친구 등 주위 생태계와 대상클라이언트간의 심리관계의 파악을 하는 과정에서 대상클라이언트와 주위 생태계의 심리치료훈련 수요량을 파악할 수가 있다.

그리고 수사단계예측이란 수사기관에서 비행자, 범죄자에 대한 수사를 종결하면서 내릴 처분을 결정할 때 사용하는 예측으로 수사의 종결단계에 이르면 경찰은 기소 또는 기소유예처분, 훈계방면을 할 것인가를 결정하는데, 이러한 결정은 범죄자에 대한 위험성 판정을 전제로 하며 적정한 예측은 수사종결후 처분선정을 함에 있어 중요한 역할을 한다고 한다.[9)]

그러나 진계호 교수 등의 기존 학자들의 수사단계에서의 예측에는 그 대

09) 진계호, 전게서, 349면.

상을 범죄자나 비행자에 한정시켜 스스로 그 범위를 좁히고 있다. 따라서 수사단계에서 범죄피해자의 범행에 대한 예측의 중요성을 간과하고 있다. 강력범죄나 조직범죄 등의 피해자는 대항범죄를 행할 가능성이 많으므로 수사단계에서의 범죄예측에는 기존 학자들이 보지 못한 범죄피해자나 범죄피해자의 위험한 생태계에 있는 자들의 범행의 위험성을 예측하는 것도 포함되어야 한다.

그리고 재판단계예측이란 재판단계에서 피고인의 개별처우를 위해 그들의 장래행동을 예측하는 것을 말하는데, 이러한 예측은 특히 양형책임을 결정하는 중요한 수단으로 작용하는데 정확한 재판예측을 하기 위하여 판결전 조사제도가 보완되어야 한다.[10)]

석방단계예측이란 주로 석방할 때까지 얻은 자료를 토대로 가석방후의 범죄 또는 비행의 여부를 예측하는 것으로 가석방 여부, 가석방의 최적시기 등을 판단하는데 필요한 자료를 얻기 위해서 행해지며, 가석방의 예측에 관한 연구로는 버제스, 글룩부부, 쉬이트 등의 연구가 대표적이다.[11)]

나. 예측방법에 따른 분류

이 부분은 앞에서 잠시 살펴보았지만, 좀더 상세히 설명하자면 예측방법에 따라 전체적 관찰법, 통계적 예측법, 통합적 예측법이 있다. 전체적 관찰법이란 범죄자에 대하여 의학, 심리학, 사회학의 지식을 이용하여 예측대상자의 인격상태, 환경조건, 성장과정 등 인격과 관련된 사항의 전체를 분석한 결과를 바탕으로 범죄행동을 예측하는 방법을 말하는데, 임상적 경험에 의해 예측하므로 효율적인 결과를 기대할 수 있으나 평가자의 주관이 개입하기 쉬우므로 객관적 기준을 확보하기 어렵다는 단점이 있다.[12)]

이러한 전체적 관찰법 또는 직관적 예측법에 대하여 배종대 교수는 이는 신뢰할 수 있는 방법이 아니며 형사정책적 결정의 토대가 되는 범죄예측을 이같은 방법으로 행하는 것은 법치국가적으로 큰 문제라고 혹평하나[13)], 사견으로는 이러한 전체적 관찰법 또는 직관법은 모든 범죄자에 대하여 일반

010) 진계호, 전게서, 349면.
11) 진계호, 전게서, 349면.
12) 진계호, 전게서, 347면.
13) 배종대, 전게서, 309면.

화할 수는 없지만, 어느 정도 정형화된 행태를 보이는 예측대상자나 특정 범죄의 범죄인에 대해서는 뛰어난 예측방법이 될 수 있다고 본다.

통계적 예측법이란 일정한 사람의 비행이나 재범에 대한 위험성의 판정 문제가 생길 때 범죄와 관련된 사항을 통계적 조사자료를 계량화한 예측표에 의해 범죄의 가능성을 예측하는 방법으로 이미 만들어진 판정척도를 사용하므로 판정과정에 전문가의 개입을 요하지 않고 타당성을 가지나 개별 범죄자마다 고유한 특성이나 개인의 편차를 예측과정에 충분히 반영할 수 없다는 단점이 있다.[14]

통합적 예측방법은 직관적 예측방법과 통계적 예측방법을 일정한 방향으로 조합함으로써 각각의 예측방법의 단점을 보완하고자 하는 예측방법으로 판단자가 먼저 직관적 예측을 하고 그 다음으로 예측표를 이용하여 그의 직관적 예측이 맞는지 검토하는 방식이다.[15]

그런데 이러한 통합적 예측방법에 대해 배종대 교수는 이런 방법은 각각의 예측방법의 결함은 어느 정도 줄일지 모르지만 완전히 제거하는 것은 불가능하다는 점을 이 방법에 대한 비판으로 언급했으나[16], 사견으로는 통합적 예측방법이 각각의 예측방법의 결함을 완전히 제거하는 것은 불가능하다는 것은 비판의 영역으로 언급할 성질이 아니라고 생각한다. 그것은 "예측"이라는 개념자체가 불완전하고 상대적 개념을 필연적요소로 하므로 각각의 예측방법에 대한 비판도 상대적 개념의 영역내에서 이루어져야 하므로 "완전히 제거한다"라는 절대적 완전한 속성을 가진 개념자체가 여기에서는 성립할 수가 없기 때문이다.

그런데 위에서 살펴본 기존학자들의 예측방법의 분류의 기본전제는 범죄예측의 대상자로 범죄인과 비행자로 한정되어 있어 역동적이고 동태적인 범죄예측에 한계가 있다고 생각한다. 특히 수사단계와 재판단계에서는 폭력조직간의 집단범죄와 같은 특정범죄들에서는 범죄인과 피해자, 그리고 그들을 둘러싼 생태계에 있는 자들은 역동적 상호작용을 필연적으로 거치므로 이 경우 범죄인외에 피해자나 그들의 생태계도 대항범죄를 할 가능성이 많다.

14) 진계호, 전게서, 347면.
15) 배종대, 전게서, 311면.
16) 배종대, 전게서, 311면.

따라서 예측방법의 분류에서 범죄예측대상자에 따라 범죄인과 비행자, 피해자, 생태계 등으로 나누어 운론해 볼 수도 있을 것이다.

그러나 이러한 범죄예측이론은 고의범이나 상습범, 직업범 등에는 잘 적용될 수 있지만, 과실범이나 우발범, 격정범, 정신질환에 의한 범죄 등을 예측하는 데는 근본적으로 한계가 있을 수밖에 없다.

(5) 예측의 문제점

가. 기술적 측면

범죄예측은 어떠한 예측방법을 사용하더라도 기술적으로 한계가 있다. 가장 큰 문제는 예측의 부정확성이다. 특히 선별적 무능화(이는 범죄인이 다시 재범할 것인가를 예측해 범죄성이 강한 범죄인을 그렇지 않은 자보다 선별구금 또는 형량을 강화시키는 것)는 현재가 아닌 장래의 범행에 대한 예측에 의해 부과되므로 행위주의나 책임주의에 반한다. 그런데 A가 재범할 것이라고 예측했는데 그가 실제로 재범한 경우는 문제가 없지만 A가 재범하리라고 예측했는데 실제로 재범하지 않은 경우(이를 잘못된 긍정이라고 함)와 A가 재범을 하지 않으리라고 예측했는데 실제로 재범을 한 경우(이를 잘못된 부정이라고 함)가 문제가 되는데, 특히 잘못된 긍정의 경우가 가장 문제시된다.

나. 윤리적 문제

미취학아동이나 범죄를 행할 우려가 있는 아동들에게 범죄의 조기예측을 한다면 소위 낙인이론가들이 말하는 대로 예측 그 자체로도 낙인의 효과가 발생할 수 있고, 나아가 이런 낙인적 효과를 갖는 예측조사가 범죄성이 없는 아동들에게 오히려 범죄성이 생기도록 하는 결과가 발생할 수도 있어 윤리적 문제가 제기될 수도 있다.

또한 범죄조기예측의 결과 범죄가 행할 우려가 있다고 예측된 소년에게 특정한 예방조치를 가한다면 광의의 죄형법정주의에 위배되며 또다른 인권문제를 야기할 수도 있다.

다. 정치적 측면

이것은 범죄예측결과에 따라 이익 또는 손해를 볼 수 있는 관련집단들이 예측결과에 영향을 미칠 수 있는 경향성을 말한다. 여기서 정치적 측면이란 특정집단이 자신들에게 유리한 자원을 확보하기 위하여 상징형성이나 상징조작 등을 행하는 것을 말한다.

만일 특정국가의 경찰집단이나 교정기관이 경찰조직이나 교정조직의 확대를 위하여서는 앞으로 범죄예측이 증가될 것이 예상되고 그런 범죄증가가 예상된다면 관련 형사사법기구가 증대될 것이 공중의제 또는 정책의제화되어 정책실현이 되는 것을 목적을 둔 형사사법기관은 자신에게 유리한 민간조사기구 또는 내부연구기관을 이용해 초범 또는 재범의 범죄예측이 높게 나오도록 정치적 자원을 행사할 수 있다. 이런 현상은 특히 후진국에서 그런 경향이 강할 것이다.

또한 특정국가의 정치지도자가 자신의 특정한 목적을 달성하기 위하여 범죄예측이 높게 또는 낮게 나올 수 있도록 정치적 자원을 사용하고 그런 왜곡된 범죄예측결과를 가지고 특정한 상징조작이나 상징형성을 통해 자신의 정치적 목적을 달성하는 경우도 있다.[17)]

(6) 예측이론의 교정복지적 의의

범죄예측이론은 결국은 범죄가능성이 있는 사람이나 또는 범죄인, 수형자들이 장래의 범죄행위에 대한 빈도, 발생가능성과 정도 등을 과학적 방법을 통해 예언하는 것이라고 할 때 이러한 범죄예측조사는 사후적 교정복지, 사전적 교정복지와 연결될 수가 있다.

사전적 교정복지란 우범자, 피해자, 준범죄인 등에 대하여 범죄가 장래에 발생하지 않도록 모든 자원을 동원하여 이루어지는 모든 역동적인 노력으로 예방적, 적극적 교정복지와 관련되는 활동이다.[18)]

사후적 교정복지란 이미 범죄를 행한 범죄인에 대하여 교정복지사 등이 재범방지와 올바른 재사회화, 정서적 지원을 위해 행하는 의도적이고 역동

17) 이런 정치적 측면의 문제점은 천정환 교수가 최초로 언급했다.
18) 천정환, 제1차 교정복지학술대회 자료집, 80면.

적 노력으로 전통적 교정복지와 연결된다.[19]

따라서 예측에서 잠재적 범죄인을 대상으로 하는 조기예측에 있어 범죄의 위험성에 관한 일정한 결과가 나올 경우에는 어떠한 법적조치는 취할 수 없지만 이 경우에 많은 자료를 얻은 조기예측기관은 교정복지사와 연결하여 교정복지사가 사전적 교정복지서비스를 제공할 수 있는 방법이 제도화될 수 있어야 한다. 물론 이때 주의할 점은 그러한 사전적 교정복지 서비스의 제공이 대상 클라이언트의 기본권을 침해하거나 미래의 비행자로 낙인을 찍는 일이 없도록 세심한 주의를 기울여야 한다. 그리고 수사단계나 재판단계, 교정단계에서 얻어진 대상 클라이언트에 대해 많은 자료들은 교정복지사에게 귀중한 자료가 될 수 있다. 교정복지사는 이들 기관과 연계하여 재범의 위험성이 많다고 예측된 범죄인 등에 대하여 사후적 교정복지 서비스를 효율적으로 적시에 제공할 수 있다.

3) 기존의 범죄예방이론의 내용과 비판

(1) 범죄예방의 개념

범죄예방에 대한 개념은 학자마다 상이한데, Hough는 "형법에 의해 범죄로서 규정된 사건의 발생을 줄이려는 모든 활동을 포함하는 매우 포괄적 개념"이라고 하고, Greenberg는 범죄예방을 범죄와 범죄에 대한 두려움을 감소시키기 위하여 고안된 행위로 보았다.[20]

또한 Lab은 범죄예방을 "실제의 범죄발생과 범죄에 대한 공중의 두려움을 줄이는 사전활동"으로 규정하며, 김상균은 범죄예방을 "범죄적 기회를 감소시키려는 사전활동이며, 범죄에 관련된 환경적 기회를 제거하는 직접적 통제활동"이라고 하며, 범죄요소를 범죄욕구, 범죄기술, 범죄기회로 구분한 뒤 범죄예방은 "범죄욕구나 범죄기술에 대한 예방이 아니라 범죄기회를 감소시키려는 활동"이라고 주장한다.[21]

한편, 송광섭은 경찰에 의한 범죄예방이란 "범죄발생을 방지하기 위해

---

19) 천정환, 제1차 교정복지학술대회 자료집, 80면.
20) 김상균, 범죄학원론, 양서원, 2005, 315면.
21) 김상균, 전게서, 316면.

경계체제를 하고, 범죄가 일어났을 때는 이를 제지하고, 또 범죄의 유인을 제거하는 등의 방범활동"이라고 주장한다.[22]

배종대는 범죄예방은 "범죄발생의 원인을 제거하거나 범죄억제작용을 하는 여러 원인을 강화함으로써 장래에 범죄가 발생하지 않도록 하는 것"이라고 주장한다.[23]

그러나 김상균의 견해에 의문이 간다. 즉, 그는 범죄예방을 "범죄욕구에 대한 예방이 아니라 범죄기회를 감소시키려는 활동"이라고 하여 범죄예방에 대한 가장 중요한 요소인 범죄욕구의 감소를 무시했으며 또한 그의 주장에 의하면 범죄기회와 무관한 범죄[24]의 예방을 설명하지 못한다. 또한 김상균은 범죄가 저질러지는 필수요소를 범죄욕구, 범죄기술, 범죄기회로 구분하나[25], 범죄기술은 범죄의 필수요소가 아니며 다만 범죄발생을 더욱더 강화시키는 한 요소에 불과하다. 또한 고의범에서는 보상과 비용의 비율이 범죄발생의 한 요소이다.

다시 말해서, 적어도 계획적인 고의범인 경우에는 아무리 범죄의 욕구가 크고, 범죄기회가 주어져도 범죄를 행함으로써 획득되는 보상(경제적, 사회적, 심리적 등 모든 보상을 의미)이 범죄를 행할 때 오는 비용(범죄소요비용, 발각에 대한 두려움, 은둔비용, 죄책감 등)보다 커야 비로소 범행이 이루어지는데 그런 것에 대한 설명이 부족하다.

그리고 배종대는 범죄예방을 "범죄발생원인을 제거하거나 범죄억제작용을 하는 여러 원인을 강화함으로써 장래에 범죄가 발생하지 않도록 하는 것"이라고 하여 범죄예방의 패러다임을 범죄원인제거와 범죄가 아예 발생하지 못하는 논리로 접근하나 이것은 범죄발생원인은 제거할 수도 없으며 범죄발생원인과 적정수준의 범죄는 사회발전에 필수적이라는 범죄사회학적 시각을 생각할 때 또한 범죄에 따라서는 효용을 가져다주는 면이 있다는 것을 고려할 때 동의할 수 없다.

따라서 사견으로는 범죄예방이론은 집합적 측면에서는 모든 범죄가 사라

22) 송광섭, 형사정책, 유스티니아누스, 1998, 291면.
23) 배종대, 형사정책, 홍문사, 2003, 317면.
24) 가령 명정상태에서의 격정범, 또한 사상범, 확신범 등은 범죄기회와 무관한 범죄이다.
25) 김상균, 전게서, 316면.

져야 한다는 관점이 아닌 적정수준을 넘어선 범죄의 발생을 줄여야 한다는 패러다임과 동시에 범죄는 때에 따라서는 적절한 효용을 증가시킨다는 시각으로 접근할 필요가 있으며 그런 점에서 필자는 범죄예방을 "심리적, 기술적, 사회적, 정책적 제요소를 활용하여 범죄발생빈도를 감소시키려는 공공재"라고 정의하고자 한다. 다시 말해서 범죄의 위하력, 개인적 사회화 등을 통해 범죄의 심리적 욕구를 최소화시켜야 하고 방범전략, 건물의 재설계, 보안장치 등의 기술적 요소를 활성화하여 범죄발생의 기회를 줄여야 하며, 상대적 빈곤감의 해소, 자원의 적절한 분포, 교육기회의 확대 등의 사회적 정책을 통해 범죄발생의 사회환경적 요인을 감소시켜야 하며, 경찰치안정책, 형사사법정책, 수사정책, 공인탐정제도의 신설 등 여러 정책적 요소를 활용하여 범죄발생을 적정수준으로 통제하는 것이라고 할 수가 있다.

(2) 범죄예방모형

가. Jeffery의 모델

그는 형벌을 통해 범죄를 억제하려는 범죄억제모델과 교육, 훈련, 개선방법, 지역활동, 복지정책을 통해 범죄인의 재새회화에 중점을 두는 사회복귀모델(주로 재범 방지에 중점), 모든 사회환경의 개선(즉, 환경정화, 도시정책, 각 분야에서의 갈등 해소, 인간관계의 개선)을 통해서만 범죄가 예방된다고 하는 환경공학적 범죄예방모델과 범죄행위에 대한 어려움을 높여 범죄기회를 줄임으로써 범죄를 예방하려는 상황적 범죄예방모델(이는 CPTED라고 하는 환경설계를 통한 범죄예방의 개념을 기초로 한다)을 두고 있다.

다시 말해서 범죄억제모델은 18세기의 고전학파의 범죄론과 관계되는데, 여기서는 모든 인간은 자유의지에 의하여 합리적 행동을 한다는 가정하에 서 있다. 따라서 범죄행위에 대한 처벌이 엄격하고 처벌이 신속할수록, 모든 범죄에 대해서는 반드시 처벌된다는 체벌의 확실성이 클수록 합리적 개인은 범죄행위를 할 때 오는 이익보다 고통이 크다는 사실을 인식하므로 범죄를 억제한다는 것이다. 다시 말해서 처벌의 엄격성, 처벌의 확실성, 처벌의 신속성을 통해 범죄를 예방하려는 것이다.

그 다음으로 사회복귀모델은 19세기의 결정론적 인간관에 바탕한 것으로 임상적 개선, 지역활동, 교육, 직업훈련, 복지정책 등 사회정책적 수단을 통하여 범죄인의 재사회화와 재범방지에 중점을 둔 범죄대책모델로 이 모델은 범죄자의 재범방지에 중점을 둔다는 의미에서 현대행형론의 주요한 모델이 되고 있다.[26)]

그 다음으로 사회환경개선을 통한 범죄예방모델은 범죄의 원인을 개인과 환경과의 상호작용에서 찾는 사회적 범죄론에 기초하는 것으로서 범죄예방의 방법으로는 사전적인 범죄예방을 지향하는데, 다시 말해서 사전적 범죄예방은 빈곤, 차별, 경제적 불평등, 사회구조의 해체 등 사회적 범죄환경요인을 개선 내지 제거하여야 한다는 것이다.[27)]

그리고 제프리는 환경설계를 통한 범죄예방(CPTED)의 개념을 제시하였는데, 이것은 주택 및 도시설계를 범죄예방에 적합하도록 구성하려는 생각으로 이러한 생각은 뉴우만에 의해서도 제시되었는데, 그는 주택건축과정에서 공동체의 익명성을 줄이고 범죄자의 침입과 도주를 차단하며 순찰, 감시가 용이하도록 구성하여 범죄예방을 도모하여야 한다는 방어공간의 개념을 특별히 사용하였다.[28)]

나. 제프리 이론에 대한 비판(사견)

제프리의 범죄예방이론은 전통적인 강력범인 강도, 강간, 절도 등에는 일부 적용될 수 있지만 현대의 신종범죄인 사이버 범죄나 과실범, 우발범 등에게는 적용될 수 없는 한계를 안고 있다(환경설계를 통한 범죄예방모델인 경우). 그리고 그가 주장한 범죄억제 모델은 모든 범죄에 일반화시키기 곤란하다. 그것은 범죄인은 비용과 보상의 합리적 계산에 의해서만 항상 범죄하는 것은 아니기 때문이며, 범죄억제모델에서 말하는 처벌의 효과도 범죄의 종류, 범죄인의 특성 등 여러 변수에 의해 효과가 다를 수 있기 때문이다.

또한 그가 주장한 사회복귀모델도 일부 범죄인에게만 적용될 수 있고 모

26) 진계호, 전게서, 334면.
27) 박상기외, 형사정책, 형연원, 2001, 254면.
28) 박상기외, 전게서, 255면.

든 범죄인에게 적용될 수 없는데, 가령 노회한 정치범, 사상범, 종교적 확신범 등에게는 실효가 없으며 과실범이나 격정범에게는 그런 사회복귀모델의 재사회화에 대한 훈련수요가 거의 없기 때문이다. 또한 그가 환경설계를 통한 범죄예방모델에서 중시한 방어공간의 개념은 물리적 개념만을 전제로 한 것이어서 범죄인에 대한 심리적 방어공간의 중요성을 간과한 오류를 범했다. 왜냐하면 갈수록 발달하는 과학기술 앞에서는 그러한 "물리적 방어공간"의 개념보다는 "심리적 방어공간"의 개념이 더 중요하기 때문이며, 또한 기존학자들의 "물리적 방어공간"개념은 절도 등 전통적 범죄에만 적용되나 필자가 주장하는 "심리적 방어공간"의 개념은 그러한 전통적 범죄보다 더 많은 범죄를 포섭할 수 있기 때문이다.

다. 코헨과 헬슨의 일상활동이론

이는 범죄예방에서는 범죄발생요인을 범죄욕구, 범죄능력, 범죄기회로 구분하고 범죄가 발생하는 상황적 요인 특히 범죄기회를 통제하여 범죄를 예방하자는 것이다.

범죄피해 우려자에 대한 일상활동유형의 구조적 변화는 범죄피해 가능성을 감소시킬 수 있는데, 일반적으로 범죄자는 다음과 같은 세 가지 조건이 맞을 때 범행을 시도하게 되는데 ① 범죄의 접근용이성과 발각가능성이 희박한 표적물, ② 대상획득의 용이성, ③ 대상의 가치로 따라서 일상활동이론적 관점에서의 범죄예방은 위와 같은 세 가지 조건을 제거하는 것이라고 할 수 있으며, 이것은 범죄자가 어떤 목표물이나 개인에 대한 접근가능성을 감소시키고, 표적을 견고하게 하며, 목표물의 가치를 인식할 수 없도록 적절한 위장과 은폐를 하는 것도 한 가지 방법인데, 예를 들어 전문강도범들이 고급승용차를 타고 다니는 여성을 범행대상으로 삼는다든지, 고급옷이나 고급장신구를 달고 다니는 사람, 고급주택을 대상으로 하는 것도 대상의 가치가 높기 때문에 범행되상이 될 가능성이 많은 것이다.[29)]

다시 말해서 범죄발생요인으로서 범죄욕구, 범죄능력 및 범죄기회를 들면서 범죄기회가 주어지면 누구든지 범죄를 저지를 수 있는 것으로 보는 일상범죄이론은 상황적 범죄예방모델의 이론적 근거가 되는데, 상황적 예

29) 이상원, 방범론, 대명, 2001, 33면.

방이론에 대해서는 한 지역의 상황적 범죄예방활동의 효과는 다른 지역으로 확산되어 다른 지역의 범죄예방에도 긍정적인 영향을 미치게 된다는 소위 '이익의 확산효과(diffusion of benefit)'를 인정하는 견해가 대두되고 있지만, 상황적 범죄예방활동은 다른 시간, 다른 장소에서의 범죄행위로 전이되는 소위 '전이효과(displacement effect)'가 있을 뿐이라는 부정적인 시각도 대두되고 있으며, 특히 레피토(T.A. Reppetto)는 전이양상을 시간적(temporal) 전이, 전술적(tactical) 전이, 목표물(target)의 전이, 지역적(territorial) 전이, 기능적(functional) 전이의 다섯 가지로 분류하는데 이에 따르면, 상황적 범죄예방활동은 전이효과를 가지기 때문에 사회의 전체적인 측면에서 범죄를 줄일 수 없게 된다는 것으로 상황적 범죄예방활동은 높은 담, 철조망 등 과도한 경비시설에 의해 요새화된 사회(fortress society)를 형성하고, 국가기관(大兄 : big brother)에 의해 과도하게 통제되는 국가통제사회를 만들어 결국에는 국민의 인권을 침해할 소지를 안고 있다는 비판을 받는다.30)

라. 일상활동이론에 대한 비판(사견)

누구든지 범죄기회가 주어지면 범죄를 저지를 수 있는 것으로 일상범죄이론은 주장하지만, 범죄행위는 그런 단순한 도식이 아니라 복잡한 내적·역동적 과정을 거쳐서 결정된다는 점에서 사회심리적 학습이론의 관점이 결여되었다.

일상범죄이론에서는 범죄발생요인으로서 범죄욕구, 범죄능력과 범죄기회를 들고 있으나, 과실범과 정신병적 범죄는 이들 요인과는 무관하게 범죄가 발생하며, 집단범죄에서는 범죄욕구나 범죄능력이 없어도 "집단사고"에 의해 범죄가 발생할 수 있다. 또한 전통적 범죄인 강력범에 있어서도 범죄발생요인으로 범죄욕구, 범죄능력, 범죄기회에 의해 발생할 수 있지만, 엄밀히 말하면 이들 요인들은 범죄발생의 필수요인은 되어도 범죄발생의 충분요인은 되지 못한다.

다시 말해서 전통적인 범죄에 있어서도 범죄는 범죄욕구, 범죄능력, 범죄기회의 3요건이 모두 갖추어졌다고 바로 범죄가 발생하는 것은 아니며,

30) 박상기외, 전게서, 255면.

범죄가 발생하기 위해서는 충분조건이 충족되어야 한다. 그러한 충분조건에는 공격적 행동의 학습여부, 공격적 행동이 실패시 처벌의 경험여부, 범죄행위시 비용과 보상의 비율의 정도, 범죄인을 둘러싼 생태계의 상태, 범죄인의 사회화나 내적성숙도의 정도 등 다양한 충분조건들이 역동적으로 작동하는 과정을 거쳐서 범죄행위를 실행하게 된다.

4) 천정환의 신범죄예방론

앞에서 살펴보았듯이 기존의 국내외 학자들은 범죄예방이론을 전개함에 있어서 절대적 예방론과 무차별적 예방이론의 관점에 서 있다. 다시 말해서 지역이나 국민, 주민의 특성이나 범죄의 종류를 무차별적으로 동일시하는 예방논리에 입각하여 일반화의 오류에 젖어있다. 모든 범죄는 나쁘고 사회나 개인의 복지효용을 감소시키므로 철저히 범죄는 예방되어야 하며 범죄예방이 최선이라는 절대적 사고방식에 젖어있다.

그러나 사견으로는 그러한 기존 국내외 학자들의 절대주의적, 무차별주의적 범죄예방이론은 경우에 따라서는 범죄 자체가(특히 법정범인 경우) 개인과 당사자 및 사회의 복지효용의 한계효용곡선을 우상승시켜 그 결과 사회전체와 당사자들의 복지수준을 증가시킬 수 있다는 사실, 즉 범죄자체가 바로 복지재화의 생산이 될 수 있다는 사실들을 간과한 경직되고 단편적 이론이라고 생각한다.

따라서 필자는 기존학자들의 절대적 범죄예방이론에 대해 상대적 범죄예방이론을 주장하며 또한 기존의 무차별적 범죄예방이론에 대해 차별적 범죄예방이론을 주장하고자 하며, 그리고 상황적 범죄예방접근이 필요하다고 생각한다. 필자의 상대적 예방이론이란, 기존의 절대적 범죄예방이론이 범죄는 마이너스적 가치개념을 가진 것이므로 모든 범죄는 철저히 예방되어야 하며, 범죄예방이 최선이라는 미시적 사고방식을 가진 것에 대해 상대적 범죄예방이론은 국민과 지역주민, 지역문화, 범죄의 특성들에 유의하면서 가령 해당 지역사회의 존속을 위해서는 일정한 범죄의 기본공급량은 필요하다는 총체적·거시적 시각에서 해당지역사회의 적정범죄량을 산출한 다음에 그것을 초과하는 범죄 공급부분에 대해서는 적극적인 직접범죄예방서비스정책을 펴나가고 만일 해당지역사회의 범죄량이 그 지역사회의 존속을 위해 필요한 범죄량에 미치지 못할 때는 제약조건인 경찰과 지역유관기관의 자원을 다른 곳으로 돌리고 범죄예방에 대해서는 소극적 범죄예방 또는 무예방정책으로 나가자는 이론이다.

그리고 차별적 범죄예방이론이란 해당지역 사회의 특성과 범죄의 특성에 맞게 해당경찰기관 및 해당경찰기관과 치안서비스를 공동생산하는 지역주민 등 각 유관기관들의 제한된 자원을 지역특성이나 범죄의 특성에 따라 차별적으로 분배하되, 궁극적으로는 범죄예방서비스의 한계효용이 가장 크고 범죄예방과 관련하여 그 지역사회에서 가장 불리한 계층이나 지역에 우선적으로 자원을 배분하자는 가치지향적 범죄예방이론이다.

그것은 해당지역사회의 부유촌에서는 자체적으로 경찰 등의 공적범죄예방재화보다 경호나 민간경비와 같은 사적범죄예방재화를 더 선호하여 이들 민간경비가 많이 설치된 부유촌 지역에서는 상대적으로 기존의 무차별적이고 비배제적인 공적경찰범죄예방서비스에 대한 한계효용이 낮고 또한 비용의 가외성(加外性, reduncy)문제가 발생하므로 상대적으로 경찰 등의 공적 범죄예방서비스는 이들 지역에 적게 투입하자는 것이다.

그리고 범죄의 특성에 맞추어 슬럼가 등의 지역에서는 상대적으로 폭력예방서비스가 더 필요하므로 이러한 폭력예방서비스기법을 발전시켜 적응할 필요가 있으며 상대적으로 젊은 여성들이 많이 거주하는 지역에서는 강간 등 성범죄예방 서비스에 중점을 둘 필요가 있으며 노인이 많이 사는 지역에서는 사기예방 서비스기법을 발전시켜 적용할 필요가 있다.

그리고 상황주의적 범죄예방이론은 기존의 범죄예방이론들은 예방적 논리와 통합적 논리만 강조하는 것에 대한 반발적 이론이다. 기존의 범죄예방이론, 특히 경찰과 지역주민, 유관기관들이 치안서비스를 공동생산하자는 지역사회경찰활동인 통합적 범죄예방이론과 앞의 절대적 범죄예방이론은 강도, 절도 등의 전통적 강력범에만 적용되는 이론으로 과실범이나 사이버 범죄, 화이트칼라범죄, 격정범, 단순도박, 간통 등의 복지적 범죄에 대해서는 적용할 수가 없다.

여기서 복지적 범죄 또는 복지범죄란 최초로 필자가 조작한 개념으로 법도덕주의 개념인 매춘, 농촌총각이나 장애인의 성구매행위나 단순도박, 간통 등이 그 예로 이런 복지범죄는 범죄예방활동 자체가 당사자들의 복지욕구를 훼손시키는 법간섭주의적 산물로 범죄예방서비스 자체가 의미없는데 소위 피해자없는 범죄와 연결되며 적극적으로는 범죄당사자들의 복지효용을 증가시키고 정의 외부효과가 발생해 실질적인 총사회효용곡선을 우상승하는 것이므로 이러한 복지적 범죄에 대해서는 경찰 등은 비간섭주의로 나아가야 한다. 그리고 자살이나 절도, 강도 등에 대해서는 범죄예방적, 통합적 관점에서 범죄예방 서비스를 제공하고 지능범이나 사이버범죄, 기술범죄, 정보범죄에 대해서는 통합적 예방관점이 아닌 경찰의 단편적인 예방관점이 필요하며 사회심리범죄에 대해서는 통합적 관점이나 경찰 등의 단편적 접근보다는 교정복지사 등의 민간기관적 접근이 낫다.

사회심리범죄란 본인이 조작한 개념으로 관심을 끌기 위해 행하는 범죄 또는 비교욕구, 애착, 집단 심리 등 사회심리적 내용과 관계되는 범죄라고 할 수 있다.

또한 필자는 총체적 관점으로 범죄예방이론을 해야 한다는 의견을 제시하는데 그것은 기존학자들이 범죄예방이론을 전개하는 과정에서 총체적 관점이 부족하다는 것이다. 가령, 강영실 교수 등 기존 학자들은 통합적 관점에서 범죄예방을 위해 지역기관들이 연계해 범죄가 줄어들면 그 결과 교정경비가 줄어든다는 논리를 펴나[31], 그것은 총체적 시각과 현실적 시각이 부족한 틀린 주장이다. 가령 기존 학자들의 주장대로 지역사회기관과 경찰이 치안예방서비스에 자원을 많이 배분하면 상대적으로 지역사회기관과 경찰 등이 복지나 교육, 수사, 정보 등 다른 분야에 필요한 자원을 배분하지 못하는 데서 오는 기회비용이 발생하고 또한 지나친 예방서비스의 생산에 직접 비용이 증가하므로 그러한 기회비용과 예방서비스의 직접 생산비용을 합친 총비용은 오히려 증가하며 또한 한국의 교도소는 독거실을 사용하는 외국교도소와 달리 혼거실을 사용하므로 범죄인이 증가해도 규모의 경제가 발생해 오히려 수감자 1인당의 평균 수감비용은 감소하게 된다. 또한 기존 교수들은 경찰은 전혀 부패하지 않는다는 절대적 선에 기초하나 이것은 비현실적이며 또한 모든 인간은 자신의 이기심에 따라 선호의사를

31) 강영실, 제1회 교정복지학회 학술자료집, 2005, 42면.

시장에 나타내므로 경찰도 성과개념이 적고 무형성이 강한 예방서비스의 생산보다는 성과개념과 승진으로 연결되는 수사서비스의 생산을 선호하게 되는 관료제적 문제점이 있는데도 이런 관료제적 현실을 간과하고 있다.

다시 말하여 경찰 관료사회학적 시각도 참조하여 경찰의 관료적 행태도 가변적 변수로 취급하고 지역사회기관이나 주민들의 이기적 선호의사도 포함하는 역동적 체제과정 속에서 범죄예방이론을 모색하는 거시적 시각이 필요하다.

5) 신범죄예방론의 교정복지적 의의

신범죄예방론에서 지역복지관 등의 교정복지사가 범죄예방서비스의 생산에 참여할 때에는 종전의 무차별적, 무가치적 개입보다는 차별적, 가치적 개입을 할 필요가 있다. 특히 본인이 주장한 복지범죄에 대한 예방서비스의 생산에 교정복지사 등이 참가할 때는 교정복지사는 활동의 준거기준을 형식적인 범죄예방이 아닌 클라이언트의 실질적인 복지효용이 충족될 수 있도록 참가해야 한다. 가령 경찰과 지역복지관 등이 성매매방지를 위한 범죄예방서비스에 참가하더라도 교정복지사는 때로는 기존 제도의 틀을 깨더라도 클라이언트의 진정한 욕구를 파악하고 원조할 수 있어야 한다. 가령, 총각 딱지를 떼지 못한 지체장애인이 성구매를 하려고 할 때 교정복지사는 과거처럼 그런 장애인의 내적에너지를 다른 곳으로 돌리기 위한 원조활동보다는 불법이지만 집창촌의 위치 등 정보를 제공하고 때로는 그런 불법적인 성구매행위를 도울 수 있어야 한다. 그것은 범죄예방이론의 적극적이고 실질적 의미는 사회구성원의 인간적 만족과 편안함에 있다고 할 때 교정복지사는 활동의 준거기준을 대상클라이언트의 실질적 복지에 두어야 한다.

신범죄예방이론의 이념은 과거처럼 몰가치적 개념이 되어서는 안 되며 가치개입적, 차별적 이념이 되어야 하며, 그러한 가치개입의 판단기준은 클라이언트의 실질적인 복지효용에 두어야 한다. 그리고 교정복지사등은 과잉 법도덕주의나 과잉법간섭주의 등이 표현된 “금지된 행위”에 대해 범죄예방활동에 참가할 때도 기계적, 획일적 기준이 아닌 구체적이고 실질적인 기준에 의해 대상자에 따른 차별적 원조활동을 제공할 수 있어야 한다.

그리고 교정복지사는 경찰과 연합하여 범죄예방운동에 참여할 때에도 관료사회학적 시각을 갖추어 혹시 행해질지도 모르는 경찰에 의한 상징조작과 상징폭력에 대해 과감히 대항하는 용기있는 자세를 가져야 하며, 마찬가지로 지역주민 또는 지역기관과 연합하여 범죄예방운동에 참여할 때에도 지역주민의 편향된 가치체계가 있을 때에는 클라이언트의 위치에 서서 지역주민 또는 기관을 견제할 수 있어야 한다.

그리고 교정복지사는 우범자 또는 강력한 잠재적 범죄인에 대한 범죄예방상담을 할 때에도 기존의 범죄예방이론처럼 그가 범죄할 가능성이 높으면 무조건, 획일적으로 범죄예방을 막기 위한 상담에 최우선목표를 두어서는 안 되며, 실질적이고 구체적인 경우를 형량하여 범죄예방상담 또는 범죄행위시 사후조치에 대한 상담 또는 무간섭 등 여러 선택가능한 대안들을 선택할 수 있어야 하며, 그 선택판단의 기준은 클라이언트의 실질적인 복지, 예상되는 피해자, 클라이언트의 생태계에 대한 영향, 사회방위 등 여러 가지가 있을 수 있다.

2. 형벌론

1) 형벌관

(1) 구파와 신파의 형벌관

개인주의, 자유주의, 합리주의, 계몽주의를 배경으로 18세기에 나온 구파이론에서는 범죄행위의 결과를 중시하며(객관주의, 행위주의, 사실주의, 범죄주의) 도의적 책임론(자유의사를 가진 A는 자신이 적법행위를 할 수 있었음에도 범죄행위를 한 것에 대한 윤리적 비난), 자유의사론과 관계된다. A의 범죄행위에 상응하는 만큼 일정한 수형기간(정기형제도) 동안 고통을 당해야 하므로 응보형주의와 일반예방주의에 관계되고, 형벌과 보안처분의 관계는 2원론으로 보며(즉, 형벌과 보안처분은 별개로 본다. 형벌은 피해자 B가 죽은 범죄결과가 있어야 범인에게 부과하는 것이고, 보안처분은 실제 범죄결과가 없어도 범죄 위험성만 있으면 부과되므로), 교정처우모형은 구금모델과 정의모델(사법모델)과 관계된다.

한편, 19세기 후반에 나온 신파(근대학파)는 범죄인의 반사회적 성격을 중요시(A가 B를 죽일 때 죽인 결과보다는 A의 살인의 고의, 목적이 살인죄의 본질이라고 본다)하고(주관주의, 행위자주의), 책임의 근거를 소질과 환경에 의해 결정된 행위자의 반사회적 성격에 두며(사회적 책임론) 또한 범죄의 결과보다 고의와 같은 반사회적 위험성을 중시하므로 형벌과 보안처분은 본질적으로 같다고 본다(일원론). 재범의 위험성이 없으면 계속 구금할 필요가 없으므로 가석방, 상대적 부정기형, 집행유예, 선고유예와 관계되고 형벌의 개별화를 통해 범죄인이 재사회화를 촉진하므로 특별예방주의, 목적형주의와 관계되며 처우모형은 의료모델, 개선모델, 재통합모델과 관계된다.

(2) 절대적 형벌이론과 상대적 형벌이론

전자는 형벌의 의의를 응보에 둠으로써 범죄에 상응하는 고통을 주어야 한다는 생각으로 헤겔, 칸트가 대표적이다. 후자는 형벌의 의의를 응보로 보지만 범죄예방에 기여하는데 더 큰 의의를 두는 것으로 리스트, 베까리아, 포이에르바하가 대표적이며 상대적 형벌이론은 다시 일반예방이론(포이에르바하)과 특별예방이론(리스트, 신사회방위론)으로 나뉘어진다. 한편, Roxin은 절대적 형벌이론과 상대적 형벌이론의 결합을 시도했다(변증법적 종합설).

(3) 형벌이론의 최근 동향

여기에는 불개입주의와 사회방위론이 논의되는데, 불개입주의는 Martinson, Schur가 주장한 것으로 비형법적 방법으로 범죄자를 교정하고 도박, 간통처럼 피해자 없는 범죄를 형법에서 삭제하자는 입장이며 극단적 불개입주의와 공식적 형사사법절차의 절충으로 전환제도를 이용하자는 의견도 있다. 사회방위이론에서는 살다냐, 그라마티카 등의 극단적 사회방위론자들이 현행 형법체계를 폐지하고 사회방위법으로 대체하자고 주장하는 데 반해, 온건개혁주의를 표방하는 앙셀의 신사회방위론은 종래의 범죄퇴치이념이 사회의 이익을 위해 개인의 인격적 이익을 희생시킬 염려가 있다는 전제하에 사회보호와 범죄인의 재사회화를 동시에 고려한 이론이다. 한편, 이러한 사회방위론에 대한 비판으로는 형벌의 위하력이나 일반예방주의를 무시했고 비법률화로 인해 죄형법정주의의 약화를 초래했다는 점 등이 있다.

2) 형벌의 종류

(1) 사형(생명형)

이것은 형벌제도에서 가장 오래된 역사를 가지고 있는데 Kant, Locke, Lombroso, Welzel, Mezger, Birkmeyer 등의 사형존치론자들의 존치논거는, 사형은 중대범죄로부터 사회를 보호하기 위한 필요악이고, 일반국민의 법적 확신으로 정의관념에 부합하며, 일반예방효과가 크다는 것이다.

베까리아(범죄와 형벌에서 최초로 사형폐지 주장), Howard, Calvert, Liepmann, More, Sutherland, Jescheck, Koffka 등의 사형폐지론자들의 논거는, 사형은 인도주의적 입장에서 폐지되어야 하고, 오판에 의해 집행이 되었을 때는 피해회복방법이 없으며, 사형은 인간을 말살하므로 특별예방목적인 개선과는 거리가 멀고, 피해자에 대한 손해배상에 도움이 안되는 데다가, Sellin의 연구에 의하면 사형은 정치범과 살인범에 대해 위하력이 없다는 것이다.

사형존폐의 현황을 보면 완전히 폐지한 국가는 영국, 독일, 미국의 미시간주 등 일부 주, 우루과이 등 30여 국가가 있고 절차상으로만 폐지한 국가는 오스트리아, 벨기에, 덴마크, 이탈리아, 네덜란드, 스위스, 스웨덴, 노르웨이, 포르투갈, 아르헨티나, 콜롬비아, 멕시코 등이 있으며, 사형제도가 적용되고 집행을 하지 않는 국가에는 홍콩, 스리랑카 등 20여개 국가가 있다. 그리고 EU(15개국)는 사형제 폐지를 가입요건으로 하고 있다.

한편, 미국의 경우를 보면 1972년에 폐지된 사형제도는 1976년 41개주에서 부활되어 2001년 현재 37개 주에서 실시하고 있고 사형제도는 연방과 주의 차원으로 이원화되어 있다. 그런데 연방 사형수와 주 사형수의 차이는 사형수가 저지른 범죄가 "연방범죄"냐 아니면 "주 범죄"냐에 따라 나누어진다. 사형의 집행방법은 교수형이 가장 일반적이며 그 외에 참살, 총살, 전기살, 가스살 등이 있다. 우리나라의 사형제도를 보면 절대적 법정형으로서 형법이 사형을 정한 것은 여적죄 뿐이며(상대적 법정형으로서 사형에는 내란죄 등이 있다) 또 특별법상 사형을 인정하는 범죄를 규정한 법률에는 특정범죄가중처벌등에 관한 법률, 군형법, 국가보안법, 특정경제범죄가중처벌등에관한법률, 보건범죄단속에 관한 특별조치법 등이 있다.

(2) 자유형

가. 서 설

이것은 형벌 중 가장 뒤늦게 생겼다고 하여 막둥이 형벌로 불리우며 근대에 들어 형벌 중 가장 중요한 위치를 차지하고 있다. 자유형의 발전을 보면 브라이드웰 노역장(1555)에서는 교화를 목적으로 한 근대적 자유형을 처음으로 시도했고, 암스테르담 교도소(1595)에서는 근대적 자유형의 확립이 있었으며, 최초의 남녀 분리 처우와 최초의 성인·소년 분리가 있었다.

그러나 17세기에는 근대적 자유형주의에 대한 반동으로 응보형주의로 되돌아갔고, 그 뒤 18세기 후반에는 하워드의 영향으로 교도소 개량운동이 전개되었으며, 19세기 말엽에는 보안처분제도가 강조되었고, 20세기에 들어와서는 부정기형을 강조하게 되었다. 우리나라의 자유형에는 징역, 금고, 구류가 있는데, 징역은 교도소에 수용하고 정역에 복무시키는 형벌이며 무기와 유기의 2종이 있고 유기는 1월 이상 15년 이하(특별사유가 있으면 25년까지 가중)이다. 금고는 수형자를 교도소에 구치하나 정역을 과하지 않은 형벌로 명예를 존중할 필요가 있는 사상범 등에 과하며, 무기와 유기로 구별되고, 구류는 수형기간이 1일 이상 30일 미만이며 경범죄처벌법 기타 단행법규에 규정되어 있다.

나. 자유형의 문제점

① 단기자유형의 폐해문제

단기의 형기는 수형자를 교화시키기에는 너무 짧은 기간이고 오히려 재범의 토양이 되는 기간이라는 의미인데, 여기서의 "단기"에 대해 리스트는 6주 이하설, 1959년 UN범죄자처우회의는 6월 이하설, 미국은 1년 이하설의 입장이며 우리는 6월 이하의 형을 단기형으로 보고 있다. 이런 단기자유형을 폐지하자는 논거는, 개선효과를 기대할 시간이 부족하고, 위하력이 약해 일반예방적 효과가 없고, 악풍감염의 우려가 있고, 전과자로 낙인되어 재범의 우려가 있으며, 가족의 경제곤란을 초래하기 때문이다. 단기자유형의 대체 방안으로는 벌금형으로의 환형처분, 집행유예나 선고유예제의 활용, 기소유예제도의 확대, 주말구금 등 구금제도의 완화, 보호관찰, 선행보증으로 유가증권위탁, 가택구금 등이 논의된다.

② 자유형의 단일화 문제

이는 교육형주의의 입장에서 징역, 금고, 구류와 같이 자유형의 내용에 따른 구별을 폐지하고 자유박탈을 내용으로 하는 형벌로 단일화하는 것을 말하는데, 자유형을 단일화해야 한다는 것은 현대 교정의 지배적 추세이며 단일화 찬성의 논거에는 교정행정의 일관성 유지, 행형을 통한 형벌의 개별화 촉구, 징역과 금고를 적용할 파렴치한 범죄구별의 곤란, 실제 교정현장에서 금고수형자의 70% 이상이 신청작업을 하는 점, 징역수형자에 대한 부당한 낙인효과의 제거, 금고형수형자에게 정역을 면해 주는 것은 노동천시사상에 지나지 않기 때문이라는 생각 등이 있다. 단일화 반대논거에는, 사상범과 같은 비파렴치범에 대한 대우는 국민의 법적 확신이고 정역의 부과는 강제적인 때는 무시될 수가 있으며 파렴치범과 비파렴치의 구별은 가능하고, 현대 교정행정에 있어서 분류처우의 낙후성 때문이라는 것 등이 있다.

③ 부정기형 도입문제

ⓐ 서 설 : 부정기형이란 형기를 일정하게 정함이 없이 자유형을 선고하는 경우인데, 부정기형제도를 주장하는 자들은, 정기형주의가 수형자의 재사회화라는 목적을 구현하는데 제약요소라 보고(정해진 형기 이전에 충분

히 개선, 교화되었는데도 형기만큼 수용하는 것은 행형의 실질적 목적에 어긋남) 이미 교화가 된 범죄인을 계속 구금하는 것은 의미가 없다고 한다. 부정기형은 와인즈, 브록웨이, 드와이트가 주장했고 엘마이라 감화원에서 최초로 상대적 부정기형을 실시했다. 한편, 부정기형에는 전혀 형기를 정하지 않는 절대적 부정기형과 일정한 장기와 단기를 정해 선고하는 상대적 부정기형이 있는데, 오늘날 절대적 부정기형(메이, 브록웨이, 와인즈가 주장)은 인권옹호측면(형기가 영원히 미확정인 것은)에서, 또 일반예방주의 측면에서(중대한 범죄임에도 개선되었다고 바로 석방하게 되면) 채택되기 어렵다. 우리나라는 성인수형자에게는 정기형을, 20세 미만의 자가 법정형 장기 2년 이상의 유기형에 해당되는 죄를 범한 때는 상대적 부정기형을 선고한다. 그러나 소년형사사건의 경우 법원이 형의 선고유예나 집행유예를 선고할 때는 부정기형을 적용치 않는다(우리나라는 무기수에게도 가석방을 인정하므로 실질적으로는 절대적 부정기형의 성격도 있다고 하겠다).

ⓑ 부정기형제도의 찬반론 : 찬성론에서는 부정기형제도는 교정성적에 따라 수형기간이 결정되므로 수형자나 사회 모두에게 이익이 되며, 또 수형자의 개선의욕을 자극시키며, 부정기형의 도입으로 형의 불균형이 시정되고, 상습범과 위험범에 대한 장기구금의 확보로 사회방위에 기여할 수 있다고 한다. 반대론에서는 교정당국의 자의성이 개입될 수 있고(개선의 판단기준이 모호하므로) 교활한 수형자에게만 유리하게 되고 부당한 장기구금은 인권을 침해하며 개선효과도 불투명해지며 석방기일을 알 수 없어 수형자에게 심적 스트레스를 준다고 한다.

(3) 재산형(벌금, 과료, 몰수)

가. 벌금형

여기에는 벌금(5만원 이상이나 감경시는 5만원 미만 가능), 과료(2천원 이상 5만원 미만)가 있으며 벌금과 과료는 확정판결일로부터 30일 이내에 납입해야 하고 또한 벌금과 과료를 선고시에는 노역장유치기간(벌금은 1일 이상 3년 이하, 과료는 1일 이상 30일 미만)을 정해 동시에 선고해야 한다.

그리고 현행법상 벌금형의 특징은 국가에 대한 채권과 상계가 금지되고, 제3자의 대납(친족의 대납도 인정 안됨)은 허용되지 않으며, 개별책임주의 성격을 가진다(따라서 공범은 연대가 아니라 각자 독립해 책임을 부과). 범죄인이 사망시 벌금은 소멸되고 상속되지 않으나 형사소송법 478조에 따라 몰수 또는 조세, 전매 기타 공과에 관한 법령에 의하여 재판한 벌금 또는 추징은 그 재판을 받은 자가 재판확정 후 사망한 경우에는 그 상속재산에 대하여 집행할 수 있으며 형소법 제479조에 따라 법인에 대하여 벌금, 과료 등을 명한 경우에는 법인이 그 재판확정 후 합병에 의하여 소멸한 때에도 합병 후 존속하는 법인 또는 합병에 의하여 설립된 법인에 집행할 수 있다(∴벌금은 상속이 절대 금지되는 것은 아니다).

이런 벌금형의 장점으로는 형집행비용이 적게 들고, 이욕적 범죄의 동기를 제어할 수 있으며, 악풍감염의 우려가 없고, 국고의 수입이 증대되고, 피해자의 명예가 보호되고, 오판의 경우 회복이 가능하며, 소송경제적으로도 유익하고, 법인 같은 단체에는 효과적 제재수단이 될 수 있다는 점 등이 있으나, 반면 납입하지 않으면 형의 실효성이 없고, 돈 많은 자에게는 아무 효과가 없어 교화에 효과적이지 못하고(형벌의 개별화와 거리가 멀다), 물가가 오를 때는 범죄예방력이 약해지며 현재 벌금미납자의 노역집행을 위한 별도 시설이 없고, 공공의 안전을 해치는 단점이 있다.

우리나라는 현재 과형(科刑)인원의 80% 이상이 벌금형을 선고받고 있는데, 우리는 빈부를 따지지 않고 범행을 기준으로 동일액의 벌금형을 부과하는 총액벌금제를 채택해 공평의 의미인 평균적 정의에는 맞으나 형평의 의미인 배분적 정의에는 맞지 않는다. 따라서 개선방안이 논의되는데, 그 내용은 일수벌금제, 벌금형에 대한 집행유예제, 분납 · 연납제도, 벌금미납자의 노역장 유치대신에 대체 자유형제의 도입 등이 있다. 일수벌금제란 피고인의 책임에 따라 벌금일수를 먼저 정한 후 범죄인의 경제사정에 따라 1일 벌금액을 결정하고 그 합산액으로 벌금총액을 정하는 제도로 Thyren 교수가 주장해 포르투갈에서 처음 실시되었고 스칸디나비아 제국을 중심으로 발전(스칸디나비아식이라고 한다)되었는데, 독일, 오스트리아, 덴마크, 스웨덴, 핀란드 등에서 시행 중이다. 장점으로는 총액벌금제의 문제점인 경제적 불평등을 해결할 수 있고, 책임주의와 배분적 정의의 실현이 동시에 가능하며 환형유치기준이 명확하고(벌금의 일부 납입 때는 잔액만큼 환형처분하므로) 형벌의 개별화 요구에 맞으나, 단점은 범죄인의 재산상태의 조사가 곤란하고, 실제 운영에 있어서는 복잡한 면이 많으며 벌금총액의 증대에 따른 법관들의 자의적인 일수액산정의 위험성이 있다.

벌금형의 연납·분납제는 형법에는 없지만 검찰징수직무규칙에 나와 있는 것으로 국민기초생활 수급자 등 규칙에 정한 일정한 자에 대해 인정된다. 한편, 우리는 벌금형에 대해서는 선고유예만 인정하고 집행유예는 없으나, 만일에 벌금의 미납시 환형유치 집행을 하게 되면 악풍감염의 우려가 있으므로 벌금형에 대해서도 집행유예를 도입하자는 논의가 있다.

나. 몰수 및 추징

몰수란 범죄의 반복을 막거나 범죄로부터 이득을 얻지 못하게 할 목적으로 범행과 관련된 재산을 박탈하여 이를 국고에 귀속시키는 재산형으로, 형식적으로 형벌이나 물건에 대해 부과하는 보안처분의 성격을 가지며, 몰수는 부가형이 원칙(다른 형벌에 부과해서 과함)이나 행위자에게 유죄판결을 하지 않는 경우에도 몰수의 요건을 갖추고 있으면 몰수만을 선고할 수 있다. 몰수는 임의적 몰수가 원칙이지만 수뢰죄의 경우에 "범인 또는 정을 아는 제3자가 받은 뇌물이나 뇌물에 제공할 금품"에 대해서는 필요적 몰수를 인정한다. 그리고 추징이란 몰수를 할 수 없을 때에 몰수에 갈음해 그 가액의 납부를 명하는 사법처분의 일종이다(추징은 형법의 형벌은 아니며 몰수의 뜻을 살리기 위한 사법처분의 일종이나 실제로는 부가형의 성질을 가짐).

(4) 명예형(자격정지, 자격상실)

이것은 고대의 치욕형과 모욕형과는 달리 자격형 내지는 권리박탈형의 성격이 있고 우리나라에서는 자격상실과 자격정지는 주형으로 선고되는 경우와 부가형으로 선고되는 때가 있는데, 사형, 무기징역, 무기금고를 받은 자에게는 공무원이 되는 자격, 공법상의 선거권과 피선거권, 법률로 요건을 정한 공법상의 업무에 관한 자격, 법인의 이사, 감사 또는 지배인 기타 법인의 업무에 관한 검사역이나 재산관리인이 되는 자격이 당연히 상실

된다(기업체의 장의 자격은 상실되지 않는다).

자격정지는 일정한 자격의 전부 또는 일부를 일정기간 동안 정지시키는 것으로 우리 형법은 자격정지를 선택형 또는 병과형으로 하고 있으며 당연정지와 선고정지가 있다. 당연정지란 유기금고 또는 유기징역의 판결을 받은 자가 그 형의 집행이 면제 또는 종료될 때까지 일정한 자격(공무원이 되는 자격, 공법상의 선거권과 피선거권, 법률로 요건을 정한 공법상의 업무에 관한 자격)이 정지되는 것이며(이 때 법인의 이사, 감사 또는 지배인 기타 법인의 업무에 관한 검사역이나 재산관리인이 되는 자격은 정지되지 않음), 선고정지란 판결선고에 의하여 일정한 자격의 전부 또는 일부를 정지시키는 경우로 정지기간은 1년 이상 15년 이하이며, 이 경우 자격정지의 기산점의 계산은 유기징역이나 유기금고에 병과된 때는 금고나 징역이 면제 또는 집행 종료된 날이며, 선택형으로 자격정지가 된 경우는 판결이 확정된 날이다.

3. 보안처분론

1) 서 설

보안처분이란 범죄자나 범죄의 위험성이 있는 자를 사회방위를 위해 형벌 이외의 처분으로 사회로부터 격리하는 범죄예방 처분인데, 이것은 범죄자나 범죄의 위험성이 있는 자에게 과하는 대인적 보안처분인 협의의 보안처분과 범죄를 예방 : 진압하기 위해 국가가 시행하는 형벌 이외의 일체의 강제조치를 의미하는 광의의 보안처분으로 나누어 볼 수 있다. 이러한 보안처분의 역사를 살펴보면 먼저 독일의 Klein은 최초로 보안처분이론을 정립했고, 리스트는 클라인의 사상을 자신의 목적형 사상으로 부활시켜 형벌과 보안처분을 일원론적으로 파악해 개선이 불가능한 자에게는 보안처분(無害化)을 과해야 한다고 주장했다. 그 뒤 1893년에 Stooss는 리스트의 이론을 구체화해서 보안처분제도를 스위스 형법 초안에 도입했는데 이 스위스 형법 초안을 Stooss 초안 이라고 한다. 그리고 이러한 Stooss 초안에 기초한 최초의 입법이 1908년 영국의 범죄방지법으로 나타났다.

한편, 형벌대용물 사상을 주장한 Ferri는 생래적 범죄인은 형벌 대신에 특별한 사회방위처분인 보안처분을 해야 한다고 주장하고, 1921년에는 사회방위의 견지에서 구성된 이탈리아 형법 초안(이를 Ferri 초안이라고 함)을 작성하였다.

2) 보안처분의 특색과 지도이념

특색으로는 우선 보안처분은 책임과는 관계없는 행위자의 장래의 위험성(보안처분의 부과기준이 위험성)에 대한 예방조치로 전망성, 개별예방, 특별예방, 2차적 목적성을 가진다(형벌은 이미 행해진 범죄사실에 대한 책임에 기초해 응보를 과하므로 일반예방성, 응보성, 회고성, 고통부과성, 1차 목적성을 가지는데 형벌의 목적은 범죄의 진압이고 지도원리는 책임주의이다). 그리고 보안처분은 형벌을 대체 또는 보충해서 과해지고 사회방위와 범죄인의 개선을 주목적으로 하므로 보안처분의 본질은 사회방위와 교정이라고 할 수 있다.

보안처분의 지도이념에는 비례의 원칙과 보안처분법정주의가 있는데, 전자는 보안처분을 통한 개인에 대한 자유침해의 정도는 보안처분의 목적인 사회방위와 비례관계를 유지해야 한다는 것으로 보안처분의 정당성의 근거로 작용한다. 비례성 원칙의 구체적 내용은 적합성의 원칙(목적달성에 적합한 수단과 정도일 것), 필요성의 원칙(최소침해의 원칙), 상당성의 원칙(협의의 비례원칙으로 공익상 필요와 공권력 발동은 비례할 것)이 있고, 비례성의 판단기준은 행위자의 범죄의 의미(범죄의 종류 : 경중), 행위자에 대해 기대되는 범행의 의미, 행위자로부터 나오는 위험의 정도가 그것이다. 그리고 헌법의 규정에 따라 보안처분의 종류와 요건 등을 법률로 미리 정해두어야(이를 보안처분법정주의라고 함)하는 점에서는 죄형법정주의와 유사하나 합목적상을 추구하는(법적 정의보다) 보안처분에 죄형법정주의를 그대로 적용하기는 곤란하다. 따라서 관습법 금지, 적정절차의 원칙, 처분규정의 명확성의 원칙, 유추해석 금지의 원칙은 보안처분에서도 그대로 적용된다고 볼 수 있으나, 보안처분은 사회적 위험성의 제거측면에서 부정기형을 원칙으로 하고, 또 죄형법정주의의 내용인 소급효금지의 원칙에 대해 보안처분은 장래에 대한 예방처분이므로 재판시법이 적용된다는 소급효인정설(종래의 다수설)과 행위시법을 적용하자는 소급효부정설(유력설)이 대립하고 있다.

3) 보안처분의 요건

먼저 보안처분을 부과하기 위해서는 형법상 구성요건에 해당하는 위법행위가 존재해야 하며(책임능력이 존재할 필요는 없다) 대상자의 중대한 위법행위의 가능성이 기대되어야 하고 상당히 높은 개연성을 가진(단순한 위험의 정도가 아닌) 위험성이 존재해야 하는데, 그 위험성의 판단의 시기는 행위시가 아니라 보안처분의 선고 또는 집행시에 구체적인 경우에 따라 판단해야 된다(그런데 사회보호법 제1조에는 보안처분 대상자를 단순히 재범의 위험성이 인정된 자로 적시하고 있다).

4) 보안처분의 성질

(1) 이원주의

이것은 형벌과 보안처분은 서로 법적 성격을 달리하고 본질적으로 구별이 된다고 봄으로써 이 두 가지는 동시선고도 되고 중복선고도 가능하다는 입장으로, 주로 구파학자들인 Beiing, Mayer, Birkmeyer와 같은 응보형론자들의 주장이다(한편, Stooss초안은 신·구학파의 학설을 절충해 형벌이외의 보안처분을 이원주의적 입장에서 규정).

이원주의의 주장의 근거는 형벌은 응보와 범죄의 진압, 책임주의에 관계되지만, 보안처분은 범죄예방과 사회방위, 사회적 위험성과 관련되므로 둘은 본질적으로 구별된다고 보고, 보안처분과 형벌과의 대체성을 부정하며 둘의 병과는 인정한다. 또 과거범죄에 대한 회고적 성격인 형사처분인 형벌과는 달리 보안처분은 장래의 위험에 대한 전망적 성격의 행정처분이므로 보안처분은 행정청이 선고한다고 본다.

한편, 우리나라의 사회보호법상 보호감호의 경우는 형벌을 먼저 집행하고 보안처분을 나중에 집행하는 것은 이원주의적 성격을 드러낸 것이다(1984. 2. 28 대법원 판례). 즉, 사회보호법상의 보호감호는 병과주의이다. 그러나 이론상으로는 형벌과 보안처분은 구별이 가능하지만 사실상 실현될 수 없으므로 이중처벌의 결과를 초래하고, 두 가지가 중복집행이 되면 범죄자는 억울한 처벌을 받는다고 생각하게 되며, 또한 선고기관인 행정청이 이것을 남용할 우려가 있다. 네덜란드, 이탈리아, 프랑스가 이원주의적 입장인 입법례가 있다.

(2) 일반주의

이것은 형벌과 보안처분은 정도와 분량의 차이만 있어 이 둘은 법적 성격이 동일하므로 이 둘 중에서 어느 하나만 적용하자는 주의이다. 이는 리스트(교육형 주의자)와 사회방위론자들, Roxin, 페리 등이 주장했다. 이들은 형법과 보안처분은 둘 다 행위자의 반사회적 위험성을 기초로 해 과하는 부과처분이므로(이런 점에서 일원주의는 주관주의 형법학자와 관계) 본질적으로 차이는 없고 둘 다 사회방위와 범죄인의 개선을 목적으로 하는 사회방위처분으로 본다. 따라서 본질적 차이가 없으므로 형벌과 보안처분의 대체성은 긍정되고 보안처분도 형벌처럼 형사처분이므로 보안처분의 선고는 법원에서 한다. 그러나 범죄행위가 아닌 행위자가 가진 범죄의 위험성을 기초로 하므로 책임이 행위자 책임, 성격책임이 되어 책임주의를 포기하게 되는 결과가 되고 양자의 중복이 문제가 되는 경우 일원주의의 타당성에 대한 의문이 발생된다. 일원주의에 관한 입법례는 스웨덴, 영국, 벨기에가 있다.

(3) 대체주의(제한적 이원론, 대체적 집행주의)

이것은 형벌은 책임의 정도에 따라 선고되지만(이원주의), 그 집행단계에서 보안처분의 집행에 의해 대체되거나 보안처분의 집행이 끝난 뒤에 형벌을 빕행하는 제도이다(일원주의). 따라서 보안처분을 먼저 집행한다(보안처분인 치료감호는 치료감호를 마친 후 치료감호기간을 형기에 산입하는 대체주의적 입장이다). 여기서는 형벌과 보안처분의 요건과 선고는 별개로 보지만 집행은 대체할 수 있다고 본다. 이러한 주장의 논거는 형벌의 응보적 성격을 긍정하면서도 추구하는 목적은 범죄인의 사회복귀에 두며 사회복귀라는 관점에서 보안처분의 선집행이 좋고 보안처분기간을 형기에 산입시켜 둘 간의 기능적 대체성을 인정하자는 것이며 보안처분과 형벌은 선고의 절차와 내용이 별개이므로 보안처분의 선고기관은 특별법이나 특별규정으로 해결하자는 입장이다.

그러나 형벌과 보안처분의 교환이 책임형법에 맞지 않고, 보안처분을 받은 자가 형벌만을 선고받은 자보다 유리하게 되어 사회정의에 반한다는 비판이 있다(A, B둘 다 동일한 범죄시 A에게는 치료감호처분도 내려지나 B에게는 징역형만 선고되면 A는 치료가 되어 감호의 필요가 없다고 인정될 때까지 치료시설에 수용되므로 A가 훨씬 유리하다).

5) 보안처분의 종류

(1) 자유를 박탈하는 대인적 보안처분

여기에는 사회보호법상 치료감호대상자에 대한 치료시설의 수용처분인 치료감호처분, 알코올 또는 마약중독자에 대한 수용처분인 교정처분, 상습범에 대해 자유형 집행이 끝난 뒤 다시 범죄를 행할 우려가 있을 때 보호감호시설에 수용하는 보호감호처분, 부랑자 등 노동기피로 인해 상습적으로 범죄를 하는 자들을 대상으로 형을 선고할 때 함께 부과하는 노동시설수용처분, 범죄성 정신질병자에 대해 전문 사회치료시설에 수용하는 사회치료처분이 있다.

(2) 자유를 제안하는 보안처분

여기에는 보호관찰, 집행유예나 가석방을 행할 때 상당금액을 제공케 하고 보증기간 중 죄를 범한 때는 보증금을 몰수한다는 심리적 압박을 통해 선행을 유도하는 선행보증, 직업금지처분, 사상범 등의 거주를 제한하는 거주제한, 외국인 범죄자를 국외로 추방하는 국외추방, 그 외 유흥업소 출입금지, 단종(거세), 그리고 운전 부적격자에게 내리는 처분인 운전면허박탈(대부분 국가는 행정처분이나 독일은 보안처분) 등이 있다.

(3) 대물적 보안처분

범죄에 이용된 장소의 폐쇄처분인 영업소의 폐쇄(도박장 폐쇄), 범죄에 관련된 단체를 해산하는 법인의 해산, 범행에 관련된 재산을 박탈해 국고에 귀속시키는 재산형인 몰수가 있다. 위에서 현재 현행법이 인정하는 보안처분에는 보호감호처분, 치료감호처분, 보호관찰, 국외추방, 몰수가 있다.

6) 현행법상의 보안처분제도

우리나라의 보안처분 중에서 사법처분의 형태로 인정되는 것은 소년법상의 보호처분, 사회보호법상의 보호처분, 성폭력범죄처벌법 제16조에 따른 유예처분 및 가석방자에 대한 보호관찰, 보호관찰등에관한법률상의 보호관찰, 가정폭력범죄의처벌등에관한특례법 제40조의 보호처분, 윤락행위등방지법에서 윤락소년에 대한 선도보호시설에 위탁이 있고, 행정처분으로 인정되는 것은 윤락행위등방지법에서 요보호자의 동의하에 이루어지는 시·도지사의 선도보호조치, 공소보류된 자에 대한 감시, 보도처분,국가보안사범에 대한 보안관찰처분, 각종 중독자(대마, 마약, 향정신성의약품)에 대한 치료감호처분, 청소년의성보호에관한법률상 공개결정 등이 있다. 여기에서는 새로 제정된 치료감호법을 살펴보기로 한다.

2005년에 새로 제정된 치료감호법의 주요 내용은 다음과 같다.

(1) 목적

이 법은 심신장애 또는 마약류·알코올 그 밖에 약물중독 상태 등에서 범죄 행위를 한 자로서 재범의 위험성이 있고 특수한 교육·개선 및 치료가 필요하다고 인정되는 자에 대하여 적절한 보호와 치료를 함으로써 재범을 방지하고 사회복귀를 촉진하는 것을 목적으로 한다.

(2) 대상자

가. 형법 제10조 제1항의 규정에 의하여 벌할 수 없거나 동조 제 2항의 규정에 의하여 형이 감경되는 심신장애자로서 금고 이상의 형에 해당하는 죄를 범한 자

나. 마약·향정신성의 약품·대마 그 밖에 남용되거나 해독작용을 일으킬 우려가 있는 물질이나 알코올을 식음·흡입·흡연 또는 주입받는 습벽이 있거나 그에 중독된 자로서 금고 이상의 형에 해당하는 죄를 범한 자

(3) 절차

가. 검사의 치료감호청구

검사는 치료감호대상자가 치료감호를 받을 필요가 있는 경우 관할 법원에 치료감호를 청구할 수 있으며 치료감호대상자에 대한 치료감호를 청구함에는 정신과 등의 전문의의 진단 또는 가정을 참고하여야 하고 치료감호의 청구를 함에는 검사가 치료감호청구서를 관할 법원에 제출하여야 한다. 또한 검사는 기소한 사건의 변론종결 시까지 치료감호의 청구를 할 수 있으며, 법원은 기소된 사건의 심리결과 치료감호에 처함이 상당하다고 인정할 때에는 검사에게 치료감호청구를 요구할 수 있다.

나. 대상자에 대한 보호구속(보호구금과 보호구인을 포함)

치료감호대상자에 대하여 치료감호에 처함이 필요하다고 인정되고 다음 각 호의 어느 하나에 해당하는 사유가 있는 때에는 검사는 관할 지방법원 판사에게 청구하여 치료감호영장을 발부받아 치료감호대상자를 보호구속(보호구금과 보호구인을 포함한다. 이하 같다)할 수 있다.

① 일정한 주거가 없는 때, ② 증거를 인멸할 염려가 있는 때, ③ 도망하거나 도망할 염려가 있는 때, 또 사법경찰관은 요건에 해당하는 자에 대하여 검사에게 신청하여 검사의 청구로 관할 지방법원 판사의 치료감호영장을 발부받아 치료감호대상자를 보호구속할 수 있다.

다. 치료감호의 독립청구

검사는 다음 각호의 어느 하나에 해당하는 때에는 공소를 제기함이 없이 치료감호청구만을 할 수 있다.

① 피의자가 「형법」 제10조 제1항의 규정에 해당되어 벌할 수 없는 때

② 고소·고발이 있어야 논할 수 있는 죄에서 그 고소·고발이 없거나 취소된 때 또는 피해자의 명시한 의사에 반하여 논할 수 없는 죄에서 처벌을 희망하지 아니하는 의사표시가 있거나 처벌을 희망하는 의사표시가 철회된 때

③ 피의자에 대하여 「형사소송법」 제247조 제1항의 규정에 의하여 공소를 제기하지 아니하는 결정을 한 때 그리고 구속영장에 의하여 구속된 피의자에 대하여 검사가 불기소결정만을 하고 치료감호만을 청구하는 때에는 구속영장은 치료감호영장으로 보며 그 효력을 잃지 아니한다.

라. 치료감호의 판결

① 법원은 치료감호사건을 심리하여 그 청구가 이유 있다고 인정하는 때에는 판결로써 치료감호를 선고하여야 하고, 그 이유 없다고 인정하는 때 또는 피고사건에 대하여 심신상실 외의 사유로 무죄를 선고하거나 사형을 선고할 때에는 판결로써 청구기각을 선고하여야 한다.

② 치료감호사건의 판결은 피고사건의 판결과 동시에 선고하여야 한다. 다만, 제7조의 규정에 의한 치료감호청구의 경우에는 그러하지 아니하다.

③ 치료감호선고의 판결이유에는 요건으로 되는 사실, 증거의 요지와 적용법조를 명시하여야 한다.

④ 치료감호의 집행

㉠ 피치료감호자는 치료감호시설에 수용하되 15년을 초과할 수 없지만, 다만 마약 등 남용되거나 해독작용을 일으킬 우려가 있는 물질이나 알코올을 식음, 섭취, 흡연 또는 주입받는 습벽이 있거나 그에 중독 된 자로서 금고이상의 형에 해당하는 자의 경우에는 2

년을 초과할 수 없다.

㉡ 치료감호의 집행은 검사가 지휘하며 치료감호와 형이 병과된 경우에는 치료감호를 먼저 집행하되, 이때의 치료감호기간은 형기에 산입한다. 그리고 형법 제10조1항의 규정에 의하여 벌할 수 없거나 동조 2항의 규정에 의하여 형이 감경되는 심신장애자로 금고이상의 형에 해당하는 죄를 범한 치료감호대상자와 마약 등의 남용되거나 해독작용을 일으킬 우려가 있는 물질이나 알코올을 식음 · 섭취 · 흡연 또는 주입받는 습벽이 있거나 그에 중독 된 자로서 금고이상의 형에 해당하는 죄를 범한 치료감호대상자는 특별한 사정이 없는 한 구분 수용한다.

㉢ 이 법에 따른 치료감호의 내용과 실태는 대통령령이 정하는 바에 따라 공개하여야 한다. 이 경우 피치료감호자 또는 그의 보호자의 동의가 있는 경우를 제외하고는 피치료감호자의 개인신상에 관한 것은 공개하지 아니한다.

㉣ 검사는 보호구금되어 있지 아니한 피치료감호자에 대한 치료감호의 집행을 위하여 피치료감호자를 소환할 수 있으며 소환에 응하지 아니하는 때에는 검사는 치료감호집행장을 발부하여 보호구인할 수 있고 피치료감호자가 도망하거나 도망할 염려가 있는 때 또는 현재지를 알 수 없는 때에는 소환함이 없이 치료감호집행장을 발부하여 보호구인할 수 있다. 이때 치료감호집행장은 치료감호영장과 동일한 효력이 있다.

㉤ 치료감호심의위원회는 피치료감호자에 대하여 그 집행개시 후 매 6월 종료 또는 가종료 여부를, 가종료 또는 치료위탁된 피치료감호자에 대하여는 가종료 또는 치료위탁 후 6월 종료 여부를 심사·결정한다.

㉥ 치료감호심의위원회는 치료감호만을 선고받은 피치료감호자가 그 집행개시 후 1년을 경과한 때에는 상당한 기간을 정하여 그의 법정대리인, 배우자, 직계친족, 형제자매(이하 "법정대리인등"이라 한다)에게 치료가호시설 외에서의 치료를 위탁할 수 있으며 치료감호심의위원회는 치료감호와 형이 병과되어 형기 상당의 치료감

호를 집행받은 자에 대하여는 상당한 기간을 정하여 그 법정대리인등에게 치료감호시설 외에서의 치료를 위탁할 수 있고 이때 치료위탁을 결정하는 경우 치료감호심의위원회는 법정대리인등으로부터 치료감호시설 외에서의 입원 · 치료를 보증하는 내용의 서약서를 제출받아야 한다.

ⓢ 피치료감호자에 대하여 「형사소송법」 제471조 제1항 각호의 어느 하나에 해당하는 사유가 있는 때에는 동조의 규정에 따라 검사는 치료감호의 집행을 정지할 수 있다. 이 경우 치료감호의 집행이 정지된 자에 대한 관찰은 형집행정지자에 대한 관찰의 예에 따른다.

⑤ 피치료감호자의 처우와 권리

㉠ 치료감호시설의 장은 피치료감호자의 건강한 생활이 보장될 수 있도록 쾌적하고 위생적인 시설을 갖추고 의류, 침구, 그 밖에 처우에 필요한 물품을 제공하여야 하며, 피치료감호자에 대한 의료적 처우는 정신병원에 준하여 의사의 조치에 따르도록 하고 치료감호시설의 장은 피치료감호자의 사회복귀에 도움이 될 수 있도록 치료와 개선 정도에 따라 점진적으로 개방적이고 완화된 처우를 하여야 한다.

㉡ 치료감호시설의 장은 수용질서를 유지하거나 치료를 위하여 필요한 경우를 제외하고는 피치료감호자의 접견, 서신의 수신 · 발신, 전화통화 등을 보장하여야 하며, 피치료감호자의 텔레비전 시청, 라디오 청취, 신문 · 도서의 열람은 일과시간이나 취침시간 등을 제외하고는 자유롭게 보장된다.

㉢ 치료감호시설의 장은 피치료감호자가 치료감호시설에서 치료하기 곤란한 질병에 걸린 때에는 외부치료기관에서 치료를 받게 할 수 있으며, 이때 본인이나 보호자 등이 스스로의 부담으로 치료받기를 원하는 때에는 이를 허가할 수 있다.

㉣ 근로에 종사하는 피치료감호자에 대해서는 법무부장관이 정하는 바에 따라 근로보상금을 지급해야 하며 피치료감호자 또는 법정대리인을 법무부장관에게 피치료감호자의 처우개선에 관한 청원

을 할 수 있다. 법무부장관은 연 2회이상 치료감호시설의 운영실태와 피치료보호자에 대한 처우상태를 점검하여야 한다.

⑥ 보호관찰

㉠ 보호관찰의 개시와 종료

ⓐ 보호관찰기간은 3년으로 하되 피치료감호자가 다음 각호의 어느 하나에 해당하는 때에는 보호관찰이 개시된다.

1.피치료감호자에 대한 치료감호가 종료된 때

2. 피치료감호자가 치료감호시설 외에서의 치료를 위하여 법정대리인등에게 위착된 때

ⓑ 보호관찰이 개시괸 자(이하 "피보호관찰자"라 한다)가 다음 각호의 어느 하나에 해당하는 때에는 보호관찰이 종료된다.

1. 보호관찰기간이 만료된 때

2. 보호관찰기간 만료전이라도 치료감호심의위원회의 치료감호의 종료결정이 있는 때

3. 보호관찰기간 만료 전이라도 피보호관찰자가 다시 치료감호의 집행을 받게 된어 재수용되거나 새로운 범죄로 금고 이상의 형의 집행을 받게 된 때

㉡ 피보호관찰자의 의무

피보호관찰자 또는 그 법정대리인 등은 출소예정지 등을 미리 치료감호시설의 장에게 신고하여야 하며 출소 후 10일 이내에 주거, 직업, 치료 병원 등 필요한 사항을 보호관찰관에게 서면으로 신고해야 한다.

㉢ 치료감호의 종료

보호관찰기간이 만료된 때에는 피보호관찰자에 대하여 치료감호가 종료되며 치료감호심의위원회는 피보호관찰자의 관찰성적 및 치료경과가 양호한 때에는 보호관찰기간 만료 전에 보호관찰의 종료를 결정할 수 있다.

㉣ 치료감호의 재집행

치료감호 심의위원회는 피보호관찰자가 다음 각호의 어느 하나에 해당하는 때에는 결정으로 가종료 또는 치료의 위착을 취소하고

다시 치료감호를 집행할 수 있다.

ⓐ 금고 이상의 형에 해당하는 죄를 범할 때. 다만, 과실범을 제외한다.

ⓑ 제33조의 준수사항 그밖에 보호관찰의 관한 지시 · 감독을 위반한 때

ⓒ 제32조 제1항 제1호의 규정에 따라 보호관찰이 개시된 피보호관찰자가 증상이 악화되어 치료감호가 필요하다가 인정되는 때

⑦ 치료감호심의위원회

㉠ 구성과 심사

치료감호 및 보호관찰의 관리와 집행에 관한 사항을 심사 · 결정하기위하여 법무부에 치료감호심의위원회(이하 "위원회"라 한다)를 둔다. 위원회는 판사 · 검사 또는 변호사의 자격이 있는 6인 이내의 위원과 정신과 등 전문의의 자격이 있는 3인이내의 위원으로 구성하고, 위원장은 법무부 차관이 된다. 위원회는 다음 각호의 사항을 심사 · 결정한다. 피치료감호자에 대한 치료의 위탁 · 가종료 및 그 취소와 치료감호종료 여부에 관한 사항, 피보호관찰자에 대한 준수사항의 부과 및 지시 · 감독과 그 위반시의 제재에 관한 사항, 그 밖의 제1호 및 제2호에 관련된 사항. 위원회는 전문적인 학식과 덕망이 있는 자 중 위원장의 제청으로 법무부 장관이 위촉하는 자문위원을 둘 수 있다.

위원회는 심사를 위하여 필요한 때에는 법무부소속 공무원으로 하여금 결정에 필요한 사상을 조사하게 하거나 피치료감호자 및 피보호관찰자(이하 "피보호자"라 한다) 그 밖의 관계자를 직접 소환 · 심문하거나 조사할 수 있다. 조사의 명령을 받은 공무원은 다음 각호의 권한을 가진다.

1. 피보호자 그 밖의 관계자의 소환 · 심문 및 조사
2. 국립 · 공립기관 그 밖의 공공단체 · 민간단체에 대한 조회 및 관계자료의 제출요구

피보호자 그 밖의 관계자는 소환 · 심문 및 조사에 응하여야 하며, 국립 · 공립기관 그 밖의 공공단체 · 민간단체는 조회나 자류제출

의 요구를 받은 때에는 국가기밀 또는 공공의 안녕질서에 유해한 것이 아닌 한 이를 거부할 수 없다.

㉡ 의결

위원회는 위원장을 포함한 재적위원 과반수의 출석으로 개의하고, 출석위원 과반수의 찬성으로 의결한다. 다만, 가부동수인 때에는 위원장이 결정한다.

위원회는 제1항의 규정에 따른 의결을 함에 있어서 필요한 경우 치료감호시설의 장 또는 보호관찰관으로 하여금 의견서를 제출하도록 할 수 있다. 치료감호시설의 장은 제3항의 규정에 따른 의견서를 제출함에 있어서 피보호자의 상태 및 예후, 치료감호 종료의 타당성 여부 등에 관한 피보호자 담당 의사의 의견을 참조하여야 한다.

㉢ 기피

피보호자, 그 법정대리인 등은 위원회 위원에게 심사·의결의 공정을 기대하기 어려운 사정이 있는 경우에는 위원장에게 기피신청을 할 수 있다. 위원장은 기피신청에 대하여 위원회의 의결을 거치지 아니하고 신청의 당부를 결정한다. 다만, 위원장이 결정하기에 상당하지 아니한 경우에는 위원회의 의결로 결정할 수 있다. 제1항 규정에 따라 기피신청을 받은 위원은 제2항 단서의 의결에 참여하지 못한다.

㉣ 검사의 심사신청

피보호자의 주거지(시설에 수용된 경우에는 그 시설을 주거지로 본다)를 관할하는 지방검찰청 또는 지청의 검사는 제37조 제3항에 규정된 사항에 관하여 그 심사·결정을 신청할 수 있다. 신청할 때에는 심사신청서 및 신청사항의 결정에 필요한 자료를 제출하여야 한다. 이 경우 치료감호시설의 장이나 보호관찰관의 의견을 들어야 한다. 치료감호시설의 장 또는 보호관찰관은 검사에게 제1항의 규정에 따른 신청을 요청할 수 있다.

㉤ 피치료감호자의 심사신청

피치료감호자와 그 법정대리인 등은 피치료감호자가 치료감호의 필요가 없을 정도로 치유되었음을 이유로 치료감호의 종료 여부를 심사·결정하여 줄 것을 신청할 수 있으며, 이때 신청을 할 때에는 심사신청서 및 심사신청이유에 대한 자류를 제출하여야 하고, 신청은 치료감호의 집행이 개시된 날부터 6월이 경과한 후에 하여야 한다. 신청이 기각된 경우에는 6월이 경과한 후에 다시 신청할 수 있다.

⑧ 보칙

㉠ 치료감호청구의 시효와 시효

ⓐ 치료감호청구의 시효

치료감호청구의 시효는 치료감호청구된 사건과 동시에 심리하거나 심리할 수 있었던 죄에 대한 공소시효기간의 경과로 완성되고 치료감호청구된 사건은 판결의 확정이 없이 치료감호청구가 있은 때부터 15년을 경과하면 청구의 시효가 완성된 것으로 본다.

ⓑ 치료감호의 시효

치료감호의 선고를 받은 자는 그 판결이 확정된 후 집행을 받음이 없이 다음 각호의 구분에 따라 그 기간을 경과함으로써 시효가 완성되어 그 집행이 면제된다. 제2조 제1항 제1호의 치료감호는 10년, 제2조 제1항 제2호의 치료감호는 7년, 또 시효는 치료감호의 집행정지 또는 가종료 그 밖에 집행할 수 없는 기간은 진행되지 아니하고 시효는 피치료감호자를 체포함으로써 중단된다.

㉡ 자격정지

치료감호의 선고를 받은 자는 집행이 종료 또는 면제될 때까지는 공무원이 되는 자격, 공법상의 선거권과 피선거권, 공법상 업무에 관한 자격이 정지된다.

㉢ 치료감호의 실효

치료감호의 집행을 종료하거나 집행이 면제된 자가 피해자의 피해를 보상하고 자격정지 이상의 형 또는 치료감호의 선고를 받음이 없이 7년을 경과한 때에는 본인 또는 검사의 신청에 의하여 그 재판의 실효를 선고할 수 있으며, 치료감호의 집행을 종료하거나 집행이 면제된 자가 자격정지 이상의 형 또는 치료감호의 선고를 받음이 없이 10년을 경과한 때에는 그 재판이 실효된 것으로 본다.

㉣ 기간의 계산

치료감호의 기간은 치료감호를 집행한 날로부터 기산하되, 초일은 1일로 산정하며 치료감호의 지행에 위반한 기간은 그 치료감호기간에 산입하지 아니한다.

⑨ 보칙

이 법은 공포한 날로부터 시행(제정일은 2005.8.4)되며, 이 법 시행 전에 종전의 「사회보호법」에 의하여 판결을 받은 자는 이 법에 의하여 치료감호 판결을 받은 것으로 보고 이 법 시행 당시 종전의 「사회보호법」의 치료감호시설과 그 소속 공무원은 이 법에 의한 치료감호시설과 그 소속 공무원으로 보며 이 법 시행 전에 행하여진 「사회보호법」의 사회보호위원회 심사・결정은 이 법에 의한 치료감호심의위원회의 심사・결정으로 본다.

또한 행형법 제29조 제1항을 다음과 같이 개정한다.

소장은 수용자에 대한 치료를 하기 위하여 필요하다고 인정하는 때에는 당해 수용자를 교도소 밖에 있는 병원(정신질환을 치료하기 위한 경우에는 의료기관 개설허가를 받은 치료감호시설을 포함한다) 등에 이송할 수 있다.

4. 형사사법정책론

형사사법정책론이란 형사사법절차의 제도들의 형사정책척 효과를 평가하고 이 과정에서 범죄대책과 예방수단들이 형사정책적 효과를 발휘할 수 있는 형사사법절차의 과정을 모색하는 것을 말하는데, 보통은 수사단계, 기소단계, 재판단계, 행형단계로 나뉘어지나 여기에서는 수사단계, 기소단계, 재판단계에 한정시키고 교정단계는 다른 항목에서 다루기로 한다.

1) 경찰

경찰의 기능은 크게는 수사와 진압, 범죄의 예방인데, 우선 수사를 보면 수사는 죄질에 따라 강력범 수사, 지능범 수사, 군집범 수사로 나눌 수 있으며, 형사소송법에 따른 구분은 임의 수사와 강제 수사로 나누는데 임의 수사가 원칙이다. 수사활동에서의 문제점은 아직도 구속률이 높고 검거율(인지된 범죄건수에 대한 검거건수의 비율)을 높이기 위해 조작되는 경우도 있었으며, 또한 도주 및 증거인멸을 막기 위해 재판이 확정될 때까지 구금하는 미결구금은 형은 아니나 사실상 형벌적인 측면을 가지고 있는데, 타범죄인으로부터 악풍감염의 가능성이 있어 미결구금에 대한 개선책(구금시설의 개선, 재판의 신속, 구속수사의 지양, 구속적부심과 보석제도의 적극적 활용)이 요구된다.

한편, 수사기관에는 검사와 사법경찰관리가 있으며 사법경찰관리는 수사의 주재자인 검사의 지휘를 받아 수사를 행하는 보조기관이다. 사법경찰관리에는 우리가 흔히 알고 있는 순경, 경장, 경사, 경위, 경감, 경정, 총경, 경무관 등으로 되어 있는 일반사법경찰관리와 마약감시원, 관세법상의 세관공무원, 조세범처벌절차법에 의한 세무공무원과 같은 특별사법경찰관리가 있다.

검사와 사법경찰관리의 관계는 상명하복의 관계이며 이를 제도적으로 보장하기 위하여 사법경찰관의 수사사무보고, 체포와 긴급체포에 관한 검사의 수사지휘권, 체포구속 장소에 대한 검사의 감찰권, 검사 작성조서와 사법경찰관 작성조서의 증거능력의 차이 등을 규정하고 있다.

경찰에서의 수사의 시작은 수사의 단서에 의해 개시되며(범죄신고, 고소, 고발, 진정, 자수, 변사자의 검시, 체포, 불심검문, 기사 등) 그 다음 수사실행단계(피의자의 신병확보나 증거수집단계)를 거쳐 검찰에 사건을 송치하면 다시 검찰에서 수사의 실행(피의자의 신병보호, 증거수집, 증인신문의 청구)이 있게 되고 검사는 사건처리(기소, 불기소, 기소중지, 공소보류, 타관송치, 즉결심판의 청구)를 하게 되어 수사가 종결된다.

범죄수사의 원칙에는 능률적이고 효과적인 수사활동이 되어야 한다는 적정성의 원칙과 과학적·체계적 수사활동을 의미하는 합리성의 원칙, 수사의 능률을 추구하는 적정성원칙과 합리성원칙에 대한 한계원리로 작용하는 적법성의 원칙(수사도중에 각종 법규를 준수하는 것)이 있는데, 여기서 적정성원칙과 합리성원칙에 대한 전제로서 경찰독립권문제가 논의되고 있다.

수사권독립의 찬성논거에는 경찰에 수사종결권이 없기 때문에 경미한 사건도 검찰이 재조사하는 불편으로 국민생활에 많은 지장을 초래하고 현대범죄의 초동수사 및 긴급배치수사 등 신속한 수사착수지휘는 전혀 할 수 없으며, 명령계통의 이원화(경찰청소속 경찰관이 법무부 소속검사의 지휘를 받아)되어 책임행정의 원리에 위배되며 검사의 불합리한 형식적인 수사지휘를 지양하고 방대한 인력과 물적설비를 갖춘 경찰에게 수사권을 넘겨야 한다는 것이다.[32)]

이에 대해 수사권 독립의 반대논거를 보면 인권보장과 적정절차의 보장을 위해서는 검사의 지휘권이 필요하며, 수사권이 독립되면 경찰의 막대한 인원과 정보수사기능이 결합되어 경찰국가화 되고 정치적 도구로 악용될 우려가 있다는 것이다.[33)]

한편, 경찰의 주요한 기능의 하나에는 범죄대책의 일환으로 방법활동이 있다. 즉 방범경찰활동이 그것인데「경찰청과그소속기관등직제」제11조에 의하면 방범국은 범죄예방에 관한 업무, 경비업에 관한 업무, 외근업무, 풍속사범에 관한 지도 및 단속, 총포・도검・화약류 등의 지도・단속, 즉결심판에 관한 사항, 각종 안전사고의 예방에 관한 업무, 소년비행 방지와 소년범죄의 수사 등의 업무를 분장한다. 이를 구분하면 외근경찰활동, 경찰사범의 단속, 청소년 선도와 보호, 즉결심판에 관한 업무, 민간방범관련 업무 등으로 나눌 수 있다.

외근경찰은 항상 경계태세를 유지하고 모든 경찰사안에 즉응할 준비를 갖추어야 하며, 주민의 안전과 평온을 확보하기 위해 부단한 범죄예방활동을 전개함과 동시에 경찰업무 전반에 걸쳐 일정한 초기적 범위의 임무를 수행하는데 상시경계체제의 유지와 경찰업무 전반에 관한 초동조치 및 주민 일상생활의 안전과 평온의 확보를 그 임무로 한다.

구체적인 방범경찰활동을 보면 풍속영업의 단속, 총포・도검・화약류의 단속, 기초질서위반사범 단속과 즉결심판, 외근경찰활동 등이 있다.

외근근무의 종류에는 순찰, 방범심방, 소내근무 및 제조사, 방범단속과 같은 기본 근무와 관할구역 내에서 필요가 있다고 인정되는 경찰사안이 발

32) 송광섭, 형사정책, 유스티니아누스, 1998, 299면.
33) 송광섭, 전게서, 299면.

생하는 경우에 행해지는 특수근무(경비, 입초, 교통정리), 또한 특수근무나 기본근무를 할 때 병행해서 행하는 병행근무(불심검문, 첩보수집, 수배 및 보호, 지도홍보, 우범자 관찰보호)가 있다.

위에서 제조사란 외부의 여러 기관들의 의뢰에 의하여 행해지는 각종조사로 여기에는 신원조사, 민원사항조사, 특별사항조사 등이 있다.

또 방범심방이란 경찰관이 기업체나 민간 가정집, 법인 등을 찾아가 범죄단속 등의 계몽과 범죄 예방에 대한 상담을 하는 것으로 주민의 협조를 통해 범죄 예방에 관한 각종 정보를 수집하는 비권력적인 사실행위인 행정지도에 속한다. 이러한 방범심방제도는 방범이라는 치안서비스의 생산에 있다. 경찰과 지역사회 주민이 같이 참여한다는 점에서 공(共)생산적 활동에 가깝다고 할 수 있다.

이러한 치안서비스의 공동생산은 보통 지역사회경찰활동으로 불리우는데, 이는 경찰기관과 지역사회의 상호관계를 강화하여 기존의 전통적인 경찰활동의 한계성을 극복하고 지역사회공동체의 모든 분야와 협력하여 범죄발생을 예방하려는 활동을 말한다.

한편, 앞에서 언급한 범죄수사적정화의 범죄예방과 관련된 형사정책적 효과를 보면 범죄수사의 적정화는 범죄자를 신속하게 검거하게 하므로 후속범죄 방지와 피해확대방지의 효과가 있으며 신속한 범인의 검거를 통해 피해자의 범인에 대한 사적보복을 완화하여 사적범죄를 예방하고 처벌의 확실성을 높여 법의 실효성을 높이는 효과가 있다.[34]

또한 수사기법의 과학화도 조속한 범죄 검거에 도움이 되므로 범죄예방에 기여한다고 할 수 있으므로 과학적인 수사기법의 개발과 함께 공술심리학과 수사심리학의 발전도 있어야 한다.

공술심리학(供述心理學)이란 범죄자, 범죄협의자, 피해자 기타 범죄관련자에 대한 신문 또는 공술요구가 범죄수사의 결정적 과정이므로 수사관은 신문기술을 사용하여 사건관련자에게 공술을 요구하게 되는데, 이때 피의자가 무의식중에 나타나는 오류원을 언어적으로 밝히도록 하는 공술의 여러 방법을 연구하는 분야로[35] 수사심리학의 한 부분이라고 할 수가 있다.

34) 지광준, 현대사회와 형벌, 강남대, 2004, 62면.
35) 지광준, 전게서, 66면.

수사심리학이란 검사나 수사관이 피의자나 목격자 또는 피해자를 대상으로 질문하고 답하는 의사소통을 통해 지나가 버린 범죄사실을 재구성하는 심리적 역동과정을 과학적이고 체계적으로 이해하고 응용하는 학문이라고 한다. [36]

2) 검찰

검사는 검찰권을 행사하는 국가기관으로 공소제기의 여부를 결정하고 법원에서는 국가기관을 대표해서 형사피고인에 대항하는 당사자로서의 지위를 갖고 형사피고인에 대한 형이 확정되었을 때에는 형벌의 집행을 지휘, 감독하는 국가기관을 말한다.

이러한 검사는 그 성격상 검사동일체의 원칙이라는 것이 있는데, 이것은 모든 검사는 검찰총장을 정점으로 하는 피라미드의 계층적 조직체를 형성하고 일체불가분의 유기적 통일체로서 활동한다는 조직적 원리를 말한다. 그 내용에는 상명하복, 직무승계권, 직무이전권, 직무대리권이 있다. 상명하복 관계란 검사는 전국적으로 통일적 계층체를 구성하는 조직체로서 상명하복의 관계에 있다. 이에 대해 검찰청법 제7조 제1항이 규정하고 있다.

직무승계권은 검찰총장, 각급 검찰청의 검사장과 지청장은 소속 검사의 직무를 자신이 처리할 수 있는 권리로 동법 제7조 제3항이 규정하며 직무이전권은 검찰총장과 각급 검찰청의 검사장 및 지청장은 소속검사의 직무를 다른 검사로 하여금 처리하게 할 수 있게 하거나, 소속검사로 하여금 그 권한에 속하는 직무의 일부를 처리하게 할 수 있다는 것으로 동법 제7조 제3항에서 규정하고 있다.

직무대리권은 각급 검찰청의 차장검사(次長檢事)는 소속장의 사고가 있을 때에는 특별한 수권(授權)없이 그 직무를 대리하는 권한(검찰청법제18조 제2항, 제23조 제2항)을 행사한다는 내용이다.

검사동일체원칙의 효과로는 검사동일체의 원칙의 결과 범죄수사나 공판관여 등 일체의 검찰사무의 취급도중에 검사가 전보(轉補) 등의 사유로 교

36) 김종률, 수사심리학, 학지사, 2005, 16면.

체되어도 소송법상 효과에는 영향을 미치지 아니하며, 같은 검사가 한 것과 동일한 효과가 인정된다.

한편, 공소권의 주체인 검사는 기소권을 가지지만 또한 객관의무를 부담하게 된다. 다시 말해서 검사는 피고인의 적(敵)이 아니라, 피고인에게 이익되는 사실도 조사·제출하고 피고인의 이익을 위하여 상소와 비상상고를 할 객관적 관청이라 할 수 있다. 이것은 검사의 당사자 지위와 모순되는 것이 아니라 실질적으로 당사자주의를 실현하기 위한 것이라고 할 수 있다.

그리고 검사의 가장 중요한 권한은 법원에다가 기소할 것인지 여부를 결정하는 기소권이라고 할 수가 있다. 이러한 기소정책에는 기소독점주의, 기소편의주의, 기소유예제도가 있다.

기소독점주의란 검사만이 기소할 수 있는 것을 말하고, 기소편의주의란 범죄의 혐의가 존재하고 소송조건을 갖추었는데도 검사의 재량으로 불기소 처분을 할 수 있도록 하는 제도이며, 여기에는 기소유예제도와 기소변경주의가 있다. 기소유예제도는 구체적 정의실현에 기여하고, 피의자의 조속한 해방과 일반예방 및 특별예방에 기여하며, 불필요한 기소 억제로 소송경제에 기여하지만, 검사의 자의가 개입되고 정치적 개입의 가능성이 있으며, 법적 안정성에 위협을 초래할 수도 있다. 검사의 부당한 불기소 처분에 대한 법적 규제에는 재판상 준기소(재정신청)제도, 검찰항고제도, 고소·고발인에 대한 통지 및 이유고지제도, 헌법소원제도 등이 있다.

한편, 선도조건부 기소유예란 범행을 한 소년을 선도보호를 받을 것을 조건으로 기소유예하는 제도로 소극적 요건으로는 혐의의 불기소처분을 해야 하는 소년사건은 제외되고, 적극적 요건으로는 선도보호의 필요성이 있어야 선도조건부 기소유예처분을 할 수 있다. 또 종래 18세 미만의 범죄소년에 대한 선도조건부 기소유예와는 달리 보호관찰등에관한법률의 개정으로 보호관찰소 선도위탁기소유예제도가 생겼다.

한편, 이것과 관련하여 주요한 제도로 전환(diversion)이란 제도가 있다. 전환이란 보통 공식적인 형사사법절차로 진행되다가 특정한 형사정책적 목적(소년보호, 낙인방지, 과밀수용방지)을 위하여 공식적인 사법절차에서 벗어나는 개념으로 가령 경미한 범죄를 행한 초범자에게 기소를 하지 않고 검찰단계에서 행하는 선도조건부기소유예나 경찰기관에서 행하는 훈방을 들 수가 있다.

이러한 전환제도는 초범자나 가벼운 범죄인에게 더 큰 낙인을 방지하여 더 큰 범죄를 예방할 수 있다는 형사정책학적 의의가 있는데, 이러한 전환제도의 유형에는 형사사법절차 이전의 전환(이것은 보통 비범죄화로 논의된다), 전(全)형사사법단계에서의 전환, 개입여부에 따른 단순전환과 개입형전환제도가 있다.

전형사사법단계에서의 전환은 모든 형사사법단계에서 행해지는 전환으로 경찰단계에서의 훈방, 검찰단계에서의 선도조건부기소유예, 재판단계에서의 형의유예, 교정단계에서의 보호관찰부가석방 등이 있으며, 미국의 청소년 봉사국이 가장 대표적인 전환제도로 평가받고 있다.[37)]

단순전환제도란 대상자에 대한 어떠한 전통적인 형사절차를 취하지 않는 제도로 검사의 기소유예가 있으며, 개입형전환제도란 대상자에 대하여 특정의 비공식적 체제를 동반하는 제도로 가령 선도조건부기소유예가 그 예로서 대상자에 대해 일정한 행동의 제한을 수반한다.

이러한 전환제도에 대하여 전환을 결정하는 과정에서 형사사법기관의 편견 등에 의해 부당한 재량권이 남용되어 특정계층에게는 혜택을 주는 등의 전환으로 인하여 오히려 형사사법의 불평등과 법의 선택성이라는 부작용이 우려될 수 있고 또한 형사사법망이 확대되는 현상(보호관찰을 통해 모든 것이 감시되므로)이 발생된다는 전통적인 비판도 있지만, 거시적 측면에서 보면 낙인의 방지로 인한 더 큰 범죄의예방적 의의가 크다고 할 수 있다.

3) 법원

법원단계에서 행해지는 형사정책에는 양형과 형의 선고유예와 집행유예 및 판결의 공시제도가 있다.

검사의 기소를 통해 재판이 전개되는 공판단계에서 판사의 형벌의 결정

37) 이윤호, 교정학, 박영사, 1995, 86면.

이 선고되고 그 과정에서 형사피고인과 잠재적 범죄인에 대하여 형벌의 위하력과 함께 범죄예방이라는 또다른 효과를 가져오게 된다.

법관이 그러한 형벌의 위하력과 범죄예방을 위해 그리고 형사피고인에게 적절한 형벌의 선고를 하는 구체적인 사법과정에서 양형문제와 형의 선고유예 및 집행유예제도가 파생되어 나온다.

(1) 양형제도

양형은 법정형에 규정된 형벌의 종류와 범위내에서 법관이 구체적으로 선고할 형을 정하는 것인데, 양형의 조건(형법 제51조)에는 범인의 연령, 성행, 지능, 환경, 피해자에 대한 관계, 범행의 동기와 수단 및 결과, 범행 후의 정황(성별×) 등이 있다. 양형의 합리화란 법관의 편견 등의 원인으로 판사마다 양형이 다른 것을 공정하게 하고 책임주의와 범죄인의 사회복귀를 함께 고려한 과학적인 양형의 실현을 말한다.

이런 양형의 합리화방안으로는 양형표의 작성, 양형위원회제도, 판결전조사제도, 적응예측표, 판결서에 양형 이유의 명시 등이 있다. 양형표란 개개 범죄자의 특징별로 재범위험성, 형벌적응력, 교정방안 등을 서술한 양형지침표로, 그 목적은 양형의 통일성, 비례성, 정직성을 확보하여 불공정성 등 양형과정의 폐해를 막기 위함에 있다. 양형표는 개별 사건마다의 특수성을 무시할 수 있고(구체적 타당성과 범죄인 처우의 개별화가 곤란하여) 형량에 대한 법관의 권한에 대한 침해의 가능성이 있다. 그리고 양형위원회는 양형과정에 있어 법관 외에 학자 등으로 합의체를 구성하여 양형의 합리화를 도모하려는 제도로, 양형의 합리화에는 기여하나 소송경제의 비능률과 법적평가를 비법관에게 맡기는 문제점이 있다.

한편, 양형에는 양형의 원칙이 있는데 여기에는 책임주의와 과학주의가 있다. 책임주의란 형벌이란 형사피고인의 구체적인 책임과 균형을 이루는 범위 내에서 개별적인 형량이 정해져야 한다는 것으로 이것은 현대의 형벌제도가 적극적으로는 범죄예방기능을 갖는다는 것을 인식하고 죄와 형벌이 균형을 이루는 것을 의미한다.

과학주의란 범죄유형별로 양형요소를 확인하고 개별 범죄유형에 따른 실제의 양형기준을 확인하는 것으로 범죄인에 대한 교화를 전제로 한 양형의 적정화를 위한 것이다. 그리고 판사의 양형은 실질적으로는 형사피고인에 대한 검사의 구형에 의해 제한되므로 따라서 검사가 구형을 하기에 앞서서 범죄예방과 교화라는 목적달성에 적합한 양형요소를 창작하여 구형하는 제도도 의미가 있다.

(2) 판결전조사제도

이것은 유죄가 인정된 자에 대하여 그 인격과 환경에 관한 상황을 조하하고 이를 양형의 기초자료로 이용하게 하는 제도로, 양형의 합리화와 합리적 처우의 개별화, 정확한 양형과 피고인의 인권보장, 교정행정에도 도움, 실체적 진실의 발견과 보호관찰의 활성화, 유용한 자료를 제공하여 범죄의 동향파악, 갱생지침 제공, 보안처분의 합리적 선택, 변호인의 변호활동의 합리화에 기여하는 면은 있으나, 직권주의의 실질적 부활이라는 비판, 조사결과에 대한 피고인측의 반대신문권을 확보하는 것이 문제가 된다.

우리나라의 판결전조사제도를 보면 현행법에는 성인을 대상으로 하는 양형을 위한 본래의미의 판결전조사제도는 없다. 다만, 보호관찰등에관한법률 제3장 제1절에는 판결전조사조항을 두고 있는데, 동법 제19조에 따르면 법원은 소년에 대하여 보호관찰, 사회봉사, 수강명령을 부과하기 위해(가석방심사 때×), 필요하다고 인정하는 때에는 그 법원의 소재지 또는 피고인의 주거지를 관할하는 보호관찰소의 장에게 범행동기, 직업, 생활환경, 교우관계, 가족상황(범죄사실×, 생계대책×), 피해회복 여부 등 피고인에 관하여 필요한 사항의 조사를 요구할 수 있다고 규정하고 있다. 그리고 보호관찰소의 장은 소속 보호관찰관으로 하여금 필요한 사항을 조사하게 할 수 있다. 한편, 소년법 제11조에는 소년사건이 소년법원으로 송치된 때에는 소년부 판사는 소년부 소속의 조사관으로 하여금 사건내용, 소년 본인, 보호자, 참고인 등에 관한 조사를 명령할 수 있도록 규정하고 있다.

이러한 판결전조사제도는 미국에서 Probation제도와 함께 피고인에 대한 과학적인 조사를 기초로 하여 법관이 선고하는 것에서 유래하였다.

판결전조사를 행하는 방법에는 종단적 조사법과 횡단적 조사법이 있다. 종단적 조사법은 여러 관련전문가들이 범죄인의 비행을 생성시킨 원인을 고찰함에 있어 여러 가지 환경조건과 인격을 시간적 단계에 있어 발전적으로 조사하는 것으로 이때 범죄인의 성장과정, 학력, 경력 등이 조사되는데 케이스 분석적 조사법이라고 하며, 횡단적 조사법은 범죄인의 과거 경력과 현재의 행위 단면을 조사하는 것이 아니라 지능진단, 성격진단, 체질진단, 정신의학적 진단, 작업소질검사, 직업적성검사 등을 종합적으로 조사・진단하여 장래의 행위가능성을 추정하고 재범예측을 진단하는 것이다.38)

한편, 판결전조사와 구별되는 개념이 판결후조사제도인데, 이는 형벌이 확정된 수형자에 대하여 적절한 처우와 분류를 위하여 행해지는 신입심사와 재심사와 관계된다. 수형자에 대한 신입심사와 재심사는 법원에서 행해지는 형사절차 단계와 무관하지만 관련사항으로 언급하면 아래와 같다.

신입심사는 매월 1일부터 말일까지 형집행지휘서가 접수된 수형자에대하여 실시하되, 다음달 개최되는 분류처우예비회의의 전일까지 이를 완료하여야 하고, 다만 정밀분류심사가 필요한 수형자에 대하여는 분류심사기간을 연장할 수 있으며, 그리고 신입심사대상자는 독거실에 수용하는 것이 원칙이나, 부득이한 사유가 있는 경우에는 혼거실에 수용할 수 있다.

신입수형자의 분류심사유예(처우규칙 제3조)에는 집행할 형기가 3월 미만인 경우, 질병 등으로 인해 심사가 불가능한 때, 규율위반으로 조사 중이거나 징벌집행 중인 때, 기타 분류심사를 거부해 심사가 불가능한 때가 있다.

재심사는 정기재심사와 부정기재심사로 구분하여 실시하되, 그 사유가 발생한 후 최초로 개최되는 분류처우예비회의 또는 분류처우회의 전일까지 이를 완료하여야 한다.

---

38) 송광섭, 전게서, 483면.

정기재심사의 사유는 다음과 같다.

ⓐ 형집행지휘서 접수일로부터 6월이 경과하고 형기의 2분의 1에 도달한 때

ⓑ 형기의 3분의 2에 도달한 때

부정기재심사의 사유는 다음과 같다.

ⓐ 신입심사 또는 재심사에 오류가 있음이 발견된 때

ⓑ 교정사고의 예방에 뚜렷한 공로가 있는 때

ⓒ 규율을 위반하여 징벌하기로 결정한 때

ⓓ 가석방 또는 귀휴심사상 필요한 때

ⓔ 전국기능대회에 입상하거나 워드프로세서 1급 또는 산업기사 이상의 자격을 취득하거나 학사고시에 합격한 때

한편, 이와 관련하여 교도소장 등은 수형자의 신상에 관한 개별사안에 대해 분류조사를 실시할 수 있으며, 그 방법은 가족면담, 가정환경 및 보호관계조사, 관계기관 조회 등이 있고, 관련학식자로 하여금 고충상담·심리치료·생활지도 등을 하게 할 수 있다. 분류조사사항은 성장과정, 상담관찰사항, 학력과 직업, 경력, 생활환경, 개인적 특성과 정신상태, 보호관계, 자력개선의지, 석방 후의 생활계획 등이다. 교도소장 등은 개별처우계획을 수립하기 위해 교정심리검사·적성검사·지능검사를 실시하여야 한다. 교정심리검사는 신입자에 대해 실시하나, 집행할 형기가 3월 미만이거나 검사불능 또는 검사가 불필요하다고 인정되는 사유가 있는 자는 제외한다. 지능검사와 적성검사는 인성검사대상자로서 집행할 형기가 1년 이상이고 연령이 35세 미만인 수형자에 대해 실시한다.

(3) 형의 선고유예제도

이것은 경미한 범죄인에 대해 일정기간 형의 선고를 유예하고 2년의 유예기간을 실효됨이 없이 경과하면 면소된 것으로 간주하는 제도이다. 유형을 살펴보면, 영미법에서는 유죄판결 자체를 유예시키나 우리나라는 유죄판결은 하고 형의 선고만을 유예한다. 이것은 집행유예는 형집행의 변형된 형태(영미법의 Probation 제도가 유럽에 도입되면서 변형된 형태로 봄)의

의미가 있지만, 형의 선고를 유예하는 선고유예는 형집행의 변형이 아니라는 것을 나타낸다. 선고유예는 형벌은 미리 확정해두고 단지 선고만 유예하므로 독자적인 제3의 형사제재수단의 성격을 가지고, 따라서 형법상 제재 중 가장 가벼운 제재이며 특별예방을 위해 책임주의를 양보한 것(A가 범죄시 처벌받는 것이 책임주의에 맞으나, 선고유예는 A가 처벌받은 기록을 남기지 않아 A의 사회복귀를 쉽게 하는 특별예방적 목적을 달성하기 위한 제도이므로)으로 볼 수 있다.

1995년 개정형법에서는 선고유예에 보호관찰을 신설했다. 요건은 1년 이하의 징역이나 금고, 자격정지, 또는 벌금형을 선고할 경우(구류나 과료의 형의 신고×)로 개전의 정이 현저하고 자격정지 이상의 형을 받은 전과가 없을 것이다. 그리고 조건부 부담처분으로 인한 선고유예 때 재범방지를 위해 지도 및 원호가 필요할 때 보호관찰을 명할 수 있는데, 집행유예와 다른 점은 보호관찰만을 조건부 부담처분으로 하고 있다는 것이다(즉, 선고유예시 사회봉사 또는 수강은 명할 수 없다). 보호관찰의 기간은 1년으로 하며, 형의 병과시 일부 선고유예를 할 수 없다.

효과는 형의 선고유예를 받는 날로부터 2년을 경과하면 면소된 것으로 보며(형의 선고의 효력을 잃는 것은 아니다), 이 때 면소는 무죄와는 다르고 전과자로도 되지 않는다. 그리고 형의 선고유예를 받은 자가 유예기간 중 자격정지 이상의 형에 대한 판결이 확정된다든가 또는 자격정지 이상의 형에 대한 전과가 발견된 때는 유예한 형을 선고한다(필요적 실효). 또 보호관찰을 명한 선고유예를 받은 자가 보호관찰 중에 준수사항을 위반하고 그 정도가 무거운 때는 유예한 형을 선고할 수 있다(임의적 실효).

(4) 집행유예제도

이것은 형의 선고 후 범정이 가볍고 형의 현실적 집행의 필요가 없다고 인정되는 때 일정 기간 그 형의 집행을 유예하고 특별한 사고 없이 그 기간을 지나면 형의 선고가 없었던 것과 동일한 효과를 발생하게 하는 제도로, 조건부 유죄판결제도이다(독일은 조건부 특사주의의임).

이 제도는 영미에서 일찍부터 발달된 프로베이션의 일종으로(즉, 영미의 보호관찰제도가 유럽에 도입되면서 변형된 형태) 유럽에서는 조건부 특사주의와 조건부 유죄판결주의로 발전했고, 1888년 벨기에가 최초로 입법화했으며 최근까지 보호관찰과의 결합추세에 있다. 이러한 집행유예는 단기자유형의 폐해를 막고 범죄인의 능동적인 사회복귀를 촉진시킨다는 점에서 특별예방과 관계된다.

요건은 3년 이하의 징역 또는 금고의 형을 선고할 경우(선고형임), 정상에 참작할 만한 사유가 있을 것(이 때 판단의 기준시기는 판결시), 또 금고이상의 형의 선고를 받아 집행을 종료한 후 또는 면제된 후 5년을 경과할 것 등이다(단, 특정 강력범죄로 형의 선고를 받아 그 집행이 종료하거나 면제받은 후 10년을 경과하지 않은 자가 다시 특정강력범죄를 행한 때에는 집행유예가 금지된다).

집행유예에 관한 조건부 부담처분을 보면 집행유예시 보호관찰이나 사회봉사 또는 수강을 명할 수 있는데(사회봉사 또는 수강명령은 반드시 집행유예에만 병과된다), 이 3가지 부담처분은 임의처분 또는 상호 선택적으로 규정되어 있지만 판례는 집행유예시 보호관찰을 명할 때 사회봉사 또는 수강을 동시에 명할 수 있다고 한다.

유예기간은 1년 이상 5년 이하의 범위 내에서 법원의 재량에 의해 결정되고, 형의 병과시 일부에 대해 집행유예가 가능하다. 또한 집행유예에 의한 보호관찰의 기간은 집행을 유예한 기간으로 하나, 법원은 유예기간의 범위 내에서 보호관찰기간을 정할 수 있고, 사회봉사명령 또는 수강명령은 집행유예기간 내에 집행한다.

집행유예의 효과로는 집행유예의 선고 후 그 선고가 실효 또는 취소됨이 없이 유예기간을 경과한 때는 형의 선고는 효력을 상실한다(전과자로 되지 않는다). 그리고 유예기간 중 금고이상의 형의 선고를 받아 그 판결이 확정된 때는 집행유예의 선고는 효력을 잃는다(집행유예의 실효). 그리고 집행유예의 선고 후, 금고 이상의 형을 받아 집행을 종료한 후 또는 집행이 면제된 때부터 5년이 경과되지 아니한 사실이 발각된 때는 집행유예의 선고를 취소(필요적 취소)하고 유예된 형을 집행한다. 또 보호관찰이나 사회봉사 또는 수강명령을 받은 자가 준수사항 또는 법령을 위반하고 그 정도가 무거운 때는 집행유예의 선고를 취소할 수 있다(임의적 취소).

집행유예제도의 개선방향으로는 벌금형에 대한 집행유예제도의 인정, 집행유예기간 중에 집행유예기간을 단축 또는 연장하는 방안도 고려할 필요가 있다.

한편, 형집행유예제도의 종류를 상설하면 유예의 방법을 기준으로 조건부 유죄판결주의와 조건부 특사주의로 구분되는데, 조건부 유죄판결주의란 일정유예기간 중에 법원이 요구하는 준수사항을 위반하지 않는 한 자동적으로 형의 선고가 없었던 것과 동일한 효과를 발생케 하는 집행유예제도(한국, 일본)이며, 조건부 특사주의란 일정기간 선행을 할 것을 조건으로 하여 임시특사를 내리는 것으로 형의 집행만을 면제하고 형의 선고는 유효한 제도로 독일형법 제25조에 규정되어 있는 바 조건부은사주의라고 한다.[39]

그리고 이러한 집행유예의 법적 성질에 대하여 독립제재설과 형집행변형설의 두 견해가 대립하고 있는 바, 독립제재설은 집행유예가 형벌과 보안처분의 성질을 함께 갖는 고유한 독립제재라는 것이고, 형집행변형설에 있어서 집행유예는 자유형이 선고되고 그 집행만 유예된 제도이므로 양형의 일종으로서 특수성을 가진 형집행의 변형으로 간주하므로 형집행변형설에서는 집행유예의 보안처분성을 부인하고 있다.[40]

그리고 전과자라는 낙인이 남지 않는 기소유예와 선고유예와 달리 전과자라는 낙인이 남는 집행유예의 범죄예방효과는 다르며, 특히 선고유예보다 집행유예가 훨씬 많은 한국재판현실에서는 적어도 낙인이론의 관점에서만 선다면 선고유예제도를 더욱더 활용하도록 할 필요가 있을 것 이지만, 총사회적·거시적 관점에서는 적정수준의 전과자의 생산도 긍정적 효용이 있으므로 반드시 선고유예제도가 집행유예제도보다 일률적으로 말할 수 없고 범죄인의 특성과 범죄의 종류에 따라 적절한 형태가 결정되어야 한다.

형의선고유예제도와 집행유예제도를 표로 정리하면 다음과 같다.

39) 지광준, 전게서, 92면.
40) 지광준, 전게서, 92면.

	선고유예	집행유예
개념	경미한 범죄인에 대해 일정 기간 형의 선고를 유예하는 제도	유죄 판결을 한 후 일정 기간 그 형의 집행을 유예함
형태	우리나라는 형의 선고만을 유예함	우리나라는 조건부 유죄판결주의임
역사	미국은 1878년 메사추세츠주 최초로 입법화되었으며, 영국은 14C서약제도에서 유래함	1888년 벨기에가 처음 입법화했으며, 프랑스에 이어 유럽 각국에서 도입된 제도이다.
요건	① 1년 이하의 징역이나 금고, 자격정지 또는 벌금형을 선고할 경우 ② 형법 제51조의 양형의 조건을 참작하여 개전의 정이 현저한 때 ③ 자격정지 이상의 형을 받은 전과가 없을 것 ④ 유예기간 : 2년	① 3년 이하의 징역이나 금고를 선고할 경우 ② 형법 제51조의 양형의 조건을 참작하여 개전의 정이 현저한 때 ③ 금고이상의 형의 선고를 받아 집행을 종료한 후 또는 집행이 면제된 후 5년 이상 경과한 자 ④ 유예기간 : 1년 이상 5년 이하의 범위
효과	2년 경과하면 면소된 것으로 간주(법관에 의한 조건부 사면의 성격)된다.	그 선고가 실효되거나, 취소됨이 없이 유예기간을 경과하면 형의 선고는 실효 됨
보호관찰	임의적 보호관찰(1년) 제도가 있다.	보호관찰, 사회봉사명령, 수강명령이 부과될 수 있다.

한편, 우리나라의 제1심 형사공판사건에서는 보통 선고유예를 내리는 것은 1%에 미치지 못하며, 이에 반해 집행유예는 과반수에 육박하는데 교통사고처리특례법 위반이 가장 많이 차지한다.

5. 교정처우정책

1) 교정이념

(1) 교정의 개념

교정이란 보통은 수형자를 교화, 개선시키는 총체적 활동으로 알려져 있지만 이와 관련하여 행형과의 개념을 차이짓기도 한다. 보통 행형은 시설 내 처우를 중심으로 하는 개념으로 형벌권의 법률적·형식적 측면을 강조하고, 교정은 시설내 처우 외에 사회내 처우도 내포하는 개념으로 형벌권의 실질적 · 이념적 성격을 강조한다고 볼 수 있다.

한편, 행형은 자유형의 집행방법만(행형법에 규정, 본래의미의 행형) 의미하는 협의의 행형과 협의의 행형에 미결수용, 사형수의 수용, 노역장 유치를 포함하는 광의의 행형으로 구분하기도 하는데, 현행 행형법은 광의의 행형개념을 전제로 한다.

오늘날 행형과 교정은 혼용해 사용하는 것이 일반적이지만, 사회내 처우가 중시되는 현대에는 행형보다는 교정이란 용어가 더 적절하다고 볼 수 있다. 그러나 오늘날에도 행형이란 용어는 여전히 사용된다.[41)]

교정의 목적등에 관하여는 행형법 제1조 등에 자세히 나타나있다.

행형법 제1조는 수형자의 사회복귀와 미결수용에 관한 사항의 규정이 목적이며 보호관찰등에관한법률은 죄를 범한 자로서 재범방지를 위해 사회내 처우가 인정되는 자를 대상으로 지도 · 원호를 통해 건전한 사회복귀 촉진, 효율적 범죄예방활동의 전개, 개인 및 공공의 복지증진, 사회보호가 목적이며(제1조), 사회보호법은 죄를 범한 자로서 재범의 위험성이 있고 특수한 교육개선과 치료가 필요한 자를 대상으로 보호처분하여 사회복귀를 촉진하고 사회를 보호하며 소년법은 반사회성이 있는 소년을 대상으로 환경의 조성과 성행의 교정을 위한 보호처분과 형사처분에 관한 특별조치를 통해 소년의 건전한 육성을 목적으로 한다(제1조).

구체적으로 살펴보면 행형법은 수형자의 경우는 사회격리와 재사회화를 균형있게 추구하나 미결수용자의 경우는 격리만을 추구하며, 재범의 위험성이 있는 자를 대상으로 하는 사회보호법은 재사회화의 측면은 약하고 격리를 통한 사회방위가 큰 목적이다.

소년법은 교육의 측면을 아주 강조해 재사회화를 강조하며, 보호관찰 등에관한법은 사회격리 측면은 버리고 재사회화(악풍감염방지)를 주된 목적으로 한다.

행형법의 기능에는 국가와 수용자간에 발생하는 사안들을 행형법의 기준에 따라 적법, 위법이라고 평가해 그에 따른 법적효과를 주는 규범적 기

41) 행형은 원래 "형벌의 단순한 집행"이므로 가치중립적이고 비이데올로기적 개념이다.

능과 행형법을 위반하면 공권력에 의해 강제적으로 행형법이 요구하는 내용을 실현시키는 강제적 기능(특별권력관계와 관계), 행형법은 수용자에 대한 위법·부당한 인권침해를 방지해준다는 행형법의 보호적기능(행형법은 수형자의 권리보호를 위한 마그나 카르타이다), 분류제, 귀휴제 등 각종 처우제도는 행형관습이나 풍습이 아닌 행형법에 의해 창설되고 운영된다는 형제적 기능 등이 있다.

이와같이 행형법 제1조 등에서 교정의 목적을 재사회화[42]로 나타내고 있지만, 그러한 교정의 목적인 재사회화와 관련하여 가장 문제가 되는 것이 수형자의 의사와 관계없이 강제로 교화하는 것이 수형자의 양심의 자유와 같은 헌법적 기본권을 침해할 수가 있으며, 특히 양심수나 사상범의 경우는 더욱더 그렇다고 할 수 있다.

한편, 이러한 재사회화의 개선, 치료는 피처분자가 정신적·인격적으로 결함이 있다는 것을 전제로 한다는 견해가 있지만[43], 그렇게 되면 정신적으로 결함이 없는 과실범과 사상범 등은 교정재의 생산대상에서 제외되는 결과가 되므로 적절한 견해는 아니라고 생각한다.

그리고 교정의 성격에 대해서는 교정은 수형자를 사회로부터 격리하여 교화하며 건전한 국민사상과 근로정신을 함양하고 기술교육을 실시하여 사회로 복귀시키는 행정작용임과 동시에 교정은 국가의 형벌권을 구체적으로 실현한다는 견지에서 사법적 기능에도 속한다는 전통적인 견해가 있으나[44], 사견으로는 적어도 사법적 기능이란 사법재의 생산과 관련된다고 할 것이며, 구체적으로 국가의 형벌권을 실현한다는 것은 사법재의 생산과 무관한 단순 행정적 작용이라고 할 수가 있으며, 그리고 행정적 성격이란 것도 전통적인 견해인 일반행정과 같은 단순한 성격이나 몰가치적 행정이어서는 안 되며 수형자를 교정의 주체로도 인정하는 교육적 성격을 띠어야 하며, 특히 보다 소외된 수형자에 대하여 보다 많은 가치를 두어야 하는 가치지향적 성격을 띠어야 한다.

42) 이러한 재사회화의 개념은 성인수형자를 전제로 한 개념이며, 소년수형자인 경우는 기본적 사회화의 성격도 가지고 있다고 할 수가 있다.
43) 배종대, 전게서, 59면.
44) 김용준, 전게서, 4면.

(2) 교정의 이념

교정의 이념 또는 행형작용의 이념이란 과거에는 범죄인에 대한 순수한 교화개선의 의미보다는 범죄를 행한 자에 대해서는 그 범죄행위에 대한 똑같은 보복인 응보를 가해 고통을 준다는 응보적 개념이 강했고 이러한 잔인한 형벌의 집행을 공개함으로써 좁게는 범죄인의 재범을 막음과 동시에 넓게는 그런 형벌의 집행을 목격 또는 알게 된 일반인의 심리에 두려움을 갖게 해 그와 유사한 범죄를 막으려는 일반예방적 효과가 강했다.

그러나 근대에 들어와 범죄학과 교육학, 상담학, 심리학 등 주변과학의 발달로 범죄인에 대해서는 응보적 개념인 잔인한 형벌의 집행보다는 범죄인의 교화를 위한 처우와 치료의 개념을 중시하는 방향으로 교정이념이 정립되어가고 있다.

여기에서는 교정이념에 관한 전통적 이론들을 소개한다.

가. 행형작용에 관한 이론

① 일반예방주의

상대적 형벌론에서의 형벌의 목적은 범죄예방이며 범죄예방에는 일반시민을 그 대상으로 하는 일반예방과 범죄인을 대상으로 하는 특별예방이 있는데, 일반예방이란 법의식의 강화에 의해 일반인에게 범죄억제적인 형벌의 효과를 끼치는 것을 말한다.[45)]

이런 일반예방사상은 아리스토텔레스, 프로타고라스, 홉스, 그로티우스의 철학에 바탕을 두며 포이에르바하의 일반예방사상이 대표적이다. 일반예방을 소극적인 일반예방과 적극적인 일반예방으로 나눈다면 전자는 포이에르바하의 심리강제설과 통하는데, 이것은 형벌이 형법에 규정된 것만으로도 일반인의 심리에 위협(위하)을 가해 범죄예방이 된다는 입장이다(형법 조문에 살인하면 사형에 처한다는 규정이 있음으로써 사람들은 살인을 하고 싶어도 살인하게 되면 사형당하게 된다는 두려움 때문에 살인죄를 범하지 않게 된다는 것이다). 후자는 위하설이라고도 하는데 형벌집행을

---

45) 이호룡, 교정, 1998. 8, 14면 이하.

공개적으로 잔인하게 하여 일반인을 위하(겁을 주는 것)함으로써 시민들이 겁을 먹어 범죄를 하지 않게 되어 범죄예방의 목적을 달성한다는 내용이다.[46)]

이러한 일반예방에 입각한 형벌이론은 계몽주의 이래 포에르어바하에 의해 형성되어 왔고 슈튀벨에 의해 정착된 특별예방이론을 극복하려 했던 것이다.

나. 특별예방주의

특별예방은 범죄인을 개선, 교화해서 건전한 시민으로 도와주는 것으로 이것은 형벌의 기능을 응보처럼 과거의 책임에 대한 보상에서 찾거나 또는 일반예방처럼 일반 국민에 대한 영향력의 행사에서 찾지 않고, 개개범죄자, 특히 유죄판결을 선고받은 자에 대한 영향력의 행사를 통해 장래의 범죄를 방지하여야 한다는 데서 찾는다.[47)]

다시 말하면, 일반예방주의처럼 형벌을 잔인하게 자주 집행해 시민을 위하하는 것은 오히려 범죄에 대해 무감각하게 되는 작용을 가져올 수 있다는 생각하에 범죄인의 반사회성을 고쳐 사회에 복귀시키는 것이 형벌 집행의 이념이 되어야 한다는 것으로, 교정이념에 가장 부합하는 형벌의 목적이며 현대 행형의 이념과 일치되는 것으로 이것은 교육형사상과 사회방위이론으로 발전해 나갔다. Liszt[48)], Martin, Krause, Stübel 등이 대표적 학자이다(1882년 리스트의 마부르그 강령).

다. 절충주의

앞에서 언급한 일반 예방사상과 특별예방사상은 유럽을 중심으로 오랫동안 대립되어 왔다. 따라서 이러한 대립에서 벗어나 일반예방주의와 특별

---

46) 이와 관련하여 최근에 많이 논의되는 것이 사형제도의 일반예방교화에 관한 것인데 사형제도의 폐지론자들은 사형제의 일반예방적 효과가 없다고 주장한다. 그러나 사견으로는 적어도 고의범에게는 사형제의 일반예방효과가 있다고 생각한다. 왜냐하면 과실범과 달리 고의범은 자신의 범죄행위와 그로 인한 여러 경우의 결과들에 대해 합리적 계산을 할 수 있다고 추정되기 때문이다.

47) 이인철, 교정선교와 한국교회, 쿰란, 2004, 108면.

48) 목적형주의를 최초로 교정이념으로 내세운 리스트는 개선이 불가능한 상습범은 격리하고 개선이 가능한 범죄인은 재사회화시키고자 한다.

예방주의를 절충한 절충주의가 대륙계의 학자들[49]에서 제기되었고 오늘날은 이러한 절충주의를 행형작용에 관한 통설로 본다.

라. 신고전주의

그런데 위에서 언급한 절충주의는 지나치게 상황적 논리이고 오히려 일반예방사상이나 특별예방사상보다 범죄억지력이 없다는 견해가 대두되었으며, 이런 맥락에서 오히려 과거의 일반예방주의로 돌아가자는 흐름을 신고전주의라고 한다.[50]

마. 사회방위이론

사회방위란 사회보호와 각 구성원이 범죄인이 되는 것을 방지하고 범죄인의 개선과 사회복귀를 주장하는 운동으로 사회방위는 형벌로 처벌하려는 것이 아니고 범죄로부터 사회를 보호하려는 운동이다. 여기서는 사회는 개인에 의해서만 존재한다는 사회적 개인주의를 강조하여 사회방위는 개인적안 예방에 중점을 둔다. 극단적 사회방위론(Gramatica, Saldana)은 예방적 처분으로서의 사회방위 처분을 강조해 사회방위법에 의한 형법의 대체를 주장한다. 온건한 사회방위론(신사회방위론, Ancel)은 인도주의에 입각한 범죄인과 사회의 보호를 주장하고 형법과 형사소송법 및 행형의 개혁을 주장한다.

이러한 극단적 사회방위론과 같이 보안처분법 등에 의해 형법을 대체시키자는 교육형사상은 특별예방주의를 완성한 리스트의 제자인 라드부르흐, 리프만, 란자 등이 주장한 것이다.[51]

② 행형목적에 관한 이론

㉠ 응보주의

응보란 형벌이 범행 또는 책임에 대한 상쇄이다. 즉 행위자에게 그의 유책한 범행에 대해 해악이 가해져야 하되, 언제나 책임과 형벌 사이에는 같은 비중으로 균형이 갖추어져야 한다는 것이다.[52]

---

49) 절충주의 학자로는 독일의 형법학자인 히펠과 메르클이 유명하다. 김용준, 전게서, 8면.
50) 과거의 일반예방사상에 비해 예방적 프로그램을 중시한다.
51) 허주욱, 교정학, 법문사, 2002, 86면.

따라서 응보는 국가에 의해 규율되거나 강제될 수 있는 성질의 것인 점에서 속죄와 차이가 난다.[53]

따라서 응보형주의는 절대국가에 대응한 죄형균형의 원칙에서 나온 것으로 범죄에 대해 동일한 처벌인 응보를 부과함으로써 사회질서가 유지된다고 보았으며 행형을 형벌 그 자체로만 파악했으며 칸트, 헤겔, 슈탈 등이 주장하였으며 19세기 중반까지 중시된 교정이념이었다.

이러한 응보형주의는 책임주의로, 책임있는 자만을 처벌하므로 책임무능력자의 존재를 인정한다. 즉 응보형주의는 인간의 자유의사론을 전제로 하는데 심신상실자와 같은 책임무능력자는 자신의 행위의 의미를 구별할 줄 아는 자유의사가 없으므로 책임을 물을 수 없어 처벌인 응보를 가할 수 없지만, 그러한 심신상실자와 같은 의사무능력자를 제외한 정상적 인간은 자신행위의 의미를 인식할 수 있는 자유의사가 있다고 본다.

따라서 정상적 인간은 강도, 강간과 같은 자신의 행위가 선이 아닌 악의 행위라는 것을 식별할 수 있는 자유의지 또는 자유의사가 있다고 보며 그럼에도 불구하고 자신의 자유의사에 의해 절도와 같이 사회에 피해를 주는 행위에 대해서는 사회정의에 의해 응보로서 처벌을 해야 한다고 본다.

이와 같이 응보형주의는 처벌 또는 형벌 그 자체를 응보로서 인정하고 그 외의 목적들은 인정하지 않는다. 즉, 형벌의 근거를 오직 죄에 대한 응보로만 보기 때문에 형벌은 현대의 형사정책적 목적에 기여하지 못한다는 비판을 받고 있다.

또 하나의 비판점은 응보형주의는 그 전제가 인간의 자유의사론에 근거하므로, 정상적 인간은 범죄행위와 비범죄행위를 구별할 수 있는 자유의사가 있다고 보므로 그런 자유의사가 있음에도 범죄를 행한 것에 대해 처벌을 가한다는 것으로 범죄발생원인으로서 개인의 자유의사와 같은 개인적 원인만 중시했고 자유의 의사와 같은 개인적 측면외에 사회적 조건과 문화적 조건에 의한 범죄발생의 변수를 무시하고 있다.

따라서 범죄는 인간의 개인적 자유의사에 의해서만 발생하는 것이 아니

52) 유지영, 사형폐지연구, 교정연구, 1998. 8월, 253면.

53) 응보는 범인이 자신의 범행에 대해 수동적으로 수인하지 않으면 안되는 가해인 반면, 속죄는 뉘우치고 내심으로 우러나오는 화해를 의미한다. 이인철, 전게서, 107면.

라 사회적·문화적 조건에 의해서도 발생할 수 있는데도 응보형주의는 자유의사와 같은 개인적 측면만을 지나치게 중시하고 있다.

ⓛ 목적형주의

위에서 언급한 것과 같이 범죄의 발생은 개인적, 사회적, 문화적인 여러 변수에 의해서 발생된다는 사실이 밝혀지면서 대두된 것이 목적형주의이다. 목적형주의는 자유의사론이 아닌 인간의 의사는 환경 등에 의해 결정된다는 의사결정론을 전제로 한다. 따라서 범죄의 행함과 행하지 않음은 오직 이간의 개인적 자유의사에 의해서 결정되는 것이 아니라 그의 성격과 그를 둘러싼 여러 사회적 환경 때문에 발생된다고 본다.

다시 말해서 이것은 리스트가 주장한 것으로 형벌을 수단으로 하여 개선, 교화하려는 목적지향성을 인정하는 것이다. 즉, 범죄는 그의 의지로 생기는 것이 아니고 환경에 적응치 못하는 성격에 의해 발생하므로 책임여부와 관계없이 그 성격을 교정하는 것이 형벌의 목적이고, 따로 책임무능력자를 구별할 필요가 없어 책임 무능력자의 존재를 부정하며, 나아가 교화와 개선을 통해 범죄인을 재사회화시킬 것을 강조했다.

그러나 목적형주의가 전제하는 의사결정론은 사회환경을 지나치게 중요시하는 숙명적 의사관으로 인간의 주체적 의사를 과소평가하는 문제점이 있는 견해이지만, 교육형주의로 나아가는 다리가 되었다는 점에서 의의가 있다.

ⓒ 교육형주의

이는 “형벌은 교육이다”를 바탕으로 교정·교화를 통해 재범을 막는데 형벌의 목적을 두었다. 즉 재사회화의 방법으로 교육수단을 강조했다. 따라서 범죄원인과 범죄인의 성격을 조사해 그에 맞는 교육적인 행형관리가 행형의 본질로 본다. 교육형주의는 목적형주의이론을 발전적으로 승화한 이론으로 리스트의 제자인 Lanza, Saldana, Liepmann이 주장했다.

이렇게 형벌을 교육이라고 보는 사상에서 출발한 교육형주의는 교정교육프로그램의 개발을 중요시 하게 된다. 그러나 형벌을 교육이라고 봄으로써 형벌자체의 존엄성과 형벌의 위하력이 지나치게 무시된다는 비판을 받고 있다. 그리고 이때의 교육은 이른바 학교교육이나 지적교육같은 교육이 아니라 직업교육, 기술교육, 개선교육 등 사회교육이 주축을 이룬다고 하지만[54], 그리하여 허주욱 교수가 소개하였듯이 사회방위를 위한 형벌과 병행하여 교육을 실시하는 것은 어떤 모순점도 인정될 수 없다는 견해들이 있지만[55], 사견으로는 아무리 범죄인이라고 하여도 그의 의사와 무관하게 교육을 강제하는 것은 범죄인의 양심의 자유 등 인권을 침해하므로 이런 교육만능주의도 극복할 필요가 있다고 생각한다.

㉣ 신응보형주의

미국의 알렌, 모리스, 윌슨 등이 주장한 신응보형주의는, 앞에서 언급했지만 교육형주의가 수형자의 의사와 관계없이 교육만능주의에 젖어 철저히 교육프로그램에 강제로 참여시키는 것 자체의 효용성에 의문을 제기하였고 또한 이러한 교육프로그램들이 미국사회에서 재범의 방지에 실패하였다는 기본의식에서 출발한다.

따라서 미국사회에서 재범을 막기 위해서는 지나치게 개선지향적 교육모델보다는 적절한 응보가 필요하다고 주장하고, 단지 고전적 응보주의와 달리 인간적 조건을 구비한 구금위주의 행형을 주장하여 신응보주의 또는 신고전주의, 현대교정주의라고 불리운다. 다시 말해서 이러한 신응보형주의는 응보나 질서유지보다 개선과 교화에 중점을 두는 교정처우이론에 대한 반발로 20세기 중반 이후에 대두되었다. 즉 처우의 단일화가 아니라 수형자를 특성에 맞게 개별적 처우를 하자고 하여, 실질적 정의의 입장에선 개선모델은 오히려 그 운용과정에서 재량의 남용 등으로 인한 여러 문제가 발생되었다고 비판을 하고 형벌은 단지 적절한 응보로서의 성격만 가지면 되지(형식적 정의) 치료, 개선 등 가치지향적일 필요가 없다는 입장이다.

Hirschi, 마티슨, 알렌, 윌슨, 포겔 등은 특별예방적 효과는 그 효과가 확실치 않으며, 특히 격정범, 누범자, 확신범에 대해서는 성과가 없었고, 처우의 개별화로 인한 과중한 경비 등을 이유로 초기 고전학파의 입장인 응보형주의로의 복귀를 주장했다. 특히 Allen은 교정처우론은 형사사법체제를 타락시켰다고 비판하면서 정의에 기초한 적절한 응보(형벌)와 수형자에 대한 법적 보호를 강조했다.

54) 허주욱, 전게서, 83면.
55) 허주욱, 전게서, 83면.

신응보주의자들의 대안으로는 그린우드가 주장한 선별적 무능력화 방안과 이를 제도화한 삼진법이 있는데, 선별적 무능력화란 중요한 범죄를 반복적으로 행하는 극소수자들을 사회에서 장기간 격리시켜 무능력화 시키는 것이며, 삼진법(미국의 플로리다주가 최초입법)은 2회의 범죄까지는 교화의 기회를 주나 3번째의 범죄를 행하면 교화없이 사회로부터 영구히 격리한다는 것이다(과실범, 격정범 등 개선이 가능한 자들은 선별적 무능력화의 대상이 아니다). 이런 형사정책의 응보적 회귀 경향은 형법이론에서 신고전주의의 대두를 가져왔다. 그러나 이러한 신응보주의 입장은 응보를 형벌의 목적으로 본다는 점에서 반(反)교정주의적 입장에 있다는 비판을 받는다.

(3) 교정처우원리

교정처우란 법원의 재판에 의해 자유형이 확정된 범죄인에 대하여 법원이 정한 교정재(correction service)의 생산기간 내에서 교정시설 내에서 교정공무원, 교정위원 등과 수형자의 쌍방적 협동 또는 일방적 지도[56]로서 행해지는 각종처우라고 정의할 수 있다.[57]

이러한 교정처우는 최근 각종 과학, 특히 심리학, 사회사업학, 상담학, 사회학 등의 발달로 더욱더 정교한 교정처우 기법이 발달되고 다양화되고 있지만, 전통적으로 논의되는 교정처우의 기본요소와 지도원리는 아래와 같다고 할 수 있다.

가. 교정처우의 기본요소

교정처우의 기본요소에는 첫째, 인도적 처우가 있는데 우리 행형법도 7차 개정때 수용자의 인권존중과 평등의 원칙을 명시했다. 둘째, 공평한 처우(UN 인권규약 B규약 제20조)로 차별대우하지 말라는 것인데 상대적 평등을 의미하며 행형법 제1조에서 국적, 성별, 종교, 사회적 신분에 의한 차별은 금지한다고 규정되어 있다(헌법 제11조는 성별, 종교, 사회적 신분에 의한 차별을 금지). 셋째 법적지위에 상응한 처우인데 피구금처우에 관한

---

56) 미성숙된 수형자에게는 교정공무원 등이 교정재를 주도적 지위에서 생산해야 한다.

57) 이점에서 국제회의 등에서 널리 쓰이는 범죄자처우와는 다른 개념임을 알 수 있는데, 그것은 범죄자라는 개념이 수형자보다 포괄적이기 때문이다.

최저기준규칙과 국제 인권규약 B규약에는 소년범에 대해 "연령 및 법적 지위에 상응한 처우"를 규정하고 있다. 그리고 개선목적 적합성의 처우를 들 수 있는데, 이는 개선이 범죄자 스스로의 개선을 의미하고 지도는 다만 부수적인 도움에 지나지 않는다는 취지이다.

나. 교정처우의 지도원리

① 인도주의

재소자를 처우할 때(그들도 인간으로의 존엄성이 있으므로) 인도적·인간적 방법으로 처우하자는 것이다. 여기에는 비인간적인 수용(남녀혼합 구금)상태의 폐단을 지적하고 감옥개량운동을 전개한 Howard(감옥상태론), 「범죄와 형벌」에서 형벌은 목적을 위한 최소한의 수단으로 해야 되고 비인간적인 사형폐지를 주장한 Beccaria, 열악한 수용상태에 놓인 죄수들을 돕기 위해 필라델피아 수인(囚人)구호협회(1776)를 결성한 Wister, 누진제에 점수제를 결합한 가석방제도를 실시한 마코노키 등이 관계된다.

② 법률주의

수형자를 처우할 때 법률에 의해 처우하라는 것이다(행형법은 수형자의 마그나카르타). 그런데 수용자의 법률적 지위를 역설한 이가 프로이덴탈이다. 현대는 갈수록 교정행정에 있어 법률주의가 강화되는 추세에 있다. 국가와 수형자는 특별행정법 관계에 있다고 하겠다.

③ 과학주의

범죄인 처우의 기술에 각종 과학적 방법을 도입했다(범죄인의 과학적 분류와 처우). 한편, 범죄예측에도 과학적 방법이 도입되었는데, 최초로 점수법에 의해 가석방 예측을 시도한 워너, 21개 요소를 이용한 예측표와 가석방 위반율의 상관관계를 실험한 버제스, 재범예측과 소년비행의 해명을 위한 조기예측법을 연구한 Glueck 부부 등을 들 수 있다.

④ 처우의 개별화

이것은 수형자는 인성과 환경 등이 제각기 다르므로 교화를 위한 처우는 개별적으로 적용시켜야 한다는 것으로 실증주의적 관점에서 강조되고 있다(행형법 제11조). 처우의 개별화의 전제는 과학적인 분류심사제의 개발, 분류심사 전문요원의 확보, 시설의 다양화, 재량권의 확대 등이 요구된다. 그리고 처우의 개별화는 처우의 단일화에 반대되는 개념이다(즉, 각 개인에게 맞는 교육과 작업, 교화를 통해 사회복귀를 도모하자는 것이다). 그러나 처우의 개별화는 실무에서 운용을 잘못하여 처우의 불평등과 형벌의 공평성이 침해될 수도 있다.

⑤ 처우의 사회화

이는 교정시설 내에서의 죄수들의 생활은 가능한 일반사회의 생활상태와 비슷하게 하자는 유사화원칙을 말한다(부부접견제도는 좋은 예이다). 사회접근주의라고도 한다.

그것은 교정재의 생산은 과거처럼 사회와 완전히 폐쇄된 격리된 공간에서보다는 교정시설내의 교도소 사회도 가능한 일반사회와 유사하게 꾸며 놓을 때 교정재의 생산성이 훨씬 높고 생산된 교정재도 내구성이 오래 간다는 전제하에서 나온 교정처우의 지도원리로 아주 중요한 지도원리에 속한다고 할 수가 있다.[58]

이러한 교정처우의 기본원리는 대부분의 선진국가에서는 채용하고 있는데 가령, 중국도 감옥행형원칙으로서 행형인도원칙, 행형교육원칙, 행형개별화원칙, 행형사회화원칙 등을 내세우고 있다.[59]

이상 위에서 교정처우의 기본요소들에 관한 전통적인 견해들을 살펴보았지만 특히, 문제가 될 수 있는 것이 앞에서도 언급한 바가 있는 "처우"의 개념과 그로 인한 문제점이 논쟁이 될 수 있다. "처우"라는 개념은 어차피 특정사회와 시대의 이데올로기를 내포하므로 그러한 이데올로기적 요소를 수형자의 의사에 반해 수형자에게 강요하는 것은 문제가 될 수 있으며 특히 우리와 다른 가치체계를 가진 외국인 수형자에게는 더욱더 그렇다고 할 수 있다.

58) 천정환 박사는 이러한 처우의 사회화를 중시하여 교도소내의 교정공무원 중 여성공무원의 비율을 높일 것과 수형자에게 완전한 Sex권의 보장, 흡연권의 보장, 장애인도 교정공무원으로 임용시킬 것, 일정요건 하에서의 음주권의 보장 등을 주장하고 있다.

59) 張全仁, 감옥행형학, 중국물가출판사, 2003, 1면.

(4) 한국의 교육형주의의 문제점

먼저 한국의 교육형주의의 이념은 교정의 목적과 주로 관련되는 바 교정의 목적 등에 관하여는 행형법 제1조 등에 자세히 나타나 있다.

행형법 제1조는 수형자의 사회복귀와 미결수용에 관한 사항의 규정이 목적이며 보호관찰등에관한법은 죄를 범한 자로서 재범방지를 위해 사회 내 처우가 인정되는 자를 대상으로 지도·원호를 통해 건전한 사회복귀 촉진, 효율적 범죄예방활동의 전개, 개인 및 공공의 복지 증진, 사회보호가 목적이며(제1조), 사회보호법은 죄를 범한 자로서 재범의 위험성이 있고 특수한 교육개선과 치료가 필요한 자를 대상으로 보호처분하여 사회복귀를 촉진하고 사회를 보호하며, 소년법은 반사회성이 있는 소년을 대상으로 환경의 조성과 성행의 교정을 위한 보호처분과 형사처분에 관한 특별조치를 통해 소년의 건전한 육성을 목적으로 한다(제1조).

구체적으로 살펴보면 행형법은 수형자의 경우는 사회격리와 재사회화를 균형있게 추구하나 미결수용자의 경우는 격리만을 추구하며 재범의 위험성이 있는 자를 대상으로 하는 사회보호법은 재사회화의 측면은 약하고 격리를 통한 사회방위가 큰 목적이다.

소년법은 교육의 측면을 아주 강조해 재사회화를 강조하며, 보호관찰등에관한법은 사회격리 측면은 버리고 재사회화(악풍감염방지)를 주된 목적으로 한다.

행형법의 기능에는 국가와 수용자간에 발생하는 사안들을 행형법의 기준에 따라 적법, 위법이라고 평가해 그에 따른 법적효과를 주는 규범적 기능과 행형법을 위반하면 공권력에 의해 강제적으로 행형법이 요구하는 내용을 실현시키는 강제적 기능(특별권력관계와 관계), 행형법은 수용자에 대한 위법·부당한 인권침해를 방지해준다는 행형법의 보호적기능(행형법은 수형자의 권리보호를 위한 마그나 카르타이다), 분류제, 귀휴제 등 각종 처우제도는 행형관습이나 풍습이 아닌 행형법에 의해 창설되고 운영된다는 형제적 기능 등이 있다.

이와같이 행형법 제1조 등에서 교정의 목적을 재사회화[60]로 나타내고 있지만, 그러한 교정의 목적인 재사회화와 관련하여 가장 문제가 되는 것이 수형자의 의사와 관계없이 강제로 교화하는 것이 수형자의 양심의 자유와 같은 헌법적 기본권을 침해할 수가 있으며, 특히 양심수나 사상범의 경우는 더욱더 그렇다고 할 수 있다.[61)]

가. 교정재 생산이념[62)]

교육형주의에 있어서 교정재 생산이념은 교정주의의 맹신과 획일적 교정주의로 이는 우리나라에서의 교육형주의에서도 마찬가지이다.[63)]

우리나라의 교정이념은 행형법 제1조에 나와 있는데, 여기에는 수형자를 격리하여 교정, 교화하여 건전한 국민사상과 근로정신을 함양하고 기술교육을 실시하여 사회에 복귀케 한다고 하여 교육형주의를 교정이념으로 하고 있어 응보주의는 이념으로 하고 있지 않다.

그런데 행형법 제1조가 의미하는 교정이념의 전제는 모든 수형자가 교정재의 생산가능 곡선상에 있다는 것을 전제로 하여 교정만능주의에 있으나, 이것은 현실적인 제약요인, 즉 정기형제도로 인하여 각자의 교정재의 생산기간이 다른 점을 무시하고 있고, 또한 교정재의 생산가능곡선의 밖에 한계수형자를 간과하고 있다. 한계수형자란 본인이 만든 조작적 개념으로서 여호와의 증인, 광신도, 악질 상습범, 확신범처럼 아무리 많은 교화자원을 투입하여도 교정의 한계생산성이 0에 가까운 자들을 말하거나 또는 건전한 사상과 기술을 가지고 있고 우리사회의 기본가치를 아는 단순한 과실범처럼 교정재의 생산이 필요없는 자, 즉 개인에 대한 미시적 교정수요가 거의 없는 자를 말한다고 개념을 조작하고자 한다.

다시 말해 한계수형자를 상기의 과실범과 같은 긍정적 한계수형자와 광신도나 여호와의 증인, 확신범, 직업적 범죄자 같은 부정적 한계수형자로 나눌 수 있는데, 이들 모두는 교정재의 생산가능선 밖에 있어 교정재의 생산이 불가능한데도 우리의 행형법령은 이런 것은 간과하고 모든 수형자가

---

60) 이러한 재사회화의 개념은 성인수형자를 전제로 한 개념이며 소년수형자인 경우는 기본적 사회화의 성격도 가지고 있다고 할 수가 있다.

61) 천정환, 전게서, 23면.

62) 천정환, 신교정학, 한국고시회, 2004, 589면이하.

63) 천정환, 신교정학, 한국고시회, 2004, 589면.

개선이 가능하다는 교정 만능주의에 사로잡혀 있다.

즉, 우리나라는 수형자분류처우규칙 제16조에서 개선급의 유형으로 범죄성향이 진전되지 아니한 자로서 개선이 가능한 A급과 범죄성향이 진전된 자로서 개선이 가능한 B급과 범죄성향이 진전된 자로서 개선이 곤란한 C급으로만 분류해 개선이 불가능한 등급을 두지 않아 모든 수형자는 개선이 가능하다는 교육형 주의에 따라 낙관주의적 입장을 보여 교정재 생산의 한계를 인정하지 않고 있다.

그러나 악질 상습범이나 광신도, 노쇠한 화이트 칼라 범죄인처럼 개선이 곤란한 것이 아니고 개선이 거의 불가능에 가까운 범죄인이 있기 때문이다. 그것은 정기형제도로 인한 교정재의 생산기간의 제약, 부족한 교화 자원의 현실을 고려할 때 더욱 그렇다고 할 것이다.

또한 우리나라의 교정이념은 능률성, 과학성에 치중해 효과성이나 형평성, 상황성, 민주성, 대응성, 인간성을 결여하고 있다. 즉, 능률성을 중시한 나머지 양적 개념만 중시해왔고 질적 측면을 경시해왔다. 능률성이란 투입된 비용에 대한 산출물의 개념이며 수단적 개념인데, 교정재의 중간 생산물인 교정사고율, 누진계급의 상대적 비율, 작업능률도, 귀휴율, 청원율 등과 교정재의 최종 생산물인 재범률 등과 같은 양적 개념에만 치우쳐 실질적 재사회화, 고객(수형자)의 만족도, 시민의 만족도, 교정재의 내구성과 같은 질적인 측면이 결여되어 있다.

또한 우리나라의 교정이념은 획일적·무차별적인데, 예를 들어서 소년교도소나 일반교도소의 프로그램이 별 차이가 없고, 민간교도소에는 젊은 수형자, 노인 수형자, 군행형법 제4조에 의한 여자군인 수용자, 군인범죄자 중 1년 6개월 이상의 형이 확정된 군인과 군무원이 혼합해 있지만, 이들의 특성에 따라 처우하지 않고 획일적으로 처우하고 있다.[64]

나. 교정재 생산주체[65]

한국에 있어서 교정재생산의 주체는 공식적 주체만 인정하여 동료수형

---

64) 군행형법 제1조에 의하면 군인범죄자의 교정의 내용은 건전한 국민사상과 군인정신의 함양이나 행형법에는 군인정신은 없고 또한 민간교도소에서는 민간교도소내에 있는 군인범죄자에게 군인정신 함양 프로그램이 없다.

65) 천정환, 전게서, 598면이하.

자, 수형자의 친구 등 생태계, 인권단체 등 비제도화·비공식화된 생산주체를 알지 못하여 이러한 비공식적 주체에 의한 교정재 생산량 모두가 결과적으로는 교도관, 교정위원 등의 공식적 교정재 생산주체에 의한 생산량으로 생산량의 전가현상이 발생하고 있어 그 결과 교도관 등에 의한 공식적 주체에 의한 순생산량을 파악하지 못하고 있어 생산량의 착시현상이 발생해 교정재 생산에 대한 질 좋은 형사정책적 정책의제형성을 저해하고 있어 왔다.

다시 말하여 우리나라는 공적인 교정재의 생산주체로는 교도관과 교정위원, 교정참여인사만을 공식적으로 인정하고 있다. 행형법 제7조에는 "교도관의 직무규정에 대해 법무부장관이 정한다"고 되어 있고, 그에 따라 법무부령인 교도관직무규칙 제3조에서는 교도관이란 교정업무를 담당하는 공무원임을 명확히 밝히고 있고, 또한 동규칙 제4조 제3호에서는 "교도관은 창의와 노력으로써 과학적 교정기법을 개발해야 한다"고 규정하고 있고, 세부적으로는 교도관직무규칙 제72조에서 "교회직 공무원은 수용자의 교육, 교회, 서신, 독서 등에 관한 사무를 담당한다"고 하고 있고, 동규칙 제76조에는 "교회직 공무원은 수형자의 정신교육과 정서교육을 담당해야 한다"는 규정이 나와 있어 교정재의 주도적인 생산주체가 교도관임을 분명히 하고 있다.

그리고 행형법 제31조, 제32조에는 수용자에 대한 교회와 교육의 법적 근거를 마련하고 있고, 교도관직무규칙 제74조, 제75조에는 교회직 공무원에게 교정위원을 선정하여 교회를 실시하도록 의무를 지우고 있다.

이러한 행형관계법령에서 교정재의 생산주체로 교도관과 교정위원과 교정참여인사만을 들고 있는 것은 이들만으로도 충분히 교정재가 생산될 수 있다는 것을 의미하고 있다. 그러나 사견으로는 현재의 二者생산자 이론, 즉 제한된 수의 교도관과 극소수의 교정위원만으로는 6만여명에 이르는 수용자에 대한 질 좋은 교정재가 생산될 수 없다고 생각하며, 국민 모두를 포함한 多者생산자 이론을 주장한다. 즉, 공식적인 교정재 생산자인 교도관과 교정위원은 교정재 생산에 직접 참여하고 있지만 비공식적 생산자, 즉 경비교도대, 동료수용자, 인권단체, 수용자의 생태계인 친구, 가족들은 현실적으로 교정재 생산에 참여하고 있으므로 이들도 교정재의 생산자로 인정할 필요가 있으며, 또한 그 외의 나머지 국민들은 교정재의 생산에 간접적으로라도 참여할 필요가 있다고 생각한다. 그 이유는 현재의 교도관과 교정위원만으로는 교정용량을 초과해질 나쁜 교정재가 생산될 수도 있기 때문이다. 교정용량은 본인이 만든 조작적 개념으로 일정한 수의 교도관이 교화시킬 수 있는 최대한의 수용자수라고 정의하고자 하며, 현재와 같이 교정용량이 초과된 과밀수용 하에서는 형식적 교정재의 생산에 그치기 때문에 보다 많은 교정자원봉사자와 국민들도 교정재의 생산에 직접, 간접으로 참여하는 다자생산자이론이 필요하게 된다.

그런데 보호관찰등에관한법률 제2조에는 "보호재의 생산에 국민들이 협력할 의무가 있다"고 규정함으로써 보호재의 생산에 국민의 간접참여의무의 뜻을 담고 있지만, 행형법령에는 교정재의 생산에 국민들이 그 지위와 능력에 따라 협력해야 한다는 규정이 없다. 그러나 교정재와 보호재는 둘 다 보완재의 관계가 있고 질 좋은 교정재가 생산이 되어야 보호재생산에 있어 부담이 적다는 점과 보호재의 수익자에는 국민들도 포함되듯이 교정재의 수익자에도 당연히 국민들도 포함된다는 점을 감안할 때 보호재의 생산과 마찬가지로 행형법률 제1장 총칙편에서 행형법의 목적을 규정한 제1조 다음에 국민의 협력규정을 두어 모든 국민은 제1조의 목적을 달성하기 위하여 그 지위와 능력에 따라 협력해야 한다는 항목을 설치할 필요가 있다.[66]

다. 교정재 생산방법

한국의 교육형주의에서의 교정재의 생산방법은 관료제적 생산방법을 택하고 있다.[67] 따라서 교정수요의 개념도 일반행정수요와 비슷하게 관념하며, 교정재의 생산방법도 관료주의에 의해 집권적 생산구조, 경직된 관료체제, 양적 평가자료와 양적계량화 산출의 중시, 과학적인 생산방식, 단편적이고 비연속적인 생산방식, 관료제의 확대를 통한 문제해결방식, 능률성의 교정행정이념, 일방적 커뮤니케이션, 고객(수형자)평가제도의 불인정,

66) 천정환, 전게서, 597면.
67) 이 점은 세계 모든 나라도 마찬가지이다. 각 국은 교정재의 생산방법으로 관료제를 원칙적으로 채택하고 있다.

제한적 환류개념, 경직된 체제이론, 폐쇄적 계층제 인사구조, 권위적 행정문화, 고객의 질적 복지가 아닌 양적복지의 중시, 상징조작을 통한 관료조직의 확대 등을 가져왔다.

특히 상징조작에 의한 관료조직의 확대는 한국의 교정행정의 주요한 특징이 되어 왔는데, 가령 교정사고 등이 일어날 때마다 교정당국은 교정공무원부족, 교정시설의 낙후 등을 이유로 끊임없이 교정조직의 확대를 주장해 그동안 교정조직이 계속 확대되어 왔으며, 지방교정청 등의 설치 등 많은 교정관료조직의 확대가 있어 왔다.

그러나 그렇게 교정관료조직이 확대됨에도 출소자의 재범률은 계속 증가되어 왔다는 사실은 교정재의 생산방법에 있어서 관료제적 생산방법이 얼마나 위험한가를 알 수 있다. 그럼에도 갈수록 증대되는 출소자의 재범률을 줄인다는 명목으로 또다시 관료조직의 확대를 도모하고 있는데, 2005년 가을 정기국회때 교정공무원 법안이 통과될 예정이며 곧 교정청 법안도 입법예고될 전망이다.

여기서 2005년 가을 정기국회때 제출될 교정공무원 법안의 내용을 보면 관료제적 요소는 더욱더 강화되었다. 가령, 교정공무원의 계급제를 경찰과 같이하여 10계급제로 하여 최고계급인 교정총감에서 그 다음 계급으로 교정정감, 교정원감, 교정감, 교정관, 교감, 교령, 교위, 교사, 교도로 하였는데, 이는 고객인 수형자의 이익보다는 관료의 이익이 반영된 것이라고 할 수가 있다. 또한 이 법안의 입법취지에 대해 교정당국은 다음과 같이 입법취지를 설명하고 있다.[68]

즉, 이 법안의 입법취지는 아래와 같다.

입법취지는 교정공무원의 특별채용과 특별승진 사유를 규정하여 조직의 특성에 맞는 유연한 인력배치를 가능하게 함(안 제7조 제2항 및 제13조)인데, 그 예로써 수용자 교정교화 및 격리구금 업무 수행을 위해 필요한 다양한 전문인력의 채용이 요구되는 현실을 반영하고, 모든 교정공무원의 귀감이 되는 현저한 공을 세운 자에 대한 포상제도를 마련하여 조직의 활력을 기하기 위함과 수용자 교정교화 및 격리구금 업무수행에 필요한 전문인

68) 법무부 교정국 홈페이지 참조.

력 채용을 위해 무술교도관, 자격증소지자, 상담전문가 등을 특별채용할 수 있는 근거규정을 마련하고, 특별승진에 대해서는 그 사유와 대상자 및 대통령령 위임근거를 규정함과 특별채용을 통해 적재적소에 인력을 배치할 수 있게 되어 유연한 인사정책을 시행할 수 있으며, 특별승진을 통해 조직구성원의 사기 앙양 및 조직의 활력 강화를 들고 있으며, 또한 조직의 역동성 제고를 위해 일정계급 이상에 대하여 계급정년제를 도입(안 제23조 제1항 제2호)하는 것으로 그 예로써 교정공무원의 인사적체, 고령화 등을 해소하여 조직의 역동성을 제고하기 위함과 교정정감(4년), 교정원감(6년), 교정감(11년), 교정관(14년)에 대해 계급정년을 적용하고, 업무수행능력이 탁월한 경우 및 전시 등 비상사태의 경우 일정한 요건 하에서 계급정년을 연장할 수 있도록 함과 교정공무원의 계급정년을 정함에 있어 일정 상위계급에 대해서만 적용함으로써, 하위계급에 대한 신분을 보장하고, 교정공무원의 인사적체, 고령화 등을 해소하여 조직의 역동성을 제고하는 것이 그 예이다. 그리고 교정공무원의 교육훈련의 의무화와 균등한 교육기회를 보장하고 이에 필요한 특별교육훈련기관을 설치, 운영하도록 함(안 제16조)을 들고 있으며 그 예로써 교정공무원의 업무 특수성에 적합한 교육을 지속적, 체계적으로 보장하기 위해 전문 교육훈련기관 설립의 필요함과 교정공무원의 균등한 교육훈련기회를 보장하고, 전문 교육훈련기관 설치 및 교정공무원 위탁교육 근거규정과 교육훈련에 필요한 사항에 대한 대통령령 위임근거규정을 둠과 교육훈련 기회의 보장과 교육훈련기관설치 근거 마련을 통해, 교정공무원의 특수성에 적합한 교육훈련이 지속적, 체계적으로 이루어지게 되므로 업무효율성 및 교정공무원의 자질 향상이 가능하도록 함을 그 예로 들고 있다.[69)]

그리고 교정공무원법안에서는 교정공무원의 정년을 연령정년과 계급정년으로 구분(제23조)하고 있는데, 교정관 이상은 60세, 교감 이하는 57세로 연령정년제도를 취하고 있고, 교정정감은 4년, 교정원감은 6년, 교정감은 11년, 교정관은 14년이라는 계급정년을 두고 있다.

그러나 동제23조 2항과 3항에서는 계급정년의 연장에 대해 규정하고 있

---

69) 법무부 교정국 홈페이지 참조.

는 바, “교정공무원으로서 업무수행능력이 탁월하다고 인정되는 자는 대통령령이 정하는 바에 의하여 교정감 및 교정관의 경우에는 2년의 범위 안에서 계급정년을 연장할 수 있고, 법무부장관은 전시, 사변 기타 이에 준하는 비상사태 하에서는 2년의 범위 안에서 제1항 제2호의 규정에 의한 계급정년을 연장할 수 있다. 이 경우 교정관 이상의 교정공무원에 대하여는 국무총리를 거쳐 대통령의 승인을 얻어야 한다”라고 규정하고 있다.

그러나 사견으로 위의 교정공무원법안에 대해 비판하면 우선 연령정년제도의 불합리한 점을 들 수가 있는데, 이는 교정재 생산의 수요함수와 일반행정재 생산의 수요함수의 성격자체가 틀림에도 이들을 같이 보는 오류를 범하고 있다. 즉, 몰가치적 성격이 강한 일반 행정재와 개개인을 교화시켜야 한다는 도덕적·가치적 성격이 강한 교정재의 생산도 교육재의 생산과 마찬가지로 원숙한 인성이 교정재 생산주체에게 요구되며 이러한 원숙한 인성은 보통 연령과 비례관계에 있으므로 호주 등 일부 외국처럼 교정직의 정년제도를 폐지하거나 정년을 더욱더 상향조정하고, 특히 갈등이 심각한 수형자들과 직접 접촉하는 하위직 교정공무원들의 연령정년이, 주로 수형자와 직접 접촉, 상담업무보다는 관리업무를 주로 하는 관리직, 상위직 교정공무원의 연령정년보다 높아야 함에도 오히려 현재의 교정공무원법안에서는 교정관 이상의 연령정년은 60세로 하면서 교감이하 등의 하위직 공무원의 연령 정년은 57세로 함은 교정재와 일반공공재의 특성을 간과한 잘못된 법안이라고 생각한다.

그것은 갈등상태가 심각한 수형자들을 직접 상담하는 하위직 교정공무원들의 연령을 변수로 하는 교정재 생산가능곡선은 갈등상태 하에 있는 수형자들을 직접 상담하거나 문제해결을 하지 않고 주로 행정적 관리적 문제를 취급하는 상위직 교정공무원들의 연령을 변수로 하는 일반 공공재의 생산가능곡선보다 한계생산성이 저하되는 변곡점이 우측상단에 위치하는 것이 일반적인데도 현재의 교정공무원 법안은 이런 점들을 간과하는 결정적 오류를 범하고 있기 때문이다.

다시 말해서 교정행정기관 내에서도 주로 하위직 공무원들과 교정위원들이 교정재를 생산하는 주체라면 교도소장 등 상위직 교정공무원들은 직접 교정재를 생산하지 않고 일반 행정업무를 관리하는 역할을 하므로 상위직은 일반행정재를 생산한다고 볼 수 있으므로 교정재의 생산가능곡선과 일반행정재의 생산가능곡선을 구분하여 대응하는 정책개발이 필요하다.

다시 말하면 교정당국이 추진하는 교정청의 설립과 교정공무원법의 제정과 같은 관료조직의 확대는 교정수요곡선과 일반행정공공재의 수요곡선을 동일시하는 근본적 오류에 젖어있다고 할 수가 있다. 즉, 일반 행정이나 경찰에서 생산하는 일반 공공재와 교정주체와 교정객체가 합동으로 생산하는 교정재라는 특수 공공재를 동일시하는 오류를 범하고 있다고 생각한다.

그것은 교정업무의 폭증과 교정수요 증가에 대응하기 위해서는 교정조직의 확대와 교정공무원의 증대로 해결된다는 관료제 만능주의에 기초하고 있는데, 이는 교정재의 생산과 일반 공공재의 생산을 동일시하는 잘못된 전제에서 출발했다고 생각하는데, 그 근거로는 매일 대량으로 획일적으로 공급되는 일반 공공재에 있어서 대량생산을 지배하는 이념은 최소의 비용으로 최대의 산출량을 만드는 능률성과 효율성이며 능률성 이념과 친화적인 조직 패러다임이 바로 중앙집권과 관료제 이론이지만, 교정재 라는 공공재는 일반 공공재와 달리 교정공무원과 수형자의 합동으로 생산되고 정기형제도로 인해 생산과 소비에 있어서 시간적 격차가 있고 일반 공공재처럼 동일한 성격의 내용을 대량생산하는 것이 아니라 각기 다른 성격을 가진 교정재를 다품종 소량생산하며 이러한 다품종 소량 생산에 지배되는 이념은 다양성과 개별적 적합성이고 이러한 다양성과 개별적 적합성에 친화적인 조직 패러다임은 탈 관료제 또는 완화된 관료제, 분권적 조직, 수평적 조직이론이라고 생각하므로 따라서 교정 행정업무가 폭증한다고 해서 관료제 이론에 의해 공무원의 증대와 조직의 확대에 의해 해결해서는 안되며 탈 관료제적 조직이나 팀제적 조직접근에 의해 해결해야 된다고 생각하는데[70], 이 때 탈관료적 조직 또는 팀으로 교정조직을 운영할 때는 과감히 보안, 교화, 홍보 등은 민간에 맡기고 서무, 인사 등 필요한 부문만 공공기관이 맡는 제3섹터형 교정조직의 도입도 검토되어야 한다. 다시 말해서 교정재의 생산방법을 현재의 관료제적 방법에만 의존할 것이 아니라 부작

70) 천정환, 신교정학, 한국고시회, 2004, 23면.

용이 많은 관료제적 방법은 최소화시키고 경쟁의 원리에 의해 생산성이 제고될 수밖에 없는 민간적 접근법을 많이 가미하는 제3섹터적 생산방법이 오늘날 한국교정행정이 나아갈 방향이라고 확신한다.

즉, 수형자에 대한 교정재의 생산성이 네거티브로 되어도 철저히 신분이 보장되고 해가 갈수록 연봉이 올라가는 현재의 교정관료주의 하에서는 수형자에 대한 교정재의 한계생산성의 향상은 기대하기 어렵다. 그 대신에 가령 수형자에 대한 교화업무를 민간외부팀에 맡겨 수형자에 대한 교정재의 생산성(재범률)과 고객인 수형자의 평가를 참조하여 그들 외부팀의 진퇴를 수년마다 결정짓게 한다면 시장의 원리에 의해 교정재의 실질적 생산성은 향상될 수밖에 없다.

그러나 현재의 교정행정은 갈수록 관료만능주의로 나아가 예산의 낭비와 형식적인 교정을 초래하고 있으며 보안이 교정의 최고목표로 되어 가는 동조과잉현상과 목표와 수단의 전도현상이 계속되어가고 있다.[71]

따라서 현재 우리나라의 교정재의 생산방식이 모두 공무원 조직의 철저한 관료주의에 의해 생산되는 것을 지양하고, 탈 관료제조직, 또는 관료제의 완화된 조직으로 생산하되, 제3섹터이론에 의해 民·官 합작에 의해 교정재를 생산할 것을 제안한다. 즉, 현재의 교정조직 중 보안, 분류, 출정, 인사, 서무 등만 공무원 제도를 이용하고, 교화, 직업훈련, 작업지도, 구매, 급양, 교육, 보건, 용도 등 나머지 모든 부문을 민간에 이양시켜 교정재를 합동으로 생산한다면 종전의 관료제 조직으로만 생산할 때보다 민주성, 생산성, 능률성, 형평성, 대응성, 고객만족도, 적합성이 훨씬 제고될 수가 있다.[72]

그러나 이렇게 교정관료조직이 축소될 경우 승진 등 인사혜택이 사라지는 교정공무원의 집단적 저항이 예상되는데, 이들 교정당국은 외국 테러단체의 국내교정시설에 대한 테러위협 등을 강조하는 상징조작을 통해 더욱더 교정조직을 강화하려고 하는 바[73], 이러한 조직적 저항에 대해서는 양

71) 현재 월간지인 『교정』을 담당하는 교정공무원들이 교정협회에 파견을 나가 제작하는데 이들에 대한 인건비만해도 연간 수천만원이 들어가나, 이것의 제작을 외부 프리랜서에 맡기면 많은 예산의 절약이 있게 된다.

72) 천정환, 전게서, 24면.

73) 이번의 교정공무원 법안의 입법취지에서 교정공무원법의 제정취지에 외국테러단체들의 국내

심적인 언론의 협조와 인권단체들의 지원을 통해 관료조직에 대한 비판을 통해서만 교정개혁이 달성될 수 있다.

이 외에도 교정재의 생산방법인 관료제적 생산방법의 문제점은 많다. 가령, 우리나라의 교정행정이 철저한 지휘 명령체계를 근간으로 하는 관료제와 중앙집권적으로 이루어져 왔고, 국민에게 교정행정을 적극적으로 알리지 않아 국민의 만족도와 알권리를 충족시키지 못했고, 고객평가제도가 없다는 점과 관료의 대표성의 부족, 교정의 밀행주의 등은 이런 점을 뒷받침하고 있다.

또한 능률성을 중시해 교정재의 중간 생산물인 교정사고율, 작업능률도, 귀휴율과 교정재의 최종 생산물인 재범률과 같은 양적 개념에만 치우쳐 고객의 만족도, 실질적 재사회화, 교정재의 질적인 측면이 결여되어 있으며[74], 또한 수형자들의 분류심사에서도 관료제적인 방법에 의해 수형자를 분류, 심사하는 데서 오는 한계가 있어왔다. 또한 관료제적 질서유지를 위해 교정공무원의 채용도 엄격한 연령제한을 두어 원숙한 인성을 가진 고연령층의 진입을 원천봉쇄하고 있어 실질적인 교정재의 생산량의 향상을 저해하여 왔다.

그것은 일반행정분야와는 달리 교정행정분야는 수직적, 관료제 조직보다는 교정직원 한명 한명이 교정재 생산에 중심이 되는 팀제나 수평적 조직이 더 어울린다고 생각되므로 현재 일반 행정공무원채용에 적용되고 있는 응시연령제한의 상한선을 그대로 교정행정분야에 적용시키는 것은 오로지 조직 내의 질서유지와 상명하복만을 중시한 것이며, 그 결과 우수한 교정자원을 잘못된 법에 의해서 구축(crowding - out)해버려 실질적으로는 질 좋은 교정재생산에 저해가 되기 때문이다.[75]

따라서 기존의 한국의 교육형주의를 새롭게 개선해야 질 좋은 교정재나 교정복지재의 생산이 가능한 바, 그 기본핵심은 관료제적 생산방법의 문제점을 최소화하기 위해서 탈관료제적 생산방법의 도입에 있다고 할 것이다. 그런 탈관료제적 생산방법의 구체적 예로서 팀제의 도입, 완화된 관료제,

---

교정시설에 대한 테러 등을 한 이유로 내세워 보안사상을 과잉화시키고 있다.

74) 천정환, 전게서, 22면.

75) 천정환, 전게서, 39면.

수정관료제의 도입, 분권적, 자치적 교정조직구조, 제3섹터 모형의 적극도입[76], 적극적인 교정복지홍보, 업무평가에 있어 고객인 수형자의 평가와 같은 질적 자료의 중시, 과학적 교정과 교정의 인간화를 동시에 추구하는 패러다임의 도입, 교정과 복지에 대한 상호 적극적 관계의 인식, 효과성과 대응성, 상황성, 민주성과 같은 새로운 교정재 생산이념의 도입, 교정재 생산기간인 정기형제도의 재검토, 교정조직에 있어 조직역동적 커뮤니케이션의 도입[77], 교정재의 생산주체의 다양화, 일반행정수요와 교정행정수요를 구분하는 것 등이 있다.[78] 그러나 이러한 한국의 교정관료주의의 문제점을

76) 제3섹터란 민관공동출자방식이란 의미로 이러한 제3섹터 설립의 배경은 공공부문의 자금부족, 민관협조영역의 확충, 공공영역의 기업화 경향 등에 있으며, 제3섹터는 공공부문과 민간부문 양쪽이 모두 필요성을 느낌으로써 오늘날 더욱 촉진되고 있는데, 공공부문에서는 재정난의 타개, 지역 민간사업 활성화, 민간경영 효율성의 활용 등을 기할 수 있고, 민간부문에서는 투자안전의 보장, 보조·융자의 유리, 사업추진의 용이, 부대사업상의 이득 등을 기대할 수 있는 것이다(최창호, 지방자치학, 삼영사, 2002, 715면).
한편, 필자는 제3섹터를 민간 우위적 제3섹터, 공공우위적 제3섹터, 균현적 제3섹터, 상황적 제3섹터로 구분하고자 하는데, 그것은 민간기업과 공공부문간의 파워의 균형 또는 우위 여부에 따라 나눈 것으로 한국의 교정행정은 민간과 공공부문이 서로 견제하는 균형적 제3섹터 모형이 낫다고 생각한다.

77) 필자가 주장하는 조직역동적 커뮤니케이션은 교정조직 공무원들에서만 이루어지는 커뮤니케이션만을 의미하는 것은 아니며 조직을 광의의 개념과 개방적 개념으로 보아 조직의 일차적 구성원인 공무원만이 아니라 고객인 수형자, 교정재 수요자인 국민과 생태계 등 모든 관련 인자들간에 이루어지는 상향적, 하향적, 수평적 의사체계를 말하며 질 좋은 교정정책 의제형성에 있어서 이러한 조직역동적 커뮤니케이션의 도입이 있게 되면 민주적, 생산지향적 교정재의 생산이 가능하게 된다.

78) 자유를 구속당하지 않는 일반인을 대상으로 하는 일반 시장에서는 특별한 경우가 아니면 소비자균형에 있어 코너해(corner solution)가 드물지만 자유를 구속당하고 있는 수형자들이 있는 교도소 시장에서는 금지되는 품목들은 희소성이 있으므로 수형자들이 선택하는 소비자균형에서는 금지품목에 대해서는 코너해(corner solution)가 발생하게 된다. 가령 sex재화에 대해 평균적인 일반인은 소비자균형이 가격선과 무차별곡선이 만나는 점에서 내부해(inner solution)를 가지나 교도소 시장에서는 sex재화가 희소성이 크고 따라서 암시장이 형성되므로 특정 축에서 수형자의 소비자균형이 성립되는 코너해(corner solution)를 가진다. 만약 Y축의 sex재의 가격이 Px, x축의 일반재의 가격이 Py라면 일반사회인에게는 sex재가 희소성이 적어 사회인은 그의 효용이 극대화되는 소비자 균형은 x축과 y축의 내부에서 가격선과 무차별곡선이 만나는 점에서 내부해를 가지고 이때 x와 y의 한계대체율인 $MRSxy = Px/Py$ 가 되나 수형자는 sex재에 대해 희소성을 가지므로 이때의 수형자의 소비자균형은 y축에서 성립하는 코너해를 가지고 이때 코너해에서는 $MRSxy < Px/Py$가 된다. 따라서 이렇게 sex재화에 대해 수형자가 코너해를 가지게 되면 자원배분의 왜곡이 일어나 수형자는 sex재에 대한 정상적인 학습기회의 감소로 정신적 이상행동이나 우울증, 스트레스를 초래할 수가 있고 일부 수형자는 현실적으로 추구할

해결하는데 많은 어려움이 예상되는데 그것은 교정관료제에 특유한 가역성(reverse)의 작용 때문이다.

즉, 그동안 교정행정에도 개혁적인 일이 가끔 있었으나, 그런 개혁적 일이 있은 만큼 변동적이지 못하고 보수성이 강한 이유는 일반재화에서 나타나지 않는 가역성(Reverse)의 원리가 교정재에서 나타나기 때문이다. 다시 말해서 시장원리에 의해서만 지배를 받는 일반재화와는 달리 교정재에는 시장원리에 영향을 미치려는 다양한 정치적, 사회적 힘이 작용하기 때문이다.[79]

이러한 교정재생산에 있어서 가역성(Rerverse)에 영향을 미치는 요인을 추론하면 과거의 보안중시의 역사성, 보안재적자원에 길들여진 수형자의 보안재의 대한 향수나 퇴행, 관성 등이 있고 또한 응보중심의 교정이 강화될수록 다양한 부패이익을 누릴 수 있다고 생각하는 극소수의 교도관의 행태, 보신주의에 젖은 관료들이 습관적으로 사용해온 보안재에 대한 경력, 그리고 환경의 영향이 있는데 과거의 응보위주의 정책과 기획, 사업 등에 투자한 많은 비용, 즉 매몰비용[80]의 존재와 교화자원의 확보에 많은 자원이 드는 현실적 제약과 보수적 언론으로 인하여 교화중심의 교정정책은 다시 원래 상태로 회귀하게 만들 가능성이 있다는 것이다.[81]

라. 교정재 생산자원

교정재라는 공공서비스상품이 교정에 있어 최종생산물이라면 중간생산물은 작업, 상벌, 누진처우점수, 교정사고정도, 교회효과 등 여러 면에서 나타날 수가 있으며, 이러한 교정재를 생산하는 자원은 크게는 응보적 자원

수 없는 sex재화에 대한 대체재의 개발에 주력해 교도소내에서 계간이나 성적 공격이 생기고 그것은 또다른 피해수형자를 발생시킨다. 또다른 일부 수형자는 좌절감을 느끼게 되고 이것에 촉발 단서가 주어지면 공격성이 나타나게 되고 이것은 좌절감을 준 원인에 대해 직접 공격하기보다는 교도관이나 타 수용자에 대한 위장된 공격이 나타나 교정사고의 발생원인이 되어 질좋은 교정재의 생산에 장애가 된다. 즉 이러한 코너해의 발생은 부정적 외부효과를 발생시켜 심리적 문제 등이 생긴다(천정환, 전게서, 303면).

79) 천정환, 전게서, 33면.

80) 매몰비용이란 어느 시기에 어떤 일을 착수하여 경비나 노력, 시간을 들인 경우에는 불가피하게 장래의 대안을 선택할 수 있는 범위가 제약을 받게 된다는 것을 의미한다. 김규정, 행정학원론, 법문사, 1998년, 200면.

81) 천정환, 전게서, 31면.

과 교화적 자원, 중간적 자원으로 크게 나눌 수가 있는데, 여기서 가장 중요한 생산자원은 응보적 자원과 교화적 자원이라고 할 수가 있다.

이러한 분류는 사견이며 여기서 중간적 자원이란 응보와 교화의 성격을 공유했거나 또는 자유방임적 성격을 가진 자원이거나 또는 응보 또는 교화적 자원이라고 상징조작과 상징폭력이 가능한 자원이라고 조작적 정의를 내릴 수가 있다.

여기에서 사견으로 응보적 자원에는 다시 정치적 응보자원, 경제적 응보자원, 사회적 응보자원, 문화적 응보자원, 심리적 응보자원으로 나눌 수가 있는데 정치적 응보자원에는 대표적인 것이 참정권의 박탈이 있으며[82], 경제적 응보자원에는 일반시장에서 행해지는 모든 시장에의 진입과 선호표시가 제한되는 것 등이 있으며 그 결과 교도소에서는 교도소 시장경제가 등장하게 된다.[83]

---

82) 경제적 측면에서 보면 수형자에게 선거권을 인정하지 않으면 경제정의와 사회정의에 반한다. 투표라는 재화는 공공재이며, 투표로 인해 바람직한 정책이 결정된다고 가정할 때, 투표재의 생산자는 선거권자이며 투표재의 소비자는 모든 국민이다. 생산자가 얻는 행위효용(이익)은 투표함으로써 얻는 만족감, 참여의식 등의 효용이며 투표재를 소비할 때 소비자가 얻는 결과효용은 투표결과로 인해 어떤 정책이 결정될 때 얻는 효용으로 결과효용은 투표재 생산의 생산자뿐만 아니라 생산에 참가하지 않은 국민도 얻게 된다. 그런데 결과효용은 투표재 소비에 있어서 대가를 지불한 유임승차자 뿐만 아니라 대가를 지불하지 않은 무임승차자도 얻으며, 행위효용의 경우에도 미납세자나 과세제외자 등의 무임승차자도 얻게 되어 선거권이 제한되지 않는 20세 이상의 무임승차자는 행위효용과 결과효용을 다 획득하나 재산세 등의 납세를 하는 수형자는 결과효용은 얻으나 행위효용은 얻지 못해 경제적 정의와 사회정의에 반한다. 또한 수형자에게 선거권이나 투표권을 인정하지 않으면 공공복리와 관계되는 사회전체의 효용과 후생의 감소를 가져와 헌법 제37조에서 말하는 공공복리의 감소를 초래한다. 동일한 생산비용으로 많은 생산량을 확충해 많은 수익을 얻는 것이 경제행위의 원칙이다. 먼저 투표재의 생산비용은 개인비용과 사회적 비용의 총합으로 구성되는데, 여기서 사회적 비용은 투표일시와 개표에 관한 비용으로 미리 정해져 있어 생산량과 관계없이 일정하다. 그리고 개인비용은 선거권자의 경우는 기회비용으로 표시될 수 있고, 그 기회비용은 일반적으로는 0보다는 크다(단, 부재자투표는 제외한다). 그런데 수형자가 투표재생산에 참여할 경우 투표재의 생산량은 증가하지만 직업이 없는 수형자가 투표할 때는 부재자투표로 인해 기회비용은 0에 가깝다. 즉, 수형자의 투표재의 한계생산비는 0이다. 따라서 수형자를 참가시킬수록 투표재 총생산비용은 일정하지만 생산량의 증가로 인하여 행위효용(이익)과 결과효용(이익)을 합친 총이익 또는 총효용의 함수로 표시되는 공공복리는 증가한다. 따라서 수형자가 선거에 참여하면 헌법 제37조에서 말하는 공공복리의 저해를 가져오는 것이 아니라 증가를 가져오므로 수형자에게 선거권 등을 인정해야 한다는 것이 필자의 사견이다. 천정환, 전게서, 203면.

83) 교도소 시장경제에는 최소한 필요한 물품을 구매할 수 있는 공식적 교도소시장과 담배, 도박,

사회적 응보자원에는 인간의 사회적 행위효용을 증가시키는 행위들을 제한 또는 박탈하는 것을 말하며 가령 외부교통권의 일정한 제한이 그 예이다.84)

문화적 응보자원이란 수형자의 문화적 복지효용을 증대시킬 수 있는 문화적 자원을 제한 또는 박탈하는 자원을 말한다. 가령 집필권의 제한85), 영화나 비디오, TV시청권의 제한, 신문이나 잡지의 열람권의 제한86), 교

---

sex 재화, 술 등 금제된 물품에 대한 암시장이 형성되는 비공식적 교도소시장이 존재하며 만약 담배구매를 허용할 때 허용된 양을 초과하여 수요와 공급이 있을 때 발생하는 혼합적 제3시장이 발생하는데 혼합적 제3시장이란 공식적 교도소시장과 비공식적 교도소 시장이 합쳐진 것으로 혼합적 제3시장에서의 상품의 가격은 보통 암시장에서의 시장가격보다 낮게 마련이다.

84) 접견의 제한이 그 예이다. 교화 또는 처우상 부적당한 사유가 없는 한 허가하여야 한다. 그리고 수용자는 소장의 허가를 받아 다른 사람과 접견할 수 있다. 수형자의 접견횟수는 매월 4회로 하나, 소장은 20세 미만의 수형자 또는 이에 준하는 처우를 받는 수형자와 행형성적이 우수한 수형자에 대하여는 접견횟수를 증가시킬 수 있고, 미결수용자의 접견(변호인과의 접견은 제외한다) 횟수는 매일 1회로 한다. 1급 수형자에 대해서는 교도관의 참여없이 접견실 외 적당한 장소에서의 접견을 허가할 수 있다. 2급 이하 수형자에 대해서는 접견실에 한하여 접견을 허용한다. 단, 처우상 필요한 때는 2급, 3급 수형자에 대해서도 접견실외 적당한 장소에서 접견을 허가할 수 있다. 접견의 장소, 횟수, 시간 및 접견 참여 기타 접견에 관해 필요사항은 대통령령으로 정한다. 접견 때는 교도관이 참여하나 미결 수용자와 변호인과의 접견에는 교도관이 참여하거나 그 내용은 청취, 녹취 못하지만, 다만 보이는 거리에서 수용자를 감시할 수가 있다.

85) 소장의 허가를 받아 문서 또는 도화를 작성하거나 문학, 학술 기타 사항에 관한 사항을 집필할 수 있으나, 교도소등의 안전과 질서를 해칠 우려가 있거나 교화상 부적당한 경우는 인정하지 않는다. 실무에서는 수용자가 집필을 하려면 집필허가 신청서라고 불리는 보고문을 작성해 교도소장의 허가를 받아야 하고 허가를 받지 않고 집필 때는 수용자 규율 및 징벌에 관한 규칙 3조에 따라 징벌의 대상이 되며 계호 근무준칙 제17조는 수용자가 담당교도관에게 집필허가 신청을 하도록 하고 있다. 한편, 행형법시행령 제46조에는 수용자의 서신과 문서 등의 집필은 긴급을 요하는 경우를 제외하고는 일요일·휴일 또는 휴게시간에 작성하게 하여야 한다라고 규정하고 있고 수용자의 서신과 문서 등의 집필은 집필실·거실 또는 작업장안의 지정된 장소에서 하게 할 수 있다라고 동시행령 제66조에서 규정하며 수용자의 집필용구 구매비용과 서신 등의 발송에 필요한 우편요금은 자비부담으로 한다. 다만, 자비부담할 수 없는 자에 대하여는 집필용구와 우표를 관급할 수 있다라고 동시행령 제69조에서 규정하고 있다.

86) ① 수용자는 자비부담으로 신문 또는 도서의 구매 및 열람을 신청할 수 있다.
② 수용자가 신청한 신문 또는 도서의 내용이 교도소 등의 안전과 질서를 해하거나 교화상 특히 부적당하다고 인정되는 등의 사유가 없는 한 당해 소장은 그 구매 및 열람을 허가하여야 한다(수용자가 거실 내에 소지할 수 있는 도서의 소지권수의 제한이 폐지됨).
③ 교도소장 등은 처우상 특히 부적당하다고 인정하는 경우를 제외하고는 모든 수형자에게 신문을 열람하게 할 수 있다.
④ 신문열람은 교도소장 등이 지정하는 장소에서 할 수 있고, 열람시간은 휴일임을 제외하고

육권의 제한[87]이 있다.

또한 경기와 오락회의 제한도 광의로 보면 문화응보적 자원에 해당된다고 할 수가 있다.[88] 그리고 심리적 또는 사회심리적 응보적 자원에는 음주권의 제한, 흡연권의 제한, sex재의 제한과 박탈 등이 있을 수 있는데, 대개 이들은 개인의 심리적 효용의 만족과 관계된다. 물론 sex권은 1차적으로는

는 휴게시간에 한한다.

⑤ 수형자에게 열람시킬 수 있는 신문의 종류와 수량은 교도소장 등이 정한다.

⑥ 신문신청 접수, 구입, 구독비 지급은 교무과, 열람 및 감독사항은 보안과에서 관장한다.

한편, 수형자처우에 관한 최저기준규칙 제39조에 따르면 "수용자들은 신문, 정기 간행물 등을 읽거나 라디오를 듣거나 강의나 당국이 관리하는 유사한 방법으로 중요한 뉴스에 대한 정보를 정기적으로 얻을 수 있어야 한다"라고 되어 있다. 참고로 말라위에서는 비정부 기구의 변호사 직원들이 수용자들에게 법적 조언을 위해 교도소를 방문할 때 전국지를 가져와 교도소 마당에 늘어놓아 수용자들과 직원들이 읽을 수 있게 한다: Andrew Coyle, A Human rights Approach to prison management, London King's college, 2002, 102면.

87) 학과교육과 관계되는 규정은 행형법 제32조에 "무교육자 또는 소년수형자에 대하여는 연령, 지식정도 기타 사정을 참작하여 그에 상응한 교육을 실시하며, 수형자의 건전한 인격형성을 촉진시키고 심신단련과 기술습득을 위하여 필요한 교육훈련을 실시할 수 있다"고 나와 있으며, 교도관직무규칙 제73조에는 "교회직은 수형자 등 교육규칙이 정하는 바에 따라 수형자 등에 대한 학과 교육을 시행하여야 하며, 교육을 담당하는 교회직은 학과교육에 필요한 교안준비, 교수기법연구 등을 철저히 하여야 한다"고 나와 있다.

한편, 수형자분류처우규칙 제18조에는 처우급의 유형이 나오는데 학과교육을 필요로 하는 자는 E급으로 분류하고 있다. 그리고 수형자 등 교육규칙에 따르면 수형자 등의 학과교육은 일반학과 교육, 방송통신고등학교과정 교육, 방송통신대학교과정 교육으로 구분된다. 방송통신고등학교과정은 김천과 천안의 소년교도소에 있고, 방송통신대학의 교육비는 자비 부담이다. 일반학과 교육의 수업은 다음과 같다(수형자등교육규칙 제9조).

① 일반학과 교육의 수업일수는 연 230일 이상, 초등 기초반은 60일 이상으로 한다.

② 수업을 1일 4시간 이상 교실에서 시행해야 한다.

③ ②의 교육시간에는 작업을 과하지 아니하고 이를 작업시간에 합산할 수 있다.

그리고 수형자 등 교육규칙 제32조에는 "대학진학 또는 학사고시를 준비하는 수형자 등은 교육생에 준하여 처우한다"고 되어 있고 학사고시반은 전국교정기관에 설치되어 있다. 교육은 교사자격증을 가진 교회직 공무원이 하는 것이 원칙이나 부득이한 때는 교회직 공무원 이외의 소속직원으로서 교사자격증이 있는 직원에게 맡길 수 있고 수당이 지급될 수 있는 외부강사를 초빙할 수 있다.

88) 경기와 오락회 등에 대하여는 수형자분류처우규칙 제59조에는 "교도소장 등은 제2급 이상의 수형자에 대하여는 월 2회 이내의 범위 안에서 경기 또는 오락회를 개최하는 것을 허가할 수 있다"라고 하면서도 "소년수형자에 대하여는 횟수의 제한을 두지 않는다"라고 하고 있어, 성인 수형자의 경우는 누진계급과 연관시켜 매월 일정한 횟수이내의 범위 안에서 소장의 재량행위에 대해 경기 등을 개최할 수 있게 하나 소년수형자의 경우는 누진계급과 연관시키면서도 정책적 이유로 경기 등의 개최 횟수의 제한을 두지 않게 하고 있다.

육체적 쾌락이 기본요소이지만, 그것 또한 sex 당사자의 심리적 효용과 관계되므로 광의로 보면 이것도 심리적 응보자원에 포함될 수가 있다.

한편, 교화적 자원에도 마찬가지로 정치적 교화자원, 문화적 교화자원, 사회적 교화자원, 경제적 교화자원, 심리적 교화자원 등이 있을 수 있다. 따라서 교정재의 무차별곡선은 응보중심적 자원과 교화중심적 자원을 각각 한 축으로 하면서 둘 간의 각각의 조합점을 통해 그 나라의 교정정책이 결정된다. 따라서 먼저 일반적으로 교정정책의 결정을 결정하는 생산자원을 응보(Y축)와 교화(X축)라고 할 때 교정정책에 관한 무차별 곡선을 추론하면 다음과 같다.

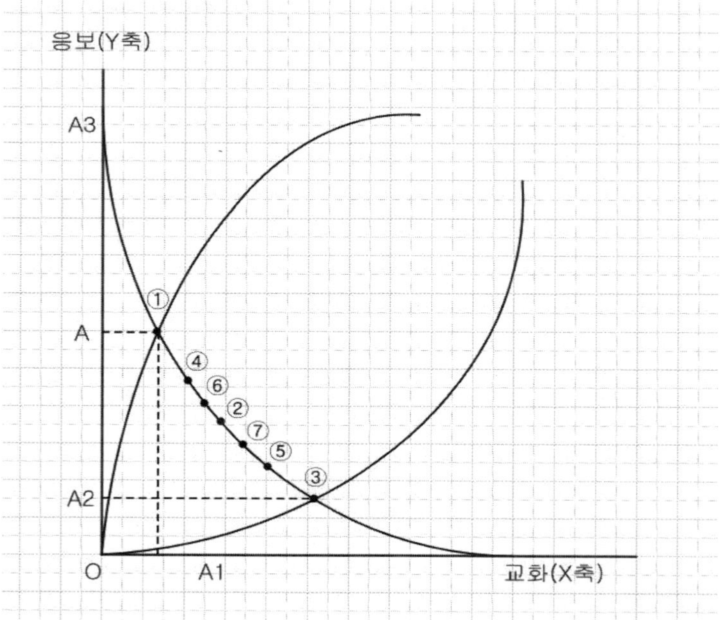

그림98 : 교정정책에서 무차별곡선

위의 그림에서 어떠한 국가의 교정정책결정도 최소한의 응보와 최소한의 교화자원은 존재하므로 교정정책은 ①과 ③사이에서 결정된다고 할 수 있다. 이것을 교정정책결정에 있어 최소응보와 최소교화의 원칙이라고 명명한다. 먼저 동일한 재사회화를 가져오는 재사회화의 무차별곡선을 추론하면 응보와 교화의 조합으로 결정되며, 최소의 응보와 최소한의 교화는 존재해야 하므로 재사회화곡선은 ①과 ③의 범위내에 존재한다(재사회화곡선은 양의 개념이며 재사회화의 질을 표시못함).

ⓐ 폐쇄모형 : 재사회화의 위치함수(r) = f(수형자의 특징, 조직역사·문화, 교도관 행태)

조직문화는 고정정이 강해 상수로 한다면 r은 수형자특징(민주적, 자치적 / 자유방임적 / 반항적), 교도관행태(민주적, 권위적, 방임적)에 따라 결정되며 수형자가 반항적, 교도관이 권위적이면 ①에서 교정정책이 결정되고, 수형자가 민주적, 교도관이 민주적이라면 ③에서 결정되며, 그 외의 조합들은 ①과 ②사이에서 결정된다.

ⓑ 개방모형 여기서는 생태(여론, 정치, 경제, 외국제도 등)를 고려해야 한다. 만약 폐쇄모형하에서 ②에서 교정정책이 결정되었다고 해도 생태가 작용되면 ②에서 ④또는 ⑤로 옮겨갈 수 있다. 그런데 관료자체가 보수적, 이기적이므로 가역성(reverse)이 작동된다.

따라서 ②에서 ④또는 ⑤로 옮겨간다고 해도 다시 가역적으로 ②로 올 수가 있다. 그런데 부패국가에서 ②에서 정책이 결정되었을 때 생태계의 작용으로 ④로 이동시 시간경과로 다시 ②가까이 돌아오는 회귀속도는 성숙된 국가보다 늦거나 회귀거리가 작을 수 있다(회귀거리는 ④ - ⑥). 만약에 ②에서 생태계의 작용으로 ⑤로 갔을 경우(교화지향적인 여론의 작용) 다시 시간의 경과로 ②가까이 돌아오려는 회귀속도는 성숙국가보다 부패국가가 빠르고 회귀거리(⑤ - ⑦)도 부패국가가 길 수 있다. 이런 과정이 수없이 반복되면 고정성이 강한 조직문화에 변동을 가져올 수 있다.

그런데 위의 무차별곡선이 우리나라의 교정정책결정곡선이라고 하면 우리나라는 교정재의 생산수단인 교화자원과 응보자원의 배합에 있어서 불필요한 응보자원을 사용함으로써 재사회화곡선의 한계점 밖(① A3선상)에 있어 최소교화와 최소응보의 배합원칙에 어긋나게 교정정책이 결정되어 실질적으로 해가 갈수록 재사회화 곡선을 원점으로 향하게 하는 결과를 초래하였다. 다시 말하면 필요한 응보자원이 아닌데도 불필요하게 많은 응보자원을 사용하였다. 가령, 예를 들어 수형자의 성생활 박탈

정책도 불필요한 응보적 자원에 해당된다. 이것은 법적측면에서도 살펴볼 수 있다.

문제는 수형자의 성생활제한정책은 재사회화 곡선의 한계점 밖(① A3선상)에 있다고 생각한다. 여기서 어떤 적법한 정책으로 일정한 사람들이 불이익을 본다면 그것을 반사적 손해, 위법한 행정행위나 정책으로 관련된 자들이 불이익을 본다면 그것을 권리의 침해라고 개념을 조작하자.

수형자의 구금으로 그와 그의 부인(애인)은 sex 재화를 상실하게 되는데, 필자가 생각하기에 성생활을 제한하는 교정정책은 헌법정신에 정면으로 위배된다고 생각한다(행복추구권, 존엄권, 비례원칙, 기본권 제한시 본질적 내용침해금지, 혼인에서 순결조항, 국가의 기본권 보장 확인의무, 인간다운 생활을 할 수 있는 권리). 따라서 수형자의 성생활제한정책은 수형자와 그의 부인의 성생활권을 정면으로 침해하는 기본권 침해이다. 즉, 수형자의 부인이 성생활을 못하는 것은 반사적 손해가 아니라 국가에 의한 기본권의 정면침해이다.

국가는 행형법을 통해 포괄적으로 수형자의 흡연권, 음주권, 성생활권을 제한하고 있다. 물론 국가의 안전보장, 공공복리, 사회질서유지를 위해 기본권을 제한할 수 있다는 것을 그 근거로 대고 있으나, 성생활권과 흡연권의 제한은, 안전보장 등을 이유로 기본권을 제한하더라도 그 본질적 내용은 절대로 침해할 수 없다는 헌법규정을 정면으로 위배한다고 생각한다. 수형자도 최소한의 행복추구권은 있으며 성생활과 흡연권은 그런 행복추구권의 핵심내용이 된다. 식욕과 성욕은 인간의 기본욕구이며 어떤 정책목적으로도 이것들을 제한할 수 없다. 또한 수형자에게 성생활을 인정하더라도 국가안전보장, 일반사회의 질서유지에 해가 되지 않으며, 오히려 성생활을 제한하면 공공복리의 엄청난 손실을 초래한다고 생각한다.

이것을 수식으로도 표현해 볼 수 있는데 먼저 공공복리는 사회후생으로 표현되고 그것은 모든 개인의 효용의 합으로 표현될 수 있다. 따라서 공리주의적 사회후생함수, 즉

$W(S) = \sum_{x=1}^{n} \sigma i \cdot \mu i(S)$로 표현하기로 한다.

먼저 총인구(T) = $\frac{사회인}{n}$ x($\frac{sex재\ 사용하는자}{n1}$ +

$\frac{sex재\ 사용하지\ 않는자}{n2}$) +

$\frac{수형자}{m}$ + $\frac{수형자의\ 배우자}{u}$ 로 표시하자.

단, 수형자와 사회인은 일정기간 상호 전·출입이 없다고 가정하고 수형자는 모두 sex재 사용의사가 있는 것으로 본다).

이 때 n = n1 + n2 , n > m , n1 > n2 가 된다.

또 1 < u < m 이 된다. σ 는 가중치이다.

그리고 사회인(일반인)이 쓸 수 있는 재화의 수를 x개라고 하면 사회인 중 sex재를 사용하는 자의 재화수는 x - 1 개가 되고 수형자에게 sex재 불허시 수형자가 쓸 수 있는 재화는 x - k 이고 수형자의 배우자의 사용할 수 있는 재화수는 x - 1 개가 된다(1 < k < x).

또 수형자에게 sex재를 허용할 경우 수형자가 쓸 수 있는 재화수는 x - k + 1,

수형자의 배우자가 쓸 수 있는 재화수는 x개가 된다.

따라서 사회인 중 sex재 사용자 개인의 총효용은 sUi = $\sum_{i=1}^{x} \sigma i \cdot \mu i$

사회인 중 sex재 비사용자 개인효용은 μi = $\sum_{i=1}^{x-1} \sigma i \cdot \mu i$

따라서 사회인 모두의 총효용은

$$TU(n) = \sum_{i=1}^{n1} s\mu i(\sum_{i=1}^{x} \sigma i \cdot \mu i) + \sum_{i=1}^{n2} \mu i(\sum_{i=1}^{x-1} \sigma i \cdot \mu i) \text{ ----- ①}$$

그리고 수형자에게 성생활을 허용치 않을 때 수형자 개인의 효용은

$$p\mu i = \sum_{i=1}^{x-k} \sigma i \cdot \mu i$$

∴ 수형자의 총효용(모든 수형자)은 TU(p) = $\sum_{i=1}^{m} p\mu i(\sum_{i=1}^{x-k} \sigma i \cdot \mu i)$

그리고 수형자 배우자 개인의 총효용은 $e\mu i = \sum_{i=1}^{x-1} \sigma i \cdot \mu i$

∴ 수형자의 모든 배우자의 총효용은 $TU(e) = \sum_{i=1}^{u} e\mu i(\sum_{i=1}^{x-1} \sigma i \cdot \mu i)$

∴ 수형자에게 성생활을 허용하지 않을 때 사회의 총효용(수형자 포함)은

$TU = \sum_{i=1}^{n1} s\mu i(\sum_{i=1}^{x} \sigma i \cdot \mu i) + \sum_{i=1}^{n2} \mu i(\sum_{i=1}^{x-1} \sigma i \cdot \mu i) + \sum_{i=1}^{m} p\mu i(\sum_{i=1}^{x-k} \sigma i \cdot \mu i) + \sum_{i=1}^{u} e\mu i(\sum_{i=1}^{x-1} \sigma i \cdot \mu i)$ 가 된다. ----- ②

그리고 수형자에게 sex재 사용을 허용시 사회의 총효용을 보면 먼저 사회인의 총효용은

$TU(n) = \sum_{i=1}^{n1} s\mu i(\sum_{i=1}^{x} \sigma i \cdot \mu i) + \sum_{i=1}^{n2} \mu i(\sum_{i=1}^{x-1} \sigma i \cdot \mu i)$

또한 수형자 개인의 효용은 $p\mu i = \sum_{i=1}^{x-k+1} \sigma i \cdot \mu i$

모든 수형자의 총효용은 $TU(p) = \sum_{i=1}^{m} p \cdot \mu i(\sum_{i=1}^{x-k+1} \sigma i \cdot \mu i)$

모든 수형자의 배우자의 총효용은 $TU(e) = \sum_{i=1}^{u} e\mu i(\sum_{i=1}^{x} \sigma i \cdot \mu i)$

∴ 수형자에게 sex재 사용을 허용할 경우 사회의 총효용은

$TU = \sum_{i=1}^{n1} s\mu i(\sum_{i=1}^{x} \sigma i \cdot \mu i) + \sum_{i=1}^{n2} \mu i(\sum_{i=1}^{x-1} \sigma i \cdot \mu i) + \sum_{i=1}^{m} p \cdot \mu i(\sum_{i=1}^{x-k+1} \sigma i \cdot \mu i) + \sum_{i=1}^{u} e\mu i(\sum_{i=1}^{x} \sigma i \cdot \mu i)$ 가 된다. ----- ③

∴ sex재 사용을 허가하지 않을 경우 사회적 후생손실의 크기는 ③－②)

$\{ \sum_{i=1}^{m} p \cdot \mu i(\sum_{i=1}^{x-k+1} \sigma i \cdot \mu i) + \sum_{i=1}^{u} e\mu i(\sum_{i=1}^{x} \sigma i \cdot \mu i) \} - \{ \sum_{i=1}^{m} p\mu i(\sum_{i=1}^{x-k} \sigma i \cdot \mu i) + \sum_{i=1}^{u} e\mu i(\sum_{i=1}^{x-1} \sigma i \cdot \mu i) \} = \sum_{i=1}^{m} p\mu i(\sigma x-k+1 \cdot \mu x-k+1) + \sum_{i=1}^{u}$

$e\mu i(\sigma x \cdot \mu x)$ 가 되어 “0”보다 크므로 후생손실이 발생한다. ----- ④

결론적으로 말해서 우리나라의 교육형주의에서는 교정재의 생산을 위한 생산수단인 교화와 응보적 자원의 배합은 필자가 명명한 최소응보와 최소교화의 배합원칙을 무시한 자원의 배합을 하고 있어 응보적 자원중에서 위헌적이거나 위법성이 있는 응보적 자원, 가령 sex 재화의 배척, 흡연권의 배척 등과 같은 지나친 응보주의적 자원은 사용하지 말고 꼭 필요한 응보적 자원을 사용하도록 해야 한다는 것이며, 교화적 자원의 사용도 마찬가지로 불필요하거나 과잉적 교화적 자원의 사용도 배척되어야 한다.

다시 말해서 인도주의를 과잉해석하여 교화자원을 절대시하는 사상은 적절한 교정재의 생산에 저해가 된다. 그것은 교화자원 중에서도 네거티브적 외부효과를 가져오는 것이 많기 때문이다. 또한 교화자원과 응보자원의 적절한 배합은 범죄의 종류에 따라 달라져야 함은 물론이다. 가령, 과실범이나 사상범, 전통적인 형사범, 상습범 등 범죄의 종류에 따라 생산자원인 교화자원과 응보자원을 달리 배합해야 하는데, 이를 응보와 교화의 차별적 배합의 원칙이라고 한다면, 문제는 우리나라의 교육형주의에서의 행형은 이런 응보와 교화의 차별적 배합의 원칙을 무시하고 범죄의 종류와 관계없이 동일한 배합을 하고 있어 적절한 교정재의 생산을 방해하고 있다는 것이다.

또한 우리나라의 행형법령은 모든 수형자에 대하여 평등주의적 태도를 취하고 있어 몰가치적, 비가치적, 중립적 태도를 취하고 있다. 가령 행형법 제1조의 3에서는 “행형법을 집행함에 있어서는 수용자의 국적, 종교, 종교 또는 사회적 신분에 의한 수용자의 차별은 금지된다”라고 규정하고 있는바, 이는 헌법 제11조의 정신과도 상통하고 있다.[89] 이러한 행형법의 비차별주의, 평등주의는 나머지 행형법령의 지도원리가 되어 그 결과 수형자의 신분, 종교 등과 무관하게 교화자원과 응보자원의 동일한 배합으로 교정재 또는 교정복지재의 생산결합방식을 채택하고 있어 실질적이고 효과적인 교정재의 생산을 저해하여 왔다. 왜냐하면 똑같은 상습범죄인들이라고 하여도 교화자원과 응보자원의 동일한 배합만을 하여서는 안되며, 상습범죄

89) 헌법 제11조에는 “모든 국민은 법 앞에 평등하며 성별, 종교별, 또는 사회적 신분에 의한 차별을 받지 아니한다”라고 되어 있다.

인의 국적, 사회적 신분, 경제적 부의 정도 등에 따라 교화자원과 응보자원의 배합을 달리하되, 그 배합기준은 사회적으로 가장 불리한 계층의 수형자에게는 교화자원을 더 많이 배분하는 등 가장 유리한 방식으로 자원을 배분하고, 보다 질 좋은 교화자원과 질 좋은 응보자원을 더 많이 투입해야 한다.

다시 말해서 가장 불리한 사회적 계층의 출신의 수형자를 그렇지 않은 수형자보다 차별화해서 더 많은 관심과 더 많은 우수한 자원을 배분해야하는 가치지향적 자원배분이 되어야 실질적인 사회복지정의에 부합되는 생산방식이 되는데 이를 교화자원과 응보자원의 가치적 배합의 원칙이라고 명명하기로 한다. 이러한 교화자원과 응보자원의 가치적 배합이 이루어질 때만 진정한 교정복지가 이루어진다.

따라서 교정재나 교정복지재의 생산자원인 교화자원과 응보자원들의 결합방식은 필자가 제시한 최소응보와 최소교화의 배합원칙과 응보자원과 교화자원의 차별적 배합의 원칙, 교화자원과 응보자원의 가치적 배합의 원칙을 따를 때보다 질 좋은 교정재나 교정복지재의 생산이 가능하다고 생각한다.

2) 교정처우종류

(1) 수강명령

가. 의의

이것은 비행성이 약한 범죄인들을 대상으로 강의, 상담, 훈련 등을 받게 하는 처분으로 범죄인들의 여가시간을 박탈함으로써 처벌의 효과를 얻고 또한 여가를 건설적으로 활용하는 교육적 효과를 얻는 데에 목적이 있다. 이 제도는 1948년 영국의 형사재판법에서 21세 미만의 범죄자를 개선하기 위해 최초로 도입되었고 현재는 영국, 독일, 일본, 뉴질랜드 등에서 시행되고 있으며, 미국에는 이와 유사한 것으로 GUIDE프로그램(여자비행소년들의 집단 처우)과 DWI(음주운전자 보호관찰 프로그램)가 활용되고 있다. 우리는 1980년 7월 1일 보호관찰의 실시와 함께 소년법상 보호처분

소년들에게 이 제도를 도입했고(소년법에 최초로 도입), 1995년 1월 5일에 개정된 보호관찰 등에 관한 법률에서 선도조건부 기소유예자에 대한 수강명령제가 도입되는 한편, 형법에서는 1997년 1월 1일부터 집행유예선고시 보고관찰, 사회봉사 또는 수강에 명할 수 있도록 했으며, 그 뒤 성폭력사건과 가정에도 이 제도의 근거규정을 두었다.

이 제도의 형사정책적 가치는 단기구금의 폐해를 방지하고 비용을 절감할 수 있으며 지역사회의 관심을 얻을 수 있고, 교정시설에 의한 범죄인통제를 사회에 의한 범죄인통제로 대체시켜 통제기구의 전환을 가져와 구금형의 과도한 집행을 대체하는 수단이다.[90]

나. 현행법상의 제도

① 특징

특징에는 다양한 교육 프로그램 및 다양한 교육 집행방법 비용의 본인부담의 원칙 등이 있다. 현행 수강명령제도에는 대상자의 동의 없이 법원의 선고에 의해 실행되지만 최근 판결선고시 본인의 동의를 구하는 경우가 증가하고 있다.

② 내용

ⓐ 대상자

형법상의 대상자는 형사처분의 대상자이나 소년법과 가정폭력법상의 대상자는 보호처분 대상자이며 소년법은 보호관찰의 조건으로 부과되나 형법이나 가정폭력법상의 수강명령은 독립명령 또는 보호관찰의 부가명령으로 선고된다.[91]

ⓑ 시간

형법상 집행유예에 부수하는 처분으로 할 때는 200시간까지 명할 수 있고(보호관찰 등에 관한 법률 제59조 제 1항) 소년법상 보호관찰에 부수해서 명할 때는 최대 50시간(16세 이상의 소년에 대해 2호처분의 단기 보호

---

90) 진계호, 형사정책, 2002,494면.

91) 미국과 일본은 독자적 제도로서 수강명령 제도가 없으며 단지 일본은 보호관찰의 한 형태로서 교통사범에 대해 교통단기보호관찰 제도를 시행한다.: 배종대, 홍문사, 2002,309.

관찰인 경우) 또는 200시간(3호처분의 보호관찰인 경우)까지 부과할 수 있다(소년법 제32조 제3항에 의해 2호처분 또는 3호처분 때 16세 이상의 소년에 대해 사회봉사명령 또는 수강명령을 동시에 명할 수 있다). 한편, 가정보호사건은 최고 100시간까지 부과가 가능하다(준수사항 위반자에 대한 보호처분의 변경에 의해 최고 200시간까지 가능).

ⓒ 유형

여기에는 준법운전강의, 정신치료강의, 성폭력 치료강의, 약물, 마약, 알콜치료강의가 있다. 그리고 보호관찰소가 집행을 위탁하는 위탁 프로그램에는 푸른교실, 건강교실, 얄개교실이 있으며 보호관찰소 자체프로그램에는 매주 토요일 오후에 4시간 정도에 걸쳐 행하는 청소년 토요교실이 있는데 여기서는 준법교육, 윤리교육, 성교육, 심리극, 약물교육, 시청각 교육등을 행한다.92)

ⓓ 집행

수강명령은 원칙은 보호관관찰이 집행하며(단, 소년범에 대해 수강명령 또는 봉사명령을 집행할 때는 본인의 정상적인 생활을 방해하지 않도록 해야 한다), 보호관찰관은 국공립기관 기타 단체에 그 집행의 전부 또는 일부를 위탁할 수 있으며 집행을 위탁한 때는 법원 또는 법원장에게 통보해야 한다. 소년법상 수강명령에 불응한 때는 우선 보호관찰기간이 종료해도 처분을 변경하거나 기간을 연장해 집행을 계속할 수 있지만, 그래도 계속 불응할 때는 경고, 구인 또는 긴급구인 후 유치해 소년원으로 송치되도록 보호처분 변경을 신청한다. 형법상 수강명령 불응자에 대해서는 그 정도가 무거운 때에는 집행유예의 선고를 취소할 수 있다. 가정폭력범죄의 처벌등에 관한 특례법상 가정보호사건의 경우에 보호처분을 받은 행위자가 수강명령을 불응한 때는 보호처분을 취소하고 해당검사에게 송치해야 한다.

ⓔ 준수사항

대상자는 주거, 직업 등 필요사항을 관할 보호관찰소장에게 신고해야 하며 1월 이상 국내외 여행 또는 주거이전 때는 사전에 신고해야 하며 보호

92) 진계호, 전게서,496면.

관찰관의 집행에 관한 지시에 복종해야 하며 그 외에 법원은 대상자의 특성을 고려해 특별히 준수해야할 사항을 부과할 수 있다.

ⓕ 종료

수강명령의 종료사유를 보면 소년법상의 종료사유는 단기 보호관찰 또는 보호관찰이 종료되거나 가해제되었을 때이며 보호관찰 등에 관한 법률상의 종료사유에는 수강명령의 집행을 완료한 때, 형의 집행유예 기간이 경과한 때, 집행유예의 선고가 취소된 때, 수강명령 집행기간 중 금고 이상의 형의 집행을 받게 된 때이다.

③ 현행제도의 문제점

우리나라는 관련기관과의 협조가 미흡하면 전문인력이 부족하고 프로그램 대상자의 적정한 선정과 분류가 잘 안되며 예산도 부족하다. 또 사회봉사명령 또는 수강명령에 불응해 집행을 받지 않는 소년법 대상자에 대해서는 처분을 변경하거나 기간을 연장해 집행을 지속할 수가 있지만 기간연장이나 정지제도가 없는 형법상 대상자는 집행유예기간이나 보호관찰기간이 끝나면 사회봉사명령이나, 수강명령이 집행되지 않은 상태에서 종료해야 하는 문제점이 있다. 또 소년법 제33조에는 소년범에 대해 사회봉사명령 또는 수강명령은 그 집행이 본인의 정상적인 생활을 방해 않도록 되어 있으나 현실적인 어려움이 많다. 또한 현재는 대상자의 동의 없이 법원의 선고에 의해 행해지는데 이는 대상자의 양심의 자유를 침해할 가능성이 크므로 대상자의 동의를 구하는 방향으로 나가야 한다. 또 법원이 대상자의 특성을 고려해 특별준수사항을 부과할 때는 대상자의 헌법상 기본권이 침해되지 않도록 해야 한다.

한편, 수강명령제의 과제에 대해 허주욱 교수는 수강명령은 육체적 노동을 전제로 하는 것이 아니므로 12세 이상의 모든 비행소년에게까지 확대하고, 수강자의 교육비의 일부분담, 각 지역별로 수강센터 설립, 수강명령을 집행할 전문직원의 양성, 주입식 수강교육 방법을 토론식, 체험식, 사례발표 등 다양한 방법으로 할 것을 주장한다.[93]

93) 허주욱, 전게서, 917~919면.

(2) 사회봉사명령

가. 의의

이것은 경미한 범죄자에 대해 자유형을 집행하는 대신에 자유로운 생활을 허용하면서 무보수로 일정기간 사회봉사활동을 하도록 명령하는 제도이다. 이 제도는 처벌의 성격과 피해를 끼친 사회에 대한 배상, 자신의 범죄행위에 대한 속죄, 사회적 책임감의 각성으로 건전한 사회복귀 등 여러 이념이 내포되어 보호관찰 이래 최대의 형벌개혁으로 평가되기도 한다. 이 제도는 1960년 영국에서 자유형을 대체하려는 시도록 출발했다가 1970년 우튼위원회가 형벌제도에 대한 새 대안으로 제안하여 1972년의 형사재판법에 의해 최초로 도입되었고, 1977년부터 영국전역에서 실시했으며 그 뒤 세계 각국으로 전파되었다. 우리나라는 1989년 7월 1일 보호관찰의 실시와 함께 소년법상 보호처분 소년들에게 도입해 보호관찰시 동시에 명령을 내릴 수 있도록 규정(보호관찰에 부수하는 처분)했고, 1995년 개정형법에는 성인에게도 도입하고 또한 모든 형사범에 대해 적용하기 시작해 형을 집행유예할 때는 보호관찰이나 수강명령과 선택적으로 명령을 내릴 수 잇도록 규정하였으며(즉, 사회봉사명령은 집행유예 시에 부수하는 처분으로 보호관찰과는 독립적 관계이다).성폭력범죄의 처벌 및 피해자보호등에 관한 법률의 제2차 개정(1997년) 때와 가정폭력범죄의 처벌에 관한 특례법(1998년)에서 사회봉사명령을 부과할 수 있는 근거규정을 두었다.

외국의 입법례를 보면 현재 유럽 대륙은 물론 미국, 캐나다, 호주 , 뉴질랜드 등에서 채택하고 있는데, 영국의 경우는 16세 이상의 범죄인에 대해 40시간에서 240시간의 범위 내에서 법원이 부과 또는 독립된 형벌이며 독일의 그것은 범금미납에 대한 환형처분일 때는 독자적 형벌수단이나 집행유예와 가석방 등의 조건이 될 때는 부가처분이 되며 미국은 대부분 보호관찰 또는 집행유예의 한 조건으로 선고되며 프랑스는 주로 16세 이상 21세 미만자를 대상으로 단기 구금형의 대체수단으로 이용되고 있다.[94)]

94) 진계호, 전게서, 485~486면.

나. 현행법에서의 사회봉사 명령

① 특색

법원이 이것을 선고할 때 대상자의 동의가 필요 없고 집행에 드는 비용(교통비, 점심값)을 본인부담의 원칙으로 하고 생업과 학업 등으로 인한 불가피한 대상자를 제외하고는 평일 주간에 집행함을 원칙으로 한다. 또, 가정법원이 이것을 소년에게 부과하기 위해서는 반드시 보호관찰을 결정하고 이것을 명할 수 있을 뿐이므로(즉, 소년법상 사회봉사명령은 보호관찰에 부수적인 처분이므로 보호관찰의 결정없이 이것만을 결정할 수 없다) 소년법상의 사회봉사명령은 보호관찰을 보충하는 기능만 있지 자유형 대체수단성은 없다. 형법상의 사회봉사명령은 보호관찰과는 독립관계이므로 집행유예의 선고만 있으면 보호관찰 없이도 이것을 명할 수 있다(단, 실무에서는 대체로 병과함). 그리고 소년법상 사회봉사명령은 16세 이상을 대상으로 하고(소년법 제32조 제3항) 형법상의 사회봉사명령은 14세 이상이면 가능하지만(집행유예자를 대상으로 하므로), 형법에는 사회봉사 대상자에 관해 규정은 없다(만일에 15세 소년이 범죄 때 가정법원 소년부의 보호처분의 대상이 되면 이것의 대상이 안되나, 형사법원의 형사처분의 대상이 되어 집행유예를 선고받을 때에는 이것의 대상이 될 수 있다).

다. 내용과 집행

① 대상자

형법상 사회봉사를 조건으로 형의 집행유예를 선고받은 자, 소년법상 단기보호관찰 또는 보호관찰처분을 16세 이상 소년으로서 사회봉사명령을 받은 자, 다른 법률(성폭력범죄처벌 등에 관한 법률 등)에 의해 이것을 선고받은 자가 대상이고 사회봉사를 명하는 판결을 선고한 때부터 10일 이내에 판결등본을 피고인의 거주지를 관할하는 보호관찰소장에게 송부해야 한다.

② 사회봉사시간

형법 제62조의2의 규정에 의해 부과할 때는 500시간의 범위 내에서 해야 하고 소년법상 사회봉사시간은 50시간(단기 보호관찰 때), 200시간(3

호처분의 보호관찰 때)을 각각 초과할 수 없고, 가정폭력법상 사회봉사 시간은 최고 100시간까지(단, 준수사항 위반자에 대한 보호처분의 변경에 의해서는 최고 200시간까지) 부과가 가능하다.

③ 분야와 장소

법원은 사회봉사를 명할 경우에 사회봉사의 분야와 장소를 지정할 수 있다. 분야 및 작업내용은 여러 가지를 고려해 담당 보호관찰관이 선정한다. 법원예규에는 작업유형으로 자연보호활동, 복지단체 봉사활동, 공공시설 봉사활동, 병원지원, 공익사업 보조, 농촌봉사, 문화재보호, 행정기관 지원 기타 지역사회에 유익한 공공지원활동 등이 있다.

④ 준수사항

수강명령 또는 사회봉사명령 대상자는 대통령령이 정하는 주거, 직업, 기타 필요한 사항을 관할 보호관찰소장에게 신고해야 하며, 주거이전 또는 1월 이상의 국내외 여행시의 사전 신고의무와 보호관찰관의 집행에 관한 지시에 따라야 하고 또한 법원이 판결선고시 대통령령이 정하는 범위 안에서 특별히 준수하도록 부과하는 사항도 준수해야 한다(준수사항은 서면으로 고지해야 한다).

⑤ 집행

사회봉사명령은 보호관찰관이 집행하나 그는 국·공립기관 기타단체에 그 집행의 전부 또는 일부를 위탁할 수 있고(위탁 때는 이를 법원 또는 법원장에게 통보), 법원은 소속공무원으로 하여금 사회봉사 또는 수강할 시설 또는 강의가 사회봉사·수강명령 대상자의 교화·개선에 적당한지 여부와 그 운영실태를 조사·보고하도록 하고, 부적당하다고 인정하는 때에는 그 집행의 위탁을 취소할 수 있다(집행의 감독기관은 법원). 또 보호관찰은 사회봉사명령 또는 수강명령의 집행을 위하여 필요하다고 인정하는 때에는 국·공립기관 기타 단체에 협조를 요청할 수 있다.

사회봉사의 집행방법은 대상자를 각각 개별적으로 일정작업에 종사케 하거나 그룹을 만들어 대상자만으로 동일한 작업에 종사케 할 수도 있고, 경우에 따라서는 다른 전문인력과 함께 작업에 종사케 할 수도 있다.[95]

⑥ 불응자에 대한 조치

가정보호 특별법상 사회봉사명령(또는 수강명령)에 불응하면 법원은 그 보호처분을 취소하고 사건을 해당되는 검사에게 송치해야한다. 소년법상 사회봉사명령(또는 수강명령)에 불응하면 보호관찰기간이 종료해도 처분을 변경하거나 기간을 연장해 집행을 계속하며 그래도 불응하면 경고, 구인 또는 긴급구인 후 유치하여 소년원으로 송치되도록 보호처분 변경을 신청한다. 사회봉사명령 또는 수강명령을 받은 집행유예자가 준수사항이나 명령을 위반하고 그 정도가 무거운 때는 집행유예의 선고를 취소할 수 있다.

⑦ 종료

소년법상의 종료사유는 사회봉사명령 또는 수강명령은 단기 보호관찰 또는 보호관찰이 종료되거나 가해제되었을 때 종료되며, 보호관찰 등에 관한 법률상의 종료사유는 사회봉사명령 또는 수강명령 대상자가 명령의 집행을 완료한 때, 형의 집행유예기간이 경과한 때, 집행유예의 선고가 취소된 때, 명령(사회봉사 또는 수강명령)의 집행기간 중 금고 이상의 형의 집행을 받게 된 때이다.

라. 사회봉사명령 제도의 평가

① 보호관찰시는 대상자가 지도를 받으므로 수동적 지위였으나 여기서는 사회에 봉사하는 능동적 지위로 전환된다.
② 보호관찰시는 전문가에 의한 처우가 중심이었으나 여기서는 독지가의 참여가 중시되어 사회 내 처우기반이 확대된다.
③ 이것은 여러 형벌목적으로 결합시킬 수 있어 자유형에 상응한 효과가 있다.
④ 이것은 피해자에 대한 배상이란 관점에서 벗어나 지역사회에 대한 봉사활동으로 바뀌게 되어 범죄인의 피해 회복 대상을 바꾸게 한다.
⑤ 사회 내 처우라 해도 봉사활동을 통해 형벌의 엄격성이 보장될 수 있다.

95) 진계호, 전게서, 490면.

⑥ 비용의 절감과 낙인의 효과가 감소되는 장점이 있다.

⑦ 재범방지에 효과가 있다.[96)]

마. 사회봉사명령의 장단점

이 제도는 전과자의 양산이 억제되고 범죄인의 사회복귀를 촉진하여 범죄자에게는 속죄의식과 사회적 책임감을 고양시킬 수가 있고 개별처우를 함으로써 범죄가 예방되며 비전문가에 의한 처우가 가능하며 범죄자와 사회와의 연계를 강화함으로써 다른 시설 내 처우보다 경제적이라는 장점이 있지만 작업시간의 산정기준 등 법관의 명확한 양적기준이 없고 형식적 봉사활동으로 오히려 봉사기관에 피해를 줄 수 있으며 사회 내 처우의 유용성이 높다는 실증적 자료가 미약하고 사회봉사 명령제도의 성격이 너무 다양해 일관성 있는 운영을 보장하기 어렵다는 단점이 있다.[97)] 그리고 이 제도를 실행하려면 교정기관 소속직원이 아닌 사람들의 철저한 감독이 필요함으로 직원과 운영을 위해 더 많은 비용이 든다.[98)]

바. 우리나라의 사회봉사명령제의 문제점

이 제도는 과잉구금의 완화, 사회복지, 응보적처벌 등 다양한 성격으로 인해 이념 자체가 모호하며 사회 봉사명령제도의 이념을 십분 발휘할 수 있는 전문성 가진 실무가들과 예산의 확보문제가 있으며 사회 봉사명령제도의 정도가 무거운 경우에는 '집행유예의 취소를 할 수 있으나 이 때 무거운 경우의 기준이 애매하다는 견해가 있다.[99)]

그리고 이 제도의 가장 큰 문제점은 법원이 피고인의 동의가 없이 이것을 선고할 수 있어 결과적으로 피고인의 동의 없이 사회봉사명령을 부과할 수 있다는 것이다. 따라서 피고인의 의사에 반하여 이것이 부과되면 결과적으로는 양심의 자유와 행복추구권을 침해할 수 있고 또한 피고인의 의사

---

96) 이 제도가 도입된 이후(1988) 1997년말까지는 재범률이 2.9%에 불과해 일반형사범의 40%와 비교할 때 재범방지에 탁월한 효과를 보인다.: 진계호, 전게서, 487면.

97) 진계호, 전게서, 487면.

98) Andrew coyle,op,cit, 154면: 나미비아 교정부는 2000년에 발표한 성명서에서 현재 자국에는 경범죄를 지은 엄청난 범법자들이 수감되어 과밀화를 초래하고 있는데 사회봉사 명령을 잘 활용하면 과밀화의 문제가 해소되나 그에 따른 많은 비용이 든다고 하였다.

99) 진계호, 전게서, 491~492면

에 반한 그런 강제노동은 피고인이 그런 강제노동으로 인해 신체적 고통을 느꼈다면 이것은 사실상 신체형의 성격을 띠게 되므로 법원이 이것을 부과할 때는 반드시 피고인의 동의를 구해야 한다고 생각한다.[100)]

그리고 대상자에게 최하위의 일을 시킴으로써 인권침해의 비난과 낙인효과가 생기며 사회봉사명령을 집행할 보호관찰 공무원이 절대 부족하며 사회봉사명령의 집행장소가 부족하며, 또한 1997년 봉사명령의 대상이 성인에게까지 확대되어 대상자수가 늘어나 현재의 보호관찰소 조직으로는 실질적인 지도와 감독을 기대하기 어렵다는 견해도 있다.[101)]

(3) 전자감시

가. 의의

전자감시제도란 감시대상자의 감시를 전자장치를 통해 하는 것으로서 보통 손목이나 발목에 전자감응장치를 부착시켜 원격지에서 감시하는 제도이다.[102)] 이것은 가택구금에서의 감시의 문제점을 보완하고 전통적인 교도소 구금감방식이나 보호관찰 등이 장기간 구금과 감시에 따른 고비용에 비해 재범방지 등 수형효과가 크지 않은 점을 개선하기 위해 1964년 쉬츠게벨에 의해 고안되었다.[103)]

이러한 전자감시 제도가 대두한 배경에는 그 동안 과입구속에 대한 대안으로 교정시설이 증가되었으나 오히려 그로 인한 문제점이 발생하자 이제 구금장소를 굳이 교도소에 한정시킬 필요가 없다는 발상이 나타났으며, 그런 맥락에서 가택구금과 전자감시제도가 탄생했다.

또한 전자감시부분의 진보로 비교적 저렴한 전자기가 등장하자 교정 분야에도 테크놀로지의 도입을 요구하는 분위기가 생긴 것도[104)] 전자감시의 대두를 가져왔다고 할 수 있다. 그리고 전자 감시는 민간기업의 참여와 동

---

100) 영국, 덴마크, 노르웨이는 피고인의 동의를 요하고 있고, 프랑스는 이것을 거부할 수 있음을 고지하며 네덜란드는 범죄인의 신청에 의해 이것을 부과한다: 김용우 · 최재천, 형사정책, 박영사, 1998, 357면.
101) 허주욱, 전게서, 902~904면.
102) 김혜정, 전자감시제도의 적용가능성에 대한 검토, 형사정책(한국형사정책학회),2000, 109면.
103) 진계호, 전게서, 477면.
104) 허주욱, 전게서, 873면.

시에 확대발전해 왔다는 사실에서 민간기업이 교정보호분야에서 전자기기를 응용하기 위해 시장개척에 나선 것도 배경의 요인이라고 한다.105)

나. 연혁

이 제도의 기원은 1960년 슈비츠게벨 박사가 가석방자에게 수신기를 통해 그의 행동을 감시하면서 등장했는데106), 그 뒤 1983년에 뉴멕시코 주의 러브 판사가 전자 팔찌를 대상자의 발목에 채워서 감시하면서107) 본격화되었고, 뉴멕시코주에서의 시행은 대성과를 거두었다는 조사결과가 나오면서 오늘날처럼 발전하게 되어 1989년에는 37개주와 콜롬비아 특별구 및 푸에르토리코에서 실시되어 약 6,500여명이 대상자가 되었는데, 초기의 전자감시는 수형자를 가석방하면서 재택구금의 수단으로 사용했으나, 점차 자유형을 선고해야 할 피고인에 대하여 보호관찰을 선고하면서 전자감시를 준수사항으로 부과하는 수준으로 발전해 왔다고 한다.108)

다. 외국의 제도

이 제도는 현재 약 10개 국가에서 시범시행했는데 영국, 네덜란드, 스위스, 독일, 싱가포르, 미국, 캐나다, 호주, 이스라엘 등이며109), 현재 미국은 연방차원과 주정부 차원으로 나누어 시행되는데, 연방정부의 전자감시는 연방대법원 행정처소속의 보호관찰소가 담당하며, 주정부의 전자 감시는 주정부 내의 가석방대상자를 행정부에 소속된 보호관찰소에서 담당하고 있다.110) 스웨덴은 주로 음주로 인한 범죄로 단기자유형을 선고받은 자를 대상으로 지역적으로 시범실시되다가 1999년에 전자감시가 완전히 도입

105) 허주욱, 전게서, 873면.

106) Notes : Anthropotelemetry : Schwitzgebel's Machine, Harvard Law Review, vol.80, NO.2, p. 403 : 허주욱, 전게서, 864면에서 재인용.

107) R.Ball, C.Huff and J.Lilly, "House Arrest and Correctional Policy", p.35 : 허주욱, 전게서, 865면에서 재인용.

108) 허주욱, 전게서, 865면.

109) 김혜정, 전게논문, 109면.

110) 양문승, 미국의 전자감시제도 평가를 통한 한국적 적용 패러다임, 교정연구(한국교정학회) 2000.11호, 44면.

한편, 미국은 소년과 성인이 대상이나 폭력범죄자나 성범죄자는 대상에서 제외되며, 본인의 동의가 필요하다고 한다. : 허주욱, 전게서, 867면.

되었고[111]), 영국에서는 1991년 전자감시를 통한 통금명령이 도입되었고, 1997년에는 16세이상에서 구금에 대신해 전자감시 통금명령이 대상자의 동의없이 선고될 수 있도록 했고, 1999년 1월에는 전자감시가택구금, 1999년 12월에는 전자감시 통금명령이 전국적으로 실시되었다.[112])

독일의 각 주법원은 형의 집행유예와 각석방의 결정에 있어서 지시사항을 부과할 수 있는데, 음주관련 범죄나 음주운전의 경우에 대상자의 전화기에 접속된 분석기를 통해 호흡하도록 함으로써 알코올흡입 여부를 원격지에서 전자감시하고 있으며, 집중보호관찰 프로그램과 연계한 주거지나 제한 장소의 존재여부를 전자장치를 통하여 확인하고 있다.[113])

라. 감시방법

감시방법에는 감시대상자의 팔, 발목, 목에 정착된 송신기가 일정한 시간 간격을 두고 무선신호를 자동적으로 발신하는 계속적 감시시스템(active system)이 가장 일반적인 감시방법이고, 단속적 감시시스템(passive system)은 감시컴퓨터가 무작위로 대상자의 자택에 전화를 걸어 소재를 확인하는 방법이며, 탐지시스템(tracking system)은 보통 대상자에게 일정한 외출을 허용하는데 대상자에게 부착된 송신기가 발신하는 무선신호를 보호관찰관의 수신기가 받음으로써 소재를 확인하는데, 이때 전화회선을 이용하지 않는다는 점에서 전화회선을 이용하는 계속적 감시 시스템과 단속적 감시시스템과 차이가 나며, 특정한 시간에만 소재 파악이 가능한 단속시스템에 비해 계속적 감시시스템은 계속적으로 신호를 송수신하고 있다. [114])

마. 가택구금

① 개념

가택구금이란 보호관찰대상자와 교도소 수용자 가운데 비교적 위험성이 낮은 자를 자택에 구금한 상태에서 전자감시를 통해 자유형의 일부 또는

111) 김혜림, 전게논문, 117면.
112) 김혜정, 전게논문, 114~115면.
113) 법무부보호국. 전자 감시 보호관찰연구, 보호(법무부), 1999, 6월호, 122~123면: 박영규, 전자감시와 가택구금연구, 교정연구 12호, 2001,170에서 재인용.
114) 허주욱, 전게서, 866~867면.

전부를 집행하게 하는 방법으로 법원이 허락한 특정 활동을 제외하고는 자택에서 외출하는 것이 금지되며 보호관찰과 병행하여 부과되는 것이 보통이나 독립처분으로도 선고될 수 있다.[115)]

② 가택구금의 효과와 문제점

가택구금은 시설의 운용비용을 절감할 수 있고 특수한 수형자의 처우가 가능하며 피해보상이나 사회봉사활동 등에 의한 피해자와 화해가 가능하고, 형사사법의 각 단계에서 탄력적 운용이 가능하다는 점에서 사회복귀를 촉진시킬 수 있는 사회 내 처우로서 시설 내 수용보다는 많은 장점을 가진 새로운 처우 형태로 평가받고 있다.[116)] 따라서 교도소에 수용할 때는 악풍감염의 우려도 없고 시설 내 수용에 비해 상대적으로 통제로부터 자유롭고 위생적이며 명예감정이 보호되는 장점이 있고 가족과의 성생활이 보장되어 가족과의 관계 단절로 인해 생길 수 있는 가족해체와 그로 인한 사회적 비용의 증대를 막을 수 있다.

그러나 가택구금은 가정의 프라이버시의 침해가능성, 형기의 장기화가능성, 형사사법망의 확대 우려, 그리고 가택구금된 자가 자신의 집을 무대로 범죄활동을 할 가능성이 있다는 것이 일반적으로 지적되는 문제점이며 또한 가택구금제도로 인해 그들을 관리할 새로운 부가 비용이 증대되는 문제점이 있다. 또한 어느 점에서는 구치소에 수감되는 것보다 가택구금이 더 힘들다고도 할 수 있으며, 더 나아가서 가택구금의 가장 큰 문제는 보호관찰제도 그 자체가 가택구금이나 기타 집중감독 프로그램에 적응할 수 있는가 라는 의문인데, 그것은 사회복귀에 주력을 한 감독체제에서 구속만을 주안으로 하는 감독체제로의 이행과정에는 구조적, 조직적 변화가 필연적으로 따라야 하기 때문이라고 한다.[117)]

바. 전자감시제도의 장점

전자감시제도는 일차적으로 보호관찰관의 감시업무부담을 획기적으로 경감시켜 줌으로써 대상자에 대한 원조활동에 전념할 수 있는데, 즉 전자

115) 진계호, 전게서, 476면.
116) 진계호, 전게서, 476면.
117) 김용준, 우리나라의 21세기 사회 내 처우의 전망, 교정연구 14호, 2002, 45면.

감시에 의한 확실한 감시와 통제가 가능해짐에 따라 보호관찰관은 대상자의 사회적응과 사회통합에 필요한 도움을 주는 일에 전념할 수 있으며, 경제적으로는 전자감시는 시설수용비용에 비하여 관리비용이 적게 소요되며, 이 제도가 과밀수용해소에 기여한다면 교도소 설립비용도 절감되고 또한 대상자가 직장에 계속 다닐 수 있어 국가가 부양가족의 생계지원을 할 필요가 없게 되어 복지지출을 줄이는 간접적인 비용절감의 효과도 거둘 수 있다고 한다.[118)]

또한 전자감시는 시설수용의 단점을 피할 수 있으며, 기존의 사회 내 처우와도 병행해서 이용할 수 있고, 특수한 처우가 필요한 범죄자에게도 적용되며, 특별한 시설을 필요로 하지 않으며, 미결·기결에 상관없이 형사사법의 각 단계에서 형사처분으로서 폭넓게 이용할 수 있다.

또한 수용밀도가 완화되며 전자감시에 의한 가택구금 가석방을 도입한다면 적은 비용으로 교정이념의 달성에 도움이 되며, 또한 낙인으로 인한 재범방지에 도움이 되고 단기자유형의 단점이 극복되며 가족과의 연대가 가능해 시설 수용에 따른 사회 재복귀에 관한 문제점은 발생하지 않는다.[119)]

사. 전자감시제도의 문제점에 관한 일반론

보통 전자감시제도에 대해 문제점으로 논의되는 것들을 소개하면 먼저 전자감시는 인간을 기계와 장비의 감시대상으로 전락시켜 존엄성에 반하며 또한 전자족쇄의 착용으로 인한 낙인효과가 크며 대상자의 사생활을 24시간 감시하여 과잉침해금지의 원칙에 위배되며 또한 주거의 자유, 사생활의 비밀과 자유, 통신의 자유가 침해될 수 있으며, 특히 대상자를 철통같이 감시하다 보면 대상자와 그의 가족들도 사생활의 전자감시망에 포착될 수 있다.[120)]

그리고 전자감시에서는 대상자로부터 수수료를 징수하는 시스템이 있는데 이 때 빈곤해서 수수료를 지불할 수 없는 경우에는 평등조항에 반할 수

118) 한영수, 행형과 형사사법, 세창, 2000, 248~249면.
119) 허주욱, 전게서, 879~881면.
120) 한영수, 전게서, 245~246면.

있어 경제적으로 빈곤한 대상자의 경우 평등권의 보장은 문제가 될 수 있다[121]

또한 기계의 고장이나 정전, 전파장애 등으로 인해 전자기구의 신뢰성에도 오류가 있을 수 있으며, 대상자의 선정 문제가 있고 또한 전자감시제도를 도입해도 비용에 관해서는 zero sum game이라고 하여 비용효과에 관한 논쟁이 계속되고 있다.[122]

또한 전자감시제도는 형사사법망의 확대로 이어질 수 있는데, 과도한 사회통제는 시민의 안전을 보장하기보다는 시민의 자유를 침해하는 결과를 가져온다는 점에서 형사사법망의 지나친 확대는 정책적 관점에서 바라직하지 않다고 한다.[123]

그리고 전자감시는 원격지에서의 감시가 행해지므로 직접적으로 이루어지는 보호관찰관의 지도나 감독보다 그 통제성이 약하고 실제로 감독이 행해지는 것이 아니므로 대상자의 다른 행동이나 대화 등을 제한하는 것이 아니어서 재범위험성과 실질적 감독 기능의 저하라는 문제가 있다고 한다.[124]

그리고 범죄자를 사회 내 처우로서 사회에 존치시킬 경우 예상되는 범죄피해자의 반발과 저항이 발생할 수도 있다.[125]

또한 전자감시제도는 기계에 인한 인간의 감시로 인간이 누릴 행복추구권을 침해한다는 주장이 있고 전자감시프로그램을 형사절차의 어느 단계에서 적용하는가의 문제와 전자감시제도의 초기 개발에 따른 막대한 투자비용이 든다는 문제점이 있다고 한다. [126]

그리고 시설 내 처우를 통한 것이 사회 내 처우로 인정되는 전자감시와 관련할 때 과연 효율적인가 하는 문제가 있다고 한다.[127] 또한 범죄에 대한 형벌장소로 교도소로 알고 있는 국민에게는 상대적으로 형벌의 위하

---

121) 허주욱, 전게서, 876면.
122) 허주욱, 전게서, 877~878면.
123) 한영수, 전게서, 249면.
124) 박영규, 전자감시와 가택구금 연구, 교정연구12호, 2001, 177면.
125) 법무부 보호국 EMP연구반, 전자감시보호관찰에 관한 연구, 보호(법무부), 1999, 6월호, 138~139면: 박영규, 전게논문, 177면에서 재인용.
126) 법무부보호국 EMP연구반, 전게논문 133~141면: 박영규, 전게논문, 175~178면에서 재인용.
127) 박영규, 전게논문, 176면.

력이 약해보여질 수 있는 전자감시제도에 따른 국민정서의 문제가 있을 수 있다.

아. 전자감시제도의 문제점에 관한 사견

먼저 허주욱 교수는 전자감시에 의한 가택구금 등은 앞으로도 더욱더 세계적으로 확대 실시될 것으로 전망되며 수용인구의 과밀화 추세와 비용절감 등 우리나라 교정행정의 효율적 운영을 위해서도 이 제도를 도입해야 한다고 주장하고 있다.[128]

그러나 그의 주장은 사실상 대부분의 학자가 그렇게 주장하지만 지나치게 교정관리의 효율성 이념만 중시하여 교정 본래의 목적을 도외시하고 있다. 즉, 비용절감이나 과밀수용의 완화 등은 관리의 능률성에 관한 개념으로 수단적 개념이며 수형자를 교화·개선해서 사회에 복귀시킨다는 것이 목적적 개념이라고 한다면, 허주욱 교수의 주장은 목적적 개념보다는 수단적 개념을 중시한 견해로 우리 행형법의 교정의 이념인 교육형주의를 정면으로 침해하고 있다. 글자 그대로, 전자감시의 본질은 전자감시대상자를 자기 집에 구금해 원격지에서 그의 소재만을 확인하는 행동 통제적 성격만 있어 사실상 과거의 응보형의 정신과 상통하며 아무런 교정재의 생산개념이 들어있지 않기 때문이다.

수형자를 교정, 교화해 재사회화 시킨다는 교정재의 생산개념은 반드시 사회적 개념을 전제로 한다. 다시 말해서 수형자가 능력 있는 교도관이나 교정위원에 의해 교정상담이나 case work, group work등을 통해서 교정재가 생산될 수 있지 전자감시 대상자를 홀로 그의 집에 두고 원격지에서 소재 확인만 하는 것은 사실상 구금형이고 교육형의 개념이 아니기 때문이다.

128) 허주욱, 전게서, 883면.

6. 교정복지정책

1) 교정복지이념

(1) 교정복지의 개념

가. 기존개념과 성격

교정복지의 개념은 역사적 배경과 문화를 달리하는 국가와 시대에 따라 차이가 있을 수 있는데, 이정찬은 교정복지에 대해 범죄자, 비행청소년에 대해 국가, 공공단체, 또는 개인이 개별적으로 또는 집단적으로 시설내에서 교정교육하고 사회내에서 보호관찰하는 조직적 활동이라고 정의하고 교정복지의 종류로 시설내 처우인 교정적 복지와 사회내 처우인 보호적 복지로 구분한다.[129)]

최옥채는 교정복지란 개별사회사업(case work), 집단사회사업(group work), 지역사회사업(community work) 등과 같은 기초적인 사회복지 실천방법론을 활용하여 범죄인이나 비행청소년이 심리, 사회적으로 가장 편안한 상태를 유지하면서 사회에 적응해갈 수 있도록 돕는 활동이라고 한다.[130)]

배임호는 교정복지란 범죄자와 피해자, 그들의 가족, 지역사회에서의 문제해결과 예방적 관점에서 범죄의 비행으로 인한 영향으로부터 정상적 상태로 회복코자 행해지는 일체의 활동과 이들을 위한 정책을 수립하고 행정을 위한 전문적인 모든 활동을 포함하는 것이라고 하여 범죄인의 개인차원뿐만 아니라 그를 둘러싼 환경에 개입함으로써 당면문제만 아니라 재범예방차원에서 효율성을 증진시키는 분야라고 한다.[131)]

남세진은 교정복지를 범법자 및 비행청소년들의 갱생을 위해 도와주는

---

129) 이정찬, 교정복지학, 교정선교회, 2000, 15면.
130) 최옥채, 교정복지론, 학지사, 2004, 63면.
131) 배임호외, 교정복지론, 양서원, 2001, 35면.

제반활동이라고 하며 그들의 사회적 적응능력을 배양시켜 반사회성을 교정, 개선하여 재범에 빠지는 일이 없도록 하는데 목적이 있다고 한다.132)

이정서는 교정복지란 범죄자와 우범자, 유해환경을 대상으로 사회복지시설방법의 지식과 기술, 사회복지정책의 법과 제도적 장치 등을 통해 대상자들의 재범방지와 사회복귀는 물론 관련환경의 개선을 도모하는 사회적 노력과 활동이라고 한다.133)

박경일은 교정복지는 사회복지실천가와 교정분야종사자, 자원봉사자나 시민, 국가가 주체가 되어 범죄자와 우범자 및 그들의 문제, 유해한 환경을 대상으로 사회복지실천방법과 사회복지정책의 법과 제도적 장치 등을 통해 대상자들의 재범방지와 사회복귀는 물론 관련환경의 개선을 도모하는 사회적 노력과 활동으로 점차 환경적 요인과 예방적 측면이 중요해지면서 광의의 개념에 대한 인식이 높아지고 있다고 한다.134)

이와 같이 여러 학자들의 정의를 살펴보면 교정복지를 협의와 광의로 나눌 수가 있는데, 협의의 교정복지란 범죄인에 대하여 사회사업방법론인 개별지도, 그룹지도, 지역사회조직활동을 통해 그들의 적응능력을 배양시켜 올바른 사회복귀를 위한 모든 원조활동이라고 할 수 있고 광의의 교정복지란 범죄인에 대한 원조활동만 아니라 그를 둘러싼 환경에 개입하여 유해환경의 개선을 도모하는 사회적 노력과 활동 및 피해자에 대한 보상과 피해자가 정상적 생활로 복귀하도록 하는 지원활동을 의미한다고 할 수가 있다.

따라서 기존학자들의 교정복지에 관한 여러 정의들에는 교정복지란 해당범죄인에 대한 교정서비스, 즉 교정재의 생산의 의미와 범죄예방적 관점을 강조하면서 치안공공서비스, 즉 교정재의 생산의 개념과 범죄인의 올바른 사회복귀를 위한 사회내처우의 의미를 포함하여 보호서비스(보호재)의 생산과 또한 사법서비스의 생산도 개념도 들어있어 광의의 교정복지의 개념에는 협의의 교정복지와 보호적 복지, 사법적 복지, 경찰복지의 개념이 내재된 복합적 개념임을 알 수가 있다.

132) 남세진, 인간과 복지, 한울, 1992, 227면.
133) 이정서외, 사회복지학개론, 유풍, 2002, 454면.
134) 박경일외, 사회복지학강의, 양서원, 2000, 380면.

또한 위의 교정복지에 관한 여러 학자들의 정의들에는 특정한 교정이념들이 전제되어 있다. 교정이념에는 엄격한 형벌을 강조하는 구금모델과 1970년대초에 등장한 사법모델[135]이 있고 그렇지 않은 개선모델과 치료모델, 재통합모델이 있는데[136], 기존학자들의 교정복지에 관한 정의에서 협의의 교정복지의 개념에는 개선모델과 치료모델이 전제되어 있고 광의의 교정복지의 개념에는 재통합모델의 이념도 내재되어 있다는 것을 알 수

135) 이것은 1970년대 초 선진국 등에서 개선·교화지향적인 행형이 효과가 적다는 회의론이 일어나고 국민들이 교화위주의 행형에 비판을 하자 대안으로 등장했다(개선모형이 개선을 명분으로 재량이 남용되어 범죄인의 인권이 침해될 우려가 있다고 보고, 개선모형의 인권침해적 요소에 대한 반성에서 출발해 수용자의 법적 권리의 보장이란 측면에서 교정처우가 이루어져야 한다고 한다). 포겔(Fogel)은 인간은 자유의지가 있으므로(아무리 배가 고파도 범죄를 하지 않겠다는 의지만 있으면 범죄를 하지 않고, 아무리 부유해도 범죄를 하려는 의지만 있으면 범죄를 한다) 범죄행위에 대해 당연히 책임이 있고, 따라서 적절한 처벌을 받아야 한다고 한다(엄격한 형벌, 선별적 무능화, 일반예방목적의 재강조). 또 이 모형은 적법절차에 의한 행형의 강조와 부정기형이나 Parole의 폐지를 강조한다(재량을 줄이기 위해). 또한 여기서는 자유의지를 전제했으므로 자신의 의지로 형기가 단축될 수 있는 선시제를 강조한다. 사법모형은 공정모형·정의모형·응보모형·법치모형으로 불리기도 한다.; 천정환, 교정학, 대왕사, 2004. 208~209면.

136) 구금모델은 교도소내에서 교화보다는 질서유지, 보안을 강조하는 형으로 응보주의가 지배되던 근대의 이념이었으나 교화사상에 밀려 퇴조한 이론이었다. 그러나 1970년 이후 미국에서 교도소내의 치료지향적인 프로그램이 비판을 받으면서(재범의 감소에 큰 도움이 안되어) 사법모델이 등장하자 다시 주목 받는 이론이다. 개선모델은 구금모델에 기초한 질서유지의 평형은 지양하고 교육형사상을 기반으로 재소자의 개선과 교화를 통한 범죄 예방에 중점을 둔 모델이기 때문이다. 그러나 이러한 개선모형에 대해서는 여러 비판이 제기되는 바, 첫째로 교화 개선모형의 전개로 형벌이나 교정에 있어서 중요한 제지와 같은 요소들이 무시되거나 충분히 다루어지지 않는 결과들을 초래했다는 것이고, 또한 개선모형은 범죄자 개인에 따라 교화 개선의 방법과 시간을 달리하므로 부정기형을 전제로 하므로 정의감이나 공정성을 결여했으며, 또한 개선모델은 실증적으로 교정개선 모델은 효과가 없다는 부정적 평가들이 있다. 치료모형은 범죄인을 결정론적 관점에서 사회화나 인성에 결점이 있는 환자로 보고 처우에 치료방식을 도입한 형태로, 정해진 형기에 관계없이 치료가 되면 출소시키자 하여 부정기형제도의 이론적 기초가 되었다. 이 모델은 범죄원인에 따라 인성의 결함을 범죄의 원인으로 보는 의료모형(이 모형에서는 Case Work, Group Work 기법이 활용)과 환경이 범죄원인이라고 보는 경제적 모형(여기서는 직업훈련이 효과적)으로 구분되기도 하나 치료모델은 의료모델, 처우모델과 같은 개념으로 쓰이기도 하고 개선모델과 동일시하는 견해도 있다. 소년원의 경우에 이 모형이 보다 더 중요시 된다. 이러한 치료모델은 결정론적 관점에서 범죄자를 환자로 보므로 처벌이 아닌 치료 처우를 주장한다. 재통합모델에서는 범죄문제의 근본적 해결을 위해서는 재소자 스스로의 행동변화가 있어야 함은 물론이고 범죄문제를 유발했던 그 지역사회도 개선되어서 개선된 범죄인을 포용해 그 사회와 범죄인이 재통합이 되어야 한다고 한다. ; 천정환, 전게서, 206~209면.

가 있다. 다시 말해 기존학자들의 개념들에는 교정이념을 응보보다는 형벌을 재사회화를 준비하기 위한 사회적응과정으로 보고 있는데, 이런 입장은 사회복지학자들의 입장을 전적으로 대변한다고 할 수 있다.[137]

그리고 기존학자들의 개념에는 협의든 광의든 교정복지의 주체는 교정복지사임을 밝혀 교정복지사의 활동영역을 넓히고 있다.

또한 기존학자들의 개념에는 낙관적 교정철학을 전제하고 있다. 어떤 범죄자도 치료모형에 입각해 개별지도, 집단지도, 지역사회조직론 등 사회사업방법론을 활용해 교정에 개입하면 치료될 수 있다고 가정하고 있다.

또한 앞에서 언급했지만 교정복지의 개념에는 시설내처우, 사회내처우, 지역사회교정처우의 개념이 내포되어 있음을 알 수가 있다.

나. 기존개념의 문제점

기존학자들 – 외국학자들의 경우도 마찬가지로 – 의 교정복지개념의 가장 큰 문제점은 수형자 자발성의 원칙을 무시하고 있다는 점이다. 이러한 수형자 자발성의 원칙이 무시되는 것은 헌법상 양심의 자유와 자기결정권, 행복추구권을 정면으로 침해하고 있다.

다시 말해 기존의 교정복지의 개념에는 개별지도, 그룹지도, 지역사회조직론 등의 사회사업방법론을 활용해 수형자를 치료한다는 데 중점을 두고 있다. 다시 말해 범죄인을 결정론적 관점에서 사회화나 인성에 결점이 있는 환자로 보고 치료에 사회사업방법론을 도입하고 행형을 오직 재사회화과정, 사회적응 과정으로만 관념해 어떤 범죄자라도 범죄자의 동의나 신청여부와 관계없이 교정복지사가 개입하여 사회사업방법론을 활용해 그들의 사회복귀를 위해 원조해야 한다는 규범성과 당위성이 전제되어 있다.

이러한 자발성 원칙의 무시는 위험한 법적인 위헌의 문제만 아니라 사회복지의 기본가치와 서비스의 기본원칙에도 어긋나는 것이다.[138] 그것은 수형자나 범죄인 중에서 아직 기본사회화 과정에 있어 건전한 의사능력과 행위능력이 없는 소년수형자나 또는 의사능력이 약한 자폐증등 정신질환

137) 이점에서 교정실무가와 교정복지사의 가치의 차이가 있어왔다.

138) 사회복지가치의 기본원리에는 개인존중원리, 자발성존중의 원리, 기회균등의 원리, 사회연대의 원리 등이 있으며, 자발성 존중의 원리는 개인이 무엇을 요구하며, 그것을 어떻게 충족할 것인가를 스스로 결정할 권리를 가진다는 것이다. 최성균외, 사회복지개론, 대왕사, 2004, 36면.

을 가진 수형자 또는 특별한 수형자의 경우에는 이런 자발성원칙이 무시되고 바로 교정복지사가 개입되어도 무관하다고 하겠지만, 기본사회화과정을 다 거치고 의사능력과 행위능력이 충분한 성인수형자에게까지 자발성의 원칙을 무시하고 바로 그들을 원조하기 위해 교정복지사가 개입해야 한다는 것은 잘못된 것이며 교정복지사는 앞에서 언급한 아동 또는 소년범죄인 또는 의사능력이 약한 범죄인을 제외한 정상적인 의사능력을 가진 수형자(클라이언트)의 자발적 신청이나 동의를 얻고 나서 그들의 사회적 재적응을 위해 개입해야 한다고 생각한다.

따라서 행위능력이 충분한 성인수형자에게는 교정복지사의 개입은 보완적 개념에 그쳐야지 본질적 개념이 되어서는 안된다.

그리고 기존의 교정복지의 개념에는 응보형주의가 아닌 교육형주의를 전제하고 있으며 그 결과 모든 범죄인이 교정복지의 생산대상이 된다고 하는 교정복지 만능주의사상에 젖어있다. 이것은 교정재 또는 교정복지재의 생산가능곡선 밖에 있는 한계수형자를 간과하고 있다.

한계수형자란 본인이 만든 조작적 개념으로서 여호와의 증인 같은 확신범과 광신도, 악질 상습범, 노회한 화이트칼라 범죄자, 직업범죄자처럼 아무리 많은 교화자원을 투입하여도 교정의 한계생산성이 0에 가까운 자들을 말하거나 또는 교정시계가 너무 느리게 움직이거나 또는 가더라도 곧바로 뒤로 가는 자들을 말하거나, 건전한 사상과 기술을 가지고 있고 우리 사회의 기본가치가 내재화된 단순한 과실범처럼 교정재의 생산이 필요없는 자, 즉 개인에 대한 미시적 교정수요가 없는 자를 말한다고 개념을 조작한다면 과실범과 같은 긍정적 한계수형자와 광신도와 같은 부정적 한계수형자들 모두는 사실상 교정재 또는 교정복지재의 생산가능선 밖에 있어 교정재 또는 교정복지재의 추가생산이 불가능한데도 이런 것을 간과하고 이들 모두가 개선, 교화가 필요 또는 가능하다는 교정복지 만능주의와 교정복지 낙관주의에 사로잡혀 있다.

다시 말해 사회에 충분한 적응능력을 가진 단순과실범[139) 또는 교정시

139) 과실범에 대한 교정재의 생산은 필요없지만 현재 과실범에 대한 교정교육은 일종의 가외성(加外性) 장치라고 할 수 있다. 가외성은 중복성과 상통하며 과실을 방지하는 중복장치라고 할 수 있다.

계[140])에 문제가 있는 한계수형자에게는 교정복지의 개념은 큰 의미가 없다.

그것은 한계수형자에 대한 교정복지재의 생산함수의 결정적 제약오인에 우리나라는 정기형제도를 취하고 있어 효율성이 없기 때문이다.

그리고 기존의 교정복지의 개념에는 공식적 주체, 예를 들어 가장 중요한 교정복지사와 이외에도 교정실무가, 자원봉사자, 국가 등만이 교정복지 서비스의 생산주체임을 밝혀 비공식적 부문에서 교정복지 서비스가 생산되는 현실을 무시하여 교정복지 사회학적관점[141])이 결여되었다.

교정복지사회학의 관점에서는 교정복지서비스의 생산은 기존의 공식적 부문인 교정복지사외에도 비공식적 부문에서도 많이 생산되며, 때로는 그런 비공식적 부문에서의 교정복지서비스의 생산이 공식적인 교정복지사에 의한 교정복지서비스의 생산보다 더 효율적일 때도 많다.

가령 독특한 교도소 문화에 젖어있는 수형자인 클라이언트에 대한 교정복지사의 원조활동보다 해당 클라이언트가 준거집단 또는 준거인으로 생각하고 있는 동료 수형자의 정신적, 정서적 지지나 원조활동이 해당클라이언트의 바람직한 재사회화에 훨씬 도움이 될 때가 있으며 특히 교도소에 배치된 교정복지사가 신분이 보장된 관료로 위치할 때면 형식적 생산성을 중시하는 관료제의 역기능을 생각할 때 더욱더 그럴 수 있다.

그리고 기존학자들의 교정복지의 개념에는 교정복지서비스의 대상을 범죄인과 범죄인을 둘러싼 환경에 주로 둠으로써 범죄피해자는 개별지도등의 치료의 대상에서 제외하고 있고 범죄인과 피해자를 분리시키는 이분법적 관념이 전제되어 있어 피해자 교정복지의 중요성을 간과하고 있다.

---

140) 이것은 본인이 만든 개념으로 재사회화의 속도를 나타내는 것을 말하는데, 이미 의식이 고착화된 노인의 교정시계는 잘 가지 않으나 상대적으로 소년수형자의 교정시계는 빨리 갈 수 있어 자원배분의 기준이 될 수 있다. 교정시계는 수용자 개인의 교정시계, 각 교도소의 교정시계, 한국의 교정시계가 있는데, 이와 관련해 교정시계 속도를 빨리 하기 위한 관리 전략이 필요한 데 예를 들어 수용자가 민주적이고 교도관이 민주적이라면 수용자의 교정시계는 빨리 가고 교도관이 권위적이고 수용자가 민주적이면 교정시계는 느리므로 이때는 교도관의 행태변화를 위한 교육이 필요하다.

141) 교정복지 사회학이란 규범성을 떠나 실제적으로 교정복지사인 워커와 해당대상수형자인 클라이언트, 그리고 대상수형자인 클라이언트와 생태관계에 있는 동료수형자, 교도관, 자원봉사자, 조직문화와 정책, 교도소 사회, 가족, 지역사회 등 기타 생태자원과의 사이에서 일어나는 복잡하고 역동적인 사실관계에 관한 문화적 접근이라고 정의하고자 한다.

때로는 범죄인보다 범죄피해자에게 범죄의 책임이 더 클 수 있는데, 그것은 범행을 유발하기 쉬운 태도나 성격을 피해자가 가졌을 때 그렇다고 할 수 있으므로 이때는 그런 잘못된 성격의 교정을 개별지도 등을 통해 고쳐나가는 피해자 교정복지의 중요성이 필요하게 되었다.

따라서 범죄에 의해 손상을 입은 것은 항상 피해자이고 따라서 원래 상태로 보상을 받아야 할 권리도 피해자에게 있으며 범죄를 행한 범죄인만이 성격교정의 대상이고 때로는 피해자에게 피해보상도 해주어야 한다는 전통적 관념에서 벗어나서 경우에 따라서는 범죄인 자신이 오히려 범죄피해자이고, 또한 피해자는 피해보상의 대상이 된다는 소극적, 물질적 과점에서 벗어나 피해자도 회복적 사법의 주체로 참가하도록 하여 피해자의 주체적 지위를 개선시키고 때로는 피해자 자신도 교정복지의 주체 또는 대상이 될 수 있다는 융통적인 관점을 가질 필요가 있다.

(2) 교정복지의 접근법

교정복지 서비스의 생산을 효율적으로 달성하기 위하여 기술적인 방법으로 정책론적 적근법, 기술론적 접근법, 통합론적 접근법이 있다.

가. 정책론적 접근법

교정복지서비스의 수요를 발생시킨 범죄인의 범죄문제를 해당범죄인의 책임으로 보기보다는 해당지역사회와 국가의 책임으로 보는 거시적이고 재통합적 관점이다. 따라서 접근대상은 주로 범죄가 발생된 사회구조적, 사회병리적 문제에 두어 교정복지 서비스의 생산을 그런 왜곡된 사회구조의 시정과 범죄를 유발한 지역사회의 환경개선에 초점을 두며 따라서 교정복지 정책론, 교정복지 문화론, 교정복지 인권론, 교정복지 보장론 등을 중시한다.

나. 기술론적 접근법

교정복지 서비스의 생산을 유발시킨 범죄문제를 범죄인의 성격결함에 의한 성격구조로 보는 미시적 접근방법으로 해당 범죄인에 대한 교정심리적 요법과 환경조정을 통해 범죄인의 부적응 문제를 해결하는 것이 직접적으로 교정복지 서비스의 생산성을 향상시킨다고 보며 사회사업 방법론인 개별지도사업, 집단사회사업, 지역사회 조직사업 등의 전문기술의 활용을 강조한다.

따라서 해당 클라이언트에 대한 교정사회복지사의 개별화된 원조활동을 강조하므로 기술론적 접근법은 교정사회복지사론, 멘터링이론[142] 등을 중시한다.

다. 통합론적 접근법

교정복지 서비스의 생산에 있어서는 어느 한쪽의 접근방법을 취해서는 안되고 정책론적 접근방법과 기술론적 접근방법은 상호 보완적으로 활용해야 한다. 따라서 일차적으로는 미시적 방법인 기술론적 접근방법에 맞추어 교정복지사는 범죄자인 클라이언트에 대한 개별적 원조활동을 통해 개별적 교정복지 서비스를 생산하고 동시에 국가, 지역사회, 교도소 사회내에 존재하는 각종 갈등을 유발하는 사회구조적 문제들을 해결하는 정책적 접근방법을 통해 총체적, 집합적 교정복지서비스를 생산해야 한다. 물론 이런 정책적 해결과정에도 교정사회복지사는 중요한 역할을 한다. 가령 교정복지사는 교도소내에 있는 수형자의 여러 부적응 문제에 대한 교정복지 조사활동을 통해 수형자와 그의 가족들간의 갈등요인이 수형자에 대한 성생활을 불허하는 교정정책에 있다는 것을 파악한다면 교정복지사는 이러한 왜곡된 교정정책의 시점을 위해 여러 영역에 합리적 범위내에서 개입할 수 있어야 한다.

따라서 두 가지의 접근방법을 잘 조화하고 통합시켜 통합적 발전을 이룰 때 교정복지 서비스의 생산성은 향상되어 교정복지실천의 목표를 달성할 수 있다.

---

142) 멘터링이란 경험이 많은 멘터가 경험이 적은 멘티로 하여금 잠재적 능력을 최대한 발휘할 수 있도록 일대일로 지속적 관계속에서 상담자, 조언자 등 다양한 역할을 수행하는 것을 뜻하며 멘터링 프로그램의 인적구성요소는 멘터, 멘티, 이런 프로그램을 총괄 지원하고 기획하는 전문가인 결연관리자인 코디네이터가 있으며 내용적 구성요소에는 개별프로그램, 집단프로그램, 멘터에 대한 교육, 멘티에 대한 관리가 있다. ; 김지선, 멘터링연구, 형연원, 2002, 39면.

(3) 교정복지 종류의 주관적 모색

앞에서 살펴본 교정복지의 개념들에는 기존학자들은 교정복지의 종류를 언급하지 않은 바 교정복지개념의 다양하고도 적절한 모색을 위하여 교정복지의 종류를 사견으로 추론해보는 것도 의의가 있다고 생각하여 여기서는 교정복지의 종류를 주관적으로 추론하고자 한다.

① 사전적 교정복지와 사후적 교정복지

사후적 교정복지란 이미 범죄를 행한 범죄인에 대하여 교정복지사 등이 재범방지와 올바른 재사회화, 정서적 지원을 위해 행하는 의도적이고 역동적인 노력이라고 할 수 있으며 전통적인 교정복지와 상통한다.

사전적 교정복지란 우범자, 피해자, 준범죄인 등에 대해 범죄가 장래에 발생하지 않도록 모든 자원을 동원하여 이루어지는 모든 역동적인 노력이라고 할 수가 있다. 이러한 사전적 교정복지는 예방적, 적극적 교정복지와 관련되며 현대에서 중요시되는 개념이라고 할 수 있다. 다만, 이러한 사전적 교정복지를 행함에 있어서는 클라이언트의 헌법상 기본권이 침해되지 않도록 면밀한 주의와 개입기술이 필요하다.

② 수평적 교정복지와 수직적 교정복지

수직적 교정복지란 교정복지사, 교정자원봉사자, 교도관 등이 클라이언트인 교정복지대상자의 재범방지와 올바른 재사회화를 위해 그들을 교육하고 지원하는 일방적 커뮤니케이션의 개념이다.

수평적 교정복지는 교정복지사 등의 교정복지 주체와 클라이언트인 교정복지 객체간의 상호의사소통과 반응, 환류과정을 거쳐 이루어지는 역동적인 과정이라고 할 수 있다.

이러한 수평적 교정복지와 수직적 교정복지 중 수평적 교정복지가 규범적으로 옳고 수직적 교정복지가 바람직하지 않다는 이분법에서 벗어나 클라이언트의 특성과 범죄의 종류, 조직문화의 성격, 생태계의 특성등 다양한 변수를 고려하여 경우에 따라서는 수직적 교정복지가 바람직할 때도 있으며, 경우에 따라서는 수평적 교정복지와 수직적 교정복지를 혼합한 교정복지를 모색할 수도 있다.

③ 교정복지재의 생산성을 중심으로 한 분류

이것은 교정재 또는 교정복지재의 한계생산성이 0보다는 큰 정(正)의 교정복지, 0보다 적은 부(負)의 교정복지, 또는 교정재 또는 교정복지재의 한계생산이 0에 가까우나 겉으로는 교정복지재의 생산에 참여한 것으로 표시되는 위장된 교정복지, 자신의 특정의도에 따라 수시로 교정재 또는 교정복지재의 한계생산량을 바꾸는 상황적 교정복지, 또한 상징조작을 통해 교정복지재의 생산에 참여한 것처럼 보이나 사실은 자신의 이익을 위해 교정재 또는 교정복지재의 생산을 가로막는 사이비 교정복지로 나눌 수가 있다.

마찬가지로 교정재 또는 교정복지재의 한계생산성을 중심으로 교도관 또는 교정복지사를 분류할 수 있다. 다시 말해 교도관을 생산성을 중심으로 분류할 수 있다.143) 이론적으로 교정재의 한계생산성 0을 기준으로 교도관을 교정재의 한계생산성이 0보다 큰 정(正)의 생산자, 0보다 적은 부(負)의 생산자로 나눌 수가 있다. 부의 생산자는 다시 열심히 생산에 참가하나 생산기술의 부족이나 감수성의 부족으로 생산성이 0보다 낮은 비의도적 『—』적 생산자와 자신의 이익을 위해 교정재의 생산을 방해하는 의도적 『—』적 생산자로 나눌 수가 있다. 또한 교도관의 행태나 고의성을 기준으로 생산성과 관계없이 열심히 생산에 참가하는 순수한 생산자와 겉으로는 생산에 참가하나 사실상 소극적 태도로 한계생산량이 0에 가까운 위장생산자, 여러 상황에 따라 자신의 행태를 바꾸어 한계생산량이 수시로 변하는 상황적 생산자, 외관상 생산에 참여하는 것처럼 보이나 자신의 이익, 권위 등을 위해 교정재 생산을 가로막는 사이비 생산자로 나눌 수 있고, 또한 요구되는 생산력의 달성여부를 기준으로 요구되는 생산량보다 더 많이 생산하는 열성적 교도관, 요구되는 생산량을 채우지 못하는 소극적 교도관, 요구되는 생산량과 관계없이 생산성이 0에 가까운 한계교도관으로 나눌 수가 있다.

위의 분류에서 정(正)의 생산자, 순수한 생산자, 조직형적 교도관, 열성적 교도관은 교정재의 실질적 생산자로 볼 수가 있고, 우리나라 교도관은 정의 생산자가 대부분이나, 의도적 『—』적 생산자, 위장생산자, 사이비 생

143) 천정환, 신교정학, 한국고시회, 2004, 601면.

산자, 소극적 교도관, 한계교도관 등은 형식적 교정생산자로 볼 수가 있는데, 이러한 형식적 생산과 실질적 생산의 차이는 실질적 생산은 수많은 준(準)교정재의 생산을 가져와 결국은 범죄를 감소시키는 효과가 있다는 것이다. 즉, 준교정재란 아직 범죄인은 아니나 범죄성이 농후한 자로 범죄 직전에 교정재의 영향을 받아 스스로 바로 잡아가면서 생산된 비공식적, 사전적 교정재라고 정의하고자 한다. 즉, 수용자가 교정시설 내에서 실질적으로 교정재가 생산되어, A가 출소하면 A의 주위에 있는 범죄성이 강한 생태계적 자원들이(B) 외부효과에 의해 B도 범죄하려던 생각을 멈추고 자신을 바로잡는 1차 준교정재가 생산되고, 또 B가 교정됨으로써 B주위의 생태자원인 잠재적 범죄인도 범죄 직전에 교정된 B의 영향을 받아 2차 준교정재가 생산될 수 있고, 이런 과정이 계속된다면 3차 준교정재 생산으로 갈수록 영향력이 약해져 준교정재의 생산기간도 줄어지고 생산량도 적어지지만, 최초로 실질적으로 교정재가 생산되어 출소한 A가 만드는 준교정재의 수는 $\sum Qi$ 로 나타낼 수 있고, 또한 실질적으로 교정된 총출소자 수가 m명이라면 m명 각자가 만드는 준교정재의 수도 다 다르지만, 평균적으로 n차까지 준교정재의 생산이 이루어지면 일정기간에 생산된 총 준교정재의 수는(단, 출소자의 준교정재의 생산은 1명씩으로 계속 n차까지 간다고 가정) $m \times \sum Qi$ 로 나타낼 수 있다. 그런데 이와 같이 많은 준교정재의 생산주체는 실질적으로 교정된 출소자와 그들 주위에 있는 잠재적 범죄인인데 이런 준교정재의 생산의 수익자는 국민, 국가, 지방자치단체, 잠재적 범죄인인데 일반 교정재 생산과는 달리 수익자인 국민, 국가, 지방자치단체가 준교정재의 생산비용을 부담하지 않아 준교정재의 생산에 무임승차하고 있는데, 그 이유는 준교정재 생산이 비형식적, 비공식적, 비제도적, 개인적, 사전적이기 때문이며 따라서 실질적으로 수익을 보는 이들에게도 준교정재의 생산비의 일부를 전가시킬 필요가 있다.

따라서 이와 같이 교정시설내에서 실질적으로 교정재 또는 교정복지재가 생산되면 생산된 만큼의 교정재만 있는 것이 아니라 생산의 긍정적 외부효과를 통해 엄청난 준교정재의 생산을 동반하므로 교정재의 실질적 생산이 얼마나 중요한가를 알 수가 있다. 마찬가지의 논리로 형식적으로 교정재가 생산되면 생산의 부정적 외부효과의 발생으로 부정적 준교정재가 생산되고 그것은 생태계를 통해 3차까지 파급된다면 예상되지 않았던 수많은 범죄가 발생될 수 있다는 점이다. 예를 들어 교정시설내에서 형식적으로 교정재가 생산되어 출소한 A는 자기 주위에 있는 범죄성이 큰 자는 물론 범죄성이 적은 생태계에까지 범죄를 조장할 수 있어 부정적 준교정재가 생산되어 결국은 범죄성이 적어 범죄행위가 기대되지 않은 생태계까지 범죄에 참여하게 될 수 있다는데 문제의 심각성이 있다.

따라서 교정시설내에서 실질적 교정생산자를 증가시키고 형식적 교정생산자를 최소화시키는 법적, 제도적 장치가 필요한데 우리나라는 그러한 제도가 없다는데 문제점이 있으며, 이러한 형식적 교정생산자인 소극적 교도관, 한계교도관, 위장교도관, 사이비 교도관들이 존재하는 이유는 교정재의 생산성과 관계없이 임금을 주고 강력하게 신분을 보장하는 장치 때문이며, 따라서 이런 형식적 교도관을 최소화시키기 위해서는 내부적으로는 윤리교육훈련, 감수성훈련 등이 필요하고 또한 교정평가제도가 필요하다. 즉, 질 나쁜 교정재의 생산을 막기 위해 내부적으로는 감사제도와 내부평가제도의 활성화와 징계제도의 강화와 그것들의 행형법적 규정화가 필요하고 외부평가의 방법으로는 비판적 교정참여 단체의 교정재 생산평가와 감사원 또는 인권위원회, 시민단체 등이 정기적으로 수용자들을 대상으로 교정재 생산과정과 내용에 대한 평가 등이 이루어져야 하며, 이러한 평가들에 대한 결과가 다시 교정재의 생산투입과정에 반영될 수 있는 제도적 장치가 마련되어야 하며, 교정생산성과 관계없이 평생 공무원신분을 보장하는 헌법상의 직업공무원제도도 재검토되어 교정재의 생산은 이제 더 이상 행정의 관점에서 접근할 것이 아니라 복지와 비관료제적 입장에서 접근할 필요가 있으며, 마찬가지의 논리로 생산성과 관계없이 호봉제로 임금을 주는 현임금 체계제도를 재검토해 교정의 생산성과 연계시킨 임금연동제나 연봉제를 실시할 필요가 있다.

또한 앞으로 교정시설이나 보호시설에 교정복지사가 공무원으로 채용된다면 위와 같은 관료제적인 문제점이 필연적으로 나타나고 그것은 적절하고 질 좋은 교정복지의 생산을 저해하므로 교정복지사를 현재의 관료화된 사회복지사처럼 생산성과 관계없이 신분이 평생 보장되는 체제가 되면 안되며 교정복지재의 생산성과 연관되는 인사체제모형의 개발이 필요하다.

④ 역교정복지와 정교정복지

정적교정복지란 기존의 교정복지생산의 개념으로 교정복지사, 교도관, 교정자원봉사자 등의 교정복지주체가 범죄인, 범죄조직, 준범죄인, 준범죄조직, 우범자, 피해자, 그들의 생태환경에 대해 범죄방지와 올바른 재사회화를 위해 행해지는 의도적인 노력이라고 할 수 있으며, 이때 여기의 정적복지에서는 교화와 개선, 재사회화의 대상은 반드시 범죄인, 우범자 등의 교정복지생산의 고객이라는 점이 특색이며 교정복지사등 교정복지생산의 주체가 교정 또는 개선된다는 개념은 없다.

그런데 기존의 교정복지이론에서는 기존학자들은 보통 교정복지를 공급하는 교정복지사, 교정자원봉사자 등은 적어도 교정복지재의 생산에 있어서는 범죄를 행하지 않거나 준범죄인, 우범자가 아니라는 것을 전제하면서 논리를 전개하나, 모든 인간은 시장에서 자신의 이기심에 따라 선호의사를 표시한다는 점과 교정복지사회학의 관점에 서면 교정복지사와 교정자원봉사자 등도 교정복지재의 생산과정에서 왜곡된 선호, 즉 클라이언트에게 특정자원을 알선해준다는 핑계로 돈을 요구하는 등 직무와 관련된 범죄를 행할 수 있다는 점에서 교정복지의 공식적 주체인 교정복지사 등도 범죄인 또는 준범죄인이 될 수 있다. 따라서 이러한 범죄성을 가진 교정복지의 공급주체가 일부 규범적이고 도덕적인 교정복지대상인 클라이언트와 결합되어 역동적 상호작용이 형성될 때 경우에 따라서는 준범죄인인 교정복지사가 오히려 클라이언트에 의해 범죄성이 제거되어 올바르게 재사회화되는 역교정복지가 생겨날 수도 있다.

이러한 역교정복지재의 생산은 클라이언트가 종교적 확신범, 정치범, 도덕적인 과실범 등일 때 생성될 수 있다. 그런데 기존 교정복지학자들은 교정복지를 직접 생산하는 교정복지사 등의 공식주체가 오히려 일부 도덕적인 수형자나 피해자에 의해 반사회성이 일시 제거되는 역교정복지의 개념을 알지 못하였다.

이러한 역교정복지는 객체에 의한 교정복지의 생산이므로 교정복지를 기존의 교정복지사 등에 의한 주체에 의한 교정복지와 범죄인, 준범죄인, 우범자등 교정복지의 일부 규범적 객체에 의해 범죄성이 발현된 일부 교정복지사가 교화되고 반사회성이 제거되어 올바른 사회화가 되는 객체에 의한 교정복지, 즉 역교정복지로 개념지울 수도 있다.

이러한 역교정복지의 중요성은 사회 내에서 생산되는 총교정복지생산량에 포함되어야 함에도 공식통계상으로는 제외되어 있으며 이러한 역교정복지의 개념은 암수범죄와도 연결되어 있다.

그리고 역교정복지의 개념을 인정한다면 공식적인 교정복지사, 개업 교정복지사, 공공자원봉사자 등에 대한 의식과 규범에 있어 필요한 훈련수요량을 파악하게 해주는 긍정적 기능도 있다. 규범에 있어 교정복지사 등에게 필요한 훈련수요량이란 교정복지사, 공공자원봉사자 등 공식적인 교정복지 생산주체에게 요구되는 규범의식과 사회화의 정도에서 현재 범죄성이 발현된 일부 교정복지사 등에게 내면화된 규범정도를 차감한 것이라고 할 수가 있다.

⑤ 생산주체에 따른 분류

교정복지의 생산주체에 따라 관료제적 교정복지, 비관료제적 교정복지, 공・사합동방식인 제3섹타적 교정복지 등으로 분류할 수가 있다.

ⓐ 관료제적 교정복지

관료제적 교정복지란 교정복지대상자 등에 대한 교정복지의 생산을 교도관, 교회직 공무원, 소년보호직 공무원, 교정기관에 의해 채용된 교정복지사 또는 교정사회사업가, 사회복지사등 관료제적 조직과 연관된 조직의 일원이 교정복지생산의 주체가 될 때 나타나는 교정복지를 관료제적 교정복지라고 개념짓고자 한다.

이러한 관료제적 교정복지에 의해 생산되는 교정복지재(교정복지서비스)는 국가공공재의 성격을 띠게 되는 점이 특징이다. 다시 말해서 이때의 교정복지서비스는 공공재의 일종으로 공공재란 시장가격에 의해서는 도저히 생산이 불가능하거나 충분한 양을 생산할 수 없는 재화로 이런 공공재의 생산은 국가의 존속과 공익을 위해 필수적이므로 국가가 생산하게 된다.

따라서 사회의 존속과 범죄문제의 해결과 관계되는 교정복지재는 당연히 원칙적으로는 국가에 의해 생산되어야 하며 그 생산의 중심에 교정복지사는 위치하게 되며 이렇게 생산된 교정복지재는 적절한 유통과정을 거쳐 배분되고 소비되어지며, 이러한 교정복지재의 소비는 납세여부와는 관계없이 국민 모두에게 소비되어지며, 또한 한 개인의 소비가 타인의 소비를 감소시키지 않고 동시에 많은 사람이 그 혜택을 보는 비경합성의 특징을 갖는다. 또한 교정복지재는 비배제성의 특성이 있어 교정복지의 생산에 대한 대가를 지급하지 않은 이도 혜택을 보므로 무임승차자에 대한 제재가 곤란하다. 즉 교정복지재는 수익자부담의 원칙이 적용 안되므로 소비의 외부경제와 동일한 성격을 갖는다. 또한 교정복지사에 의한 교정복지재의 생산과정에서 의도하지 않은 정의 외부효과가 발생할 수 있어(교화된 수형자의 영향으로 그의 깡패친구들이 개선되는 것) 그로 인해 다른 경제재화의 생산에도 기여하게 된다.[144)]

ⓑ 비관료제적 교정복지

비관료제적 교정복지란 관료제적 조직과 관계없는 자, 가령 순수한 자원봉사자, 또는 수형자나 범죄인 등의 의뢰를 받고 활동하는 개업 교정복지사, 또는 동료 수형자 등에 의한 교정복지의 개념을 말하며 이러한 비관료제적 교정복지에 의해 생산되는 교정복지서비스의 성격은 사적(私的)재화의 성격을 가진다고 할 수가 있다.

이러한 사적재화, 특히 개업교정복지사 등에 의해 생산되는 사적 교정복지의 생산량과 가격은 시장에 의해 결정되므로 앞에서 본 공공재의 특성인 비경합성, 비배제성, 공동소비성의 특징을 갖지 않는다. 다만 클라이언트의 의뢰를 받고 시장에 참여하는 개업 교정복지사에 의한 사적 교정복지의 소비는 일정한 소득수준이상을 가진 중류층 이상의 클라이언트만 소비할 수 있고 자연히 저소득층은 관료제에 의한 공공 교정복지서비스만 이용할 수 있게 되는데 문제는 상품의 성격상 사적 교정복지서비스가 공적 교정복지서비스보다 질 좋은 재화가 될 수 있다는데 있다. 그것은 교정복지서비스의 한계생산성 정도에 따라 사적 교정서비스의 가격과 양이 결정되는 신축성이 있어 개업 교정복지사에게 질 좋은 교정복지서비스를 창출할 유인을 제공하지만 교도관등에 의한 공적 교정복지서비스는 공적 교정복지서비스

144) 천정환, 신판교정복지학, 대왕사, 2005, 31면.

의 한계생산성과 전혀 관계없이 일정한 가격과 양이 결정되고 교도관 등의 신분이 보장되므로 질 좋은 교정복지서비스를 창출할 동기를 관료모형은 제공하지 않기 때문이다. 따라서 앞으로 우리나라도 개업 교정복지사 제도를 도입할 경우(특히 교정단계만이 아닌 경찰, 법원 등 형사사법단계에서) 이러한 공적 교정복지의 관료화의 문제점을 보완할 수 있는 제도적 장치가 필요한데 바로 이러한 공적 교정복지의 관료제적 문제점을 보완할 수 있는 제도의 하나가 제3섹터형 교정복지이다.

ⓒ 제3섹타적 교정복지

제3섹터형 교정복지란 공·사 합동에 의한 교정복지서비스의 창출을 말하는데 가령 수형자, 범죄인등 클라이언트에 대한 교정복지의 생산에 있어 중요한 교정상담과 예술치료 등은 외부의 사적 전문가에게 맡기고 그 외의 기본적 생산은 교도관등 관료제에 맡겨 공동생산하는 방식이다. 그것은 교정복지서비스에서 상품의 질을 결정하며 부가가치와 정의 외부효과가 높은 교정상담은 비관료화된 외부의 사적 전문가에 맡겨 교정복지서비스의 한계생산성을 크게 올리고 클라이언트의 의식주와 시설내의 환경같은 기본욕구와 위생요인에 대한 관리와 개선은 교도관등 공적 관료제에 맡겨 불만요인을 제거하자는 것이다.

그런데 현재 우리나라에서는 수형자에 대한 교정복지서비스는 거의 관료제에 의한 공적 교정복지로 생산하는 방식이어서 생산성이 낮고 그 결과 질이 떨어져 출소자의 70%가 재범을 하는 바, 그러한 관료제적 공적 교정복지의 문제점을 보완할 수 있는 제도가 요구된다.

(4) 신교정복지이념의 주관적 모색

앞에서 기존학자들의 교정복지이념을 살펴보았지만 기존교정복지학자들의 교정복지의 개념과 이념에 대한 규정에는 무차별적, 평등주의적 효율성의 이념이 자리함을 알 수 있다. 다시 말해서 범죄인의 종류나 범죄의 종류, 조직문화 등 여러 환경적 변수를 고려함이 없이 모든 범죄인과 우범자 등에 대해 몰가치적, 평등주의적 입장에서 교정복지생산에 대해 접근하고 있다.

그러나 사견으로는, 특히 관료제적 교정복지하에서는 교정복지재의 생산기간의 제한(정기형제도이므로)과 교정복지재의 생산자원의 제약이라는 제약요인을 고려할 때 제한된 생산기간과 생산자원 하에서의 교정복지, 특히 공공재적 교정복지의 생산이념은 차별적, 개별적, 사회적·형평적 이념이어야 한다. 다시 말해서 수형자나 범죄인들 중에서 모든 클라이언트를 동등하게 대우하지 말고 보다 많은 자원과 시간을 교정시설 내외에서 가장 불리한 처지에 있는 클라이언트에 배분하는 것이 진정한 배분적 정의에 맞다.

그리고 기존의 교정복지이론이 지나치게 교정복지생산에 있어서 사회사업실천방법론을 강조해 교정복지에 있어서 기술과 과학성을 강조해 인간화가 경시되므로 새로운 교정복지이념은 그러한 과학화와 인간화가 동시에 추구되는 인본주의적 교정복지이념이 되어야 하며, 이러한 인본주의적 교정복지이념은 능률성보다는 효과성과 대응성, 상황성, 민주성, 분권적 조직모형, 탈관료제적 모형이 내포된다고 할 것이다.

또한 교정복지서비스의 창출에 있어서 교정복지사는 지나치게 단편적이고 미시적 관점만을 고집할 것이 아니라 총체적, 거시적, 종합적 이념을 병행하여야 한다. 가령, 수형자나 범죄인 등의 공격성을 모두 없애야 한다는 전통적 시각에서 벗어나 때로는 그런 공격성이 클라이언트의 장기적인 성숙과 사회발전, 생태계에 대한 정의 외부효과를 가져올 수 있는지 여부에 대한 사회적 맥락도 고려해야 한다.

2) 교정복지정책

(1) 보호기관

현재 정부의 공적인 범죄인에 대한 보호기관에는 보호관찰소, 소년원, 소년분류심사원, 치료감호소가 있고 이들 기관에서 보호서비스(보호재)의 생산을 직접 담당하고 있다.[145]

---

145) 사회보호법에 의해 1981년에 설치된 보호감호소도 엄격한 의미에서는 교정재가 아닌 보호재를 생산하는 보호기관이지만, 그동안 보호직 공무원이 아닌 교정직 공무원이 근무해왔다. 한

이러한 공적인 보호기관에서도 교정복지사의 개입이 중요시되며, 특히 교정복지의 꽃이라고 하는 보호관찰소는 더욱더 그렇다고 하겠다. 따라서 교도소와 마찬가지로 교정복지사는 이들 공적보호기관의 조지과 처우과정에 대한 충분한 지식이 필요하다고 하겠다.

가. 보호관찰소

보호관찰소는 법무부 보호국의 관찰과 소속이며 전국의 주요지역에 보호관찰소를 두고 있고 그 이외지역에는 지소를 두고 있다. 여기서 보호관찰제도를 상설하면 다음과 같다.

① 의 의

이것은 범죄인의 개선과 사회복귀를 도모하기 위하여 형벌을 집행하는 대신에 일상적인 사회생활을 영위토록 하면서 준수사항을 지키도록 지도·감독하고 필요한 보도·원호를 행하는 처우를 말한다. 이것의 법적 성격에 대해 여러 학설이 대립되고 있으나, 판례는 보안처분의 성격을 갖는 것으로 파악하고 있으며, 그렇다고 하더라도 장래의 범죄예방을 위해 시설내 처우를 원칙으로 형벌 이외의 방법으로 형벌을 대체하는 것으로 국가가 사용하는 일체의 처분을 의미하는 보안처분과는 달리, 범죄자의 재범방지를 위하고 사회내 처우를 하는 보호관찰은 구별되어야 한다. 또 검사가 수사단계에서 피의자의 동의를 전제로 실시하는 선도조건부 기소유예(1981년 이후 실시)와 달리 보호관찰은 유죄확정판결을 받은 범죄인에 대해 강제로 실시하는 점에서 차이가 있다(∴기소유예처분을 받은 성인은 대상이 아님). 한편, 보호관찰등에관한법률에서는 그 목적에 대해 다음과 같이 기술한다(제1조). 즉, 재범방지 위해 보호관찰, 사회봉사, 수강 및 갱생보호 등의 처우가 필요하다고 인정되는 자에 대해 지도·원호를 통해 건전한 사회복귀 촉진과 개인과 공공의 복지증진 및 사회를 보호함을 목적으로 한다고 규정되어 있다.

편, 사회보호법이 폐지됨에 따라(2005년) 보호감호소도 사라지지만, 현재 수용중인 피보호감호자는 계속 보호감호를 할 것으로 알려지고 있으나 논란이 되고 있다.

② 연 혁

1841년 미국의 Augustus가 최초의 보호관찰관이 된 이래 1869년 매사추세츠주에서 성인에 대한(소년×) 보호관찰법을 만들어 매사추세츠주법은 보호관찰제도의 마그나 카르타로 평가된다. 대륙계는 1888년 벨기에가 처음 도입했고, 주로 집행유예와 결합해 확립된 점에서 주로 선고유예와 결합되어 확립된 영미계와 차이가 난다. 그 뒤 영미계는 형의 선고나 집행을 유예하면서 일정조건을 부과하는 Probation의 형태로 발전했으며, 대륙계는 가석방을 허용하고 잔형기 동안 일정조건을 부과하는 Parole의 형태로 발전했으나, 오늘날 두 형태는 상호 접근하고 있다. 우리는 1988년 보호관찰법을 제정하여 1989년 소년범에 대해 최초로 실시했고, 1994년 성폭력사범, 1997년 성인형사범, 1998년 가정폭력사범까지 그 대상자를 확대해 오고 있으며, 2000년 7월부터는 청소년의성보호에관한법률에 의한 성범죄 관련 청소년은 소년법상 보호처분으로 보호관찰을 시행해 오고 있다.

③ 보호관찰의 모델과 접근방법

통제보다는 치료와 원호에 중점을 두고 대상자의 인성의 치료와 개선에 중점을 두는 재활모델과 그 재활모델을 비판하면서 엄격한 관리와 공정한 제재를 내세우는 정의모델, 그리고 구금의 고통을 각성시켜 주어 범죄충동을 자제토록 하는 억제모델(통제에 중점)과 범죄 때는 응보로서 처벌이 부과된다는 것을 인식시키고 통제에 중점을 두는 응보모델, 미래의 범죄예측을 전제로 대상자의 범죄위험성에 상응해 통제수준에 차이를 두는 제한적인 위험통제모델 등이 있다. 한편, 접근방법에는 보호관찰관이 대상자를 1대 1로 접촉해 지도·원호하는 처우인 개별지도(case work)와 여러 전문가들이 한 팀을 이루어 자신의 전문분야에 관해 보호관찰을 분담하는 팀접근방법이 있다.

④ 보호관찰의 종류와 유형

전통적인 보호관찰 외에 새로운 보호관찰방법이 많이 나오는데 주로 약물중독자에게 사용(주 5회 이상 집중접촉관찰)하는 집중보호관찰, 경제력에 따라 처우가 달라지는 전자, 감시제도(전자기기를 몸에 부착), 자유형으로의 성격이 강하며 특수수형자의 처우로 쓰일 수 있는 가택구금(이때는 감시기능만 있지 지도·원호의 기능이 없다. 또 감시료를 조건으로 하면 빈부차별 문제), 일정기간 동안 엄격한 훈련을 실시 후 일반보호관찰로 전환하는 충격보호관찰(주로 형의 유예처분을 받은 초범자에게 사용되나 단기자유형의 폐해가 우려됨) 그리고 3~6개월을 입소하는 병영훈련, 교통사범 보호관찰과 음주운전 보호관찰 등이 있다. 위에서 알 수 있듯이 새로운 관찰방법들은 구금과 결합해 효과를 높이고자 한다. 한편, Ohlin은 보호관찰관의 보호관찰유형으로 자신의 목표를 대상자에 대한 복지향상에 두고 지원기능을 강조하는 복지적 보호관찰관, 위협을 수단으로 대상자를 규율에 동조하도록 강요해 통제를 강조하는 처벌적 보호관찰관, 통제기능과 지원기능을 적절히 조화시키려는 보호적 보호관찰관, 통제나 지원 모두에 소극적이며 자신의 임무는 최소한의 개입이라고 믿는 수동적 보호관찰관을 들고 있다.

한편, Smykla는 보호관찰을 통제를 더 중시하면서 내부자원을 이용해 다양한 기능을 행하는 전통적 모형, 전문가를 지향하나 자원은 내부적으로 해결하는 프로그램모형, 또 generalist(만능 보호관찰관)로서 외부자원을 활용하는 옹호형과 전문가로서 자신의 전문성에 맞게 배정된 대상자에게 외부자원을 활용해 그에 맞는 서비스를 알선·중재하고 서비스의 제공여부를 지도·감독하는 중개모형으로 구분하는데 현대 교정이념에 가장 적합한 것은 중개모형이다.

⑤ 보호관찰의 장·단점

이것은 초범자와 부녀자에게 아주 유효한 처우방법이 되고, 교정시설의 과밀화가 해소되어 반사적으로 시설내 처우의 효율성이 증진되며, 대상자의 자아 인식변화를 통해 건전한 사회복귀에 도움이 된다. 그리고 사실상 시설내 처우에 비해 재범률이 감소되고 또한 경제적으로 비용이 적게 들어 치료감호와 보호감호의 대체수단으로 이용될 수 있다.

그러나 대상자는 육체적으로는 구금이 아니지만 심리적 구금감을 느끼게 될 수 있고 인간의 존엄성을 해치는 경우도(전자감시제도) 있으며 단지 사회통제수단의 확대라는 비판도 있다. 교도소의 증설을 억제시키는 대신

보호관찰소의 설립이 이루어지는 만큼 그렇게 국가경비가 감소되는 것도 아니고 누범자의 교정에는 비효과적이며, 보호관찰이 보호라는 사회사업적 기능과 관찰이라는 감시적, 법집행적 기능을 동시에 수행될 것을 요구받는 데서 오는 보호관찰관의 역할, 갈등이 문제점으로 지적되고 우리나라는 대상자는 많지만 담당직원이 너무 적어 실효에 의문이 간다. 한편, 비판범죄학에서는 보호관찰제도는 사회복귀라는 이름하에 새로운 통제수단이 되었다고 비판한다(∵새로운 보호관찰기법이 자꾸 증가해 적정절차가 위협받을 가능성이 있다고 보므로).

⑥ 현형법상 보호관찰제도

ⓐ 대상자와 기간

대상자는 형의 유예자, 가석방자, 가퇴원자, 가출소자, 가종료자, 소년법상 보호처분을 받은 자, 타법률에 의해 이 법에 의한 보호관찰을 받도록 된 자이다(∴벌금형 선고받은 자×, 형집행 정지 중인 자×).

보호관찰기간은 보호관찰부 선고유예자는 1년, 보호관찰부 집행유예자는 원칙은 그 유예기간, 가석방자는 성인의 경우는 무기형은 10년이고 유기형은 10년 이내의 잔형기간이다. 소년의 경우는 소년법 제66조에 규정된 기간(가석방 전의 집행을 받은 기간과 동일한 기간이 원칙), 소년법에 의해 가퇴원된 자는 6월 이상 2년 이하의 범위내에서 심사위원회가 정한 기간이며, 소년법 제32조의 제1항 2호의 처분을(단기 보호관찰) 받은 자는 6월(연장불가)이며 3호의 처분을(보호관찰) 받은 자는 2년으로 한다. 단, 소년부 판사는 보호관찰관의 신청에 따라 1년 범위내에서 1차에 한해 기간을 연장할 수 있다. 사회보호법에 의해 가출소자 또는 가종료자는 3년, 보호관찰소 선도조건부 기소유예자(법무부 훈령)는 6월 또는 1년이며 가정폭력법의 보호관찰처분 대상자는 6월이다(성폭력범죄의처벌및피해자보호법 제16조에는 법원이 성폭력범죄자에 대해 형의 선고유예(또는 집행유예)를 할 때는 1년 동안(또는 집행유예기간 내에서 일정기간) 보호관찰을 명할 수 있는데, 다만 성폭력범죄자가 소년일 때는 보호관찰을 명해야 한다). 주의할 것은 선고유예나 집행유예를 선고시 보호관찰의 부과는 법관의 재량이다. 그러나 가석방시 보호관찰의 부과는 필요적이지만 예외적으로 보호관찰을 실시하지 않을 수도 있다. 보호관찰기간은 선고유예 때는 1년으로 특정지었고, 집행유예 때는 유예기간으로 하지만 기간단축이 가능하고, 가석방 때는 가석방기간이고 기간단축은 불가능하다.

ⓑ 담당기관

위원장을 포함해 5인 이상 9인 이하의 위원으로 구성된 보호관찰심사위원회가 있는데, 이 위원회의 위원장은 검사장 또는 고등검찰관인 검사 중에서 법무부장관이 임명하고 위원은 판사, 검사, 변호사, 지방교정청장, 보호관찰소장, 교도소장, 소년원장 및 보호관찰에 관한 지식과 경험이 있는 자 중에서 법무부장관이 임명 또는 위촉한다. 그리고 이 보호관찰심사위원회의 회의는 비공개로 행하며, 관할사무는 가석방과 그 취소에 관한 사항, 가퇴원과 그 취소에 관한 사항, 보호관찰의 가해제와 그 취소에 관한 사항, 보호의 정지와 그 취소에 관한 사항, 가석방중인 자의 부정기형 종료에 관한 사항에 대하여 결정권을 갖고 법원 및 심사위원회는 보호관찰 대상자에게 선고 및 결정(법정)의 고지를 함에 있어서 취지를 설명하며 준수사항외에 특별히 준수하여야 할 사항을 서면으로 고지하고 적절한 훈계를 할 수 있다. 그리고 보호관찰심사위원회에는 별정직 상임위원은 3인 이내로 두고(임기 2년, 연임 가능) 공무원인 비상임위원은 명예직이며 그의 임기는 그 직위에 있는 기간으로 한다. 또 보호관찰소는 보호관찰의 실시 및 사회봉사명령·수강명령의 집행, 갱생보호의 실시, 검사가 보호관찰관의 선도를 조건으로 공소제기를 유예하고 위탁한 선도의 실시, 범죄예방위원에 대한 교육훈련 및 업무지도, 범죄예방활동 등을 관장사무로 하며 보호관찰관은 형사정책학·행형학·범죄학·사회사업학·교육학·심리학 기타 보호관찰에 필요한 전문적 지식을 갖춘 자이어야 한다. 또 범죄예방활동을 행하고, 보호관찰활동과 갱생보호사업을 지원하기 위하여 법무부령이 정하는 바에 의하여 법무부장관이 위촉하는 범죄예방 자원봉사위원을(종전의 보호선도위원과 갱생보호위원을 통합하여 명칭을 범죄예방 자원봉사위원으로 변경) 둘 수 있으며 범죄예방 자원봉사위원은 명예직으로 하되, 예산의 범위내에서 직무수행에 필요한 비용의 전부 또는 일부를 지급할 수 있다.

ⓒ 보호관찰 개시전의 절차

여기에는 판결전 조사, 판결의 통지, 가석방 및 가퇴원, 환경조사 및 개선활동 등이 있는데(제19조부터 제28조까지) 법조문을 참조하기 바람(부록)

ⓓ 개시 및 신고

이것은 법원의 판결이나 결정이 확정된 때 또는 가석방·가퇴원된 때부터 개시되며 대상자는 가석방·가퇴원이 허가된 때, 보호처분이 확정된 때에는 10일 이내에 주거지를 관할하는 보호관찰소에 출석해 서면으로 신고해야 한다.

ⓔ 대상자의 준수사항(일반준수사항)

· 주거지에 상주하고 생업에 종사할 것
· 선행을 하고, 범죄성이 있는 자들과 교제, 화합하지 말 것
· 보호관찰 및 범죄예방 자원봉사위원의 지도, 방문에 응할 것
· 주거이전 또는 1월 이상의 국내외 여행을 할 때는 미리 보호관찰관에게 신고할 것. 그런데 특별준수사항에는 재범의 충동을 줄 수 있는 장소에 출입금지, 사해행위에 빠지지 말고 주류과도음용 금지, 마약 등 해독작용을 줄 우려가 있는 물질의 금지, 가족부양 등 가정생활에서 책임이행 등이 있다.

ⓕ 내 용

건전한 사회복귀 촉진과 재범을 방지하기 위해 행하는 지도와 감독(접촉, 관찰, 지시, 건전한 사회복귀를 위해 필요한 조치)과 개선과 자립을 위해 필요하다고 인정되는 원호(숙소 및 취업의 알선, 직업훈련기회의 제공, 환경의 개선, 건전한 사회복귀를 위해 필요한 원조의 제공) 대상자에게 부상, 질병 기타 긴급사유 발생 때 대통령령이 정하는 바에 의해 보호관찰소장이 행하는 응급구호 등이 있는데 지도, 감독과 원호의 주체는 보호관찰관이다. 또, 보호관찰소장은 원호, 응급구호를 위해 필요한 때는 국·공립기관, 갱생보호 사업자, 한국갱생보호공단 기타 단체에 대해 숙식제공 기타 적절한 원조 또는 협력을 요청할 수 있고 이 때 드는 경비는 국가가 예산범위 내에서 지급한다.

ⓖ 대상자에 대한 통제

- 조사: 출석요구서를 발부해 소환, 심문, 조사 가능(진술조서 작성, 관계기관 협조, 담당자의 비밀엄수 의무)
- 경고: 준수사항을 위반했거나 위반할 위험성이 있을 때 하며, 경고 이유를 서면으로 고지한다.
- 구인: 준수사항을 위반했거나 준수사항을 위반했다고 의심할만한 상당한 이유가 있으며, 주거부정 또는 소환불응 또는 도망한 때나 도망의 염려가 있으면 보호관찰소장은 검사에게 신청해 검사의 청구로 판사의 구인장을 발부받아 구인할 수 있는데, 구인장의 집행은 검사의 지휘로 보호관찰관이 집행해야 하나 그가 집행하기 곤란한 때는 사법경찰관리로 하여금 집행하게 할 수 있다.
- 긴급구인: 먼저 보호관찰소장은 제32조의 준수사항을 위반한 보호관찰 대상자가 제39조 제1항 각호의 1에(주거부정, 소환불응, 도망한 때 또는 도망염려가 있을 때) 해당하는 사유가 있는 경우에 긴급을 요하여 제39조의 규정에 의한 구인장을 발부받을 수 없는 때에는 그 사유를 알리고 구인장 없이 당해 보호관찰 대상자를 구인할 수 있다. 이 경우 긴급을 요한다 함은 보호관찰 대상자를 우연히 발견한 경우 등과 같이 구인장을 발부받을 시간적 여유가 없는 때를 말한다. 또 보호관찰소장은 보호관찰 대상자를 구인한 때에는 긴급구인서를 작성하여 즉시 관할지방검찰청 검사의 승인을 받아야 하고 승인을 얻지 못한 때에는 즉시 보호관찰 대상자를 석방하여야 한다. 또한 제42조의 규정에 의한 유치를 제외하고는 보호관찰소 등에 인치한 때로부터 48시간 이내에 석방하여야 한다.
- 유치: 구인된 자에 대해 보호관찰을 조건으로 한 형의 선고유예의 실효 및 집행유예의 취소청구 신청이 필요시, 가석방(가퇴원)의 취소신청이 필요시, 보호처분의 변경신청이 필요한 때에, 판사의 허가를 얻어 하는 구속으로 법원의 허가를 얻은 날로부터 20일 동안 수용기관 또는 소년분류심사원에 유치할 수 있다.
- 취소 또는 처분변경: 준수사항을 위반하고 그 사안이 중하여 보호관

찰을 계속함이 부적합한 때 하는 조치로, 여기에는 선고유예의 실효, 집행유예의 취소, 가석방 및 가퇴원의 취소(실효×), 보호처분의 변경 등이 있다.

- 가해제와 정지 : 심사위원회는 대상자가 성적이 양호한 때는 신청 또는 직권에 의해 보호관찰을 가해제할 수 있으며(임의조항) 가해제중에는 보호관찰을 하지 아니 하지만 대상자의 준수사항의 준수의무는 계속된다. 심사위원회는 가해제결정을 받은 자에 대해 다시 보호관찰을 하는 것이 상당하다고 인정될 때에는 보호관찰소장의 신청 또는 직권에 의해 가해제 결정을 취소할 수 있다(임의조항). 가해제가 취소된 때는 가해제기간은 보호관찰기간에 산입한다. 심사위원회는 가석방(가퇴원)된 자의 소재를 알 수 없어 보호관찰을 계속할 수 없을 때는 신청 또는 직권에 의해 보호관찰을 정지하는 결정을 할 수 있다(임의조항). 그러나 그의 소재를 알게 된 때는 즉시 정지해제결정을 해야 한다(강제조항).
- 종료 : 보호관찰기간이 경과한 때, 보호관찰부 형의 선고유예가 실효되거나 보호관찰부 형의 집행유예가 실효 또는 취소된 때, 가석방 또는 가퇴원이 실효 또는 취소된 때, 보호관찰이 부적당할 정도의 준수사항 위반의 경우 보호처분이 변경된 때, 심사위원회의 부정기형 종료결정이 있는 때, 보호관찰기간 중 금고 이상의 형의 집행을 받게 된 때는 보호관찰이 종료된다.

한편, 우리나라의 보호관찰제도는 영국제도를 참고한 면이 있다.[146)]

146) 영국의 경우 우리나라의 중앙조직인 보호국 관찰과에 해당되는 조직은 내무부 형사정책국과 형사사법국이며 심의기구는 보호관찰위원회가 있다. 일선 보호관찰기관으로는 전국의 56개의 구역에 있는 보호관찰위원회 산하에 보호관찰소가 있고 보호관찰 외에 수강명령, 사회봉사명령 등 다양한 제도가 시행되고 있다. 한편, 일본은 중앙의 보호국이 보호관찰제도의 운영을 총괄적으로 담당하는데 특징은 보호관찰과 갱생보호의 업무가 미분리되어 별도의 갱생보호기관이 없으며 보호관찰소에서 통합 운영한다. 또, 우리의 보호관찰심사위원회에 해당되는 것이 갱생보호심사회(중앙, 지방)이고 지방갱생보호심사회에서 관할 구역내의 보호관찰소를 지휘하며 일선 보호관찰기관으로는 보호관찰 주재사무소를 두고 있다. 일본의 보호관찰제의 가장 큰 특징은 민간봉사자인 보호사제도로 이들이 실제로 보호관찰업무도 담당하는데(물론 보호관찰직원도 담당하고 있다) 타국들에게 좋은 모범이 되고 있다. 또 일본은 보호관찰 대상자가 포괄적이며(성인, 청소년), 사회봉사나 수강명령제도는 없다. 그리고 미국은 각 주에

나. 소년원

소년원은 소년법상의 보호처분결정에 의하여 소년법원에서 송치한 범죄소년, 촉법소년과 우범소년을 수용하는 시설이다. 소년원은 대통령령에 의해 초·중등학교, 직업능력개발원, 의료재활 등으로 분류할 수 있고, 소년원생은 남·여 보호소년과 위탁소년, 16세 미만자와 16세 이상자로 분리 수용하되, 16세 미만자라도 촉법소년은 분리할 수 있다라는 규정을 추가했다.

소년원 내에서 처우는 장기처우와 단기처우로 이원화되어 있으며 누진처우도 실시한다. 징계의 종류는 훈계, 교정성적의 감점, 16세 이상자에 대한 단독실 내에서의 20일 이내의 근신이 있으며, 보호소년이 14세 이상인 경우에만 대상자를 선정해 직업훈련을 실시하고 보호소년이 통근 취업하는 때는 그 임금의 전부를 소년에게 준다.

그리고 행형법의 귀휴제도와 유사한 것이 소년원법의 외출제도이다. 퇴원의 경우 소년원장은 보호소년이 23세에 달한 때는 퇴원시켜야 하며, 소년원장은 보호소년에 대해 교정의 목적을 달성했다고 인정할 때는 법무부장관의 허가를 받아 퇴원시킨다. 위탁소년의 소년분류심사원 퇴원은 법원소년부의 결정서에 의해야 한다(소년교도소에서 형집행중인 소년의 연령이 23세에 달한 때는 일반교도소로 이송).

한편, 1997년 1월부터 소년원의 정식 명칭을 학교명으로 개칭했다. 소년원의 처우과정을 보면 먼저 10일간의 입원자교육(생활안내, 분류조사, 처우심사), 5~18개월간의 기본교육과정(특성화교육, 교과교육, 직업능력개발훈련, 생활지도, 특별활동), 퇴원 및 가퇴원 심사, 10일간의 사회복귀교육(진로지도, 사회적응지도, 취업알선), 가퇴원(보호관찰, 사후지도) 또는 퇴원의 과정을 거친다.

위에서 특성화 교유은 급변하는 환경에 적응하기 위해 기존의 교과교육

있는 보호관찰위원회가 중앙조직의 역할을 하며 심의기구로 보호관찰 및 가석방심사위원회가 있고 이 위원회의 사무국장이 보호관찰국장을 겸하고 있어 조직의 유기적 연계가 된다. 보호관찰관은 행정부 또는 법원에 소속된 공무원으로, 판결전 조사와 보호관찰 등을 담당하는데, 판결전 조사제도가 활발히 운영되며, 보호관찰관 1명당 대상자 50명을 안 넘도록 하고 있다.

중심의 소년원 학교운영체제를 2000년 8월부터 특성화 학교체제로 전환한 바 그 내용은 다음 표와 같다.

[소년원 학교의 특성화교육 내용]

<table>
<tr><th colspan="2">구 분</th><th>기 관</th><th>학교명</th><th>주요 교육프로그램</th></tr>
<tr><td rowspan="11">특성화 학교</td><td rowspan="5">정보통신학교</td><td>서울소년원(일반)</td><td>고봉정보통신 중·고등학교</td><td>• 영어·중국어회화, 컴퓨터애니메이션, 멀티미디어정보통신
• 중·고등학교 교과교육</td></tr>
<tr><td>대구소년원(단기)</td><td>읍내정보통신 중·고등학교</td><td>• 영어·일본어회화, 컴퓨터그래픽, 멀티미디어정보통신
• 중·고등학교 교과교육</td></tr>
<tr><td>전주소년원(단기)</td><td>송천정보통신학교</td><td rowspan="3">• 실용영어·일본어, 컴퓨터 교육
• 중학교 교과교육</td></tr>
<tr><td>춘천소년원(단기)</td><td>신촌정보통신학교</td></tr>
<tr><td>충주소년원(단기)</td><td>계명정보통신학교</td></tr>
<tr><td rowspan="5">정보산업학교</td><td>부산소년원(일반)</td><td>오륜정보산업학교</td><td>• 실용영어·일본어, 컴퓨터교육
• 전산응용건축제도, 자동차정비, 전기용접, 선반·금형</td></tr>
<tr><td>광주소년원(일반)</td><td>고룡정보산업학교</td><td>• 실용영어·중국어, 컴퓨터교육
• PC수리, 건축배관, 자동차정비, 특수용접</td></tr>
<tr><td>대전소년원(일반)</td><td>원촌정보산업학교</td><td>• 실용영어·중국어, 컴퓨터교육
• 컴퓨터산업디자인, 전산응용건축제도, 자동차정비, 전기용접, 전기공사</td></tr>
<tr><td>안양소년원
(단기·일반)</td><td>정심여자정보산업학교</td><td>• 실용영어·중국어, 컴퓨터교육
• 미용, 피부미용, 컴퓨터산업디자인·중학교 교과교육</td></tr>
<tr><td>제주소년원
(단기·일반)</td><td>한길정보산업학교</td><td>• 실용영어·중국어, 컴퓨터교육
• 굴삭기운전, 지게차 운전
• 중학교 교과교육</td></tr>
<tr><td>체능교육</td><td>대덕소년원(일반)</td><td>대산체육 중·고등학교</td><td>• 유도, 태권도, 복싱, 볼링, 씨름, 생활체육
• 중·고등학교 교과교육</td></tr>
<tr><td colspan="2">인문계 학교</td><td>청주소년원(일반)</td><td>미평중·고등학교</td><td>• 중·고등학교 교과교육
• 실용영어, 컴퓨터 교육</td></tr>
<tr><td colspan="2">의료소년원</td><td colspan="2">안산의료소년원
(단기·일반)</td><td>• 약물중독·정신 및 발달장애·신체 질환 보호소년의 전문적 치료 및 특수교육</td></tr>
</table>

출처 : 범죄백서, 2002.

다. 소년분류심사원

이것은 소년법 규정에 의해 위탁된 자를 수용하여 의학, 심리학, 교육학, 사회학 기타 전문지식에 의하여 소년의 자질을 분류심사하고 그 결과는 소년법원에 송부하여 심판의 자료로 사용하도록 하기 위해 설치한 곳으로 소년분류심사원에의 위탁은 소년법원의 임시조치(감호조치)의 하나로서 소년의 신병확보라는 사법적 측면과 소년법원에 의한 잠정적인 소년보호기능의 수행이라는 보호적 측면을 공유한다.

처우는 감호와 분류심사가 있는데 감호란 소년의 신병확보, 심신 안정을 도모하고 행동관찰을 통해 분류심사 및 심판에 필요한 정보를 제공하기 위한 절차로 성격, 연령, 경력, 입소 횟수, 건강, 공범상태를 참작해 분류 수용한다. 분류심사에서는 성격, 신체, 소질, 학력 등의 관계를 규명해 전문지식과 기술을 근거로 조사와 판정을 행한다.

소년분류심사원장은 법원소년부 판사, 소년원장, 보호관찰소장, 한국갱생보호공단 외의 자가 분류심사 요청시에는 업무에 지장이 없는 범위 내에서 응할 수 있고 이 때에는 법무부장관이 정하는 바에 의해 실비를 받을 수 있다. 이것을 외래분류심사라고 한다.

소년분류심사원장은 위탁소년의 분류심사 결과와 의견을 법원소년부에 통지해야 하고, 위탁소년이 보호처분의 결정을 받은 때는 그 소년의 분류심사 결과와 의견을 지체없이 그 처분을 집행하는 소년원 또는 보호관찰소에 통지해야 한다.

2004년 개정으로 소년분류심사원은 법원 소년부가 상담조사를 의뢰한 소년의 상담과 조사, 소년원법 제2조 제2항 1호와 2호에 해당되지 않는 소년으로서 소년원장 또는 보호관찰소장이 의뢰한 소년의 분류심사를 추가하고 소년분류심사원에 분류심사관을 둔다라고 규정했고, 판사, 소년원장, 보호관찰소장 이외의 자가 분류심사요청시 그 결과를 요청한 자에게 통지한다는 것을 추가하였다.

한편, 소년분류심사과정은 다음 표와 같다.

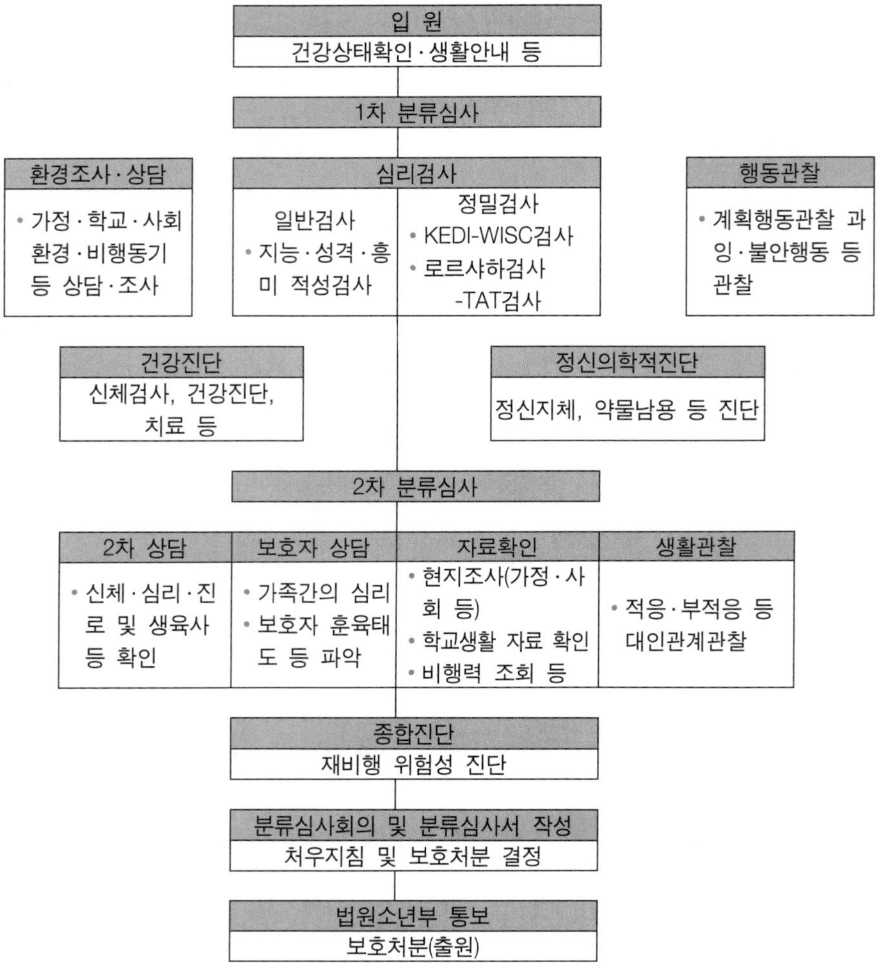

출처 : 법무부 보호국 홈페이지, 2003.

그림99 : 소년분류심사 과정

위의 표에서 일반 검사는 전체소년을 1차대상으로 하되, 그 중 문제요인이 비교적 간단한 소년에 대하여 면접조사와 신체의학적 진찰, 각종 표준화검사, 자기기록 및 행동관찰을 주로 실시하고 특수분류심사는 일반 분류심사의 결과 비행요인이 중대한 소년에 대하여 개별검사와 정신의학적 진

단, 자료조회 및 현지 조사등을 추가로 실시하여 진단하는 방법이다.[147)]

한편, 소년분류심사원에서는 분류심사업무외에도 청소년 적성검사실을 부설해 학생 등 일반 청소년을 대상으로 무료로 적성, 지능, 성격 등 종합검사를 실시해 주고, 소질과 특성에 맞는 지로지도 지침을 제공하는데 '청소년적성검사실'에서는 지역사회 청소년의 각종 심리검사 및 상담뿐만 아니라 행동장애나 학습장애를 가진 청소년에 대한 특수검사와 정신의학적 진단을 행하고 있으며, 자녀와 부모상담을 통하여 가정기능 회복을 지원하는 역할도 수행하고 있으며, 2002년부터는 소년분류심사원의 사회적 역할을 강화하여 중·고등학교 부적응학생에 대한 특별교육, 소년법원의 불위탁 심리 대상소년에 대한 분류심사, 기소유예처분 예정자에 대한 선도교육등도 시행하고 있다.[148)]

라. 치료감호소

치료감호제도는 현행 우리나라의 사회보호법상의 보안처분의 일종이다.[149)] 치료감호란 범죄를 저지른 장애인과 약물중독자의 재활을 위한 제

---

147) 김준호외, 청소년비행론, 청목, 2003, 440면.

148) 김준호외, 전게서, 443면.

149) 보안처분이란 범죄자나 범죄의 위험성이 있는 자를 사회방위를 위해 형벌 이외의 처분으로 사회로부터 격리하는 범죄예방처분인데, 이것은 범죄자나 범죄의 위험성이 있는 자에게 과하는 대인적 보안처분인 협의의 보안처분과 범죄를 예방·진압하기 위해 국가가 시행하는 형벌 이외의 일체의 강제조치를 의미하는 광의의 보안처분으로 나누어 볼 수 있다. 이러한 보안처분의 역사를 살펴보면 먼저 독일의 Klein은 최초로 보안처분이론을 정립했고, 리스트는 클라인의 사상을 자신의 목적형 사상으로 부활시켜 형벌과 보안처분을 일원론적으로 파악해 개선이 불가능한 자에게는 보안처분(無害化)을 과해야 한다고 주장했다. 그 뒤 1893년에 Stooss는 리스트의 이론을 구체화해서 보안처분제도를 스위스 형법 초안에 도입했는데, 이 스위스 형법 초안을 「Stooss 초안」이라고 한다. 그리고 이러한 Stooss 초안에 기초한 최초의 입법이 1908년 영국의 범죄방지법으로 나타났다. 한편, 형벌대용물 사상을 주장한 Ferri는 생래적 범죄인은 형벌 대신에 특별한 사회방위처분인 보안처분을 해야 한다고 주장하고, 1921년에는 사회방위의 견지에서 구성된 이탈리아 형법 초안(이를 Ferri 초안이라고 함)을 작성하였다. 특색으로는 우선 보안처분은 책임과는 관계없는 행위자의 장래의 위험성(보안처분의 부과기준이 위험성)에 대한 예방조치로 전망성, 개별예방, 특별예방, 2차적 목적성을 가진다(형벌은 이미 행해진 범죄사실에 대한 책임에 기초해 응보를 과하므로 일반예방성, 응보성, 회고성, 고통부과성, 1차 목적성을 가지는데 형벌의 목적은 범죄의 진압이고 지도원리는 책임주의이다). 그리고 보안처분은 형벌을 대체 또는 보충해서 과해지고 사회방위와 범죄인의 개선을 주목적으로 하므로 보안처분의 본질은 사회방위와 교정이라고 할 수 있다. 보안

도로 이러한 치료감호의 과정에는 정신의료사업사와 교정복지사, 심리치료사, 장애인 교정복지사 등의 협력이 필요한 역동적 과정이다. 이러한 치료감호제도는 서구에서는 1970년대 이전부터 운용되었고 오늘날은 확대되어가고 있으며, 교정복지사 등 다방면의 관련전문가의 협력으로 이루어지고 있다.

① 치료감호기관

주관부서는 법무부 보호국의 조사과이며 공주에 치료감호소가 있으며, 여기에는 의료부(일반정신과, 신경정신과, 사회정신과, 특수치료과, 일반진료과, 간호과)와 감호과가 있는데, 감호과는 행정업무와 피치료감호자의 감호를 담당하고 있다.

② 치료감호의 대상과 절차

대상자를 살펴보면 보호대상자가 다음 각호의 1에 해당하고 재범의 위험성이 있다고 인정되는 때에는 치료감호에 처한다.

1. 심신장애자로서 형법 제10조 제1항의 규정에 의하여 벌할 수 없거나 동조 제2항의 규정에 의하여 형이 감경되는 자가 금고 이상의 형에 해당하는 죄를 범한 때
2. 마약·향정신성 의약품·대마 기타 남용되거나 해독작용을 일으킬 우려가 있는 물질이나 알코올을 식음·섭취·흡입·흡연 또는 주입받는 습벽이 있거나 그에 중독된 자가 금고이상의 형에 해당하는 죄를 범한 때

부정기처분인 치료감호는 검사의 청구에 의해 판사가 선고를 하는데, 이때 치료감호와 형벌이 경합할 때는 치료감호를 먼저 집행하며 이때 치료감

처분의 지도이념에는 비례의 원칙과 보안처분법정주의가 있는데, 전자는 보안처분을 통한 개인에 대한 자유침해의 정도는 보안처분의 목적인 사회방위와 비례관계를 유지해야 한다는 것으로 보안처분의 정당성의 근거로 작용한다. 비례성 원칙의 구체적 내용은 적합성의 원칙(목적달성에 적합한 수단과 정도일 것), 필요성의 원칙(최소침해의 원칙), 상당성의 원칙(협의의 비례 원칙으로 공익상 필요와 공권력 발동은 비례할 것)이 있고, 비례성의 판단기준은 행위자의 범죄의 의미(범죄의 종류·경중), 행위자에 대해 기대되는 범행의 의미, 행위자로부터 나오는 위험의 정도가 그것이다. 그리고 헌법의 규정에 따라 보안처분의 종류와 요건 등을 법률로 미리 정해두어야 하는데 이를 보안처분법정주의라고 한다.

호의 집행기간은 형기에 산입하는 대체주의가 인정되고 있다.150)

한편, 치료감호는 부정기처분으로 치료감호기간은 기간을 명시하지 않는다.151) 다만, 치료의 위탁규정이 사회보호법 제28조에 명시되어 있다.152)

치료감호의 종료는 치료된 때, 충분히 치료되어 재범의 위험성이 없을 때, 통원치료로도 치료가능한 때이며 매 6월마다 직권 또는 피치료감호자 또는 검사의 신청에 의해 사회보호심사위원회가 결정한다.153)

한편, 치료감호의 정지는 사회보호법 제31조의 규정에 의해 형사소송법 제471조 제1항 각호에 해당되면 검사는 치료감호의 집행을 정지할 수 있는데, 이때 감호의 집행이 정지된 자에 대한 관찰은 형집행 정지자에 대한 관찰의 예에 의한다.154)

---

150) 이것은 형벌은 책임의 정도에 따라 선고되지만(이원주의), 그 집행단계에서 보안처분의 집행에 의해 대체되거나 보안처분의 집행이 끝난 뒤에 형벌을 집행하는 제도이다(일원주의). 따라서 보안처분을 먼저 집행한다(보안처분인 치료감호는 치료감호를 마친 후 치료감호기간을 형기에 산입하는 대체주의적 입장이다). 여기서는 형벌과 보안처분의 요건과 선고는 별개로 보지만 집행은 대체할 수 있다고 본다. 이러한 주장의 논거는 형벌의 응보적 성격을 긍정하면서도 추구하는 목적은 범죄인의 사회복귀에 두며 사회복귀라는 관점에서 보안처분의 선집행이 좋고 보안처분기간을 형기에 산입시켜 둘 간의 기능적 대체성을 인정하자는 것이며, 보안처분과 형벌은 선고의 절차와 내용이 별개이므로 보안처분의 선고기관은 특별법이나 특별규정으로 해결하자는 입장이다. 그러나 형벌과 보안처분의 교환이 책임형법에 맞지 않고, 보안처분을 받은 자가 형벌만을 선고받은 자보다 유리하게 되어 사회정의에 반한다는 비판이 있다(A, B 둘 다 동일한 범죄시 A에게는 치료감호처분도 내려지나 B에게는 징역형만 선고되면 A는 치료가 되어 감호의 필요가 없다고 인정될 때까지 치료시설에 수용되므로 A가 훨씬 유리하다).

151) 피치료감호자가 치유되어 치료감호의 종료 또는 가종료결정때까지 수용된다.

152) 제28조[치료의 위탁] ① 사회보호위원회는 제8조 제1항 제1호 전단의 규정에 의한 피치료감호자가 그 집행개시 후 2년을 경과한 때에는 상당한 기간을 정하여 그 친족에게 치료감호시설 외에서의 치료를 위탁할 수 있다. 제8조 제1항 제2호 후단에 규정된 자 중 치료감호만을 선고받은 자도 또한 같다.

② 사회보호위원회는 치료감호와 형이 병과되어 형기상당의 치료감호를 집행받은 자에 대하여는 상당한 기간을 정하여 그 친족에게 치료감호시설 외에서의 치료를 위탁할 수 있다.

153) 사회보호법 제25조에 따르면 사회보호위원회는 피치료감호자에 대하여 집행개시 후 매 6월 종료 또는 가종료여부를 심사・결정한다.

154) 형사소송법 제471조 제1항은 자유형 집행의 임의적 집행정지로서 형집행으로 인하여 현저히 건강을 해치거나 생명을 보전할 수 없을 염려가 있는 때 연령 70세 이상인 때, 잉태 후 6월 이상인 때, 출산 후 60일을 경과하지 않은 때, 직계존속이 연령 70세 이상 또는 중병이나 불구자로 보호할 다른 친족이 없는 때, 직계비속이 유년으로 보호할 다른 친족이 없는 때, 기타 중대한 사유 등이다.

③ 치료감호의 내용

치료감호의 내용에 대해서는 사회보호법 제9조가 대통령령에 위임하고 있는데 그 기본내용은 다음과 같다. 먼저 피치료감호자가 입소하면 정신감정 등을 통해 분류심사를 받게 되면 증상에 따라 분류수용하게 되고 그 다음에 치료와 직업훈련 적응훈련을 거치게 된다.

치료는 주로 정신과적 치료를 치료감호소내에서 하되, 치료감호소내에서 치료가 불가능할 때는 외부에 위탁치료를 하게 되며 치료감호소내에서의 치료방법에는 약물요법, 정신요법, 활동요법이 있다.

의료사회복지사와 교정복지사의 개입이 필요한 부분이 정신요법과 활동요법이며 활동요법에는 특수치료와 재활치료가 있다. 전자는 피치료감호자의 자아실현의 강화와 정신활동의 활성화를 돕는 것으로 음악치료, 미술치료, 심리극, 운동치료, 공예치료(등공예, 지점토) 등의 기법이 활용되며 재활치료는 가족상담, 인간관계기술훈련 등을 통해 사회적응력의 향상을 제고하는데 목적을 두고 있다.

직업훈련은 완치 또는 양호판정을 받은 피치료감호자에게 출소 후 경제기반의 확보에 도움이 될 수 있는 직업훈련을 시키며 사회적응훈련은 치료감호가 끝난 피치료감호자를 대상으로 사회적응력을 향상시키는 훈련이다.

마. 교정복지사의 개입

먼저 보호관찰과 관련하여 현재 보호관찰의 주요내용인 판결전조사, 환경조사, 환경개선활동, 보호관찰의 집행시 보호관찰관의 지도·감독, 통신지도와 소환조사, 접촉지도, 범죄예방활동과 사회봉사명령과 수강명령의 집행과정에서 교정복지사는 보호관찰공무원을 보좌하거나 또는 사무의 일부를 위탁받아 개입할 수 있다. 이미 미국 등 선진국에서는 보호관찰관 또는 가석방관의 업무를 보조하는 준전문가로서 워커가 활동해오고 있다.

따라서 교정복지사는 주로 개별사회사업방법론을 이용하여 지역사회내에 있는 보호관찰대상자의 재활을 위해 프로그램을 개발하는 데 개입할 수 있으며, 이 과정에서 지역사회의 각종인적, 물적 자원을 동원하는 능력이 있어야 하며 지역사회의 각 계층과 협력하여야 하며, 또한 교정복지사나 사회복지기관은 보호관찰소와 연계하여야 한다.

또한 앞으로는 교정복지학을 전공한 사람이 보호관찰공무원으로 특채되거나 또는 현재 보호관찰직 공무원의 공채시 교정복지론을 추가하여 보호관찰직의 전문화가 이루어지도록 교정복지사들은 공무원임용령의 개정을 위해 자원을 동원해야 한다. 다만, 이때는 관료화의 위험성 때문에 특채시는 계약직 공무원으로 임용하도록 해야 한다. 또한 장차 보호관찰직 공무원과 관련 공무원도 신분보장이 되지 않는 계약직 공무원으로 하되 고객인 보호관찰대상자의 평가와 업무평가를 통해 재계약되는 방향이 되어야 한다. 그렇지 않고 생산성과 전혀 관계없이 평생신분이 보장되는 직업공무원으로 임용하면 보호관찰이나 교정복지 서비스는 관료제화되어버려 형식적이 되어버리는 데 그것은 관료제의 역사가 이를 증명하고 있다.

소년원과 관련해서는 교정복지사는 소년원생에 대한 분류조사, 기본교육과정의 교육, 생활지도와 사회적응지도 등 각종 지도 등에서 교육자, 상담자로의 역할로서 교정복지에 관여할 수 있으며, 특히 최근에 설립된 자립생활관인 정명제(무의탁 학생 및 출·퇴근이 용이하지 않은 취업학생을 위한 기숙사형태의 전용시설)와 가정관(2~3일간 가족과 함께 생활하며 손상된 가정기능을 회복시키는 곳으로 전국 소년원에 16평형으로 15개동이 설치되어 있음)에 입소한 소년원생들의 완전한 사회복귀를 위해 필요한 원조를 할 수 있고, 이외에도 소년원생의 창업이나 취업을 알선하기 위해 관련기관과 협력하고 퇴원한 소년원생들의 재범을 막기 위해 지역사회와 함께 사후지도에도 관심을 가져야 한다.

소년분류심사원과 관련해서는 소년분류심사원의 분류심사과에서 행하는 대상자의 사회환경조사, 대상자에 대한 상담에 있어 관계자들과 협력하여 개입할 수 있고 또한 교무과에서 행하는 생활지도, 정신교육, 행동관찰 등에서 개입할 수 있고 대상자들이 처음 구금경험으로 생기는 구금반응의 해소와 시설에의 적응을 위해 적절한 프로그램으로 개입할 수 있다.

또한 교정복지사는 현행 분류심사직·계약직 공무원으로 특채될 수 있도록 합법적 자원을 동원하여 노력해야 하며, 현행 분류심사직 공무원의 공채과목에 교정복지론이 포함될 수 있도록 교정복지사와 한국교정복지학회가 노력해야 한다.

치료감호와 관련해서는 치료감호현장이 의료사회사업가와 심리치료사, 교정복지사, 예술치료사와 같은 전문치료사 등이 역동적으로 움직이는 현장이므로 피치료감호자에 대해 이들이 연계하여 재활과 원조서비스를 총체적으로 제공해야 한다.

또한 교정복지사는 피치료감호자의 재활에 도움이 되는 다양한 프로그램을 통해 원조할 수 있으며, 또한 상태가 양호한 피치료감호자에게는 그의 적성과 생계 등을 고려한 적절한 직업훈련이 이루어지도록 개입할 수 있으며 치료감호가 끝나가는 피치료감호자에게는 사회적응훈련을 위해 적절한 원조를 행할 수 있고, 또한 이 과정에서 무연고자인 피치료감호자에게는 적절한 사회보호시설을 알선하는데 개입할 수 있다.

그리고 교정복지사는 피치료감호자의 복지와 인권을 위해 제도개선에도 노력해야 하는데, 가령 현재는 치료감호의 정지사유로 "형의 집행으로 현저히 건강을 해치거나 생명을 보전할 수 없을 염려가 있을 때" 등으로 하여 요건이 너무 엄격하므로 "형의 집행으로 인하여 건강을 해칠 염려가 클 때" 등으로 완화하는 것이 피치료감호자의 인권에 도움이 되므로 교정복지사는 법령개정에 관심을 갖고 개입하여야 한다.

또한 치료감호의 종료를 결정하는 사회보호심사위원회의 구성원의 대부분이 법조인으로 구성되는 것은 바람직하지 않으므로 여기에 의료사회사업가나 교정복지사가 참여하는 방안이 모색되어야 하며, 또한 가족의 긍정적 기능이 크게 작용하는 일정한 피치료감호자의 경우에는 주간에는 공주치료감호소에서 치료와 교정을 받고 야간에는 가족이 있는 집으로 귀가할 수 있는 구금모형의 개발에도 교정복지사는 관심을 가져야 하며, 이와 관련하여 가족도 피치료감호자의 재활에 참여할 수 있는 가족치료모형의 개발도 생각해 볼 수가 있다.

이외에도 교정복지사는 불우한 피치료감호자의 가족에 대한 지원에도 관심을 가질 필요가 있고, 때로는 범죄에 따라서는 피치료감호자의 진정한 재활을 위해 범죄피해자나 피해자의 가족이 피치료감호자의 재활에 참여하는 "피해자 등에 의한 치료"방식의 모형도 개발할 필요가 있다.

그리고 피치료감호자가 직업훈련중 사망이나 부상을 당해도 산업재해보험의 혜택을 받지 못해 피치료감호자나 그의 가족에게 불리한 일이 발생하므로 이러한 혜택을 제도적으로 받을 수 있는 방안에도 관심을 가질 필요가 있으며, 가족기능의 정상화를 위해 현재 다른 일부교도소에 있는 "부부만남의 집"을 공주치료감호소내에도 건축하도록 하는데 교정복지사는 관심을 가져야 한다.

그리고 많은 학자들이 언급한 바와 같이 피치료감호의 신속한 사회복귀를 위한 중간처우의 집을 생각해 볼 수도 있는데, 이때 이렇게 되면 피치료감호자의 재활에 드는 모든 비용과 중간처우의 집에서의 모든 비용이 국민에게 전가되는 현상은 바람직하지 않으므로, 부유한 피치료감호자에게는 치료와 교정비용을 수익자에게 부담시킬 필요가 있으며, 또한 이때 중간처우의 집은 출소후의 중간처우만이 아니라 정신병에 따라서는 입소전의 중간처우의 집도 고려해 볼 만하다.

그리고 피치료감호자가 퇴소후에도 지역사회의 복지사와 병원, 보건소와 연계하는 사후지도의 필요가 있다.

(3) 민간보호기관

범죄인 또는 출소자 등을 위한 민간보호기관에는 공적인 보호기관으로 한국갱생보호공단, 법원위탁시설, 선도보호소, 가출청소년 쉼터가 있고 사적인 보호기관에는 한국소년보호협회가 있다.[155)]

그리고 이외에도 사적인 보호기관이 인가 또는 비인가시설에 의해 운영되어오고 있는데, 인가시설에는 빠스카 교화복지회, 담안선교회 등이 있는데, 특히 담안선교회의 활동은 좋은 모델로 잘 알려져 있다.[156)]

여기서는 주로 갱생보호제도와 한국갱생보호공단, 종교복지기관에 대해 상술하기로 한다.

155) 법원위탁시설은 주로 소년법원의 보호처분 또는 보호자들의 요청에 의해 수용하는데 아동보호치료시설과 소년보호시설로 구분하며 소년보호협의회는 주로 기업인들이 참여해 만든 재단법인이다.

156) 임석근 목사가 이끄는 담안선교회는 열정적으로 교화활동에 참여하고 있다. 여기서는 교정선교사업, 무의탁출소자 보호사업, 교정시설 순회교육, 서신을 통한 전도, 수용자 고충처리, 출소자 결혼주선 및 후원 등 주로 교정과 관련하여 열정적인 수용자 교화사업을 전개하고 있는데, 담안선교회 직원들은 임석근 목사부터 식당 아주머니까지 대부분 교도소나 감호보호소 등의 수형경험이 있는 자로 구성되어 있으며, 교정사업 등에 드는 비용은 정부보조금 17%, 후원금, 그리고 적립운영하는 사업의 이익으로 충당한다고 한다.

가. 갱생보호제도

① 갱생보호의 의의

협의로는 교정시설에서 일정기간 처우받고 출소하는 자에 대한 후견·지도적 활동(after - care)이고 광의로는 협의의 개념에다가 형의 각종 유예(선고, 기소, 집행) 등 법적인 구금에서 풀려난 자에 대한 사회 내에서의 보호활동이다. 보호관찰등에관한법률 제3조에는 갱생보호 대상자와 보호관찰 대상자를 구분하고 있고 5장의 갱생보호조항에서는 임의적 갱생보호를 원칙으로 규정하면서도 일정한 경우 관계기관에게도 갱생보호신청을 할 수 있도록 규정을 둠으로써 강제적 갱생보호도 부과할 수 있다. 동법 제3조의 갱생보호 대상자에 형사처분 또는 보호처분을 받은 자로 규정하고 있고, 제36조에서는 보호관찰 대상자에 대해 보호관찰소장이 원호 및 응급구호를 위해 필요한 경우 갱생보호공단 등에 대해 원조나 협력을 요청할 수 있도록 하므로 보호관찰등에관한법률상의 갱생보호는 광의의 갱생보호 개념과 임의적 및 필요적 갱생보호까지를 포함하고 있다(보석중인 자, 구속집행정지중인 자, 형집행정지중인 자는 갱생보호대상이 아님).

갱생보호의 목적은 재범방지와 사회보호, 출소자의 자립심의 고취와 자립기반의 조성이라 하겠다(궁극적 목적은 건전한 사회복귀). 여기에는 유권적 갱생보호(필요적 갱생보호)와 After - care의 의미인 임의적 갱생보호(보통 갱생보호라고 부르는 것)가 있는데, 전자는 본인의 동의나 신청없이 일정기간 강제적으로 하는 갱생보호이며, 후자는 본인의 동의나 신청이 있을 때 한해 국가나 민간단체가 실시하는 비유권적, 사회사업적 보호활동이다(우리는 임의적 갱생보호가 원칙임). 유권적 갱생보호에는 영미의 보호관찰 조건부 유예제도(Probation)나 유럽의 보호관찰부 가석방(Parole) 등이 있다. 이러한 갱생보호제도는 기독교사상과 계몽주의의 영향으로 18세기 말부터 발달했는데, 그 배경은 형법이론에서 신파에 의한 특별예방주의 사상의 도움을 받으면서 범죄자의 개선을 통해 건전한 사회복귀 및 범죄의 방지라는 갱생보호의 의미가 중요해졌기 때문이다. 18세기말부터 정부가 주도적으로 갱생보호를 실시한 대륙계와는 달리 영미계는 초기에는 민간인 차원에서 자선적 성격을 띤 갱생보호가 실시되었는데, 그 대표적인 것이 창시자인 위스터가 1776년에 만든 "불행한 출소자를 돕는 필라델피아 협회"였다(1870년에 미국의 교도소협회는 신시내티선언을 하여 갱생보호에 대한 국가의 책임을 촉구함).

우리의 경우는 1942년 조선사법보호사업령과 조선보호위원령이 제정되면서 사법보호위원회가 보호사업을 하게 되었고, 그 뒤 1961년에 갱생보호법이 제정되면서 갱생보호회와 갱생보호소가 설치되었으며, 1995년에 기존의 갱생보호법을 폐지하고 갱생보호에 관한 사항은 보호관찰 등에 관한 법률에 흡수되었다. 이 과정에서 종전의 관찰보호방법을 폐지하고 직접보호의 방법만 규정했으며, 보호관찰등에관한법률은 유권적 갱생보호를 보호관찰이라고 규정하고 임의적 갱생보호만을 갱생보호라고 규정하고 있다

우리는 갱생보호를 총괄하는 기구가 법무부 보호국 관찰과이며 갱생보호의 실시에 관한 사무는 갱생보호 사업자 또는 한국갱생보호공단, 보호관찰소에 의해 실시되고 있다.

② 한국갱생보호공단

공단에는 이사장 1인을 포함한 10인 이내의 이사와 감사 1인을 둔다. 이사장은 법무부장관이 임명하고 그 임기는 2년으로 하되 연임할 수 있으며, 이사는 갱생보호사업에 열성이 있고 학식과 덕망이 있는 자 중에서 이사장의 제청에 의하여 법무부장관이 임명 또는 위촉하며, 임기는 3년으로 하되 연임할 수 있다. 다만, 공무원인 이사의 임기는 그 직위에 있는 동안으로 하고 감사는 이사장의 제청에 의해 법무부장관이 임명하며, 임기는 2년으로 하되 연임할 수 있다. 또 이사장은 공단을 대표하며, 이사장 아닌 이사와 감사는 비상근으로 할 수 있다. 그리고 대한민국 국민이 아닌 자, 국가공무원법 제33조 각호의 1에 해당되는 자는 공단의 임원이 될 수 없고, 법무부장관은 임원이 갱생보호사업에 열성이 없다고 인정되는 때 또는 직무상 의무위반 또는 직무수행을 게을리하거나 기타 사유로 인해 임원으로서 부적당하다고 인정되는 때는 그 임원을 해임 또는 해촉할 수 있다. 그리고 주요사항을 심의, 의결하기 위해 공단에 이사회를 두며 이사회는 이사장과 이사로 구성되고 감사는 이사회에 출석해 의견을 진술할 수 있다. 또, 공단의 직원은 정관이 정하는 바에 의해 이사장이 임면하며 공단은 갱생보호의

실시와 갱생보호제도의 조사·연구 및 보급·홍보 및 갱생보호사업을 위한 수익사업의 경영과 그리고 공단의 목적달성에 필요한 사업을 한다.

공단의 회계연도는 정부의 회계연도에 의하고 공단은 법무부령이 정하는 바에 의하여 매 회계연도 개시전에 다음 회계연도에 실시할 공단의 사업계획 및 예산을 법무부장관에게 제출하여 그 승인을 얻어야 하며, 이를 변경하고자 하는 때에도 또한 같고 공단은 법무부령이 정하는 바에 의하여 매 회계연도의 종료 후 전년도의 사업실적과 결산을 법무부장관에게 제출하여야 한다.

한편, 공단은 갱생보호사업을 위하여 기증받은 금품이 있는 때에는 그 접수상황 및 처리상황을 법무부장관에게 보고하여야 하며, 갱생보호사업의 추진에 필요한 재원을 확보하기 위하여 공단에 갱생보호기금을 설치하고 기금은 기금운영으로 생기는 수익금, 공단의 사업으로 생기는 수입금, 기부금으로 조성하며 기금의 운용, 관리에 필요한 사항은 대통령령으로 정하고 기금의 부담으로 자금을 차입할 때는 법무부장관의 승인을 얻어야 한다. 그리고 공단에 관하여 이 법에 규정한 것을 제외하고는 민법 중 재단법인에 관한 규정을 준용하며, 공단의 임원 및 직원은 형법 기타 법률의 규정에 의한 벌칙의 적용에 있어서 이를 공무원으로 본다.

이외에도 공단은 국가로부터 일정한 지원과 감독을 받는다.157)

③ 갱생보호과정과 내용

갱생보호는 보호대상자가 친족 또는 연고자 등으로부터 지원을 받을 수 없거나 그들의 지원만으로 충분치 아니한 때 하는데, 직접 보호방법은 숙식제공, 여비지급, 취업알선 및 직업훈련, 생업도구나 생업조성금품의 지급

157) 국가 또는 지방자치단체는 사업자 및 공단에 대하여 보조할 수 있다(조세감면). 그리고 사업자 또는 공단이 갱생보호사업을 위하여 수익사업을 하고자 하는 때에는 사업마다 법무부장관의 승인을 얻어야 하며 이를 변경하고자 하는 때에도 또한 같고, 법무부장관은 수익사업을 하는 사업자 또는 공단이 수익을 갱생보호사업 외의 사업에 사용한 때에는 수익사업의 시정이나 정지를 명할 수 있으며, 법무부장관은 사업자 및 공단을 지휘·감독한다. 법무부장관은 사업자 및 공단에 대하여 감독상 필요한 때에는 그 업무에 관한 사항을 보고하게 하거나 자료의 제출 기타 필요한 명령을 할 수 있으며, 소속공무원으로 하여금 사업자 및 공단의 운영실태를 조사하게 할 수 있다. 그리고 이 법에 의한 공단이 아닌 자는 한국갱생보호공단 또는 이와 유사한 명칭을 사용하지 못하고 이 법에 의한 사업자가 아닌 자는 갱생보호회 또는 이와 유사한 명칭을 사용하지 못한다.

이나 대여 기타의 자립지원 등이 있다. 그리고 위의 보호에 부수하는 선행지도가 있다. 선행지도는 과거의 관찰보호를 말하며 본인의 동의가 있을 때 행하는 것으로 임의적 방법으로 실시되는 지도·상담의 성격을 가진다.

그리고 출소 후 생활대책의 상담과 취업알선, 자매결연 주선 등을 하는 수형자 복지담당관제도가 있다. 갱생보호는 갱생보호 대상자 및 관계기관이 보호관찰소장, 갱생보호 사업자 또는 한국갱생보호공단에 신청할 수 있고 신청을 받은 자는 지체없이 보호필요 여부와 보호하기로 한 경우는 그 방법을 결정해야 하며(지체없이 보호관찰을 명하는 것이 아니라) 보호결정을 한 때에는 지체없이 갱생보호에 필요한 조치를 해야 하고, 갱생보호를 하지 않기로 결정한 때에는 서면으로 그 이유를 신청인에게 통지해야 한다. 갱생보호의 종료는 그 목적을 달성하거나 갱생보호 대상자가 신청을 철회한 경우에는 보호가 종료된다(숙식제공은 기간이 6개월로 정해져 있으나 필요한 때는 6개월의 범위 내에서 한번 연장할 수 있다).

그리고 위에서 언급한 기타의 자립지원에는 결혼알선, 호적의 취적, 주민등록편입 등이 있다.

나. 종교복지기관

우리나라는 기독교, 불교, 천주교 등의 종교기관이 그동안 오랫동안 선교복지 또는 종교복지의 관점에서 교정복지의 기능을 많이 수행해 왔다. 이러한 종교기관들에 의한 교정복지 서비스의 내용을 살펴보면 1968년 7월 7이 특수선교위원회로 발족한 기독교 세진회의 활약이 돋보인다. 기독교 세진회의 주요 교정사업으로는 수용자와 사형수와 자매결연, 정신교육, 교리 등을 행하고 각종 신앙서적, 다락방 등 정기간행물을 전국의 재소자들에게 전달하며 교도소의 체육대회와 위문잔치때 물품을 지원하고 출소자의 생활지원과 수시상담도 행하며 서신선교사를 양성해 2002년도는 전국 30개 교정시설의 재소자들과 약 3,500여통의 편지를 교환했고 재소자에게 영치금도 지원하는데 2002년에는 매월 118명에게 7,518,280원을 지급하였다.

그 외에도 재소자 가족돕기 프로그램이 있는데 가정의 달인 5월에 소외되기 쉬운 재소자들의 가족을 돌봄으로써 깨어진 가정을 회복시키는 사랑의 선물나누기 행사(Angel's Tree) 일부재소자 자녀에게 장학금지원과 생활비를 지급하며 또 교정기관의 순회예배와 정신교육을 하고 있다.

그리고 기독교 세진회는 교화사업에 필요한 재정을 회원의 회비, 정부와 국내외의 보조금, 기타 찬조금과 수익금으로 구성되나(기독교 세진회 정관 제26조) 기독교 세진회의 프로그램의 특징은 교정현장에서 재소자의 교화 교정사업외에 불우 재소자의 가정을 지원함으로써 가족관계를 강화시켜준다는 중요한 의미를 갖고 있다. 왜냐하면 재소자는 사회의 가족들이 여러면에서 안정이 되어야 자신도 정신적 부담이 줄어들어 질 좋은 교정재의 생산에 기꺼이 협조하기 때문이다.

천주교를 살펴보면, 천주교는 수용자와 사형수에 대한 교정·교화활동을 사회사목부 아래의 사회교정사목위원회에서 열정적으로 행하고 있는데, 교정사목의 시작은 천주학장 이후부터 비공식적으로, 비밀스럽게 시작되다가 일제시대이후 종교의 자유의 퇴보로 교정사목도 개별적, 산발적이었고 본격적으로 교정사목은 종전후 친일파, 사상범들이 형무소에 수용되면서 시작되었으며, 1950년대에 와서 고중렬, 분도 형제와 박귀훈 신부, 윤형중 신부 등의 희생적인 교정사목이 있다가 조직적, 체계적인 교정사목을 위해 1970년 교도소 후원회가 생겼고 현재는 사회교정사목위원회로 개칭하여 활동중이다. 천주교 사회교정사목위원회는 교정시설에서 직접 교화활동 하는 것 외에도 교도소와 소년원 봉사에 뜻이 있는 사람들을 대상으로 교정상담교육도 하며 그 외에 교도관을 대상으로 교도관 성심회 피정을 실시하기도 하며 그 외에 위원회산하에 민영교도소 연구팀을 마련해 한국에서 민영소년교도소를 설립할 준비단계로 연구를 하며 또한 사형폐지운동을 지속적으로 전개하고 있다. 교정시설에서 행하는 프로그램의 예를 보면 서울 영등포구치소 남사팀은 음악치료, 미술치료, 현실요법, 비디오 포럼 등을 행하고 서울구치소 남사팀은 신앙체험, 생활체험발표, 글·시·그림으로 마음표현하기, 연극공연, 클래식연주단 초청공연 등의 문화체험을 통해 자신과 화해할 수 있는 기회를 마련하는 프로그램들을, 분류심사원 팀은 게임을 통한 심성개발 프로그램, 성서퀴즈, 분노조절프로그램 등 다양한 프로그램을 행한다.

위와 같이 종교기관에 의한 선교복지는 필연적으로 교정복지의 성격을 내포하기 때문에 선교복지에 의한 교정복지재의 생산에도 교정복지사가 역동적으로 개입할 필요가 있다고 하겠다.

다. 교정복지사의 개입

갱생보호공단의 시설과 위탁시설에 수용되어 있는 성인과 청소년들은 대개 직계보호자가 없으므로 교정사회 복지사는 이들의 재활에 필요한 자원을 평소 관계하고 있는 연결망을 활용하여 도울 수 있으며, 교정사회 복지사는 자원봉사자 또는 후원자 또는 협력자로서 활동할 수 있다고 한다.[158]

또한 갱생보호공단에서 운영하는 생활관은 교정복지의 맥락에서 중간처우의 성격을 띠고 있는 의미가 있으며 갱생보호공단에 사회복지사가 채용되어 활동할 수 있어야 하며, 갱생보호공단을 완전 민간기구로 독립시켜 순수 민간의 재정에 의한 사업으로 정착시켜야 한다고 한다.[159]

그리고 갱생보호공단의 생활관에서 퇴소하는 자를 사회복지시설에의 입소를 알선하거나 무연고자의 결연사업 또는 결혼배우자에 관한 정보제공, 의료혜택 등에 관해 교정복지사는 관련 기관에 지원을 요청할 수 있어야 한다.

또한 현재 갱생보호공단의 생활관 운영의 많은 문제점이 관료적 운영에서 오므로 공기업인 한국갱생보호공단의 관료적 운영에 대한 민주적 통제방안에도 교정복지사는 관심을 갖고 합법적 범위내에서 개입하여야 한다.

그리고 한국갱생보호공단의 직원채용에 있어 가능한 연령제한을 폐지하고 교정복지론을 전공한 사람들이 많이 들어갈 수 있는 길을 제도화시키는 방안도 필요하다.

또한 종교복지기관에 의한 교정복지 서비스의 생산도 중요하므로 기독교 세진회나 천주교에 의한 교정복지 서비스의 생산에 교정복지사가 참여할 길을 확대시킬 필요가 있다.

---

158) 최옥채, 교정복지론, 학지사, 2004, 102면.
159) 최옥채, 전게서, 112면.

7. 민간경비론

1) 의의

오늘날 급증하고 있는 범죄나 신종범죄의 예방이나 대책과 관련하여 민간경비론은 아주 중요한 의의를 가지고 있다. 그것은 과거 단순한 사회에서는 치안과 방범등 범죄예방은 관료제인 경찰이 담당해도 무리가 없었으나, 현대로 올수록 급변하는 사회와 그에 따른 신종범죄의 증가와 기존범죄의 양적 팽창으로 이제 더 이상 관료제인 경찰의 힘만으로 범죄 예방에 한계를 맞게 되었다.

또한 갈수록 복잡해가는 범죄사회의 경향에 따라 국민들의 경비수요도 다양해져 종전과 같은 경찰에 의한 획일적 대응만으로는 국민들의 경비수요를 감당할 수 없게 되었고, 관료제인 경찰의 치안서비스 생산에 대한 보충적 또는 대등한 생산자로 기능하게 되었다.

또한 앞으로의 경찰행정의 개념은 형사법적 개념에다가 치안수요자의 구체적인 욕구를 만족시킨다는 경찰복지의 개념으로 나아가야 하듯이, 민간경비도 단순한 경비의 개념에서 클라이언트인 의뢰자의 구체적 욕구에 부응하는 복지의 개념, 즉 경비복지의 개념으로 나아가야 한다.

따라서 범죄예방과 대책도 종전의 경찰에 의한 형사법적 개념과 부분적, 독립적 개념에서 나아가 공경비인 경찰과 지역사회, 민간경비 등이 독립적이면서 통합적으로 국민들의 치안수요욕구에 대응하는 전체적, 통합적 개념과 예방복지의 개념으로 나아가야 한다.[160]

160) 그 밖에도 민간간경비의 필요성을 수익자부담원칙의 확산, 국민들의 자신과 재산에 대한 자구사상의 강화, 경제발전에 따르는 필요성, 민간의 치안서비스 공동생산의 경향 등을 들 수 있다.

2) 민간경비의 개념

경비를 공공기관에 의한 공경비와 사인(私人) 또는 사적단체가 제공하는 사경비로 나눌 수가 있는데, 공경비란 경찰, 소방, 교정, 국가정보원 등 국가 또는 공공기관에 의한 방범 등의 치안서비스생산이라고 한다면, 사경비는 민간경비원, 민간경비회사처럼 민간차원에서 이루어지는 방범등의 치안서비스의 생산이라고 할 수가 있다.

다시 말해서 공경비는 경찰의 범죄예방활동을 의미하는 것으로 공공의 질서유지, 범인의 체포, 수사, 범죄의 예방, 교통의 통제와 같은 공익을 위하여 또는 공공의 안전과 보호의 일반적 업무를 국민을 위해 행하는 활동이고, 민간경비는 여러 가지 위해로부터 개인의 이익이나 생명, 재산을 보호하기 위하여 특정의뢰인인 고객으로부터 받은 보수에 따른 서비스를 행하는 개인, 단체, 기업을 말한다.[161)]

위의 정의에 따라 경찰 등의 공경비와 민간경비원 등의 민간경비의 차이점을 보면 공경비가 주로 공공의 이익을 위해 활동한다면 사경비는 의뢰한 특정 클라이언트를 위한 활동(사익의 충족)이라는 데서 차이가 나며, 국법에 의해 설치된 경찰 등의 공경비는 수사 등의 치안서비스의 생산에 있어서 체포권, 수사권 등의 각종 강제권을 행사할 수 있는 법적 권한이 주어져 있으나, 민간경비원은 그러한 법적 권한이 없거나 있어도 극히 한정되어 있다. 또한 경찰 등의 공경비는 국민들을 대상으로 범죄인의 체포와 수사, 방범, 외사, 정보활동 등의 법집행과 범죄예방을 행하지만, 민간경비는 의뢰한 개인이나 기업으로부터 계약한 보수를 받고 보수에 해당하는 정도만큼(적정성과 대응성) 범죄예방 및 억제 등을 하는 점에서 차이가 난다.

따라서 경찰, 교정, 소방, 국방, 국가정보원 등에 의해 제공되는 공경비는 국민들에게 획일적으로, 보편적으로, 무차별적으로 제공되는 대량상품으로 경비의 대가인 세금 등을 내지 않아도 혜택을 받는 만큼 무임승차자

161) Private Security, Report of Task Force on Private Security, 1976, 4면: 이상원, 범죄예방론, 대명, 2005, 387면에서 재인용.

의 문제가 발생하게 된다. 그러나 민간경비원 등에 의한 민간경비는 대상고객이 보수를 낸 만큼만 경비나 경비예방 등의 서비스를 제공하므로 돈을 내지 않는 사람은 혜택을 받지 못하므로 처음부터 무임승차자의 문제는 발생하지 않는다.

그리고 공경비는 치안서비스라는 한 상품이 대량, 무차별적으로 제공되지만, 민간경비는 소품종과 다종생산을 하게 되며 이때 민간경비를 수요하는 사람이나 기업들은 민간경비재화의 공급 외에 기존의 경찰, 국방 등의 공경비 재화도 공급받게 되는 재화공급의 중복성과 가외성(加外性)이 있게 된다.

가외성이란 자동차에서 사고를 막기 위해 액셀러레이터 외에 보조안전장치를 두듯이 과실을 막기 위해 중복적으로 두는 것으로, 전체비용은 증가하지만 조직의 안전과 신뢰성은 증가한다는 행정학적 개념이다. 따라서 민간경비서비스를 사적으로 구매하는 사람이나 단체들은 범죄예방 등에 있어서는 이중적 장치, 가외성이 있어 더욱더 범죄로부터 안전한 보호를 받지만, 민간경비서비스를 구매하지 않는 사람이나 단체에게는 그러한 가외성은 없다.

그런데 이러한 가외성과 관련하여 나타나는 특징이 경찰 등의 공경비서비스의 실질적인 차별적 배분이 있게 되는 차별화효과 또는 대체효과가 있게 된다.

즉 원래는 경찰 등의 공경비 서비스는 모든 사람에게 평등하게 분배되고 소비되어 소비에 있어서 차별성은 없지만, 그러한 공경비 외에 다시 민간경비를 구매하게 되면 경찰은 민간경비를 구매한 고객(가령 사설경호원이 초소를 통해 지키는 집)에게 대해서는 상대적으로 범죄예방서비스를 줄이거나 하지 않는 차별화현상이 발생해 결과적으로는 민간경비를 구매한 고객은 오히려 경찰 등의 공경비 서비스의 분배에서 제외되는 수도 있다.

이때 문제가 되는 것이 그러한 민간경비서비스의 질이 공경비보다 우수하면 문제가 없지만 그렇지 않은 경우에는 경찰 등의 공경비는 민간경비서비스에 보충적으로 작용하여야 한다(공경비의 보충성).

한편, 민간경비를 담당하는 민간경비원에는 일반시민과 같은 민간경비원과 특별한 권한을 가진 민간경비원, 경찰관 신분을 가진 민간경비원이 있게 되는데, 일반시민과 같은 민간경비원이란 정부기관으로부터 선서에 의해 임명되거나 경찰기관으로부터 특별한 임무의 위임이나 자격을 받지 못한 상태에서 경비업무를 수행하는 민간경비원(우리나라의 경우 대부분의 민간기업체 경비원이 여기에 해당한다)을 말하며, 특별한 권한을 가진 민간경비원이란 정부기관에 의해 특별한 경찰업무를 위임받은 민간경비원(제한된 근무지역 내에서 경찰권을 일부 사용할 수 있는 경비원으로서 우리나라 청원경찰이 여기에 해당된다)을 말하고, 경찰관 신분을 가진 민간경비원은 경찰관 신분으로 민간경비 분야에 부업(Part - time)으로 근무를 하는 등 두 가지 신분을 가지고 일하는 민간경비원(Moon - lighting)을 말한다.[162)]

우리나라는 경찰관 신분을 가진 민간경비원제도는 채택하지 않고 있다.

그리고 민간경비의 임무는 생명과 재산의 보호, 범죄의 예방, 손실(범죄, 화재)예방, 화재방지, 출입통제, 범죄수사, 직원신분확인, 질서유지, 체포와 고소 · 고발, 사고방지, 범죄통보, 정보보호, 교통통제 등이다.[163)]

한편, 역사적으로 보면 민간경비제도가 공경찰보다 먼저 나왔으며 근대에 와서 공경찰 제도가 확립될 즈음 자기보호와 자구사상을 기초로 하는 영미법계의 자치경찰제와 또 한편으로는 국가보호 내지 국가경찰체제의 양대체제로 발전하게 되고 민간경비제도도 전자의 체제하에서는 자치주의 원칙에 따라 공 · 사경비제도가 거의 동등한 위치에서 발전해 왔으며, 후자의 체제에서는 국가주의 원칙에 따라 공경찰 위주의 체제로 발전해 오다가 제2차세계대전 이후 양자는 상호보완적 입장을 취하고 있다.[164)]

따라서 대륙계 국가에서도 영미법의 자치제를 부분적으로 도입하고 있으며, 민간경비제도도 같은 맥락이며 우리나라의 청원경찰제나 용역경비제도도 위와 같은 시대적 배경의 산물이며 우리나라에서 현대적인 용역경비는 6 · 25전쟁 이후 미국의 진주로 인한 군납경비이다.[165)]

162) 김두현, 민간경비론, 백산출판사, 2002, 49면.
163) 이상원, 범죄예방론, 대명, 2005, 391면.
164) 정진환, 경찰행정론, 대영, 1998, 290면.
165) 정진환, 전게서, 285면.

3) 민간경비의 분류[166)]

민간경비는 경비형태에 따라 인력경비와 기계경비로 나누고, 경비목적에 따라 시설경비업무, 호송경비업무, 신변보호업무, 기계경비업무, 특수경비업무, 혼잡경비, 재해경비로 분류되고, 형행법에 따라서 청원경찰과 경비업으로 분류할 수 있다.

인력경비는 경비대상자와 수요자에게 경비능력을 갖춘 인력을 파견하여 시설, 설비, 재산을 범죄로부터 보호하는 것이며, 여기에는 상비경비, 순찰경비, 사설경비원(보디가드), 보안경비, 혼잡(행사장)경비가 있다.

기계경비는 기계의 도움에 의한 경비(CCTV, 각종감지기)와 기계와 사람이 합동으로 경비하는 혼합경비(중앙관제와 연결된 감지기)를 말한다.

그리고 경비목적에 따른 분류 중에서 특수경비업무란 대통령령이 정하는 국가주요시설의 경비와 도난, 화재, 그 밖의 위험발생을 방지하는 것이고, 혼합경비란 기념행사 등으로 군중이 모일 때 혼란상태를 방지하고 위험한 사태발생시 신속히 진압하는 경비작용으로 과거에는 혼합경비를 경찰이 담당했으나, 이제는 수익자부담의 원칙에 의하여 행사주최측에 경비책임을 지는 추세로 되어간다.[167)]

민간경비에서 재해경비란 특수대상에 대한 재해예방 경비작용을 의미하며 특수대상에 대하여 재해를 미연에 방지하는 민간경비의 예방작용이다.

그리고 현행법에 따른 분류에서 청원경찰은 기관장이나 시설주의 요구에 의해서 준 경찰관의 신분으로 공공적 또는 준공공적인 사적인 분야에서 범죄예방작용을 하며, 경비업은 사인의 자격으로서 시설주가 요구하는 경비시설내에서의 경비업무를 수행한다.

한편, 기계경비와 관련하여 앞으로 들어설 민영교도소의 기계경비시스템에 대해 이윤근은 아래와 같이 할 것을 제안하였다.[168)]

166) 김두현, 전게서, 53면~61면.
167) 김두현, 전게서, 60면.
168) 이윤근 외, 민간경비론, 엑스퍼트, 2005, 257면.

구분		내용
통합기계시스템	출입통제시스템	• 출입현황 및 출입이상정보전송 • 출입문 상태정보 전송 • 출입문 Open/Closed 제어
	알람모니터링	• 이상지역정보전송(위치, 상태) • 감지지역 Set/해제
	화상감시시스템	• 선택화상 전송 • 선택카메라 제어
	주벽감시시스템	• 이상지역 정보전송(위치, 상태) • 감지지역 Set/해제
	비상통신(무선)	• 비상신호 전송(ID) • 이상지역 전송 • 상호무선통신
	방문자관리시스템	• 방문자 정보전송
	KEY관리시스템	• 키 반출입 내용전송
	카드발급시스템	• 카드발급내용 전송 • 카드 DB 구축
	중앙감시시스템	• 법무부에서 민영화 교도소 상황감시
관구	비상통신(유선)	• 각 거실의 이상상황 통신 • 수용자와의 유선통신

자료 : 이윤근, 민영교도소 도입에 따른 민간경비시스템의 활용방안에 관한 연구, 한국민간경비학회 제3회 정기학술세미나, 2001, p.48.

4) 민간경비의 이론적 배경[169)]

민간경비의 이론적 배경에는 경제환원론, 공동화이론, 이익집단이론, 치안서비스공동생산이론, 지역사회경찰활동이론 등이 있다.

경제환원론(Economic Reduction Theory)은 특정한 현상을 설명함에 있어 그 현상이 경제와 직접적으로 무관한 성격을 갖는 것임에도 불구하고 그 원인을 경제문제에서 찾으려는 것이다. 예컨대 한 국가의 정치적 변화(권위주의적 정권의 출현)를 그 국가의 경제발전단계나 경제적 운용상태로

169) 김두현, 경호학개론, 백산출판사, 2004, 359~362면.

귀결지우려는 연구들이 있다.

경제환원론적 입장에 있는 학자들은 민간경비시장의 성장을 범죄의 증가에 따른 직접적 대응이라는 전제하에 출발하고 있으며, 특히 거시적 차원에서 범죄의 증가를 실업의 증가에서 그 원인을 찾으려고 하는 것이 특징이다. 물론 실업은 경제의 일반적 침체에서 발생한다고 봄으로써 결국 민간경비시장의 성장을 경제전반의 상태와 운용에 연결시켜 설명하려는 입장이 경제환원론적 시각이다. 이러한 관점은 경제가 침체를 보였던 미국의 1965년에서 1972년 사이의 기간에 민간경비시장이 상대적으로 크게 증가하였다는 경험적 고찰에 기초를 두고 있는데, 이 기간동안에 미국 민간경비시장의 성장은 서비스업 전체의 증가율보다 크게 성장했다.

그러나 이는 경제침체와 사경비부분의 증가간의 관계마저도 인과적 성격의 것이 아니라 단순한 상관관계의 성격을 갖는 것이기 때문에 이론적 시각으로서는 취약성을 갖는다고 한다.[170)]

공동화이론(Vacuum Theory)은 한 사회에 있어 민간경비가 경찰이 수행하고 있는 경찰 본연의 기능이나 역할을 보완하거나 대체한다는 일반적 관점과 맥을 같이하는 이론이다. 공동화이론은 경찰 자신들에게 부여된 기능이나 역할인 범죄예방이나 통제와 같은 서비스를 제공할 수 있는 능력, 즉 이적 측면이나 물적 측면 등이 감소됨으로써 생겨난 "공동상태"를 민간경비가 보완할 수 있다는 주장을 기본골격으로 한다. 사회의 다원화와 분화에서 초래되는 사회적 긴장과 갈등 그리고 대립 등에 의한 무질서나 범죄의 증가에 대응하기 위하여 경찰력이 증가하여야 한다. 그러나 경찰력의 증가는 현실적으로 통상 이러한 사회적 요구에 따라가지 못한다. 그 결과 생겨나는 갭, 즉 "공동(空洞)"을 메우기 위해서 민간경비가 발전한다는 이론이다. 이 이론에서 유추할 수 있는 것은 경찰과 민간경비가 상호갈등이나 경쟁관계에 있는 것이 아니라 상호보완적, 역할분담적 관계를 갖는다는 점이다.

공동화이론은 기본적으로 공경비인 경찰과 민간경비 양자 사이의 관계가 어떠한 성격을 갖는가 하는 논의에서 이론적 뿌리를 찾을 수 있는데, 공경비와 민간경비간의 관계에 대한 성격규정은 크게 두 가지로 나누어진다

170) 김두현, 전게서, 359면.

고 한다.

하나는 공경비와 민간경비가 경쟁관계에 있다는 입장이고, 또 하나는 상호 보완적이라는 입장으로 민간경비는 공경비가 갖는 제한적 능력 때문에 생기는 공백을 메워줄 수 있다고 보며 공동화이론은 후자의 입장에 기반을 두고 있다고 한다.[171)]

이익집단이론은 경찰과 민간경비가 상호보완적 관계를 갖는다는 공동화이론이나 경제환원론의 입장을 부정하면서 이익집단이론이 제기되었다. 이익집단이론은 "그냥 내버려두면 보호받지 못한 채로 방치될 재산을 민간경비가 보호한다"는 주장을 제시하고 있다.

그러나 이 주장은 그 내용에 있어 어떻게 보면 공동화이론의 입장과 크게 다른 것 같지 않다. 다만, 공동화이론의 주된 관심과 출발점이 경찰과 민간경비의 관계에 대한 성격을 밝혀내고자 하는 데 있다고 한다면, 이익집단이론은 민간경비를 하나의 독립적인 행위자로 인식한다. 따라서 민간경비가 자체적으로 고유한 이해관계를 가질 수 있는 것으로 파악하면서 출발한다는 데서 근본적 차이점이 발견된다. 이익집단이론에 따르면 한 사회 내에 존재하는 많은 이익집단들이 그들의 이익을 극대화시키기 위해서 행위하는 것과 유사한 방식으로 민간경비도 자신의 집단적 이익을 실현시키기 위해서 규모를 팽창시키고, 새로운 규율이나 제도를 창출시키는 등의 노력을 기울인다는 것이다.

사경비의 양적성장은 초기적 단계에서 일어나는 현상으로 궁극적으로는 이익집단으로서의 내부적 결속과 제도화 그리고 조직화의 결과, 세력과 입지는 강화하게 된다는 것이 이익집단이론의 내용이라고 한다.[172)]

수익자부담이론(Profit - oriented Enterprise Theory)은 자본주의사회에서 국가기구의 일부로서 경찰이 갖는 근본적 성격과 역할 및 기능에 관한 통념적 인식에 의문을 제기하면서 출발한다. 경찰의 역할이 개인의 안전과 사유재산을 보호하는 것이라는 일반적 통념을 거부하는 것이다. 국가 법집행기관의 일부로서의 경찰은 국가가 자본주의의 전반적 체제유지를 위한 정치적 역할을 수행하는 데 있어 일부분을 담당하는 공조직으로 파악되어

171) 김두현, 전게서, 360면.
172) 김두현, 전게서, 361면.

져야 한다는 것이다. 따라서 자본주의사회에 있어서 경찰의 공권력작용은 원칙적으로 거시적 측면에서 질서유지나 체제수호 등과 같은 역할과 기능으로 한정하고, 사회구성원 개개인 차원이나 여타 집단과 조직(예컨대, 회사차원) 등의 안전과 보호는 결국 해당 개인이나 조직이 담당해야 한다는 인식에 기초를 둔 이론이다.

이는 개인이 자신의 건강을 보호받기 위해서 상업적인 의료보험에 가입하는 것이나 혹은 자동차를 소유한 개인이나 조직이 사고에서 오는 각종 피해로부터 보호받기 위해서 상업적 차원에서 자동차보험에 가입해야 하는 것과 같은 맥락으로 이해할 수 있을 것이다. 자본주의 사회에서 개인의 재산보호나 범죄에서 올 수 있는 신체적 피해로부터 보호를 결국 개인적 비용에 의해 담보받을 수밖에 없다는 입장이 바로 수익자부담의 이론이다.

사경비의 발전은 자본주의 사회에서는 필수적이나 사경비가 특정한 시기에 급증하는 것은 몇 가지 조건들이 부수적으로 갖추어졌을 때(국민소득 증가, 인식변화, 범죄의 증가) 가능하다고 본다라는 주장이다.173)

치안서비스 공동생산론이란 경찰과 민간부문이 공동으로 치안서비스를 제공할 수 있다는 것이다. 이것은 경찰활동으로서만 안전을 확보하기에 인력, 장비 등의 재정적 한계와 시민들의 안전서비스에 대한 욕구의 증대 등으로 경찰활동만으로는 치안서비스에 대한 보장은 어려운 가운데 민간부문에서의 풍부한 자원을 활용하면 다양한 서비스를 제공할 수가 있고 경찰과의 협력을 통해서 사회의 질서유지를 효율적으로 할 수 있다는 것이다.174)

이러한 치안서비스 공동생산이론은 지역사회경찰활동과 그 맥락을 같이 하는 것으로서 치안서비스가 보다 효과적이기 위해서는 단순히 경찰과 민간경비의 관계개선에 목적을 두는 것이 아니라, 더 나아가 민간경비가 다양한 형태로 치안활동에 능동적으로 참여할 수 있는 방안을 이끌어내는데 있다.175)

지역사회경찰활동은 기존의 전통적 경찰활동의 효과성에 대한 반성과

---

173) 김두현, 전게서, 362면.
174) 이상원, 전게서, 398면.
175) 이상원, 전게서, 398면.

새로운 변화요구에 의해 1980년대 중반에 나타난 새로운 경찰활동으로 지역사회경찰활동은 경찰과 시민의 관계를 중요시하는 경찰활동으로서의 분권화, 시민들과의 적절한 교류, 제도화된 감독과 업무수행에 필요한 훈련을 통해 시민과의 관계를 재정립하는 것이다.[176)]

또한 범죄문제에 있어서는 사후대응보다는 사전의 적극적인 범죄예방을 선호하며, 경찰의 경우 다양한 사회체계들 가운데 하나로써 다른 체계와의 상호작용을 통하여 개방적인 자세로 사회문제를 해결하려는 것이기도 하다.[177)]

이러한 경찰의 변화는 민간경비와의 협력을 증진시키게 되었으며, 지역사회 범죄예방활동에 있어서 민간경비의 역할이 더욱 중요시되고 있다.[178)]

5) 한국의 민간경비제도와 문제점

우리나라의 현행법상 사경비제도는 청원경찰과 경비업이다.

(1) 청원경찰

청원경찰이란 국가기관 또는 공공단체와 그 관할하에 있는 중요 시설 또는 사업장, 국내 주재 외국기관, 기타 내무부령으로 정하는 중요시설 사업장 또는 장소 등의 장(長)이나 시설사업장의 경영자가 소요경비를 부담할 것을 조건으로 경찰관의 배치를 신청하는 경우에 그 기관시설 또는 사업장 등의 경비를 담당하게 하기 위하여 배치하는 경찰을 말한다.

이 제도는 1962년 4월 3일(법률 제1049호)에 제정되고, 1973년 12월 31일(법률 제2666호)에 전면 개정된 국가공경비 차원의, 용역경비제도의 과도기적 시기에 조직된 제도로서 민간인 신분의 준경찰제도 또는 민간경찰제도라고 말할 수 있다.[179)]

---

176) 이상원, 전게서, 399면.
177) 이기현외, 미국의 범죄예방활동연구, 형연원, 1995, 57면: 이상원, 전게서, 400면에서 재인용.
178) 이상원, 전게서, 400면.
179) 정진환, 전게서, 309면.

즉 우리나라의 청원경찰제도는 경찰과 사경비와의 과도기적 시기에 형성된 것으로 제3공화국 출범이후 국가 경제개발의 급속한 발달로 한정된 경찰인력으로서는 갑자기 늘어난 산업시설의 경비작용을 감당할 수 없어 1962년에 청원경찰법이 제정되었다가 여러 개정을 거쳐 2001년 4월 7일 제7차 개정을 하게 되었다.[180)]

따라서 청원경찰제도는 정부의 입장에서는 국가예산의 소비 없이 경찰력이 강화되는 한편, 신청자의 입장에서는 일정 비용으로 경찰공무원에 준하는 청원경찰의 배치를 받을 수 있으므로 시설경비에 효과적이라는 이점이 합치되어 발전을 거듭해 왔다고 할 수 있으며, 특히 경제개발 5개년계획의 성공적 완수와 북한의 방해책 등에 대한 대응에서 경비업무의 중요성이 부각되었고, 아직 용역경비의 활성화가 이루어지기 전이라는 시대적 배경에 따라 청원경찰제도는 그 과도기적 성격에도 불구하고 정착된 우리나라에만 존재하는 특수한 제도라고 할 수 있다.[181)]

청원경찰에 종사하는 자는 임용권자가 국가기관, 지방자치단체장인 경우에는 예외적으로 공무원의 신분을 갖지만 기타 기관에서는 공무원이 아닌 것은 기본신분으로 하며 단지 직무의 특수성에 비추어 형법 기타 법령에 의한 벌칙의 적용과 청원경찰법과 시행령이 특히 규정한 경우에는 공무원으로 본다.[182)]

청원경찰법에 나타난 내용을 보면 청원경찰을 배치할 수 있는 대상은 국가기관 또는 공공단체와 그 관리하에 있는 중요시설 또는 사업장, 국내주재외국기관, 기타 행정자치부령으로 정하는 중요시설 또는 사업장이며 이때 소요되는 경비는 신청한 시설·사업장 등의 경영주가 부담한다(제2조).

청원경찰의 직무는 청원주나 배치된 기관, 시설 또는 사업장 등의 구역을 관할하는 경찰서장의 감독을 받아 그 경비구역에 한하여 경비목적을 위하여 필요한 범위 내에서 경찰관직무집행법에 의한 경찰관의 직무(수사를 제외한 범죄의 예방과 진압, 경비 및 대간첩작전수행, 교통정리, 기타 경비구역내의 안전과 질서유지)를 수행한다(제3조).

---

180) 김두현, 전게서, 374면.
181) 정진환, 전게서, 309면.
182) 김두현, 전게서, 374면,: 벌칙규정에만 공무원 신분을 적용하는 것은 차별적인 조항이다.

그리고 청원경찰의 배치를 받고자 하는 자는 대통령령이 정하는 바에 의하여 관할 지방경찰청장에게 신고해야 하고 또한 지방경찰청장은 청원경찰의 배치가 필요하다고 인정되는 기관의 장 또는 경영자에게 청원경찰을 배치할 것을 요청할 수 있다(제4조).[183)]

한편, 청원경찰의 임용자격, 임용방법, 교육, 보수 및 징계에 관해서는 대통령령으로 정하며 청원경찰의 복무에 관하여는 국가공무원법 제57조, 제58조 제1항, 제60조, 제66조 제1항 및 경찰공무원법을 준용하며(제5조), 청원주는 청원경찰에게 지급할 봉급과 제수당, 피복비, 교육비 및 퇴직금과 보상금을 부담하여야 하며, 봉급과 제수당의 최저부담기준액과 피복비와 교육비의 부담기준액은 경찰청장이 정하여 고시한다(제6조).[184)]

그리고 청원경찰의 복제와 무기휴대에 관하여 필요한 사항은 대통령령으로 정하되, 지방경찰청장은 청원경찰이 직무수행을 위하여 필요하다고 인정할 때에는 청원주의 신청에 의하여 관할 경찰서장으로 하여금 무기를 대여하여 휴대하게 할 수 있다.[185)]

---

183) 정진환은 청원경찰의 배치현실을 아래와 같이 말하고 있다. 청원경찰의 배치는 청원주의 자바적인 요청보다는 국가가 지정한 방호시설물의 등급(가, 나, 다 급)에 따라 의무적으로 청원경찰을 배치하도록 하고 있다. 그만큼 청원경찰의 배치를 요하는 시설물의 중요성이 크다는 것이다. 그러나 이같은 청원경찰의 배치는 청원주 또는 시설물의 경영자에게는 경비비용의 증가라는 경영비용의 문제점을 부각시키게 된다. 즉, 비슷한 경비업무를 담당하는 청원경찰과 용역경비원의 소요비용을 비교하게 되고, 나아가 경비담당자의 관리를 고려할 수밖에 없게 된다. 따라서 청원주 또는 경영자는 좀더 적은 비용과 수월한 관리를 택하게 됨으로써 청원경찰보다는 용역경비를 선호하고 있는 실정이다. 현재 대부분의 중요 경비대상 시설물들에서 특수한 경비대상 시설물 몇몇 분야를 제외하고는 청원경찰과 용역경비가 함께 경비하고 있거나 청원경찰의 배치를 차츰 용역경비 쪽으로 늘려가고 있는 추세이다.: 정진환, 전게서, 313면.

184) 이와 같이 법제화된 청원경찰의 봉급과 달리 용역경비원의 경우는 용역법인과 경비요청고객의 자유계약에 의하기 때문에 청원경찰보다는 월등히 적은 금액으로 경비업무를 행하고 또한 청원경찰의 배치는 경찰의 배치승인이 필요하는 등 경찰의 간섭이 심한 점에서 경영주들은 용역경비를 더 선호한다고 한다.: 정진환, 전게서, 314면.

185) 청원경찰의 무기휴대조항의 의미가 퇴색되었다는 정진환의 언급은 다음과 같다. 청원경찰법이 제정될 당시에는 방범차원보다는 국가안보적 차원이 크게 작용해 청원경찰의 총기소지가 중시되었다. 그리고 대공위험 상황과 좀더 완벽한 시설경비라는 측면에서 청원주들은 총기를 소지한 청원경찰을 용역경비원보다 선호했었다. 그러나 시간이 흐르면서 국가안보적 기능이 점차로 완벽하게 군과 경찰에 의해 이루어지면서 청원경찰의 기능이 방범기능 쪽으로 많은 비중을 두게 되었다. 따라서 청원경찰의 총기 소지에 대한 효용성과 존속의 필요성 문제가 제기되기에 이르렀다. 이와 같이 국가 중요 시설물에 대한 보호나 출입자 통제를 위하여 총

그리고 청원주는 항시 소속경찰의 근무수행상황을 감독하고 필요한 교양을 실시하여야 하며 지방경찰청은 청원경찰의 효율적인 운영을 위하여 청원주를 지도하며 감독상 필요한 명령을 발할 수 있으며(제9조의3) 청원경찰이 직무를 수행함에 있어서 직권을 남용하여 국민에게 해를 끼친 경우에는 6월 이하의 징역이나 금고에 처하며(제10조), 국가기관 또는 지방자치단체에 근무하는 청원경찰을 제외한 청원경찰의 직무상 불법행위에 대한 배상책임에 관하여는 민법의 규정에 의한다(제10조).

(2) 청원경찰법의 문제점

이에 관한 문제점으로는 다음 사항들이 지적되어 왔다. 청원경찰의 근무배치 및 감독은 동일 경비지역 내에서는 민간경비업자에게 위임하고 있지만, 청원경찰에 대한 임용 및 해임 등의 집행권한은 가지고 있지 않기 때문에 실질적인 지휘 및 감독이 용이치 않으며, 청원경찰법과 경비업법에 규정되어 있는 지휘체계상의 문제와 보수지급 체계상의 문제로 민간경비원들의 이직률이 높아 이로 인한 경비인력의 부족현상과 교육·훈련비의 낭비를 초래하고 있어 부족한 경비인력을 보충하기 위해 부적격자나 자격미달자들을 민간경비원으로 고용하는 악순환이 거듭되고 있다.[186)]

그리고 청원경찰과 민간경비원이 똑같은 근무조건에서 경비업무를 실시하여도 양 법의 이원적인 운용 때문에 보수지급에 있어 큰 차이를 보이고 있어 민간경비원들의 사기저하와 경비업무의 비효율성, 그리고 경비인력들 간의 마찰과 갈등 그리고 불만의 요인이 제기되고 있고, 또한 두 조직 모두 법 규정상 교육훈련을 의무적으로 실시하도록 되어 있지만, 이원적으로 운용되고

기를 사용한다는 것은 사용목적과 사용수단간의 형평성을 잃고 있어, 실제 금융기관에서는 시민의 인명보호 차원과 총기 사용에 따른 사회적 물의를 방지하기 위해서 청원경찰들의 총기 사용을 적극 제한하고 있다. 더욱이 총기 조작 2시간, 총검술 2시간, 사격 6시간의 교육(청원경찰법 시행규칙 제5조)으로 총기를 취급한다는 것은 불가능한 일이다. 이같은 교육훈련의 부족을 우려, 총기 취급에 따른 안전사고의 사전 방지대책의 일환으로 평상시에는 실탄과 권총을 분리 휴대하게 하거나 대부분의 경우는 가스총으로 대체하고 있는 실정이며 현재 금융기관의 경우는 거의 100% 가스총으로 대체되고 있다. 연말연시나 특별경계근무 경우에는 지역경찰관의 지원을 통하여 경비효율성을 높이고 있기 때문에 이미 지급된 무기는 대부분 본점의 무기고 등에 보관되어 있다고 한다.: 정진환, 전게서, 315면.

186) 이윤근 외, 민간경비론, 엑스퍼트, 2005, 302면.

있는 관계로 교육장소, 교육시설, 교육교재, 그리고 교관 등의 부족 등으로 실질적이고 효율적인 교육훈련을 실시하지 못하고 있으며, 경찰과 민간경비의 중간적 위치에서 적용되고 있는 청원경찰의 손해배상 문제에 있어서는 민간인 신분을 적용받고 형사책임에 있어서는 공무원의 신분을 적용받는 이중적인 법적용으로 신분상의 불이익을 당하는 모순을 보이고 있다.[187)]

그리고 청원경찰의 경우 청원주가 손해배상 책임의 당사자인 동시에 피해자이기 때문에 손해를 발생시킨 청원경찰 개인에게 손해에 대한 물질적 배상책임보다는 신분상의 책임을 크게 묻고 있는 실정인데, 민간경비의 경우 경비원의 경비근무 잘못으로 발생한 손해에 대한 배상책임은 대부분 경비업자가 고객과 경비계약 당시에 손해배상 책임의 한계를 미리 약정하여 두고 있기 때문에 별다른 문제가 없지만, 고객과 경비원 사이에 누구의 잘못으로 사건이 발생하였는지에 대한 책임한계와 책임소재에 대하여 종종 문제가 발생되고 있다.[188)]

그리고 청원경찰은 경비대상시설물이나 경비구역 내에서 근무를 실시하고 있을 때에는 경찰관직무집행법에 의해서 경찰공무원의 신분을 적용받고 경비지역을 벗어나거나 근무시간 이외의 경우에는 민간인 신분을 적용받고 있어 사건 발생시 신분상의 문제로 이중적인 벌칙적용을 받는 불이익을 감수하는 경우가 있으며, 청원경찰법이나 경비업법이 잘 지켜지고 이행되기 위해서는 무엇보다도 민간경비산업에 종사하는 모든 경비인력들의 높은 준법정신이 요구되고 있지만, 이것 못지않게 이들 양 조직을 지휘 및 감독하는 행정기관의 행정력 부족이 더 큰 문제점으로 지적되고 있다.[189)]

그리고 우리의 경비업법은 경찰의 지도·감독 부분은 상세한 규정을 두고 있으나, 경찰과 민간경비와의 역할분담이나 협력체계에 관해서는 미흡하고 경비원의 대응체제 미비시에 대비한 제재규정이 없으며 기계경비역할의 한계가 불분명하다.[190)]

이외에도 방범기기 제조업체의 저조한 발전, 민간경비원의 질적 저하,

187) 이윤근 외, 전게서, 303면.
188) 이윤근 외, 전게서, 305면.
189) 이윤근 외, 전게서, 305면.
190) 김두현, 전게서, 464면.

용역경비업법의 미흡 등이 지적되고 있다.[191]

이러한 청원경찰법과 경비업법이 여러 문제점에 대해 이윤근은 두 법안을 통합해야 한다며 통합방안과 파급효과를 아래와 같이 제시하였다.

설립통합방안은 현행 청원경찰제도와 민간경비제도를 모두 폐지하고 현실적으로 우리 실정에 맞는 새로운 경비업법을 제정하는 것으로 양 제도의 문제점을 보완하고 장점을 살려 경찰과의 협조체제를 구축할 수 있는 장점은 있으나, 새로 제정하게 될 경비업법의 범위와 한계 등을 설정하기가 어렵다는 단점이 있다. 따라서 설립통합에 따른 현행 양 법의 차별적인 규정들을 어떻게 잘 절충시킬 수 있느냐가 가장 큰 과제가 될 것이다.

흡수통합방안은 청원경찰제도를 민간경비제도에 흡수시키는 통합방법이다. 장기적인 차원에서 살펴볼 때 청원경찰제도가 민간경비제도에 흡수될 수밖에 없는 한계점을 가지고 있지만, 현시점에서 총기소지에 따른 문제, 청원경찰과 민간경비원의 보수의 차, 신분상의 문제, 그리고 경비시설대상에 대한 문제 등이 흡수통합방안에 있어 가장 어려운 문제점으로 대두되고 있다. 그러나 새로 제정되는 경비업법에 일정기간의 경과조치를 두어 양 제도에서 현실적으로 생겨날 수 있는 문제들을 제도적으로 보완 또는 흡수시켜 나간다면 어느 정도 극복할 수 있을 것으로 생각된다.[192]

통합시 파급효과에 대해 첫째, 전체적으로 통일된 민간경비업의 육성이 가능하며, 경비시장의 확대로 경비원들의 보수를 적정수준까지 유지 가능하다. 둘째, 보수지급의 적정화에 따른 경비원들의 사기진작과 우수 경비인력의 확보가 가능하다. 셋째, 이들 우수 경비인력들의 양질의 경비서비스로 경비시장의 일반화를 기대할 수 있다. 다섯째, 경비시장의 일반화와 경비인력의 자질향상을 위한 전문교육기관이 설립과 대학기구에서의 경비원들의 자질향상과 대학기구에서의 고급인력들이 도출하게 되면 미국과 일본처럼 경찰과의 긴밀한 협조체제가 유지될 수 있다. 마지막으로 경찰과 민간경비의 긴밀한 협조체제로 효율적인 범죄예방활동이 제고되어 민생치안의 효율적인 대처로 범죄감소 뿐만 아니라 안정적인 국민경제생활을 보장할 수 있다.[193]

191) 정진환, 경찰행정론, 대영, 1998, 294면.
192) 이윤근 외, 전게서, 308면.

6) 한국 민간경비의 발전방안

한국 민간경비의 발전방안에 대해 김정환은 다음을 언급하고 있다. 민간경비산업발전방안의 하나로서 기계경비를 발전시켜야 하며, 따라서 방범기기를 취급하는 전문인력의 양성과 기능사 제도의 마련과 함께 방범기기제조업체의 파악과 업체에 대한 적극적인 관리육성이 있어야 하며, 일본 경비업이 하고 있지만 우리는 하지 않고 있는 교통경비업무를 수익자부담으로 개발하여 공원, 행사장, 주차장, 기타 혼잡장소 등지에서 교통경비를 실시하게 되면 국가예산의 절감과 민간경비산업의 육성을 가져온다고 한다.[194)]

또한 민간경비산업을 육성하기 위해 경찰체제를 개편하여 현재의 방범대원제도는 해체하고 이들을 모두 민간경비업체에 흡수하고 경찰을 질서유지와 법집행활동을 위주로 하되, 사전적·예방적 경찰활동에는 민간경비와 공조체제를 형성하도록 한다.[195)]

또한 민간경비에 대한 중요정책을 처리할 국가전담기구의 설치와 영세한 민간경비업체에 대한 세제상 및 금융지원정책의 실시 등이 필요하다.[196)] 또한 민간경비회사 자체의 육성방안으로 우수한 민간경비인력을 유치하기 위해 종합적 후생복지제도의 설치, 민간경비업체의 홍보강화, 자생력 향상을 위해 개별민간경비산업의 특성화(건물경비, 행사장경비, 현금소송, 요인경호, 화재방호 등), 한국용역경비협회의 활성화, 손해배상체제의 합리적 보완, 안전교육과 철저한 지도 등을 통한 산업재해의 예방, 업체별 덤핑금지, 약정의 준수, 부가세 면제, 경비지도사들에 대한 내실있는 교육, 캠퍼스 경찰에 민간경비의 도입, 경비업 등 관련법에서의 규제조항의 축소 등이 있다.[197)]

그리고 김두현은 민간경비제도의 발전방안으로 군경비의 많은 부문을

193) 이윤근 외, 전게서, 309면.
194) 정진환, 전게서, 296면.
195) 정진환, 전게서, 297면.
196) 정진환, 전게서, 298면.
197) 정진환, 전게서, 298면 이하.

민간에 이양시키는 민간군사기업(PMC)제도의 도입, 스페인과 프랑스와 같이 공인 민간조사제도(탐정, 민간조사자)의 도입[198], 경비업법에 경비업의 종류로 민간조사업무를 조사할 것을 주장한다.[199]

또한 국가중요시설 경비의 발전방안으로 경비인력의 전문화와 교재의 체계화, 기계시스템의 문제점 개선, 산업스파이[200]와 해커에 대한 대비책 강구, 경비인력최저임금보장대책 등을 제시하고 있다.[201]

그리고 이상원은 시큐리티(security : 안전)업무의 세분화와 다양한 자격제도의 도입을 주장하며 그 개선방안으로 경비지도사시험 합격자[202]에 대한 지역별 전문교육훈련기관의 설치와 경비지도사에 대한 직무교육훈련의 내실화와 차별화된 교육훈련, 현장실무위주 과목으로의 교과과정개편, 대학교 단위의 시큐리티학과의 설치, 경비지도사 이외에 다양한 국가공인 시큐

---

198) 국내에는 사설기관으로 한국민간조사교육원(KPIE)이 설치되어 PI민간조사원과정이 개설되어 있다.

199) 김두현, 전게서, 484면 이하.

200) 산업스파이로 인한 피해는 엄청난데, 이와 관련하여 현재 산업스파이의 색출을 담당하는 국가정보원 산업기밀보호센터에 따르면 국가정보원의 그동안의 산업스파이의 적발건수와 피해예방액은 아래와 같다: 중앙일보, 2005, 11, 23일.

국정원 산업스파이 적발.

연도	건수	피해예방액
1998	9	1조3900억원
1999	4	5조70억원
2000	6	425억원
2001	10	4조7407억원
2002	5	1980억원
2003	6	13조9000억원
2004	26	32조9270억원
2005.11	29	35조5000억원

*자료 : 국정원 산업기밀보호센터

201) 김두현, 전게서, 502면 이하.

202) 경비지도사의 시험과목과 경비지도사의 교육내용은 아래와 같다.

시험과목(영 제12조 제3항 관련〈2003.11.11. 개정〉

구분	제1차시험	제2차시험
	선택형	선택형 또는 단답형
일반경비지도사	• 법학개론 • 민간경비론	• 경비업법(청원경찰법을 포함한다) : 2차 필수과목. • 소방학·범죄학·경호학 중 1과목(택1)
기계경비지도사		• 경비업법(청원경찰법을 포함한다) : 2차 필수과목 • 기계경비개론·기계경비기획 및 설계 중 1과목(택1)

리티 자격제도의 확대실시, 한국을 제외한 모든 OECD가입국이 제도화한 사설탐정업무를 경비업법의 경비업무에 포함시킬 것을 제시하고 있다.[203]

그리고 염장호는 민간경비에 대한 수요를 창출하기 위하여 용역경비의 사회봉사서비스를 강조하여 국민들에게 무료로 경비업체가 응급구조서비스와 방재서비스를 제공할 것과 시민들에게 무료로 방범예방자문과 화재예방을 제안하고 또한 용역서비스의 대중화를 앞당겨야 한다고 한다.[204]

또한 염장호는 경호경비분야의 인사관리의 특수성(잦은 이직문제, 인적자원의 특수성), 조직구조의 특수성(경찰이나 군대와 같은 철저하게 강화된 조직체계), 인적자원의 특수성(자기주장이 강한 거친 성격), 업무내용의 특수성을 들어 타당한 인사관리를 발전방향의 하나로 제시하고 있다.[205]

그리고 염장호는 민간경비의 발전방향의 하나로서 용역경비의 이미지 개선방안을 제시했다. 가령 반드시 교육수준이 높고 업무수행능력이 탁월한 인재들을 많이 초빙할 것과 경비에 관한 체계적인 이론교육을 목표로 하는 대학교육, 경호경비서비스질의 개선, 과도한 경쟁의 금지, 탈법적인 업무의 자제, 관련법규의 재정비(가령 경호업체를 별도로 허가받도록 용역

경비지도사 기본교육의 내용(규칙 제12조)

구분(교육시간)	과목		시간
공통교육 (20시간)	• 경비업법		4
	• 청원경찰법		2
	• 법학개론		2
	• 경비실기(봉술 및 호신술)		4
	• 교육기법		4
	• 입교식·평가·수료식		4
실습교육	일반경비지도사	• 시설경비	5
		• 호송경비	5
		• 신변보호	5
		• 기계경비개론	2
		• 일반경비현장실습	7
	기계경비지도사	• 기계경비운용관리	7
		• 기계경비기획및설계	7
		• 인력경비개론	3
		• 기계경비현장실습	7

203) 이상원, 범죄예방론, 대명, 2005, 476면 이하.
204) 염장호, 경호경비조직론, 오성, 1997, 360면.
205) 염장호, 전게서, 11면이하.

경비업법에 명시해 놓고도 경호지도사제도를 시행하지 않아 경비분야와 달리 경호분야의 질적 수준이 저하됨)와 규제일변도의 정책의 지양을 제시하고 있다.[206]

7) 공경비와 민간경비의 협력증진방안

(1) 기존의 논의들

공경비기관, 즉 경찰과 민간경비의 협력방안에는 다음의 것들이 지금까지 논의되고 있다.[207] 현재 한국경찰과 민간경비업체 간의 상호협력을 통한 민간경비업의 발전을 도모하기 위한 목적으로 2000년 민간경비발전 협의회가 구성되어 있고, 경찰서 단위에서는 생활안전과 생활안전계 소속 경찰관 1명이 경비업업무를 담당하고 있지만, 형식적인 지도감독에 그칠 가능성을 가지고 있는데, 현재 한국의 경찰과 민간경비간에 많은 문제점이 있다.[208]

그러한 문제점으로는 민간경비원의 자질부족, 훈련제도의 미흡, 낮은 직업의식 등으로 국민과 경찰 등의 민간경비에 대한 이해의 부족, 2천여개가 넘는 민간경비업체를 지도·감독할 전담기구의 부재, 민간경비업체의 영세성과 비전문성으로 인한 문제점, 경비업법과 청원경찰법의 단일화 문제와 경비전문자격증 제도의 도입문제, 경찰정책에 있어서 민간경비를 활용한 범죄예방전략의 부재, 경찰과 민간경비와의 정보교류부족 등이 지적되어 왔다.[209]

따라서 공경비인 경찰과 민간경비간에 상호협력을 증진시키기 위하여 경찰과 국민의 민간경비에 대한 인식전환이 있어야 하는데, 가령 경찰은 치안수요의 다양성과 전문성에 효과적으로 대응하기 위해서는 경찰은 치안서비스의 공동생산의 동반자로 민간경비를 인정해야 한다.

또한 공공부문의 민영화의 확대와 더불어 경찰에서도 공경비의 민영화에 대한 인식의 전환과 함께 공경비의 민영화와 공유화가 치안서비스의 질

---

206) 염장호, 전게서, 342면 이하.
207) 김상균, 경찰과 민간경비의 상호협력증진방안, 경비학회11호/세미나자료: 이상원, 전게서, 481면~498면 요약정리.
208) 이상원, 전게서, 489면.
209) 이상원, 전게서, 491면.

을 향상시킬 수 있다는 발상의 전환이 있어야 한다. 국가주요시설인 인천국제공항을 민간경비원이 총기를 갖고 경비를 행하는 특수경비제도가 도입된 것이 공경비를 민영화한 대표적 사례이다.210)

또한 현재 민간이 주최하는 대규모의 이벤트행사 등지에서 경찰력대신 민간경비가 혼잡경비서비스를 제공하는데 이러한 혼잡경비와 같은 경비활동영역의 민영화는 국가공경비의 업무부담을 감소시키고 또한 민간경비산업의 성장에도 긍정적 영향을 미친다.211)

그리고 경찰과 민간경비의 협력시스템구축 방안으로는 양자간의 범죄정보의 교류의 긴밀한 확대, 미국과 일본에서 활성화되어 있는 경찰과 민간경비간의 합동순찰과 같은 범죄대응합동훈련, 경비자문서비스센터나 범죄자문서비스센터의 공동운영방안 모색, 일선경찰서에 민간부서 전담부서설치운영 등이 있다.212)

그 외에도 경비업체의 영세성탈피와 세분화된 전문업체로의 전환의 필요성, 경찰과 민간경비간의 효율적인 방범 프로그램의 개발과 운용의 필요성, 민간경비교육훈련시스템의 개선과 민간경비전문교육기관의 설치 및 민간경비원의 질적향상의 필요성, 민간경비업체 스스로의 적극적인 홍보전략의 필요성, 지역경찰과 지역 경비회사 간의 지역단위 협의기구의 활성화, 민간경비원의 투철한 직원윤리, 경찰서와 민간경비회사간에 비상연락망 구축 등이 지적되고 있다.213)

8. 형사사법의 중립화론

범죄대책론의 하나로서 형사사법의 중립화론을 들 수 있는데, 형사사법의 중립화론이란 본인이 조작한 개념으로 형사사법의 민영화와 형사사법서비스의 제3섹터적 생산을 합친 것이라고 정의하고자 한다.214)

---

210) 이상원, 전게서, 493면.
211) 이상원, 전게서, 494면.
212) 이상원, 전게서, 495면.
213) 이상원, 전게서, 497 이하.
214) 제3섹터란 민관공동출자방식이란 의미로 이러한 제3섹터 설립의 배경은 공공부문의 자금부

가령 경찰이 행하는 방범, 수사, 정보수집 등의 경찰활동과 법원이 행하는 각종 사법서비스, 교도소와 구치소, 보호관찰소가 행하는 범죄인에 대한 교화서비스와 보호서비스를 왜 모든 국가와 우리나라에서는 반드시 생산성과 관계없이 신분이 철저히 보장되는 공무원 집단인 관료제에 의해서만 생산해 왔는데, 왜 관료제 생산방식으로만 해야 하는가에 대한 의문에서 형사사법서비스의 중립적 생산론이 탄생하게 된다. 여기서 형사사법의 중립화란 지금까지 모든 형사사법서비스의 생산을 관료제가 독립생산 해 온데 대한 반발의 의미로 그러한 형사사법 서비스의 생산을 관료제가 아닌 완전 민간단체에 맡길 수는 없는가, 또는 그러한 형사사법서비스의 생산을 관료제와 민간부문이 공동으로 참여 생산하는 제3섹터적 생산방식이 더 효율적일수도 있다는 데서 출발한다.

가령 필자가 사는 지역은 경기도 군포시인데 여기서 강간사건이 발생했다면 지금까지 그래왔듯이 반드시 관료제집단인 경찰이 수사, 체포, 정보수집 등의 치안서비스를 생산하는데 그러한 관료제인 경찰대신 민간조사원이나 탐정 등이 수사, 체포하는 것 등의 형사사법서비스의 생산에 참여시키는 것이 좋다는 것이 형사사법서비스의 민영화론이다.

경찰이 행하는 치안서비스를 가분적 상품이라고 할 수가 있다면 정보수집, 수사, 방범 등으로 나눌 수가 있고 이때 정보수집이나 방범 등은 완전히 민간기관이 생산하게 할 수도 있을 것이다. 과연 체포, 방범 등의 형사사법서비스의 생산성과 전혀 무관하게 해가 갈수록 호봉이 올라가고 철저히 신분보장이 되는 관료제를 통한 생산방식과 서비스의 한계생산성에 따라 보수와 신분상의 진퇴가 결정되는 민간인에 의한 생산방식 중 어느 것이 범인의 체포나 정보수집, 방범에 더 효율적인가?

물론 이 문제에 대한 답은 간단치 않지만 적어도 관료제만능주의에 세뇌되어 기능적 사고 고착이 오랫동안 진행되어온 한국사회에서는 관료들의

족, 민관협조영역의 확충, 공공영역의 기업화 경향 등에 있으며, 제3섹터는 공공부문과 민간부문, 양쪽이 모두 필요성을 느낌으로써 오늘날 더욱 촉진되고 있는데, 공공부문에서는 재정난의 타개, 지역민간사업 활성화 , 민간경영 효율성의 활용 등을 기할 수 있고, 민간부문에서는 투자안전의 보장, 보조·융자의 유리, 사업추진의 용이, 부대사업상의 이득 등을 기대할 수 있는 것이다. 최창호, 지방자치학, 삼영사, 202, 715면.

기득권을 지키기 위한 집단적 반발과 온갖 상직조작, 가령 책임문제나 민간기업의 비도덕성 등을 들어 상징폭력이 행해질 수도 있다. 경찰이 행하는 치안서비스 등 각종 서비스의 생산을 가분(可分)하여 정보수집, 외사 등 일부 서비스의 생산을 완전히 민간인에게 맡길 수 있느냐의 문제는 그 날의 문화적 여건, 국민의 성숙의식, 정치수준, 민간경비업체의 발달수준, 이익집단의 세력도, 관료제 문화의 정도, 구성원들의 도덕수준, 민영화된 형사사법서비스의 생산에 잘못이 있을 때의 책임문제나 책임을 담보하기 위한 보험가입여부 등 여러 변수에 의해 결정될 수가 있다.

사법부의 사법서비스의 생산도 마찬가지다. 가령 집달업무를 담당하는 것도 현재의 관료제에 의한 생산보다는 특허받은 민간인에게 맡기는 것이 다른 조건이 일정하다면 훨씬 생산성이 높을 수도 있을 것이다.

또한 범죄인을 바르게 교화하는 교정에 있어서도 지금같이 교정서비스의 생산은 관료제집단에만 맡기는 것보다 완전 민간인 또는 민간단체에 맡기는 것이 더 생산성이 높을 수 있고, 브라질 등 여러 외국의 사례는 교정서비스의 관료제적 생산방식의 완전실패와 민간단체에 의한 교정서비스의 생산이 성공해 왔음을 보여주고 있다.[215)]

215) 브라질에 있는 민영교도소는 영국・미국・호주의 그것과 달리 종교교도소의 성격이 강한 것이 특징이며, 그러한 종교 민영교도소는 놀라운 교정효과를 보이고 있는데, 여기서는 민영교도소인 휴마이타 기독교교도소의 성공요인을 중심으로 살펴보기로 한다.
San Jose dos Campos에 있는 민영교도소인 휴마이타 교도소는 재소자들과 자원봉사자들로 운영되며, 교도관・총・창살도 없고, 출소자재범률이 4%에도 못미칠 정도로 성공을 거둔 곳인데, 그 원인은 인가에 대한 신뢰로 이루어진 교화 프로그램 때문이다. 이 교도소는 5단계 과정의 프로그램을 거친다. 1단계인 지원과 선발과정을 거치면, 2단계인 중구금보호단계에서는 자원봉사자의 적극적 개입이 있다. 이들 자원봉사자들은 역할모형으로서 재소자를 대리아들, 또는 양아들로 삼고, 그가 그들의 친자식인 것처럼 호적에 입적하여 대리부모・양부모로서 봉사하거나, 또는 후원자로서 봉사하는데, 재소자와 그의 가족 사이의 화해를 유도하는 중재자로서의 역할도 하며, 이 때 자원봉사라는 그들의 실천적인 사랑의 표현을 통해 재소자들이 사랑을 깨닫게 된다고 믿으며 재소자들은 자기존중감을 느끼고 상호유대・상호책임의 가치를 배우게 된다. 그 다음 3단계인 중간구금보호단계는 사회복귀준비로 옮겨 가는데, 자원봉사자들이 재소자들이 사회에서 외부통근할 직장을 찾아 주면, 재소자들은 지역사회 내에서 직장을 갖게 되고, 지역사회 내에서 자원봉사활동에도 참여하며, 자원봉사자와의 접촉이 더욱 증대된다. 그 다음 4단계인 최소보호단계는 지역사회로 완전복귀해 자기집에서 거주하면서 매일 보고하는데, 그들 형량의 2/3를 이 단계에서 보내며, 이 때는 자원봉사자는 대리부모 또는 후원자로서 계속 사랑과 지원을 하게 된다. 5단계는 조건부 석방인데, 이 때도 재소자와 따라서 형사사법서비스의 중립화란 범죄대책의 실질적인 방안이 될 수 있는데, 이러한 형사사법서비스의 중립화는 형사사법서비스의 민영화와 형사사법서비스를 민·관이 공동생산하는 제3섹터적 형사사법서비스의 생산방식으로 나누어 볼 수가 있다.

우선 형사사법서비스의 민영화는 경찰, 법원, 교정기관 등에서 살펴볼 수가 있다.

교정기관에서의 형사사법의 민영화는 보통 민영교도소론으로 논의되어 왔다. 여기서 교정의 민영화에 대해 살펴보면 교정의 민영화란 교정시설을 사적인 영리를 목적으로 하는 조직에서 재정적으로 지원하거나 운영하고, 또는 일부 프로그램을 지원하거나 운영하는 것이다. 교정의 민영화는 교도작업분야에서부터 시작되었다고 한다. 이러한 교정의 민영화는 미국의 경우는 건국 초기부터 있었으며, 이 당시는 교정부문에서의 민간참여는 참혹해 수형자들이 혹사당했으며, 그 뒤 이러한 교도소수형자의 임대나 계약제도의 남용을 방지하기 위해 현행과 같은 국가주도의 교도작업제도가 생겼다고 한다.216)

그러다가 교정시설의 민영화가 진행되어 온 중요한 이유는 1970년대 중반 이후 형사정책의 보수화로 인한 강경정책의 등장으로 수용자가 급증하여 과밀수용의 문제가 대두되면서부터이다. 따라서 재소자의 급증과 이에 다른 시설건축과 재정적 부담의 문제가 발생하자 이런 입장에서 그러한 난제들을 타개하기 위해 나온 것이 교정의 민영화이다.

위의 과밀수용의 문제 외에 또 교정민영화의 배경이 된 것에는 지금까지 국가기관에 의한 독점적인 공공교정행정에 대한 불만과 공공교정행정이 당초에 교정목표달성에 실패했다고 보고, 그런 맥락에서 국가의 사법기관보다는 민간분야가 더 유리할 수 있다는 것에서 교정의 민영화문제가 대두되었다. 또한 갈수로 증대되는 교정수요와 그로 인한 교정경비의 증대에 봉착한 교정당국이 찾을 수 있는 대안은 효율성이고, 그런 맥락에서 같은

자원봉사자는 월례모임을 갖는다고 한다. 이렇게 브라질의 휴마이타 종교교도소가 성공을 하자, 현재 미국을 비롯한 서구제국이 벤치마킹을 하고 있다.: 세진회30년사, 기독교세진회, 123면 이하.

216) 남상철, 개방처우의 효율적 방안, 교정연구 제17호, 9면.

경비를 가지고도 교정당국보다는 민간기업이 더 효율적으로 운영할 수 잇다는 사실에 입각해 교정의 민영화가 시험되고 있다고 한다.217)

현재 미국에서 민영화의 범위는 의료, 정신치료 서비스, 식사 등 특정분야의 서비스를 제공받는 것부터 교도작업 프로그램과 민간교도소 건설 등과 같이 약간 큰 범위도 있고, 시설 전체를 민간에게 이양하여 민간이 운영하고 정부는 감독만 하는 형태 등 다양하며, 민간이 제공하는 교정분야 서비스에서 가장 많은 것이 의료관련 서비스이고, 그 다음이 지역사회에 있는 치료센터, 교육 프로그램, 상담 등이라고 한다.218)

이러한 교정의 민영화에 대해서는 찬반론이 항상 제기되어 왔는데, 민영화의 찬성론자들이 주장하는 민영화의 일반적인 장점에는 경제적인 비용으로 양질의 서비스를 제공할 수 있다는 것과 프로그램 개발의 신속한 추진력 및 운영의 탄력성 그 내용의 다양성 등을 들 수 있으며, 그리고 국가와 민간부문의 참여에 의해 국가의 교정부문의 역할이 잠식당하는 것이 아니라, 오히려 국가의 교정정책의 영역과 방법을 확대시켜 준다고 한다.219)

또한 찬성론에서는 교정시설은 정부기관보다는 민간기업에 의해서 보다 부드럽고 효과적으로 운영될 수 있고, 민간기업이 국가기관보다는 필요한 재화와 용역을 구매하는 데 유리한 입장에 있다고 하여 찬성하고 있다.220)

한편, 민영화에 반대하는 입장에서는 민영화가 경비문제나 과밀수용과 같은 문제를 과연 해결할 수 있는가라는 의구심을 나타내고, 민영화가 당면과제의 해결책으로서 부적합함을 실증적으로 증명하는 데 그 초점을 집중하였으며, 또한 국가부문이 국가의 고유영역인 교정분야에서 역할이 확대되는 데 대한 이념적 거부감, 그리고 고통당하는 수용자를 대상으로 영리사업을 추구해야 하는가 하는 윤리적인 견해 등이 포함된다고 볼 수 있다고 한다.

다시 말해 재소자관리와 훈육에 대한 책임성, 민간인에 대한 국가형벌권의 위임, 재소자에 대한 착취와 권익의 침해, 범죄다수용의 확대 등의 논란

217) 이윤호, 교정학개론, 박영사, 393면.
218) 남상철, 전게논문, 14면.
219) 김용준, 교정학, 고시원, 692면.
220) Frnacis T. Cullen, "The Privatization of Treatment : Prison Reform in the 1980's" Feder Probation, 50, 1986, pp.8~16; 이윤호, 전게서, 398면에서 재인용.

의 여지가 많다는 점이 지적되고 있다.[221)]

사견으로는 교정의 민영화가 옳은가 나쁜가는 교정의 민영화 자체가 워낙 여러 측면을 가지고, 또한 준거기준에 따라 달리 평가될 수 있어 일의적으로 옳고 나쁘다고는 말할 수가 없다.

따라서 사견으로는 교정의 민영화 또는 민영교도소의 시행은 그 나라의 공무원의 부패정도, 기업문화, 민간기업의 능력과 경험 및 발달 정도, 종교적 상황, 준거기준의 순위, 이익단체의 성격, 정부의 재정상태, 관료제의 성격, 국민의 수용성, 정부의 교정재 생산능력 등 다양한 요인을 고려하여 평가해야 할 것으로 생각되며, 그런 맥락에서 우리나라에서 논의되고 있는 교정의 민영화에 대해 사견으로는 높은 부패문화와 교정재 생산에 책임지지 않는 한국의 교정관료제, 따라서 무형적인 교정재의 생산보다는 달성하기 쉬운 유형적 · 단기적 목표인 보안재의 생산에 관심을 갖는 각국의 교정조직 문화, 우리나라의 높은 종료수준, 교정조직의 확대에도 불구하고 높아가는 재범률 등을 고려할 때 교정의 민영화가 대폭 확대되어야 한다. 교정재의 생산이 가장 중요한 준거기준이라고 한다면, 다품종 · 소량생산과 사회사업적 성격을 갖는 교정재의 생산은 관료제 만능주의에 의해 생산할 것이 아니라 탈관료제와 관료제의 완화 및 수평적 조직이론에 의해 생산해야 된다고 생각하며, 따라서 현재 우리나라의 교정재 생산방식이 모두 공무원조직에 의해 생산되는 것은 지양해야 한다고 생각한다.

여기에 제3섹터(sector)이론에 의해 교정재 생산이론을 제안한다. 즉 현재 교정조직 중 보안과 · 분류심사 · 출성 · 인사 · 서무 등만 공무원제도를 이용해 공무원을 임명하고, 작업지도 · 직업훈련 · 교화 · 구매 · 급양 · 교정의료 · 수용자교육 · 보건 · 위생 · 약제 · 출소자보호 · 용도 등의 나머지 모든 부문은 민간에 이양시켜 관 · 민(官民)합작에 의해 교정재를 생산하면 종전의 관료제로만 생산할 때보다 훨씬 더 저렴한 비용으로 질 좋은 교정재를 생산할 수 있다. 즉 종전에는 교정재의 생간을 모두 국가가 독점하고, 공무원의 신분의 철저보장으로 경쟁의식이 없어 형식주의 · 무사안일주의 · 보수성을 초해했으며, 교정밀행주의의 결과로 실질적인 통제를 받지

221) 이윤호, 전게서, 398면.

않아 교정재 생산비는 계속 증가해 왔지만 재범률은 갈수록 증가하고 있다. 그러나 직업직도 · 직업훈련 · 구매 · 교화 등을 민간에 이양시켜 이들 부문에는 공무원 신분이 아닌 계약직 민간인 또는 민간단체를 경쟁을 통해 선발하고 일정기간마다 해당부문의 성과나 실적과 비교해 재계약하도록 한다. 가령 수용자의 교화 등에 있어서는 충분한 홍보를 하고, 각종 민간단체가 제시하는 교화 프로그램을 합리적으로 심사하여 채택하며, 이들 민간단체가 가진 뛰어난 교화 프로그램을 교정현장에 투입하면 종전의 관료제적 역기능은 불식되고, 수용자의 개별처우에 적합한 교화를 할 수 있어 결국은 질좋은 교정재의 생산이 가능하다.

왜냐하면 한번 계약을 맺은 민간인 또는 민간단체는 나중에 재계약을 하기 위해, 또는 수용자인 고객으로부터 정시적인 교화 프로그램 평가에서 좋은 점수를 받기 위해 헌신적이고도 전문적 · 개별적 · 고객만족적 교화를 할 수밖에 없기 때문이다. 또는 사회사업적 성격을 갖는 교정재는 다품종 · 소량생산이 특징이며, 친화적인 조직개념이 탈관료제적 이론이라는 것을 생각할 때, 아예 교정재의 생산에 있어서 공무원을 완전배제하고 완전민영화시켜 민간인들로만 생산하는 방식이 논의될 수가 있다. 예를 들어 한국교정공사(가칭)를 창립하고, 현재의 중간기구인 지방교정청은 폐지하며, 지역 일선 교정시설들로만 구성되는 모형을 생각해 볼 수 있는데, 직업훈련 · 교도작업 · 구매 · 용도 등의 분야에서는 기업성이나 영리성을 추구하고, 보안 · 교화 · 교육 등의 면에서는 공공성을 추구하는 모형이 그것인데, 이에 관해서는 다른 국가들의 경우에는 입법례가 없어 많은 논의와 연구가 필요하다고 생각한다.

한편, 앞에서는 미국공무원연맹이 교정의 민영화를 절대 반대하는 것은 관료사회학적 입장에서는 집단이기주의의 발로이며, 그들의 논리는 상징조작의 논리라고 생각된다. 왜냐하면 사회학적 입장에서는 관료사회는 관료이익이 교정재의 생산보다 우선 추구되는 것은 철칙이며, 이 과정에서 온갖 상징조작이 동원되기 때문이다.

그리고 남상철 교수는 UN 피구금자처우 최저기준규칙 제46조 제3항이 교정직원은 직업교정공무원으로서 임용되어야 한다는 조합을 예로 들면서 우리나라의 민영교도소에서 공무원이 아닌 직원을 채용해 교정을 맡기려는 것은 과연 타당한가라는 의문을 제기하는데, 사견으로는 남 교수의 주장에 동의하지 않는다. 그것은 한국에서는 교정공무원이 갈수록 증가해도 재범율 갈수록 높아져 온 사실, 또한 신분이 철저히 보장되는 관료체계는 교정재 생산에 책임을 지지 않는다는 사실에 비추어 오히려 민간직원이 낫다고 생각되며, 또한 UN 피구금자처우최저기준규칙은 유럽의 문화가치가 반영된 법규로 절대적 성격을 가진 것은 아니기 때문이다.

이러한 민영화 또는 제3섹터에 의한 교정서비스의 장점이 많은데도 많은 학자들은 오히려 교정서비스의 생산에 있어 관료화를 더욱더 주장하고 있는 것이 한국의 현실이다.

가령 허주욱 교수는 갈수록 폭증하는 교정업무와 16개 외청들과 비교해 2003년 5월 7일 현재 정원면에서는 교정국이 12,490명으로 1위인 경찰청에 이어 4위이고, 예산면에서는 교정국이 5,514억명으로 1위인 철도청에 이어 5위인데, 이와 같이 교정국은 외청이나 경찰청과 대비컨대 방대한 조직이 법무부의 1개 내국에 불과함은 조직의 규모면이나 효율성 면에서 더 이상 지체할 수 없다고 하며, 경찰청과 동등하게 전문적이고 효율적인 교정행정을 위해 교정청을 신설할 것을 주장하고, 교정직 5,6급 직원들의 83.9%가 교정청의 독립을 원한다는 내용을 들어 교정청의 독립을 주장하고, 교도관 1명당 수용자의 비율을 일본 수준인 1명 대비 3.3명으로 하기 위해 약 5,200명의 교정공무원이 증원이 요구된다고 하며 공무원의 증원을 주장하고 있다.[222)]

그러나 사견으로는 그의 주장은 일반행정 등에서 생산하는 일반공공재와 교정주체와 교정객체가 합동으로 생산하는 교정재라는 특수한 공공재를 동일시하는 오류를 범하고 있다.

즉, 교정국이 예산이나 인원면에서 다른 외청보다 방대한 조직이므로 효율성 차원에서 교정청을 신설해야 한다는 주장은 교정행정과 일반행정의 차이점을 간과한 주장이라고 생각한다.

또한 허주욱 교수는 교정업무가 폭증하는데 대응하고 교정공무원의 근무환경개선, 즉 교도관 1인당 수용자의 비율을 일본수준으로 낮추기 위해

---

222) 허주욱, 교정연구, 2003, 19호, 62면 이하.

교정공무원의 증원을 주장하나 그의 주장은 교정업무의 폭증은 교정공무원 증대로 해결된다는 관료제 만능사상의 오류에 젖어 있다.

교정업무는 일반행정과는 다른 특성이 있는데, 허주욱 교수는 교정업무의 특성을 인정하면서도 교정행정이나 교정행정 수요 그리고 교정재의 생산을 일반행정이나 일반행정 수요 그리고 일반고공재나 치안재의 생산과 동일시하는 잘못된 전제에서 출발하고 있다.

즉, 일반행정 공공재, 예를 들어 국방재, 외교재, 일반행정재, 환경재 등은 매일매일 대량생산되고 바로 소비되어 대체로 생산과 소비의 시간적 격차가 없으며, 또한 대체로 행정주체가 공급하며 이러한 일반공공재는 일반행정재 외에 국방, 치안 등 다양하고 전문성이 있다 해도 대량생산을 특징으로 하며, 그러한 대량생산되는 일반공공재는 몰개성을 특징으로 해 공급되는 상품은 획일적으로 공급된다.

예를 들어 국방이나 환경 등의 전문 분야의 공공재의 생산은 매일 대량으로 생산되고 국민이 바로 소비하지만, 이때 제공되는 국방 등의 공공재 각각은 내용이 동일하며 개별적 특징은 없다.

즉, 일반공공재는 내용이 동일한 상품을 매일 대량생산하므로 이러한 대량생산을 지배하는 이념은 최소의 비용으로 최대의 산출량을 만드는 능률성과 효율성이며, 이러한 능률성과 효율성에 친화적인 조직 패러다임이 바로 관료제이론, 즉 피라밋형, 계층제, 명령통일, 보고와 명령, 계선과 막료의 관계를 근간으로 하는 공무원조직 이론이다.

다시 말해 일반행정분야의 영역에서 행정수요가 증가하면 그러한 많은 분량의 업무를 계층적, 합리적, 분업적으로 처리하기 위해 관료제 조직의 도움이 필요하며, 이는 공무원의 증대를 필요로 한다는 것이 근대 국가의 관료제 이론이라고 생각한다.

그러나 교정재라는 특수공공재는 행정재이면서도 사회사업적 특성을 가지고 있고, 또한 생산주체가 일반공공재와 달리 교정공무원과 수형자의 합동에 의해 생산되며 정기형 제도로 인해 생산과 소비에 있어 시간적 격차가 있으며, 일반 공공재처럼 동일한 성격의 내용을 대량생산하는 것이 아니라 각기 다른 성격을 가진 교정재를 다품종소량씩 생산하게 된다.

즉, 과실범, 마약범, 정신병 수형자, 격정범, 상습범 등 다양한 수형자의 특성에 맞게 개별적으로 조금씩 생산되어 시장에 공급되는데, 이러한 다품종소량생산에 지배되는 이념은 다양성과 개별적 적합성, 상황성이며, 이러한 다양성과 개별적 적합성에 친화적인 조직 패러다임은 탈관료제이론, 또는 수평적 조직이나 팀(Team)제적 접근에 의해 해결해야 되며, 따라서 공무원 수의 증대나 공무원제도로만 해결해서는 안되며, 그것은 과거 우리나라가 과거부터 지금까지 교정업무의 증대화 교정수요가 증대될 때마다 경비과 신설(1984), 보안2과 설치(1986), 지방교정청 설치(1991) 등 관료조직의 강화와 공무원의 증대로 대응해 왔으나, 80년대 30%에 불과하던 재범률은 97년 52%, 98년 56.6%, 99년 59%, 2000년 61.2%, 2001년 63.1%, 2002년에는 64.3%로 해가 갈수록 재범률의 비율이 늘어가고 있다(2003. 8. 5. 조선일보).

이런 경찰청의 통계사실은 교정재의 생산을 일반공공재의 생산과 동일시해 관료재로만 교정재를 생산하는 데서 오는 그 한계를 알 수 있고, 또한 암수범죄의 높은 비율을 생각할 때 재범률은 2002년의 경우 64.3%보다 훨씬 높다는 것을 추론한다면 관료제만으로의 교정재 생산은 실패했다고 할 수 있다.

따라서 교정재라는 사회사업적 성격을 가진 특수공공재를 국방, 환경 등의 일반공공재와 동일시해 교정업무의 증가에 대응해 교정청을 설치해 관료제를 더욱더 강화하고 계층구조를 심화시키며 공무원 수를 증가시켜 공무원제도로 모든 것을 해결하려는 허주욱 교수의 주장은 그 이론적 전제가 잘못되었다고 생각한다.

바로 이 점에서 적어도 교정 등의 특수서비스 분야에서는 교정의 완전민영화 또는 제3섹터적 생산방식이 필요한 이유가 있다고 할 수 있으며, 교정행정에 대한 수요가 증대된다고 해서 공무원수를 증가하는 등의 관료화를 심화시킬 것이 아니라, 오히려 관료화를 축소하고 그 축소된 부문에 민간부문이 참여토록 하는 민영화방식이 되어야 보다 생산성 높은 교정서비스가 제공될 수 있으며, 결국 그런 것들은 실질적으로 재범방지에 기여할 수 있기 때문이다.

가령, 현재 수용자에세 급양되는 주식, 부식은 일선교정시설의 용도과에서 담당하는데, 용도과의 공무원이 담당함으로써 그 본질적 한계가 있고 효율성, 즉 최소비용으로 질좋은 부식 등을 확보하는데는 민간전문가보다 경쟁력이 약하고 실질적인 통제에도 문제가 있을 수 있다.

따라서 야채나 반찬원료 등 부식의 구매담당을 민간의 구매전문가에세 이양하면 현재보다 훨씬 질 좋은 부식재료를 저렴한 비용으로 충당할 수가 있다.

그리고 그가 제공하는 부식재료에 대한 수용자의 정기적 평가를 하게하고 그의 구매의 효율성과 재계약 및 연봉을 연계시키면 민간인 구매전문가 역시 구매의 효울성을 위해 최선을 다할 것이기 때문이다.

왜냐하면 현재처럼 구매담당을 교정공무원이 하게 되면 교정공무원은 구매의 효율성이나 실적과 관계없이 평생 신분이 보장되므로 그로 인한 무사안일과 정체성이 올 수 있고, 또한 구매담당 공무원은 구매에만 전념하는 것이 아니라 자신의 승진을 위한 노력도 하게 되고, 또한 관료제적 체제속의 한계를 가지므로 전문선과 효율성, 통제성 면에서 민간전문가보다 떨어질 수밖에 없기 때문이다.

교정의료부문도 현재는 공무원체계로 함으로 인해 높은 월급을 주어도 전임의사의 확보가 곤란하고 전임의사가 있어도 겨울에는 오후 5시가 되면 퇴근해 야간에는 의료공백상태가 오며, 또한 부족한 의사로 인해 형식적 진료를 하는 현상이 되고 있는데, 이것도 민간, 특히 아시아 등 외국의 민간인이나 민간기구에 교정의료를 개방시키면 우리나라보다 상대적으로 저렴한 인건비로 알려진 외국의 의료인력과 치과의사 중에서 질 좋은 의료인력을 확보할 수 있어 위에서 제기한 공무원 체제로 인한 문제점이 해결되고 고객만족적 교정의료가 되어 결국은 질좋은 교정재의 생산에 기여할 수가 있다.

수형자에 대한 교화서비스의 제공도 현재의 공무원인 관료집단에 맡기지 말고 기독교 등의 종교계나 민간단체에 완전 위탁하는 것이 훨씬 높은 교화서비스의 생산성을 기대할 수 있고 그것은 결국 범죄인의 재범 방지로 연결될 수 있다.

이처럼 교정등의 형사사법의 민영화 또는 제3섹터적 생산방식은 형사사법행정의 생산성을 높임과 동시에 범죄인의 재범을 방지하는 범죄방지대책의 기능도 할 수 있으므로 하루 빨리 관련전문가들에 의해 경찰, 법원,

보호 등의 여러 분야에서 민영화방식이 가능한 분야들을 찾아내 이들 분야의 관료화를 축소하고 민영화를 혼합시키는 생산방식을 모색해야 한다.[223)]

9. 교정자원봉사론

1) 의의

오늘날 교정재의 생산책임을 지고 있는 관료조직인 교정조직과 교정공무원이 확대되고 증가되어감에도 출소자의 재범률은 줄어지지 않고 출소자의 재범률은 약 70%에 가깝고, 특히 계산되지 않는 암수범죄를 생각할 때 출소자의 재범률은 더욱더 높을 것으로 추정된다. 따라서 범죄의 예방을 위해서는 종래의 관료제적 생산모형으로는 실패했음을 인식하고 교정재의 적절한 생산을 위해서는 비관료제적 생산모형의 도입이 필요하며 바로 여기에 교정자원봉사자 등의 자발적인 교정자원의 중요성이 대두된다.

자발성이란 아무런 대가도 바라지 않고 교정재의 생산에 참여하는 것을 본질로 하므로 현재의 공식적인 관료체제인 사회복지직 공무원과 교정공무원은 엄격한 의미에서 자발성과는 거리가 있다.

따라서 이러한 비공식적이고 자발적인 교정자원의 중요성이 인정되어 왔지만 주로 지금까지는 공식적인 관료체제모형의 단점을 보완하는 보충적인 교정복지 시스템으로 작용해 왔다. 그러나 갈수록 증가하는 현대범죄의 문제를 해결하고 출소자의 진정한 교화를 위해서는 교정복지를 보충적이고 자선적 형태에서 국가의 제도적 장치로 변혁시키지 않으면 안 될 불가피한 상황에 놓여져 있으며, 따라서 과거와 같은 보충적이고

---

223) 현재 보호관찰소도 국가관료제에 의해 운영되지만, 이러한 보호서비스의 생산도 오로지 관료제에만 의존할 때 관료제적 형식화가 될 우려가 크므로 단체, 개인이 운영하는 민간보호관찰소의 도입도 검토될 만하고, 마찬가지로 민영교도소와는 별도로 개인이나 민간단체가 운영하는 민간 감옥제도의 도입이 절실하다.

잔여적 개념으로의 교정복지 시스템을 극복해야 할 중요한 과제에 직면하고 있다.

그와 같은 과제를 달성하기 위해서는 많은 부분의 개혁과 검토가 필요하나, 그 중에서도 교정복지를 뒷받침할 자원의 중요성의 문제를 검토할 필요가 있다.

따라서 여기서는 제도화된 교정복지를 위한 자원으로서 교정복지의 인적자원과 교정복지의 물적자원을 들 수 있으며, 전자에는 교정복지사, 교정자원봉사자, 교정공무원, 교정의무봉사자를 들 수 있고, 후자에는 교정복지의 재정, 교정복지의 시설, 교정복지법과 같이 교정복지와 관련된 법과 제도 등을 들 수 있다.

그러나 여기서는 비관료적인 교정복지를 전제로 하므로 교정공무원은 제외하며, 또한 여기서는 교정복지의 인적자원에 초점을 두고 서술하므로 교정복지의 물적자원은 언급하지 않기로 한다. 따라서 여기에서는 교정자원봉사자 등을 중심으로 논의하기로 한다.

2) 교정자원봉사자

(1) 개념

교정자원봉사자란 소극적으로는 범죄인의 재사회화를 돕기 위해 교정적 서비스 또는 보호적 서비스를 자발적으로 제공하는 자를 말하고 적극적으로는 피해자에 대한 여러 정서적 서비스를 제공하고 피해자와 가해자간의 화합을 위한 프로그램을 제공하거나 또는 가해자와 피해자 주변의 인적 생태계에 대한 여러 서비스를 제공하거나 이와 관련해 친교정적인 여러 자원을 획득하거나 알선하는 자를 말한다고 폭넓게 정의할 수 있다.

따라서 위의 정의에서 보면 범죄인에 대한 교정적 서비스란 주로 시설내 수형자에 대한 교정과 교화라는 교정서비스의 생산을 말하고 범죄인에 대한 보호적 서비스란 교화되어 출소한 자에 대해 다시 재범을 않도록 보호하는 서비스를 말한다. 또한 "자발적"으로 서비스를 제공해야 되므로 자발성의 본질인 "무대가성"을 전제로 하지 않는 교정공무원과 교정공무원으

로 채용된 교정복지사는 여기서 제외되며 교정복지의무봉사자도 여기서 제외된다.[224]

또한 그리고 적극적으로는 범죄예방의 관점에서 피해자 중에서도 범죄인으로부터 범죄를 유발하기 쉬운 성격과 행동을 가진 피해자의 성격을 교정하는 여러 서비스를 자발적으로 제공하는 자도 포함할 수 있다. 또한 복수심이나 응보감정이 있는 피해자나 가해자의 주변 인물에 대해 분노조절 프로그램이나 갈등해결 프로그램 등을 통해 여러 서비스를 제공하는 자도 포함될 수 있다.[225]

또한 위의 정의에서 친교정적인 자원의 획득 또는 알선이란 교정자원봉사자가 교정복지활동중 교화나 교정에 장애가 되는 제도나 법령의 개선을 위한 여러 자원을 획득하는 활동을 말한다.

그리고 위의 교정자원봉사자란 개념에서 “자”란 자연인과 단체를 내포하는 개념으로 교정시설에서 자원봉사를 하는 사람과 단체를 모두 내포하는 개념을 의미한다. 그러나 교정자원봉사자란 주로 자원봉사를 행하는 개인을 의미한다고 보겠다.

(2) 현황

현재 우리나라의 교정자원봉사자에는 과거의 갱생보호위원, 소년선도위원, 보호위원을 통합한 범죄예방자원봉사위원과 주로 소년원과 소년분류심사원에서 활동하고 있는 어머니회, 종교지도위원, 방문지도위원을 통합한 보호소년지도위원과 전국의 소년부 지방법원지원에서 청소년을 상담하는 소년자원보호자, 주로 경찰서에서 활동하는 청소년 지도위원과 그리고 주로 교정시설에서 활동하는 교정위원(교화위원, 종교위원, 교육위원을 통합)이 있다.

또한 교정자원봉사단체로는 기독교 세진회, 천주교 사회교정사목위원회, 담안 선교회 등이 있는데, 여기에서는 교정위원과 교정자원봉사단체를 중심으로 살펴보기로 한다.

---

224) 교정복지의무봉사자란 필자가 조작한 개념으로 후술함.

225) 이와 관련하여 최근 중시되는 회복적 사법의 개념은 범죄를 피해자, 지역사회, 그리고 범죄자에게 해를 미치는 결과를 초래하는 개인 사이의 갈등으로 정의하며, 보상과 사회복귀의 과정에 피해자나 가해자가 적극적으로 참여한다. ; 김준호외, 청소년비행론, 청목, 2004, 485면.

가. 교정위원제도[226)]

우리나라는 1894년 감옥규칙의 제정을 통해 서적열독허가제 실시로 교회직 제도의 출현을 보았고, 1908년 통감부 감옥관제가 시행되면서 전임 교회사제도가 생겨났다.

그 뒤 우리나라에서 범죄인 교화를 위한 본격적인 외부참여는 1911년경의 '사법보호위원회' 등의 명칭으로 출소자를 돕기 위한 민간조직이 결성되기 시작한 때부터이며, 시설내 수용자들을 대상으로 하는 자원봉사활동은 독지방문제도에 의해 시작되었으며, 독지방문제도는 민간인이 교정시설을 방문하여 상담과 지도, 원조를 행하는 방식의 교화사업을 말하며, 1960년대까지는 종교인들에 의한 개인적 활동의 수준에 머물렀다.

독지방문제도가 국가에 의한 공적제도로서 처음 출발하게 된 것은 1970년 12월 19일부터였는데, 즉 각 교도소의 장은 학식과 경험이 풍부한 자로서 수형자의 교정교화에 관심이 많은 민간인을 독지방문위원으로 위촉하여 수시로 교정시설을 방문하고 수형자와의 상담 등을 통하여 각종 지도활동을 하게 하였다.[227)]

그 뒤 1983년에는 독지방문위원을 교화위원과 종교위원으로 나누어 제도화하였고 1998년에 교화위원과 종교위원을 통합하여 교정위원이라고 칭하고 교정위원 중앙협의회를 구성하여 교정당국과 일선교정위원간의 통로를 만들었다.[228)] 그리고 2000년 10월 1일에 교육위원제도를 신설하여 교정위원에 포함시키고 있는데, 2001년 12월 31일 현재 교화위원이 2,394명, 종교위원이 1,895명, 교육위원이 233명이 활약하고 있다.[229)]

교정위원은 전국의 교정시설별로 교정위원 협의회가 조직되어 교무과에 소속되어 활동하며 각 교정시설에 50~100명 정도가 활동하며 이들은 각 사회 각 분야에서 전문가로 활동하고 있는 자들로 수용자를 위한 상담과 출소 후 생활지도와 취업알선을 주로 맡고 있다.[230)]

226) 천정환, 신교정학, 한국고시회, 2004, 81~84면.
227) 김상희외, 전게논문, 97면.
228) 최옥채, 교정복지론, 아시아미디어리서치, 2001년, 283면.
229) 허주옥, 교정학, 법문사, 2002, 444면.
230) 최옥채, 전게서, 283면.

교정위원활동 및 교정협의회 운영지침(2000.5.30 법무부예규 533호)에 의하면 교화위원은 지역사회에서 신망이 두텁고 학식과 경험이 풍부한 지도급 인사로서 교화사업에 헌신적으로 봉사할 수 있는 자질과 능력을 갖추고 있어야 하며(운영지침 제4조 제1항), 종교위원은 기독교, 불교, 천주교 등 국민정서에 반하지 않는 종교단체에 소속된 지도급 인사로서 신앙지도에 헌신적으로 봉사할 수 있는 자질과 능력을 갖추어야 하며(운영지침 제4조 제2항), 교육위원은 교육자, 강사 등 교육 및 직업훈련의 한 분야를 담당하여 지도할 수 있는 전문지식과 능력을 갖고 수용자 교육에 헌신적으로 봉사할 수 있는 자질이 있어야 한다(운영지침 제4조 제3항).

한편, 교정위원의 활동영역은 운영지침 제7조 제1항에 따르면 교정위원은 소장의 허가를 받아 다음과 같은 교화활동을 할 수 있는데, 그 내용은 교화강연, 상담, 자매결연, 불우재소자 및 그 가족지원 등 수용자의 갱생을 촉구하고, 안정된 수용생활을 도모하기 위한 활동과 수용자가 신봉하는 종교의 종파별 교의에 따른 신앙지도 및 종교활동 학업 및 기술습득에 필요한 교육 및 취업알선 및 갱생기반 조성지원과 소장이 추천하는 교정·교화사업 지원을 할 수 있고, 또한 소장은 교정위원으로 하여금 수용자에 대한 고충상담 또는 법률상담 등을 하게 할 수 있으며(운영지침 제7조 제2항), 교정위원은 수용자의 고충해소 및 교화상 필요한 사항에 대하여 해결방안을 소장에게 건의할 수 있다(운영지침 제7조 제3항).

나. 교정자원봉사단체

① 담안선교회

서울시 면목4동에 컨테이너박스로 된 가건물 안에 있는 담임선교회는 수용자의 교정활동을 위해 열정적으로 일하는 선교단체로 원래는 1980년에 “담안해”라는 주부들의 교도소 방문모임이 1983년 임석근 목사를 만나면서 담안선교회로 되어 교정선교사업, 무의탁 출소자 보호사업, 교정시설 순회교육, 서신통한전도, 수용자 고충처리, 수용자 영치금지원, 수용자에게 도서보급, 출소자 결혼주선 및 후원 등 주로 교정과 관련하여 열정적인 수용자 교화사업을 전개하고 있는데, 담안선교회 직원들은 임석근 목사부터 식당 아주머니까지 대부분 교도소나 감호보호소 등의 수형 경험이 있는 자로 구성되어 있으며, 교정사업 등에 드는 비용은 정부보조금 17%, 후원금, 그리고 적립운영하는 사업의 이익으로 충당하는데 적립운영하는 사업은 프린터 카트리지 재생업으로 출소자들에게 일도 마련해주는 효과도 있고, 생산품의 반은 정부기관에 납품하며 임석근 목사는 "아무리 무식한 사람이라도 사랑을 받으면 절대로 타인을 해치지 않는다"라는 믿음으로 전국의 교도소를 순회하면서 강연해오고 있다.231)

다른 교정참여단체와는 달리 목사부터 전도사까지 전과자가 대부분이라는 사실은 시설내에서 방문선교와 서신선교의 효과를 높이는 것으로 평가되고 있고 방문선교와 서신선교의 효과를 높이는 것으로 평가되고 있고 재소자와의 관계형성에서 허심탄회하게 상담할 수 있고, 한때 자기들과 비슷했던 인사의 이야기에 귀를 기울이게 만드는 호소력이 생겨날 수 있다.232)

그런데 이 담안선교회의 교정참여는 시사하는바가 크다. 경험에 의하지 않고 이론적 강의로만 교화를 행하는 교정위원보다 수형경험을 바탕으로 경험에서 우러나오는 교화가 더 질 좋은 교정재를 생산할 수도 있다는 사실이다.

② 천주교 사회교정사목위원회

천주교는 수용자와 사형수에 대한 교정 · 교화활동을 사회사목부 아래의 사회교정사목위원회에서 열정적으로 행하고 있는데 교정사목의 시작은 천주학장이후부터 비공식적으로, 비밀스럽게 시작되다가 일제시대이후 종교의 자유의 퇴보로 교정사목도 개별적, 산발적이었고 본격적으로 교정사목은 종전후 친일파, 사상범들이 형무소에 수용되면서 시작되었으며, 1950년대에 와서 고중렬, 분도 형제와 박귀훈 신부, 윤형중 신부 등의 희생적인 교정사목이 있다가 조직적, 체계적인 교정사목을 위해 1970년 교도소 후원회가 생겼고, 현재는 사회교정사목위원회로 개칭하여 활동중이다.233) 천주교 사회교정사목위원회는 교정시설에서 직접 교화활동을 하는 것 외에도 교도소와 소년원 봉사에 뜻이 있는 사람들을 대상으로 교정상담교육도 하며, 그 외에 교도관을 대상으로 교도관 성심회 피정을 실시하기도 하며

231) 김자영, kmcweb.or.kr/mag/cw/2203
232) 한인섭, 교정교화분야의 민간인참여에 관한 연구, 한국형사정책연구원, 1993년 3월, 79면.
233) 사회교정사목위원회, 빛의 사람들, 2002.2월호.

그 외에 위원회산하에 민영교도소 연구팀을 마련해 한국에서 민영소년교도소를 설립할 준비단계로 연구를 하며 또한 사형폐지운동을 지속적으로 전개하고 있다.[234] 교정시설에서 행하는 프로그램의 예를 보면 서울 영등포구치소, 남사팀은 음악치료, 미술치료, 현실요법, 비디오 포럼 등을 행하고 서울구치소 남사팀은 신앙체험, 생활체험발표, 글・시・그림으로 마음표현하기, 연극공연, 클래식연주단 초청공연 등의 문화체험을 통해 자신과 화해할 수 있는 기회를 마련하는 프로그램들을, 분류심사원 팀은 게임을 통한 심성개발 프로그램, 성서퀴즈, 분노조절프로그램 등 다양한 프로그램을 행한다.[235]

그리고 사회교정사목위원회는 교도소 등에 자원봉사하려는 자들을 대상으로 주기적으로 14주기간의 교정상담교육을 행하는데 그 주요 내용에는 범죄이론, 범죄사례행형절차, 심리상담, 심리치료, 분노조절상담, 교정현장의 실제와 참관 등의 내용이 있으며 위의 교육을 이수한 자는 한국심리학회 산하 범죄심리사 자격관리위원회가 발급하는 이수증을 취득할 수 있다.[236]

이 밖에도 사회교정사목위원회는 출소자 재활사업, 교도행정 개선사업, 지역교회에 대한 교정사목지원, 소년원, 분류심사원 실무자 세미나개최, 봉사자를 위한 피정도 한다.

③ 기독교 세진회

기독교 교회 중에서 가장 활발한 수용자교정활동을 보이는 기독교 세진회는 1968년 7월 7일 특수선교위원회로 발족하여 오늘에 이르고 있는데[237] 주요 교정사업으로는 수용자와 사형수와 자매결연, 정신교육, 교리 등을 행하고 각종 신앙서적, 다락방 등 정기간행물을 전국의 재소자들에게 전달하며 교도소의 체육대회와 위문잔치때 물품을 지원하고 출소자의 생활지원과 수시상담도 행하며 서신선교사를 양성해 2002년도는 전국 30개 교정시설의 재소자들과 약 3,500여 통의 편지를 교환했고 재소자에게 영

234) 천주교 서울대 교구 사회사목부 사회교정사목위원회, 빛의사람들 85호~91호.
235) 천주교사회교정사목위원회, 빛의사람들 91호, 5면.
236) 사회교정사목위원회, 빛의 사람들 제85호(2002년 8월).
237) 세진회 30년사, 기독교 세진회 1998년, 215면.

치금도 지원하는데 2002년에는 매월 118명에게 7,518,280원을 지급하였다.[238]

그 외에도 재소자 가족돕기 프로그램이 있는데 가정의 달인 5월에 소외되기 쉬운 재소자들의 가족을 돌봄으로써 깨어진 가정을 회복시키는 사랑의 선물나누기 행사(Angel's Tree) 일부재소자 자녀에게 장학금지원과 생활비를 지급하며 또 교정기관의 순회예배와 정신교육을 하고 있다.[239]

그리고 기독교 세진회는 교화사업에 필요한 재정을 회원의 회비, 정부와 국내외의 보조금, 기타 찬조금과 수익금으로 구성되나(기독교 세진회 정관 제26조) 기독교 세진회의 프로그램의 특징은 교정현장에서 재소자의 교화교정사업 외에 불우 재소자의 가정을 지원함으로써 가족관계를 강화시켜 준다는 중요한 의미를 갖고 있다. 왜냐하면 재소자는 사회의 가족들이 여러 면에서 안정이 되어야 자신도 정신적 부담이 줄어들어 질 좋은 교정재의 생산에 기꺼이 협조하게 되고, 또한 지원을 받은 재소자의 가족들이 여러 면에서 건강해야 가족들이 해체되지 않고 가족들과 재소자의 지속적인 접촉으로 재소자의 교화에 긍정적으로 작용하기 때문이다.

한편, 기독교세진회처럼 재소자가족을 돌보아주면서 가족들의 재소자방문을 지원하는 종교단체로 1996년에 설립된 빌립보 선교회가 있는데, 이 종교단체는 재소자 및 그 가족에 대한 선교를 목적으로 하는데 교도소를 방문하여 재소자의 개별상담을 실시하면서 불우한 재소자 가족들을 지원하고 장거리로 인해 방문이 어려운 가족을 위해 운송수단을 제공하기도 한다.[240]

④ 불교

불교단체도 개별적으로 교도소 교화사업을 하고 있지만 정확한 통계결과를 알 수 없어 본인이 사단법인 한국불교 교화복지 선도회에 문의한 결과 위의 단체에서 2002년도에 행한 교화사업의 내역을 통보해온 바 통보내용에 따르면 먼저 교도소 포교로는 정기법회(51회 총인원 5,000명)와 불교달력(1회, 전국교정기관 및 유관단체)을 배포했으며 재소자 체육대회

238) 기독교 세진회, 은혜로, 2003년 2월, 18호.
239) 기독교 세진회, 은혜로, 2003년 2월, 18호.
240) 남상철외, 재소자의 가족관계강화를 위한 교정정책의 방향, 교정연구 2002년 15호, 110면.

에 15회 참관하여 격려금을 지원했다고 하며 문서포교로는 불교서적(불경 및 각종 신앙, 일반교양서적)을 40회 지원했고 법무교화신문을 발행했으며 교화활동 및 행사지원으로는 찬불가 경연대회, 즉 안양교도소 등 재소자 대항 경연대회를 9회 실시해 총인원 450여명이 동참했고 자매상담 등을 통한 교화활동과 18회나 영치금을 지원했으며 춘천교도소에 연예인 초청 재소자 위문공연을 1회 했고 안양교도소 불교반 재소자들을 상대로 월 1회 기초교리강좌 연간 12회 개최했으며 특별법회로 태국 교도소 내 한인 수용자 법회(방콕교도소 외 2곳)를 했으며 한국불교포교사대학과 자매결연을 통해 최**(목포)외 27명 분기별 등록금을 지원했다고 하며, 또한 전국 교정기관에서 활동중인 법사들을 지원하고 만기출소후 귀향을 원하는 사람들 170여명에게 귀향여비를 지원했으며 재소자 및 직원불자들을 위한 수계법회시 불교성물인 염주 등을 지원했는데 총 46회로 총인원은 4,600여명이라고 한다.

다. 문제점

① 법규상의 문제점과 개선안

우선 교정위원의 자격과 위촉 등을 규정한 교정위원 활동 및 교정협의회 운영지침(2002. 5. 30 법무부예규 제533호)에 따르면 교화위원이 되기 위해서는 지역사회에서 신망이 두터우면서도 학식과 경험이 풍부한 지도급 인사로서 수용자 교정교화사업에 헌신적으로 봉사할 수 있는 자질과 능력을 갖추어야 된다고 규정하고 있어 교화위원이 되려는 사람은 적어도 지역사회의 신망성과 학식과 경험 및 지도적 위치와 헌신성 및 봉사자질과 능력 등을 모두 갖추어야 되는데, 이렇게 많은 자격요건을 두는 것은 교정에 뜨거운 열정을 가진 사람들의 교정위원에로의 진입을 막아 결과적으로는 질 좋은 교정재의 생산을 저해하는 잘못된 규정이라고 생각한다.

앞에서 브라질의 아빠끼 교도소의 예에서 보았듯이 브라질의 아빠끼 교도소가 성공한 이유는 자원봉사자 때문이라고 할 수 있는데, 아빠끼 교도소의 경우에는 자원봉사자가 직업, 연령 등에서 매우 다양해 동네의 평범한 70대 할머니와 가정주부, 심지어 피해자의 가족까지도 자원봉사자로 활동하는데 이들의 공통적 특성은 교정에 대한 뜨거운 열정 때문이다.

그런데 우리나라의 경우 신망성, 학식, 경험, 지도적 위치, 봉사자질과 능력을 모두 요구하는데 지역사회에 있어서 신망성이 있고 지도적 인사라야 한다는 것은 그냥 평범하지만 교정에 참여하고 싶어하는 인적자원들, 예를 들어 가정주무, 처녀, 대학생, 노인, 失業者, 건설업 일일노동자나 청소부와 같이 사회의 하층민들, 범죄전과자나 탈북자와 같은 사회적 소수자, 지도적 인사가 되지 못하는 평범한 직장인들의 교정재 생산에의 진입을 막는 권위주의적 규정이라고 생각된다.

그리고 교정위원이 되려면 학식이 있어야 한다는 규정은 학력이나 지식의 많고 적음은 교육위원의 경우를 제외하고는 질 좋은 교정재의 생산과 무관하다고 할 것이므로 지나친 규정이라고 생각되며, 이렇게 될 경우 교정재의 생산에 뜨거운 가슴을 가진 저학력층들의 교정에의 진입을 막아 질 좋은 교정재의 생산이 저해되고 저학력층의 수용자들에게도 실질적인 교화효과와 일체감을 주지못할 수가 있다.

또한 교정위원이 되기 위해서는 일정한 경험을 요구한다는 규정은 일견 타당성이 있어 보이지만 그러나 소년교도소의 나이 어린 수형자에게는 경험많은 장년층보다는 경험이 적은 젊은 사람들과의 상담이 세대차이도 적고 친화성도 느낄 수 있어 교정재의 생산에 유리하므로 보편성이 부족한 규정이라고 생각되며 만약 위와 같이 풍부한 경험을 요구한다면 젊은 층이나 또한 중·장년층이라 하더라도 경험이 적은 주부 등의 교정에의 진입을 막아 열정적이고 질 좋은 인적자원의 확보에 장애를 가져온다.

그리고 교정위원이 되기 위해서는 헌신적인 봉사자세를 요구하는데 이것은 교정위원 자체가 무보수로 자기의 여유시간을 내어 교정에 참여하는 자원봉사자라는 것을 생각할 때 지나치게 무리한 규정이라고 생각되며 비헌신적이지만 틈틈이 시간을 내어 자원봉사하려는 계층의 진입을 막는다. 생각해보면 진정 헌신적으로 봉사해야 할 교정공무원의 응시자격에도 들어있지않는 헌신적 자세는 무보수로 일하는 자원봉사자에게는 지나친 규정이다.

한편, 현재의 교정위원이란 명칭자체도 문제가 있다고 생각한다. 위원이란 말 자체는 수용자와 위원과의 거리감을 더 생기게 할 수도 있으며, 또 위원이란 말은 교정위원은 언제나 모든 면에서 완벽하다는 인상을 줄 우려가 있어 인성에 문제가 있는 전통적 범죄인에게는 거부감이 생기게 할 수도 있다.

또한 브라질의 아빠끼 교도소의 예에서 보듯이 교정재의 생산의 주체는 실질적으로는 수형자 자신이고 자원봉사자는 그러한 분위기를 만들어주는 보조적 위치에 있다는 사실에서 볼 수 있지만, 우리나라의 경우는 현대의 교정위원이란 명칭은 교정재 생산을 교정위원이 주도적 위치에서 끌어가고 수용자는 피동적 입장에서만 생산에 참가한다는 의미를 주므로 진정한 내구성이 있는 교정재의 생산은 수용자가 자발적·주체적으로 참여할 때 가능하다는 사실을 생각할 때 교정위원의 명칭은 바뀌어져야한다고 생각한다.

(3) 교정자원봉사자 확보방안

교정자원봉사자를 사견으로 먼저 순수한 교정자원봉사자와 교정의무자원봉사자로 나누고자 한다. 순수 교정자원봉사자란 글자 그대로 순수한 동기에서 교정에 참여하려는 자원봉사자이며 교정의무자원봉사자란 본인이 조자한 개념으로 자원봉사가 의무화된 경우를 말한다.

가. 순수교정자원봉사자 확보방안

여기서 교정자원봉사자 확보방안을 순수한 교정자원봉사자와 교정의무자원봉사자로 나누어 확보방안을 논하고자 한다. 먼저 순수한 교정자원 봉사자를 확보하기 위해서는 교정에 열정적인 마음을 가진 자원들을 발굴해야 되는데, 그러기 위해서는 교정에 대한 국민의 인식전환이 있어야 한다. 또한 교정자원봉사자에게는 교정직이나 보호관찰직 공무원 응시 때 가산점을 주든지 또는 능력이 뛰어난 교정자원봉사자들에게는 교정관련직에의 특채제도가 마련된다든지 또는 대학의 교정학과나 교정복지학과 입학시 가산점을 주는 혜택 등의 정책도 필요하지만 가장 중요한 것은 교정에 대해 잘 모르는 국민들에 대해 교정이 무엇인가에 대한 교정홍보운동 또는 교정복지홍보운동이 필수적이며 교정홍보가 바로 교정자원봉사자의 확보방안이 될 수 있다.

따라서 교정홍보의 필요성이 제기되는데 현재 우리나라 국민들의 교정에 대한 인식은 매우 낮은 실정이다. 우리나라의 국민대다수는 교도소, 수형자 등에 대해 부정적 인식을 갖고 있는 것으로 추론되며, 교정학이나 보호학에 대해서도 그것이 어떤 학문인지도 모르는 사람이 많을 것으로 생각되며, 교도관이 하는 일도 계호업무정도로만 생각하는 이가 많을 것으로 생각된다. 심지어 우리나라에서 최대의 도서가 보관된 국회도서관의 경우에도 교정에 관한 학위논문을 검색하면 치과의학에서의 교정이 섞여 나오는 등 교정이나 교정학에 대해서 무관심한 것이 오늘의 현실이며, 그 책임의 일부는 교정학자에게도 있다고 할 수가 있다. 치안재를 생산하는 법원에 비해 교정재라는 사회방위의 중요한 공공재를 생산하는 교정기관에 대해 여러 면에서 상적으로 차별적 태도를 취해 왔고, 그것은 오랫동안 국민의 교정에 대한 불신과 무지와의 상승작용에 의해 교정학이나 교도관 등은 가장 인기없는 학문 또는 공무원으로 되었고, 그것은 교정학의 열악한 학문적 지위나 교정직의 낮은 응시비율로도 알 수 있다. 따라서 국민들은 교정시설내에서 교정재가 어떻게 생산되는지에 대해 잘 모르고 또한 무관심한 것으로 생각된다. 더욱이 일부교도관들의 부정행위로 사회적 물의가 일어날 때마다 국민들의 교정에 대한 불신이 증폭되어 교정당국이 교정에 필요한 여러 인적, 정치적, 사회적, 재정적 지원을 확보하는 데 장애가 되어 질 좋은 교정재의 생산에 방해가 되고 있는 것이 오늘의 현실이다. 또한 대다수 국민들의 교정에 대한 잘못된 인식에 기초해 경찰이나 검찰 또는 법원 등 다른 형사사법기관에 비해 차별적 인식과 태도는 자기가 살고 있는 지역에 교도소가 들어서지 못하도록 하는 님비현상까지 일어나고 있는 실정이다. 그런데도 정부나 법무부는 올바른 교정과 교도관이 하고 있는 교정재의 생산 등 교정의 본질에 대해 적극적인 홍보는 전혀 하지 않고 있다. 현재 법무부 교정과에서 매달 발행되는 교정이라는 교양잡지도 일반인도 도서관 등에서 볼 수 있으나 비매품으로 되어 있어 사실상 대부분의 국민들은 모르고 있으며, 법무부나 행정자치부도 관료성으로 인해 교정공무원 채용시험때도 소극적으로만 모집인원 등 필요한 것만 간단히 알리고 있어 타직렬에 비해 가장 낮은 응시율을 기록하고 있어 여러 문제점은 나타나고 있다. 또한 우리나라의 교정기관은 그동안 교정사고가 날 때마다 은폐축소하기 일쑤였고 관료적 조직문화의 특성상 상관의 허락없이 교도관의 언론과의 접촉이 잘 허용되지 않았고, 매스컴에 나온다 하더라도 익명으로 나오거나 교도관의 얼굴이 나타나지 않는 소극적 방법으로 대처해 국민의 불신은 더욱더 가중되었고, 또한 교정홍보도 소극적, 임시적, 비제도적, 관료적 성격을 띠었다.

따라서 적극적 교정홍보가 필요한데 교정홍보란 교정기관이 교정공공재의 소비자에 대해서 현재의 교정재의 생산상황과 교정정책과 앞으로의 시책을 전달하고, 교정재 생산활동에 대한 소비자의 욕구를 수렴해 교정재 생산활동에 환류시키는 상호작용과정이라고 정의하고자 한다.

다시 말해 교정홍보란 교정주체가 교정의 실상을 소비자인 국민에게 알리고, 또한 국민으로부터 여론을 들어 보다 질 좋은 품질의 교정재가 생산이 되도록 하는 일체의 활동이라고 할 수 있다.

교정홍보과정은 투입단계→전환과정→교정재산출단계→환류단계를 거친다고 할 수가 있는데, 투입단계에서는 교도소나 교정행정에 대한 여론 또는 수용자 가족들의 진정이나 민원, 청원이나 신문, 방송 등에 나타난 문제점을 분석하며, 특히 최근에 자주 발생한 청송 보호감호소의 피보호감호자들의 단식과 그들의 요구사항, 그리고 인권단체 등에서 주장하는 교정행정의 방향 등을 면밀히 분석하고 외국에서의 교정재 생산에 관한 장단점을 분석해 교정재생산이나 교정정책에 투입하는 단계이다.

전환단계에서는 교도소와 교도관, 그리고 교정재 생산활동에 대한 국민의 잘못된 오해를 해소하고, 상징조작을 통해 국민 또는 언론과의 사이에 놓인 긴장상태를 완화하고 민심을 수습하는 방법을 분석하는 단계이다.

산출단계에서는 교정재 생산에 관한 정보 등을 백서, 연감, 간행물 또는 매스컴을 통해 알리는 과정이며, 환류단계는 그러한 산출에 관한 국민이나 매스컴, 인권단체 또는 이해관계인의 타당한 반응을 다시 생산과정에 반영시키는 단계라고 할 수가 있다.

적극적 교정홍보의 방법으로는 먼저 교정홍보를 국민의 의견을 널리 듣는 광청의 기능과 국민들에게 널리 알리는 협의의 홍보로 나눈다면, 먼저 협의의 홍보측면에서는 국민들에게 교정에 대해 먼저 홍보의 주체를 법무부의 교정국이 중심이 되어 교정과 내에 홍보담당직원을 두고, 이에 따라 각 지방교정청과 각 지방 교도소에도 서무과직원 중에서 홍보담당을 두도록 하며 상호연결체제를 확립하고 홍보전략을 짜도록 하며 기업체로부터 홍보기법도 배우도록 한다. 또한 한국교정학회와 유관단체 등도 법무부와 연계하여 교정홍보의 주체가 되도록 한다. 먼저 홍보의 대상별로 특색있는 홍보전략을 짜며 국민에게는 각종 유인물, 팜플렛, 각종 언론매체, 백서 등을 통해 교정의 현황을 알리며, 교정사고가 날 때에는 소극적, 은폐적 입장을 버리고 적극적 입장에서 진심을 알려 국민의 신뢰를 회복하도록 한다. 또한 법무부 교정과에서 발행하는 월간 교정잡지를 판매품으로 하여 서점 등에 배포토록 하고 교정잡지의 내용에도 일반국민들의 글이나 의견을 반영토록 한다. 그 다음 언론과의 관계가 중요한 데 언론의 교정에 대한 취재 요청시 적극 협조하여 올바르게 알리도록 유도하고, 그 과정에서 교정재 생산의 어려움을 알리도록 하며, 교정재 생산에 유리한 자원을 확보하는데 언론의 도움을 얻는 공격적 홍보로 나가야 한다. 즉, 교정사고나 교정의 문제점이 생겼을 때 교정주체는 은폐하지 말고, 교도소와 언론은 상승작용을 통해 현상을 재해석하고 규정짓도록 하며, 그러기 위해서는 대중매체의 속성을 잘 파악해야 한다. 그 다음 지방교도소는 지역사회에 대한 홍보를 강화할 필요가 있다. 각 지방교도소의 홍보담당 직원을 지역사회내의 각종 기관과 협조체제를 구축하여 교정활동의 긍정적 면과 애로점을 지역민들에게 알려 지역민들의 도움을 끌어내고 님비현상이 일어나는 것을 방지하도록 하며, 이 과정에서 각 지역에서 모범이 되는 시민들을 교화위원으로 위촉하여 결국 교정재 생산에 도움이 되도록 하는 가치적 홍보가 필요하다.

그 다음 대학들에 대한 교정홍보가 중요한데 각 지방 교도소의 서무과장 또는 홍보담당은 각 대학의 취업과와 연계하여 정기적으로 교정직 공무원 채용시험에 대한 설명회를 가지도록 하여 교정을 각 대학 학생들에게 홍보함과 동시에 많은 우수한 자원들이 교정직에 응시하도록 유도하여 질 좋은 교정재 생산에 도움이 되도록 한다. 그리고 홍보비 등의 예산확보에 어려움이 있으면 기업의 협조나 광고를 유치하도록 한다. 만약 삼성그룹과 광고계약을 맺는다면 수용자들에게 관급하는 운동화나 의복 등 각종 관급품에 삼성그룹의 광고마크를 새기고 교도소의 이름에도 기업광고를 넣어, 예를 들면 진주교도소를 삼성 진주교도소라고 하는 방법 등으로 기업경영기법을 교정행정에도 도입하도록 한다. 한편, 국민들에게 적극적으로 교정홍보를 함과 동시에 그동안 권위주의적 아래에서 국민들의 불신과 냉소의 대상이 되었던 용어를 고칠 필요도 있다. 가령 교도소를 교정원으로 고치고 교도관을 교정사로 고치는 것 등이다. 그리고 광청의 방법으로는 교정경비 감소나 질 좋은 교정재의 생산에 관한 의견을 국민제안제도의 형식으로 제도화시킬 필요가 있으며, 다양한 계층과 연령별로 교정모니터 제도를 실시해 시민의 의견을 교정에 반영시킬 필요가 있으며, 각종 언론에 게재된 교정관련 기사를 분석해 타당한 점은 교정에 반영토록 한다. 또한 각종 교화위원이나 종교위원으로부터 정기적으로 의견을 받는 것을 제도화시키고, 또한 출소자나 인권단체의 의견도 무시하지 말고 적극적 입장에서 검토하는 열린 교정행정이 되어야 한다.

또한 교정홍보를 통해 참여한 교정자원봉사자에게 지속적인 참여의 독려를 위해 최소한의 활동비를 주는 방안을 모색해봐야 한다. 현재는 수용자에 대한 교정재의 생산은 교도관 이외에 교정위원, 자원봉사자, 교정참여단체 등이 행하고 있지만 교도관 이외에는 교정재의 생산에 참여한 대가가 거의 없어 교정외부 참여자들의 유인이 적어 많은 교정참여자의 확보에 장애가 되고 있다. 그런데 경제정의로는 생산성에 대한 대가가 임금인데 교도관인 공무원들은 교정재의 생산성과는 전혀 관계없이 항상 일정한 금액을 받고 또한 생산성과 관계없이 해마다 임금이 올라가 교도관들에게는 교정재의 생산성 향상 유인의 체계가 없어 교정재가 형식적으로 생산될 수도 있고, 또한 교도관의 한계생산성이 0가 되어도 똑같은 임금이 나가므로 겉으로만 교정재의 생산에 참여해 교정재의 생산 인원에는 포함되나 사실상 교정재의 한계 생산량이 0에 가까운 위장 생산자가 나타날 수 있어 이에 대한 합리적 통제책이 필요한데 생산성과 연관된 연봉제를 채택하는 것도 그 한 예에 들어간다. 또한 사실상 교정재의 생산성을 제고시킨 교정위원이나 교정참여단체, 교정자원봉사자들에게는 생산성에 비례하지는 않더라도 최소한의 교정활동비를 주는 방안도 생각해볼 필요가 있다.

나. 교정의무자원봉사자 확보방안

교정의무자원봉사자란 교정에 도움이 되는 모든 활동에의 봉사가 법적으로 의무화된 개념이라고 정의하고자 하며 필자는 우리나라에 교정의무자원봉사자를 법적으로 의무화시킬 것을 제안하며 그 전제로 현재 우리 헌법에 있는 일정연령에 있는 남자에 대한 병역의무조항을 폐지하고 그 대신에 일정한 연령과 학력을 가진 남자와 여자(가령, 20세 이상 30세 이하로 고교졸업이상인 자)는 공역의 의무가 있다는 것으로 개정할 것을 사견으로 제시하고자 한다.

그 근거는 남자의 신체적 우위성을 전제로 한 고전적 전쟁개념은 이제는 의미가 없고, 현대전은 심리전, 정보전쟁, 과학전쟁의 성격이 강해 굳이 남자만 병역의 의무를 지우게 할 근거가 약해졌고, 또한 지금까지 남성과 마찬가지로 여성들도 교육재, 국방재, 치안재, 교정재 등 각종 공공재의 생산에 거의 비용을 대지 않고 무임승차해 왔으므로 각종 공공재의 수익을 받아온 데 대한 법적 의무로 공역의 의무가 남성, 여성에게 주어질 필요가 있다. 따라서 헌법에는 일정한 연령의 남・여에게는 공역의무만 규정하고 자세한 것은 법에 규정한다고 하여 거기에 따라 공역법에서는 공역의 의무를 병역의 의무와 공역의 의무로 나누고 원칙적으로는 일정한 연령의 남자는 병역의 의무, 일정한 연령에 달한 여자는 공역의 의무에 처하도록 하되 여자의 공역의 의무는 약 1년 정도로 하게 하되, 그 내용에는 불우하거나 극빈한 수용자에 대한 정서상담, 과외교육 또는 수용자의 나이 많은 부모들에게는 노인 말벗 되어주기, 봉사활동 등 다양한 프로그램을 공역의 의무의 한 내용으로 하게 하고 이들 공역 의무자들은 오전에 지역에 있는 동사무소 또는 교도소로 출근해 사회복지사의 업무를 보조하고 지시를 받아 위에서 말한 업무나 또는 그 이외의 교정복지업무를 보조하게 하면 교정시설내의 수용자의 교정재 생산에 도움이 되며, 이렇게 생산된 교정재는 종전보다 내구성이 더 튼튼해져 질적으로도 우수하게 되며, 이렇게 국민들이 교정재의 생산에 간접적으로 참여함으로써 교정에 대한 국민의 관심도 제고되어 장기적으로는 교정재 생산에 유리한 물적, 인적자원을 확보하는데도 도움을 줄 수가 있다.

가령 음악이나 미술을 전공한 여대생들은 수용자들에 대한 음악치료, 미술치료 등 예술치료의 방법으로 수용자의 재활에 도움이 될 수 있듯이 여성들도 각자의 능력과 적성에 따라 교정자원봉사에 참여할 수 있다. 물론 공역의 의무의 내용은 다양할 것이며 그 중 한 가지가 교정봉사활동이 될 것이다.

또한 건축을 전공한 여대생들은 수용자의 재활에 도움이 되면서도 교정경제에 도움이 되는 교도소 시설의 동선에 관한 연구를 교도소 공무원에게 지원하는 방안으로 자원봉사를 할 수 있으며 조경학을 전공한 여대생은 조경치료를 통해 수용자들의 정서를 순화시킬 수 있고 영문학이나 국문학 등을 전공한 여대생들은 교도소내의 수용자에 대한 학과교육을 통해 자원봉사를 할 수 있는데 이런 식으로 하면 교도소내의 음식조리부터 구매, 교회 등 모든 활동부문에 전문지식을 가진 여대생들이 참여할 수 있어 교정경비의 절약에도 매우 도움이 되며 질 좋은 교정복지 서비스의 생산에도 도움이 되며 교정자원을 확보하는데 도움이 되고 교정홍보에도 도움이 된다. 또한 사회복지학이나 교정복지학 또는 교정학을 전공한 여대생들에게는 자신들이 학교에서 배운 사회복지이론을 교정이라는 임상에서 사용할 수 있는 기회도 갖게 되는 점도 있다.

제10장

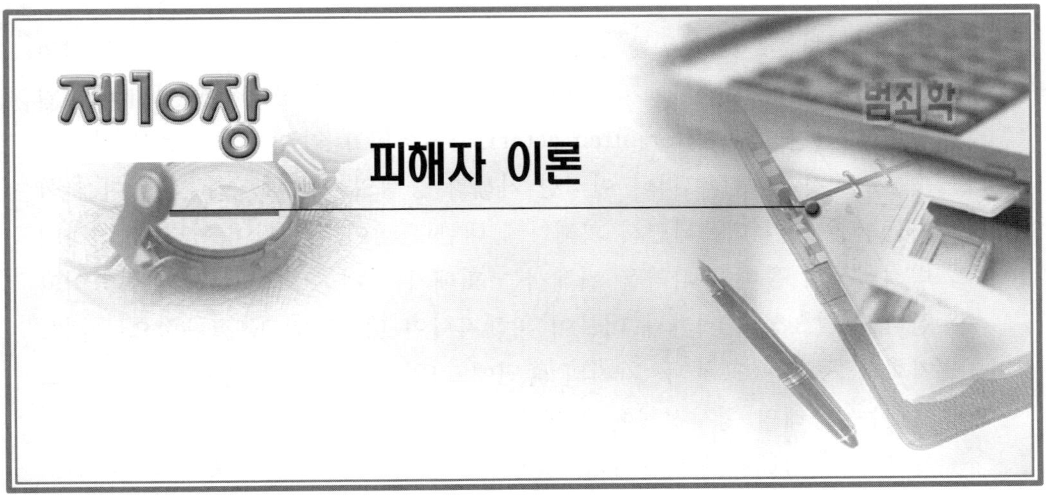

제10장 피해자 이론

1. 서론

1) 피해자학의 발전과 피해자 개념

피해자학의 등장 형사정책의 한 부분인 피해자학은 심리학, 사회학 등 사회과학의 성과를 활용해야 하는 종합사회과학의 성격을 띠고 있다.[1)]

피해자학은 범죄의 피해자 측에 주목하여 피해자가 되는 사람의 특징과 환경을 분석하고 이를 기초로 범죄시 피해자의 역할과 형사사법에서 피해자보호 등을 연구하는 학문분과를 말한다. 그러나 종래 피해자학에 대한 관심은 크게 일지 않았다. 학계에서는 범죄의 가해자 측만을 중시하고, 가해자의 특징, 성장환경 등에 대한 분석에 더 많은 관심을 기울여 왔다.

다시 말해 전통적 범죄학은 가해자에 초점(Offender focused)을 두거나 또는 가해자지향(Offender oriented)적인 측면에서 범죄의 원인과 범죄자

---

01) 정영석・신양균, 형사정책, 법문사, 1996, 273면 김용우・최재천, 형사정책, 박영사, 1993, 370면 멘델존은 1956년 「Une Nouvelle Branche de la science Bio－psycho － social : Victimologie」에서 피해자학은 생물학, 심리학, 사회학의 지식을 사용해야 한다고 주장했다.

에 대한 처 리 및 처우를 중심으로 범죄문제를 다루어 왔다. 결국 범죄의 피해자는 학문적 연구에서 뿐만 아니라 형사절차나 정책상에 있어서도 일종의 잊혀진 행위자(forgotten actor)로 인식되고 취급되어 왔음을 부인할 수 없는 것이다.2) 그러나 이러한 가해자 중심의 학문태도에 대한 여러 학자들의 비판이 대두되면서 피해자에 대한 관심이 점증되어 왔다. 그리하여 범죄현상의 올바른 파악을 위해서는 피해자에 대한 과학적 분석이 있어야 한다는 필요성의 제기와 더불어 피해자학이 대두되었다. 결론적으로 피해자학의 등장은 크게 두 가지의 측면에 기인한 것이라고 말할 수 있다. 그 하나는, 종래의 형사정책이 가해자의 편에서만 논의됨으로써 일정한 한계를 드러내 가해자와 피해자의 관계에 대한 연구를 통하여 보다 광범위하고 효과적인 범죄방지대책을 강구할 필요성이 제기되었다는 점이다. 그 다른 하나는, 자유민주사회에서 국민의 권리와 자유를 보장하기 위하여는 범죄자, 즉 가해자의 권리를 보호하는 것에 못지 않게 중요한 형사사법을 통한 피해자의 보호라는 공감대가 생기게 되었다는 점이다.3)

2) 피해자의 개념

피해자개념은 매우 다양하게 제시되고 있다. 일상적으로는 범죄에 의해 손해를 입은 사람 내지 피해를 당한 사람으로 피해자를 이해하지만 학술용어로 는 다소간 그 뜻이 달라지기도 한다. 피해자개념에 대해 다음과 같은 견해들이 있다.4)

① 최협의의 피해자 형식적 의미의 범죄에 대한 피해자를 의미하며, 법률상 범죄자의 범죄가 성립하지 않으면 피해자도 성립하지 않는 의미의 피해자이다.

② 협의의 피해자 실질적 의미의 범죄에 대한 피해자를 의미하며, 형법상 과실범 규정이 없이 처벌할 수 없는 행위에 의한 경우처럼 범죄는 성립하지 않더라도 피해를 입은 피해자이다.

---

02) 이윤호, 형사정책, 박문각, 1999, 388면.
03) 허주옥, 전게서, 41면.
04) 송광섭, 범죄학과 형사정책, 유스티아뉴스, 1998, 117면 이하 참조.

③ 광의의 피해자

범죄피해자학이 독립성을 강조하는 피해자를 의미하며, 범죄피해를 직접 당한 직접피해자뿐만 아니라 피해자와의 이해관계로 인하여 범죄공포나 피해를 느끼는 간접피해자를 포함하는 피해자개념으로 특히 간접피해자는 범죄피해보상제도와 관련되어 연구대상으로 삼고 있다.

④ 최광의의 피해자

최광의의 피해자는 멘델존이 인정한 피해자를 의미하며 산업재해나 자연재해, 나아가 본인의 과실이나 자살 피해자까지를 포괄하는 피해자의 개념으로 일상화된 자연재해나 산업재해에 대한 국가의 책임을 강조한 점은 가치가 있으며 가해자를 사람에 한정시키지 않는 점이 특징이다.

3) 피해자학의 발전

범죄피해자의 특성 등에 관한 과학적인 분석을 목표로 하는 피해자학이 본격적으로 연구되기 시작한 것은 제2차세계대전 이후의 일이지만, 그 효시는 역시1940년경 루마니아의 변호사 Mendelsohn에게서 찾을 수 있다.[5] Mendelsohn은 1940년, 한 강간사건의 피고인(가해자)의 변호를 담당하는 동안 그 피해자인 여성의 역할이 정확히 평가되어야 하겠다는 생각에 착안하여 그 해에 루마니아의 한 형사학관계 연구지에 발표한 「형사학에 있어서의 강간사건과 여성판사의 필요성[6]」이라는 제목의 글을 통하여 피해자학에 대한 사상의 일단을 피력하였다. 이 때에는 피해자학'이라는 말을 쓰거나 그 필요성에 관하여 적극적인 제언까지는 하지 않았으나, 그가 변호를 맡은 강간사건과 관련시켜 범죄피해자(여성)의 특성에 관한 분석의 중요성을 논급하면서 여성판사의 확보를 역설하는 선에서 그쳤다.

Mendelsohn에 이어 1948년에는 미국에서 Hans Von Hentig가 범죄문

05) 허주욱, 앞의책, 42면. 한편 멘델존을 이스라엘의 멘델존으로 표기한 책도 있으나(정영석・신양균, 형사정책, 법문사, 1996) 이스라엘에서 출생했으나 루마니아에서 변호사활동을 한 것으로 보여진다(신진규, 범죄학겸 형사정책, 법문사, 1995).

06) Le viol en criminologie et l'importance de la femmemagistrat, Guistiziapenale(1970), col. 28f(신진규, 범죄학겸 형사정책, 법문사, 1995, 486면에서 재인용).

제에 있어 최초로 피해자의 역할을 광범위하게 분석한 연구서로 「犯罪者와 그의 被害者(The criminal and his victim)」를 발표하였다. 한편, 피해자문제는 범죄의 원인에 대한 과학적 규명에 그치지 않고, 피해자 의 보호 내지 공적 구제라는 측면에서도 논의되었다. 즉, 1957년 영국의 M, Fry여사는 「피해자를 위한 정의(The justice for victim)[7]」라는 논문을 통하여 형사사법과정에서 '잊혀진 존재'로 인식되어 온 피해자의 공적 구제에 대한 관심을 촉구하였다.

그 영향으로 뉴질랜드에서 1963년 처음으로 「범죄피해자보상법」이 제정되었다. 영연방국가들, 미국 그리고 유럽에서도 범죄피해자의 공적 구제를 위한 입법활동이 일반화되어 갔다[8]. 이와 같이 피해자학의 발전은 눈부신 것으로써 오늘날 그 학문적 위치를 확고히 하기에 이른 것이다. 발전과정에서 논란의 대상이 된 것은 과연 피해자학을 형사학으로부터 독립된 하나의 학문적 영역으로 인정할 수 있는 것인지, 아니면 형사학의 한 분야로서 그 존재를 인정해야 할 것인지의 문제였다. 위와 같은 두 주장을 대표하는 학자라고 할 수 있는 전자의 Mendelsohn, 후 자의 Nagel의 입장을 요약하면 다음과 같다.[9]

먼저 전자의 견해를 대표하는 Mendelsohn은 범죄발생에 있어 가해자와 피해자는 불가분의 형사상 동반자인 만큼 피해자학이 형사학과는 표리적 관계에 있는 것이 사실이나, 이를 독립과학화하여 피해자의 측면을 더욱 적극적으로 분석할 때 피해원인의 제거를 위한 사회적 관심은 물론 그 능률을 배가할 수 있게 되어 궁극적으로는 범죄방지에 크게 기여하게 될 것이라고 주장한다. 한편, 후자의 견해를 대표하는 Nagel은 종래의 형사학이 가해자의 측면을 분석하는 데에 집중하였음을 고려한다면 피해자학의 독립과학성을 주장할 수도 있겠으나, 현대의 형사학은 이미 피해자학도 포괄하는 '상관관계의 형사학'(criminology of relationship)으로 발전한 이상 피해자학의 독립과학성은 타당하지 않다는 주장이다.[10]

07) 허주욱, 앞의책, 41면.
08) 허주욱, 앞의책, 43면.
09) 허주욱, 앞의책, 43면 피해자학의 독점성을 인정하는 학자는 Castro, Schneider이고 부정하는 학자는 Amelunxen, Kaiser Göppinger 등이 있다.
10) Nagel, The Notion of Victimology in Criminolog Excerpta Criminologica 3, 1963, p.245(허

오늘날 나겔의 주장은 피해자학의 위치에 대한 통설적 입장을 잘 대변하여 주는 것이라고 할 수 있으며[11], 현재 이 문제에 대한 국제적 논의도 활발해지고 있는 것 또한 사실이다.

이와 관련하여, 1973년 이스라엘의 예루살렘에서 최초로 국제피해자학 심포지엄이 개최된 이래, 3년마다 정기적으로 심포지엄이 열려 최근에는 1991년 브라질의 리오데자네이로에서 제7회 심포지엄이 개최된 바 있다. 특히 1979년 독일의 뮌스터에서 개최된 제3회 심포지엄 기간 중에는 피해자학의 연구와 국제적인 정보교환을 위하여 '국제피해자학회'의 설립을 보았다. 우리나라에서도 1992년 '被害者學會'가 설립되어, 1993년부터 학회지인 「被害者學硏究」를 간행하고 있다.

4) 피해자의 분류

학자별 분류 피해자학의 발전에 크게 기여한 것으로 평가되는 멘델손, 헨티히, 엘렌버거, 레크레스, 일본의 히쿠치와 宮擇浩一 등의 피해자 분류를 살펴보면 다음과 같다.[12]

(1) Mendelsohn의 피해자 분류

멘델손은 범죄에 대한 피해자의 책임성의 정도를 기준으로 다음과 같이 피해자를 네 가지 유형으로 나누었다.

먼저 이상적인 피해자로서 책임이 전혀 없는 피해자(La victim inconsciente)로는 영아살해죄의 영아, 약취 유인된 유아 등을 들고 그 다음에는 무지에 그 원인이 있는 피해자(La victime ignorance)로서 책임성이 적은 피해자로는 낙태로 인하여 사망한 임신부 등을 들며 그리고 자발적인 피해자(La victime voluntaire)로서 그 책임이 가해자의 동일한 정도의 피해자로는 자살미수, 동반자살 등을 들고 마지막으로 가장 유책한 피해자를 들고 있는데 이는 다시 공격적 피해자(La victime infractrice)(정당

주욱, 앞의책, 43면에서 재인용).

11) 허주욱, 앞의책, 44면 정영석 · 신양균, 앞의책 270면.

12) 허주욱, 앞의책, 44면 형사정책, 홍문사, 1998, 126면 정영석 · 신양균, 앞의책, 274면.

방위의 상대방), 기망적 피해자(무고죄의 범인) 및 상상 적 피해자(La victime simulante)(피해망상으로 인한 경우)로 나누고 있다.

(2) Hentig의 피해자 분류[13)]

헨티히는 피해자를 다음과 같이 일반적 피해자 유형과 심리학적 피해자 유형으로 대분하였다.

가. 일반적 피해자

어린이, 여자, 노인, 심신장애자, 소수민족, 이민 등과 같이 정신적으로나 육체적으로 약자인 것이 특징이다.

나. 심리학적 피해자

폭군, 탐욕자, 의기소침자, 울화병에 걸린 자, 파멸된 자(가장 손쉬운 먹이)등을 들 수 있고 이를 구체적으로 설명하면 다음과 같다.

① 폭군(the tormentor) : 평소 가까운 사이에서 폭군으로 군림하던 자는 그 밑에서 고통을 받던 자가 보복하는 입장에 서게 되면 이를 쉽게 감수한다.

② 탐욕자(the acquisitive or greedy) : 탐욕에 눈이 어두워 순간적으로 쉽게 속는 자들이다.

③ 의기소침자(the depres sed or apathetic) : 이들은 경계심을 상실한 채 누구에게나 쉽게 압도되고, 장래의 위험에 대하여도 관심이 결여된 것을 특징으로 한다. d) 울화병에 걸린 자(the lonesome and heartbroken) : 고독한 상태에서 지내기만 하여 비판능력이 상실 또는 위축되고 비탄에 젖어 저항력이 약해진 자들이다.

④ 파멸된 자(the blocked) : 파산선고를 받은 자 등 파멸적 상황에 몰려 저항능력도 약하고 도와주는 사람도 없는 경우다. 범죄자에게 가장 손쉬운 먹이가 된다.

---

13) Hentig, The Criminal and His Victim(Yale univ, 1948) p420 – 433 ;(신진규, 범죄학겸 형사정책, 법문사, 1995, 492면에서 재인용).

(3) H. Ellenburger[14] 의 피해자 분류

엘렌버거는 심리학적 기준에 따라 피해자가 되기 쉬운 성격 특성의 유무에 의하여 잠재적 피해자특성을 갖는 자와 일반적 피해자특성을 갖는 자로 구분했는데, 전자에 속하는 경우로서 피학대자, 우울증에 빠진 자, 자기도취에 빠진자, 막연하게 불안감을 느끼는 자, 공포증환자, 죄책감에 빠진 자 등을 들었다. 그러나 그에 속하는 자가 아닐지라도 피해자가 범죄자와 생물학적 · 유전학적 · 심리학적 · 신경증적으로 특수한 관계를 맺고 있는 경우에는 쉽게 피해자가 될 수 있다고 주장하였다.

(4) Reckless의 피해자 분류[15]

레크레스는 피해자가 가해자에게 중대한 도발을 한 결과로 범죄가 발생하였는가 여부를 놓고 피해자 모델을 다음과 같이 두 가지로 설정하였다.

가. 가해자 – 피해자 모델(the doer – victim model)

이는 '순수한 피해자'라고 도 하는데, 피해자로부터 아무런 중대한 도발도 없는데 먹이를 찾아 다니는 가해자의 악의에 의하여 피해가 발생하는 경우에 속한다.

나. 피해자 – 가해자 – 피해자 모델(the victim – doer – victim model)

이는 '도발한 피해자'라고도 하는데, 피해자의 중대한 도발에 의하여 피해가 발생한 경우에 속한다.

① 히구찌의 피해자 분류

히쿠치는 피해자의 전형을 다음과 같이 크게 다섯 가지로 분류하였다.

- 지능이나 정신력 및 체력 면에서는 열등한 조건에 있으나 미모가 뛰어나거나 값진 물건을 소유한 자.

---

14) H. Ellenburger, "Relations psychologiques entre le crimnel et la victime" Reuue internationale de criminologie et police technique. 8 : 121,(1954)(신진규, 앞의 책, 488면에서 재인용).

15) W.C. Reckless . The crime problem(1968) pp.141~142(신진규, 앞의책, 493면에서 재인용).

- 의기소침한 데다 절망감 또는 허무감에 빠져 저항의식이 극히 약화된 자.
- 아무데에도 소속되어 있지 않고 고독한 자.
- 허세를 부리고자 하고 마음이 들뜬 폭군형인 자.
- 욕심이 과도한 자.

② 宮擇浩一의 피해자 분류

일본의 피해자학을 대표한다고 할 수 있는 宮擇浩一교수는 피해자의 유형을 '행동형'과 '기여형'으로 분류하고, 이를 다시 평균적인 피해자, 동정받을 피해자, 동정받지 못할 피해자, 투쟁하는 피해자, 침묵하는 피해자로 세분하였다.

(5) 유형별 분류

가. 피해자의 존재 여부에 따른 분류

① 被害者없는 犯罪

보호법익이 사회공익과 같은 보편적 법익의 경우가 이에 해당한다. 예컨대 경제범죄, 환경범죄 등이 여기에 속한다. 그러나 엄격하게 보면 이러한 구별은 옳다고 할 수 없다. 왜냐하면 사회공공의 이익은 결국 구성 원 각자의 이익으로 환원될 수 있기 때문이다.[16)]

② 被害者가 동의·기여한 犯罪

가해자와 피해자의 구별이 곤란한 범죄가 주로 해당되는데, 이러한 범죄는 경찰에 통보되거나 발각되는 경우가 적어서 숨은 범죄가 되는 경우가 많다. 예를 들면 同意落胎, 장물수수, 증수뢰, 매춘, 도박, 간통 등이 있다. 이러한 범죄를 '關係犯罪(Beziehungsdelikt)'라고 부르기도 한다.[17)]

③ 被害者가 명확히 구별되는 犯罪

이런 범죄에서 피해자의 입장은 주로 양형사유로 고려된다.

---

16) 배종대, 앞의책, 127면.
17) Hassmer , Ak, vorb, §1 Rn.ll(배종대, 앞의책, 127면에서 재인용).

나. 피해의 직접성여부에 따른 분류

범죄피해자를 직접피해자와 간접피해자로 나누기도 한다. 다시 말해 보통은 범죄피해자라고 하면 실제로 범죄의 한 당사자로서 가해자의 상대를 의미하는 범죄의 직접적인 피해경험자를 일컫는 것이라고 생각할 수 있다. 그러나 이 외에도 직접적으로 범죄피해를 경험하지는 않지만, 이러한 직접적 피해 못지 않게 심리적·사회적인 폐해를 유발하는 간접적인 범죄피해자도 있을 수 있다. 이러한 간접적 피해자는 대체로 직접피해자의 가족을 뜻하는 수도 있으며, 한편으로는 소위 말하는 범죄에 대해서 공포와 두려움을 느끼는 사람까지도 포함시킬 수 있다.[18)]그런데 혹자는 이러한 범죄에 대한 공포에 대해서 크게 범죄 위험성에의 노출과 자기방어능력이라는 변수로서 접근하고 있다. 즉, 위험성에의 노출이 심하더라도 자기방어능력이 있다면 별문제가 되지 않을 수도 있으나, 위험성에의 노출이 적더라도 자기방어능력이 부족하다면 범죄에 대한 공포를 많이 느낄 수 있는 것이다. 따라서 범죄 위험성에의 노출이 심하고, 그 상황을 통제 및 방어할 능력이 없으며, 그 범죄피해를 회복할 능력마저 부족하다면 그 사람은 범죄에 대해 가장 많이 공포를 느낄 것이라고 한다.[19)] 2) 기존 피해자이론에 대한 새로운 모색으로 여기서는 기존이론과 다르게 피해자 개념에 대해 새로운 모색을 해보고 피해자학의 종합과학성을 언급해보기로 한다. 기존피해자이론은 피해자를 직접피해자와 간접피해자로 나누고 후자에는 피해자의 가족이나 공포를 느끼는 자를 포함시키는데, 피해자에 대한 대책을 피해자 관리론이라고 할 수 있다면 현재는 피해자 관리론의 대상을 직접피해자와 피해자의 가족에 한정시켜 공포를 느끼는 피해자에 대한 관리이론이 없어 그것을 공포관리 라고 명명하고 거기에 대해 운론함으로써 피해자 이론의 외연을 넓히려고 한다.

18) 이윤호, 앞의책, 416면.
19) 이윤호, 앞의책, 421면.

5) 논리 전제로서 피해자개념규정

오늘날 피해자학의 입장에서는 가해자를 범인, 즉 사람에 한정시키고 있는데 이에 대해 여기서는 가해체란 개념을 도입해 보고자 한다. 가해체(加害體)에는 가해자와 加害物을 포함하며, 전자는 가해를 행하는 사람을 말하며, 후자는 개인의 기본권을 침해하는 기관이나 정책, 제도, 법률 등을 의미한다. 그리고 기존의 피해자학에서 피해자의 개념은 실질적 의미의 범죄로 인해 그 영역을 침해당한 사람으로 국한하지만[20] 여기에서는 개인이나 기관 또는 제도나 정책 등에 의해 기본권을 침해받았거나 침해받을 위험이 있는 자를 피해자라고 정의를 내리고자 한다. 여기서 피해자란 가해체에 의한 피해자에다가 범죄의 간접피해자도 포함시켜 논하기로 한다.

6) 피해자 개념의 확장과 종합과학성

지금의 피해자학이 그 대상을 범죄피해자에 한정시키는 것은 너무 좁은 시각으로 전통사회나 산업화 초기사회에서는 맞을지 모르나 신피해자가 급증하는 현대사회에서는 맞지 않다고 본다. 또 피해자학이 범죄의 피해자만을 대상으로 한다면 굳이 피해자학이라고 명명할 필요가 없을 것이다. 범죄피해자만을 대상으로 하다면 범죄피해자학이라고 해야 하기 때문이다. 또한 피해자란 개념은 범죄 개념에 종속된 개념만은 아니기 때문이다. 즉, 피해자의 개념은 가치결정론적 개념이 아니라 가치중립적 개념이기 때문이다. 생각하기에는 어떤 종류의 피해자에 대해서도 기존 정책이나 제도, 법률 등의 재검토를 통해 피해에 대응한 보상조치를 내릴 수 있어야 하는 것이 궁극적 의미에서 피해자학의 의무라 보고싶고 또 바로 이것이 피해자학이 나아갈 길이라고 생각한다.

또 피해자학은 범죄학과의 표리관계가 아닌 완전한 독자성을 가진 학문에서 더 나아가 종합과학성을 가져야 한다고 본다. 따라서 피해자학은 다

20) 배종대, 앞의책, 121~122면 송광섭, 앞의책, 122면.

음과 같은 학문과 관련성을 가져야 한다고 본다. 즉, 피해자의 특징을 파악하기 위해서는 생물학, 심리학, 사회학, 범죄학, 형사정책 등을 들 수 있고 피해자의 보호와 피해자의 감소를 위해서는 여성학, 사회학, 아동학, 상담학, 사회복지학, 수사학, 경찰학, 정책학, 행정학, 언론학, 민법, 상법, 경제법 등을 포함하는 법학의 각 부문들 그리고 범죄피해자 구조법과 같은 각종 법령 등을 들 수가 있다.

7) 피해자 관리론의 새로운 모색

피해자 관리를 직접 피해자 관리와 간접피해자 관리로 나눌 수 있다면 여기에서는 간접피해자의 하나인 공포를 느끼는 사람에 대한 공포관리를 논해 보고자 하며 그전에 간접피해자 개념과 공포이론에 대한 기존이론을 살펴보고 그것에 대한 비판과 함께 새로운 공포이론과 공포체감곡선을 만들어 보고 나아가 공포관리론에 대해 언급하고자 한다. 이윤호 교수는 범죄피해자를 직접피해자와 간접피해자로 나누고 직접피해자는 범죄의 직접적인 피해경험자로 하고, 심리적, 사회적인 폐해를 유발하는 간접적 피해자는 피해자의 가족이나 또는 범죄에 대해 공포를 느끼는 사람들이라고 하였다.[21)]

그러나 여기에서는 이윤호 교수와 의견을 달리한다. 그는 간접적 피해자를심리적, 사회적인 피해와 관련하지만 그 외에 물질적, 성적 피해도 관계된다고 보며 또한 간접적 피해자를 피해자의 가족 등과 연관시켰으나 가해자의 가족 등 가해자와 관련되는 자도 간접적 피해자라고 주장하고 싶다. 범죄예방은 국가의 책임이며 그런 점에서 가해자의 발생으로 그가 구속되면 가해자의 가족들은 물질적, 사회적, 성적 피해를 보기 때문이다.

다시 말해 가해자의 가족들도 사회적, 물질적, 심리적, 성적 피해를 당하며 오히려 사회적 피해는 피해자의 가족보다 훨씬 크고 장기적이다. 가해자의 가족 들은 주위에서 전과자나 범인의 가족이라는 사회적 낙인 속에서 살아가기 때문이다. 또한 피해자의 가족에 대해서는 각종 부조나 지원이

21) 이윤호, 앞의책, 416면.

있으나 가해자의 가족은 그런 것이 없다.

또 이윤호 교수는 공포감의 생성 변수로 크게 범죄위험성에의 노출과 자기 방어능력을 들고 있다.[22]

다시 말해, 그는 범죄 위험성에 노출이 심해도 자기방어능력이 있다면 별 문제가 되지 않을 수도 있으나, 위험성에의 노출이 적더라도 자기방어능력이 부족하다면 범죄에 대한 공포를 많이 느낀다고 주장한다. 그의 이론이 강도나 폭행 같은 전통적 범죄에 대해서는 현대사회에서도 타당성이 어느 정도 있다고 다수학자가 인정하다 하더라도 거기에는 동의할 수가 없다. 이윤호 교수의 논리에 따르면 범죄에의 노출의 위험성이 크고, 자기 방어능력이 약하다면 공포를 많이 느끼는 것으로 되나, 그의 이론은 지나치게 개인적인 변인만 보았고 사회적, 국가적 변수나 사회심리학적 변수 등 여러 변수를 생각하지 못한 단순한 주장에 불과하다. 왜냐하면 범죄에의 노출의 위험성이 크고, 자기방어능력이 약한 자라도 군중 속에 있으면 공포감이 줄어드는 소위 군집효과[23]와 같은 사회심리적 측면을 그는 파악하지 못했기 때문이다. 또 범죄에의 노출의 위험성이 적고 방어능력이 우수한 자라도 그 사회가 범죄발생 정도가 높은 경우, 특히 현대사회에서는 공포감은 사라지지 않을 것이다. 여기에서 개인의 공포의 양을 결정하는 공포량의 결정함수를 창작적으로 만들어 볼까 한다. 공포결정함수 = f(범죄의 강도/ 개인적 변인, 사회적 변인, 문화적 변인)이라고 하자. 여기서 범죄의 강도란 범죄수법이나 범죄의 크기 등을 의미한다. 또 개인적 변인은 개인의 性, 연령, 소득정도, 성격요인, 맥락효과(context), 면역효과, 망각 효과, 정보효과, 훈련효과, 얽매임의 정도(commitment) 등 여러 변수로 나누어 살펴볼 수 있다. 먼저 性에 있어서는 보통은 여성이 더 공포를 느낀다고 생각할 수 있으나 일률적으로 규정짓기는 곤란하고 개별적 범죄의 특징과 수용자의 특성에 달려 있다고 볼 수 있다.

연령에 있어서도 일률적으로 말하기 어렵고 개별적 범죄의 특징에 따라 달라 질 것이다. 그리고 소득수준과 공포와의 관계도 일률적으로 말하기는 어려우나 보통 고소득자일수록 저소득자보다 공포를 더 느낀다고 볼 수가

22) 이윤호, 앞의책, 421면.
23) 박창호外, 현대심리학입문, 정민사, 1996, 346면.

있으며, 특히 재산범죄의 경우에는 더 그렇다고 볼 수가 있다. 그리고 성격 요인과 공포와의 관계에 대하여서도 일반적으로 추리해 볼 수 있는 것은 낙천적인 성격의 소유자가 공포를 상대적으로 덜 느낀다고 볼 수가 있다.

맥락효과[24]란 만일 어느 지역에 어떤 범죄가 발생했다고 가정할 때 그 지역 주민은 발생된 범죄 때문에 공포를 느낀다고 본다면 특정 개인이 그 범죄를 어떤 맥락 속에서 파악하느냐에 따라 공포의 강도가 결정된다고 주장하고 싶다. 다시 말해 이미 발생된 범죄의 원인이 개인적 원인이냐 또는 사회적 원인이냐 국가적 원인이냐에 따라, 즉 어떤 맥락에 따라 보느냐에 따라 공포의 강도가 달라질 것이다.

정보효과란 범죄가 발생했을 때 그 범죄나 범죄인에 대해 정보를 많이 가질 수록 공포감은 약해지는 것이고, 훈련효과란 범죄예방 훈련을 받은 자 일수록 공포감이 약하다.

그리고 다음으로 얽매임의 정도 즉 상황에의 구속정도에 따라 공포의 강도가 결정될 수 있다. 이 말은 만일 어떤 지역에 높은 강도의 범죄가 발생했다 고 해도 특정 개인이 이미 다른 사물에 몰두하거나 깊은 감정개입상태가 되어 있는 상황에서는 공포감은 크지 않다. 다시 말해 이미 특정 개인이 다른 일로 홍분상태에 있다면 범죄발생에 대한 공포는 크지 않다는 것이다. 이를 개인적 상황의 범죄공포 억제효과라고 명명하고자 한다. 그리고 다음으로 들 수 있는 것이 개인의 면역체계와 망각체계가 어떠하느냐에 따라 개인의 공포의 강도가 결정된다. 다시 말하면 범죄의 발생에 관한 보도를 보고 특정 개인이 이미 수많은 범죄발생보도에 면역이 되었다면 공포감은 크지 않을 것이다. 다시 말해서 면역체계가 잘 작동이 되는 사람은 공포의 강도가 크지 않다는 것이다. 또한 높은 강도의 범죄가 발생한 사실을 보도를 통해서 본 사람도 망각체계가 잘 작동되는 이는 순간적으로 공포를 느끼나 곧 공포감은 망각체계의 작동으로 줄어들 것이다.

그런데 실제로는 면역체계와 망각체계가 복합적으로 작용한다고 볼 수 있다면 다음과 같이 정리해 볼 수 있다. 먼저 면역체계와 망각체계가 모두 강한 사람은 공포가 생기지 않거나 공포감이 생기더라도 곧 사라진다. 그

24) 김동기外, 심리학개론, 양서원, 1994, 153면 참조 맥락효과란 사물을 어떤 맥락에서 보느냐에 따라 대상의 의미가 달라진다는 것이다.

런데 면역체계와 망각체계가 모두 약하게 작동하는 자는 공포감이 오래가는 것이 특징이다. 그런데 면역체계와 망각체계가 모두 약해 공포감을 가지는 개인, 즉 공포 수용자는 수용자의 특성에 따라 3가지 반응을 예상해 볼 수 있다. 첫째로는 승화 하는 경우가 있을 수 있다. 즉, 심리적, 물질적으로 철저한 범죄방어 준비로 승화하는 것이다. 둘째로는 무력감을 느끼는 경우로 계속되는 공포로 인해 스트레스가 발생해 진정한 피해자가 되는 경우이다. 셋째로는 치환된 감정 반응이 있는데, 이는 공포감에서 벗어나기 위하여 자신의 감정이나 관심을 위장하여 다른 것에 돌리는 경우를 들 수 있다.

그런데 첫 번째의 승화된 감정은 힘이 있고 지속적인 것이 특징이라면 치환된 감정은 힘이 없고 지속성이 적고 불안이 내재된 것이 특징이라고 볼 수가 있다. 그리고 면역체계는 강하나 망각체계가 약한 경우는 공포감은 곧 사라지거나 작게 느껴지며 이때 공포감에 대한 잔상은 잠재되어 있는 것이 특징이다. 그리고 면역체계는 약하나 망각체계가 강하게 작동하는 경우는 공포감은 조금 진행되나 곧 사라지게 된다.

그리고 그 다음으로 사회적 변인을 생각해보자. 사회적 변인으로 군집효과, 비교효과, 매스컴효과, 치안효과, 사회적 상황효과로 나누어 설명하고자 한다. 군집효과란 만일 높은 강도의 범죄발생 보도에 높은 공포감을 가진다고 해도 타인들이나 다수의 사람과 같이 있게 되면 공포감이 줄어들 것이다. 그리고 그 다음으로 비교효과란 타인의 태도에 따라 자신의 공포 강도를 결정하는 효과를 말한다. 다시 말해 이런 상황에서 자신의 공포감의 정도가 적절한지 여부의 준거기준을 타인의 태도에 두는 것인데 주로 자신의 감정에 대해 확신감이 없거나 불안할수록 이런 경향이 크다고 보겠다.

매스컴효과는 일면 비교효과와 비슷한 성격이 있기는 하나 이렇게 보기로 하자. 어떤 높은 강도의 범죄가 발생했을 때 그 범죄에 대한 매스컴의 태도 즉 그것에 대한 매스컴의 무시나 축소 또는 과장스런 태도에 의해 개인이 공포감을 달리한다는 것이다. 그런데 이 경우 즉 매스컴의 효과를 계산할 때는 매스컴의 둔감화 효과를 참작해야 정확한 효과가 나올 수가 있다. 사람들은 매스컴이 자주 보도하는 범죄에 대해 보통 둔감해지기 때문이다. 또 치안효과란 치안수준이 높을 때는 공포가 약할 것이다. 사회적 상황효과란 개인이 처한 사회적 상황에 따라 공포의 강도가 결정된다고 보는 것이다. 다시 말하면 사람들은 사회적 상황이 전쟁상태라면 일반범죄가 발생해도 평시상태에 비해 공포감이 약할 것이다. 왜냐하면 보다 중요한 사회적 상황 즉 전쟁에 대한 공포가 더 크기 때문이다. 이를 사회적 상황의 범죄공포 억제효과라고 명명하기로 한다. 그 다음에 문화적 요인과 공포와의 관계에 대해서 살펴보면 국가나 인종에 따라서 범죄에 대한 공포의 반응이 다를 수도 있다는 것이다. 또는 한국가내의 지역 즉 경상도나 충청도 등 지역문화에 따라서도 공포의 반응이 다를 수도 있을 것이다.

그런데 앞에서의 공포결정함수를 다시 적어보기로 하자. 공포결정함수 = f(범죄의 강도/ 개인적 변인, 사회적 변인, 문화적 변인) 이때 여기서 범죄의 강도와 범죄의 강도를 제외한 나머지 변수와는 조금 성격이 다르다. 다시 말해 공포의 강도를 그래프로 나타낼 수 있다면 죄의 강도에 따라 공포의 강도가 달라지나 특징은 범죄의 강도가 아무리 변해도 공포의 강도곡선은 움직이지 않는다. 즉 범죄의 강도가 아무리 변해도 공포의 강도는 주어진 공포강도곡선 상에서만 움직인다. 그러나 그 나머지 변인 즉 개인변인이나 사회적 변인 또는 문화 변인의 변화는 주어진 공포강도곡선을 좌측 또는 우측으로 이동시킨다. 다시 말해 어떤 지역에 높은 강도의 범죄가 발생했다면 특정 개인 또는 공포 는 느끼는 자 즉 개별공포 수용자는 공포강도곡선 상에서 높은 공포를 느끼지만 공포수용자의 개인적 특성이나 사회적 변수에 따라서 주어진 공포강도 곡선이 좌측 또는 우측으로 이동한다. 즉, 개별 수용자가 높은 공포를 느꼈다 해 도 그가 낙관적인 성격을 가진 자라면 주어진 공포강도곡선이 좌측으로 이동해 그렇지 않은 사람보다 공포의 강도가 약할 것이다.

2) 피해자 단계론

미국의 범죄학자 볼프강은 개인범주의 피해자화를 제1차 피해자화, 조직규모의 피해자화를 제2차 피해자화, 사회제도나 질서에 의한 피해자화를 제3차 피해자화라고 한다.[25] 그러나 일반적으로는 피해자로 되는 피해자화 단계론은 보통 제1차 피해자화, 제2차 피해자화, 제3차 피해자화로 알려져 있고 이 이론은 일본의 미야자와 고이찌의 이론이다. 여기에서는 전통적인 일반화된 이론인 미야자와 고이찌의 이론을 살펴보고 그의 이론이 정태적이라며 동태적이고 역동적인 피해자화 단계론을 주장한 필자의 주장도 함께 싣는다.

(1) 기존의 피해자화이론

피해자화란 어떤 사람의 범죄행위로 인하여 범죄인의 대상이 피해자가 되어가는 과정으로 그 과정은 3단계로 나누어 볼 수가 있다. 제1차 피해자화란 개인이나 단 가 사회생활을 하면서 범죄나 불법행위, 기타 바람직하지 않은 부당한 사건에 의해 직접적인 피해를 받는 과정을 말한다.[26] 따라서 1차 피해자화란 범죄로 인한 직접적인 피해를 받은 자를 의미하며 그 대상은 애초에 범죄인이 대상으로 삼는 범죄표적대상만 아니라 부정적인 외부효과에 의해 피해를 보는 제3자도 포함되며, 여기의 제3자에는 개인과 단체, 집단 등이 있을 수가 있다. 이러한 1차 피해자화에 대하여 미야자와 고이찌는 개인피해자의 경우에는 연령, 성별, 사회계층, 직업, 인종, 심신의 건강상태 등이 그리고 집단피해자는 민족 구성, 집 구성원간의 연대성・윤리상황, 공통된 가치관・종교관의 강약, 대립하고 대항하는 다른 민족・종족과의 세력관계, 국제정치적인 동향 등 여러 가지 피해자화 요인이 있고 그것들이 사생활을 영위하면서 후진적으로 작용하기도 하고, 저지적 내지 지장이 되는 활동을 하는 경우도 있을 수 있다고 한다.[27] 이러한 1차 피해자화에 대한 대책으로 미야자와 고이찌는 개개범죄에 대한 가해자와 피해자의 관계를 분석한 자료를 정리하여 그 예방지침을 일반인에 제공하는 것이 필요하다고 주장하고 일반시민이 일상생활에 있어서 항상 피해자가 될 수 있는 가능성을 염두에 두고 있기를 기대하는 것은 자연스럽지 못하다고 한다.[28]

25) 이만종, 전게서, 280면.
26) 장규원 역, 미야자와 고이찌, 피해자학입문, 길안사, 52면.
27) 장규원 역, 미야자와 고이찌, 전게서, 52면.
28) 장규원 역, 미야자와 고이찌, 전게서, 52면.

그리고 1차 피해자화에서 모든 사람이 동등하게 피해자가 된다고 한정하지 말고 피해를 받는 사람 중에서도 특히 사회적 지위가 낮은 자, 취약한 입장에 있는 등의 사회적인 원호를 받기 어려운 사정이 있는 자는 다른 피해자와 비교해볼 때 제2차 피해를 받기 쉬우며, 피해자화 대항해서 자기주장을 할 수 있는 힘이 결여될 위험이 있으며 친구가 지원해 주든가 조직이 한패가 되어주는 피해자와, 맨주먹으로 스스로를 지키지 않으면 안 되는 피해자는, 같은 피해자라도 그 사회적 의미가 매우 다르다고 한다.29)

제2차 피해자화란 피해자가 경찰, 검찰, 형사재판 등의 공적범죄 통제기관의 대응에 의해 본래의 범죄피해에 더해서 심리적으로 더 상처를 받고 정신적으로 완전히 질려 버리는 것을 말한다고 한다.30) 한편, 장규원은 범죄피해자가 공적범죄통제기관 또는 언론기관을 통하여 받게 되는 피해로 즉 참고인으로서의 진술, 법정에서의 피해사실의 증언, 피고인과 변호인으로부터의 엄격한 반대신문을 통한 개인의 생활이나 정신적 피해를 받는 과정이라고 주장한다.31)

피해자가, 특히 성범죄같이 받은 신체적·정신적·물질적 피해에 대하여 사건 후 그 처리과정에서 피해자의 주변에 있는 사람의 태도 여하에 따라서 피해자의 회복이 빠를 수도 있고 또는 진심으로 마음아파 해주지 않음으로써 제2차 피해자화가 생겨나고 피해자에게 직접적 피해이상의 정신적 쇼크를 주는 일이 문제가 된다고 한다.32) 특히 성범죄와 같은 친고죄에서 경찰이 무리하게 수사를 진행할 때도 오히려 피해자의 명예감정을 손상시킬 수 있고 또한 친구나 아는 사람의 분별없는 태도도 제2차 피해자화와 깊은 관계가 있다고 한다.33)

이러한 2차 피해자화를 막기 위한 대책으로 미야자와 고이찌는 특히 신체범 피해자, 특히 여성성범죄 피해자, 살인사건의 유족, 소년피해자에 대한 대책에 주목해야 한다고 주장하고 수사관은 피해자의 인권보호를 경찰수사의 불가결한 요소로서 명확하게 자리잡게 할 필요가 있으며 피해자에

29) 장규원 역, 미야자와 고이찌, 전게서, 53면.
30) 장규원 역, 미야자와 고이찌, 전게서, 67면.
31) 장규원, 범죄피해자의 특성과 그 유착성, 68면.
32) 미야자와 고이찌, 피해자학 입문, 장규원 역, 64면.
33) 미야자와 고이찌, 피해자학 입문, 장규원 역, 64면.

게 존경과 동정심을 가지고 대하는 것을 수사에 임하는 마음가짐으로서 확립시키는 것에 협조해야 한다고 한다.[34)]

또한 소년피해자의 권리를 옹호하기 위해서 피해자의 변호인을 적극적으로 참가시켜야 한다고 주장하고 1933년 스위스 피해자 원조법처럼 피해자 보호에 있어서 관공서는 절차의 모든 단계에서 피해자의 인격권을 보호할 것(동법 제5조 1항)과 성범죄의 경우에는 구사・예심・재판절차에 있어 동성인 조사관에 의한 조사, 동성인 법관의 참여, 합의체인 재판에 있어서는 적어도 한 명의 동성인 재판관의 참여(제6조), 증언 또는 정보제공자로서 조사를 할 때의 변호사 입회, 사생활에 관한 질문에 대한 증언거부권 인정(제7조), 경찰 초기조사 때에 피해자에게 공, 사립 상담소를 알려주도록 하는 규정을 들고 있다.[35)]

한편, 제3차 피해자화란 제1차 피해자화 및 제2차 피해자화로 정신적・육체적 고통을 느끼고 있는 피해자에게 적절한 대책이 이루어지지 않아 피해자가 심적 갈등 등으로 인하여 보이는 반사회적 내지 비사회적인 반응을 보이는 것을 말한다.[36)]이러한 제3차 피해자화는 2차 피해자화와 마찬가지로 범죄통제기관이나 형사사법체계의 만족치 못한 대응과 밀접한 관련이 있다.[37)] 가령 성범죄 피해자 중에는 부모 곁을 떠나 대도시의 어느 구석에서 고립된 생활을 하고 있는 여성이 누구에게 하소연 하지도 못하고 조언을 구할 방법도 없이 혼자서 고민하다가 차츰 피해의식에 사로잡혀 생각과 행동이 소극적・퇴보적이 되고 사고가 둔화되기 시작하는 것이다.[38)]

또한 소년사건에서 부모나 학교 선생님과 상담을 하지 못하고 친구들과의 대화를 통해 위로를 받거나, 상담을 한 상대로부터 더 나쁜 영향을 받아 자신의 피해체험으로부터의 왜곡된 학습으로 인해 그 자신이 가해자가 되어 다른 소년에게 자신이 당한 것과 같은 과정으로 피해를 주는 피해자와 가해자의 역할교환현상도 있다고 한다.[39)]

---

34) 미야자와 고이찌, 피해자학 입문, 장규원 역, 70면.
35) 미야자와 고이찌, 장규원 역, 전게서, 74면.
36) 미야자와 고이찌, 장규원 역, 전게서, 75면.
37) 미야자와 고이찌, 장규원 역, 전게서, 78면.
38) 미야자와 고이찌, 장규원 역, 전게서, 77면.
39) 미야자와 고이찌, 장규원 역, 전게서, 76면.

이러한 제3차 피해자화에 대한 대책에는 형사사법기관에서의 대책인 형사사법적 대책과 심리요법, 사회요법, 상담요법 등의 사회적 대책으로 나누어 볼 수가 있다. 이와 관련하여 우리나라는 피해자에 대한 정신적 지지를 위해 2005년 한국 피해자지원센터가 생겨났다. 한국 피해자 지원센터에서는 위기에 대처하기 위한 전화상담, 면접상담, 형사사법지원, 의료지원 등을 하는데 자세한 내용은 피해자대책론에서 후술하기로 한다.[40)]

한편, 외국의 여러 나라에서도 이러한 제3차 피해자화에 대한 대책으로 각종 피해자 구원센터를 두고 있는데 미국은 1975년에 전국 피해자 원조기구인 NOVA를, 영국은 1979년에 전국 범죄피해자 원호협회를 설립하였고, 독일은 1976년에 피해자 원조단체인 백색 고리가 조직되었다.[41)]

(2) 천정환의 역동적 피해자화론

미야자와 고이찌의 피해자화론의 주요논점은 범죄인으로부터 범행을 당하거나 직접 피해를 당한 것이 제2차 피해자화이고 경찰이나 검찰 등 형사사법기관이나 언론기관 등에서 범죄피해자가 겪는 심리적 고통을 2차 피해자화라고 하며 이러한 제 1,2차 피해자화로부터 아무런 도움을 받지 못함으로 인해 나타내는 피해자의 반사회적 또는 비사회적인 반응이라는 것이다.

그러나 그의 이론은 지나치게 정태적이며 절대적 관념과 온정주의적 관점에 서 있으며 개인이 겪는 일부 범죄에는 타당하나 집단범죄 등에는 맞지 않으며 피해자화를 획일화 시킨 면이 있다. 가령 어떤 여인이 강간을 당했다면 미야자와 고이찌는 강간당한 여인이 1차 피해자화가 되고 그 여인이 경찰등 형사사법기관에서 조사받는 과정에서의 부당한 대우로 심리적 갈등을 겪는 것이 2차 피해자화라고 보듯이 미야자와 고이찌는 범죄로 인해 가해자와 피해자만 발생하고 직접 피해를 당한 자는 반드시 1차 피해자이고 1차 피해자가 형사사법기관에서 수사과정에서 느끼는 심리적

40) 한국 피해자지원센터의 전신은 2003년 9월에 발주된 김천피해자지원센터로, 여기서는 전화상담, 직접지원활동, 피해자 지원전문가 양성, 피해자 자조조직 지원, 홍보활동 등을 하는데 자세한 것은 www.victim.co.kr을 참조할 것.

41) 김성진, 범죄심리학, 동인, 2001, 138면.

갈등을 2차 피해자라고 하여 구분하고, 반드시 1차 피해자화 되고 나서 2차 피해자가 된다는 단계론적 입장이나 그런 주장은 매우 단순한 논리로 정태적인 주장에 불과하다. 왜냐하면 범죄가 있으면 범죄피해자만 발생하는 것이 아니라 범죄수익자와 새로운 범죄수요자, 범죄공급자, 범죄 비해자도 발생하게 되는 동태적 역학관계를 그는 알지 못했다. 또한 반드시 1차 피해자화가 있고 나서 2차 피해자화가 있는 것이 아니고 때로는 2차 피해자가 있고 나서 또는 동시에 1차 피해자가 생기는 관계도 그는 알지 못했다. 또한 범죄가 발생해도, 특히 집단범죄나 국가범죄 같은 경우는 범죄피해화의 정도가 다른 여러 분류의 피해자화가 생기며 교활한 범죄피해자 등의 전혀 새로운 성격의 피해자도 생겨나게 되며, 설사 순수한 개인적 범죄 피해자라고 하여도 미야자와 고이찌처럼 피해자가 범죄피해만 당했다는 절대적 관점에서는 것은 좁은 견해이다. 왜냐하면 절도나 강간, 방화를 당한 범죄피해자는 반드시 피해만 입는 것이 아니고 때에 따라서는 범죄이익도 보므로 정확한 범죄피해를 계산하기 위해서는 범죄경제학의 원리를 이용해 범죄 순피해량을 계산해야 되며, 이러한 상대적의미로서의 범죄피해인 "범죄 순 피해량"은 나중에 적절한 범죄피해자 지원과 연결될 수 있기 때문이다. 가령 낡은 집에서 원수처럼 여기는 아내와 같이 사는 남자의 집에 누가 불을 놓아 집이 전소하고 아내가 죽었다면 형식적으로는 그 남자는 방화라는 범죄의 직접 피해자이지만, 실제로는 범죄피해를 상대하고 남을 만큼의 범죄수익자이다. 왜냐하면 집이 보험에 들은 관계로 보험금도 나오고 죽은 아내의 많은 재산도 자신의 것이 되며 또한 원수같은 아내가 죽음으로서 심리적 만족도가 증가하기 때문이다. 이처럼 개인이 범죄피해를 당하여도 범죄피해만 있는 것이 아니라 그 속에는 범죄수익도 있을 수 있는 등 복잡한 내적 과정을 거치는 복잡한 관계에 있듯이 정확한 범죄피해를 계산해야 된다. 따라서 모든 개인적 범죄를 동일시하여 범죄가 발생 시 반드시 피해만 발생한다는 정태적 접근은 지양되어야 하고 범죄의 종류와 성격, 피해자의 여러 정황적 특성에 따라 달리 논의되어야 한다.

또한 범죄피해가 발생하여 제1차 피해자화가 발생하여도 그런 제1차 범죄피해자화는 또다른 제1차 범죄수익자와 범죄수요자, 범죄공급자를 창출할 수가 있다. 가령 A라는 여인과 친하게 지내지만 항상 A 때문에 열등감을 가진 친구 B의 입장에서는 A가 노숙자에게 강간당한 것을 알면 제1차 피해자화의 단계인 A로 인해 B는 비로소 심리적 쾌감을 얻어 범죄수익자가 됨과 동시에 또다른 범죄수요자가 될 수 있다. 즉 A가 그녀가 멸시해온 하층민에게 더 모욕적인 강간을 당할 것을 바랄 수 있기 때문인데 이처럼 1차 피해자화는 전혀 생각지 않았던 새로운 성격의 범죄수익자화, 범죄수요화라는 것 등을 창출하게 되는 동태적 관계가 성립할 수 있다.

그리고 미야자와 고이찌는 범죄피해자화 단계를 언급하면서 직접피해를 당한 1차 피해자화가 있고 나서 2차 피해자화가 발생할 수 있고 그 다음에 3차 피해자화가 발생한다고 하였지만, 필자는 그에 대한 반론으로서 1차 피해자화의 단계 없이 바로 2차 피해자화의 단계를 거쳐 다시 1차 피해자화를 거쳐서 다시 2차 피해자화나 3차 피해자화로 갈 수가 있다고 주장하며, 또한 범죄피해를 직접당한 1차 피해자와 관계없는 범죄수익자 또는 범죄수요자 또는 범죄피해자도 범죄가해자도 아닌 범죄비해자(非害者)로부터 바로 범죄 2차 피해자화로 갈 수가 있고 또한 이때도 마찬가지로 2차 피해자화를 겪고 다시 1차 피해자화 또는 3차 피해자화로 될 수 있는 역동적이고 동태적인 피해자화론을 주장한다. 이것을 기존의 미야자와 고이찌의 주장과 필자의 주장을 그림으로 나타내면 다음과 같다. 먼저 미야자와 고이찌의 피해자단계론을 그림으로 나타내면 다음과 같다. 42)

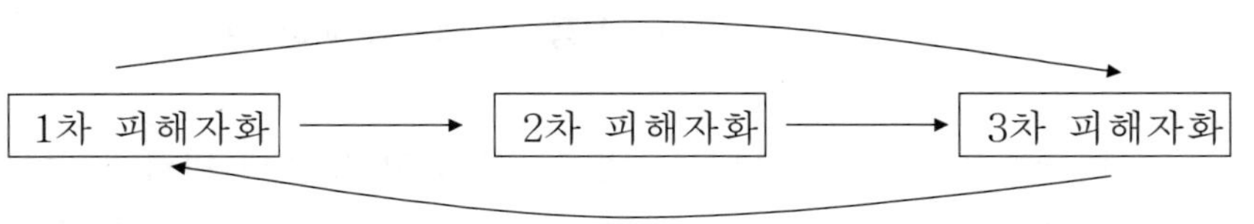

그림100 : 미야자와 고이찌의 피해자단계론

42) 미야자와 고이찌의 피해자단계론.

즉 위의 그림에서와 보듯이 미야자와 고이찌의 피해자단계론은 일편적이고 정태적이고 비가역적(non – reverse)인 단순한 논리이다. 즉 반드시 1차 피해자화를 거쳐야 2차 피해자화를 거치고 2차 피해자화를 거쳐야 3차 피해자가 된다는 이론으로 2차 피해자화 또는 3차 피해자화에서 2차 또는 1차 피해자로 될 수 없음을 보여 주고 있다.

이에 반해 동태적이고 가역적(reverse)이며 쌍방향적인 피해자단계론이 필자의 동태적 피해자화 단계이론인데 이것을 그림으로 나타내면 아래와 같다.

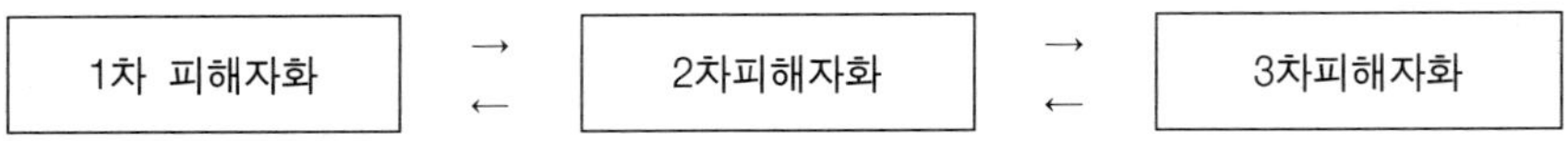

그림101 : 천정환의 순환적 피해자론

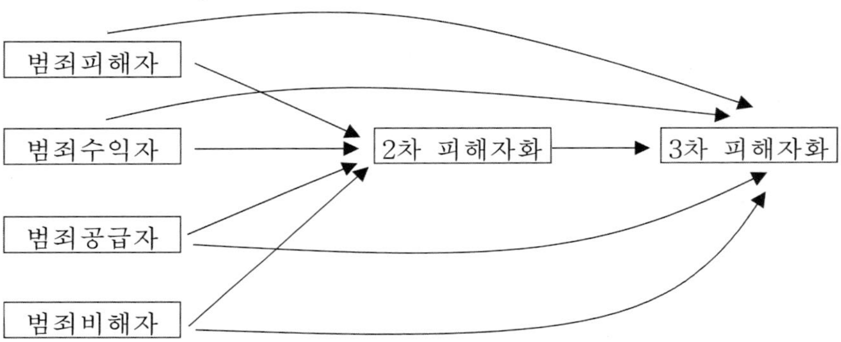

그림102 : 천정환의 동태적 피해자론

미야자와 고이찌의 말처럼 범죄나 불법행위, 기타 바람직하지 않은 부당한 사건에 의해 직접적인 피해를 받는 과정이 1차 피해자화이고, 피해자가 공적 형사사법 기관에서 받게 되는 피해가 2차 피해자화이고 1・2차 피해자화로 정신적・육체적 고통을 겪는 피해자에게 적절한 대책이 이루어지지 않아 보이는 반사회적 또는 비사회적 반응이 3차 피해자라고 한다면 필자의 순환적 피해자화론은 1차 피해자화 단계를 거쳐 2차 피해자화, 3차 피해자 단계를 거치는 것은 물론이고 범죄 또는 피해자의 특성에 따라서는 2차 피해자화 단계 또는 3차 피해자화 단계에서 그 앞의 단계인 1차 피해자화 또는 2차 피해자화로 될 수가 있다는 것이다.

가령 모욕죄나 명예훼손죄와 관련된 사건의 직접 피해자는 아니지만 그 사건을 목격한 증인이 참고인으로 그 사건의 진실에 대해 경찰기관에서 조사를 받던 중 수치감이나 모욕을 주는 경찰기관의 태도에 의해 심리적 피해를 보았다면 이것이 바로 2차 피해자화로 그는 1차 피해자화 단계를 거치지 않고 바로 2차 피해자로 되었고 만일 그가 그것에 관해 경찰의 태도 등에서 모욕죄나 직무유기죄 등으로 고소했다면 이때는 범죄의 직접 피해자가 되므로 1차 피해자화가 되며 이때는 또다시 그 범죄의 2차 피해자화가 될 가능성이 있다.

또한 필자의 동태적 피해자화론에서는 미야자와 고이찌의 주장처럼 보통은 범죄 피해자의 제1차 피해자화에서 제2차 피해자화로 넘어갈 수 있다는 것에서 한걸음 더 나아가 범죄피해자가 아닌 자라도 바로 제2차 범죄피해자화가 될 수 있다는 의미이다. 그것의 예로서 범죄수익자, 범죄비해자, 범죄수요자, 범죄공급자 등이 있는데, 여기의 범죄수요와 범죄공급은 사전적(事前的)개념으로 의도된 개념을 뜻한다. 범죄수익자란 사전적, 사후적 개념을 모두 포함하며 어떤 범죄사건으로 인하여 이익을 볼 자, 또는 이익을 보기로 되어 있는 자이며, 가령 수익의 개념은 재산적, 비재산적 이익 모두를 포함하며 동일인이 범죄수익자와 범죄피해자의 지위를 동시에 가질 때에는 보다 우세한 지위가 기준이 된다. 가령 이혼하려고 해도 이혼해 주지 않는 아내가 간통했을 때 남편은 형식적으로는 범죄피해자이지만 실질적으로는 범죄수익자이고 보다 유리한 지위는 범죄수익자이므로 그는 범죄수익자의 지위에 서며 그가 간통사건으로 경찰에서 모욕적인 조사를 받아 심리적 피해를 받았다면 바로 범죄수익자가 2차 피해자화가 되는 것이다.

또한 강간당한 A의 여자친구 B는 사실은 A의 도덕적 파멸을 원하던 자라면 B는 A의 강간사건의 확대 재생산을 원하여 수사과정에서 경찰의 모욕죄나 명예훼손죄라는 새로운 범죄가 일어나 그 과정에서 친구 A가 완전히 파멸되는 것을 원한다면 B는 그 범죄와 관련된 새로운 범죄수요자가 된다. 이때 범죄수요자인 B가 A가 당한 경찰에서의 심리적 모욕을 증언하는 과정에서 자신도 심리적 피해를 본 경우에 B는 바로 범죄수요자에서 제2차 범죄피해자로 이행하게 된다.

한편, 미야자와 고이찌가 1차 피해자화를 직접 범죄피해를 당한 자라고 표현하여 객관적 의미로 접근하는데 비해 필자는 각 피해자화 단계를 주관적 피해자화와 객관적 피해자화로 나누고자 한다. 따라서 1차 피해자화에도, 2차 피해자화에도, 3차 피해자에도 각각 주관적 피해자화와 객관적 피해자화가 있다. 가령, 부패한 공무원집단에서 공무원이 서류조작 등으로 횡령한 사건이 발생했다면 해당 공무원은 범죄공급자이면서 동시에 범죄피해자가 되지만 보다 우세한 지위는 범죄공급자이다. 이때 국민들은 직접 범죄의 피해자가 되지만 어떤 사람은 범죄피해를 느끼지만 많은 사람들은 공무원의 화이트 칼라 범죄에 대한 피해자라고 생각하지 않을 것이다. 이것이 바로 주관적 의미의 피해자화로 보통 주관적 의미의 피해자화는 피해자 감수성이 높은 자들이 많이 겪는다. 즉, 그 사건과 이해관계가 있거나 많은 정보를 갖고 있는 자들이 피해자 감수성 정도가 높을 것이다.

마찬가지로 강간당한 여성이 경찰에서 조사받는 과정에서 관행적으로 행해지는 남성 경찰관의 반말 투와 남성적 가치관에서 모욕이나 심리적 손상을 입은 자라면 그녀는 2차 피해자를 겪은 자이고 그런 경찰의 태도에서 모욕감을 느끼지 않았다면 2차 피해자화를 겪지 않는다. 이처럼 2차 피해자화는 피해자의 심리적 감수성과 내면적 학습정도, 면역 훈련 등에 의해 2차 피해자화가 될 가능성이 많은데 가령 평소부터 남성 경찰 등의 반말 투와 남성적 가치관에 면역이 된 여인이 범죄피해자가 되어 경찰에서 반말투로 조사받아도 스스로를 2차 피해자화라고 생각하지 않을 것이다.

한편, 이러한 2차 피해자화 과정에서는 위장된 2차 피해자화가 나타날 가능성이 있는데, 이러한 위장된 2차 피해자를 운론 하는 논거는 제한된 예산으로 적절한 피해자대책을 세울 때 대상자 선정과 관련해서 중요하기 때문이다. 모든 인간은 매 순간마다 비용과 이익을 계산하는 합리성을 가진 인간이므로 범죄피해를 당한 사람이 경찰조사과정에서 2차 피해를 당했다고 주장하는 것이 자신에게 유리한 자원을 가져다 줄 수 있다면 상징조작이 가능하기 때문이다.

한편, 범죄피해는 부정적인 효용이므로 보통 길거리 범죄 등은 1차 피해자화를 겪은 순간에 부정적 효용이 극대화 되다가 차츰 시간에 대해 미분한 부정적 한계효용이 체감하며 그러다가 2차 피해자화를 겪으면 다시 부정적 한계효용이 커지다가 시간이 지날수록 부정적 한계효용이 체감하거나 체증하게 되는데, 다른 변수가 일정하고 촉발요인이 있게 되면 부정적 한계효용이 체증하는 때에는 제3차 피해자화가 될 가능성이 많다. 이때 2차 피해자를 경험하는 순간에 부정적 한계효용의 크기가 1차 피해자화보다 클 수도, 작을 수도 있는데 이것의 결정요인은 환경과 피해자의 주관적 개인적 특성에 의해 좌우되는데 이를 그림으로 그리면 다음과 같다.

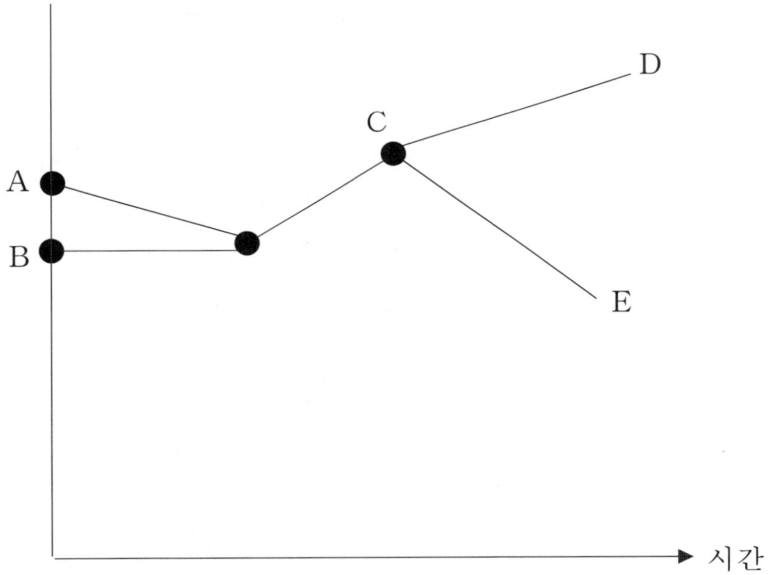

그림103 : 피해자화 단계에 따른 부정적 한계효용곡선

(3) 피해원인론

개인 또는 집단이 범죄피해를 당하는 피해원인에 관한 피해원인론에는 과거부터 많은 연구가 이루어져 왔다. 따라서 여기에서는 피해원인론에 대한 기존학자들의 논의를 살펴본 다음에 그런 기존학자들에 대한 비판을 사견으로 운론한 다음에 필자의 사견으로서의 천정환의 신피해원인론을 제시하고자 한다.

1) 기존의 피해원인론

기존의 범죄피해원인론에서는 개인 또는 집단이 범죄피해를 받게 되는 운인을 개인적・미시적 요인과 개인 또는 집단을 둘러싼 환경적 요인으로 나누어 볼 수가 있다.

(1) 범죄피해의 개인적 원인

범죄피해의 개인적 원인에 관한 이론에는 생활양식이론, 일상활동이론, 사회적 상호작용이론이 있다. 생활양식이론은 힌데랑, 거트 프레드슨, 가로팔로가 주장한 것으로 범죄와 접촉할 가능성이 높은 생활양식을 취하고 있는 자가 범죄의 피해를 입기 쉽다는 이론으로 일과 학교생활, 레저 활동, 가정활동 등에서 다양한 생활양식의 차이가 잠재적인 범죄자와의 접촉기회의 양과 질을 결정하는데 큰 역할을 하고 있어 피해를 입은 가능성을 좌우한다는 것이다.[43] 즉 범죄피해가능성은 피해자가 일상활동속에서 범죄자와의 근접성이 높아 접촉가능성과 범죄노출의 기회가 많을수록 범죄피해가능성이 많다는 것이다. 생활양식이론은 범죄기회이론과도 관계되는데, 범죄기회이론은 모든 범죄는 동기화된 범죄자의 의지보다는 범죄를 범할 기회가 주어질 때 발생한다는 이론으로 행위자가 원하는 목표를 달성할 정당한 수단을 갖지 못한 상황에서 목표달성할 기회가 있을 때 범죄가 발생한다는 것이다.[44]

일상활동이론은 생활양식이론을 발전시킨 이론으로서 반복적이고 일반적인 생활양식을 통한 일반적인 활동으로서 기본적인 음식, 집, 휴식, 자녀양육, 인간관계, 직업활동 등의 일상활동이 여러 조건(범죄의지와 실천능력을 가진 범죄자의 존재, 범죄 실행을 억제할 수 있는 장치가 없을 것, 잠재적 범죄피해자가 존재할 것)들을 구비할 때 범죄피해가 발생 할 가능성

43) 이만종, 범죄학개론, 학현사, 2002, 276면.
44) 배종대, 형사정책, 홍문사, 2001, 249면.

은 높아진다는 것으로 코헨, 펠슨, 라슬리가 주장하였다.[45] 생활양식이론이 주로 피해자의 생활양식에 주목한 것에 비해서 일상활동이론은 범죄자와 피해자의 쌍방의 생활양식을 똑같이 취급하고 거기에 나타난 변화가 범죄증가로 이어진다고 주장한 것으로 이 이론은 범죄의 상황적 결정요인을 강조함으로써 범죄가 사회생태학 내지 생물학적 환경의 맥락에서 합리적 의사결정, 표적의 존재, 효과적인 감시인의 결여와의 상호작용 결과로서 발생한다는 것이다.[46]

사회적상호작용이론은 생스탁, 짐멜, 헨티그 등이 주장한 이론으로 피해란 피해자와 범죄자의 상호작용 속에서 발생된다는 이론으로 상호작용이 발생하는 과정에는 피해자가 범죄자로 하여금 범죄를 저지르도록 유도하는 피해자촉발모형, 범죄자와 피해자는 보다 장기간의 사회적 상호작용을 거쳐 범죄자도 되고 피해자도 된다는 갈등모형(서로 아는 자끼리 갈등이 발생하고 갈등조정노력이 실패시 범죄가 발생) 피해자가 알지도 못하는 사이에 범죄가 발생한다는 피해가능성이 있는 피해자모형 등이 있다고 한다.[47]

미테와 마이어의 구조적 선택이론은 일상생활을 영위하는 과정에서 접촉함으로써 범죄기회가 창출되고, 범행대상에 대한 관여자의 주관적 평가와 보호장치의 수준에 따라 대상에 대한 관여자의 주관적 평가와 보호장치의 수준에 따라 대상이 결정되며 이 결정은 그 행위에 대한 보상과 그것에 수반하는 위험성의 정도에 의해 결정된다는 것이다.[48]

(2) 범죄피해의 환경적 요인

범죄피해를 당하기 쉬운 환경적 요인에는 사회적 환경, 정치적 환경, 자연적 환경 국제적 환경 등이 있을 수 있으며, 여기에는 부문화이론, 사회해체이론, 분화적 접촉이론, 근접성이론, 동일집단이론이 있다.

볼프강의 부문화이론이란 특정이역이나 특정집단에는 그 사회의 지배문

45) 이성효, 피해자학, 21세기사, 2005, 69면.
46) 이만종, 전게서, 277면.
47) 이성호, 전게서, 71면.
48) 김용세, 피해자학, 형설, 2004, 80면.

화에서 강조되지 않은 폭력 또는 유사한 다른 행위를 사용하는 것이 오히려 권장되는 하위문화적 가치체계가 있고 이러한 부문화를 하위 문화적 규범특성 때문에 범죄자와 피해자가 발생한다는 이론이다.[49)]

싱거 등이 주장한 동일집단이론은 범죄자와 피해자가 아주 유사한 가치관을 지닌 급부에 속해 있기 때문에 동일한 특성을 가진 것으로 범죄자의 생활양식은 곧 범죄피해자가 될 수 있는 위험성을 가지고 있으며 맥더못은 학교범죄에서 피해학생들은 자신들의 위신을 회복하기 위해서 다른 학생들에게 피해를 줌으로써 자신은 범죄자이면서 동시에 피해자라는 것을 밝혔다.[50)]

미테와 마이어의 근접성 이론은 범죄피해는 이들이 지역적으로 근접해 있기 때문에 범죄자와 자주 만나게 되고 그런 연유로 범죄피해가 많이 발생한다는 이론으로 이때의 근접성은 지역적인 개념이며 심리적 개념이 아니다. 즉 잠재적 범죄자와 잠재적 피해자가 근접해있으면 둘은 서로에 대해 호감이 증가할 수도 미움이 증가할 수도 있는데, 만일 범죄와 연관시켜 설명하면 지역적으로 근접할수록 서로가 서로에 대해 많은 정보를 획득하게 되고 어떤 행동을 할때 상대의 행동도 예측할 수 있어 부담의 효과가 줄어들어 범죄의 가능성이 커진다는 것이다. 그것은 잠재적 가해자가 지역적으로 멀리 떨어진 사람을 범행대상으로 하려면 정보획득 등에서 많은 비용이 발생하는 부담의 효과 때문에 지역적으로 근접한 사람이 범행대상이 되기 쉽다는 이론으로 이러한 근접성 이론은 사회심리학의 친교관계(liking)이론에 많은 영향을 받은 이론이다.[51)]

49) 이성호, 전게서, 72면.
50) 이성호, 전게서, 73면.
51) 친교관계에 영향을 주는 근접성에 대해 프리드만은 그 사람이 좋아할 수 있는 데에는 가까이 있다는 것이 가장 중요한 요소라고 한다. 이것의 작용방식은 1956년 White연구는 물리적 거리가 가까울수록 서로 좋아하게 될 확률이 크다고 했고 물리적 거리와 기능적 거리를 비교한 사트연구에 따르면 물리적 거리가 가까울수록 더 자주 만나며 같은 거리라도 기능적 의미의 거리가 가까울수록 더 자주 만난다고 한다. 이것의 작용원리는 근접성이 왜 2명을 친하게 만드느냐에 대해서는 가까이 있는 사람들이 서로를 알게 될 가능성이 더 높아 호감을 증가시키며 또한 가까이 있으면 그와 앞으로도 자주 상호작용하리라는 기대가 있기 때문에 그와 맺는 관계가 유쾌하리라 생각하고 상대를 긍정적으로 평가하며 하고 그것이 호감을 증가시킨다고 한다(단순히 반복해서 만나면 매력이 증가하는데 이를 단순노출효과라고 한다). 또한 타인의 행동에 대한 예측을 잘 할 수 있기 때문에 더욱더 좋아하게 된다고 하며, 또한 가까이 하면 친

쿨리와 토마스의 사회해체이론은 다음과 같다. 사회해체란 산업화로 인하여 인구이동, 사회이동의 증대, 문화변동, 윤리의식의 와해로 공식적 또는 비공식적 사회통제가 붕괴되는 현상을 말하는데 이런 사회해체는 범죄의 원인이 되며 범죄 하위문화를 형성시키게 되고 범죄 다발지역이 형성된다고 한다. 이런 사회해체이론은 Cooley와 Thomas가 대표자이고 이 이론의 기초는 시카고학파(파크, 버제스, 워스)의 인간생태학 이론이며(인간생태학은 생태계에서 일어나는 지배, 침입, 계상의 과정이 사회 내에서도 그대로 일어나고 그 과정에서 범죄는 발생한다는 것으로 이는 범죄원인은 개인적 원인보다는 사회적 원인에 의해 결정된다는 의미이다), 또한 버제스의 동심원이론(동심원이론은 통제력이 약화된 지역의 도심에 가까울수록 비행이 많이 발생하고 도심에서 멀어질수록 적어진다고 하여 지역특성인 환경과 범죄와는 연관성이 있다는 이론임)도 관계된다고 볼 수 있다. 그러나 이미 도시화가 된 사회에는 이 이론을 적용하기가 곤란하고 Mills는 해체라는 개념이 중산층의 시각에서 본, 중산층의 편견이 내재된 개념이라고 비판했다.

분화적 접촉이론의 기본내용은 아래와 같다. 문화전달이론, 사회해체론, 문화갈등이론, 문화변천이론의 영향을 받은 이 이론은 미국범죄학의 아버지인 Sutherland가 주장한 것으로 이 이론에서는 범죄가 개인적 병리의 산물이 아니라 접촉을 통해 학습된 것으로 본다(그는 범죄적 성향을 후천적 학습에서 찾으려 했으며 범죄인 가계를 따로 긍정하지 않았다). 범죄는 타인을 접촉하는 과정에서 그 법위반을 긍정하는 관념이 부정하는 관념보다 우세할 때 나타나며 접촉의 빈도가 많고, 접촉의 기간이 길고, 접촉의 시기가 빠를수록, 접촉의 강도가 더 클수록 더 강하게 학습된다고 한다(A는 자기의 주위에(생태계에). 착한 친구집단 또는 깡패집단 등 다양한 친구(집단)가 있는데, A는 착한친구보다 깡패집단과의 접촉(차별적 접촉)을 통해서 이 법위반을 긍정하는 관념이 법의 위반을 부정하는 관념보다 우세하게 되어 범죄적 행동을 학습해 범죄를 하게 된다고 하는데, 여기서 서덜랜드는 범죄의 동기를 사회적 동기보다는 관념에서 찾고 있는 것을 알 수 있고

숙감을 가져오므로 좋아하게 된다고 한다. 멀리 있는 사람과 사귀는 데는 많은 비용 등이 든다는 부담의 효과 때문에 근접이 liking에 영향을 주는 요소이다.

이것은 하위문화이론, 문화갈등이론도 마찬가지이다).

준법행위와 똑같은 방식으로 학습을 통해 습득되고 그 내용은 범죄의 동기, 범죄기술, 태도 등이며 이런 학습과정은 타인과의 친밀한 교제에서 일어난다고 하는데, 이런 논리에 따르면 범죄지역은 사회해체론이 주장하는 것처럼 해체된 것이 아니고 차별적 사회조직화 되어 있다는 것을 알 수 있다. 따라서 범죄피해자도 피해라는 부정적 가치도 차별적 접촉을 통한 학습을 통해 형성되어 간다는 이론이지만 오늘의 관점에서는 많은 비판을 받고 있다.

2) 천정환의 신피해원인론

먼저 필자의 독창적인 신피해원인론을 논하기 전에 기존학자들의 범죄원인론에 대한 비판을 사견으로 제시하고자 한다.

근접성이론을 주장한 미테와 마이어에 따르면 범죄피해의 가능성은 어떻게 가느냐보다는 어디에 사느냐, 즉 지역적 근접성이 클수록 접촉기회가 높아지고 그로 인해 범죄피해가 발생할 가능성이 높다고 주장하고 따라서 비행지역에서 범죄가 많이 발생한다는 추론이 가능해진다. 그러나 지리적으로 가까이 있어 범죄피해가 발생할 가능성이 있다는 주장은 범죄 또는 피해가 생성되는 복잡한 메커니즘을 모르는 단순한 견해로 사회심리학의 근접성이론을 모르는 단편적 견해에 불과하다.

물론 절도 등 많은 범죄에 있어서 물리적 접근성이 범죄나 피해의 확률을 증가시키기도 하지만 오히려 그 반대로 지역적, 물리적 근접성이 범죄를 멀리하게 하는 작용도 할 수가 있다. 호감이라는 메커니즘이 생길 수 있기 때문이다. 그것은 두 사람이 지리적으로 가까이 할수록 앞으로도 자주 상호 작용하리라는 기대가 있어 이러한 상호작용의 기대가능성과 인지균형을 위해 오히려 범죄를 하려고 마음먹은 잠재적 범죄인으로 하여금 범죄를 멈추게 하는 범죄억제적 요소가 있음에도 이러한 지역적 근접성의 범죄억제적 순기능은 그들은 무시했다.

따라서 합리적 인간을 전제한다면 지리적, 물리적으로 가까이 있어도 범죄의 가능성은 범죄로 인해 얻는 이익과 범죄로 인해 예상되는 손실, 가령 인지의 부조화로 인한 괴로움, 앞으로의 상호작용에 대한 두려움 등 심리적 비용과 부담(체포될 확률과 체포될 두려움, 예상되는 구금의 고통, 주위의 비난과 같은 기본적인 비용 외에)과의 형량을 통해 결정되는 복잡한 메커니즘이 있음에도 그런 것을 간과한 주장에 지나지 않는다.

그리고 설사 미테와 마이어의 주장대로 근접성의 원리가 범죄를 증가시킨다고 해도 이를 모두 일반화시킬 수는 없고 근접성의 원리의 예외가 있음을 그들은 간과하고 있다. 가령 범죄의지와 실천능력을 가졌고 상황이 급박한 잠재적 범죄인이 매력적인 범죄표적대상을 만났을 때 그가 지역적으로 물리적으로 가까이 있다면 범죄가 행해질 수 있는 한 요인은 되지만 잠재적 범죄인이 처음부터 범죄표적대상에게 긍정적인 호감을 가졌다면 아무리 잠재적 범죄인이 그를 자주 만난다고 해도 범죄가 발생하지 않는데 그것은 사회심리학의 호감(liking)이론과 인지균형조화이론을 통해서 설명할 수 있다. 왜냐하면 합리적 인간은 주위에 대해 인지의 균형조화를 이루려는 경향이 있으므로 처음부터 호감을 가진 사람에게 범죄를 하여 인지의 균형을 깨고 싶지 않기 때문이다. 따라서 미테와 마이어의 근접성이론은 제한된 조건하에서 일정범죄가 비행지역에 많이 발생하는 한 요인이 될 수 있다는 제한적 의미를 가지므로 모든 범죄나 모든 범죄피해가 발생하는 일반적 메커니즘이론은 될 수 없음은 물론이다.

또한 미테와 마이어는 구조적 선택이론에서 범죄의 결정은 그 행위에 대한 보상과 그것에 수반하는 위험성에 의해 결정된다고 주장하여 범죄행위로 인한 보상이 크고 위험도가 작을수록 범행을 한다는 논리이나 그런 주장은 범죄의 촉매요인을 무시한 단순한 논리이며 범죄의 촉매요인을 무시한다고 해도 일부 범죄에만 맞는 단편적 논리로 범죄의 위험성과는 관계없이 또한 범죄로 인한 보상과 관계없이 이루어지는 많은 현대범죄를 설명할 수가 없다.

마찬가지의 논리로 범죄피해가능성은 범죄자와의 접촉 및 범죄에의 노출이라는 두 가지 변수에 의해 결정된다고 보고 개개인의 생활양식으로 인해 접촉과 노출의 기회가 많을수록 범죄피해를 당할 가능성이 높다는 생활양식이론도 범죄촉발요인을 간과한 이론으로 경우에 따라서는 접촉과 노출의 기회가 적은 경우가 접촉과 노출의 기회가 많은 경우보다 많은 범죄가 일어나는 현상을 설명하지 못하는 단순한 논리로 범죄발생의 사회심리학적 변수가 결여된 논리이다.

따라서 피해자 촉발모형등 모든 기존의 이론은 아주 제한된 조건하에서만 일부 범죄피해를 설명하는 한 가능성 있는 시론들이며 모든 범죄의 피해 메커니즘을 설명하는 일반화된 이론이라고는 할 수 없다. 한편, 이와 관련하여 김용세는 개인의 소질과 환경이 범죄피해의 원인이 될 수 있다는데 이론(異論)의 여지가 없다고 주장하고 범죄란 가해자와 피해자와의 상호작용을 통해 발생하는 사회적 현상이라고 주장한다.[52)]

그러나 그의 주장은 잘못된 것이다. 왜냐하면 개인의 소질과 환경이 범죄피해의 원인이 된다는데 다른 견해가 있을 수 없다는 그의 주장은 완전 틀린 주장으로 범죄공급과 범죄피해의 발생 메커니즘을 모르는 것이고 또한 가치가 개입되는 현상에서 이론(異論)이 없다는 절대적 관점은 가치의 상대성을 간과한 것이기 때문이다.

정확히 말하면 개인의 소질과 환경은 범죄공급의 원인이 된다는데 많은 학자들이 일치하지만, 개인의 소질과 환경이 범죄피해의 원인이 된다는 김용세와 대다수의 학자들의 주장에 대해 필자는 개인의 소질과 환경은 범죄피해공급을 가져올 수 있는 여러 요소들의 한 요소에 불과하며 개인의 소질과 환경이 바로 범죄피해공급을 가져오지 않는다고 생각한다. 즉 범죄공급이 개인적 소질과 환경, 범죄로 인해 예상되는 이익과 비용 및 부담, 촉매요인이 있어야 범죄가 공급된다면 범죄피해는 피해자의 개인적 소질과 환경, 가해자의 소질과 환경, 비합리적 요인(운…) 등에 의해 범죄피해가 공급되는데 여기에서 기존의 모든 피해원인론이 간과한 것이 바로 비합리적 요인이다. 비합리적 요인인 운(運)이 바로 범죄피해공급의 결정요소이고 나머지인 피해자의 개인적 소질과 환경을 범죄피해공급의 결정요소가 아닌 유발요소에 불과하기 때문이다. 따라서 모든 범죄피해의 공급은 범죄공급과 달리 비합리적 요인이 반드시 작용하며 단지 비합리적 요인이 관여하는 정도가 달라 운(運)이 전혀 개입하지 않는 범죄피해도 비합리적 요인이 단지 제로로 수축되는 경우에 지나지 않으며 모든 범죄피해는 운이 결정적 요소로서 작용한다.

52) 김용세, 전게서, 80면.

가령 잠재적 범죄인이 범죄의도로 범죄표적에게 살인의사로 총을 쏘아도 범죄대상자가 운이 좋아 피해가 전혀 없었다면 이때는 범죄(살인미수죄)공급현상은 발생했지만 범죄피해(살인)공급은 전혀 없기 때문에 기존이론처럼 동일한 범죄행위로 인해 반드시 범죄공급과 범죄피해가 같이 발생한다는 주장은 잘못된 것이다.

위의 예에서 보듯이 범죄공급의 결정적 요소가 범죄촉발요인이라면 범죄피해공급의 결정적 요소는 운과 같은 비합리적 요인이다.

가령 힌더링의 생활양식노출이론에 의하면 범죄자와의 접촉 및 범죄에의 노출이 전혀 없다면 범죄피해는 아예 생기지 않는다는 논리이지만(여기서 노출이란 범죄에 대한 취약성을 말한다), 범죄자와의 접촉이 전혀 없고 범죄에 대한 취약성이 없는 경우에도 많은 범죄가 생겨날 수 있다. 즉 전혀 모르는 사람에 대한 우발적 범죄가 그것으로 범죄자와 아무런 접촉이 없고 견고한 집안에 있는 여성이라고 해도 운 등 비합리적 요소에 의해 강간이나 절도 등의 많은 범죄피해공급이 발생하는 것이 범죄피해현실이기 때문인데, 바로 이러한 현상은 소질과 환경은 합리적 요소만을 중시하는 기존의 범죄피해원인론들은 전혀 설명 못하며 바로 이점이 필자의 신범죄피해론이 기존이론들과 다른 점이다.

따라서 필자는 범죄피해공급을 결정짓는 함수로서 범죄피해결정요소와 범죄피해유발요소로 나누고 범죄피해결정요소는 운과 같은 비합리적요소이며 범죄피해유발요소에는 피해자의 성, 연령, 재산, 학력, 심리상태 등의 소질과 피해자를 둘러싼 여러 환경, 가해자의 소질과 환경 등이 있다고 추론할 수 있다. 물론 모든 범죄피해가 운과 같은 비합리적 요소나 피해자의 소질과 환경이 모두 작용하는 것은 아니며 화이트 칼라 범죄는 운과 같은 비합리적 요소는 작용하지 않고 피해자의 소질과 환경이 범죄피해의 결정요소와 유발요소로서 작용한다.

가령 부패공직집단의 서류조작으로 인한 횡령사건의 피해자는 모든 국민으로 피해자의 운과 관계없이 모두가 피해자가 되지만, 그러나 특정집단에 대한 다른 집단의 테러가 있을 때 범죄피해공급은 운이 많이 작용해 범죄피해를 많이 당하는 사람과 전혀 피해를 당하지 않는 사람도 있게 마련이다.

이처럼 화이트칼라 범죄나 정복 같은 국가적 범죄 등 특정한 범죄를 제외한 전통적인 범죄에 있어서 범죄피해의 공급량을 결정짓는 결정요소는 운과 같은 비합리적 요소이다. 가령 범죄인이 상해의사로 B에게 칼을 던졌어도 운에 의해 많이 다칠 수도 적게 다칠 수도, 전혀 피해가 없을 수도 있듯이 범죄피해공급량은 달라지기 때문이다. 많이 다친 경우를 범죄피해량 100으로 한다면 조금 다친 경우는 50, 전혀 안 다친 경우는 제로가 되기 때문이다.

따라서 강도, 절도, 강간 등 전통적인 범죄의 고의범에 있어서 범죄피해의 공급량은 다음과 같이 결정된다. 범죄피해공급량 = f(비합리적 요소/피해자의 소질과 환경, 가해자의 소질과 환경) 이때 범죄피해공급량을 증감시키는 요소는 비합리적 요소로 비합리적 요소의 크기에 의해 범죄피해공급량이 결정되며 이때는 범죄피해공급곡선을 이동시키지 못하고 범죄피해공급곡선상에서 움직인다.

그러나 피해자의 소질과 여러 사회적, 경제적, 정치적 환경과 가해자의 소질과 환경의 정도는 범죄피해공급량에 영향을 미치는 유발변수로 이들의 변동은 범죄피해공급곡선을 좌측 또는 우측으로 이동시키는데 그것은 피해자의 소질과 환경 등의 범죄매력 포인트가 클수록 범죄가 실패해도 재범할 여건을 마련해주어 결국은 이 과정을 여러 번 거친다면 범죄피해공급량이 증가되기 때문인데 이를 그림으로 나타내면 다음과 같다.

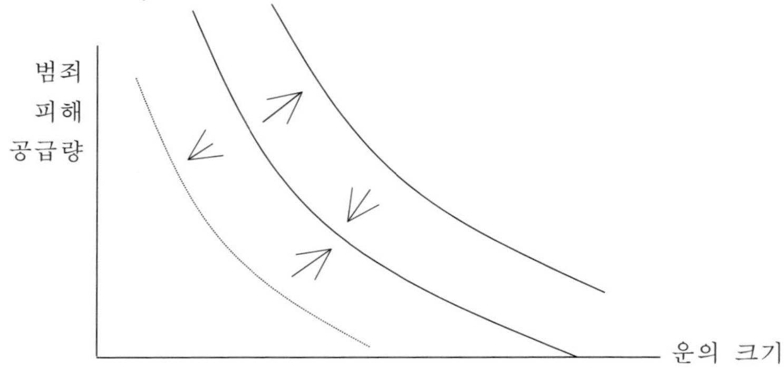

그림104 : 범죄피해 공급곡선

위의 그림에서 운의 크기를 기수적으로 표시할 수 있다면 운의 크기가 클수록 범죄피해공급량은 적어지며 피해자의 소질과 환경과 같은 범죄표적의 매력의 크기도 기수적으로 표시될 수 있다면 범죄표적의 매력의 크기가 클수록 범죄피해공급곡선을 우측으로 이동시키게 된다.

4. 피해대책론

범죄피해자 대책론이란 유동적 개념일 수 있지만 여기에서는 범죄피해자에 대한 피해자 지원(정신적, 경제적, 법적 지원), 범죄피해자에 대한 피해자보호(형사사법기관과 형사사법절차에서의 피해자의 보호조치) 범죄피해자에 대한 교정복지인 피해자 교정복지로 정리할 수 있다. 그런데 이와 관련하여 김용세는 범죄피해자 대책을 피해자보호와 피해자 지원(경제적 지원, 정신 심리적 지원, 기타 법률구조), 형사절차상 피해자보호(형사사법기관의 보호조치, 형사절차상 지위강화, 회복적 사법)로 나누고 피해자화 방지는 넓은 의미의 범죄예방활동에 포함시킬 수 있다고 한다.[53]

그러나 그의 견해는 피해자보호를 피해자에 대한 지원과 형사절차상보호라는 고전적이고 소극적인 개념에 한정시키고 있어 적극적 의미의 피해자보호개념이 없다. 현대에서 피해자에 대한 보호는 형사사법적, 제도적 정책만 아니라 복지적 관점에서 전개되는 현실을 생각할 때 적극적 의미로서의 피해자 보호개념이 필요하므로 필자가 주장하는 피해자 교정복지의 의의를 찾을 수가 있다.

여기에서는 형사절차상 보호조치와 형사절차상 지위보장과 형사절차상 원상회복을 살핀 다음 피해자 교정복지론을 다루고자 한다.

53) 김용세, 전게서, 96면.

1) 형사절차상 피해자 보호

현행법상 형사절차에 있어서 피해자보호는 헌법상 범죄피해자의 재판전 진술(헌법 제27조 제5항)을 비롯하여 피해자에게 증인으로서 공판절차에 참여할 수 있는 지위보장(형사소송법 제294조의2 제1항), 증언할 때에 피고인을 배제하여 피해자를 보호하고자 하는 규정(형사소송법 제297조), 소년과 성폭력 피해자에 대한 심리 비공개 규정(소년법 제24조 제2항, 성폭력범죄의처벌및피해자보호등에관한법률 제22조) 보석의 예외사유(형사소송법 제95조 제6호), 보석 취소사유 및 구속집행정지의 취소사유(행사소송법 제102조 제1항 제4호), 특정강력범죄의 피고인의 보석 또는 구속집행정지 취소, 증인에 대한 신변안전조치, 피해자보도 금지규정(특정강력범죄의처벌에관한특례법 제6, 7, 8조) 등이 형사절차에 있어서 피해자를 보호하는 규정이 있다.[54)]

여기에서는 형사절차에 있어서 피해자보호를 수사단계, 재판단계, 행형단계로 나누어 살펴보기로 한다.

(1) 수사단계에서의 피해자 보호대책

우선 경찰단계에서의 대책은 다음과 같은 것들이 제시되고 있다. 범죄피해자에게 형사사건의 절차나 피해구조절차, 피의자에 대한 사항은 여러 정보를 제공할 것, 피해품을 조기에 회수하기 위하여 피해품회복시스템제도를 확립할 것, 피해자의 프라이버시를 배려하여 피해자 사정청취실을 따로 설치할 것, 피해자의 심리적 회복을 위해 심리전공 카운슬러를 통해 치료하고 피해자가족의 편의를 위해 피해자상담실을 운영할 것, 피해자의 안전을 위하여 경찰퇴직자를 피해보호관찰관으로 채용할 것 등이 제시되고 있다. [55)]

또한 이기호는 경찰단계에서 피해자보호라는 개념을 내세우고 피해자

54) 백형구, 형사소송법, 박영사, 2000, 199면 이하.
형사정책, 대명, 2004, 420면에서 재인용.
55) 김형청, 전게서, 421면.

원호의 방향으로 피해자의 진술을 받으면서 이중의 고통을 주거나 인권의 침해가 없도록 그 과정을 정형화할 것과 피해의 진술을 받을 때 보호자 및 변호인의 동석을 적극 권장하며 범죄로 인한 피해상황 즉 피해자 인적 사항, 피해과정, 피해 정도 등이 공개되지 않도록 보안절차를 강구할 것과 피해자의 보호요구, 자원요청을 수용하며 제2차 피해자화를 방지하기 위하여 범인 확인이 필요한 경우 Line - up system(범인식별실)을 이용하도록 하고 가해자 특히 성범죄자 등과의 대질조사는 가능한 회피 할 것 등을 제시하고 있다.[56)]

그리고 경찰의 수사과정에서 상업주의적 언론에 의해 범죄피해내용이 선정적으로 보도되어 피해자는 사회적 피해를 보게 되는 경우가 많았으므로 경찰은 수사과정에서 접촉하는 언론기관에 대해 수사상황을 공지하는 과정에서 피해자의 인격권 등이 침해받지 않도록 노력해야 하고 또한 이런 규정을 제도화시켜야 한다.

(2) 재판단계에서의 피해자보호

범죄피해자가 법정에서 증언을 하는 과정에서 프라이버시가 침해되는 제2차 피해화의 우려가 있다. 또한 공판절차에서 피해자가 참석할 수 있는 권리로는 피해자 진술제도로서 공판절차에서 자신의 의견을 진술하도록 보장하고 있다. 이때 성범죄 등 개인의 명예와 깊은 관계에 있는 범죄피해자가 법정에서 증언을 피하게 됨으로써 신상노출 등 원치 않는 여러피해가 있어 인격권 등 여러면에서 문제가 될 수가 있다.

또한 범죄피해자가 형사피고인의 면전에서 진술할 때 여러 심리적 압박 등을 받을 수가 있고 이러한 정신적 부담 같은 재판이 끝난 뒤에도 범죄피해자에게 여러 스트레스의 원천이 될 수 있다. 따라서 이러한 문제점들을 해결하기 위해 비디오 중계방식에 의한 증인신문방식, 일본과 같이 증인을 피고인과 방청인과의 사이에 차폐장치[57)], 법정에서 신뢰관계가 있는 자의 동

56) 이기호, 피해자보호에 있어서 경찰의 역할, 한국피해자학회, 피해자학연구, 1995, 30면 이하: 김형청, 전게서, 422면에서 재인용.

57) 일본에는 우리와 동일하게 법정 밖 신문, 공판기일외 신문, 피고인을 퇴정시킨 상태하에서의 신문 등이 인정되고 있고 최근 증인을 위한 차폐장 차가 실시되고 있다: 이성호, 피해자학, 21

석과 증인보좌인제도의 전면 확대[58], 재판비공개의 확대[59], 범죄피해자 진술에 대한 비디오 녹화제도의 확대[60], 전자법정의 적용범죄확대[61], 외국과 같이 피해자에 대한 증인신문의 내용을 제한하는(가령 범죄와 무관한 프라이버시에 관한 내용에 대한 신문의 제한)규정의 신설[62]등이 제시되고 있다.

한편, 지금까지의 내용이 소극적 의미에서의 피해자보호대책이라면 적극적 의미에서 피해자보호를 생각해 볼 수가 있는데, 이것은 피해자가 종전의 진술을 강요당하는 지위에서 벗어나서 적극적으로 형사절차에 참여하는 방안과 관계된다고 할 수가 있다. 현재는 형사피해자는 피해자의 신청에 의해 피해자진술권이 인정되고, 재판에서 증인으로서 상대의 신문에 응해야 되며 검사의 불기소처분에 대해 항고하는 등의 소극적 지위에 있었다. 그러나 최근 피해자가 형사절차에 더욱더 활발하게 참여시키는 방안이 제시되고 있는데, 가령 피해자 자신이 직접 기소하는 사인소추제도와[63] 검사의 공소권 불행사를 규제하는 재정신청사건의 확대[64], 피해자에게 공판기록 등 각종 정보를 통지해주고, 피해자의 기록열람권을 보장해주며, 피해자가 증인으로 심문받을 때에는 변호인 선임권 등을 보장해주는 피해자의 정보권과 제대로 활용 안 되는 배상명령제도의 보완을 위해 영미법과 같은 원상회복제도의 도입이 제시되고 있다.[65]

세기, 2005, 279면.

58) 현재, 우리나라는 성폭력피해자보호법, 성매매알선 등 행위의 처벌에 관한 법률, 특정범죄 신고자 등보법 등에서 제한적으로 가령 성매매 알선 등 행위의 처벌에 관한 법률 제8조에는 성매매 피해자를 신문하는 경우에는 신뢰관계에 있는 자를 동석하게 할 수 있다고 규정하고 있다.

59) 현재는 특별법인 성폭력범죄의 처벌 및 피해자 보호 등에 관한 법률 등에서 필요한 경우 비공개할 수 있도록 규정하고 있다.

60) 현재는 성폭력특별법에서만 13세미만의 성폭력피해자가 성폭력피해사실을 진술할 때 이를 녹화할 수 있고 이때 비디오 녹화에 대해 증거능력을 부여하고 있다.

61) CCTV등 중계를 통한 신문은 2006년 현재 전국법정에서 행해지나 성폭력범죄에만 한정하고 있다.

62) 이성호, 전게서, 272면.

63) 영국, 독일, 프랑스에서 행해지고 있다. 이성호, 전게서, 264면.

64) 현재 재정 신청의 대상은 직권남용죄, 불법체포·감금죄, 폭행·가혹죄, 공직선거 및 선거부방지정법의 제273조의 선거범죄의 불기소처분에 한정되어 있는데, 2004년 8월에 법무부는 개정안에서 피의사실공표죄, 공무상 비밀누설죄, 선거방해죄 등 11개 범죄를 추가했다. 이성호, 전게서, 266면.

65) 배종대, 형사정책, 홍문사, 2000, 133면.

(3) 행형단계에서 피해자보호

보통 범죄인들은 형이 확정된 뒤 모든 자유가 박탈된 교도소에 들어가면 자신을 신고한 범죄피해자나 목격자, 증인 등에 대해 보복감정을 가질 수가 있고 따라서 제3을 통한 서신을 통해 범죄피해자나 그 가족, 증인, 목격자 등을 협박하거나 금품을 요구하는 일이 종종 있어와 범죄피해자들은 또 다른 공포에 시달릴 수가 있다.

특히 교활한 수형자가 위선으로 선행을 하여 일찍 가석방되기라도 한다면 범죄피해자나 증인, 목격자 등은 보복불안에 사로잡힐 수가 있다.

따라서 행형단계에서의 피해자보호대책의 하나로 수형자로부터 협박받는 피해자가 없도록 근본적으로는 수형자등에 대한 분노조절프로그램의 내실화를 통해 수형자가 그런 보복감정을 갖지 않도록 수형자 교육과 상담, 교회 등을 강화하고 또한 어쩔 수 없는 한계수형자의 협박에 대해서는 분류 급의 변경, 가석방요건의 강화, 각종해택의 철회 등의 강경한 시설 내 처우를 해야 한다. 이를 위해 각 교도소의 홈페이지에 수형자로부터 협박 등의 피해를 당하는 범죄피해자나 증인 등의 익명신고를 받을 수 있는 방법 등이 제도화되어야 한다.

한편, 이성호는 가석방절차에서의 피해자의 보호를 위해 가석방심사위원회에 피해자가 구두 또는 서면으로 가석방적격 여부에 대한 의견을 진술할 수 있는 권리를 부여해야 한다고 주장하나[66], 그것은 수형자의 권리를 감정적인 범죄피해자가 침해할 수 있다는 점에서 잘못된 주장으로 그렇게 될 경우 감정적인 범죄피해자에 의해 가석방 여부가 실질적으로 결정될 수 있는 모순이 생겨 그 결과 상대적으로 형기가 연장되는 효과가 있어 교육형주의에 어긋난다.[67] 또한 남미 등에서 널리 행해지는 범죄인과 피해자의 만남의

---

66) 이성호, 피해자학, 21세기, 2005, 281면.

67) 한편, 성인수형자에 대한 가석방요건 등은 다음과 같다. 형식적 요건은 징역 또는 금고의 집행 중에 있는 자가 일정한 수형기간이 경과(무기형은 10년, 유기형은 형기의 1/3이다. 단, 형기에 산입된 판결선고전 구금일수는 집행을 경과한 시간에 산입하며, 벌금 또는 과료의 병과가 있는 때에는 그 금액을 완납해야 하고, 이 때 벌금 또는 과료에 관한 유치기간에 산입된 판결 선고 전의 구금일수는 그에 해당되는 금액이 납입된 것으로 간주한다)해야 하며, 실질적 요건은 행장이 양호하고, 개전의 정이 현저해야 하며, 누진 1급이어야 한다. 또 누진 1급이 아니어도

장을 교도소 당국이 제공하여 서로가 서로에 대한 입장을 이해하려고 하는 제도가 필요하며, 수형자에게는 시설 내에서 피해자의 입장이 되어보는 심리극을[68] 정기적으로 하는 방안도 생각 할 수가 있다. 이외에도 범죄인의 출소 후에 행해질지 모르는 범죄피해자에 대한 보복을 막기 위해 석방시 주소 등 수형자의 기본정보를 통지하고, 범죄피해자의 주소가 알려지지 않도록 관련법령이 제도화되어야 한다. 또한 범죄피해자가 요청할 경우에는 일정기간 동안 피해자의 신변보호조치를 할 수 있는 방안이 모색되어야 한다.

2) 지역에서의 피해자 보호대책

지역에서의 피해자보호와 관련된 민간조직의 효시는 1991년에 설립된 한국성폭력상담소로서 주로 성폭력 피해자에 대한 상담 등의 지원활동을

재범의 위험성이 없고, 사회생활에 적응할 수 있다고 인정되는 자이어야 한다. 절차는 교도소장이 법무부차관을 위원장으로 하는 가석방심사위원회(위원장을 포함해 5~9인 위원)에 그 적격여부를 신청해야 하고, 가석방심사위원회는 연령·죄명·범죄동기·형기·행장 및 가석방 뒤의 생계수단과 생활환경을 재범의 위험성 등을 참작해 심사하고 가석방적격의 결정을 한 때는 5일 이내에 법무부장관에게 가석방허가를 신청해야 하고, 가석방의 허가권자의 법무부장관의 명령에 의해 소장은 12시간이내에 석방해야 한다. 이때 가석방처분된 자는 가석방의 취소 또는 실효됨이 없이 가석방기간을 경과하면 그 때에 형의 집행이 종료된 것으로 본다(선고는 유효함). 가석방기간이란 가석방처분상태에 있는 기간을 말하는데, 무기형의 경우는 10년이며, 유기형의 가석방기간은 남은 형기로 하되, 그 기간은 10년을 초과할 수 없다(따라서 형법상의 가석방은 소년법상의 그것에 비해 가석방의 요건과 가석방기간이 강화). 한편, 가석방된 자는 가석방기간 중에 보호관찰을 받지만, 허가한 행정관청이 필요가 없다고 인정한 때는 그러하지 아니하다. 또 가석방기간 중에 선행을 하고 정상적인 업무에 취업해야 한다.

68) 심리극은 집단심리요법에 속한다. 교도소에서 심리극은 사회적 상황을 교도소 내로 옮겨놓은 것으로서, 이를 통하여 재소자들이 자신이 겪고 있는 갈등을 공개적으로 다루는 것을 학습케 하는 데 의미가 있으며, 재소자를 자신의 감정이나 행동을 보여주게 하는 역할연기상황에 놓이게 함으로써 무의식이 증대되면 쉽게 집단이나 자신에게 자신의 문제를 보여 주기 때문에 심리극은 재소자로 하여금 수용할 수 있는 사회적 상호작용의 기술을 배울 수 있게 해준다. 모레노가 만든 심리극의 연출은 보통 상담자가 맡고, 내담자들이 연극에 참여하는데, 과거나 미래에 접할 수 있는 상황으로부터 끌어 온 다양한 장면들이 설정되고, 내담자에게는 특정한 역할을 하도록 요청되며, 보조자아라고 불리는 다른 내담자들은 주인공으로 불리는 내담자와 상호작용을 하고, 다른 내담자들은 청중이 되어 극에 참여할 수 있게 된다. 심리극의 목표는 즉흥적으로 극을 현출함으로써 연기자의 감정·의욕·생각 등을 표출시켜서 억압된 감정의 발산을 꾀함과 아울러, 자발성·창조성의 함양을 도모하여 원활한 대인관계의 자세를 습득시키는 것이며, 심리극을 구성하는 인자는 무대·연기자·감독·보조자·관중이다.

했으며, 또한 국내유일의 성폭행 피해아동보호기관인 해바라기 아동센터(2004년 5월 여성부가 연세대 의료원에 위탁하여 설립된 기관)가 있다.[69] 그러나 지역에서의 피해자보호와 관련된 최초의 피해자지원 민간단체는 김천, 구미 피해자지원센터 이었으며 그 뒤 각 지역별로 피해자지원센터가 설립되었다가 2005년 1.20.에 한국피해자지원중앙센터(KCVC)가 설립되었다. 피해자 지원센터의 설립취지는 다음과 같다.[70]

사람은 하늘로부터 존엄성을 부여받아 이 땅에 태어나 사회를 이루고 살아간다. 사회는 어떠한 경우나 어떠한 처지에서도 똑같은 기회가 주어지고, 안전하게 보호받기를 희망하는 구성원의 바람을 최대한 충족해주어야 한다. 이러한 바람에도 불구하고, 타인의 불법행위와 범죄로 인하여 소중한 생명과 신체, 재산과 명예를 하루아침에 잃어버릴 수 있다. 어느날 갑자기 닥친 불행으로 피해자와 그 가족 및 유족들은 신체적·정신적·경제적 고통 속에서 일상적인 생활은 물론 미래에 대한 기대감을 상실한 채 살아가야만 한다. 경제의 주체가 되었던 가장을 잃고 갑자기 가난해진 가정, 가정질서가 무너지고 가족이 붕괴되는 가정, 심한 후유증으로 괴로움 속에서 살아가야 하는 피해자, 상처받은 인간으로서의 자존심과 사회에 대한 일어버린 신뢰감을 회복하지 못한 채 고립되어가는 피해자의 예에서 보듯이, 범죄가 늘어갈수록 피해자도 늘어가고 있는 실정이다.

혼자서는 어찌해볼 도리가 없는 일을 당하고도 사회적 관심과 인식의 부족으로 서서히 외톨이가 되어 갈 수밖에 없는 처지의 피해자들을 따뜻한 손길로 위로하고 지원하는 민간의 지원기관이 무엇보다도 절실하다. 이에 우리는 피해자를 이해하고, 그들이 처해있는 고통스러운 현실을 개선하며, 사회내의 지원시스템을 확립함과 아울러 사회전체의 피해자지원 의식을 높이기 위하여 피해자지원센터를 설립한다. 피해자지원센터의 지원이 피해자 한 사람 한 사람에게 실질적인 위로와 지원이 됨과 동시에 도움을 주고받으며 더불어 사는 성숙한 사회의 밑거름이 될 수 있도록 최선을 다 할 것이다. 한국의 피해자지원센터의 설립취지와 관련하여 1999년 5월에 제정된 일본의 범죄피해자권리선언의 기본이념은 다음과 같다.[71]

---

69) 이성호, 전게서, 360면.
70) 피해자지원포럼, 2003, 창간호, 35면.

1. 공정한 처우를 받을 권리
범죄피해자는 공정하고 개인존엄을 배려한 처우를 받아야 한다.
2. 정보를 제공받을 권리
범죄피해자는 피해를 받은 사건의 형사사법절차 및 보호절차에 관한 정도 등 모든 제도에 관한 정보제공을 받을 수 있다.
3. 피해회복의 권리
범죄피해자는 받은 피해에 신속하고 적절한 회복을 요구할 수 있다.
4. 의견을 진술할 권리
범죄피해자는 형사사법절차 및 보호절차에서 의견을 진술할 수 있다.
5. 지원을 받을 권리
범죄피해자는 의료적, 경제적, 정신적 및 기타 사회생활상의 지원을 받을 수 있다.
6. 재피해로부터 보호받아야 할 권리
범죄피해자는 재피해의 위협으로부터 보호받아야 한다.
7. 평온 및 안전하게 생활할 권리
범죄피해자는 피해로부터 생긴 프라이버시 침해를 보호받고 평온 및 안전을 보호받는다.

한편, 한국범죄피해자중앙지원센터의 홈페이지에 나타난 사업내용에는 범죄피해자에 대한 피해와 관련된 전화상담(피해후 정신지원, 위기시 전화, 피해자나 가속 등에 대한 긴급전화 상담), 면접상담(정신적 안적을 위한 상담과 출장상담서비스, 필요시 연계상담), 형사사법상지원(피해보상, 피해구제 등 형사사법제도에 필요한 각종 정보제공, 피해자의 요청에 의한 수사기관과 법원에의 동행), 의료지원 등을 행한다. 이처럼 우리나라는 처음에는 김천피해자지원센터, 대전피해자지원센터처럼 민간주도로 설립되어 나갔고[72] 각 지역대학의 사회복지학과와 연계해 나가는 것이 특징인데,

---

71) KCVC 홈페이지.

72) 첫째는, 법무부와 검찰 주도로 창립되었을 뿐 아니라 지도·감독까지 하는 법무·검찰주도형 시스템을 택하고 있다. 피해자보호는 법무부 보호행정의 일환으로 운영되는데, 「범죄자는 보호관찰로 사회복귀를 꾀하되, 민간의 갱생보호협회(Taiwan After – Care Association)에서 관여하고」「피해자는 지원하되, 범죄피해자보호협회(Crime Victim Protection Association)에서 관여하는」 균형정책을 취하고 있다. 또한, 대만은 우리나라와 같이 형사소송법상 검찰이 경찰에 대

김천피해자지원센터에서 하는 일은 전화상담(검찰·경찰·시청·상담소 등 단체연계지원), 면접상담(정신적 치유 등이 필요한 피해자 카운슬링), 직접지원활동(수사기관 및 법정 동행 서비스, 형사절차에 관한 각종 정보 제공), 피해자 지원전문가 육성(상담원, 자원봉사자연수, 연구·조사활동 등), 피해자 자조조직지원(성폭력, 가정폭력, 학교폭력 등 피해자와 가족모임지원), 홍보활동(홍보대사 위촉, 기금마련, 팸플릿발간) 등을 하고 있으며 조직도는 다음과 같다.[73]

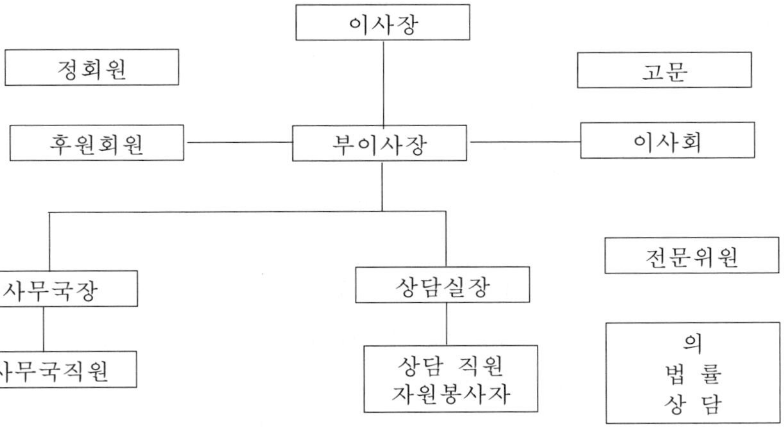

그림105 : 김천 피해자지원센터의 조직도

한 수사지휘권을 가지고 있는 등 권한이 크기 때문에 지원활동의 효율성을 고려하여 전국 보호협회(보호협회본회)이사장은 대만고검장이, 지방보호협회(사무소)의 이사장은 지방검사장이 겸임하도록 하고 있다. 둘째는, 보호협회는 일반범죄 피해자에 대한 지원활동을 담당하고, 가정폭력과 성범죄에 대해서는 별도의 법률에 의하여 설립된 단체에서 담당하는 이원적 시스템을 택하고 있다. 즉, 보호협회는 고의 또는 과실에 의한 범죄행위에 의하여 사망한 유족과 중상해를 입은 범죄피해자(이하 "피해자"라 함)에 대한 지원활동만을 담당한다. 가정폭력에 대해서는 1998년에 제정된 「가정폭력방지법」(Domestic Violence Prevention Act)에 의하여 법무부와 각 지방자치단체에 가정폭력방지위원회가 설치되고, 지방정부에 의하여 「가정폭력센터」가 설립되어 가정폭력피해자에 대한 직접지원을 행하고 있고, 성범죄에 대해서는 1997년에 제정된 「성범죄방지법」(Sexual Offence Prevention Act)에 의하여 내무부에 성범죄방지위원회가 설치되고, 지방정부에 의하여 「성범죄방지센터」가 설립되어 성폭력피해자에 대한 직접지원을 행하고 있다. : 피해자 지원 포럼2호(2004), 18면.

73) 피해자지원포럼 2호(2004), 37면.

한편, 형사피해자에 대한 이러한 법적, 정신적 지원 외에 영국의 빅팀 서포터가(피해자지원) 2001년에 발표한 선언서에는 범죄피해자들의 사회적 권리의 중요성을 강조하고 있는데 내용은 다음과 같다[74)]

2003년 새 정책문서에는 '범죄에 대한 소홀 – 형사사법 기관 너머에는 어떠한 정의도 없다'는 제목으로 '범죄피해자를 위해 형사사법조직 내에서는 많은 업적이 성취되었지만, 건강, 주택, 교육 등 대부분의 사회보장부문에서 인정을 받지 못한다는 점'을 지적하면서 빅팀 서포터는 피해자와 접촉을 하게 되는 모든 기관들이 해당 기관의 업무를 수행할 때 피해자의 권익을 우선 고려할 것을 적극적으로 요구하고 있다.

그리고 조균석은 민간피원자 지원센터의 역량강화방안을 아래와 같이 제시하고 있다.[75)]

① 직원과 자원봉사자의 확보가 중요하다. 아직까지 자원봉사의 역사가 짧고 그 기반이 약한 우리나라에서는 자원봉사자의 확보가 어렵다. 단순히 몸을 움직여서 하는 자원봉사가 아니라 최소한의 법률지식과 상담기법이 필요한데다 새로운 분야인 피해자지원의 경우는 더욱 그렇다 연수회 개최 등 전문가 양성을 위하여 부단히 노력하여야 할 것이다. 이를 위해서는 재정적인 뒷받침도 따라야 한다.

② 사무실이나 집기 등 시설 자체는 자체 재원이나 지방자치단체의 협조를 통하여 마련할 수 있을 것이다. 이러한 하드웨어적인 것 이외에 조직이 발전해 나갈수록 회원관리나 활동관리를 위한 프로그램 개발 등 소프트웨어적인 면에도 관심을 가져야 할 것이다.

③ 재원이 무엇보다 중요하다. 영국의 경우 민간단체 재원의 97%를 정부에서 보조하고 있다. 대부분의 나라에서도 정부나 지방자치단체의 보조가 주를 이루고 있다. 민간단체가 공익 법인화되어 세금감면 혜택을 받으면 후원금의 모금도 더욱 용이해질 것이다. 지원센터로서는 다양한 방법의 재원조달 방안을 강구할 필요가 있다.

④ 활동의 측면에서는 무엇보다도 찾아가는 피해자지원노력이 필요하다. 아울러 피해자의 수요에 따른, 피해자의 눈높이에 맞춘 지원이 되어

---

74) 피해자지원포럼 2호(2004), 24면.
75) 피해자지원포럼 2호(2004), 27면.

야 할 것이다. 종합적이고 체계적인 지원활동을 하여 검찰·경찰 등 수사기관은 물론 지방자치단체, 기존의 피해자지원 조직 등과의 협력 네트워크를 구축할 필요가 있다.

⑤ 국제적인 협력에 대하여도 관심을 가져야 한다. 우리는 다른 나라에 비하여 늦게 출발하였으나, 선진 여러 나라와의 교류를 통하여 앞선 제도를 배워 이를 기반으로 조속히 우리식 지원제도를 뿌리내려야 할 것이다. 나아가 우리나라 사람이 일본이나 영국 등 다른 나라에서 범죄피해를 당한 경우 그 나라 지원센터의 도움을 받고, 또 반대로 외국인이 우리나라에서 지원을 받을 수 있는 시스템도 언젠가는 마련되어야 할 것이다.[76]

또한 피해자지원을 위한 정책방향으로 범죄예방단체와 범죄피해자지원단체간의 협조와 범죄피해자에 대한 종전의 형사정책적 접근 외에 주택, 교육 등의 사회 복지적 접근이 필요하며 또한 피해자를 직접 접촉하는 수사기관의 피해자보호노력이 선행되어야 한다는 것이 지적되고 있다.[77] 그런데 수사기관의 피해자보호와 관련하여 대구지검 김천지청에는 2003년 8월 11일 피해자보호강화지침을 마련해 피해자상담실을 설치하였고 2003년 10월 1일 "경찰에 대한 수사시 피해자지원 강화지시"를 통해 범죄현장에서의 신속한 지원조치를 지시했고 2004년 1월 19일 수사기관, 법조단체, 시청, 소방서, 의료단체, 피해자지원센터 등이 참여하는 피해자지원 유관기관 실무협의회를 구성했다.[78]

이와 관련하여 김천지청피해자 상담실의 지원내용과 피해자보호강화지침(2003)은 다음과 같다.[79]

지침의 중요내용을 보면

1. 피해자전담검사와 피해자전담관을 지정하여 피해자에 대한 각종 정보의 제공 및 상담 등 피해자지원에 관한 업무를 수행하고,

76) 피해자지원포럼 2호(2004), 27면.
77) 조균석, 전게논문, 26면.
78) 조균석, 전게논문, 26면.
79) 피해자지원포럼 2호(2004), 34면.

2. 피해자 상담 전용전화('피해자핫라인', 1301)를 설치하여 운용하며,
3. 중요사건의 처리결과 및 재판결과를 피해자에게 통지해주고,
4. 증언을 위해 출석하는 증인의 신변보호를 강화하는 등 다양한 조치가 포함되어 있다.

그뿐 아니라 피해자에 대한 상담활동의 내실화 및 상담신청인의 편의도모를 위하여 종합민원실에 별도로 「피해자상담실」을 설치하여 운용하고 있다. 피해자상담실을 설치한 후 2003년 말까지 20건의 상담이 접수되었는데 그 구체적 처리내역은 다음과 같다.

구분	계	처리				
		즉시 처리	유관기관 소개	구조방법 안내	상담 종결	기타
방문상담	20건	10건	1건	5건	4건	–
전화상담	–	–	–	–	–	–
총 계	20건	10건	1건	5건	4건	–

그림106 : 피해자 상담 처리내용

계	형사 관계 질의	피해보상 질의	기타법률 관계질의	사건처리 등 불만	가해자 수형정보	기타
20건	9건	3건	3건	5건	–	–

그림107 : 피해자 상담유형

3) 피해자 교정복지론[80)]

(1) 의의

피해자론이 주로 범죄피해자를 대상으로 피해자화의 원인과 피해자의 특성 및 피해자화의 방지에 관해 학제적 연구를 하는 학문이라고 한다면,

80) 천정환, 교정복지학, 대왕사, 2005, 394면 이하.

피해자복지론은 사견으로는 피해자학과 같이 피해의 원인이나 내용과 피해자의 특성에 관한 분야가 아니라 범죄피해자에 대해 사회복지학의 방법론인 개별지도·그룹지도·지역사회조직활동을 통해 피해자에 대한 정신적·물질적 원조와 지원 및 경찰·검찰·법원 등 형사사법단계에서 피해자가 조사 또는 신문받을 때 정서적으로 지원하는 활동 등 주로 피해자에 대한 원조와 관계되는 이론이라고 할 수 있다.

한편, 피해자교정복지론은 사견으로는 피해자복지론보다 넓은 개념이다. 그것은 교정복지론이 범죄예방과 관계되는 학문이듯이 피해자교정복지론도 피해자가 범죄를 유발한 측면이 있다면 그런 측면과 관련된 성격 등을 교정하는 것이 또다른 범죄와 피해를 방지할 수 있다. 또한 피해자교정복지론은 형사절차뿐만 아니라 사회복지적 차원에서도 피해자에 대한 원조를 포함한다. 따라서 피해자교정복지론은 사회복지적 차원에서 지원과 기존의 형사사법단계에서 피해자에 대한 지원·원조 및 피해자·가해자의 조정과 피해자의 성격교정을 통한 범죄예방활동과 관계되는 분야라고 할 수 있다.

이러한 피해자교정복지론이 성립되기 위해서는 피해자에 대한 시각의 새로운 전환이 필요하다. 즉 피해자에 대한 각종 지원은 과거처럼 물질적 보상에 치우친 형사절차에서의 피해자보호와 같은 형사정책적·단편적·소극적 접근에서 탈피하여 산업재해자·극빈층·노약자·장애인 등에 대한 복지정책수준보다 더 높은 사회복지적 관심을 가지고 접근하여 피해자의 정신과 건강 및 물질적 보상 그리고 정서적 재활 등 모든 영역에 걸쳐 사회복지적 자원을 동원해야 한다.

범죄피해자가 기존의 전통적인 사회복지론의 대상인 여성·아동·장애인·노인·극빈층보다 더 높은 사회 복지적관심을 가져야 하는 이유는 외부효과가 훨씬 크기 때문이며, 범죄피해에 대한 일정부분은 사회에 책임이 있기 때문이다.

다시 말해서 범죄피해자에 대한 기존의 형사절차적 차원에서의 지원에서 벗어나 형사절차적 차원에 더하여 사회복지적 차원의 영역에서도 각종 지원을 다 해야 한다는 뜻이며, 이미 선진국도 최근에 이러한 피해자에 대한 사회복지적 접근법을 강조해 오고 있다. 더욱이 최근 우리나라도 2005

년에 피해자 기본법을 제정하여 범죄피해자의 권리적 지위를 인정하여 피해자에 대한 새로운 인식을 보여 주었고, 또한 2005년 3월에 사법제도개혁추진위원회가 피해자의 불안을 제거하기 위하여 조사와 증언 때 신뢰할 수 있는 자의 동석을 보장함으로써 피해자의 형사절차적 지위의 강화만이 아니라 사회사업적 의미로서의 클라이언트의 지위에 설 수 있는 단초가 제공되었다고 할 수가 있다.

피해자 교정복지론은 이외에도 피해자의 가족에 대한 원조와 피해자와 가해자와의 화해를 위한 중재 등과도 관계된다.

또한 피해자 교정복지론은 지금까지의 가해자에 대한 새로운 시각의 전환을 전개로 하고 있다. 즉 마약범죄나 또는 전통적 범죄 중에서도 존속살인 등의 범죄인은 또다른 의미에서 피해자로 보아야 하듯이, 범죄에 따라서는 해당범죄인은 거시적 측면에서 또다른 피해자라는 시각을 전제로 한다.

그러나 피해자교정복지론은 필자가 최초로 주장한 이론으로서 아직 개념화되지는 않았으므로 여기에서는 전통적인 피해자이론과 2005년에 제정된 피해자기본법의 내용 및 규범적 측면에서 교정복지사가 개입해야 할 역할 등을 살펴보기로 한다. 그리고 피해자교정복지론에서의 피해자란 범죄피해와 관련된 자 및 그와 관련된 가족 등을 말하며 민사상·산업상 피해자는 제외된다.

(2) 교정복지사의 개입

현재 교정복지가 피해자에 대한 원조를 할 수 있는 제도적 창구는 없지만, 규범적 측면에서 교정복지사가 개입할 수 있는 부분을 살펴보면, 우선 피해자에 대한 물질적·정신적 지원과 피해자 가족 등에 대한 원조를 생각할 수 있다. 우리나라는 2003년 김천·구미에서 피해자지원 민간단체가 설립되었고, 그 뒤 대전검찰청내에서도 피해자를 위한 지원활동을 해 왔으며, 그 뒤 한국범죄피해자지원센터가 설립되었다. 외국에서는 오래전부터 피해자를 위한 조직이 활동했는데, 영국은 1979년 VS(Victim Support)가 창립되었고, 독일의 백색고리, 미국의 피해자지원조직인 NOVA(National

Organization For Victim Assistance), 일본의 전국피원자지원 네트워크가 그것이다.

따라서 교정복지는 한국범죄피해자지원중앙센터(KCVC) 또는 각 지청 내에 있는 피해자지원센터에서 피해자를 지원할 수 있는데, 현재 한국범죄피해자지원중앙센터에서는 전화상담(위기상담전화, 피해후 정신적 지원, 피해후 단기·장기 전화 상담), 면접상담(피해자·가족·유족에 대한 정신적 안정과 출장상담 서비스), 형사사법지원(형사사법절차와 피해보상, 배상절차, 기타 형사사법제도에 필요한 정보제공), 의료지원(병원동행, 병원의 진료·치료연계), 자조그룹지원(피해회복 프로그램실시, 자조그룹활동 장소제공)을 행하고 있다.

따라서 교정복지는 한국범죄피해자지원중앙센터에서 의료사회사업가·법조인 등과 연계하여 원조 등에 참여할 수 있다. 또한 교정복지는 범죄피해자의 특성과 범죄의 유형에 적합한 분노조절 프로그램이나 회복 프로그램의 개발에 관여할 수 있다. 이외에도 피해자의 거주의 안정을 도모하거나 고용의 안정, 일시보호, 시설에의 입소 등과 관련해 적절한 원조를 하거나 필요한 자원을 동원할 수 있다.

한편, 사법제도개혁추진위원회는 범죄피해자보호를 위해 피해자가 수사나 증언시 심한 불안과 긴장을 느낄 우려가 있으면 부모·가족 등 신뢰관계에 있는 사람이 동석한 상태에서 조사 및 증언을 할 수 있게 하고, 13세 미만과 장애피의자는 원CLR적으로 신뢰관계에 있는 사람이 동석토록 형사소송법 등 관계법령을 제정키로 2005년 3월에 회의에서 결정하고, 또한 범죄피해자가 법원에서 증언을 할 때 사생활의 비밀이나 신변보호를 위해 심리를 비공개로 진행할 수 있게 회의에서 결정하였다.

따라서 2006년부터 시행될 개정형사소송법에 따라 범죄피해자는 수사기관이나 법원에서 조사나 증언을 할 때 불안과 긴장을 느낄 우려가 있을 때 가족 등 신뢰관계에 있는 자가 동석할 수 있는데, 이 때 문제는 범죄피해자가 가족 등이 있어도 신뢰할 수 있는 관계에 있는 자가 없거나 또는 가족 등이나 친족이 없는 경우가 문제가 된다. 따라서 이런 경우에 교정복지사가 개입할 수 있는 근거가 되는 바, 범죄피해자가 수사기관 또는 법원에서 조사 또는 신문을 받을 때 불안이나 긴장을 완화하기 위해 신뢰할 수 있는 자로서 교정복지사가 동석할 수 있도록 관계법령에 포함시켜야 한다. 다시 말해 범죄피해자가 조사 또는 증언 때 심한 불안을 느낀다면 범죄피해자의 선택에 의해 부모·친지 등 신뢰할 수 있는 자를 동석할 수 있도록 하되, 신뢰할 수 있는 자가 없을 경우에는 교정복지사가 동석할 수 있도록 해야 한다.

이 때 범죄피해자가 조사 또는 신문 때 교정복지사의 동석을 요구할 때에는 그에 드는 비용은 범죄피해자의 부담으로 하되, 자력이 없는 빈곤한 범죄피해자는 현재의 국선변호사제도처럼 국선교정복지사제도를 무료로 이용할 수 있어야 하며, 이에 관한 내용이 관계법령에 제도화되도록 한국교정복지학회는 노력해야 할 것이다.

또한 2005년에 제정된 피해자기본법에는 피해회복지원과 피해자의 형사절차참여 보장 및 피해자의 평온·신변보호 등을 위해 국가가 필요한 대책을 강구해야 한다고만 하여 교정복지사 서비스를 명시하지 않았다. 그런데 2005년에 제정된 일본의 '피해자 등 기본법' 제14조에서는 범죄피해자 등이 심리적 외상 기타 범죄 등에 의한 사회복지 서비스가 제공되도록 구가와 지방공공단체에 의무화시켜 일본의 '피해자 등 기본법'은 형사절차적 의미 외에도 사회복지적 기능을 명시한 것은 피해자기본법도 형사절차법적 원조 외에 사회 복지적 원조를 명시해야 하며, 이를 위해 교정 복지와 한국교정복지학회는 노력해야 한다.

또한 그동안 문제가 되어왔던 것이 언론의 상업성과 관료경찰의 실적주의에 의해 범죄피해자의 신상이 노출되는 등 피해자의 명예가 손상되고, 그 결과 2차 피해와 3차 피해가 발생하여 범죄피해자의 인권이 침해되어 온 점을 상기하여 교정복지사는 그러한 일이 발생하지 않도록 관심을 갖고 개입하여야 한다.

그리고 교정복지사는 가치적 지향을 하여 범죄피해자 중에서도 자력이 없고 의지할 곳이 없는 범죄피해자에 가장 관심을 갖고 우선순위를 두어 원조해야 한다.

또한 교정복지사는 범죄예방의 측면에서 범죄피해자와 그의 가족 등은 가장 유력한 잠재적 범죄인이 될 수 있다는 인식하에 범죄피해자 등이 형성한 범죄동기의 제거를 위한 프로그램의 개발에도 개입하여야 하며, 또한 범죄피해자와 가해자와의 진정한 화합을 위한 프로그램의 개발에도 관심을 가져야 한다.

그리고 범죄피해자가 범죄를 유발한 성격이나 습성이 있는 경우에는 그러한 잘못된 성격이나 습성을 교정하는데도 교정복지사는 원조나 지원을 해야 하며, 또한 범죄피해의 한 원인에는 지역사회나 사회문화·매스컴에도 있을 수 있으므로 교정복지사는 범죄피해를 유발하기 쉬운 환경의 개선에도 관심을 갖고 지원해야 하고, 또한 범죄피해에 관한 홍보나 연구 등을 통해서 여러 우리한 자원을 확보할 수 있어야 한다.

5. 천정환의 신피해자이론

1) 피해자의 개념의 확장

기존의 피해자학에서 피해자란 실질적 의미의 범죄로 인하여 그 법익을 침해 당한 사람으로 국한하는 것이 통설이지만, 여기에서는 이에 반대하며 다른 개념을 주장한다. 다시 말해 피해자란 개인이나 기관 또는 정책이나 제도 등에 의해 헌법상 보장된 기본권을 침해받았거나 정책들에 의하여 앞으로 침해를 받을 위험이 있는 자를 피해자에 포함시킨다.

그리고 다음으로 피해자와 가해자의 범주를 살펴보기로 하자. 먼저 가해체를 가해자와 가해물로 나누고 가해자를 다시 고전적 가해자와 신 가해자로 구분하는데, 전자는 법률적 의미의 범죄적 가해자를 의미하며 후자는 비범죄적 가해자를 의미하며 가해물에는 각종기관, 정책, 제도 등이 포함될 수 있는데 가해물을 문화적 가해물, 자연적 가해물, 정치적 가해물, 이념적 가해물, 행정적 가해물, 입법적 가해물, 사법적 가해물로 구분하고자 한다. 따라서 여기에 대응시켜 고전적 가해자에 대응하는 범죄의 직접적 피해자인 고전적 피해자가 나오고 신 가해자에 의해 비범죄적 피해자가 나오며 가해물에 대응하여 협의의 신 피해자가 나온다.

여기서 협의의 신 피해자, 특히 정책적 피해자는 다음과 같은 특징이 있다.

첫째는 차별적 또는 선택적 개념을 띠는데 수돗물에 불소를 넣는 정책을 시행해도 이 정책은 몸이 건강한 사람, 몸이 약한 사람 그리고 지하수나 생수를 사용하는 자에게는 선택적으로 작용되며, 둘째로는 가치적 개념을 띤다. 셋째로는 정책의 취소나 철회 등으로 피해가 줄어들거나 예방되므로 탄력적 개념을 띤다.

그리고 협의의 신피해자란 문화적 피해자, 자연적 피해자, 정치적 피해자, 이념적 피해자, 행정적 피해자, 입법적 피해자, 사법적 피해자를 의미한다. 그리고 가해체에 의한 피해자에다가 간접피해자를 포함시켜 광의의 신피해자라고 부르기로 한다. 여기에서 협의의 신 피해자의 종류들을 잠시 설명하기로 하자.

문화적 피해자란 그 사회의 잘못된 도덕이나 관습 등 문화 때문에 피해자가 되는 경우이다. 예컨대 순결을 잃은 여인이 자살하거나 고통받는 경우를 의미한다. 이때는 그 사회의 문화가 가해자이다.

자연적 피해자는 지진이나 천재 · 지변 등 재해에 의한 피해자를 의미하는데 이것의 의미는 결국은 재해 등을 예측하고 피해를 방지하거나 최소화할 의무가 국가에 있다는 것이다.

정치적 피해자란 독재정치에 항거한 민주인사들이 피해를 본 경우가 대표적 예이다. 또 정치부패, 정치인의 무능, 정치공해로 인한 피해가 있다.

이념적 피해자란 주지하듯이 우리나라의 6 · 25전쟁은 그 당시 냉전시대의 희생양이었고 따라서 많은 이념적 피해자가 나왔는데 문제는 오늘날까지 특정 세력이 상징조작을 통해 이념적 피해자를 만들고 있다는 것이다. 과거 독재정권에 저항한 민주인사들을 좌파로 매도하는 매카시즘수법에 의해 억울한 이념적 피해자들이 나왔다는 사실은 우리 모두가 알고 있는 일이다.

정책적 피해자란 행정이나 정책의 오류 때문에 발생하는 피해자이다. 우리는 과외를 불법시하는 교육정책을 펴 왔는데 이로 인해 엄청난 피해자가 나왔다.

과외 교사의 직업선택의 자유와 과외를 받고자 하는 학생들의 학습권을 침해했기 때문이다. 아무리 좋은 정책이라도 기본권의 본질적인 부문은 절대로 침해할 수 없기 때문이다. 또한 정부가 수형자, 특히 장기 수형자에게는 성생활권을 주지 않는 정책을 쓰고 있지만, 이는 엄청난 정책적 피해자를 발생시키고 있다. 식욕과 성욕은 가장 기본적인 인간의 권리인데도 수형자의 배우자와 수형자는 성생활권이 박탈되어 최소한의 인간다운 생활을 할 수 없다면 그런 교정정책은 가혹하다고 볼 수 있다.

입법적 피해자란 잘못된 법령이나 시행령, 규칙 때문에 또한 법령의 불비로 인해 피해를 보는 자를 의미하는데, 예를 들어 여자경찰순경공채시험에 있어서는 1998년까지는 25세 이하의 미혼여성만 볼 수 있도록 했으나 이런 시행규칙은 헌법의 평등권을 저해하는 것으로 많은 입법적 피해자를 발생시켰다. 기혼과 미혼은 헌법상 사회적 신분이며 그런 사회적 신분을 이유로 국가기관이 차별을 해서는 안 될 것이다. 또한 남녀별로 시험 응시연령을 차별화 해서도 안 될 것이다. 현재의 공무원 임용령은 직종에 관계없이 모두 28세 이하로 응시자격을 제한하는 획일적 명령으로 문제가 많다. 왜냐하면 교정직, 특히 수형자의 교화를 담당하는 교회직 같은 경우는 젊은사람보다 인생의 다양한 경험이있는 자가 훨씬 더 교회직에 어울리는데도 그렇지 못해 원숙한 교화를 받을 수 있는 기회를 수형자들은 갖지 못하고 결국은 재범률이 높아질 가능성이 커 국민과 국가도 피해자가 되는 모순이 있다.

사법적 피해자란 법의 적용과정에서 생기는 피해자를 말하는데 흔히 재판의 오판으로 인한 피해자를 말하는데 사법적 피해자가 발생하는 근본원인은 판사들의 업무량이 많기 때문인데도 사법부가 법조인을 대폭 증원하지 않는 이유는 법조인의 많은 증원을 바라지 않는 사법부의 집단이기주의 때문이다.

2) 피해자의 분류

여러 기준에 따라 피해자를 분류하고자 한다.

① 피해의 원인을 어디에 귀속시키느냐에 따라 자기귀속적 피해자, 사회귀속적 피해자, 상황귀속적 피해자로 나눈다.

② 피해자가 피해인식의 강도에 따라 인식이 강한 피해자, 인식이 약한 피해자로 나눈다. 인식이 약한 피해자란 화이트칼라범죄에서 다시 말

해 공무원이 부정행위 때는 국민전체가 피해자이나 국민들은 체감지수가 낮아 피해자로 인식하지 않는다. 이때는 인식이 약한 피해자를 줄여야 건강한 사회가 된다.

③ 범죄로 인한 피해여부에 따라 범죄피해자와 비범죄피해자로 구분 할 수 있다.

④ 자발성을 기준으로 자발적 피해자와 비자발적 피해자로 나눈다. 전자에는 의사상자 또는 형법에서 피해자의 승낙을 얻은 행위 때 등이고 대부분은 비자발적 피해자이다.

⑤ 가해자가 공인인가 사인인가에 따라 공적 피해자와 사적 피해자로 나눈다.

⑥ 피해를 입은 횟수에 따라서 1회성 피해자와 중첩적 피해자로 나누는데, 특히 협의의 신피해자인 경우에는 현대인은 예외 없이 중첩적 피해자가 된다. 수많은 정책들의 실패로 그때마다 국민은 피해자가 되었기 때문이다.

⑦ 피해를 받는 객체의 수를 기준으로 단수피해자, 복수피해자로 나눈다. 복수피해자는 화이트칼라의 범죄에서 나오는데 한국의 경우를 예를 들어 설명해보자. 우리나라에서는 법의 선택성이 너무 강해 화이트칼라 범죄자는 발견되어도 잘 기소되지도 않고 구속되어도 조금 지나면 풀려 나오곤 했다. 사법부의 이런 태도는 일반 국민과 Blue Collar에게는 좌절감과 차별적 피해감을 느끼게 하는데 문제는 이런 상대적 좌절감은 공격성을 증대시키고 사회통합을 저해하기도 한다. 또 사법부의 그런 태도는 화이트칼라층에게는 더욱더 선민의식을 느끼게 해 화이트칼라범죄가 증대된다. 따라서 국민은 중첩적 피해자화가 더욱 가속화된다.

⑧ 피해의 발생여부에 따라서 확정적 피해자와 확률적 피해자로 나눈다. 후자는 정부의 불확실한 정책 등으로 인해 앞으로 피해자가 될 가능성을 지닌 자들을 말한다. 여기에서 기존 학자들과 중요한 관점의 차가 드러나는데, 즉 기존학자들은 피해자의 개념은 과거나 현재로 한정하는 시간내적 개념에 기초하나 여기에서는 미래도 포함시키므로 초시간적 개념에 기초한다. 또한 기존학자들은 피해를 사실적 측면에만 한정

시키나 여기에서는 협의의 신 피해자를 주장함으로써 피해를 사실적 개념만 아니라 가치 내재적 개념까지 포함시키는 점이 특징이다.

⑨ 매스컴의 태도에 따라 위장한 피해자와 소외된 피해자로 나눌 수 있다. 2000년 6월 의사들의 집단폐업 때 사실은 집단이기주의가 분명한데도 그들이 상징조작한 「진료권 수호」라는 주장을 처음에 언론이 동조함으로써 의사들이 의약분업의 피해자가 된 것처럼 보였는데 이들이 바로 위장한 피해자다. 소외된 피해자란 국민의 이익과 특정집단의 이익을 등가적 관점에서 보도함으로써 국민의 이익이 반영되지 못하고 집단의 이익이 반영되는 정책이 설정될 때 국민이 바로 소외된 피해자이다. 사실적 피해자란 있는 그대로 보도함으로써 생기는 피해자이다.

⑩ 범죄의 직접 경험여부에 따라 직접피해자와 간접피해자로 나누는데, 간접피해자를 다시 1차적 간접피해자와 n차적 간접피해자로 구분할 수 있 다. 피해자의 가족이 1차적 간접피해자라면 피해자의 가족으로부터 지원을 받는 자들이 2차적 간접피해자이고 이들로부터 다시 지원을 받는 자들을 3차적 간접피해자라 한다면 2차적 간접피해자부터 n차적 간접피해자라고 하자. 그리고 간접피해자들은 물질적 피해, 사회적 피해, 심리적 피해, 性的 피해, 기회적 피해 등을 겪는다.

3) 피해자의 국가에 대한 태도

이때 피해자는 고전적 피해자와 협의의 신피해자를 포함하는 넓은 의미의 피해자이다.

먼저 무지형은 자신이 피해자인 줄도 모르는 경우로 주로 정책적 피해자에게서 많이 나타난다. 무관심형은 자신의 피해는 인식하지만 피해나 국가에 대해 무관심한 형태이다. 자학형은 피해의 원인을 자신의 운명 등 비합리적인 요인에 돌리는 형태이다. 비난형은 자신의 피해가 국가의 탓 때문이라고 주장하는 형태이다. 호소형은 자신의 피해에 대해 국가의 관심을 호소하는 형태이다. 동일시형은 가해자와 국가를 동일시하는 형으로 정치적 피해자인 경우가 많다. 정책형은 자신의 피해를 계기로 정책적 의제 설정이 되는 것을 원하는 형이다. 조작형은 개인적 피해의 원인을 사회적, 국가적 원인 탓으로 돌리는 형태이다. 끝으로 교활형은 국가적 상태를 보아가면서 수시로 여러 형으로 변하는 형태 이다.

4) 가해자와 피해자의 관계모형

여기서 가해자와 피해자란 신가해자와 신피해자도 포함하는 광의의 가해자와 피해자를 의미한다.

(1) 가해자와 피해자의 분리형

보통은 가해자와 피해자가 분리되지만 이때 의 가해자나 피해자는 사람에 한정시킨다. 공무원의 수많은 부정행위로 부패지수가 높은 국가로 알려지면 결국은 그 나라 국민들이 피해자가 된다.

(2) 가해자와 피해자의 동일형

가해자와 피해자가 동일한 경우이다. 형법상 강요된 행위에 있어서는 가해자가 바로 피해자가 된다.

또 전시에 있어서 상관의 명령에 의해 민간인을 학살할 때는 가해자가 바로 피해자가 될 수 있는 것을 말한다. 국가가 전쟁을 일으키면 국가가 가해자인 동시에 국가와 국민이 피해자가 될 수 있다. 그리고 과실범의 경우도 그는 법적인 가해자인 동시에 심리적 피해자가 될 수 있다. 이 유형은 주로 가해와 피해의 개념이 다른 차원에서 특히 의의가 있다. 형법상 강요된 행위를 한 자는 비록 책임은 면제된다고 해도 법적 가해자로 볼 수 있고 그는 그 행위로 인해 정신적, 심리적, 사회적 피해자가 될 수 있다.

(3) 가해자와 피해자의 혼합형

이 유형은 서로 다른 차원에서 동일인이 가 해자와 피해자가 되는 경우이다. 이 유형이 가해자와 피해자의 동일형과 다른 점은 후자의 경우는 가해자의 하나의 행위로 인한 것이지만 가해자와 피해자의 혼합형은 이질적 차원의 행위들로 인한 것에서 차이가 있다. 이때 행위의 개념은 형법상의 행위만 아니라 관념적 행위도 포함하는 넓은 개념이다. 예를 들면, 범죄인이 구금되었을 때 그는 형법적인 가해자이지만 국가가 성생활을 박탈하는 교정정책에 의해 성생활이 박탈되는 정책적 피해자가 되는 경우이다.

(4) 가해자와 피해자의 전환형

1980년 광주 민주화운동 때 그 당시는 참여 한 시민들이도, 즉 가해자로 취급되었으나 오랜 세월이 흐른 오늘날은 피해자로 전환되는 것을 말한다.

(5) 가해자나 피해자의 탈출형

이 유형은 가해자가 비 가해자로 되거나 피 해자가 비 피해자로 되는 경우를 말한다.

예를 들어 술만 먹고 가족들을 끊임없이 괴롭히는 남자가 타인에 의해 살해되면 그의 가족들은 형식적으로는 간접적 피해자가 되나 실제로는 폭행하는 가장으로부터 해방되었기 때문에 가족들은 반사적 이익을 얻어 비피해자가 될 수 있기 때문이다.

6. 非害者이론

1) 개념과 배경

종래는 가해자가 생기면 거기에 따라 피해자만 발생한다는 논리였으나, 여기에서는 가해자가 발생하면 피해자만 아니라 이익자, 非害者도 발생한다는 다차원적인 관계로 최초로 非害者이론을 창시하고자 한다. 여기서 非害者란 피해자도 가해자도 아닌 자를 말한다. 과거에는 학계는 가해자에만 관심을 가졌고 최근에는 피해자에도 관심을 가지고 있으나, 앞으로는 非害者에게도 관심을 가져야 할 것이다. 왜냐하면 가해자에게는 교정, 교화 등 각종지원이 따르고 피해자에게도 각종 공적, 사적 지원이 최근에 나타나기 시작했지만 非害者에게는 아무런 지원도 없어 형평의 차원에서 문제가 되며 非害者의 증가가 결국은 여러 면에서 국가에 도움이 되기 때문이다. 그런데 非害者와 관련해서 살펴보아야 하는 것이 화이트칼라 범죄의 경우이다. 우선 화이트칼라범죄를 공적부문과 사적부문으로 나누고자 한다. 그런데 공적부문에서 일어난 화이트칼라범죄인 경우는 실질적으로는 국민 모두가 피해자이므로 사람에 한해서는 非害者가 존재하지 않으나 이때 국민들은 피해체감지 수가 거의 0에 가까워 스스로를 피해자로 인식하지 않기 때문에 부진정한 非害者가 대량 발생하는 것이 특징이다. 그런데 사적부문에서의 화이트칼라범죄에 있어서는 관련된 사람만이 실질적 피해자이자 인식하는 피해자이고 관련된 사람들은 피해체감지수가 크므로 부진정한 非害者는 발생하지 않고 진정非害者가 발생한다. 국민 중에서 사적부문에서의 화이트칼라범죄와 관련된 자를 차감한 수가 진정非害者이기 때문이다.

2) 접근방법

여기서는 다음과 같이 분류하고자 한다. 형사정책적 접근은 非害者를 증대시켜 결국 피해자나 가해자의 발생을 최소화하자는 접근으로 일종의 미시적 접근이라고 하겠다. 이는 범죄의 역기능에 중점을 둔 것으로 가해자나 피해자 모두 국가나 사회에 부담이 된다는 전제하에서 접근하는 방법이다.

사회학적 접근은 非害者의 감소가 반드시 바람직한 것은 아니며 그 사회에 필요한 바람직한 非害者의 비율을 결정하는데 관심을 두는 접근방법이다. 범죄의 순기능적 입장에 주목한 접근방법이다. 경제적 접근은 非害者의 증가가 얼마나 국가경제에 도움을 주느냐에 관심을 가진다. 경제이론과 통계분석이론을 원용해 비해자의 증가에 따른 경제성장비율의 추이를 살펴보고자 하는 접근방법이다. 교정학적 접근은 그 동안 국가는 수형자를 다시는 가해자가 되지 않도록 하는 데만 교정교육을 한 점을 비판하고 수형자가 가해자만 아니라 다시는 피해자도 되지 않도록 교육시키는 것이 중요하다는 입장이다.

법적 접근방법은 형평의 차원에서 非害者의 법적인 권리보장에 중점을 두는 입장이다. 이는 헌법의 평등권 조항을 적극적으로 해석해 비해자의 권리를 모색해보는 접근법이라고 하겠다. 끝으로 심리적 접근법은 非害者의 심리 유형에 초점을 두는 접근방법이다.

오늘날 피해자이론이 심리학의 많은 지식을 원용하고 있다는 사실에서 본다면 나름대로 의의가 있는 접근방법이라고 하겠다.

3) 유형

(1) 진정非害者와 부진정非害者

前者는 사적부문에서의 화이트칼라범죄 때 발생하고 後者는 공적부문에서의 화이트칼라범죄 때 발생한다.

(2) 계속적非害者와 단속적非害者

인생을 초년기, 중년기, 노년기로 구분할 때 전자는 인생의 모든 시기에서 非害者인 경우이고 후자는 非害者인 경우가 한 시기 또는 두 시기 인 경우를 말한다.

(3) 공적非害者와 사적非害者

공적非害者는 크게 입법적非害者, 행정적非害者, 사법적非害者, 정치적非害者로 구분할 수 있고, 사적非害者에는 민사적非害 者등이 있다. 입법적非害者란 원래는 가해자 또는 피해자였으나 간통죄의 폐지와 같은 입법적 작용으로 非害者가 되는 경우를 말한다. 사법적非害者란 원래 는 가해자였으나 사법기관에 의해 非害者로 취급받는 자로 주로 화이트칼라범 죄에서 많다. 정치적非害者란 원래는 가해자였으나 정치적 이유로 非害者가 되 는 경우를 의미한다.

(4) 객관적非害者와 주관적非害者

후자의 경우는 아주 경미한 범죄 때는 가해자나 피해자가 스스로를 가해자나 피해자로 느끼지 않는 경우이다. 심리적非 害者도 여기에 포함된다. 그리고 화이트칼라범죄에서는 非害者가 존재하지 않지만 사실상 많은 국민들은 스스로를 피해자로 느끼지 않는 경우도 이에 해당한다. 다시 말하면, 이 경우는 객관적非害者수는 0이나 주관적非害者수는 많 을 것이다.

(5) 재非害者와 역非害者

앞에서 본 것처럼 인생을 3단계로 구분할때 재非害者는 처음에 非害者였으나 그 뒤 가해자 때는 피해자가 되었다가 그 뒤에 다시 非害者가 되는 경우이고 회복된 非害者이며 역非害者란 마지막 시기에 가서 非害者가 되는 경우를 말한다.

(6) 적극적 非害者와 소극적 非害者

운명 등 비합리적 요인을 제외한다면 전자는 자기자신의 노력으로 가해자도 피해자도 되지 않는 자를 말하고, 후자 느 자기의 노력 없이 우연히 非害者가 된 경우를 의미한다.

(7) 치유된 非害者와 사면된 非害者

치유된 非害者란 합의에 의해 가해자나 非害者가 되지 않는 경우이고, 사면된 非害者란 언론이나 사법부의 태도에 의해 가해자 또는 피해자가 非害者로 취급되는 경우이다.

(8) 긍정적 외부 효과적 非害者와 부정적 외부 효과적 非害者

전자는 주위의 가해자 또는 피해자에게 긍정적 영향을 주는 非害者를 말하며 후자는 주위의 가해자 또는 피해자에게 부정적 영향을 주는 非害者를 말하는데 후자는 사면된 非害者에게서 잘 나타난다.

4) 심리유형

(1) 무관심형

자신이 非害者인 것에 대한 인식도 없고 있다고 해도 무관심한 형이다.

(2) 만족형

자기인생은 범죄와 무관하다는 인식하에 현재 생활에 만족하는 형으로 비해의 원인을 자신에게 돌리는 과시형과 비해의 원인을 사회나 국가로 돌리는 전가형이 있다.

(3) 공동체형

자신은 非害者이지만 앞으로 사회에 더욱더 많은 非害者를 바라는 형이다.

(4) 비교형

국가가 피해자, 가해자에는 지원을 하나 非害者에게는 지원하지 않는 것을 느끼는 단계로 권리의식이 싹튼다.

(5) 쾌락형

사회에 가해자나 피해자가 많이 발생하기를 바라는 형으로 주로 과거에 가해자나 피해자로서 큰 아픔을 겪어본 단속적 非害者에게서 나타날 수 있다.

(6) 희석형

주로 가해자의 가족이 가지는 것으로 다른 큰 가해자가 나타나 원래 범죄가 희석되길 바라는 것으로 화이트칼라범죄에서 많다.

(7) 교활형

겉으로는 사회에 非害者의 증대를 바라는 행동을 취하면서도 속으로는 자신이나 집단의 이익을 위해 가해자나 피해자가 많이 발생하도록 기도 하는 형태이다. 과거에 비해서 현대로 올수록 교활형적 非害者는 폭증해 왔고 앞으로 더욱 더 증가가 예상되는 형태이다. 이 형태는 주로 이익 단체에 있는 非害者에게서 많이 볼 수가 있다. 이익단체를 명시적인 이익단체와 잠재적인 이익단체로 나누고자 하는데 전자에는 의사회, 약사회, 변호사회 등이 있고 후자에는 그러한 전문인의 증가를 바라지 않는 관련 공공기관 등이 있다. 전자가 젊은 교활형이라면 후자는 노회한 교활형 이라고 볼 수 있다

(8) 동조형

非害者가 피해자나 가해자에게 자신의 감정을 이입하는 형태이다. 순진하나 겁많은 非害者가 민주투사인 정치범에게 심리적으로 동조하는 형태이다

(9) 동정형

非害者가 가해자나 피해자를 동정하는 형태이다.

(10) 정책형

자신은 현재는 非害者이지만 앞으로도 가해자나 피해자가 되지 않기 위해 국가에 좋은 정책을 요구하는 형태이다.

(11) 참여형

非害者의 권리를 찾기 위해 적극 참여하는 형태이다. 일반적으로 非害者의 국가에 대한 관념은 무관심형 단계에서 비교형단계 · 참여형 단계 · 협조형 단계 · 투쟁형 단계로 진전된다고 이론적으로 정리할 수 있다.

5) 비해자이론의 형사정책적 의의

비해자이론의 의의는 이념적 측면과 관리적 측면으로 나누어 볼까 한다. 먼저 비해자이론의 이념은 실질적 형평이며 헌법의 평등권에 기초한다고 볼 수 있다. 수형자는 헌법상의 사회적 신분이며 헌법에 있는 사회적 신분에 의한 차별금지의 원칙을 적극적으로 해석하면 수형자를 일반인에 비해 우대적 취급을 하지 말라는 것으로 볼 수도 있다. 그런데 국민의 대다수는 범죄자 처우비용을 자신들이 부담해야 하는 이유를 납득하지 못한다.[81] 그

81) 조병인, 현대사회와 범죄, 법문사, 1997, 18면.

러나 현재는 수형자에게는 모든 교정비용과 각종 지원이 무료로 이루어지고 또 갈수록 증가하는 추세이며, 피해발생에 어느 정도 책임이 있는 피해자에 게도 각종 공적, 사적 지원이 이루어지는 것은 비해자에게는 역차별이 될 수가 있다. 따라서 이들간에 실질적 형평을 위해 고전적 가해자에게는 강한 책임의 원칙과 비례의 원칙을 적용시켜 수형자의 여러 소득에 비례해 교정비용을 차등화시켜 부담하도록 하고 고전적 피해자에게는 약한 책임의 원칙과 보충성의 원칙을 적용시켜 사적부조와 지원을 먼저 유도하고 부족할 경우에 한해 공적지원을 해야 한다고 생각한다.

그 다음으로 관리적 측면을 보면, 비해자는 가해자 또는 피해자가 될 가능성 이 상존하고 가해자나 피해자의 증가는 결국 여러 면에서 국가의 부담을 증가 시키므로 형사정책적으로는 비해자를 증가시키는 정책적 관리가 필요하다고 하겠다. 비해자의 증가는 가해자를 감소시키거나 또는 가해자가 발생할 때 피해자를 줄이는 방법과 피해자는 다시 가해자가 될 가능성이 있는 점에서 피해자의 적절한 관리를 통해 비해자를 증가시키는 방법 등이 있다. 현재는 수형자에게는 다시는 가해자가 되지 않도록 그들의 범죄성을 제거하는데 초점을 둔 교정교육을 하고 있다.

앞으로는 수형자에게는 가해자만 아니라 피해자도 되지 않도록 교정 교육을 해야 한다고 생각한다. 예를 들어 교통과실범의 전담수용시설인 수원교도소는 수형자에게 교통법규준수 교육만 아니라 방어 운전방법도 많이 개발해 교육시켜야 한다고 생각한다.

7. 수익자이론

1) 개념

이익자는 어떤 가해로 인하여 이익을 주는 증익자와 이익을 받는 수익자로 구분할 수 있다. 이때 증익자에는 가해자, 피해자, 非害者가 포함될 수 도 있고 수익자에도 가해자, 피해자, 非害者가 포함될 수가 있다. 의사수가 부족한 어떤 나라에서 의사수의 동결정책을 시행할 때는 증익자는 가해자인

복지부나 보건정책이 되고 수익자는 의사와 관련기관과 의사의 가족들이 될 것이다. 만일 화이트칼라 범죄에 대해 사법부가 관용적 태도를 보이면 사법부가 증익자가 되고 화이트칼라 범죄자가 수익자가 된다. 이때 이익에는 물질적, 심리적, 사회적 이익 등을 포함하는 넓은 개념이며 고전적 가해자가 발생할 때 생기는 증익자와 수익자는 주관적 성격이 강하고 신가해자가 발생할 때 생기는 증익자와 수익자는 객관적 성격이 강하다. 만일에 고전적 가해자가 구속될 때 그는 수익자(가해자적 수익자)가 될 수도 있고 비수익자(가해자적 비수익자)가 될 수도 있다. 범죄인이 구속되어도 신체적 자유보다 교도소 안의 각종 지원이 더 났다고 생각하면 그는 가해자적 수익자가 된다.

2) 범죄수요자와 범죄수익자

구분 여기서 범죄수익자와 범죄수요자의 개념을 구분할 필요가 있다. 범죄수요자는 적극적 의미가 있고 범죄수익자는 범죄의 발생을 전제로 하므로 수동적 성격을 내포하고 있다. 범죄수요에 대해 잠시 살펴보자. 여기서 범죄수요자나 범죄수요곡선은 본인이 창작해 본 조작적 개념들이다. 현재 법경제학에서는 범죄공급곡선은 있지만 범죄수요곡선은 존재하지 않는다고 본다. 여기에서는 범죄수요곡선을 기본적 수요곡선과 현실적 수요곡선 그리고 잠재적 수요곡선으로 구분하는데, 기본적 범죄 수요란 그 사회의 유지에 필요한 최소한의 범죄수요를 말하고 현실적 범죄수요란 범행을 사주하거나 부탁하는 것을 말하며, 잠재적 범죄 수요란 겉으로는 범죄수요자가 아니나 속으로는 범죄발생을 기대하는 자들을 말한다. 일반적 이론적 논의로서는 병원, 변호사협회와 같은 이익단체들이나 부패한 나라의 공안기관들과 상업성과 이기성으로 무장된 언론이 잠재적 수요층이라고 볼 수도 있다.

특히 부패한 나라에서는 범죄가 많이 일어날수록 공안 관료조직이 확대되고 승진의 기회와 부패의 이익이 크게 기대되므로 범죄수요자가 증대된다. 공무원을 포함한 모든 인간은 대개 자기의 이익을 추구하는 이기적 존재이기 때문이다. 때로는 잠재적 범죄수요가 현실적 범죄수요로 전환되는 경우도 있다. 경찰공무원이 범죄실적 건수를 올리기 위해 자기의 정보원에게 가벼운 범죄를 사주하는 경우이다.

3) 수익자의 종류

(1) 공적 수익자와 사적 수익자

전자에는 입법적 수익자, 행정적 수익자, 사법적 수익자, 정치적 수익자 등이 있다.

(2) 직접적 수익자와 간접적 수익자

전자는 가해로 인하여 직접수익을 얻는 자이고 후자는 가해로 인하여 간접적 수익을 얻는 자인데 보통은 직접 수익자의 가족 등이 되나 피해자의 가족도 간접적 수익자가 되는 경우도 있다. 물론 피해자의 가족도 직접 수익자가 될 수도 있다. 부인을 폭행만 하는 남편이 살해되면 그의 가족들은 보험금과 정신적 만족감을 가지기 때문이다. 또한 非害者나 非害者의 가족도 직접적·간접적 수익자가 되는 경우도 있다.

(3) 객관적 수익자와 주관적 수익자

전자는 객관적으로 보아 수익자로 간주되는 자이고 후자는 주관적으로 자기가 수익자라고 느끼는 경우이다. 만일 어떤 자가 여인을 강간했을 경우에 여자가 고소를 안 했다고 가정하자. 이때는 가해자인 강간범이 객관적 수익자가 되나 피해자인 여자도 주관적 수익자가 될 수 있다. 그 여자가 그 강간을 통해 처음으로 성적 만족감을 깊이 느꼈다면 그녀는 주관적 수익자가 되는 것이다.

4) 화이트칼라 범죄와 수익자

(1) 가해자 측면 공공부문에서의 화이트칼라

범죄자는 가해자가 되는데 이때 가해자는 가해자적 수익자, 가해자적 비수익자, 상황자로 구분할 수가 있다. 가해자적 수익자란 화이트칼라 범죄자가 자신이 획득한 이익이 처벌보다 크다고 생각하는 경우를 말하는데, 이는 다시 완전한 가해자적 수익자와 불완전한 가해자적 수익자로 구분할 수 있는데 사법부가 수뢰액이 일정이하 때는 처벌을 하지 않을 경우 거기에 해당되는 범죄자는 가해자이면서 이익만 얻는 완전한 가해자적 수익자가 되고 그렇지 않고 엄격히 처벌할 때는 그가 처벌보다 이익이 크다고 생각하면 불완전한 가해자적 수익자가 된다.

가해자적 비수익자란 가해자적 수익자와 반대의 경우이며 상황자란 가해자적 수익자와 가해자적 비수익자를 왔다 갔다 하는 자를 말하는데, 공무원의 부패에 대한 사법부의 태도가 자주 바뀌어 처벌의 강도가 수시로 변할 때 잘 나타나는 형이다.

(2) 피해자 측면 화이트칼라

범죄에서 피해자는 국민이지만 이때 피해자는 수익적 피해자와 비수익적 피해자로 나눌 수가 있는데, 전자는 공무원 부패에 기생하는 이해관계인 또는 상납받은 공무원과 그 가족, 또 화이트칼라 범죄전과자와 그 가족들 이다. 화이트칼라 범죄가 증가 될수록 화이트칼라 범죄 전과자들은 자신의 전과가 희석되기 때문이다.

(3) 非害者측면 공공부문의 화이트칼라

범죄때는 非害者가 없으나 자신이 非害者라고 느끼는 주관적 非害者는 수익자가 되는 경우도 있고 비수익자가 되는 경우도 있다.

사적부문의 화이트칼라 범죄 때는 가해자, 피해자, 非害者가 구분되고 이때 非害者는 수익자가 되는 경우와 비 수익자가 되는 경우도 있다.

5) 형사정책적 의의

형사정책적으로는 가해자적 수익자와 피해자적 수익자와 非害者적 수익자를 줄이는 것이 바람직하다. 가해로 인한 이익이 클수록 수익자는 더 많은 가해가 일어나기를 바라고 새로운 자들이 수익시장에 진입하려 할 것이고 그 과정에서 많은 혼란이 예상된다.

또 기대이익이 적을수록 수익자는 상징조작을 통해 가해를 증가시키려 하므로 민주적 통제가 필요하다. 우리나라는 언론에 의한 통제가 중요시되어 왔지만 이익단체의 상징조작에 의도적이든 아니든 오염된 일이 있기 때문에 시민단체에 의한 통제가 더 바람직하다.

8. 신피해자이론의 응용

1) 의의

멘델존은 피해자학의 독립과학성을 주장하면서 피해를 범죄와 분리시켰다. 즉, 범죄만 아니라 자연재해이든 산업재해이든, 행정사건이든 민사사건이든 무엇이든 피해원인을 묻지 않아 피해자 개념을 크게 확대시켰다.[82] 따라서 잘못된 정책에 의한 피해자도 그의 이론에 따르면 피해자에 속하는데, 수형자의 성생활권을 인정하지 않는 교정정책이 잘못된 정책이라면 수형자는 성생활권을 침해당하는 피해자가 된다. 따라서 여기서는 성생활과 흡연권을 보장하지 않는 정책은 잘못된 정책임을 나타내기 위해 수형자의 성생활권과 흡연권에 대해 살펴보기로 한다.

2) 수형자의 성생활권

(1) 개념

이 제도는 배우자가 있는 수형자의 경우 그 배우 자와의 완전한 부부적 접견을 허용하는 제도로서 접견기간 중 수형자는 일정한 곳에서 수일 또는 상당시간을 자유롭게 보낼 수가 있다. 이 제도는 수형자의 성적 긴장감을 해소하기 위한 방법으로 고안된 것인데, 오히려 이 제도는 성적 긴장감을 더 고조된다고 하는 보고도 있다.[83] 그리고 부부 차원을 넘어 가족 접견을

82) 배종대, 앞의책, 122면.

하는 것이 더 바람직하다는 견해도 있다.[84] 그리고 여기서 수형자란 주로 징역, 금고, 구류 등 자유형의 실형이 확정되거나 노역장 유치처분을 받은 자를 말하고 미결수용자도 수형자에 포함시킨다.

(2) 외국의 경우

이 제도는 1918년 미국의 미시시피 파치먼 주립교도소에서 시작되었다.[85] 현재는 스웨덴, 멕시코, 콜롬비아, 아르헨티나, 브라질, 독일, 스페인, 대만, 그리고 미국의 일부 주에서 시행되고 있지만, 아직도 일본, 중국을 위시한 대다수 국가에서는 시행하지 않고 있다. 주로 개방적 성문화를 가진 유럽의 일부 나라와 남미 등지에서 인정하고 있는 편이다.

(3) 우리나라의 경우

수형자의 성생활권은 부부접견제도로서 외부통근제도, 귀휴제도, 주말구금제도와 같이 개방교도소의 처우프로그램으로 볼 수 있으며[86] 우리나라는 그동안 귀휴제도를 통해서 수형자의 성생활이 조금이라도 보장되어왔다. 그러다가 우리나라에서는 법무부예규 제514호 부부 만남의 집 운영지침에 의하여 1999년 6월부터 안양, 대구, 대전 및 광주교도소를 시범운영기관으로 지정하여 부부 만남의 집을 운영하고 있다.[87]

운영횟수는 각 시설당 매주 1건 이상으로 하고, 대상자는 형기 5년 이상의 수형자 중에 가족과의 유대강화가 필요하고, 누진계급 2급 이상으로 형기의 1/3 이상을 복역했으며, 기능자격증 취득, 검정고시 합격 등 타 수형자의 모범이 되는 자로 한정하고 있다. 부부 만남의 집을 이용할 수 있는 수형자 가족은 직계 존·비속과 배우자로 하고 있다. 기간은 1박 2일의 범위 내에서 허가하고 교화상 특별히 필요한 경우에 이용기간을 연장할 수 있다.

부부 만남의 집에는 침구, 세면도구 등 필요한 물품은 교도소 측에서 비치하고 음식물, 취사재료 등은 허가를 받고 반입할 수 있으나, 담배, 주류

83) 신진규, 앞의책, 1995, 663면.
84) 이윤호, 앞의책, 762면.
85) 법무부,교정, 1999. 3. 142면.
86) 최준, 개방교도소제도에 관한 연구 경상대학교 석사학위논문. 1999, 19면이하 참조.
87) 신식, 사회적 처우의 실태와 확대방안, 교정연구 1999. 9. 224면.

등의 반입은 금지되고 있다. 그리고 무기수의 경우는 7년 이상을 복역한 모범수에 한하고 있다.

(4) 기존 학자들에 대한 비판

이 제도의 도입을 찬성하는 국내・외 학자들은 수형자의 성적 긴장감을 해소하는 차원에서 접근하고 있는데 이 점에 대해 다른 의견을 가진다. 앞에서 기존 학자들이 쓰는 부부 접견제도란 용어 대신에 수형자의 성 생활권이란 용어를 사용한데서 나타났듯이, 이것을 수형자 자신만의 성적 긴장을 해소하기 위한 정책적 제도 차원이 아니라 수형자와 그 배우자의 기본권으로 보아야 한다고 주장하고 싶다. 인간의 식욕과 성욕은 인간의 가장 기초적인 욕망으로 성생활권은 최소한의 인간다운 생활을 할 권리에 포함되고 이런 인간다운 생활을 할 권리는 인간의 행복추구권에 포함된다 볼 수 있다. 물론 이런 인간의 행복추구권도 보다 큰 법익을 위해서 정책적으로 제한이 가능하더라도 그 본질적 내용은 절대로 침해할 수 없다는 헌법 데37조 제2항 규정을 생각해볼 때 이런 수형자의 성생활권을 기본권적 접근이 아닌 교정사고 방지나 수형자 자신의 성적 긴장을 해소하기 위한 정책적 접근으로 본 기존의 학계나 국내외의 여러 학자들의 견해는[88] 비판받을 수 있는 부분이 있다고 생각된다. 자유권을 양심의 자유와 같이 혼자서 누릴 수 있는 고립적 자유권과 반드시 2 명 이상이 합쳐야 비로소 누릴 수 있는 쌍방적 자유권으로 구분하고자 한다. 이때 성생활권은 쌍방적 자유권에 속한다고 볼 수 있다. 따라서 국가가 수형자에게 성생활권을 박탈하는 것은 국가가 수형자 뿐 만 아니라 그의 배우자의 성생활권을 직접 침해하는 것과 같다고 볼 수가 있다. 다시 말해 자유형은 글자 그대로 수형자의 자유권만을 제한해야 되는데도 이 경우는 수형자와 그 배우자가 가지는 행복추구권의 가장 본질적 부분을 국가가 정면으로 침해하고 있다.

우리나라 자유형 제도의 역사를 살펴보면 조선시대의 대표적인 자유형인 유형의 경우를 보아도 유형지에 처와 첩을 따라가도록 하며 부모와 조부모 그리고 자와 손은 본인이 따라 가기를 원할 때는 허락했다는 사실[89]

88) 신식, 전게논문, 224면.
89) 김성돈, 자유형 제도의 개선방안, 형사정책 1995. 3 29면.

에서 보아도 인간의 성생활권은 인간의 가장 기본권으로 어떠한 정책적 이유로도 침해할 수 가 없다고 본다.

그리고 앞에서 언급했듯이 이윤호 교수는 단순히 성적 긴장감의 해소에 치중한 부부 접견보다 가족간의 유대감 형성을 위한 가족 접견제도가 더 낫다고 주장[90]하는데, 그런 시각에 대해 동의하지 않는다. 왜냐하면 가족간의 유대감 형성은 면회제도나 귀휴제도를 통해서도 가능하며 그의 말대로 모든 가족이 부부 만남의 집에서 만난다고 하며 실제로는 부부의 성생활권이 침해받을 수 있기 때문이다. 그의 견해는 성생활권이 어느 누구도 침해할 수 없는 가장 기본적 권리라는 것을 간과했다.

또 그는 부부 접견제도에 대해서는 시민의 인식이 부정적이지만 가족접견제도는 그렇지 않다고 표현하는데[91] 과연 그의 표현이 검증된 사실에 기초하는지에 대해 의심이 간다. 시민들이 정확한 사실을 안다면 오히려 부부 접견제도에 대해 긍정적 태도를 보일 것이라고 생각되는데 시민들에게 바른 지식을 주지시키는 것은 국가나 학자의 의무라고 생각한다.

이것에 대해 다음과 같이 설명해 볼까 한다. 수형자의 성생활권이 박탈되면 결국은 배우자의 간통이 증가되거나 이혼이 증가되고 따라서 관심을 받지 못하는 자녀들도 경제적, 정서적 피해자가 되고 이런 경향은 청소년범죄를 증가시킬 수 있고 결국 이에 대한 사회적 비용이 증가된다. sex도 서비스적 재화에 포함시킬 수 있다면 그리고 수형자에게 부부 접견이 자유로이 허용된다면 그 배우자의 sex재화에 대한 한계효용이 적기 때문에 sex 재화를 얻기 위한 개인적 비용도 적다고 할 수가 있다.

그러나 부부 접견이 허용 안 된다면 그 배우자의 sex 재화에 대한 한계효용은 아주 높고 한계효용의 크기가 가격으로 표현될 수 있으므로 배우자가 sex 재화를 얻기 위해 부적절한 방법으로 많은 비용을 치러야 하고 그런 것들은 결국 여러 과정을 거쳐서 사회적 부담을 증가시키게 된다. 또한 부부 접견이 허용되면 이혼할 확률도 적어지고 가정 파괴현상도 줄어 들기 때문에 수형자에게 갱생의 의지를 심어 재범률이 낮을 수 있으나 부부 접견이 허용 안되면 결국은 가정파괴 현상도 클 것이고 출소 뒤에도 재범할

90) 이윤호, 앞의책, 762면.
91) 이윤호, 앞의책, 762면.

확률이 앞의 경우보다 클 것이고, 결국 그것은 교정 비용과 치안비용 등 사회적 비용을 증대시켜 국민의 세금을 증대 시켜갈 것이다. 따라서 국민들은 이 제도에 대해 부정적 태도보다 긍정적 태도를 더 많이 가질 것이라고 생각한다.

(5) 현행제도에 대한 비판

앞에서 언급했듯이 이 제도의 혜택을 보기 위해서는 형기 5년 이상의 수형자(무기수는 7년) 중에서 누진계급 2급 이상으로 형기의 3분의 1이상을 복역한 모범수 또는 교도소장이 필요하다고 인정하는 자로 제한하고 있다. 이런 현행제 도는 문제점이 많다고 생각한다. 누진계급이나 형기의 일정한 경과 또는 모범수 여부와 관계없이 형기가 2년 이상인 모든 수형자에게 실시해야 한다고 생각한다. 왜냐하면 수형자는 교도소에 처음 입소할 때가 가장 긴장이 되고 불안한 정서 하에 놓여지고 가족들도 마찬가지이므로 입소하자마자 시행해야 수형자의 긴장감이 사라지고 이혼 등 가정 해체현상이 줄어들기 때문이다. 교정실무자의 말을 들어보면 수형자가 입소한 뒤 3년 또는 4년이 지나가면 배우자들이 이혼을 많이 요구한다고 하는데, 그런 이혼원인에는 성생활의 박탈 이 중요한 원인이 될 수 있다고 본다. 특히 무기수의 경우는 무기수 자신만 아니라 그의 가족들에게는 고통스런 미래가 예상되는데 7년이나 지나야 부부 접견을 인정하는 것은 오히려 교정 당국이 가족 해체현상을 촉진시킨다고 보여진다. 또한 현재의 제도는 남성 수형자에게만 인정하는데 이는 헌법의 평등권을 침해하고 있으므로 청주교도소 등 에 있는 여자 수형자에게도 인정해야 된다고 본다. 가장 문제가 될 수 있는 것이 현재는 기혼자인 수형자에게만 이 제도가 시행되고 있다는 점이다. 다시 말해 미혼의 수형자에게는 이런 혜택이 없는데 이에 대해 이윤호 교수는 그것은 미혼 수형자에 대한 차별이라는 비판이 있을 수 있기 때문에 부부접견보다 미혼자에게도 가족과의 접견이 허용되는 이점이 있는 가족 접견제도를 선호한다. 그러나 여기서는 현 제도가 미혼 수형자에게 차별적인 것이므로 미혼 수형자 에 어떤 배려가 있어야 한다는 형식 논리적 입장에서가 아니고 성 생활권은 미혼 수형자에게도 보장되어야 할 가장 기초적 인권이라는 기본권적 입장에서 접근하고자 한다. 따라서 미혼 수형자가 이성 친구나 애인이 있을 경우 그에게도 애인과의 성생활이 보장되어야 한다고 본다. 만일 그에게 애인이 없을 경우 각종 교제 프로그램을 통해 애인이 생길 기회를 국가가 제공해 주어야 한다고 생각 된다. 이렇게 할 경우 예상되는 문제가 여러 경로를 통해 매춘부 등이 애인으로 위장하여 미혼 수형자와 성적 접촉을 하는 일이 많을 것이다. 그러나 그런 부작용이 있다고 해서 본질적 측면이 훼손되어서는 안되며 미혼 수형자의 성 생활권도 누구도 침해할 수 없는 인간의 가장 기본적 권리이고, 국가는 그것을 보장하고 확인해야 한다는 헌법 제10조의 정신에 비추어 교정기관 은 미혼 수형자의 성생활권도 적극적으로 보장해야 한다고 본다. 따라서 위장한 애인의 경우도 교도소가 묵인해야 된다고 생각한다. 교도소는 도덕기관이 아니고 교화기관이기 때문이다.

따라서 이윤호 교수가 주장한 미혼 수형자의 가족과의 접견제도보다는 미혼 수형자의 애인과의 성적 접견제도가 성생활권의 중요성을 생각할 때 더 낫다고 생각된다. 미혼 수형자의 가족과의 유대감 형성은 면회나 화상접견제도 귀휴제도를 통해서도 충족될 수 있기 때문이다. 그리고 또 하나 문제되는 것이 성생활권에 동성과의 성생활, 즉 동성애가 포함될 수 있는가의 문제이다. 타인에게 고통을 주는 동성애는 제지되어야 하지만, 서로의 합의에 의한 동성애는 보장되어야 한다고 생각한다.

또한 이혼당한 수형자 등 여러 가지 이유로 성생활을 누리지 못하는 사람을 위해 성적 만족감을 줄 수 있는 제도 등의 개발도 필요하다. 예를 들어 남녀 혼합교도소 설치나 남성 수형자만 있는 교도소에 여성 교정직원을 많이 배치하는 것 등을 들 수가 있다. 이런 것들은 그런 수형자들에게 성적 상상이나 공상, 설레임 등을 갖게 하여 성생활 대체효과를 가져오게 할 수가 있다. 이와 관련하여 덴마크의 개방교도소인 Ringe교도소는 남녀가 함께 기거하며 서로 교제를 원하면 일정시간 동안 서로 방문할 수 있도록 하고 주말에는 배우자나 애인이 2~3시간 동안 방문하는 것을 허용하는데[92)]

92) 최준, 전게논문, 42면.

이 제도의 장점을 도 입해 봄직하다. 또한 귀휴제도의 요건을 완화하거나 단기자유형의 집행방법인 주말구금제도를 도입해 수형자의 성생활을 어느 정도라도 보장하는 방법도 생각해 볼 만하다.

(6) 성생활권의 한계

가. 이념의 조화적 한계

수형자의 성생활권은 무한정 인정될 수는 없고 질서유지라는 또 하나의 목적을 해치지 않는 범위내에서 인정되어야 한다.

나. 재정적 한계

이것이 실시되기 위해서는 많은 돈이 들므로 재정상태에 따라 수형자의 성 생활권은 어느 정도 제약을 받는다.

다. 사회적 한계

수형자의 성 생활권은 여론과 다른 사회적 단위의 태도에 어느정도 영향을 받으며 특히 피해자 집단의 감정을 고려할때 그것은 소극적인 성격을 지니며, 따라서 성생활에 이용되는 시설사용료는 당사자의 부담으로 해야 한다.

라. 수형자의 흡연권

① 의의

담배는 일종의 기호품인데 수형자에게 교도소의 안전과 질서유지를 위해 흡연권을 박탈하는 정책이 인간의 기본적 권리의 본질적 내용을 침해하느냐의 문제이다. 우리나라가 수형자에게 흡연권을 주지 않는 행행법 시행령 제83조는 기본권의 본질적 내용을 침해할 수 없다는 헌법 제37조 ㅈ[2 항 규정을 정면으로 침해하고 있다고 생각한다.

왜냐하면 사회에서 흡연을 경험한 자에게는 흡연이 이미 그의 인간다운 생활의 일부이고 행복추구권의 한 내용이 되기 때문이다. 우리나라에서는 화재 우려 등 여러 이유로 흡연권을 박탈하나 이는 미국처럼 흡연구역을 설치해 해결될 수 있다고 본다.

② 외국의 입법예

우리나라와 일본의 행형법에서는 흡연의 금지규정을 두고 있으나 그 밖의 입법예에서는 명문규정을 찾기 어렵다.[93)]

歐美각국에서는 흡연의 자유가 많이 인정된다. 그런데 미국의 경우는 흡연권을 인정하는 교도소와 그렇지 않은 교도소가 있는데, 미국 전체의 추세는 아직 교도소 내에서 흡연을 허용하는 쪽이 다수이다.[94)] 미국에서 가장 다루기 어렵고 죄질이 흉악한 수형자들을 특별히 수용하는 시 설로서 Unit ed States Penitentiary – Florance Administrative Maximum Security(ADX)가 있는데 ADX라 약칭되는 초중경비시설 교도소에서도 담배는 허용되는데 여기의 특징은 성냥이나 라이터의 소지는 금지되며 담배불은 거실의 벽에 조그마한 구멍을 내어 거기에 담배를 집어넣으면 불이 붙는 방식으로 되어 있고 모든 수형자 거실은 모니터로 감시할 수 있도록 되어 있다.[95)] 또 샌프란시스코에 있는 더블린 연방 교도소는 여성 수형자들을 수용한다. 여기서도 담배는 허용되나 건물 밖에서만 허용된다. 라이터와 성냥은 소지할 수 없고 건물 바깥벽에 전기 정화장치를 부착시켜 거기에 담배를 넣으면 점화될 수 있도록 하고 있다.[96)] 그리고 애리조나주 피닉스시에 있는 민영교도소인 Arizona St ate Prison – Pheonix West 에서도 흡연은 허용되는데 수형자에게 가장 인기 있는 품목이 담배이며, 담배는 한번에 10개비가 들어 있는 것을 판매하고, 라이터는 소지 가 능하나 성냥은 금지한다.[97)]

93) 박재윤, 수형자의 권리와 권리구제제도, 국민대출판부, 1997 82면.
94) 한인섭, 교정논설, 교정 2000. 2. 39면.
95) 한인섭, 전논설, 16~19면.
96) 한인섭, 전논설, 33면.
97) 한인섭, 전논설, 44면.

참고문헌

1. 국내문헌

1) 단행본

감사원 부정방지대책위원회, 1994, 행형부조리실태 및 방지 대책.
강태진외, 미시적 경제분석, 박영사
공적식외, 1998, 교정심리학, 육서당.
구평회, 2002, 최신교육학, 수서원.
국가 인권 위원회, 2003, 유치장 시설 환경 인권 실태 조사보고서.
권석만 외, 심리학개론, 박영사. 박천식, 심리학, 교육과학사.
권영성, 2001, 헌법학원론, 법문사. 김철수, 2001, 헌법학신론, 박영사.
김규정, 1998, 행정학원론, 법문사.
김남수, 나는 침과 뜸으로 승부한다. 보성사.
김남순, 2001, 상담심리학의 이해, 교육과학사.
김동현외, 1993, 행정학개론, 대영문화사.
김만수, 1990, 현대사회복지총론, 홍익제.
김보환, 2005, 범죄생물학, 동국대. 이장호 외, 심리학개론, 방송통신대학교 출판부.
김상균, 2005, 범죄학개론, 양서원. 김보환, 2005, 범죄생물학, 동국대.
김성진, 2001, 범죄심리학, 동인. 이동원외, 2002, 범죄학개론, 청목.
김용세, 2005, 피해자학, 형설. 손봉선, 2005, 수사론, 대왕사.
김용우 · 최재천, 1998, 형사정책, 박영사.
김용준, 2001, 교정법학, 박영사.
______, 2001, 교정학, 고시원.
김용준 · 이순길, 1999, 교정학, 국시원.
김일외, 2001, 행정학, 한국교육문화원.
김정헌, 2002, 복지정책, 대명출판사.
김정호 외, 심리학개론, 서울대학교 출판부. 정양은, 심리학통론, 법문사.
김정희외, 1993, 심리학의 이해. 학지사.
김형태, 2000, 상담의 이론과 실제, 동문사.

김화수, 1991, 교정총론, 시사법률.
______, 1991, 행형법학, 동민출판사.
남세진, 1990, 집단지도 방법론, 서울대 출판부.
민경식, 1996, 헌법, 동현출판사. 김남식, 2001, 헌법학강의, 유스티니우뉴스.
박동서, 1998, 한국행정론, 법문사.
박상기 · 손동권 · 이순래, 1990, 형사정책, 형사정책연구원.
박용치, 1987, 행정학연습, 고려원.
박천식, 심리학, 교육과학사
배임호외, 2001, 교정복지론, 양서원.
배종대, 1998, 형사정책, 박영사.
배종대 · 정승환, 2002, 행형학, 홍문사.
백두옥, 1985, 미시경제학, 박문각.
백완기, 1996, 한국행정학의제문제, 나남.
법무부, 1991, 한국의 교정행정.
______, 1996, 외국의 교정제도.
______, 2000, 교화활동 어떻게 할 것인가? .
______, 2002, 교정현장상담.
변동윤, 1999, 교정공무원과 스트레스, 삼화문화사.
부패방지 위원회, 2002, 부패방지백서.
서봉연 외, 발달심리학, 중앙적성출판사. 이현수, 이상행동의 심리학, 대왕사.
성백남외, 2000, 미시경제학, 박영사.
송광섭, 1998, 범죄학과 형사정책, 유스티니아뉴스.
신진규, 1995, 범죄학겸형사정책, 법문사.
안현필, 공해시대 건강법, 동진문화사.
유종해, 2001, 현대행정학, 박영사.
이광종, 1991, 행정책임론, 대영문화사.
이만종, 2002, 범죄학개론, 학현사. 지광준, 2003, 범죄학, 경인.
이보영, 1997, 형사정책, 제일법규.
이상돈, 1996, 법이론, 법문사.
이상안, 범죄경제학, 박영사
이수성 외, 1998, 형사정책, 방통대.
이순길, 2003, 교도소 사람들, 찬섬.

이승호외, 1998, 한국 감옥의 현실, 사람생각.
이언담, 2001, 교정학, 박문각.
이영근, 1999, 한·미·일·중 교정제도에 관한 연구, 정갑섭 교수 퇴임기념 논문집.
이원희, 2002, 열린행정학, 고시연구사.
이윤호 외, 2000, 교정학, 법률행정 연구원
이윤호, 1997, 형사정책, 박문각.
______, 2002, 교정학개론, 박영사.
이재민, 경제학 연습, 웅지세무대
이정찬, 1984, 한국행형사, 선민출판사.
이종수외, 새 행정학, 대영
이창호외, 심리학개론, 방송통신대
이호영, 2000, 현대 미시경제학, 박영사.
이황우 외, 1997, 형사정책, 법문사.
전돈수, 2005, 범죄학개론, 21세기사. 이상현, 2005, 범죄심리학, 박영사.
전재일외, 1989, 개별사회사업, 형설출판사.
정갑섭, 1990, 교정학, 을지서적.
______, 1995, 교정심리학, 경기도서.
______, 1995, 최신교정학, 경기도서.
______, 교정심리학, 경기도서
정선교, 2005, 범죄학개론, 형설.
정양은, 심리학통론, 법문사
정영석 · 신양균, 1996, 형사정책, 법문사.
정희철, 2002, 헌법, 한울출판사. 허주욱, 2002, 교정학, 법문사.
제주교도소 교정판례 연구회, 교정판례연구, 제2호(2001), 제3호(2002)
조명한, 언어심리학, 민음사. 정갑섭, 교정심리학, 경기도서.
지광준, 1998, 형사정책, 경인.
지승우, 2000, 행정학의제문제, 대명출판사.
진계호, 2002, 형사정책, 대왕사.
천정환, 2002, 교정학, 한국고시회.
______, 2005, 교정복지학, 대왕사.
______, 2005, 교정학, 대왕사.
최옥채, 2001, 교정복지론, 아시아미디어리서치.

최창호, 2002, 지방자치학, 삼영사.
한국기독교세진회, 1998, 세진회30년사.
한국형사정책연구원, 2000, 외국교정현황연구.
한덕웅외, 2002, 건강심리학, 시그마프레스.
한영수, 2000, 행형과 형사사법, 세창출판사.
한철호외, 2000, 교정분류론, 일조각.
허 영, 1995, 한국헌법론, 박영사. 김철수, 1997, 헌법학개론, 박영사.

2) 국내논문

천정환, 천정환의 불계범죄론, 교정복지연구1호, 한국교정복지학회.
______, 천정환의 신범죄예방론, 교정복지연구1호, 한국교정복지학회.
______, 천정환의 신교정복지개념론, 교정복지연구1호, 한국교정복지학회.
______, 천정환의 교육형주의의 문제점, 교정복지연구2호, 한국교정복지학회.
______, 천정환의 신합리적 선택이론, 교정복지연구3호, 한국교정복지학회.
______, 천정환의 역동적 피해자이론, 교정복지연구3호, 한국교정복지학회.

2. 외국문헌

1) 영미문헌

A. J. FouLes, 1989, prisoners' Rights in England and the United States, Avebury
Andrew coyle, 2002, A human rights approach to prison management, International center for prison studies(London King's College)
Bandura A. Social Learning theoty, Englewood Cliffs, N. J : Prentice – Hall, 1977.
Beck Ann C and Mary K, Stohr, 1991 "Sexual Harassament and support for Affimative Actim in the county level Protective Services" American jails, nov/dec
Clemens Bartollas and Stuart J. miller, 1978, Correctional Administration, New York McGraw – Hill
Clemens Bartollas, 1981, Introduction to Correction, New York : Harper and Row
Clemens Bartollas, 1985, Correctional treatment, prentice – Hall, Inc, Englewood cliffs, New Jersey

David E. Duffee, 1989, Corrections : Practice and Policy, New York : Random House

Dean J Champion, 2001, Corrections in the united ststes, Prentice Hall

Dr. Wayne Weiten, 1986, Pshchology Applied to Modem Life Adjustment in the 80s', 2th edition, Brooks / cole publishing Company Monterey, California

Englewood Cliffs, N. J : Prentice Hall.

Gallagher, Holy, 1994 "Sexual Harrassment – Prevention of staffvictimization" American jails may/jun

Hans Toch, 1992, Living in prison, American Psychological Association Washington, DC

Hilgard, Atkinson : Introduction to psychology, Hancourt Brace

J. L. Freedman, D. O. Sears, J. M. Carlsmith : Social psychology Prentince – Hall.

John A fliter, 1996, Prisonners Rights, Green Wood Press.

Jovanovich Inc.

Kenneth E. kerle, 1998, American Jails Looking to the Future, Butterworth – Heinenmann

Lee H. Bowker, 1982, Correction : The Science and The Art, Macmillan

Leech. M, 1995, The parisoner Handbook, Oxford university press

Louis P. charney, 1979, Introduction to correctional science 2판, McGraw – Hill Book company

Morgan, King, Robinson : Introduction to psychology, McGraw – Hill Co.

Paige M. Harrison and Allen J. Beck, ph. D. BJS Statisticions, 2003. 6, American Prisoners in 2002, U.S Department of Justice office of Justice programs

Santrock, J. W., Child development, Brown & Benchmark.

Taylor, S. E., Peplau, L.A. and Sears, D. O., Social psychology,

Todd R. clear and George F. cole, 1990, American Corrections, Brooks / cole Publishing Co

2) 일본문헌

加藤久雄, 1995, ボーダーレヌ時代の 刑事政策, 有斐閣

鎌原惠子, 1996, 矯正處遇技法, 財團法人 矯正協會

矯正研修所, 2000, 矯正心理學, 財團法人 矯正協會